PAPIEŻ
BENEDYKT XVI

JOHN L. ALLEN JR

PAPIEŻ BENEDYKT XVI

Biografia Josepha Ratzingera

Przekład
Robert Bartołd

DOM WYDAWNICZY REBIS
Poznań 2005

Tytuł oryginału
Pope Benedict XVI

Published in 2000 as *Cardinal Ratzinger: The Vatican's enforcer of the faith*

Copyright © 2000 by John L. Allen Jr.
All rights reserved

Copyright © for the Polish edition by REBIS Publishing House Ltd.,
Poznań 2005

Redakcja
Małgorzata Chwałek

Konsultacja
ks. Sławomir Murawka SChr

Projekt okładki
Zbigniew Mielnik

Fotografia na okładce
fot. KAI PFAFFENBACH / REUTERS / FORUM

Fotografie na wkładce
DPA/FORUM, MAXPPP/FORUM (s. 1, 2, 4)
GAMMA/BE&W (s. 3, 4)

Wydanie I

ISBN 83-7301-745-3

Dom Wydawniczy REBIS Sp. z o.o.
ul. Żmigrodzka 41/49, 60-171 Poznań
tel. (0-61) 867-47-08, 867-81-40; fax (0-61) 867-37-74
e-mail: rebis@rebis.com.pl
www.rebis.com.pl

Dla Laury Ileene Allen
1937–1999
Et in Arcadia ego...

Przedmowa wydawcy amerykańskiego

Późnym popołudniem we wtorek 19 kwietnia 2005 r. po jednym z najkrótszych konklawe w historii, na balkonie Bazyliki św. Piotra w Rzymie pojawił się Joseph Ratzinger jako nowo wybrany papież, przyjmując imię Benedykta XVI.

Przez ostatnie dwa dziesięciolecia kardynał Ratzinger był najbardziej wpływową – po papieżu Janie Pawle II – postacią w Kościele katolickim. Jako prefekt Kongregacji Nauki Wiary zajmował się głównie sekularyzmem oraz relatywizmem moralnym i za jego pontyfikatu krucjata przeciwko nim będzie trwała. Czym dla Jana Pawła II była walka z komunizmem, tym dla Benedykta XVI będzie walka z postępującą laicyzacją. Pod tym względem będzie jeszcze bardziej kontrowersyjny niż jego poprzednik. Urodził się w czasach republiki weimarskiej, która upadła, ponieważ do skrajności doprowadziła relatywizm moralny.

Zasadnicze znaczenie dla misji nowego papieża ma jego stosunek do Magisterium Kościoła i depozytu wiary. Zamierzeniem Benedykta XVI jest je zachować i przedłożyć światu prawdę tak, jak ją rozumie.

Mistrzowska biografia Johna L. Allena rzuca jasne światło na charakter obecnego Ojca Świętego. Ratzinger, postać o wybitnym intelekcie i sile moralnej, jest człowiekiem pełnym sprzeczności. Na ironię zakrawa fakt, że człowiek, który dzierżył taką władzę w Kościele katolickim, rozpoczyna pontyfikat od oświadczenia, że jest „prostym i pokornym robotnikiem w winnicy Pańskiej".

Książka ta stanowi niezbędną lekturę dla każdego, kto chce zrozumieć przeszłość papieża Benedykta XVI, złożoność jego charakteru oraz dowiedzieć się, dokąd w nadchodzących latach może on poprowadzić Kościół.

Przedmowa

Może wydawać się dziwne, że autor rozpoczyna biografię od szczegółów własnego życia, a nie przedstawianej postaci, ale czuję się zmuszony wyjaśnić zdarzenia, które przywiodły mnie do napisania tej książki. Można się zastanawiać, dlaczego dziennikarz „National Catholic Reporter", cieszący się opinią postępowego krytyka środowiska katolickiego, postanawia pisać o głównym doktrynalnym konserwatyście naszych czasów. Można również założyć, że wybrałem Ratzingera, żeby go oczernić, stawiając na to, że ma on wystarczająco dużą liczbę wrogów, żeby zagwarantowało to sprzedaż paru egzemplarzy książki. Mam nadzieję przedstawić tutaj swoje zainteresowanie postacią Ratzingera gruntownie, żeby się nie wydawało nikomu ani zagadkowe, ani niegodziwe, ale żeby stanowiło szczerą próbę zrozumienia.

Należę do pokolenia Soboru Watykańskiego II. Nie tylko duchowo czy ideologicznie, ale też pod względem czasowym. Urodziłem się w 1965 roku, w roku zakończenia Soboru Watykańskiego II, w umiarkowanie katolickiej rodzinie i społeczności, która w zasadzie z aprobatą powitała zmiany zapoczątkowane przez ten sobór. Wskutek tego nigdy nie nauczyłem się na pamięć katechizmu, nigdy nie uczestniczyłem we mszy odprawianej po łacinie, nigdy nie gromadziłem odpustów ani nie tańczyłem z partnerką z balonikiem pomiędzy nami, żeby zrobić miejsce dla Ducha Świętego. Przeciwnie, dorastałem, czytając „Chrystusa wśród nas" i oglądając *Jesus Christ Superstar* na lekcjach religii, a w niedzielę chodziłem dopiero na mszę o godzinie jedenastej trzydzieści.

Zapadła mi kiedyś w pamięć koncepcja dwóch narodów żyjących na tym samym obszarze, ale zamieszkujących odrębne sfery istnienia, zaczerpnięta z książki Michaela Harringtona o ubóstwie, *The Other America* („Druga Ameryka"). Później stwierdziłem, że idea ta przystaje również do wrażenia dorastania w jednym Kościele katolickim, a następnie, gdy rozpocząłem pracę dziennikarza zajmującego się tematyką religijną, odkrycia, że istnieje inny, umiejscowiony w Rzymie. Jestem wytworem tego, co mogę nazwać tylko „drugim katolicyzmem". Uczęszczałem do szkół katolickich aż do pójścia do college'u i niemal przez całą młodość byłem ministrantem. Zdobyłem obydwie nagrody katolickie, które przyznawała organizacja skautowska (medal *Ad Altare Dei* i nagrodę papieża Piusa XII). Pamiętam, że w tych nielicznych przypadkach, gdy nie mogliśmy pójść na niedzielną mszę, odmawiałem różaniec z mamą, która zachęcała mnie też, żebym przed pójściem spać się pomodlił. W szkole średniej należałem przez jakiś czas do klubu dla młodych mężczyzn, którzy biorą pod uwagę możliwość zostania księżmi, a później rzeczywiście spędziłem kilka miesięcy w nowicjacie. Krótko mówiąc, odebrałem staranne – nawet gruntowne – katolickie wychowanie.

Ale było to wychowanie katolickie typu posoborowego. Dlatego nigdy nie martwiłem się tym, że niekatolicy pójdą do piekła, za coś oczywistego uważałem obecność kobiet w pobliżu ołtarza i po prostu przyjmowałem, że pewnego dnia będą one dopuszczone do stanu kapłańskiego. Mówiono mi, a ja w to wierzyłem, że można być dobrym katolikiem i mieć jednocześnie wątpliwości co do niektórych punktów nauki Kościoła, takich jak zakaz sztucznej kontroli urodzin. Nigdy nie nabrałem przekonania, że księża są w jakimś tajemniczym sensie poza społecznością, że są od niej odrębni. Wartość „pełnego, aktywnego i świadomego" uczestnictwa laikatu we mszy świętej wydawała się intuicyjnie oczywista. Uznałbym za nieprawdopodobne, gdyby ktoś powiedział mi, że zaledwie trzy dziesięciolecia później rozpowszechnianie tych idei w publicznej dyskusji Kościoła katolickiego może spowodować przypięcie łatki „radykała".

Pamiętam, że pewnej niedzieli na mszy, gdy nasz ksiądz i znana osoba świecka prezentowali, jak ten nowy obrządek spowiedzi, nazywanej teraz pojednaniem, będzie funkcjonował, zastanawiałem się, co się zmieni dalej? Przyjmowałem za oczywiste, że zwyczaje i struktury kościelne są płynne, że mogą ewoluować i że tak się będzie działo.

W parafii i w szkole wpojono mi też przekonanie, że być katolikiem oznacza zaangażować się w kwestię sprawiedliwości. Dokładnie pamiętam dzień, w którym ojciec Chuck, jeden z wielu kapucynów, którzy byli moimi nauczycielami, opowiadał nam w pierwszej klasie o tym, jak doktryna katolicka doprowadziła go do sprzeciwienia się wojnie w Wietnamie. Zacząłem wiązać Jezusa, Kościół i aktywność społeczną, i gdy Stany Zjednoczone za prezydentury Reagana rozkręcały działania wojskowe w Ameryce Łacińskiej w czasie, gdy byłem w szkole średniej, miałem gotową krytykę moralną, która wkrótce doprowadziła mnie do działalności politycznej. Nadal uważam, że moim najlepszym tekstem, który napisałem do gazety szkolnej, był artykuł wstępny broniący – na podstawie katolickich zasad „sprawiedliwej wojny" – studentów, którzy odrzucali powołanie do armii.

Moje wczesne doświadczenia posoborowe cechowała oczywiście powierzchowność. Więcej czasu spędzałem z kredkami i kartonem niż z Biblią, a gdy moi starsi katoliccy koledzy od czasu do czasu śpiewali *Panis Angelicus* czy jakiś inny hymn, czułem się niedokształcony, ponieważ nie znałem słów. Czasami dochodziło do bezkrytycznego przyjmowania kultury. Gdy młody ksiądz w sztuce *Mass Appeal* skarży się, że kiedy idzie na mszę w święto Wniebowzięcia, słyszy, jak chór śpiewa na całe gardło *Leavin' on a Jet Plane*, wzdrygam się ze zrozumieniem.

Pomimo banalności nie mogę oprzeć się uczuciu, że punkt odniesienia tego, co przeżyłem, był właściwy: doszedłem do przekonania, że bycie katolikiem oznacza troskę o świat i o innych ludzi, oznacza też szukanie w tych zainteresowaniach Boga.

Gdy spoglądam na to z perspektywy czasu, zdaję sobie sprawę, że moje przeżycie nie było takie jednoznaczne. Wiem, że część osób – nawet w moim rodzinnym miasteczku w zachodniej części stanu Kansas – miała zdecydowanie odmienną wizję Kościoła, a to, co działo się w moich szkolnych klasach i parafii, sprawiało im wielki ból. Jeden z nich, kapucyn, który udzielał mi pierwszej komunii świętej, dzisiaj ma program w kanale Mother Angelica w telewizji kablowej EWTN. Niedawno słyszałem, jak mówił ludziom, że nie powinni chodzić na śluby ludzi innego wyznania, ponieważ jest to tożsame z powiedzeniem młodej parze: „Cieszę się, że idziecie do piekła". Jako dziecko i młody mężczyzna nie bardzo jednak zdawałem sobie sprawę z tych głosów sprzeciwu. Katolicyzm, w którym się wychowałem – wierny, ale ewoluujący, otwarty na odmienne opinie, zaangażowany w sprawy społeczne – należał, jak zakładałem, do „głównego nurtu".

Odnosi się to nadal do ogromnej większości dorosłych katolików, z którymi pracuję, modlę się i utrzymuję kontakty towarzyskie. Gdyby to zależało od nich, Kościół jutro prawdopodobnie wyświęcałby kobiety i żonatych mężczyzn, zgadzałby się na kontrolę urodzin i przestałby wymagać przysiąg wierności. Sondaże wskazują, że stanowisko moich przyjaciół i kolegów odzwierciedla poglądy poważnej większości katolików w świecie zachodnim. Ponieważ są to ludzie, z którymi dzielę życie, poglądy te wydają mi się oczywiste i niemal nieuchronne. Dopiero gdy na początku lat dziewięćdziesiątych XX w. zacząłem zawodowo pisać o katolicyzmie, uświadomiłem sobie, jak wiele poważnych postaci w Kościele uważa ten rodzaj katolicyzmu za błąd. Postrzegają go jako efekt turbulencji, które zawsze wywołuje sobór powszechny, i są zdecydowani ponownie poddać go kontroli.

Oczywiście zawsze miałem wrażenie, że papież i Watykan są „bardziej konserwatywni" niż większość ludzi, których znałem. Byłem jednak nieprzygotowany na głębię przepaści, jaka zdawała się dzielić katolicyzm, w którym ja wyrosłem, od oświadczeń płynących z Watykanu i formułowanej tam polityki. Punktem zwrotnym był dla mnie grudzień 1997 roku, pięć miesięcy po rozpoczęciu pracy w „National Catholic Reporter", gdy przydzielono mi zadanie przygotowania artykułu o nowym oświadczeniu Watykanu w kwestii świeckiej posługi duszpasterskiej. W żargonie technicznym był to dokument „międzydykasterialny", to znaczy, że został wydany jednocześnie przez kilka watykańskich urzędów, a jego zasadniczą myślą było ponowne podkreślenie ostrego rozróżnienia między laikatem i wyświęconym stanem kapłańskim. Autorzy byli przekonani, że zacieranie tej różnicy, gdy księży postrzega się jako członków społeczności, którzy wyróżniają się raczej funkcją niż istotą, było jednym z głównym problemów stojących przed Kościołem. Wówczas zdałem sobie sprawę, że nie mam pojęcia, jak Kościół musi wyglądać w oczach tych, którzy sporządzają takie dokumenty. Nie miałem pojęcia ani o potrzebach, które oni dostrzegają, ani o niebezpieczeństwach, które najwyraźniej widzą.

Uświadomiłem sobie również, że moja niewiedza przeszkadza mi w pracy dziennikarza. Poglądy, których w ogóle nie rozumiałem, mogłem przedstawić w postaci co najwyżej karykaturalnej. Musiałem przedrzeć się na drugą stronę własnych wyobrażeń, a w ostatecznym rozrachunku oznaczało to zmierzenie się z kardynałem Josephem Ratzingerem. Bardziej niż jakakolwiek inna postać współczesnego katolicyzmu, nawet bardziej niż papież Jan Paweł II, ucieleśnia on wrogość wobec „drugiego katolicyzmu", który przedstawiłem.

Tak na marginesie, przyjmuję założenie, że troski wyrażone w dokumencie poświęconym duszpasterstwu świeckich oraz w dziesiątkach podobnych do niego oświadczeń Watykanu są szczere. Nie podpisuję się pod teorią, że urzędnicy kurialni, tacy jak Ratzinger, prowadzą politykę wyłącznie w tym celu, by zabezpieczyć swoją władzę, chociaż nie przeczę, że takie względy, często nie uświadamiane, odgrywają pewną rolę w nadawaniu kształtu podejmowanym decyzjom. Jestem przekonany, że teologiczne argumenty Ratzingera są czymś więcej niż dokonywanymi *ex post facto* usprawiedliwieniami sprawowania władzy. Wierzę, że dokonana przez niego analiza Kościoła i świata jest szczera, i chciałem ją zrozumieć, a gdzie to konieczne, chciałem, żeby kwestionowała moje stanowisko. Jeśli dyskusja z Kościołem ma się kiedykolwiek posunąć naprzód, to wydaje mi się, że katolicy muszą uczynić coś więcej, niż tylko podawać w wątpliwość motywy postępowania drugiej strony. Muszą zrozumieć nawzajem swoje troski i dokonać pewnego wysiłku, żeby mówić tym samym językiem.

Znałem oficjalne katechetyczne uzasadnienie stanowiska, jakie zajmuje Ratzinger, ale chciałem czegoś więcej. Chciałem zrozumieć, jak jakikolwiek przywódca religijny we współczesnym świecie może wierzyć, że uciszanie i potępianie oraz zakazywanie lektury książek może spowodować coś innego niż tylko gorący opór i publiczną niewiarygodność. Chciałem wiedzieć, jak stanowiska, które wydawały się tak wyraźnie krzywdzące dla kobiet, tak szkodliwe dla życia intelektualnego, dla kwestii sprawiedliwości społecznej, o które Kościół tak bardzo się troszczy, mogą być tak głęboko zakorzenione i tak zażarcie bronione przez najlepszego i najbardziej błyskotliwego katolickiego biurokratę.

Dążąc do głębokiego zrozumienia, przeczytałem niemal wszystko, co Ratzinger napisał, i odkurzyłem podstawy języka niemieckiego, które poznałem na uzupełniających studiach magisterskich, żeby nie być ograniczonym jedynie do tych prac, które doczekały się przekładu na angielski. Rozmawiałem zarówno z przyjaciółmi, jak i wrogami kardynała, przeczytałem większość jego charakterystyk opublikowanych w ostatnich dwudziestu latach, przestudiowałem oficjalne teksty dokumentów, które wydał. Rozmawiałem z dziesiątkami ludzi, którzy studiowali u Ratzingera, którzy pracowali pod jego kierownictwem, którzy w oficjalnym życiu Kościoła zajmowali stanowiska zgodne z jego stanowiskiem lub z nim sprzeczne. Chciałem polecieć do Rzymu, żeby przeprowadzić z nim wywiad, ale mi odmówiono, chociaż miałem okazję porozmawiać z nim, gdy w lutym 1999 roku złożył wizytę w Menlo Park w Kalifornii. Spotkałem go jeszcze dwukrotnie, na europejskim synodzie w Rzymie jesienią 1999 roku.

Uczciwość wymaga, bym przyznał, że wizję Ratzingera (tak, jak formułuje ją dzisiaj; jego stanowisko wobec wielu zagadnień wewnętrznych Kościoła od początku jego kariery się zmieniło) cechuje głęboka logiczna spójność. Co więcej, Ratzinger nie jest mściwym starcem ogarniętym obsesją na punkcie władzy, a taki obraz często czai się w wyobrażeniach wielu osób z lewego skrzydła katolicyzmu. Ilekroć miałem sposobność go spotkać, był czarujący, nieśmiały i błyskotliwy. Obserwowałem go, postarzałego i najwyraźniej skrępowanego, jak pozwalał robić sobie zdjęcia podczas powitania, gdy przelewała się fala za falą gamoniowatych seminarzystów, przymilających się wielbicieli, gadatliwych nauczycieli akademickich, a nawet buddystów w szafranowych szatach. Przez cały ten czas zachowywał poczucie humoru i osobistą życzliwość, które wywarły na mnie głębokie wrażenie. Rozmawiałem z dziesiątkami osób, które dobrze znają Ratzingera, i wszyscy mówią o jego spokojnej, pogodnej naturze oraz niezwykłej umiejętności słuchania.

Biskup Peter Cullinane z Palmerston w Nowej Zelandii – z pewnością nie jest to kolega Ratzingera z prawego skrzydła – w czasie jego lutowej wizyty w Menlo Park w 1999 roku powiedział mi o nim:

> Bardzo żałuję, że kardynał Ratzinger ma złą prasę, myślę bowiem, że ludzie – z powodu mnóstwa uprzedzeń lub własnego stanowiska teologicznego – nie zawsze dają sobie szansę naprawdę posłuchać tego człowieka, tego, co ma do powiedzenia. Jest człowiekiem niesamowitej wiary, ogromnej prawości, niezwykłego intelektu oraz wielkiego oddania. Życzyłbym sobie po prostu, żeby ludzie uważniej wysłuchali tego, co on mówi, co kryje się za jego słowami, skąd przybywa, jaka teologia naprawdę ma dla niego znaczenie. Myślę, że gdyby ludzie naprawdę to zrobili, stwierdziliby, że jedna z największych przeszkód zniknęła.

Wysłuchawszy osobiście Ratzingera, uważam, że Cullinane ma rację. Mogę powiedzieć bez ironii i pomimo niedowierzania niektórych moich kolegów, że w tym mało prawdopodobnym przypadku, gdybym miał okazję wyspowiadać się u Ratzingera, nie wahałbym się otworzyć przed nim duszy, tak jestem przekonany o jasności jego myśli, jego prawości oraz oddaniu kapłaństwu.

Na koniec jednak pragnąłbym też, żeby Joseph Ratzinger podjął taki sam wysiłek intelektualny i egzystencjalny dla zrozumienia katolicyzmu, w którym się wychowywałem, jaki ja podjąłem, by zrozumieć katolicyzm, którego obronie poświęcił ostatnie dwadzieścia lat. Jestem przekonany, że Ratzinger jest przenikliwy i szczery, a mimo to nie mogę życzyć mu powodzenia w ograniczaniu ewoluującego, społecznie zaangażowanego, współczującego katolicyzmu, który był inkubatorem mojej wiary. Jestem przekonany, że jego głosu należy z szacunkiem wysłuchać i z szacunkiem go zakwestionować. Mam nadzieję, że ta książka wniesie pewien wkład do tej dyskusji.

Należy poczynić tu dwie uwagi natury technicznej. Po pierwsze, Ratzinger stara się przeprowadzić wyraźne rozróżnienie między swymi pracami jako teologa i dokumentami opracowanymi pod swoim kierownictwem w Kongregacji Nauki Wiary. „Nigdy nie ośmieliłbym się wykorzystać decyzji podejmowanych przez kongregację do narzucania moich koncepcji teologicznych chrześcijanom. (...) Rolę swoją postrzegam jako koordynatora wielkiej grupy roboczej" – powiedział w 1996 roku. Gdy jednak studiowałem dzieła zebrane Ratzingera, stało się oczywiste, że w wielu dokumentach kongregacji w ciągu ostatnich dwudziestu lat można znaleźć wątki i wyrażenia wyraźnie typowe dla wielkiego teologa. Na przykład całe ustępy z instrukcji z 1984 roku na temat teologii wyzwolenia mogłyby równie dobrze pochodzić z osobistej pracy Ratzingera poświęconej eschatologii. W tych wypadkach, gdy dla zilustrowania myśli Ratzingera cytuję dokumenty kongregacji, czynię to, uznawszy, że dany dokument wyszedł w znacznej mierze spod jego pióra.

Po drugie, uwaga na temat pisowni imienia Ratzingera. W języku niemieckim zbitkę „ph" zwykle oddaje się prostym „f", więc na ogół jest to „Josef", a nie „Joseph". W wypadku Ratzingera, chociaż w niektórych jego niemieckich pracach stosuje się tę powszechniejszą formę, w jego watykańskim papierze listowym stosuje się „Joseph", podobnie jak we wszystkich przekładach angielskich. Stąd właśnie przyjęta przeze mnie konwencja. Upodobanie Ratzingera do formy „ph" nie jest też świeżej daty – tak napisał swoje imię na obrazku prymicyjnym, po niemiecku, w 1951 roku.

Książka ta jest owocem mojego trudu, dlatego też za wszelkie jej grzechy, będące skutkiem zarówno zaangażowania, jak i zaniedbania, winę ponoszę wyłącznie ja. Czuję się jednak zobowiązany złożyć podziękowania tym osobom, z których pomocy korzystałem przy pracy nad tą książką. Michael Farrell, mój redaktor naczelny w „National Catholic Reporter", nie szczędził książce w trakcie jej powstawania krytycznych uwag, ale też wykazał się wielką elastycznością, dzięki której mogłem doprowadzić pracę do końca. Podobnie moi koledzy Tom Roberts i Tom Fox pomagali mi swoimi uwagami. Profesjonalne umiejętności korektorskie Gill Donovan oraz reakcje na treść były ogromnie pomocne. Eugene Kennedy i Robert Blair Kaiser przeczytali wczesne szkice książki i nie żałowali słów zachęty. Kilku dawnych doktorantów Ratzingera, zwłaszcza Joseph Fessio, Hansjürgen Verweyen,

Michael Fahey i Charles MacDonald, zaproponowało istotne punkty widzenia. Franz Haselbeck z archiwów państwowych w Traunstein w Bawarii był niezwykle życzliwy, umożliwiając prowadzenie badań na odległość. Pozostałym osobom służącym informacjami i przyjaciołom, którzy z różnych powodów muszą pozostać bezimienni, szczerze dziękuję.

Studentom kursu dziennikarstwa w Notre Dame High School w Sherman Oaks w Kalifornii w latach 1993–1997 dziękuję za to, że pierwsi rozbudzili moją pasję pisania i dziennikarstwa. Chciałbym szczególnie wspomnieć Song Chong, Joela Feldmana, Mayę Kelly, Davon Ramos, Kathy Wang i Christinę Almeidę, w tych latach moich redaktorów naczelnych, których uważam za kolegów i przyjaciół.

Składam podziękowania żonie Shannon Levitt-Allen za wystawioną na długą próbę cierpliwość i niezmienne przekonanie, że ta książka ujrzy światło dzienne. Dedykuję tę książkę mojej matce Laurze Ileene Allen, która zmarła przedwcześnie 25 stycznia 1999 roku. Jej nieustanna wiara we mnie, nawet niezasłużona i nieuzasadniona, zawsze podtrzymywała mnie na duchu. Dedykuję tę książkę również moim dziadkom Raymondowi i Laurze Frazier, których niesłabnąca miłość do mojej matki w każdym momencie jej życia stanowi dobitne świadectwo zdolności tego świata do dobra.

Rozdział 1

Dorastanie w cieniu Hitlera

Joseph Aloysius Ratzinger urodził się 16 kwietnia 1927 roku i był najmłodszym z trojga dzieci w bawarskiej rodzinie z niższej klasy średniej. Zaledwie miesiąc później Charles Lindbergh pierwszy przeleciał samotnie nad Atlantykiem samolotem *Spirit of Saint Louis*. Droga Lindbergha ponownie przetnie się – w odległy sposób – z drogą Ratzingera. W latach trzydziestych XX w. bowiem okazał się on jednym z czołowych amerykańskich sympatyków narodowego socjalizmu. W 1941 roku wygłosił słynne przemówienie, w którym wymienił trzy siły wciągające Amerykę w wojnę: „Brytyjczycy, Roosevelt i Żydzi". Audycje radiowe z tą uwagą nadawano w całych Niemczech, bez wątpienia można było je usłyszeć w rodzinnym mieście Ratzingera Traunstein. Naziści zadbali o to, by odbiorników radiowych było pod dostatkiem i by były tanie, żeby ich propaganda mogła dotrzeć do każdego zakątka Rzeszy.

W 1927 roku w Rzymie Pius XI, będący papieżem od pięciu lat, bardziej interesował się nasilającym się oddaniem jego świętu Chrystusa Króla niż gromadzącymi się nad Europą chmurami wojny. Republika weimarska w Niemczech dogorywała; z jednej strony wisiała nad nią groźba bolszewickiego powstania robotników, z drugiej – niebezpiecznie naciskały różne frakcje konserwatywne i nacjonalistyczne. Przywódcą narodowych socjalistów był Hitler, mimo że nie miał obywatelstwa niemieckiego. W 1925 roku zrzekł się obywatelstwa austriackiego, a niemieckie przyznano mu dopiero w 1932 roku, w przededniu ubiegania się przezeń o urząd prezydencki. Mniej więcej w czasie, gdy urodził się Ratzinger, Hitler przyjął do swojej drużyny nowego publicystę, Josepha Goebbelsa.

W wiejskiej południowej Bawarii 16 kwietnia 1927 roku był śnieżnym, przenikliwie zimnym dniem. Bawarczycy to twardy lud, częściowo dlatego, że z powodu bliskości Alp mają pogodę należącą do najgorszych w środkowej Europie. Na dodatek Ratzinger przyszedł na świat lodowatym rankiem o 4.15, tak więc jego starszemu rodzeństwu nie pozwolono iść do kościoła na jego chrzest z obawy, że się rozchorują.

Być może było to zrządzenie losu, że Ratzinger urodził się w Wielką Sobotę, a jego rodzice nosili imiona Josef i Maria. Podobnie jak inne dziecko Józefa i Marii, gdy dorósł, stał się symbolem sprzeczności – dla jednych skandalem, dla innych kimś w rodzaju zbawiciela. Ratzinger w swojej autobiografii z 1998 roku wspomina, że ponieważ urodził się w Wielką Sobotę, został ochrzczony świeżo poświęconą w Wielkanoc wodą w małym kościele parafialnym we wsi Marktl am Inn. Trudno nie doszukiwać się pewnego mistycznego znaczenia w tej scenie i Ratzinger nie stawiał oporu, postrzegając ją jako symbol ludzkiej kondycji w jej „niecałkowitej" relacji do Wielkanocy i zmartwychwstania.

Wspomnienia z dzieciństwa mającego obecnie siedemdziesiąt trzy lata Ratzingera należą do najsilniej powiązanych z jego rozumieniem tego, kim jest i w co wierzy. Obecnie, gdy się go słucha i czyta, uderzające jest, że Ratzinger rzadko wspomina lata swojego rozkwitu, od 25 do 45 roku życia, gdy zajmował się profesjonalnie teologią i zdobył szeroki rozgłos. Gdy chce uderzyć w autobiograficzną nutę, zawsze wraca do dawnych czasów spędzonych w jednym z czterech bawarskich miasteczek. Są to wspomnienia chwil bliskości z rodziną; niewzruszonego jak skała katolickiego etosu Bawarii, znajdującego wyraz w liturgii i prostej wierze ludzi; własnego przebudzenia intelektualnego za sprawą języków klasycznych i literatury; i w końcu wstrząsów politycznych i społecznych tamtych czasów, z których najbardziej dramatyczne było powstanie i upadek Trzeciej Rzeszy Hitlera.

Pamięć jednak jest wybiórcza. Gdy ludzie spoglądają wstecz na swoje życie, pamięć staje się redaktorem tak opracowującym obrazy, żeby były spójne z aktualnym rozumieniem siebie. Ludzie na nowo interpretują i zniekształcają swoją przeszłość w świetle bieżących interesów i priorytetów. Aby zatem w pełni zrozumieć Ratzingera, konieczne jest uzupełnienie przedstawionego przez niego obrazu, wydobycie pewnych elementów z pierwszego okresu jego życia, które w jego wydanych wspomnieniach i uwagach zostały pominięte.

Szczególnie interesujący jest najsłynniejszy przed Josephem członek rodziny Ratzingerów, jego stryjeczny dziadek Georg Ratzinger (nie należy mylić go z bratem Josepha o tym samym imieniu). Georg był buntownikiem w Kościele i poza nim, a ludzie, którzy dzisiaj znają

Josepha Ratzingera, niekiedy wyrażają pragnienie, żeby miał w sobie odrobinę więcej ze swojego słynnego krewnego. Jak się przekonamy, Georg Ratzinger miał również wady.

Na szczególną uwagę zasługuje również kwestia Ratzingera i Trzeciej Rzeszy. Ani on, ani żaden z członków jego rodziny nie byli narodowymi socjalistami. Ratzinger kilka razy wspominał, że krytykowanie przez jego ojca nazizmu było przyczyną czterech przeprowadzek rodziny w ciągu pierwszych dziesięciu lat życia chłopca. Sam ten sprzeciw nie jest niczym niezwykłym – wielu niemieckich katolików narzekało na wtrącanie się partii w sprawy Kościoła. Ani starszy Ratzinger, ani żaden z dwóch synów nie uczestniczyli w żadnej formie oporu. Chociaż dzisiaj Ratzinger nazywa taki opór „niemożliwym", w rzeczywistości w jego najbliższym otoczeniu istniało kilka jego rodzajów, na przykład partia komunistyczna, świadkowie Jehowy i współwyznawcy katolicy.

Ważniejsze jest pytanie, jakie wnioski Ratzinger wyciąga z wojny. Ujrzawszy faszyzm w działaniu, Ratzinger jest dzisiaj przekonany, że najlepszym antidotum na polityczny totalitaryzm jest totalitaryzm kościelny. Innymi słowy, wierzy, że Kościół katolicki służy sprawie ludzkiej wolności, ograniczając wolność jego życia wewnętrznego, a więc jasno określając, czego naucza i w co wierzy. Stanowiska tego broni umiejętnie, ale jest ono uderzająco odmienne od wniosków, jakie wyciąga wielu niemieckich kolegów teologów Ratzingera, którzy również przeżyli epokę nazizmu.

Jeśli dzieciństwo przeżyte pod władzą nazistów stanowi jeden nurt wpływu na młodego Ratzingera, drugim było jego intelektualne przebudzenie w seminarium i na studiach doktoranckich. Jego umysł przepełniały obrazy i argumenty różnych myślicieli, których poznał. Czterech z nich miało nań wielki wpływ intelektualny: święci Augustyn i Bonawentura, Guardini i Balthasar.

Modna dzisiaj szkoła myśli filozoficznej twierdzi, że tożsamość człowieka jest tworzona przez umysłowy „tobołek", mając na myśli jedyny w swoim rodzaju zbiór wspomnień uporządkowanych i przywoływanych w indywidualny sposób. Aby zatem zrozumieć Josepha Ratzingera, musimy się dowiedzieć, co znajdowało się w jego tobołku.

Bawaria

Niemal tak bardzo jak Jan Paweł II jest Polakiem, Ratzinger jest Bawarczykiem. W 1998 roku, gdy na konferencji prasowej przedstawiał swoją autobiografię światu niemieckojęzycznemu, uczynił to w Kloster Andech w Górnej Bawarii. Przedstawiając Ratzingera, opat Odilo Lechner w mowie pochwalnej na jego cześć powiedział: „Zawsze jasno twierdziłeś, że niebo i ziemia w Bawarii są ze sobą związane w szczególny sposób".

Po upadku Cesarstwa Rzymskiego Bawaria została podzielona na trzy części: północną, zamieszkaną przez Franków, zachodnią, którą zajmowali Alemanowie, oraz południową i wschodnią, zamieszkaną przez Bawarów, lud, od którego ostatecznie region ten wziął nazwę. Podział ten istnieje do dzisiaj, ponieważ Bawaria jest zlepkiem trzech różnych regionów: Frankonii na północy, Szwabii na zachodzie i „prawdziwej Bawarii" na południu i wschodzie. Rodzina Ratzingera pochodzi z tej właśnie, południowo-wschodniej części.

Królowie Bawarii z dynastii Wittelsbachów byli przeciwnikami reformacji i w XVI w. Bawaria stała się oficjalnie – i ściśle – katolickim państwem. Nawet dzisiaj, gdy wyląduje się ze spadochronem w przypadkowo wybranym miejscu w Bawarii, w polu widzenia znajdzie się katolicki kościół lub kaplica. Jezuita Michael Fahey, student Ratzingera w czasach, gdy przebywał on w Tybindze, mówi, że dla zrozumienia jego mistrza jest to kwestia niezwykle istotna. Jest on duchowo i kulturowo Bawarczykiem, co oznacza, że najlepiej czuje się w otoczeniu wyłącznie katolickim. Dorastając, nie przyswoił sobie uznania dla różnorodności i jednym z elementów jego charakteru pozostaje preferencja homogeniczności.

Wittelsbachowie nie zawsze panowali nad obszarem stanowiącym dzisiejszą Bawarię. Przez kilka stuleci znaczną częścią terenów, na których dorastał Ratzinger, rządził arcybiskup Salzburga. Dostały się one Bawarii dopiero w czasach Napoleona. Ratzinger pisze, że dorastał pod urokiem Salzburga, a zwłaszcza jego najwybitniejszego syna, Mozarta.

W wojnie Prus z Austrią w 1866 roku Bawaria wystąpiła przeciwko Prusom, ale Wittelsbachowie pozostawali pod takim wrażeniem okazanej przez Bismarcka po zwycięstwie łaskawości, że przyłączyli się do jego federacji na czas, by się znaleźć po stronie zwycięzców w wojnie francusko-pruskiej w 1870 roku. Na mocy uzgodnień federacyjnych Bawaria zachowała własną armię, pocztę i koleje. Miała również własną służbę dyplomatyczną, dzięki czemu młody Eugenio Pacelli mógł zostać mianowany w 1917 roku nuncjuszem papieskim w Bawarii, zanim został wybrany na papieża Piusa XII w 1939 roku. W 1918 roku ostatni król z dynastii Wittelsbachów został zmuszony przez państwa koalicji do abdykacji. Powołano socjalistyczny rząd Kurta Eisnera. Stracił on jednak życie w 1919 roku w przewrocie komunistycznym, który skończył się proklamowaniem Bawarskiej Republiki Rad, jedynego takiego rządu, jaki kiedykolwiek powstał w Europie Zachodniej. To krótko istniejące państwo zostało szybko i krwawo zlikwidowane przez armię niemiecką. Dni rozlewu krwi w roku 1919 bardzo zaważyły na wyobraźni politycznej Bawarczyków przez wiele następnych lat; Ratzinger urodził się zaledwie osiem lat później, a instynktowny strach przed inspirowaną marksizmem przemocą ciągle był jeszcze świeżym wspomnieniem jego ziomków. Sam Pacelli był na celowniki członków bawarskiej „Czerwonej Gwardii", która proklamowała powstanie republiki rad. Przeżycie to nasiliło tylko jego zażarty antykomunizm. Należy jednak zauważyć, że do rozlewu krwi w Bawarii nie doszło za rządów komunistycznych rewolucjonistów, lecz w ciągu tygodnia terroru po ich zlikwidowaniu, kiedy to armia rozstrzelała ponad tysiąc ludzi.

W miarę jak sytuacja się pogarszała, Bawaria podzieliła się między zwolenników wspieranej przez katolików partii Centrum i narodowych socjalistów, wraz z niewielkimi, ale znaczącymi grupami zwolenników socjalistycznych demokratów i komunistów. Po wyborze Hitlera na kanclerza Bawaria skorzystała z ogólnego uzdrowienia gospodarczego, które objęło całe Niemcy. W ostatnich stadiach wojny na Bawarię spadły bomby państw koalicji i dotknęły ją trudności związane z okupacją, lecz ponieważ Bawaria znalazła się w amerykańskiej strefie okupacyjnej, warunki po wojnie były tu nieco lepsze niż gdzie indziej.

W następnych dziesięcioleciach charakter Bawarii stanowił zwierciadlane odbicie charakteru pozostałej części Niemiec: był społecznie i politycznie konserwatywny, a gospodarczo kwitnący. Obecnie Bawaria jest jednym z najbardziej tradycyjnych kulturowo i politycznie konserwatywnych regionów kraju. Pomimo sukcesu gospodarczego Bawaria w znacznym stopniu oparła się urbanizacji. Na początku lat dziewięćdziesiątych XX w. niemal połowa ludności wciąż żyła w miejscowościach poniżej pięciu tysięcy mieszkańców. Ratzinger dorastał w kilku z tych bawarskich osad, a jego rodzina ma głębokie korzenie w bawarskiej ziemi.

Stryjeczny dziadek Georg

Przed kardynałem najsłynniejszym Ratzingerem był stryjeczny dziadek Josepha, Georg, jedna z wybitnych postaci dziewiętnastowiecznej Bawarii[1]. W wydanej w 1958 roku w Ratyzbonie specjalnej antologii bawarskich postaci Georg Ratzinger znalazł się na liście tysiąca najważniejszych osobistości Bawarii w ciągu półtora tysiąca lat. Sławę zdobył jako dziennikarz, pisarz i polityk. Przez wiele lat wydawał wiele gazet, między innymi „Wochenblattes für katholische Volk" i „Volksfreundes". Jego najbardziej znaną książką była *Die Volkswirthschaft in ihren sittlichen Grundlagen* („Etyczne podstawy gospodarki"), która ukazała się w 1881 roku, a w 1885 miała drugie wydanie. Ratzinger był dwukrotnie wybierany do gremiów ustawodawczych Bawarii i Cesarstwa Niemieckiego.

W świetle tego, kim stał się Joseph Ratzinger, trzy aspekty życia jego stryjecznego dziadka są najbardziej interesujące: jego związek z Johannem Ignazem von Döllingerem, „obrona ubogich" w jego karierze politycznej oraz jego antysemityzm.

Georg Ratzinger urodził się w Rickering w Bawarii w 1844 roku w rodzinie chłopskiej. Uczył się w gimnazjum w Pasawie i studiował teologię katolicką na uniwersytecie w Monachium. Tam zdobył nagrodę za dysertację na temat dziejów troski Kościoła o biednych. W okresie uniwersyteckim (lata 1863–1867) Ratzinger studiował pod kierunkiem najbardziej kontrowersyjnej postaci katolicyzmu tamtych czasów, Johanna Ignaza von Döllingera, którego później został asystentem.

Döllinger wtedy dał się poznać jako zaciekły krytyk rzymskiego centralizmu i ruchu w kierunku absolutyzmu papieskiego zwanego „ultramontanizmem" (co znaczy „za górami"; odnosi się to do faktu, że najwięksi zwolennicy autorytarnego papiestwa znajdowali się we Francji, Anglii i Niemczech, a nie we Włoszech. Włosi prowadzili w tamtym czasie wojnę z papiestwem w celu zjednoczenia państwa. Jedną z największych ironii współczesnego życia w Rzymie jest to, że codziennie w południe daje się słyszeć wystrzał armatni dla uczczenia włoskiego zwycięstwa nad papieżem!). Główną koncepcją Döllingera był „organiczny rozwój" tradycji kościelnej; pogląd ten podzielał również John Henry Newman z Anglii. Na początku swojej kariery Döllinger wykorzystał tę koncepcję do odparcia protestantyzmu, który postrzegał jako niemożliwą do przyjęcia przerwę w historycznej ciągłości. Później zaczął uważać, że największym wrogiem historycznej ciągłości w Kościele jest samo papiestwo, że jego roszczenia do absolutnej władzy są obce prawdziwemu rozumieniu katolicyzmu.

W 1863 roku Döllinger zorganizował (prawdopodobnie z pomocą Georga Ratzingera) w Monachium kongres stu teologów katolickich. W wykładzie otwierającym kongres ostro rozprawił się ze scholastyką, wąską szkołą teologii opierającą się na szczególnym odczytaniu św. Tomasza z Akwinu i uważaną przez Rzym za oficjalną teologię Kościoła. Żądał zapewnienia przez władze watykańskie niezależności naukowej.

Mniej więcej w tym samym czasie Döllinger zaproponował stworzenie niemieckiego Kościoła narodowego, na którego czele miał stać metropolita, jedynie symbolicznie związanego z papiestwem. W podobnym duchu wezwał do kształcenia niemieckich księży raczej na uniwersytetach, a nie w seminariach. Ta ostatnia sugestia stała się w mniejszym lub większym stopniu typową praktyką. Jak na ironię, to właśnie Döllinger przekonał biskupów niemieckich, żeby się regularnie spotykali. Zebrania te zapowiadały powstanie konferencji biskupów, z których władzą Joseph Ratzinger będzie później walczył z całych sił.

W 1867 roku, w wykładzie inaugurującym rok akademicki, jako rektor Uniwersytetu Monachijskiego Döllinger posunął się jeszcze dalej: „Papiestwo opiera się na bezczelnym zafałszowaniu historii – oświadczył. – Będąc u swego zarania fałszerstwem, przez długie lata swojego istnienia wywierało zgubny wpływ zarówno na Kościół, jak i państwo". Nikogo nie zdziwiło, że gdy Sobór Watykański I uchwalił dogmat o nieomylności papieża, to Döllinger stanął na czele opozycji. W marcu 1871 roku został ekskomunikowany i wyrzucony z uniwersytetu. Zaprzyjaźnił się z nim jednak Ludwik II Bawarski i teolog zaczął robić wielką karierę polityczną. Chociaż stwierdził, że należy do starych katolików, którzy oderwali się od Rzymu w związku z zagadnieniem nieomylności papieża „z przekonania", nigdy nie uczestniczył w ich nabożeństwach i nie zgodził się zostać ich pierwszym biskupem. Po ekskomunice nadal brał udział w katolickich mszach świętych, ale nie otrzymywał komunii.

Georg Ratzinger, którego wyświęcono na kapłana w 1867 roku, zrezygnował z asystentury u Döllingera, by objąć swoją pierwszą parafię w Berchtesgaden. Nie ma żadnych dowodów, że kiedykolwiek publicznie popierał stanowisko swojego mistrza w sprawie Kościoła, chociaż wskazywałyby na to dwa intrygujące fakty. Po pierwsze, Ratzinger dobrowolnie wystąpił ze stanu kapłańskiego w 1888 roku, kiedy to zlaicyzowani księża byli rzadkością. Po drugie, politycznie Ratzinger oddalał się od partii Centrum, powszechnie uznawanej za katolicką, a zbliżał ku zdecydowanie antyklerykalnym partiom chłopskim i robotniczym. W każdym razie Ratzinger był asystentem Döllingera przez cztery lata, od 1863 do 1867 roku, w czasie których jego antypapieskie poglądy przybrały najostrzejszą postać.

Politycznie Georg Ratzinger był apostołem nowej katolickiej nauki społecznej, po raz pierwszy oficjalnie sformułowanej w *Rerum novarum* Leona XIII w 1891 roku. Chodziło o stworzenie chrześcijańskiej alternatywy zarówno dla marksizmu, jak i kapitalizmu, o opracowanie projektu państwa opartego na katolickich wartościach społecznych. Georg Ratzinger zasiadał w bawarskim Landtagu od 1875 do 1878 roku i ponownie w latach 1893–1899 oraz w ogólnokrajowym Reichstagu w latach 1877–1887 i 1898-1899. Pierwszą kadencję w każdej z tych izb spędził z ramienia Socjaldemokratycznej Partii Robotników, partii katolickiej założonej w 1869 roku w celu zwalczania efektów kulturkampfu w Bawarii. Drugą kadencję w obu izbach pełnił jako delegat nowej Bauernbund, Partii Chłopskiej, którą pomagał założyć w 1893 roku. Między tymi okresami był członkiem Centrum.

Poza ironią losu, że Ratzinger sprawował jako ksiądz wybieralny urząd (co Joseph Ratzinger, jak również papież Jan Paweł II, postrzega jako zdradę stanu kapłańskiego), w jego polityce występuje szczególny stopień poetyckiej sprawiedliwości. Była w XIX w. w pewnym sensie tym, czym w XX w. próbowała się stać teologia wyzwolenia w Ameryce Łacińskiej: sposobem wzmocnienia pozycji ubogich i przełożenia katolickiej nauki społecznej na język oficjalnej polityki.

W latach sześćdziesiątych XIX w. powstało w Bawarii wiele stowarzyszeń chłopskich, których celem była ochrona małych i średnich gospodarstw rolnych przed zaborczością dużych posiadaczy ziemskich oraz finansowych i przemysłowych klas wyższych. W latach osiemdziesiątych XIX w., gdy Niemcy pogrążyły się w przedłużającym się kryzysie gospodarczym (który między innymi przyczynił się do powstania fali emigracji do Stanów Zjednoczonych), wiele z tych małych gospodarstw rolnych było zagrożonych, podobnie jak cały szereg małych przedsiębiorstw, które nagle stanęły wobec rosnących długów i zwiększających się obciążeń podatkowych. Wielu zwykłych ludzi wyznania katolickiego w Bawarii odnosiło wrażenie, że Centrum jest zbyt ściśle związane ze szlachtą, z nowymi elitami handlowymi i wyższymi hierarchami Kościoła i że nie dba o ich interesy.

W takim klimacie Bauernbund jawiła się jako polityczna alternatywa, która będzie bronić interesów ubogich ludzi z obszarów wiejskich, a jednym z jej przywódców był Georg Ratzinger. Założenie Bauernbund było, żeby użyć późniejszego słownictwa, „preferowanym wyborem ludzi ubogich" samego Ratzingera. Był skłonny przeciwstawić się władzy kościelnej, która sama identyfikowała się z partią Centrum. Ratzinger wielokrotnie przemawiał w legislaturze bawarskiej i ogólnokrajowej, grzmiąc przeciwko brutalności kapitalizmu.

Jeśli chodzi o kwestie polityczne, Bauernbund opowiadała się za populistycznym protekcjonizmem i postępowymi rozwiązaniami społecznymi, takimi jak prawo dotyczące pracy dzieci i płacy minimalnej. Głównym celem Bauernbund był system opieki społecznej, który chroniłby ubogich rolników i drobnych kupców przed cyklami zmiennej koniunktury gospodarczej. Popierali również upaństwowienie systemu oświaty i zniesienie izby wyższej parlamentu bawarskiego, w której dominowała szlachta i Kościół. We wszystkich tych kwestiach dolnobawarska frakcja Bauernbund Ratzingera była konsekwentnie najbardziej radykalna, co odpychało bardziej umiarkowanych członków z Frankonii i Szwabii. Ratzinger zmarł w 1899 roku, ale Bauernbund istniała dalej, stając się dla bawarskich chłopów tym, czym partia komunistyczna i socjaldemokratyczna były dla mas w miastach: partią sprzeciwu. W 1912 roku Bauernbund połączyła siły z socjaldemokracją i liberałami w wielkiej koalicji i – w tym znaczeniu – pomogła stworzyć polityczny fundament pod bawarską rewolucję rad.

Mroczniejsza strona charakteru Ratzingera ujawnia się w jego stosunku do Żydów. Uriel Tal w pracy „Chrześcijanie i Żydzi w Niemczech" uważa Georga Ratzingera za jedną z najważniejszych postaci, które ukształtowały nastroje antyżydowskie w kręgach katolickich dziewiętnastowiecznych Niemiec[2]. Z powodu kulturkampfu Bismarcka, zauważa Tal, doszło do silnej reakcji przeciwko świeckiej kulturze. Bismarck próbował zniszczyć katolicyzm jako zagrożenie dla stabilności państwa pruskiego, uciskając i przeprowadzając kasatę zakonów, przejmując katolickie szkoły i odbierając dotacje publiczne katolickim instytucjom. Przywoływał wartości oświecenia i świeckiej liberalności, a za propagatorów tej ideologii zaczęto uważać Żydów. Katolicki biskup Moguncji W. E. Freiherr von Ketteler wyraził ten pogląd w 1872 roku: „Głównym przedstawicielem rzekomo liberalnego germanizmu jest judaizm". Poza tą religijną przyczyną antyjudaizmu populistyczne zapędy ekonomiczne Ratzingera sprawiły, że zaczął obwiniać elity bankowe i finansowe – a dla niego oznaczało to głównie Żydów – o cierpienia swoich wiejskich wyborców w Bawarii. Te dwa poglądy skłoniły Georga Ratzingera do przyjęcia skrajnie antyżydowskiej postawy. W *Volkswirthschaft* na przykład sugeruje, że tradycyjne niemieckie wartości dyscypliny, skromności, trwałości rodziny i wiary chrześcijańskiej ulegały osłabieniu wskutek finansowej potęgi Żydów. Żydzi, jak zaczął to postrzegać Ratzinger, już na samym początku zdradzili etyczne zasady monoteizmu. Byli przebiegłymi ludźmi, którzy przenosili się z jednej kultury do drugiej i z jednej sfery gospodarki do innej, doprowadzając do ubóstwa, zepsucia i osłabienia. Teraz zajęli się rujnowaniem niemieckiej gospodarki i niemieckiej cywilizacji.

Ratzinger przedstawiał te koncepcje delikatnie w dziełach wydawanych pod własnym nazwiskiem, dosadniej w pracach pisanych pod pseudonimami. Do tych ostatnich zaliczają się *Jüdisches Erwerbsleben: Skizzen aus dem sozial Leben der Gegenwart* („Żydowskie wzbogacanie się: Szkice z obecnego życia społecznego"), wydana w 1892 roku, a następnie w 1893 i 1894, i *Das Judentum in Bayern: Skizzen aus der Vergangenheit und Vorschläge für die Zukunft* („Judaizm w Bawarii: Szkice z przeszłości i propozycje na przyszłość"), wydana w 1897 roku.

Jedyny opublikowany komentarz Josepha Ratzingera na temat jego stryjecznego dziadka, z tego co wiadomo, pojawił się w przeprowadzonym w 1996 roku przez niemieckiego dziennikarza Petera Seewalda wywiadzie, który później ukazał się w formie książki pod tytułem *Sól ziemi*. Warto przytoczyć go tu w całości:

> *Pytanie:* Dokumenty wspominają o Georgu Ratzingerze, który odegrał pewną rolę w dziejach Bawarii.
> *Ratzinger:* Georg Ratzinger był bratem mojego dziadka, czyli stryjem mojego ojca. Został duchownym, obronił pracę doktorską z teologii. Jako deputowany do Landtagu i Reichstagu był pionierem walki o prawa chłopów i w ogóle zwykłych ludzi. Występował – czytałem protokoły z posiedzeń Landtagu – przeciwko pracy dzieci, co w tamtych czasach uważano jeszcze za coś niebywałego, wręcz za bezczelność. Jak się zdaje, był nietuzinkowym człowiekiem. Funkcja, którą piastował, i poważanie, którym się cieszył jako polityk, sprawiały, że wszyscy byli zeń dumni.

Ratzinger miał wszelkie powody, żeby podziwiać swego stryjecznego dziadka, którego dzieła polityczne i literackie były imponujące.

Słychać tu też echo opisu obrony przez samego Josepha Ratzingera „prostych wyznawców" przed teologami, którzy pozbawiliby ich wiary. W tym wypadku być może widzi kontynuowanie przez siebie dzieła swego znamienitego przodka. Jednak Ratzinger nie może być nieświadom antysemityzmu swojego stryjecznego dziadka i rozsądne wydaje się oczekiwanie, że okazując uzasadnioną rodzinną dumę, skomentuje jakoś poglądy, które najwyraźniej odegrały pewną niezamierzoną rolę w stworzeniu warunków, jakie umożliwiły holocaust. Nie ma żadnych podstaw, by podejrzewać, że Joseph Ratzinger żywi jakiekolwiek uprzedzenia swojego stryjecznego dziadka wobec Żydów – w rzeczywistości w jego publicznych wypowiedziach roi się od potępień antysemityzmu – niemniej jednak Żydzi mogą odczuwać smutek z powodu jego milczenia w tej kwestii.

Cztery miasta rodzinne

Dzieciństwo Ratzingera upłynęło na obszarze trójkąta ograniczonego od zachodu rzeką Inn, na wschodzie rzeką Salzach, a na południu Alpami. Rzeki Inn i Salzach zlewają się na północy. Trójkąt ten obejmuje w sumie obszar około 256 kilometrów, na którym nie ma żadnego ośrodka miejskiego z prawdziwego zdarzenia. Składa się z małych – w niektórych wypadkach niezwykle małych – wsi i miasteczek. Przez większą część dziejów obszarem tym rządził Salzburg.

W rodzinie Ratzingerów było dwoje starszych dzieci, Maria (urodzona w 1921 roku) i Georg (1924). Ich ojciec był wiejskim żandarmem w randze komisarza, czyli *Gendarmerie-Kommissar*. Matka, Maria, była uzdolnioną kucharką, zwykle pracowała w małych hotelikach, które dzisiaj nazwalibyśmy pensjonatami. Maria i Josef pobrali się w 1920 roku. Josef zmarł w 1959 roku w wieku osiemdziesięciu dwóch lat; Maria zmarła w roku 1963, mając siedemdziesiąt dziewięć lat. Ratzinger stwierdził, że jego ojciec dał mu „krytyczny umysł", matka natomiast obdarzyła go „serdecznym zmysłem religijnym". Ojciec jednak z pewnością nie był osobą nierelgijną. Ratzinger wspomina, że jego ojciec w niedziele chodził do kościoła trzy razy, najpierw na mszę o szóstej rano, później na główną liturgię o dziewiątej, a potem jeszcze raz, po południu, na nabożeństwo.

Starszy brat Ratzingera Georg, także ksiądz, zrobił wielką karierę, był bowiem przez trzydzieści lat (od 1964 do 1994 roku) *Domkapellmeister*, czyli dyrygentem, *Domspatzen* w Ratyzbonie. Jest to słynny chór „wróbelków", mieszany, chłopięco-męski. Pod kierownictwem Ratzingera chór dokonał kilku udanych nagrań, podróżował po świecie, a w 1965 roku dostąpił zaszczytu występowania na sesji końcowej Soboru Watykańskiego II. W 1968 roku Georg otrzymał tytuł monsignora i godność protonotariusza apostolskiego – najwyższy stopień monsignora. Został odznaczony Bawarskim Orderem Zasługi.

Maria, siostra, wspierała rodzinę finansowo, gdy Georg i Joseph byli w seminarium. Następnie została sekretarką i gospodynią Josepha. Fahey jest przekonany, że Maria, już nieżyjąca, wywierała ogromny wpływ na Ratzingera; ilekroć kardynał mówi o tym, że „prości wyznawcy" mogą być zgorszeni jakimiś nowinkami teologicznymi, w opinii Faheya jest to prawdopodobnie odzwierciedlenie reakcji Marii.

Często przeoczanym faktem z życia Ratzingera jest to, że lata, w których kształtowała się jego osobowość, niemal dokładnie pokrywają się z okresem istnienia Trzeciej Rzeszy. Hitler doszedł do władzy w 1933 roku, gdy Ratzinger miał sześć lat, a wojna skończyła się w maju 1945 roku, gdy był osiemnastolatkiem. Chociaż rodzina Ratzingera była przeciwna narodowemu socjalizmowi, dojście nazistów do władzy w Niemczech miało głębszy kontekst: odzyskanie poczucia wspólnoty i władzy, nostalgia za przeszłością, docenienie wiary i poświęcenia, które w odczuciu większości Niemców zostały zaprzepaszczone przez liberalizm republiki weimarskiej. Ta fala tradycjonalizmu wyniosła Hitlera do władzy, ale zrodziła też tęsknotę i nadzieję w Kościele, które tak niedawno odrzucono jako przestarzałe. Były to dla niemieckiego kapitalizmu czasy na swój sposób romantyczne, optymistyczne i w takim właśnie kontekście religijne wyobrażenia Josepha Ratzingera nabierały kształtu.

Marktl am Inn

Ratzinger rozpoczyna swoje wydane w 1997 roku wspomnienia zatytułowane *Moje życie* uwagą, że niełatwo powiedzieć, które miasto jest tak naprawdę jego miastem rodzinnym. Jego rodzina przeprowadzała się czterokrotnie, zanim skończył dziesięć lat, co sprawiło, że czuł się związany bardziej z regionem niż z jakimś konkretnym miastem. Jak zostanie to szerzej omówione niżej, miejscem, które może rościć sobie największe prawa do miana domu rodzinnego Ratzingera, jest Traunstein, ponieważ tam właśnie spędził mające decydujące znaczenie lata od dziesiątego do szesnastego roku życia. Wszystko jednak zaczęło się od Marktl am Inn, miejscowości na zachodnim skraju górnobawarskiego trójkąta.

Rodzina mieszkała w dużym, chociaż skromnym, trzykondygnacyjnym drewnianym domu. Dzisiaj znajduje się na nim tablica mówiąca, że jest to miejsce urodzenia Ratzingera, „arcybiskupa Monachium-Fryzyngi". Nie została do chwili powstania tej książki uaktualniona. Marktl to miasteczko liczące 2750 mieszkańców żyjących w około tysiącu gospodarstw domowych; dane te utrzymują się na względnie stałym poziomie od czasów dzieciństwa Ratzingera. Jego ojciec, jako urzędnik państwowy pracujący na stanowisku nadzorczym, miał stałe dochody, co automatycznie odróżniało go od rolników, których pomyślność zależała od każdego deszczu i śnieżycy. Znajdował się o kilka szczebli wyżej na drabinie społecznej, chociaż jego pozycja nie dorównywała statusowi burmistrza czy przewodniczących różnych rad, które większość bawarskich wsi nadal posiada.

Życie w bawarskich wsiach takich jak Marktl było, w porównaniu ze standardami amerykańskimi, niezwykle unormowane. Nie można było polować w lasach ani łowić ryb w strumieniach należących do wsi bez pozwolenia, nie można było ubić własnego inwentarza bez zgłoszenia tego, nie można było wysiewać nowych roślin bez uzyskania zezwolenia, nie można było nawet przeprowadzić drobnych prac przy swoim domu bez uzyskania zgody władz wsi. System ten zapewniał stabilność i zgodę między sąsiadami. Oczywiście zapewniał też ciągłe zajęcie wiejskim żandarmom. Takie zdyscyplinowanie wyjaśnia, dlaczego większość Niemców po 1933 roku nie miała wrażenia, że żyje w państwie totalitarnym, ponieważ poziom ingerencji rządu w ich życie nie bardzo różnił się w stosunku do czasów sprzed dojścia Hitlera do władzy.

Chociaż Ratzinger był zbyt mały, żeby wiele pamiętać z Marktl (rodzina wyprowadziła się stamtąd, gdy miał zaledwie dwa lata), wie, że był to trudny czas dla rodziny i dla narodu, gdy republika weimarska wydawała ostatnie tchnienie. W *Moim życiu* pisze: „Panowało bezrobocie, kontrybucje wojenne obciążały niemiecką gospodarkę, antagonizmy między partiami skłóciły ze sobą ludzi, moją rodzinę dotknęły choroby".

Tittmoning

W 1929 roku Ratzingerowie przeprowadzili się do Tittmoning, położonego po drugiej stronie trójkąta nad rzeką Salzach – miejski most stanowi w rzeczywistości granicę z Austrią. Ratzinger mówi, że Tittmoning „pozostał krajem marzeń mojego dzieciństwa". Jest nieco większe od Marktl – obecnie ma 5697 mieszkańców.

Dominującą cechą życia kościelnego w Tittmoning jest *Stift*, rezydencja księży świeckich, mieszkających wspólnie w społeczności podobnej do członków zakonu. Było to dzieło Bartłomieja Holzhausera, katolickiego mistyka, który spisał również szereg apokaliptycznych wizji w czasie wojny trzydziestoletniej. *Stift*, jak mały zamek, góruje nad miasteczkiem. Również na wzgórzu nad rzeką Salzach znajduje się kaplica Ponlach, barokowa świątynia, którą Ratzinger wspomina z wielkim rozrzewnieniem. Wydaje się, że to właśnie spędzony w dzieciństwie czas w Tittmoning wywołuje najcieplejsze wspomnienia kardynała. Pisze o szczęśliwych dniach spędzanych na polu, o szukaniu rzeczy dotyczących pochodzenia rodziny i o pobożnych wycieczkach do kaplicy Ponlach. Opisuje odwiedziny u starszej pani w Tittmoning w Boże Narodzenie, której pamiątki rodzinne zajmowały dosłownie cały salonik, i to, jak bardzo uderzyła go siła jej prostej wiary.

Jak większość Niemiec, Tittmoning bardzo ucierpiało wskutek drugiej wojny światowej. W 1940 roku armia zajęła *Stift* na kwatery dla oficerów. Już na początku lat trzydziestych XX w. więzienie w Tittmoning wykorzystywano do przesłuchań i osadzania wrogów politycznych. Warunki nie były tutaj tak trudne jak w obozach koncentracyjnych – najbliższy znajdował się w Dachau, około siedmiu mil od Monachium – niemniej jednak tysiące więźniów zmarło w tych warunkach. Ratzingerowie wyprowadzili się stąd w 1932 roku, ale rodzina odwiedzała Tittmoning w latach trzydziestych i bez wątpienia Joseph wiedział o istnieniu tej placówki oraz miał pewne wyobrażenie o tym, co się tam dzieje.

W więzieniu w Tittmoning przebywał jeden z najbardziej niezwykłych więźniów Rzeszy – Josef Johan Cosmo Nassy (1904–1976), urodzony w Surinamie Amerykanin, którego przodkami byli Mulaci i Żydzi, innymi słowy – czarny amerykański Żyd. Nassy wyemigrował do Stanów Zjednoczonych w wieku piętnastu lat, wykształcił się na inżyniera dźwięku i uzyskał amerykański paszport. Przeniósł się do Belgii, ożenił się i właśnie w Brukseli naziści aresztowali go w 1942 roku, najwyraźniej dlatego, że był Amerykaninem, ale nic nie wiedzieli o jego żydowskim pochodzeniu. Sam nie był wyznania mojżeszowego, ale nie miało to znaczenia dla nazistowskich teoretyków rasowych. W Tittmoning nazistowscy strażnicy zmuszali Nassy'ego do wykonywania prac kuchennych i utrzymywania czystości, ale najwyraźniej nie znęcano się nad nim w żaden inny sposób. Został uwolniony wraz z pozostałymi więźniami w 1945 roku przez armię amerykańską.

Nassy, zarówno podczas wcześniejszego osadzenia w obozie w Belgii, jak i w Tittmoning wykonał serię ponad stu obrazów i rysunków, które obecnie uznawane są za arcydzieła czasów drugiej wojny światowej. Ukazują beznadziejność życia obozowego, wieże strażnicze i drut kolczasty, które wyznaczały granice życia więźniów. Pomimo stosunkowo łagodnych warunków w obozie, na twarzach Murzynów i Żydów w dziełach Nassy'ego widać niedolę, ból i często rozpacz. Obrazy te ukazują tę stronę życia w Tittmoning w latach trzydziestych i czterdziestych, o których Ratzinger nigdy nie wspominał. W 1989 roku w Yad Vashem, izraelskim Instytucie Pamięci Męczenników i Bohaterów Holocaustu, zorganizowano wystawę prac Nassy'ego.

Aschau am Inn

Ratzinger powiedział, że krytykowanie przez jego ojca nazistów zmusiło ich do kolejnej przeprowadzki, tym razem w 1932 roku do jeszcze mniejszej miejscowości, Aschau am Inn u podnóża Alp (a ściślej u podnóża liczącej 1669 metrów n.p.m. góry Kampenwand), leżącej w odległości siedmiu mil od największego jeziora Bawarii – Chiemsee. Ratzingerom przydzielono piękne mieszkanie na pierwszym piętrze starego domu wiejskiego, zbudowanego przez rolnika i wynajętego policji. Jako komisarz Ratzinger miał prawo do piętra; jego podwładny mieszkał na parterze, gdzie znajdowały się również biura. Z okna rozpościerał się widok na łąkę i staw z karpiami, w którym mały Joseph Ratzinger pewnego razu omal się nie utopił w czasie zabawy.

Aschau uchodzi za jedną z najpiękniejszych wiosek na świecie, z zachwycającym widokiem na Alpy i Priental, czyli dolinę Prien. Sąsiednia wieś była domem „Müllnera Petera", jednego z najsłynniejszych malarzy bawarskich. Oficjalnie wieś przedstawia się jako kurort uzdrowiskowy i ośrodek sportów zimowych. Jest również ważnym miejscem z punktu widzenia historii Kościoła – znajduje się tu pochodzący z XII w. zamek Hohenaschau, który góruje nad doliną. Jego

Schlosskapelle, kaplica zamkowa, stanowi zachwycający przykład barokowej architektury sakralnej, podobnie jak dwie wspaniałe wieże miejscowego kościoła. Właśnie w Aschau Ratzinger po raz pierwszy zakochał się w katolickiej mszy świętej. Pisze o tym, jak w czasie Wielkiego Tygodnia okna kościoła zasłaniano ciężkimi kotarami, żeby gdy ksiądz zaintonuje gromkim głosem *Chrystus zmartwychwstał* w czasie rezurekcji, okna można było odsłonić i cały kościół był nagle zalany światłem. „Było to robiące największe wrażenie przedstawienie zmartwychwstania Chrystusa, jakie mogę sobie wyobrazić" – napisał Ratzinger. W tym właśnie czasie Joseph otrzymał pierwszy *Schott*, czyli mszalik, z równoległym tekstem łacińskim i niemieckim, żeby ludzie mogli zrozumieć, co się czyta. Była to w rzeczywistości nowinka, jako że pojęcie „aktywnego uczestnictwa" wiernych we mszy świętej było związane z postępowym ruchem liturgicznym, który właśnie wtedy nabierał w Kościele wiatru w żagle. Początek swojego zamiłowania do liturgii Ratzinger datuje na ten właśnie okres.

Traunstein

W 1937 roku, w wieku sześćdziesięciu lat, ojciec Ratzingera zdobył uprawnienia emerytalne urzędnika państwowego i zakończył pracę zawodową. Rodzina ponownie się przeprowadziła, tym razem 6 marca 1937 roku, do domu na rogatkach Traunstein, jak dotąd największej miejscowości, w której mieszkał Ratzinger. Z powodu wielkości Traunstein Ratzinger był dużo bardziej narażony na polityczne i wojskowe zawirowania hitlerowskiej Rzeszy. Hitler nawet przebywał w Traunstein od 1918 do 1920 roku, najpierw jako strażnik w obozie jenieckim, a później jako rezerwista.

Traunstein to nazwa zarówno miasta, liczącego około 11 tysięcy mieszkańców, jak i otaczającego go *Landkreis* (powiat wiejski), obejmującego pewną liczbę wiosek otaczających miasto. W 1936 roku w Traunstein znajdowało się 55 takich miejscowości, których łączna liczba ludności wynosiła 60 344 przypadającej na 13 711 gospodarstw domowych[3]. Dzieci z wiosek chodziły do miasta do szkoły, ich rodzice na zakupy i plotki. W 1937 Ratzingerowie wprowadzili się do starego domu wiejskiego, który ojciec kupił w 1933 roku z myślą emeryturze. Znajdował się na skraju Traunstein, we wsi Hufschlag. Otaczały ją łąki, lasy, sadzawki i góry i dla młodego Ratzingera było to wymarzone miejsce.

Przez dwa lata Ratzinger codziennie szedł do szkoły w centrum miasta, co zajmowało mu około pół godziny. Program gimnazjum był typowy, z naciskiem na grekę i łacinę. Ratzinger zapisał, że dwóch dyrektorów jego szkoły zwolniono, ponieważ nie popierali nazistów, a miejscowy historyk Gerd Evers potwierdza, że dwóch nauczycieli, Carnier i Parzinger, zostało aresztowanych na trzynaście dni, natomiast dyrektora szkoły przewieziono do Monachium. Ratzinger jest przekonany, że filologia klasyczna sprzyja niezależności ducha: „Spoglądając wstecz, wydaje mi się, że kształcenie bazujące na dorobku starożytności greckiej i łacińskiej stanowiło duchową postawę, która odpierała zniewolenie przez totalitarną ideologię" – napisał. Mówi, że jego nauczyciel muzyki kazał poprawić nazistowski śpiewnik, wykreślając wyrażenia takie jak *Juda den Tod* („śmierć Judzie") i zastępując je *Wende die Not* („połóż kres naszej niedoli"). Ratzinger wspomina, że niedługo potem naziści rozpoczęli „reformę" oświaty, w której chodziło o usunięcie z programu gimnazjum lekcji łaciny i greki.

Także w Traunstein młody Ratzinger dał się zauroczyć Mozartowi, który pochodził z leżącego po drugiej stronie rzeki Salzach Salzburga. W 1996 roku Ratzinger pisał o muzyce Mozarta: „W żadnym wypadku nie można jej uznać za czystą igraszkę – słychać w niej cały tragizm ludzkiego bytu". W latach osiemdziesiątych kardynał powiedział, że stara się każdego dnia znaleźć piętnaście minut, żeby zasiąść do fortepianu i zagrać Mozarta i Beethovena. Brahms, stwierdził, jest za trudny.

W 1939 roku Ratzinger wstąpił do niższego seminarium w Traunstein – był to pierwszy etap jego kariery duchownego. Jego starszy brat Georg zaczął tam studia wcześniej i Joseph znał niektórych jego kolegów. Ucząc się w seminarium, musiał zamieszkać w szkole, co było nieprzyjemnym doświadczeniem, ponieważ wymagano od niego, żeby spędzał dwie godziny dziennie na boisku. Ratzinger, niezbyt wysportowany, niższy i słabszy od większości chłopców, miał dość tego, że dzień w dzień jest zawadą w swoim zespole.

W 1942 roku, gdy Hitler zaatakował Rosję, przebieg wojny zaczynał być niekorzystny dla Niemców. W końcu seminarium trzeba było zamienić w szpital wojskowy, a wszystkich studentów odesłano do domu. Georga powołano do wojska, natomiast Joseph wrócił do gimnazjum, gdzie – jak mówi – odkrył wspaniałą literaturę, szczególnie Goethego i Schillera, ale odczuwał również przygnębienie z powodu liczby ofiar śmiertelnych wśród żołnierzy, publikowanej codziennie w gazetach, wśród których znajdowali się jego dawni koledzy ze szkoły. Przebywał tu do 1943 roku, gdy zmuszono go do służby.

W 1941 roku członkostwo w Hitlerjugend stało się przymusowe i jego brat Georg wstąpił do tej organizacji. Później jako członka zarejestrowano też Josepha, chociaż po opuszczeniu seminarium nie brał udziału w żadnych zebraniach. Ratzinger stwierdził, że gdy znalazł się z powrotem w gimnazjum w Traunstein, wyrozumiały nauczyciel matematyki pozwolił, żeby płacił niższe czesne, pomimo że nie miał zaświadczenia z Hitlerjugend. Zatem Ratzinger był członkiem – wcale nie entuzjastycznym – Hitlerjugend bardzo krótko.

Sposób, w jaki Ratzinger przedstawia dzisiaj okres spędzony w Traunstein, sprawia wrażenie, jakby polityczny chaos i wojna były „gdzieś daleko", podczas gdy on zaczytywał się wspaniałą literaturą, grał Mozarta, wybierał się z rodziną na wycieczki do Salzburga i ślęczał nad łacińskimi koniugacjami. Jeśli już wojna dawała znać o sobie, to w postaci złorzeczenia jego ojca na nazistów czy notek w gazetach, mówiących o śmierci przyjaciół i kolegów ze szkoły w jakimś odległym miejscu. Prawda wygląda jednak tak, że okropności Rzeszy działy się na miejscu, w Traunstein, wprost na oczach Ratzingera, tuż za drzwiami gimnazjum czy po drugiej stronie boiska seminarium. Miejscowy historyk Gerd Evers przedstawia to w następujący sposób, cytując raport zamieszczony w „Indianapolis Star", napisany przez pewnego korespondenta krótko po zajęciu przez armię amerykańską Traunstein: „Kiedyś było to spokojne miasteczko malowniczego Voralbergu u stóp Alp Bawarskich. Wojna i jej następstwa zmieniły je w zatłoczony dom wariatów pozbawionych nadziei mieszkańców".

Najwyraźniejszym objawem tego obłędu była nazistowska kampania przeciwko Żydom. Po dojściu nazistów do władzy w 1933 roku, nad wejściem na *Stadtplatz*, główny plac miasta, w Traunstein wisiała tablica z napisem: „Nie kupuj u Żydów. Wyprzedajcie, rolnicy, swoje domy i gospodarstwa". W nocy 9 listopada 1938, podczas tak zwanej *Kristallnacht*, Nocy Kryształowej, członkowie partii w brunatnych koszulach i inni naziści zaatakowali domy nielicznych mieszkańców Traunstein pochodzenia żydowskiego, wybijając okna i grożąc im śmiercią lub deportacją do jednego z obozów, jeśli nie wyjadą z miasta.

Najbardziej znana w Traunstein żydowska rodzina Holzerów następnego dnia wyjechała do Monachium. Ojciec, Willi, był pośrednikiem w handlu nieruchomościami. Mieszkał z żoną i pięciorgiem dzieci przy Kernstrasse 9 obok sklepu spożywczego. Mieli nadzieję, że miejskie środowisko Monachium zapewni im ochronę, ale w 1941 roku Holzerów aresztowano i wysłano do Dachau. Przeżyła tylko jedna córka – Klara. Inną Żydówkę, Rosę Moosbauer, aresztowano po

Nocy Kryształowej i nakazano, żeby była gotowa do przewiezienia do obozu. Wolała się utopić. Jej małżeństwo zostało rozwiązane po przyjęciu ustaw norymberskich w 1935 roku. Domy Holzerów i Moosbauer zostały zajęte przez *Landratsamt*, czyli radę lokalną Traunstein, i sprzedane na licytacji, a dochód przekazano nazistowskiemu państwu. Pozostali Żydzi z Traunstein, między innymi rodziny Railiów, Jonasów i Modeli, wyjechały z Niemiec.

Niewielu mieszkańców Traunstein próbowało pomóc atakowanym Żydom. Rodzina rolników o nazwisku Gasteiger udzieliła na dwa tygodnie schronienia Żydówce z Berlina Valerie Wolffenstein i jej siostrze. Profesor z Monachium Franz Herda załatwił kryjówkę u swego przyjaciela w Traunstein Żydówce o nazwisku Albertine Gimpel; ostatecznie przeżyła ona wojnę. Herda, profesor sztuki, wyemigrował do Stanów Zjednoczonych, gdzie Albert Einstein pozwolił mu namalować swój portret z wdzięczności za jego pomoc Żydom. Jak zauważa Evers, sprzeciw tego rodzaju „ograniczał się do niewielkiej mniejszości". 12 listopada 1938 roku regionalny przywódca partii oświadczył, że Traunstein jest *Judenfrei*, czyli „wolne od Żydów".

Podobnie jak w Tittmoning, w Traunstein również było więzienie dla przestępców politycznych. Znana pisarka niemiecka Luise Rinser (która później zostanie potajemną, choć niezamężną kochanką Karla Rahnera) była tam przetrzymywana od 1943 do 1945 roku. Rozdzielono ją z dwojgiem małych dzieci po tym, jak ktoś z przyjaciół doniósł na nią, oskarżając o „zdradę stanu" z powodów, które do dzisiaj nie zostały wyjaśnione. Wiele lat później pisarka wydała swój pamiętnik z dni spędzonych w więzieniu dla kobiet w Traunstein.

Rinser była zmuszana do pracy jako sprzątaczka biur, w piekarni i w fabryce. Chociaż jej życie nie było bezpośrednio zagrożone, spędziła dwa lata głodna, brudna, zawszona i nieustannie chora. W pamiętniku niezwykle szczegółowo opisała wrażenie, jakie zrobili na niej inni więźniowie, z którymi się tam zetknęła. Znalazła się tam żona oficera SS, zadenuncjowana przez męża, żeby ten mógł cieszyć się romansem. Była tam młoda dziewczyna, którą to, co przeżyła w Auschwitz, doprowadziło do obłędu.

Z 11 500 mieszkańców zameldowanych w mieście Traunstein w 1939 roku, w 1945 około 523 nie żyło, a kolejnych 73 było zaginionych. Sto osób z tej grupy zginęło podczas alianckich bombardowań w kwietniu 1945 roku. Nawet w ostatnich dniach wojny jej okrucieństwo dawało o sobie znać w Traunstein. Gdy armia radziecka nacierała ze wschodu, naziści ewakuowali obozy koncentracyjne i pędzili więźniów pieszo w głąb Niemiec. Więźniowie zbyt słabi, by wytrzymać tempo przymusowego marszu, byli zabijani i zostawiani po drodze. W sumie w okolicach Traunstein życie straciło w ten sposób trzydziestu sześciu więźniów.

2 maja SS doprowadziła ostatnią kolumnę więźniów do Hufschlag, wsi, w której mieszkała rodzina Ratzingera. Strażnicy, wiedząc, że w każdej chwili może tu dotrzeć armia amerykańska, postanowili wprowadzić w życie rozkaz Himmlera, który mówił, że żaden więzień nie może wpaść w ręce wroga. 3 maja sześćdziesięciu dwóch więźniów zaprowadzono na skraj lasu i otworzono do nich ogień. Ocalał tylko pewien Polak o nazwisku Leon Neumann, dzięki temu, że gdy rozległy się pierwsze strzały, padł na ziemię i udawał, że nie żyje. Ciała znalazły dzieci z pobliskiego gospodarstwa rolnego.

Chociaż Ratzinger przedstawił wiele szczegółów z lat wojny dotyczących służby wojskowej, nauki itd., uderzające jest, że ani słowem nie wspomina o tych wstrząsających zdarzeniach. W mieście liczącym niespełna 12 tysięcy mieszkańców, nawet uwzględniając chaos i zamęt, Ratzinger musiał wiedzieć, co się dzieje. Nawet jeśli nie zdawał sobie z nich sprawy w tamtym czasie, z pewnością znał te fakty w roku 1997, gdy pisał wspomnienia. Odnosi się wrażenie, że dzisiaj dla Ratzingera Trzecia Rzesza ma znaczenie głównie jako lekcja poglądowa dotycząca Kościoła i kultury i tylko te szczegóły, które przydają się w tej dyskusji, przedarły się przez filtr jego pamięci.

Opór w Traunstein

Rodzina Ratzingera, ukształtowana przez swoje bawarskie dziedzictwo, któremu wyraz dawały zdecydowane poglądy jego ojca, była przeciwna narodowemu socjalizmowi. Ratzinger mówi, że jego ojciec należał do katolickiej i skłaniającej się ku Francji tradycji politycznej w Bawarii, w przeciwieństwie do frakcji pangermańskiej, która serdecznie powitała nazistów. Sprzeciw ten jednak nigdy nie przybrał postaci aktywnego oporu. Ratzinger mówił o postawie swojego ojca w Aschau: „Ojciec nie uprawiał publicznej opozycji, nawet na wsi nie byłoby to możliwe".

W rzeczywistości, o czym Ratzinger musiał wiedzieć, opór był możliwy. W Traunstein były tego przykłady, wśród ludzi, których Ratzinger i jego rodzina znali. Opór taki wiązał się z ryzykiem i kilku mieszkańców Traunstein zapłaciło za to najwyższą cenę. Niechęć do ryzykowania życia nie jest żadnym powodem do wstydu, ale też pragnienie utrzymania się przy życiu to nie to samo co niemożliwość oporu[4].

Mówiąc najogólniej, opozycja przeciwko narodowym socjalistom po 1933 roku przybierała trzy formy: czynnego i biernego oporu oraz „emigracji wewnętrznej". Do pierwszej formy zalicza się takie działania, jak rozpowszechnianie antynazistowskiej propagandy, utrzymywanie kontaktów z antynazistowskimi siłami za granicą kraju i sabotaż; forma druga to odmowa współpracy z reżimem w najważniejszych sprawach, takich jak składanie deklaracji lojalności czy służba wojskowa, trzecia zaś jest wewnętrzną niezgodą bez jawnego tego okazywania, często przybierającą postać bardzo apolitycznej postawy łączącej się jednocześnie z pochłonięciem sztuką, literaturą, nauką lub religią. Większość Niemców, którzy byli przeciwni nazizmowi, wybierała tę trzecią możliwość.

W Traunstein, podobnie jak w całych Niemczech, wiele przykładów czynnego oporu dawali członkowie partii komunistycznej. W Traunstein istniał aktywny ruch komunistyczny od pierwszej wojny światowej. Akta partii komunistycznej w Traunstein z 1932 roku wymieniają 170 członków, a partia zdobyła 859 głosów, czyli 16,9 proc., w wyborach do Reichstagu w 1932 roku – był to jeden z najlepszych wyników na tym terenie – i zajęła trzecie miejsce za nazistami. (Bawarska Partia Ludowa, miejscowa odmiana partii Centrum, zajmowała pierwsze miejsce we wszystkich wyborach.) Nawet jeśli wielu z tych, którzy w 1932 roku byli jawnymi komunistami, do 1937 zostało uciszonych, ich sympatie się nie zmieniły. Gdy później Ratzinger mówi o studenckiej rewolcie w Europie w 1968 roku, sprawia wrażenie, jakby to było jego pierwsze prawdziwe zetknięcie z marksizmem „w terenie", że wcześniej znał marksizm jedynie jako ideologię. Ale jako chłopiec musiał znać komunistów w Traunstein. Ponieważ jego rodzice również nie darzyli sympatią nazistów, szczególnie musieli się interesować losem swoich sąsiadów komunistów.

Komuniści, wraz z socjaldemokratami, byli pierwszymi ofiarami Hitlera. Krótko po dojściu Hitlera do władzy członków partii spędzano i wysyłano do obozów na „reedukację". W Traunstein pierwsze masowe aresztowania komunistów przeprowadzono 3 marca 1933 roku, członków partii wywieziono do Dachau. Większość została później zwolniona, ale znajdowała się pod ścisłą obserwacją i często była nękana lub aresztowana. Hans Reider, na przykład, był mieszkańcem Traunstein i komunistą od 1927 roku, i wielokrotnie go zatrzymywano. Raz, za udział w demonstracji przeciwko bezrobociu, wywieziono go na kilka miesięcy do Dachau.

Początkowo przyczyna aresztowań komunistów była ideologiczna: z definicji komunizm, jako wyraz międzynarodowej solidarności robotników, jest sprzeczny z nacjonalizmem, który stanowił kamień węgielny programu Hitlera. Jednak w miarę upływu czasu zaczęto przeprowadzać aresztowania komunistów dlatego, że przekształcili się oni w rdzeń istniejącego oporu. Mała grupa komunistów w Traunstein odgrywała w nim wiodącą rolę, utrzymując otwarte linie łączności z sympatykami w Czechosłowacji, aby przekazywać raporty o rzeczywistości systemu narodowego socjalizmu. Do najważniejszych przywódców komunistycznych i opozycyjnych należeli między innymi Hans Braxenthaler, J. Hofmann i L. Lohner. Wydawali wywrotowe broszury i zbierali pieniądze na działania antynazistowskie.

Na początku 1937 roku, w tym samym czasie, kiedy rodzina Ratzingerów przeprowadziła się do domu pod Traunstein, Braxenthaler był zmuszony do ucieczki do Pragi, żeby uniknąć aresztowania. Później wrócił do kryjówki na Hochbergu, górze tuż obok Traunstein, gdzie dalej uprawiał propagandę antynazistowską. Ponieważ nieustannie groziło mu schwytanie przez Gestapo, Braxenthaler popełnił 7 sierpnia 1937 roku samobójstwo. Comiesięczny raport nazistowskiego nadzorcy tego obszaru stwierdzał beznamiętnie, że Braxenthaler „uniknął aresztowania" dzięki samobójstwu[5]. Pozostawił żonę i dwie córki. Siedmioro z pozostałej ósemki członków partii aresztowano jednocześnie i wysłano do obozów. W świetle późniejszych twierdzeń Ratzingera o nieodłącznym powiązaniu katolicyzmu z opozycją wobec nazistów interesujące jest, że najbardziej spektakularnych aktów oporu w jego rodzinnym mieście dokonali komuniści.

Drugi przykład czynnego oporu jest niebezpośrednio związany z Traunstein. Wiosną 1942 roku grupa studentów na uniwersytecie w Monachium zaczęła rozprowadzać serię wywrotowych broszur, w których ujawniała pogłoski o niemieckich zbrodniach wojennych, takich jak rzeź 300 tysięcy Żydów w Polsce. Studenci, którzy nazwali swoją grupę „Białą Różą", pytali, dlaczego Niemcy pozostają bierni w obliczu takich potworności, i stwierdzali wprost, że do zbawienia Niemiec może dojść tylko dzięki wojskowemu zwycięstwu aliantów.

Jedną z najważniejszych postaci Białej Róży był Christoph Probt, który dorastał w Rupholding, wsi położonej w pobliżu Traunstein.

Jego ojciec po narodzinach Christopha powtórnie się ożenił z Żydówką, a ustawy norymberskie i inne środki represji stosowane przez nazistów wywołały u niego taki stres, że w 1936 roku popełnił samobójstwo. W Monachium Probt spotkał się z przywódcami Białej Róży, między innymi z Hansem i Sophie Schollami oraz profesorem filozofii Kurtem Huberem, który był ich przywódcą intelektualnym. W sumie grupa ta rozprowadziła sześć ulotek, każdą przepisując w setkach egzemplarzy na różnych maszynach do pisania, i zostawiała ich pliki w budkach telefonicznych oraz przed salami wykładowymi. 18 lutego 1943 roku Hans i Sophie Schollowie zostawili sterty ostatniej broszurki na klatkach schodowych uniwersytetu. Sądzili, że agenci Gestapo zacieśniają obławę na nich, pozostawili więc resztę ulotek na uniwersyteckim dziedzińcu i wkrótce potem zostali zatrzymani. Probta aresztowano niedługo potem, gdy innego członka Białej Róży złapano ze szkicem tekstu nowej broszury jego autorstwa w kieszeni. Hansa i Sophie Schollów oraz Probta osądzono, skazano i stracono tego samego dnia – 22 lutego 1943 roku. Sądził ich *Volksgerichtschof,* nazistowski sąd specjalny, który funkcjonował poza normalnym systemem wymiaru sprawiedliwości.

W ciągu kilku godzin między ogłoszeniem wyroku śmierci a straceniem Probt poprosił, żeby ochrzcił go katolicki ksiądz. Idąc na gilotynę, Hans Scholl krzyknął: „Niech żyje wolność!" Probt powiedział do swoich przyjaciół: „Za kilka chwil znowu się zobaczymy". W sumie aresztowano osiemdziesiąt osób powiązanych z Białą Różą. Jeszcze trzech, w tym Hubera, stracono. Ostateczną zniewagą było otrzymanie przez wdowę po Huberze rachunku na sześćset marek od nazistowskiego reżimu za „zużycie gilotyny". Pomimo podejmowanych przez nazistów prób wyciszenia wiadomości o tym, co się stało, Probt i pozostali szybko stali się bohaterami, zwłaszcza gdy po klęsce pod Stalingradem wojna przybrała dla Niemców niekorzystny obrót. W Traunstein nazwisko Probta stało się synonimem młodzieńczego idealizmu.

Jeśli chodzi o opór bierny, jednego z najbardziej niezwykłych przykładów w Trzeciej Rzeszy dostarczali świadkowie Jehowy. Odmawiali udziału w wyborach, witania się „Heil Hitler", składania przysięgi na wierność Hitlerowi, której wymagano od żołnierzy i urzędników (recytowano ją również w klasach szkolnych), pracy w przemyśle obronnym i wcielenia do armii. Tylko z tego ostatniego powodu podlegali karze śmierci. Z 20 tysięcy świadków Jehowy w Niemczech ponad trzystu zostało straconych przez nazistów, a wielu innych znajdowało się w obozach, gdy wojna dobiegła końca.

W Traunstein było około czterdziestu świadków Jehowy, ich ruch religijny zapuścił tam korzenie po pierwszej wojnie światowej. Kilku zaciągnięto przed miejscowy sąd. Sebastian Schürf był wcześniej katolikiem, przystąpił do świadków Jehowy w 1932 roku, ponieważ nie zgadzał się ze zbyt elastycznym stanowiskiem, jakie Kościół katolicki zajmował wobec polityki Niemiec podczas pierwszej wojny światowej. Schürf był aresztowany czterokrotnie: raz w 1937 roku, dwa razy w 1939 i po raz ostatni w 1943 roku. Po czwartym aresztowaniu wysłano go do obozu, gdzie przebywał aż do wyzwolenia w 1945 roku. Jego żona Josefa również została aresztowana w 1943 roku, po czym ją zwolniono. Sześć tygodni przed końcem wojny znowu ją zatrzymano. Widziała, jak wieszano w trybie doraźnym polskiego robotnika przymusowego, oskarżonego o molestowanie niemieckiej dziewczyny w stodole. Josefę jednak wypuszczono na wolność.

Valentin Haßlberger, świadek Jehowy, odmówił udziału w walce. Ojciec czworga dzieci, został aresztowany za odmowę wcielenia do armii i spędził w więzieniu dziewięć miesięcy. Zwolniono go, by zmienił decyzję, a gdy odmówił, aresztowano go ponownie i wysłano do więzienia Landsberg. Tam zmuszono go do pracy przy nawozach i trujących chemikaliach, nie pozwalając mu umyć się po całodziennej pracy. W styczniu 1945 roku był tak schorowany, że władze więzienia wyrzuciły go, i w końcu udało mu się dotrzeć z powrotem do Traunstein. 4 maja 1945 roku, akurat w dniu kapitulacji nazistów, a więc w dniu końca Trzeciej Rzeszy, Haßlberger zmarł.

W Traunstein zanotowano też dwa przykłady biernego oporu postaci bardziej eksponowanych. Rupert Berger był miejscowym przywódcą Partii Ludowej (Volkspartei, odłamu partii Centrum, chociaż miała ona pewne skłonności nacjonalistyczne wspólne z nazistami). Był również główną postacią w partyjnej grupie samoobrony zwanej Bayernwacht. Naziści postrzegali tę grupę jako potencjalną podstawę opozycji i grozili Bergerowi. 9 marca 1933 roku uciekł, ale aresztowano go i wysłano do Dachau, gdzie został ciężko pobity. Gdy został zwolniony, kazano mu wraz z rodziną wyjechać z Traunstein. Wrócił w 1945 roku, a w 1946 roku wybrano go na burmistrza, na pierwszą z kilku kadencji. W tym wypadku możemy mieć całkowitą pewność, że Ratzinger znał tę historię, ponieważ bracia Ratzingerowie i syn Bergera, który również miał na imię Rupert, tego samego dnia, 29 czerwca 1951 roku, razem przyjęli święcenia kapłańskie w Monachium.

I na koniec pastor Traunstein, ojciec Josef Stelzle, otwarcie krytykował narodowych socjalistów. W święto Trzech Króli 1934 roku wygłosił kazanie, które stało się przyczyną jego aresztowania. Powiedział:

> Chrystus narodził się dla wszystkich i poniósł śmierć dla wszystkich – białych, żółtych i czarnych. Istnieją dzisiaj ruchy, które nie chcą tej prawdy, które chcą fałszywego Chrystusa aryjskiego. Te populistyczne ruchy głoszą tak zwane chrześcijaństwo pozytywne, chrześcijaństwo oszukańcze, chrześcijaństwo niemieckie, które nadaje wiarygodność suwerenom i które zaraża naród chorobą. Wystrzegajcie się tych fałszywych proroków! Zapytajcie samych siebie, czy chodzi im o prawdziwego Chrystusa, dziecko Żydów, które narodziło się w Betlejem...

Słowa tego kazania zachowały się w raporcie policyjnym z nakazu jego aresztowania.

Po kilku dniach Stelzle został wypuszczony z poleceniem wyjazdu z Traunstein, ale przed upływem roku wrócił. Naziści próbowali wywierać naciski na Kościół, żeby go przeniesiono, ale bez powodzenia, a Evers mówi, że cały czas był on „solą w oku" reżimu. W październiku 1935 roku wygłosił kazanie dla młodzieży parafii, w którym powiedział, że najważniejsze są po pierwsze Kościół, po drugie rodzina, po trzecie państwo. Pomimo swej konfrontacyjnej postawy Stelzle przeżył wojnę. Zmarł w 1947 roku.

W mieście Ratzingera nie brakowało zatem dowodów, że opór, choć cena jego była wysoka, nie był niemożliwy. Świadczą one też o tym, że bohaterstwo i wierność nie ograniczały się do katolicyzmu, co okaże się istotne poniżej.

Ratzinger na wojnie

Służba wojskowa Ratzingera rozpoczęła się w 1943 roku, gdy wraz z całą grupą seminaryjną (tymczasowo rozwiązaną) został powołany do oddziału obrony przeciwlotniczej. Skierowano ich do Ludwigsfield na północ od Monachium, gdzie ich zadaniem była obrona fabryki Bayerische Motoren Werke produkującej silniki do samolotów. Grupę Ratzingera przeniesiono następnie do Innsbrucku w Austrii, a później na południowy zachód od Monachium w pobliże jeziora Ammer.

W tym czasie grupa Ratzingera nie tylko pełniła służbę wojskową, ale także realizowała ograniczony program akademicki.

Ratzinger pisze w *Moim życiu*, że jego grupa została zaatakowana przez aliantów na początku 1943 roku, jedna osoba zginęła, a wiele zostało rannych. W 1993 roku Ratzinger powiedział tygodnikowi „Time", że z powodu ciężkiego zakażenia palca w ogóle nie nauczył się strzelać z działa, a jego broń nigdy nie była naładowana, więc nie brał udziału w walce. W tym samym wywiadzie dla „Time'a" Ratzinger powiedział, że widział pracowników przymusowych z obozu koncentracyjnego Dachau, gdy był na służbie w fabryce BMW[6].

10 września 1944 roku Ratzingera zwolniono ze służby w oddziale obrony przeciwlotniczej i zanim wrócił do Traunstein, wezwanie do wojska do służby regularnej leżało już na stole. 20 września 1944 roku Ratzinger dołączył do swojego oddziału, który stacjonował w miejscu zbiegu granic Austrii, Czechosłowacji i Węgier, około 320 kilometrów od Traunstein. Ratzinger mówi, że tam jego oddział dostał się pod dowództwo byłych członków Legionu Austriackiego. Pisze: „Ci fanatyczni ideologowie silnie nas tyranizowali".

Pomimo nazwy Legion Austriacki miał korzenie w Bawarii. Został utworzony na początku lat trzydziestych XX w. przez grupę nazistowskich partyzantów, którzy uciekli z Austrii i marzyli o tym, by tryumfalnie wrócić do Wiednia, które to marzenie Hitler urzeczywistnił, gdy zajął ten kraj w 1938 roku. Z czasem dzięki napływowi dużej liczby podobnie myślących Bawarczyków Legion Austriacki rozrósł się do liczącego 15 tysięcy ludzi ugrupowania bojowego, podzielonego na trzy grupy dywersyjne. Przez całe lata trzydzieste przeprowadzali akcje na terytorium Austrii, których celem była destabilizacja tego kraju i przygotowanie go do przejęcia przez nazistów.

Ratzinger mówi, że jego dowódcy z Legionu Austriackiego siedzieli w więzieniu za rządów byłego kanclerza Austrii Engleberta Dolfußa, którego krótkotrwała władza od 1932 do 1934 roku była fascynującą mieszaniną katolickiej nauki społecznej i faszyzmu. Dolfuß próbował zastosować w praktyce doktrynę państwa korporacyjnego naszkicowaną przez Piusa XI w encyklice *Quadragesimo anno* z 1931 roku, która nawoływała do zastąpienia antagonizmów klasowych przymusowymi korporacjami zawodowymi. Politycznie Dolfuß zapożyczył tę wskazówkę od Mussoliniego i rządził za pomocą dekretów. Ponieważ uważał Austrię za kolebkę cywilizacji katolickiej, był zażartym przeciwnikiem Hitlera i nazistów i wtrącił do więzień dziesiątki nazistowskich demagogów i bojówkarzy.

Ratzinger mówi, że po poddaniu się Węgier Rosjanom jego oddział otrzymał zadanie zastawiania pułapek na czołgi. Tygodnikowi „Time" powiedział, że w czasie wykonywania tego zadania widział, jak wysyłano węgierskich Żydów na śmierć. Żydzi węgierscy jako ostatni we wschodniej Europie zostali spędzeni przez nazistów, ponieważ marionetkowy miejscowy rząd bronił ich przez większość wojny. W 1944 roku rozpoczęły się deportacje i w ciągu kilku miesięcy cała ludność żydowska została usunięta, z wyjątkiem około 20 tysięcy węgierskich Żydów ocalonych przez szwedzkiego dyplomatę Raoula Wallenberga, który wydawał fałszywe szwedzkie paszporty i w ten sposób umożliwiał im ucieczkę. (Wallenberg zmarł w tajemniczych okolicznościach po zajęciu Węgier przez Związek Radziecki.) W ciągu niespełna dwóch miesięcy naziści deportowali prawie pół miliona węgierskich Żydów do obozów, głównie do Auschwitz – pośpiech ten jest świadectwem manii, jaką byli ogarnięci ich oprawcy. W sumie, twierdzą historycy Holocaustu, wymordowano 620 tysięcy węgierskich Żydów.

Gdy załamał się niemiecki front, Ratzingerowi i jego kolegom poborowym wydano cywilną odzież i wsadzono do pociągu do domu. Ostatecznie jeszcze raz powołano go do służby wojskowej, ale stacjonował w koszarach w Traunstein. Tutaj Ratzingera i pozostałych zmuszano do maszerowania po mieście i śpiewania wojennych pieśni, prawdopodobnie, by przekonać miejscową ludność, że wszystko jest pod kontrolą. Pod koniec kwietnia Ratzinger postanowił zdezerterować i przemykał się skrajem miasta, żeby uniknąć straży, które miały rozkaz strzelać do dezerterów. Zauważyło go dwóch żołnierzy, ale pozwoliło mu iść dalej. Gdy wiosną 1945 roku przybyli Amerykanie, wybrali dom Ratzingerów na swoją kwaterę główną. Stwierdzono, że Joseph był żołnierzem, i wysłano go do obozu jenieckiego niedaleko Ulm. W obozie krążyły uporczywe pogłoski, że Amerykanie mieli powoływać Niemców na wojnę ze Związkiem Radzieckim, ale nic z tego nie wyszło. Ratzinger został zwolniony 19 czerwca 1945 roku i wrócił do domu zabrany przez kierowcę ciężarówki z nabiałem. Niedługo później dotarł do domu z Włoch jego brat Georg i jesienią bracia zapisali się do seminarium.

Lekcje z istnienia Trzeciej Rzeszy

Jaką lekcję wyniósł Ratzinger z okropności Trzeciej Rzeszy, których był tak bliskim świadkiem? W jaki sposób te traumatyczne czasy kształtują jego sposób myślenia? Przede wszystkim uważa on dwanaście lat istnienia Trzeciej Rzeszy za próbę ogniową dla Kościoła katolickiego, z której Kościół wyszedł zwycięsko. Jest przekonany, że katolicyzm stanowił jedyne prawdziwe wyzwanie dla władzy narodowego socjalizmu w Niemczech. Wyciąga wniosek, że główny wkład katolicyzmu w sprawę ludzkiej godności polega na utrzymaniu własnej wewnętrznej siły i dyscypliny, ponieważ jedynie zjednoczony Kościół mający jasność co do swoich podstawowych przekonań może oprzeć się presji państwa totalitarnego.

Formułując tę ocenę, Ratzinger był pod wpływem dwóch czynników. Pierwszy to przykład jego rodziców, zwłaszcza ojca, który stanowczo krytykował nazistów. „Ojciec mój przewidział bezbłędnie, że zwycięstwo Hitlera nie byłoby zwycięstwem Niemiec, lecz zwycięstwem antychrysta, który zaprowadziłby czasy apokalipsy dla wszystkich wierzących i nie tylko dla nich" – napisał Ratzinger w autobiografii. Jest on przekonany, że to właśnie jego bawarski patriotyzm, a jeszcze bardziej jego katolicka wiara pozwoliły mu tak jasno dostrzec, jaką potwornością jest narodowy socjalizm.

Stawianie znaku równości między katolicyzmem i oporem wobec nazistów uprawomacniają w oczach Ratzingera liczni księża i zakonnicy w Niemczech, którzy sprzeciwiali się reżimowi Trzeciej Rzeszy i zapłacili za to najwyższą cenę. Na przykład w Dachau zginęło ponad tysiąc księży katolickich; było ich w tym obozie tak wielu, że mieli własne baraki, *Priesterblock*. Według pewnych szacunków 12 tysięcy zakonników było ofiarami prześladowania i nękania przez nazistów, co stanowi około 36 procent ówczesnego duchowieństwa diecezjalnego. Nie ma najmniejszych wątpliwości, że katolicki sprzeciw wobec narodowego socjalizmu był powszechny i często bohaterski. Oczywiście najbardziej oczywistym i najbliższym przykładem dla Ratzingera był ksiądz z Traunstein, Josef Stelzle.

W *Moim życiu* tak charakteryzuje ducha niemieckich katolików tuż po wojnie:

Nikt nie wątpił w to, że Kościół był miejscem naszych nadziei. Mimo ludzkich słabości był on alternatywą w stosunku do niszczycielskiej ideologii nazistowskiej dyktatury. Kościół, dzięki swej sile pochodzącej z wieczności, ostał się, przechodząc przez piekło, które pochłonęło potężnych tego świata. My doświadczyliśmy siły Kościoła: bramy piekielne go nie przemogą. Wiedzieliśmy z własnego doświadczenia, czym są „bramy piekła", i mogliśmy widzieć na własne oczy, że dom zbudowany na skale pozostał niewzruszony.

Ratzinger wyraża tutaj co najwyżej zgodną opinię większości niemieckich katolików po wojnie. W niemieckiej społeczności katolickiej panował ogromny duch tryumfu, poczucie, że walczyli z nazistami i zwyciężyli.

Przekonaniu temu dał wyraz papież Pius XII (był on tak zdecydowanym germanofilem, że w Watykanie nazywano go *il papa tedesco*, „niemieckim papieżem"), który wystosował przesłanie do katolików niemieckich w czerwcu 1945 roku. Papież stwierdził: „Nikt nie może oskarżać Kościoła o to, że nie zwracał wyraźnie uwagi na prawdziwy charakter ruchu narodowego socjalizmu i zagrożenie, jakie stanowił on dla kultury chrześcijańskiej". Korzystając ze wskazówki Piusa XII, niemieccy biskupi w listopadzie 1948 roku w swoim pierwszym powojennym liście pasterskim chwalili duchowieństwo za opór stawiany nazistom, dziękowali katolickim rodzicom za obronę katolickich szkół i podkreślali własny opór wobec nazistowskiej ingerencji. W przemówieniu do biskupów Anglii z 1946 roku kardynał Josef Frings z Kolonii przedstawił tę kwestię z uderzającą prostotą: „My, katolicy niemieccy, nie byliśmy narodowymi socjalistami".

Ratzinger nie utrzymuje, że ten duch katolickiego oporu panował powszechnie. W wywiadzie z 1998 roku dla niemieckiego czasopisma „Focus" przyznał, że „w ówczesnym katolicyzmie było wiele opinii, wiele ocen i nadziei, że da się kontrolować Hitlera, przede wszystkim w kręgach akademickich". Winił niemiecką konferencję biskupów za wydawanie zbyt łagodnych oświadczeń. Jednak w opinii Ratzingera dominującą postawą katolików w Rzeszy był opór; pewnego razu nazwał katolicyzm „bastionem prawdy i prawości opierającym się domenie ateizmu i klęski".

Wiele potwierdza ten pogląd. W katolickich wsiach w całych Niemczech naziści odnieśli ograniczony sukces w przekonywaniu ludzi do przyjęcia nowej liturgii i doktryny Trzeciej Rzeszy. Protokoły wyborcze z lat dwudziestych i trzydziestych dowodzą, że naziści stale zdobywali większość głosów na obszarach protestanckich, po części dlatego, że katoliccy wyborcy z uporem pozostawali wierni własnej partii, Centrum, i jej satelitom, takim jak Bawarska Partia Ludowa. W *Raporcie o stanie wiary* Ratzinger z dumą to podkreślił: „Jest rzeczą dobrze znaną, że Hitler w decydujących wyborach w 1933 roku nie zdobył większości w landach katolickich".

Przywódcy nazistowscy uważali Kościół katolicki za jednego ze swoich najważniejszych wrogów wewnętrznych. Na obszarach katolickich członkom partii nazistowskiej często zabraniano udziału w katolickich procesjach z tego powodu, że takie wydarzenia były ukrytą formą protestu politycznego. W studium życia w czasach Trzeciej Rzeszy w niemieckiej katolickiej wsi z 1993 roku jego autorzy Walter Rinderle i Bernard Norling informują, że do jedynego aktu przemocy w ciągu dwunastu lat władzy Hitlera doszło, gdy jakiś nazista krzyknął „Heil Hitler" podczas przeistoczenia na mszy, na co kilku parafian wywlokło go z kościoła i biło, dopóki nie przybyła policja. Takie były tarcia między Kościołem i państwem w wielu małych katolickich enklawach[7].

W latach trzydziestych urzędnicy nazistowscy konfiskowali własność klasztorów, inicjowali działania przestępcze skierowane przeciwko księżom, rozwiązywali katolickie organizacje młodzieżowe, zakazywali duchowieństwu nauczania religii w szkołach publicznych, zamykali katolickie gazety i wydawnictwa oraz zabraniali zakonnicom pracy w charakterze pielęgniarek. Jednym z działań, którym zaciekle się opierano, były próby odebrania Kościołowi kontroli nad szkolnictwem i przekazania jej w ręce Rzeszy; innym był rozkaz z 1941 roku zdjęcia krzyży ze ścian w szkołach na obszarach katolickich. Wszystkie te działania stanowiły element nazistowskiego programu *Gleichsaltung*, czyli „ujednolicenia", co oznaczało, że instytucje społeczne miały odzwierciedlać ideologię państwa. Katolicy z kolei postrzegali narodowy socjalizm jako nową formę kulturkampfu Bismarcka.

W sierpniu 1932 roku niemieccy biskupi zakazali członkostwa w partii nazistowskiej:

> Jednogłośnie przyjętym wnioskiem katolickiego duchowieństwa i tych, którzy przejawiają szczerą troskę o zwiększanie udziału Kościoła w sferze publicznej, jest to, że jeśli partia miałaby zdobyć monopol na władzę w Niemczech, do czego tak usilnie prze, perspektywy udziału katolików byłyby naprawdę ponure.

Chociaż zakaz ten zniesiono w 1933 roku, kilku katolickich prałatów wciąż było jawnymi przeciwnikami reżimu. Na przykład w czasie Adwentu w 1933 roku kardynał Michael von Faulhaber z Monachium wygłosił cykl kazań, w których bronił Starego Testamentu przed jego antysemickim odczytaniem przez nazistów, propagowanym zwłaszcza przez głównego teoretyka nazistów Alfreda Rosenberga. „Bóg zawsze karze prześladowców swego Ludu Wybranego, Żydów" – ostrzegał Faulhaber. W 1938 roku, w Noc Kryształową, Faulhaber pożyczył głównemu rabinowi Monachium ciężarówkę, żeby mógł ocalić przedmioty kultu religijnego ze swojej synagogi.

Faulhaber współpracował też przy encyklice Piusa XI z 1937 roku *Mit brennender Sorge*, która potępiała ataki nazistów na Kościół. Nadal jest to jedyna encyklika papieska napisana po niemiecku. W jednym z jej bardziej poruszających fragmentów czytamy:

> Szczyt Objawienia osiągnięty w Ewangelii Jezusa Chrystusa jest definitywny i obowiązujący po wszystkie czasy. Objawienie to nie dopuszcza żadnych uzupełnień i nie może być zastąpione przez dowolne „objawienie", które pewni rzecznicy doby obecnej chcą wywieść z tzw. mitu krwi i rasy.

Biskup Münster Klemens August von Galen jeszcze ostrzej krytykował narodowy socjalizm. W 1941 roku wygłosił cykl kazań potępiających nazistowskie praktyki eutanazji, przymusowej sterylizacji, terroru Gestapo i obozy koncentracyjne. Według jednej z ocalałych osób należących do ruchu Białej Róży potajemnie kolportowane kopie kazań Galena przyczyniały się do nasilenia oporu. Jego uwagi były tak buntownicze, że funkcjonariusz partii nazistowskiej Walter Tiessler zaproponował w liście do Martina Bormanna, żeby powiesić biskupa. Oznajmił Bormannowi, że omówił tę kwestię z Goebbelsem, który stwierdził, że tylko Hitler mógłby nakazać takie działanie. Galen przeżył, ale propozycja Tiesslera stanowi dowód, na jakie ryzyko narażali się niektórzy mówiący bez ogródek przywódcy katoliccy.

Pojedynczy katolicy, zarówno świeccy, jak i duchowieństwo, często za odrzucanie narodowego socjalizmu narażali się na śmierć. W 1999 roku konferencja biskupów niemieckich opublikowała *Martyrologium Germanicum*, listę niemieckich męczenników XX w. Znalazło się na niej około 300 katolików, którzy zginęli za wiarę z ręki nazistów. Prezentując tę publikację, kardynał Joachim Meisner z Kolonii powiedział:

„Kościół katolicki nie musi wstydzić się roli, jaką odegrał w tym stuleciu".

Takie wspomnienia mają niemieccy katolicy z pokolenia Ratzingera, co pozwala im wyciągnąć wniosek, że ich Kościół trwał przy swoim zdaniu. Wniosek ten staje się jeszcze bardziej zrozumiały, gdy umieści się go w kontekście tego, co się działo w obrębie drugiego wielkiego wyznania w Niemczech, na łonie kościoła ewangelickiego (protestanckiego), w którym współpraca z nazistami została w rzeczywistości zinstytucjonalizowana w postaci Glaubensbewegung Deutsche Christen – Ruchu Niemieckich Chrześcijan[8].

Ruch ten, zapoczątkowany w 1933 roku, był jawną próbą powiązania chrześcijaństwa z Hitlerem jako zbawcą niemieckiego *Volk*. Ci protestanci zajęli oficjalne pronazistowskie stanowisko, wprowadzając do swoich śpiewników nawet hymny do Hitlera. Zreorganizowali protestantyzm w Niemczech, zastępując zdecentralizowaną konfederację bardziej jednolitą strukturą pod kierownictwem biskupa Rzeszy (*Reichsbischof*), co było przykładem *Führerprinzip*. Celem było stworzenie społeczności chrześcijańskiej, biorąc pod uwagę nie chrzest, lecz rasę, *Volk*. Ruch utrzymywał, że przez całe lata trzydzieste miał ponad pół miliona członków i podzielił niemiecki protestantyzm. Nie można również zakładać, że byli oni tylko oportunistami czy karierowiczami, ponieważ za władzy nazistów najsprytniejszym posunięciem, jeśli chciało się zrobić karierę, było całkowite odrzucenie wierzeń religijnych. Byli to szczerze oddani chrześcijanie i równie szczerze oddani naziści, którzy uważali, że zdołają znaleźć biblijną podstawę dla nazistowskiej wiary w „krew i ziemię".

To, że do żadnej takiej schizmy nie doszło w katolicyzmie, wzmaga wrażenie, że to właśnie Kościół rzymski trwał niewzruszony, pomimo odwagi tak zwanego „Kościoła konfesyjnego" (*Bekennende Kirche*), który sprzeciwiał się nazistom, i pomimo jednostkowego bohaterstwa takich protestanckich myślicieli jak Dietrich Bonhoeffer. Rzeczywiście, w 1934 roku luterański pastor doktor Karl Thieme stanął na czele grupy swoich współwyznawców, którzy zwrócili się do Piusa XI z prośbą o przyjęcie na łono Kościoła na tej podstawie, że w nazistowskich Niemczech Słowo Boże można głosić jedynie w Kościele rzymskokatolickim.

To wszystko przemawiałoby za tym, że pogląd Ratzingera na to, co się działo w czasach Rzeszy, podzielany przez większość niemieckich katolików jego epoki, jest racjonalny. Opiera się on jednak na wybiórczym odczytaniu świadectw historycznych. Prawda jest taka, że w czasach Trzeciej Rzeszy katolicyzm w takim samym stopniu był stowarzyszeniem grzeszników co zgromadzeniem świętych.

Po pierwsze, Hitler doszedł do władzy dzięki poparciu katolików. Przywódcy katoliccy nigdy nie popierali weimarskiego eksperymentu z demokracją, którą postrzegali jako spuściznę epoki oświecenia i kulturkampfu. Ustawę o nadzwyczajnych pełnomocnictwach, która była aktem prawnym dającym Hitlerowi władzę rządzenia za pomocą dekretów, uchwaloną przez Reichstag 24 marca 1933 roku, zdołano przepchnąć dopiero wtedy, gdy poparł ją monsignor Ludwik Kaas, przywódca Centrum. Działał on w porozumieniu z biskupami niemieckimi. Cztery dni później, 28 marca, biskupi niemieccy uchylili wydany wcześniej katolikom zakaz członkostwa w partii nazistowskiej. 1 kwietnia kardynał Adolf Bertram z Wrocławia (wówczas Breslau) zwrócił się w liście niemieckich katolików, przestrzegając ich, by „z zasady nie angażowali się we wszelką nielegalną lub wywrotową działalność". W oczach większości katolików wyglądało to na pragnienie znalezienia przez Kościół płaszczyzny porozumienia z Hitlerem.

Takie samo wrażenie można było odnieść kilka tygodni później, gdy Hitler przeprowadził plebiscyt w celu uzyskania poparcia dla wycofania Niemiec z Ligi Narodów, co zyskało przychylność prasy katolickiej i kilku katolickich biskupów. Gdy później, w 1933 roku, Hitler i Kościół doszli do porozumienia w kwestii konkordatu, wzmocniło to wrażenie, że Hitler jest człowiekiem, z którym Kościół „może się dogadać". Słynny nazistowski plakat wyborczy z tego okresu przedstawia Hitlera z uśmiechniętym nuncjuszem papieskim, który w dniu podpisania konkordatu powiedział: „Długo pana nie rozumiałem. Długo mnie to jednak niepokoiło. Dzisiaj pana rozumiem".

Wielu zwykłych katolików sprzeciwiało się atakom na swój Kościół, ale po prostu nie było żadnego sprzeciwu wobec nazizmu *tout ensemble*. Sprzeciw katolików budziły dwie kwestie: zakaz prowadzenia szkół wyznaniowych z 1937 roku, który wywołał protesty w wielu parafiach, i polecenie usunięcia krzyży z 1941 roku. Opór wobec tej ostatniej sprawy był tak silny, że polecenie to szybko anulowano; w Traunstein w demonstracji wzięło udział ponad dwa tysiące katolików. Nie istniała jednak żadna zorganizowana katolicka opozycja wobec rządu, nie doszło tam do czegoś takiego jak akcja duńskich biskupów katolickich, którzy w maju 1943 roku zakazali policjantom wyznania katolickiego udziału w polowaniach na Żydów, nawet jeśli miało ich to kosztować utratę pracy.

Niemcy nie mieli żadnych tradycji demokracji politycznej i deklaracji praw człowieka. Spoglądając przez rzekę Salzach na Austrię, widzieli przykład kanclerza Dolfußa, katolickiego zwolennika totalitaryzmu. Nie mieli poczucia, że Hitler jest kimś nietypowym czy że faszyzm, który wyznawał, jest wynaturzeniem. Ponadto dzięki robotom publicznym, takim jak budowa pomp wodnych czy autostrad, gospodarka się ożywiła, zapanował spokój polityczny, tak więc większość Niemców w latach trzydziestych była zadowolona z władzy Hitlera. W połowie lat trzydziestych korespondent „New York Timesa" donosił, że jest zagadką, dlaczego Hitler zawraca sobie głowę fałszowaniem wyborów, ponieważ wolne i uczciwe głosowanie dałoby mu prawdopodobnie osiemdziesięcioprocentowe poparcie. W tym ogólnym zadowoleniu Kościół katolicki nie przedstawił żadnego programowego czy ideowego powodu, by przeciwstawić się Hitlerowi. Wyznaczoną przez Kościół granicą było utrzymanie własnych instytucji i doktryn, ale nie podważał on zgodnej opinii, że Hitler dobrze służy krajowi, pomimo jego stosunku do Żydów, Cyganów, komunistów i politycznych przeciwników.

W rzeczywistości postawy nazistowska i katolicka przecinały się w kilku ważnych punktach, tworząc podstawę wzajemnego poparcia. Obie te grupy nienawidziły republiki weimarskiej. Naziści byli jej przeciwni dlatego, że była rzekomo zbyt żydowska i że na jej czele stali „listopadowi przestępcy", którzy sprzedali kraj po pierwszej wojnie światowej; katolicy sprzeciwiali się jej dlatego, że trąciła liberalizmem, zwyrodnieniem seksualnym i niereligijnością. Na przykład kardynał Faulhaber wygłosił w maju 1933 roku przemówienie, w którym podziękował Hitlerowi za propagowanie *Volksgemeinschaft*, poczucia wspólnoty, i odrzucił „liberalny indywidualizm". Co więcej, katolicy podzielali instynktowny strach nazistów przed bolszewikami. Był on szczególnie silny w Bawarii, gdzie pamięć o rewolucji rad z 1919 roku wciąż była świeża. W Traunstein, na przykład, katolickie zrzeszenia branżowe producentów postanowiły brać udział w oficjalnych świętach robotników finansowanych przez nazistów, ponieważ święta te już nie „propagowały walki klasowej jak poprzednie socjalistyczne dni 1 maja". Innymi słowy, święta 1 maja były możliwe do zaakceptowania teraz, gdy miały nazistowski, a nie komunistyczny wydźwięk.

I na koniec, katolicy otwarcie akceptowali pewną postać nastrojów antyżydowskich, opartą po części na historycznym fakcie, że wielu Żydów odgrywało bardzo ważne role w kulturkampfie. Już w 1925 roku franciszkanin Erhard Schuland napisał książkę pod tytułem *Katholizismus und Vaterland* („Katolicyzm a ojczyzna"), w której wzywał

Niemców do walki z „niszczycielskimi wpływami Żydów w kulturze, moralności, literaturze i sztuce oraz w życiu politycznym i społecznym". Schuland wyraził to, co do czego w ówczesnym katolicyzmie panowała zgodna opinia, że antysemityzm jest nie tylko dopuszczalny, ale wręcz konieczny, tyle że powinien znajdować swój wyraz za pomocą „środków moralnych".

Również na poziomie oficjalnym biskupi nie dawali budującego przykładu. Arcybiskup Konrad Gröber z Fryburga był znany jako „brunatny biskup", ponieważ był tak zagorzałym zwolennikiem nazistów. W 1933 roku został „członkiem finansującym" SS. Po wojnie utrzymywał jednak, że był takim przeciwnikiem nazistów, iż zamierzali ukrzyżować go na drzwiach katedry we Fryburgu. Biskup Wilhelm Berning z Osnabrück zasiadał z biskupem Rzeszy Deutsche Christen w Pruskiej Radzie Państwowej od 1933 do 1945 roku, co było wyraźnym sygnałem poparcia dla reżimu nazistowskiego. Kardynał Bertram również żywił do nazistów pewną sympatię. W 1933 roku na przykład odmówił interwencji w obronie żydowskich kupców, którzy byli celem nazistowskich bojkotów, stwierdzając, że są oni grupą, „która nie jest bardzo blisko związana z Kościołem". Biskup Buchberger z Ratyzbony określił nazistowski rasizm wymierzony w Żydów mianem „usprawiedliwionej samoobrony" w obliczu „nadmiernie potężnego żydowskiego kapitału". Biskup Hilfrich z Limburga powiedział, że prawdziwa religia chrześcijańska „rozwinęła się nie dzięki Żydom, lecz wbrew nim".

Nawet Faulhaber, tak odważny w innych kwestiach, nie był konsekwentny. W listopadzie 1939 roku odprawił specjalną uroczystą mszę w Monachium, by uczcić uniknięcie przez Hitlera zamachu. Co więcej, bronienie przez Faulhabera Żydów było niejednoznaczne. W swych adwentowych kazaniach mówił, że Kościół „nie sprzeciwia się staraniom o zachowanie cech narodowych społeczeństwa w jak najczystszej i nieskażonej formie oraz wzmacnianiu jego narodowego ducha za pomocą podkreślania wspólnoty krwi, która je łączy". Powiedział, że Żydzi nie mogą przypisywać sobie mądrości Starego Testamentu: „Ludu Izraela, ona nie wyrosła w waszym ogrodzie, z waszej sadzonki. To potępienie lichwiarskiej grabieży ziemi, ta wojna przeciwko nękaniu rolnika długami, ten zakaz lichwy nie jest wytworem waszego ducha". Później, gdy szwajcarska gazeta zamieściła artykuł o kazaniu Faulhabera, w którym bronił Żydów, kardynał kazał napisać do niej swojemu sekretarzowi, żeby skorygować możliwe błędne wrażenie. W zamierzeniu kardynała jego kazania miały być obroną starotestamentowych dzieci Izraela, napisał sekretarz, nie było zaś jego zamiarem zajęcie stanowiska w obecnej kwestii żydowskiej. Ten brak stanowczego przywództwa kościelnego sprawił, że Kościół pod wieloma istotnymi względami stał się pomocnikiem reżimu nazistowskiego. Po 7 kwietnia 1933 roku urzędnicy państwowi w Niemczech musieli udowodnić, że nie są Żydami. Ponieważ państwo rejestrowało narodziny dopiero od 1874 roku, zwrócono się do Kościoła o dostarczenie wielu aktów. Kościół katolicki współpracował w tym względzie aż do końca wojny. Podobnie po uchwaleniu ustaw norymberskich z 1935 roku, które zabraniały zawierania związków małżeńskich między Aryjczykami i nie-Aryjczykami, większość księży katolickich nie udzielała takich ślubów, chociaż z powodu prześladowań liczba nawróceń Żydów na katolicyzm się zwiększała.

To, że biskupi w czasie wojny nie byli nieposzlakowani, zostało Niemcom uświadomione w szczególny sposób w 1969 roku, gdy ujawniono, że biskup pomocniczy Monachium Matthias Defregger, gdy był kapitanem w wojsku w 1943 roku, wymusił rozkaz zgładzenia siedemnastu cywilnych włoskich zakładników. Chociaż Defregger powiedział swoim kościelnym zwierzchnikom o tym czynie tuż po wojnie, ukrywali to, dopóki czasopismo „Der Spiegel" nie wpadło na trop tej historii. Po jej ujawnieniu wielu Niemcom dużo trudniej przychodziła akceptacja teorii „zwycięskiego katolicyzmu".

Znaczenie ma też tu doświadczenie denazyfikacji. Początkowo dowódcy alianccy na obszarach katolickich korzystali z pomocy duchowieństwa, które rekomendowało do roli przywódców nowego cywilnego rządu „nieskażonych" cywilów. Biskupi uświadomili sobie, że gdyby wykluczyli wszystkich byłych nazistów, każdy utworzony rząd byłby zdominowany przez socjaldemokratów i komunistów. Uznawszy to za niemożliwe do zaakceptowania, zlekceważyli zalecenia i wystawili wielu byłym nazistom świadectwo „czystości". Faulhaber kazał nawet w tym celu wydrukować dokumenty, które później nazywano *Persilscheine*, w wolnym tłumaczeniu „wybielone papiery". Alianci, zwłaszcza Amerykanie, zrezygnowali z pomocy Kościoła. Pewien polityk z Nadrenii, Leo Schwering, napisał w 1945 roku w pamiętniku: „[Księża] polecają ludzi politycznie wątpliwych, ale do których mają zaufanie, ponieważ są dobrymi katolikami. Otoczeni przez czarne sutanny i przez nie rekomendowani, przemycają się". W takim świetle ocena Ratzingera wydaje się jednostronna, a nawet wypaczona ze względu na nacisk, jaki kładzie on na moralną odwagę Kościoła kosztem uczciwego przyznania się do jego błędów.

Istotne dla zrozumienia współczesnego Ratzingera może być postawienie pytania, w jaki sposób jego rozumienie doświadczeń Kościoła podczas rządów nazistów wpływa na jego politykę jako prefekta Kongregacji Nauki Wiary. Ratzinger wyłożył swoje poglądy w wykładzie zatytułowanym „Duchowa podstawa i kościelna tożsamość teologii", który wygłosił w St. Michael's College w Toronto w 1986 roku[9]. Rozpoczyna go wspomnieniem o Heinrichu Schlierze. W 1935 roku była to jedna z najważniejszych postaci Kościoła ewangelicko-augsburskiego, odłamu niemieckiego luteranizmu, który odrzucił ruch Deutsche Christen i nazizm. Schlier zrozumiał, powiedział Ratzinger, że „teologia albo istnieje w Kościele i wypływa z Kościoła, albo nie istnieje w ogóle".

Po omówieniu, jak ruch Deutsche Christen sam się skompromitował, Ratzinger obszernie wypowiada się na temat relacji między teologią i nauczycielskim autorytetem Kościoła:

> Sytuacja ta unaoczniła, że wolność teologii opiera się na jej więzi z Kościołem i że wszelka inna wolność jest zdradą zarówno jej samej, jak i przedmiotu jej powierzonego. (...) Pogląd ten narzucał się wówczas sam z palącą intensywnością, chociaż w żadnym razie nie był przez większość teologów uznawany za oczywisty. Stał się linią graniczną oddzielającą podejście liberalne, które w rzeczywistości szybko odwróciło się od liberalizmu, chętnie służąc totalitaryzmowi, i decyzję Kościoła ewangelicko-augsburskiego, która była jednocześnie decyzją w imię teologii związanej z Wyznaniem Wiary, a więc z nauczaniem Kościoła. Dzisiaj, w naszych na pozór pokojowych czasach, nie jest możliwe tak wyraźne rozgraniczenie. Prawdą jest, że – ogólnie rzecz biorąc – teologowie katoliccy nie kwestionują na poziomie zasad, które są racją istnienia Magisterium (...). Niemniej jednak wewnętrznie konieczna i pozytywna wartość Magisterium też utraciła wiele ze swojego oczywistego charakteru w powszechnej świadomości współczesnej teologii katolickiej. (...) Niemożliwością jest pozostawanie w nieskończoność w takim stanie wewnętrznego podziału. Jeśli Kościół i jego autorytet stanowi czynnik obcy naukowym studiom, to zarówno teologia, jak i Kościół znajdują się w niebezpieczeństwie. W rzeczywistości Kościół bez teologii ubożeje i ślepnie, natomiast teologia bez Kościoła staje się kaprysem.

Ratzinger mówi tutaj, że teologia, która oddala się od autorytetu Kościoła, staje się igraszką innych sił. W wypadku nazistowskich

Niemiec było to państwo narodowosocjalistyczne. Teologia służy albo Kościołowi, albo aktualnej sytuacji politycznej i kulturowej. To w tym właśnie znaczeniu w *Raporcie o stanie wiary* nazwał Kościół katolicki „bastionem przeciwko totalitarnemu szaleństwu".

Biorąc pod uwagę historię ruchu Deutsche Christen i uwzględniając sposób, w jaki Ratzinger wspomina rolę Kościoła katolickiego w Trzeciej Rzeszy, można stwierdzić, że jego argumentacja jest logiczna. Nie jest jednak historycznie poprawna. Niektórzy niemieccy teologowie, najgłośniej zapewniający o potrzebie teologii bliskiej Kościołowi i krytycznej wobec liberalnej nauki, również udzielili poparcia Hitlerowi, jak na przykład protestant Friedrich Gogarten. Jak ukazał to Robert P. Ericksen w imponującym opracowaniu z 1985 roku „Teologowie za rządów Hitlera", czynniki takie jak pochodzenie i środowisko dużo lepiej tłumaczą postawę, jaką poszczególni teologowie zajmowali wobec Hitlera, niż ich stanowisko intelektualne. Na przykład Karl Barth był Szwajcarem i dlatego mniej przemawiał do niego pangermański nacjonalizm; Dietrich Bonhoeffer rodzinnie był powiązany też z Anglią i mieszkał zarówno w Londynie, jak i w Nowym Jorku, miał więc bardziej kosmopolityczne poglądy niż większość entuzjastycznych apostołów *Volk*[10].

Odczytanie wojny przez Ratzingera pomija to, co wielu ludzi uznałoby za najważniejszą naukę, jaką należy z niej wyciągnąć, a mianowicie – niebezpieczeństwo ślepego posłuszeństwa. Miliony Niemców – podobnie jak Ratzingerowie, którzy mijali nazistowskich więźniów w drodze do szkoły i pracy, którzy patrzyli, jak usuwa się Żydów z ich społeczności, którzy wiedzieli, że polityczni przeciwnicy nazistów, tacy jak Hans Braxenthaler, za opór płacili cenę życia – niewiele robiło, by to powstrzymać. Pod tym względem Ratzinger nie jest bardziej winny od jakiegokolwiek innego przyzwoitego obywatela Niemiec. Chodzi o to, że wielu Niemców nie wyrażało wątpliwości, sprzeciwu, a gdzie było to niezbędne – nie walczyło.

Interesujące porównanie stanowi Bernard Häring, redemptorysta i teolog moralny. Urodzony w Bottingen w Niemczech w 1912 roku, był piętnaście lat starszy od Ratzingera. Jako młody duchowny miał nadzieję, że zostanie wysłany do misji prowadzonej przez redemptorystów w Brazylii, ale skończyło się na tym, że w chwili wybuchu drugiej wojny światowej znajdował się na uniwersytecie w Tybindze, gdzie pracował nad doktoratem z teologii moralnej. Za rządów nazistów w armii niemieckiej nie było kapelanów, wielu niemieckich duchownych zgłaszało się więc na ochotnika do służby wojskowej w oddziałach pomocniczych, żeby zaoferować żołnierzom opiekę duszpasterską. W tym celu Häring zgłosił się do służb medycznych i znalazł się na froncie wschodnim w Rosji. Na początku 1943 roku marszałek polowy Friedrich von Paulus wydał szóstej armii, do której należał oddział Häringa, rozkaz poddania się Rosjanom. Większość żołnierzy z jego batalionu wolała jednak podjąć próbę przedarcia się z powrotem do Niemiec, obawiając się śmierci z ręki Rosjan. Poprosili duchownego, żeby ich poprowadził. Zrobił to, lecząc po drodze choroby i odmrożenia żołnierzy. Na podstawie tej historii włoski pisarz Giulio Bedeschi napisał później powieść *Il peso dello zaino* („Ciężar plecaka").

Gdy grupa ta już wróciła, Häring znalazł się w swoim oddziale, ale nie powitano go jak bohatera. Zamiast tego postawiono go przed sądem za dezercję i skazano na „batalion śmierci". Armia przydzielała żołnierzom skazanym za przestępstwa, za które groziła kara śmierci, zadania niemożliwe do wykonania, spodziewając się, że przeżyją tylko nieliczni. Häring uciekł i wstąpił do innego pułku, w którym nic nie wiedziano o jego sytuacji. Był z nim w Polsce, gdy Rosjanie wzięli pułk do niewoli. Nieprawdopodobnym zbiegiem okoliczności znalazł się w polskiej wsi, w której służył podczas wcześniejszego natarcia niemieckiego. Jej mieszkańcy wspominali Häringa tak miło, że przekonali Rosjan, by oddali go w ich ręce, po czym w tajemnicy wypuścili go na wolność.

Te przeżycia nadały kierunek późniejszej myśli Häringa. Jako teolog moralny opowiadał się za moralnością opartą nie na zasadach i ograniczeniach, lecz na odpowiedzialnym korzystaniu z ludzkiej wolności. Podejście to było zakorzenione w jego doświadczeniach wojennych. W autobiografii Häring napisał: „Niestety, byłem też świadkiem absurdalnego w najwyższym stopniu posłuszeństwa chrześcijan wobec przestępczego reżimu. I to też zdecydowanie wpłynęło na moje teologiczne myślenie i działanie jako teologa moralnego. Po wojnie wróciłem do teologii moralnej z mocnym postanowieniem, żeby uczyć jej tak, żeby jej podstawowym pojęciem nie było posłuszeństwo, lecz odpowiedzialność, odwaga, by być odpowiedzialnym".

Häring i Ratzinger, innymi słowy, wyciągnęli niemal sprzeczne wnioski ze swoich przeżyć podczas wojny: Ratzinger kładzie nacisk na znaczenie, jakie ma posłuszeństwo, Häring zwraca uwagę na wiążące się z posłuszeństwem niebezpieczeństwa. Ze swoich przeżyć wojennych Häring wyciągnął też wnioski natury duszpasterskiej. Podczas konferencji prasowej na Soborze Watykańskim II zapytano go o ekumenizm. Powiedział:

Gdy byłem w Rosji, wieśniacy, dowiedziawszy się, że jestem duchownym, przychodzili do mnie, żebym chrzcił im dzieci i odprawiał mszę świętą. Odprawiałem ją. Nie pytałem ich, czy zamierzają wychować swoje dzieci w wierze rzymskokatolickiej. Wiedziałem, że nie. Nie pytałem ich przed sprawowaniem eucharystii, czy przyjmują zwierzchnictwo papieża. (...) A gdy szliśmy do boju, zwoływałem żołnierzy. „To może spotkać każdego – mówiłem. – Czy jesteście gotowi na spotkanie ze Stwórcą? Udzielę rozgrzeszenia wszystkim, którzy żałują za grzechy. Udzielę komunii tym, którzy tego sobie życzą". Nie pytałem, czy są katolikami, czy luteranami, czy kimś jeszcze innym.

Być może różnica między tymi dwoma teologami polega na tym, że Häringa najbardziej interesuje to, czego doświadczenie nazizmu uczy pojedynczego człowieka, interesuje go sumienie i potrzeba niezależnego sądu. Ratzinger jest najbardziej zainteresowany wnioskami, jakie z istnienia Trzeciej Rzeszy wyciągnie Kościół, a szczególnie jego potrzebą mocnego przywiązania do podstawowych zasad doktrynalnych. Różnica jest zrozumiała, ponieważ Häring jest etykiem, a Ratzinger teologiem systematycznym. Rzymski katolicyzm musi jeszcze rozstrzygnąć, co się dzieje, gdy te dwa impulsy są sprzeczne – gdy sumienie i posłuszeństwo są w konflikcie.

Studia doktoranckie w Monachium

W 1945 roku Ratzinger pozostawił wojnę za sobą i szybko skończył niższe seminarium. 1 września 1947 roku wstąpił do Herzogliches Gregorianum, instytutu teologicznego związanego z uniwersytetem w Monachium. Nie było to typowe seminarium diecezjalne, a oferowało gruntowny tok studiów dla duchownych, którzy pragnęli poświęcić się karierze teologa akademickiego. Z powodu zniszczeń wojennych instytut mieścił się tymczasowo w położonym tuż na południe od miasta dawnym królewskim domku myśliwskim zwanym Fürstenried, który archidiecezja zakupiła na ośrodek rekolekcyjny. Chociaż ciasnota i niewystarczające zasoby biblioteczne były irytujące, Ratzinger będzie później z czułością wspominał Fürstenried, a zwłaszcza jego zadbany ogród, jako miejsce, w którym kształtu nabrały wszystkie decyzje jego młodości.

Naziści zamknęli monachijski instytut w 1938 roku, ponieważ kardynał Faulhaber nie zgodził się przyjąć profesora, o którym wiedziano, że jest zwolennikiem nazistów. Tak więc wydział trzeba było stworzyć na nowo, a większość kadry pochodziła z instytucji, które znajdowały się we wschodnich Niemczech. Instytucje te zostały zamknięte po zajęciu przez Polaków terenów na wschód od Odry i Nysy i wysiedleniu stamtąd wszystkich Niemców.

Ratzinger wspomina, że gwiazdą nowej kadry był Friedrich Wilhelm Maier, jeden z uczonych biblistów, którzy przecierali szlaki dla teorii „dwóch źródeł", wyjaśniającej treść synoptycznych ewangelii Mateusza, Marka i Łukasza. Według tej teorii, Marek spisał ewangelię pierwszy, jakiś czas przed zburzeniem Jerozolimy w 70 roku n.e., a Mateusz i Łukasz czerpali od niego. Ponadto ci dwaj korzystali z jeszcze jednego źródła, zbioru wypowiedzi Jezusa znanego w kręgach uczonych biblistów jako „Q", co jest skrótem od niemieckiego słowa *Quelle*, czyli „źródło". Chociaż teoria „dwóch źródeł" jest obecnie szeroko znana w kręgach naukowych, w tamtym czasie wielu uważało ją za niebezpieczną nowinkę. Maier był nękany przez Watykan. Pod wpływem antymodernistycznej polityki Piusa X, w drugiej dekadzie XX w. wyrzucono go z uczelni i do nauczania udało mu się wrócić dopiero pod koniec lat dwudziestych. Ratzinger mówi, że sposób, w jaki go potraktowano, wywołał u Maiera „pewną gorycz w stosunku do Watykanu", choć dodaje, że był on człowiekiem „głębokiej" wiary, który dbał o kształtowanie powierzonych jego pieczy młodych mężczyzn. Ten wątek myśli Ratzingera będzie się – jak zobaczymy – powtarzał. Doświadcza niesprawiedliwości ze strony władz kościelnych, skierowanych bezpośrednio wobec niego lub innych, i wyraża żal za gorycz i krzywdę, jaką to wywołało. Unika jednak jakichkolwiek strukturalnych wniosków na temat właściwego korzystania z takiej władzy.

Ratzinger uzyskał doktorat z teologii na uniwersytecie w Monachium w lipcu 1953 roku. Chociaż życzliwie pisze o wszystkich profesorach, u których studiował, z jego książki jasno wynika również, że żadna z tych osób nie wywarła nań poważnego wpływu. Jego podróż intelektualna została ukształtowana przez to, co czytał, zarówno dawnych Ojców Kościoła, jak i bardziej współczesne prace teologiczne. Z tej olbrzymiej masy literatury cztery postaci, dwie należące do wcześniejszych okresów historii Kościoła i dwie będące jego starszymi współczesnymi, wywarły na niego wielki wpływ. Aby zrozumieć Ratzingera, musimy umiejscowić go w odniesieniu do tych czterech osób.

Święty Augustyn

Pierwszą poważną pracą Ratzingera było studium o świętym Augustynie, napisane w ramach studiów doktoranckich w Monachium na początku lat pięćdziesiątych. Doktorat z teologii otrzymał w 1953 roku. Ukończone dzieło nosiło tytuł *Volk und Haus Gottes in Augustins Lehre von der Kirche* („Lud Boży w nauce św. Augustyna o Kościele"). Ratzinger od czasu do czasu potwierdzał swoją fascynację Augustynem. W 1969 roku napisał: „Rozwijałem swoją teologię w dialogu z Augustynem, chociaż naturalnie próbowałem prowadzić ten dialog jako człowiek współczesny". Jeszcze w 1996 roku Ratzinger nazwał siebie „zdecydowanym augustynianinem". Powiedział również, że gdyby znalazł się na bezludnej wyspie, chciałby mieć tam dwie książki – Biblię i *Wyznania*.

To, że Ratzinger ciążył raczej ku świętemu Augustynowi, a nie świętemu Tomaszowi z Akwinu, dominikańskiemu teologowi i Doktorowi Anielskiemu Kościoła, samo już było niewielkim aktem buntu. W 1879 roku Leon XIII wydał encyklikę *Aeterni Patris*, która ustanawiała Akwinatę oficjalnym filozofem Kościoła katolickiego. Tak zwani „neoscholastycy", czyli teologowie, którzy trzymali się ściśle odczytania myśli Akwinaty dokonanego w XVI w., wykorzystywali dokument Leona jako pałkę, sugerując, że każdy, kto nie podziela ich punktu widzenia, flirtuje z herezją. W tym znaczeniu wybór przez Ratzingera Augustyna był wyborem dość śmiałym, chociaż bardzo pasował do intelektualnego fermentu epoki przed Soborem Watykańskim II.

Zamiłowanie Ratzingera do św. Augustyna stanowi element jego fascynacji ojcami Kościoła, grupą około stu apologetów, autorów piszących o duchowości i teologów, którzy żyli w pierwszych ośmiu wiekach. Po soborze trydenckim, który zakończył się w 1563 roku, większość katolickich kleryków i teologów nie studiowała już Ojców Kościoła, ponieważ wydawało się, że ustalenia Trydentu są ostateczną i wieczną wykładnią katolicyzmu, a wszystko, co było przedtem, uznawano za powierzchowne. Ale w pierwszych dziesięcioleciach XX w., w miarę jak w Kościele zaczynało się nasilać pragnienie zmian, zaczęto wołać o „powrót do źródeł", mając na myśli tak Pismo święte, jak i Ojców Kościoła. Ruch ten zwykle określa się francuskim słowem *ressourcement*. Wywarł on ogromny wpływ na liturgię, ponieważ badacze starożytnej mszy świętej odkrywali, że czynne uczestnictwo świeckich, używanie języka narodowego i udzielanie komunii na rękę miało w rzeczywistości dużo głębsze korzenie niż bardziej tajemnicza i poważna msza łacińska, której w Trydencie nadano formalny charakter. Pojawiła się idea zreformowania Kościoła dzięki przywróceniu tych aspektów jego tradycji, które zostały utracone lub stłumione, a Ratzinger był jej zwolennikiem.

Kariera teologiczna Augustyna, jak i samego Ratzingera, została przerwana przez nominację na biskupa. Przez resztę kariery jego myśl formowała się doraźnie, gdy pojawiała się praktyczna potrzeba zwalczania różnych herezji. W pracy doktorskiej Ratzinger napisał, że idee Augustyna zostały wypracowane w „polemice z błędem". Teologicznym arcydziełem Augustyna było *O państwie Bożym*, dwudziestodwutomowy traktat napisany w odpowiedzi na spustoszenie Rzymu w 410 roku. Stwierdzał on wyższość Kościoła nad każdym społeczeństwem ludzkim i ściśle utożsamiał widoczny Kościół instytucjonalny z „państwem Bożym". Augustyn był przekonany, że państwo Boże jest tutaj, na ziemi, czymś obcym i musi być w świecie, ale nie z tego świata. Jak zauważył w 1988 roku dominikanin Aidan Nichols, ta koncepcja chrześcijańskiego oddzielenia od świata jest „być może najbardziej uporczywie powtarzającym się refrenem w Ratzingerowskiej krytyce współczesnego przeorientowania dokonywanego przez Kościół katolicki".

Podobnie jak Augustyn, św. Tomasz z Akwinu dokonał rozróżnienia między naturą a nadprzyrodzonym. Dla Akwinaty jednak rozróżnienie to stanowiło uzasadnioną podstawę do optymistycznego spojrzenia na wolność człowieka. Uważał, że ludzki umysł jest w stanie pojąć naturę bez bezpośredniej boskiej iluminacji, co otwiera całą domenę myśli i działań, które nie są wyraźnie „religijne". Augustyn formułuje bardziej pesymistyczny pogląd na ludzki intelekt pozbawiony Bożej łaski. W rozprawie doktorskiej Ratzinger pisze z aprobatą o przemianie Augustyna, która doprowadziła do jego nawrócenia: uświadomił sobie, że mądrość, której poszukiwał u autorów antycznych (np. Cycerona), była fałszywa i że prawdziwą mądrość osiąga się jedynie w Chrystusie. Efektem stanowiska Augustyna jest jego większy sceptycyzm w odniesieniu do świata i bardziej defensywne stanowisko w kwestii rozwiązań opierających się na „prawie naturalnym". Ten sceptycyzm co do natury pozbawionej Bożej łaski występuje u Ratzingera. Amerykański teolog moralny Charles Curran stwierdził, że przyczyną jego kłopotów z Ratzingerem jest to, iż on sam jest bardziej tomistą.

W *Soli ziemi* Ratzinger przytacza homilię wygłoszoną przez Augustyna, w której opowiada on o synu budzącym ojca ze śpiączki. Ojciec się złości, ponieważ chce spać, ale syn mówi: „Nie mogę ci pozwolić na sen". Kościół również nie może pozwolić spać swoim członkom, mówi Ratzinger. Kościół musi „podnosić palec, musi być dokuczliwy". Jest to dobre podsumowanie tego, co Ratzinger przyswoił sobie od swojego mistrza.

Święty Bonawentura

Celem Bonawentury była katedra teologii na Uniwersytecie Paryskim, by móc całkowicie poświęcić się rozmyślaniom i pisaniu, ale wciągnęły go spory, niezwykle częste w początkowym okresie istnienia zakonu franciszkanów. W 1257 roku Bonawentura stanął na czele zakonu. W 1273 mianowano go biskupem Albano we Włoszech i został kardynałem. Zmarł podczas Soboru Lyońskiego I, opowiedziawszy się za ponownym połączeniem Kościołów wschodnich z Rzymem.

Na początku XX w. Bonawentura spodobał się myślicielom katolickim, którzy pragnęli czegoś więcej, niż tylko powtarzać obowiązującą linię neoscholastyczną. Sam Bonawentura był „scholastykiem", ponieważ pisał w tym samym czasie co Tomasz, ale przyjął bardzo odmienne od niego podejście. Zatem dzięki jego studiowaniu teologowie mogli dowieść, że tradycja jest bardziej różnorodna, niż się wydaje neoscholastykom. Nauczyciele Ratzingera z tych powodów bardzo interesowali się Bonawenturą i pod ich wpływem poświęcił swoją pracę habilitacyjną teologii historii św. Bonawentury (*Die Geschichtstheologie des heiligen Bonaventura*, czyli „Teologia dziejów u św. Bonawentury").

Ratzinger stwierdził, że historia zbawienia stanowiła główny przedmiot zainteresowania Bonawentury, ukształtowany przede wszystkim przez toczący się wśród franciszkanów spór o dzieła Joachima z Fiore, mistyka i proroka żyjącego w XII w. Podzielił on dzieje świata na trzy epoki: *ordo coniugatorum*, epokę Ojca, w której ludzkość żyła zgodnie z Prawem, obejmującą okres prawa starotestamentowego; *ordo clericorum*, epokę Syna, w której duchowni przekazują łaskę Bożą, odnoszącą się do okresu zapoczątkowanego Nowym Testamentem; i *ordo monachorum*, epokę Ducha, w której wszyscy chrześcijanie będą żyć bezpośrednio w łasce i wolności bez potrzeby istnienia duchownych pośredników. Joachim przepowiadał, że epoka ta rozpocznie się w połowie XIII w. i że zapoczątkuje ją powstanie nowych zakonów. Wielu w powstającym zakonie franciszkanów wierzyło, że to właśnie robią i że władze kościelne, które im się sprzeciwiają, opierają się działaniu Ducha Świętego. Radykalni franciszkanie znaleźli się na krawędzi schizmy, posuwając się nawet do propozycji, by dzieła Joachima z Fiore uznać za trzecią księgę Pisma świętego.

W opinii Ratzingera Bonawentura odrzucił wiele z tego, co miał do powiedzenia Joachim z Fiore, ale dopuszczał możliwość, że św. Franciszek mógł doprowadzić do jakiegoś nowego etapu spraw ludzkich. Ratzinger pochwala wątpliwości Bonawentury co do Joachima, ale idzie jeszcze dalej i stwierdza, że doktryna katolicka dopuszcza tylko jedną „nową epokę" – ponowne przyjście Chrystusa. Ratzinger pisał o niebezpieczeństwie, jakie wiązało się z tolerancją Bonawentury dla Joachima: „W pewnym sensie bowiem nowy, drugi «koniec» jest ustanowiony po Chrystusie. Chociaż Chrystus jest centrum, jest tym, który podtrzymuje i tworzy wszystko, niemniej jednak nie jest już po prostu tym *telos**, w którym wszystko płynie razem i w którym świat się kończy i zostaje przezwyciężony".

Aidan Nichols w studium poświęconym teologii Ratzingera wyciąga oczywisty wniosek: „Zanim w ogóle usłyszano termin «teologia wyzwolenia», Ratzinger osądził już tę niezwykłą antycypację wyzwoleńczej eschatologii". W ciągu dziesięcioletniej krucjaty przeciwko teologii wyzwolenia Ratzinger w głębi duszy myślał o Joachimie z Fiore. Oskarżał teologów wyzwolenia o próby stworzenia królestwa niebieskiego na ziemi, zminimalizowania roli Kościoła instytucjonalnego, zastąpienia duchowości polityką. Były to te same tendencje, przed którymi – innym językiem – ostrzegał Bonawentura.

Romano Guardini

Osoby znające Ratzingera mówią, że Guardini jest jego ulubionym teologiem współczesnym. Kardynał wygłosił wykład inauguracyjny na uroczystości z okazji setnej rocznicy urodzin Guardiniego w 1985 roku w Monachium, a w 1992 roku napisał wstęp do nowego wydania jednego z najbardziej doniosłych jego dzieł pt. *Bóg (Nasz Pan Jezus Chrystus – osoba i życie)*[11]. Urodzony w Weronie, Guardini przeprowadził się z rodziną do Niemiec, do Moguncji w 1886 roku. Po ukończeniu szkoły średniej próbował studiować chemię i ekonomię i obu nie ukończył. W 1905 roku przeszedł coś, co później nazwie głębo-

---

* Z gr. – „cel".

kim nawróceniem religijnym. Opisywał to wydarzenie słowami bardzo przypominającymi język *Wyznań* św. Augustyna i faktycznie Augustyn obok Platona i Bonawentury wywarł na niego, podobnie jak na Ratzingera, decydujący wpływ intelektualny.

Guardini został wyświęcony na księdza w 1910 roku, przyjął obywatelstwo niemieckie w 1911 roku, ponieważ gdyby tego nie zrobił, nie mógłby wykonywać większości zajęć związanych z nauczaniem teologii (wówczas tak jak i obecnie opłacanych przez państwo) i zajął się kończeniem swojej dysertacji, której tematem była doktryna zbawienia w myśli św. Bonawentury. Podobnie jak Ratzinger, Guardini wcześnie mógł się przekonać, jak surowe potrafią być władze kościelne. Rektora jego seminarium zwolniono z powodu jego rzekomo „modernistycznych" sympatii, na co Guardini będzie się później powoływał, mówiąc o „częstych grzechach ortodoksji".

W latach 1915–1939 napisał prace, które uczynią go jednym z najsłynniejszych teologów jego epoki: *O duchu liturgii* i *Bóg (Nasz Pan Jezus Chrystus – osoba i życie)*. Został również ogólnokrajowym przywódcą młodzieżowego ruchu katolickiego znanego jako Quickborn oraz przywódcą duchowym swojego ośrodka rekolekcyjnego w Burg Rothenfels, gdzie wprowadzał innowacje liturgiczne. Na długo zanim zatwierdził to Sobór Watykański II, Guardini zwrócił ołtarz w stronę wiernych i najważniejsze części mszy odprawiał po niemiecku. Przewodząc ruchowi młodzieżowemu, miał kłopoty z nazistami, ponieważ nie chcieli oni, żeby Hitlerjugend miała konkurencję. W 1939 roku stracił katedrę w Berlinie, a naziści zajęli Burg Rothenfels i rozwiązali Quickborn. W 1941 roku Rzesza zakazała mu wygłaszania wykładów publicznych, chociaż nigdy nie sprzeciwiał się otwarcie reżimowi. Po wojnie Guardini dalej nauczał i publikował, a karierę zakończył, mając na koncie ponad sto artykułów i siedemdziesiąt książek. W 1965 papież Paweł VI zaproponował mu jako wyraz uznania kapelusz kardynalski, ale Guardini odmówił. Gdy w 1963 roku odszedł na emeryturę z uniwersytetu w Monachium, jego katedrę objął jezuicki teolog Karl Rahner.

Pisząc krytyczne eseje o takich twórcach jak Fiodor Dostojewski i Rainer Maria Rilke, Guardini przyczynił się do otwarcia Kościoła na współczesną kulturę. Przesuwając granice reformy liturgii, przyczynił się z kolei do przeniesienia tego nurtu, który koncentrował się głównie w klasztorach benedyktyńskich, do katolickich parafii i wprowadzenia go do głównego nurtu myśli katolickiej. Zachęcał świeckich katolików, by bardziej cenili Biblię. Wszystkimi tymi działaniami pomagał przetrzeć szlaki, którymi podążył później Sobór Watykański II. Teolog ten wywarł wpływ na sobór w jeszcze jeden istotny sposób – pomagając stworzyć obraz Kościoła jako „Mistycznego Ciała Chrystusa". Dla Guardiniego stanowiło to wyraz koncepcji, że wszystkie członki tego Ciała, zarówno duchowni, jak i świeccy, powinni czynnie uczestniczyć w życiu Kościoła. Uważał, że model „Mistycznego Ciała" mieści się między dwiema skrajnościami: neoscholastyczną definicją Kościoła w kategoriach czysto instytucjonalnych i pojmowaniem przez liberalnych protestanckich kongregacjonalistów Kościoła jako umowy społecznej.

Ratzinger uważa, że myśl liturgiczna Guardiniego należy do jego najważniejszych osiągnięć. We wstępie z 1992 roku do ponownego wydania *Boga*... Ratzinger stwierdza, że skupiając się na liturgii jako arenie, na której wierni spotykają się z żywym Chrystusem, Guardini wskazał drogę wyjścia z radykalnego sceptycyzmu, któremu ulegało liberalne chrześcijaństwo pod wpływem naukowych badań biblijnych.

Słabą stroną Guardiniego, według większości komentatorów, była historia. Nigdy nie uwzględniał rozwoju historycznego, czy to w Biblii, czy w formułowaniu doktryny. Pisma świętego używał bezkrytycznie w sposób, który dla współczesnych uczonych byłby niemal bolesny. Jego biograf Robert Krieg zwrócił uwagę (1997 rok), że Guardini traktował opowieści o dzieciństwie, jakby były one reportażami w gazecie. Podobnie myśl Guardiniego niezbyt wyjaśnia historyczny rozwój nauki Kościoła, gdy zmieniające się czasy i nowe odkrycia stwarzają nowe możliwości wyrażania tej samej prawdy z większą jasnością.

Guardini był również głuchy na przesłanie społeczne. Politycznie był konserwatystą, uczestniczył w zażartej prawicowej katolickiej krytyce republiki weimarskiej. Był świadkiem krótkotrwałego istnienia ustanowionej w 1919 roku republiki rad, która została zmiażdżona przez armię, i uważał to za dowód nietrwałości demokracji. W zasadzie milczał też w kwestii ekumenizmu, której pominięcie było tym bardziej uderzające, że należał on do jednego z ważnych nurtów w europejskiej, zwłaszcza niemieckiej teologii przed Soborem Watykańskim II.

Podobnie jak Ratzinger, Guardini twierdził, że tylko Kościół katolicki jest w stanie nadać pojęciu „Boga" obiektywne znaczenie. „Jeśli ktoś ma na myśli tylko Boga, to może on powiedzieć «Bóg» i mieć na myśli tylko siebie. Musi istnieć obiektywne odniesienie (...). Istnieje jednak tylko jedno: Kościół katolicki ze swoim autorytetem i pewnością". Chociaż Guardini jest zręczniejszym myślicielem, niż sugeruje to porównanie, jego stwierdzenie, i wiele podobnych wypowiedzi Ratzingera, prowadzi prostą drogą do stopniowego zlewania się pojęć „Boga" i „Kościoła", aż stają się one nierozróżnialne.

Hans Urs von Balthasar

Balthasar urodził się w 1905 roku w Lucernie w Szwajcarii, a zmarł 26 czerwca 1988 roku, na dwa dni przed mianowaniem go przez papieża Jana Pawła II członkiem Kolegium Kardynalskiego, co wcześniej uczynił z ich wspólnym przyjacielem, francuskim teologiem katolickim Henrim de Lubac (który podzielał rozczarowanie Jana Pawła II i Balthasara pokłosiem Soboru Watykańskiego II)[12]. Ratzinger i Balthasar dobrze się znali i współpracowali przy kilku przedsięwzięciach. W 1971 roku napisali wspólnie „Dlaczego nadal jestem chrześcijaninem". Arcydziełem Balthasara jest trylogia, na którą składają się *Herrlichkeit* (praca na temat estetyki), *Teodramatyka* (poświęcona głównie chrystologii) i nie ukończona *Teologika* (o Bożej „logice", prowadząc do rozważań o Trójcy Świętej). Pod patronatem Ratzingera Christoph Schönborn, obecnie kardynał w Wiedniu, i dwaj inni księża dziesięć lat temu założyli w Rzymie dom dla młodych mężczyzn odczuwających powołanie do stanu kapłańskiego. Nazywa się on „Casa Balthasar". Młodzi mężczyźni przesiąkają myślą Balthasara, Lubaca i Adrienne von Speyr, mistyczki i przez całe życie współpracowniczki Balthasara. Ratzinger czasami spędza tam wieczór i zawsze uczestniczy w zebraniu zarządu w lutym.

Zanim Balthasar uzyskał stopień doktorski z literatury niemieckiej w 1929 roku, studiował w Zurychu, Wiedniu i Berlinie. W tym samym roku wstąpił do zakonu jezuitów. Nigdy nie zdobył doktoratu z teologii, chociaż studiował zarówno u Guardiniego, jak i u Lubaca. Cztery lata – od 1933 do 1937 roku – spędził w Lyonie, pracując z Lubakiem. Balthasar jest jedynym wielkim teologiem katolickim XX w., który nigdy nie wykładał teologii. Z tego powodu jego dzieło jest swego rodzaju osobliwością w porównaniu ze zwykłymi kategoriami zainteresowań teologicznych. Balthasar myślał i pisał o zdumiewająco odległych od siebie zagadnieniach, od pierwszych ojców Kościoła po współczesną literaturę francuską, od estetyki przez chrystologię po rolę i funkcję autorytetu w Kościele.

Do prawdziwego zwrotu w życiu Balthasara doszło w 1940 roku, gdy poznał Speyr, lekarkę i żonę profesora z Bazylei. Była ona wówczas protestantką, ale pod wpływem Balthasara postanowiła nawrócić się na katolicyzm i to on przyjął ją do grona wiernych. Utrzymywała, że jest mistyczką mającą specjalną misję dla Kościoła, a Balthasar w to wierzył. Przez następnych dwadzieścia siedem lat, do śmierci Speyr w 1967 roku, tych dwoje ściśle współpracowało. Założyli stowarzyszenie Johannesgemeinschaft (Stowarzyszenie Jana), którego celem było pozwolenie ludziom na życie zgodnie z tradycyjnymi ślubami ubóstwa, czystości i posłuszeństwa w zamęcie zlaicyzowanego świata. Założyli również wydawnictwo Johannesverlag. Przywiązanie Balthasara do Speyr było tak głębokie, że w 1950 roku wystąpił z zakonu jezuitów, żeby móc kontynuować z nią pracę. Ostatecznie otrzymał szwajcarską diecezję Chur. Balthasar był przekonany, że Speyr dorównuje św. Janowi od Krzyża jako jedna z wielkich mistyków Kościoła, proroków, którzy otrzymali dar wglądu w „mroczną noc" dusz oddzielonych od Boga.

W latach przed soborem fascynacja Balthasara Ojcami Kościoła, jego ponowne odkrycie Biblii, pragnienie przywrócenia chrystologii centralnego miejsca w wierze, wszystko to przyczyniło się do powstania klimatu, który umożliwił zwołanie Soboru Watykańskiego II. Jego esej z 1952 roku zatytułowany *Burzenie bastionów* uważano za jeden z decydujących momentów umacniania stanowiska, że teologii katolickiej trzeba nadać nowy kierunek. Po soborze Balthasar coraz bardziej był rozgoryczony, co zarówno poprzedzało, jak i umacniało własną myśl Ratzingera. Na przykład w 1979 roku, gdy papież odebrał Hansowi Küngowi prawo wypowiadania się jako teolog katolicki, Balthasar napisał z aprobatą: „Jan Paweł II chroni ni mniej, ni więcej tylko zasadniczą substancję wiary katolickiej. Nikt nie może zaprzeczyć, że było to pilne po latach dogmatycznego, moralnego i liturgicznego permisywizmu. (...) Być może nieuniknione jest to, że papież musi stwarzać wrażenie Herkulesa czyszczącego stajnie Augiasza". Jak ujął to kiedyś Peter Hebblethwaite, porównanie teologicznych przeciwników do zawartości stajni Augiasza stanowi wyznacznik „nowego, najniższego poziomu w teologicznym sporze".

Jednak Balthasar był kimś więcej niż tylko polemistą. By go zrozumieć, trzeba go porównać z jego bratem zakonnym, jezuitą Karlem Rahnerem. Obaj zgadzali się, że „dwupiętrowy" model natury i łaski stosowany przez poprzednie pokolenia teologów chrześcijańskich, którzy postrzegali łaskę jako coś „dodanego" naturze przez Boga, jest niewystarczający. Odpowiedzią Rahnera była „teologia transcendentalna". Dowodził on, że na głębokim poziomie Bóg jest siłą napędową całej natury i każdego człowieka („nadprzyrodzonej egzystencji"). Balthasar poszedł w innym kierunku, opowiadając się za „analogią bytu", w której osoba ludzka dzieli wspólną platformę bycia z Bogiem, ale pozostaje bardziej odległa, bardziej zepsuta przez grzech, niż pozwala na to myśl Rahnera.

W miarę upływu czasu przepaść dzieląca Rahnera i Balthasara się pogłębiała. W 1996 roku Balthasar opublikował atak na jezuitę, w którym oskarżył go o negowanie konieczności ukrzyżowania z powodu przydania zbyt wiele boskości osobie ludzkiej. Dyskusja była bardzo specjalistyczna, ale w istocie wchodziło w grę kilka bardzo prostych pytań: Jak dobry jest człowiek? Jak optymistycznie powinniśmy się zapatrywać na ludzi i na to, co mogą stworzyć? Rahner, a z nim większość teologów posoborowych, wybrał stosunkowo optymistyczne i przyjazne światu stanowisko; Balthasar, Lubac, Ratzinger i inni prezentowali bardziej przygnębiający pogląd, sugerując, że bez wierności Objawieniu ludzkość skazana jest na błądzenie. Jednak owe „analogie bytu" wciąż pozwalały na bliskość między Bogiem i człowiekiem zbyt wielką dla protestanckiego teologa Karla Bartha, który nazwał tę koncepcję „wymysłem antychrysta".

Balthasar niejednokrotnie mówił, że jest za „klęczącą teologią", zakorzenioną w kontemplacji i życiu duchowym. Jezusa pojmował przede wszystkim poprzez Ewangelię św. Jana, więc jest to raczej Chrystus Zmartwychwstały, a nie Jezus z krwi i kości, który go interesował. W rzeczywistości jednym z jego głównych zarzutów wobec teologii wyzwolenia było to, że kładła zbyt wielki nacisk na historycznego Jezusa dociekań naukowych, a nie na Chrystusa wiary katolickiej. Balthasar zauważył, że św. Paweł nie odczuwał w ogóle potrzeby mówienia o historycznym Jezusie poza faktami jego śmierci i zmartwychwstania; Balthasar przewidywał, że naukowe poszukiwanie „ostatecznej warstwy" w życiu historycznego Jezusa skończy się upadkiem wiary chrześcijańskiej. Swoją książkę *Czy Jezus nas zna? Czy my znamy Jezusa?* zakończył, grzmiąc: *Aut Christus aut nihil!* („Chrystus albo nic!").

Studenci Balthasara mówią, że wpływ Speyr ujawnia się przede wszystkim w jego rozważaniach o Wielkiej Sobocie, gdy – według Składu Apostolskiego – Jezus po śmierci na krzyżu „zstąpił do piekieł". W myśli katolickiej sens tego rozumiano zawsze jako uwolnienie bohaterów Starego Testamentu, takich jak Abraham i Mojżesz, którzy nie mogli zostać wcześniej zbawieni, ponieważ nie znali Chrystusa. Balthasar jednak skwapliwie skorzystał z tego artykułu Składu Apostolskiego, żeby dowodzić, że zstąpienie do piekła było ostatecznym aktem porzucenia Jezusa przez Ojca, że Jezus faktycznie został potępiony i cierpiał w piekle wraz z innymi, którzy powiedzieli Bogu ostateczne „nie". Balthasar wyraził nadzieję, że dzięki temu aktowi solidarności Jezusa z potępionymi piekło okaże się puste. Balthasar zawsze twierdził, że jego ulubionym ojcem Kościoła jest Orygenes, który sam wierzył w doktrynę *apokatastasis*, czyli powszechnego zbawienia. Był to śmiały, skłaniający do refleksji argument, godny uwagi zarówno ze względu na jego teologiczną głębię, jak również na piękno języka, którym Balthasar go wypowiedział.

Jest to też ta sfera myśli Balthasara, którą niektórzy określają mianem „nieortodoksyjnej". Wiemy, że Ratzinger w tym punkcie nie zgadza się z Balthasarem. W czasie rozmowy w Rzymie po mianowaniu go prefektem powiedział Michaelowi Waldsteinowi, który obecnie kieruje instytutem teologicznym w Austrii, że Balthasar w tej sferze pozostawał pod zbyt silnym wpływem Speyr. Nawróciła się z protestantyzmu, powiedział Ratzinger, i dlatego w jej myśleniu odbijał się ślad Jana Kalwina. Niektórzy komentatorzy mogliby sugerować, że jest to dowód duchowego bogactwa Ratzingera i jego tolerancji dla odmiennych poglądów, jeśli pomimo tej różnicy zdań wciąż potrafił obsypywać Balthasara pochwałami. Inni jednak mogliby słusznie zapytać: Jeśli Balthasar zajmował tak odmienne stanowisko w tak podstawowych artykułach wiary jak piekło, Zbawienie i znaczenie Męki Chrystusa i mimo to nadal był szanowany jako w pełni katolicki teolog, to dlaczego osoby takie jak Edward Schillebeeckx, Hans Küng i Charles Curran nie mogą zostać potraktowane w taki sam sposób?

Święcenia

Ratzinger otrzymał święcenia kapłańskie w katedrze we Fryzyndze z rąk kardynała Michaela Faulhabera 29 czerwca 1951 roku wraz z bratem Georgiem oraz ich przyjacielem i kolegą z roku Rupertem Bergerem. Była to uroczystość świętych Piotra i Pawła, tradycyjny dzień święceń kapłańskich. Bracia Ratzingerowie odprawili 8 lipca msze święte w swojej wsi Hufschlag pod Traunstein[13].

W Bawarii *Primitz*, czyli prymicja, pierwsza msza każdego księdza, jest powodem do świętowania, a *Doppelprimitz*, podwójna taka uroczystość, była ogromnym wydarzeniem towarzyskim i przyczyną ogromnej dumy rodziców Ratzingerów. Ponad tysiąc osób z całego powiatu przybyło do wsi w sobotę przed niedzielnymi mszami. Światła paliły się w całej wsi, wskazując drogę do domu Ratzingerów. Tego wieczoru miejscowy chór i Młodzież Katolicka z Traunstein śpiewali i występowali w świetle gwiazd skrzących się na letnim niebie dla pielgrzymów, którzy przybyli na uroczystości. Na cześć nowych księży wystrzelono z dział. Ojciec Els z Traunstein również przemówił do tłumu, nakłaniając księży do tego, by prowadzili swój lud do coraz większego docenienia radości chrześcijaństwa.

O siódmej rano w niedzielę kościół pod wezwaniem św. Oswalda w Hufschlag pękał w szwach. Bracia razem z Bergerem szli udekorowanymi ulicami w kierunku kościoła. Duchowni z sąsiednich kościołów przyłączyli się do innych dostojników i utworzyli procesję, trzymając w rękach płonące świece, krucyfiksy i chorągwie. Następnie bracia Ratzingerowie odprawili swoje pierwsze msze, najpierw Joseph, po nim Georg (rutynowa koncelebracja nie była jeszcze zatwierdzona), chór pod batutą dra Huggera odśpiewał zaś utwór Haydna.

Ratzinger wygłosił swoje pierwsze kazanie – rozważania o pięciorakim zadaniu, które powierzył mu Faulhaber: by się poświęcał, błogosławił, przewodził, głosił i chrzcił. Poprosił wiernych, by w czasie mszy rozmyślali o świętej Eucharystii, następnie podziękował zgromadzonym i poprosił ich o modlitwę, by zasłużył na łaskę i dobrze spełniał obowiązek swego powołania. Trzej nowo wyświęceni księża połączyli się w modlitwie o błogosławieństwo. Gdy dobiegła końca, chór i wierni wspólnie odśpiewali grzmiące *Te Deum*. Później wszyscy przeszli do miejsca zebrań, *Sailerkeller*, gdzie nowi księża wygłosili poobiednie przemówienia.

Najważniejszymi pamiątkami z tego dnia były obrazki prymicyjne dla każdego z braci, które zaprezentowano w lokalnej gazecie. I Joseph, i Georg wybrali wersety z Pisma św. Josepha pochodził z Drugiego Listu Pawła do Koryntian (1,24): „Nie żeby okazać nasze władztwo nad wiarą waszą, bo przecież jesteśmy współtwórcami radości waszej"*.

---

* Wszystkie cytaty biblijne pochodzą z wydania *Pismo święte Starego i Nowego Testamentu*, Pallottinum, Poznań 2005.

Rozdział 2

Dawny liberał

Żaden kardynał Kurii Rzymskiej nigdy nie cieszył się taką pozycją światowej gwiazdy jak Joseph Ratzinger. Sprzedano tysiące egzemplarzy jego książek w dziesiątkach języków, a jego sylwetkę przedstawiła praktycznie każda licząca się gazeta czy czasopismo w każdym zakątku świata, w którym mieszka ludność wyznania katolickiego. Ilekroć Ratzinger się pojawia, żeby przemówić, ściąga olbrzymie tłumy, w których zwykle znajduje się grupa protestujących. Na rodzinnej, europejskiej ziemi, jego sława przekroczyła granice życia kościelnego – jest on *bona fide* postacią publiczną, którego sylwetka kulturalna przypomina trochę Williama F. Buckleya juniora* w Stanach Zjednoczonych. Jego oświadczenia w sprawach kultury, takie jak wyklęcie muzyki popularnej jako „narzędzia antyreligii" w 1986 roku, są zamieszczane na pierwszych stronach europejskich gazet.

W przeprowadzonej w 1998 roku przez niemieckie czasopismo „Bunte" ankiecie na „200 najbardziej wpływowych Niemców" Ratzinger znalazł się na miejscu 30. Był najwyżej sklasyfikowanym dostojnikiem katolickim i drugą postacią związaną w ogóle z religią, mimo że nie mieszka w Niemczech od 1981 roku. Znalazł się przed Steffi Graff (miejsce 47.) i Theo Weiglem, wówczas szefem potężnego niemieckiego banku centralnego (49.). Oczywiście sławę Ratzingera przyćmiła sława jego zwierzchnika, Jana Pawła II, prawdopodobnie zwracającej największą uwagę mediów postaci XX w. Gdyby Ratzinger pracował dla spokojniejszego papieża, jego własna wybitność byłaby jeszcze bardziej widoczna. Niemniej jednak, według norm kurii, Ratzinger jest fenomenem, wysoce publiczną postacią, która zabiega o dyskrecję.

---

* Ur. w 1925 roku konserwatywny dziennikarz i wydawca „National Review". Z reguły jego poglądy są rozbieżne z duchem czasu.

Tylko jedna postać kurii w epoce telewizji mogłaby konkurować z Ratzingerem, jeśli chodzi o gwiazdorstwo: kardynał Alfredo Ottaviani, arcykonserwatywny prałat rzymski, który zajmował obecne stanowisko Ratzingera w czasie Soboru Watykańskiego II. Ottaviani, przerażający mężczyzna o ogromnej szczęce i orlim nosie, był najlepszym kąskiem dla akredytowanych dziennikarzy. Ilekroć jakiś reporter potrzebował wypowiedzi kogoś, kto sprzeciwiał się programowi liberałów, Ottaviani miał zawsze jakąś pod ręką i wiele z jego barwnych uwag przeszło do legendy.

Podczas szczególnie burzliwej sesji soboru Ottaviani usłyszał o jedną wypowiedź biskupów o „kolegialności" (koncepcji zakładającej kolegialne współrządzenie biskupów i papieża Kościołem) za dużo. Gdyby tak miało być, oznaczałoby to, że władza papieża nie jest absolutna, tak więc autorytet tych, którzy przemawiają w imieniu papieża, zwłaszcza Ottavianiego, osłabł. Ottaviani nie dał się na to nabrać. W jednej z mów stwierdził, że w Biblii jest tylko jeden przykład kolegialnego działania apostołów: w Ogrójcu, gdy aresztowano Jezusa. Działanie kolegialne? „Wszyscy uciekli".

Dzisiaj podobne do tych dowcipne uwagi rozbrzmiewają w korytarzach Watykanu również o Ratzingerze. Jednak w tym, że kardynał jest przedmiotem żartów tego samego typu, które uprzykrzały życie Ottavianiemu, pobrzmiewa szczególna nuta ironii. W czasie Soboru Watykańskiego II Ratzinger był jednym z teologicznych młodych radykałów prowadzących natarcie na status quo ucieleśniane przez Ottavianiego. Ratzinger był rzutkim, niezwykle inteligentnym młodym myślicielem rozczarowanym wieloma odpowiedziami udzielanymi przez oficjalne władze kościelne. Zaliczał się do zakulisowych spiskowców, którzy dbali o to, by sobór powstrzymywał Ottaviavianiego w każdej praktycznie kwestii.

Ratzinger był obecny na wszystkich czterech sesjach Soboru Watykańskiego II jako główny doradca teologiczny kardynała Josepha Fringsa z Kolonii. Frings wielokrotnie spierał się z Ottavianim o kierunek, w jakim powinien pójść sobór. W jednej z najbardziej dramatycznych chwil w ciągu całych czterech lat trwania soboru oświadczył, że urząd Ottavianiego jest dla świata „źródłem skandalu". Protestancki komentator Robert MacAfee Brown, który znajdował się na sali obrad soboru, gdy Frings wypowiadał te słowa – 8 listopada 1963 roku – powiedział, że krytyczne uwagi pod adresem Ottavianiego „wysadziły w powietrze kopułę Bazyliki św. Piotra"[1].

Uwzględniając obecny wizerunek Ratzingera jako zdecydowanego konserwatysty, łatwo zapomnieć, jak istotna jest jego postać dla Soboru Watykańskiego II. Teologowie odgrywali niezwykle ważną, jedyną w swoim rodzaju rolę w czasie soboru, sporządzając projekty dokumentów i organizując koalicje oraz przygotowując swoich biskupów do dyskusji na forum, a Ratzinger był w samym centrum tej działalności. Niemieccy teologowie i biskupi byli w rzeczywistości tak wpływowi, że najlepsza z pierwszych historii soboru została zatytułowana po prostu: *Ren wpływa do Tybru*[2]. W opinii praktycznie wszystkich osób, które kiedykolwiek zajmowały się tym właśnie soborem, Ratzinger należał do teologów, którzy wywarli na niego największy wpływ.

Z powodu tej historii jego najzagorzalsi krytycy przypisują mu jakieś mityczne, jakby rodem z *Gwiezdnych wojen* przymioty. Jak przechodzi się od Ratzingera-postępowego podżegacza do Ratzingera-głównego inkwizytora? Ilekroć Ratzinger zamyka usta myślicielowi, zakazuje lektury książki, potępia jakiś tok myślowy czy w inny sposób angażuje się w próby zmiany kierunku niektórych nurtów, które wzięły początek na soborze, ludzie się zastanawiają, czy to może być ten sam człowiek. W wyobrażeniach niektórych liberalnych krytyków historia życia Ratzingera stanowiłaby scenariusz godny George'a Lucasa: młody rycerz Jedi, który przeszedł na ciemną stronę Mocy.

Bez względu na to, jak się to rozumie, twierdzenie, że Ratzinger „przeszedł na drugą stronę", rzeczywiście wydaje się uzasadnione. W wielu kwestiach Ratzinger diametralnie zmieniał poglądy od czasów soboru, a wszystkie wiązały się z podstawowymi zagadnieniami teologii i życia Kościoła. Liberalny teolog szwajcarski Hans Küng w świetle takich zwrotów zasugerował kiedyś, że Ratzinger zaprzedał swoją duszę za władzę. Küng, przyjaciel i kolega Ratzingera, który otrzymał jego posadę na uniwersytecie w Tybindze, stwierdził kwaśno na początku lat siedemdziesiątych: „Żeby zostać w tych czasach kardynałem w Niemczech, trzeba wcześnie zaczynać". Bez względu na to, czy właściwie odczytał intencje Ratzingera czy nie, Küng miał rację co do celu, do którego zmierzał Ratzinger.

Dlaczego to ma znaczenie?

Umiarkowani teologowie i historycy katoliccy często uznają zarzut, że Ratzinger odstąpił od swojego liberalizmu z okresu Soboru Watykańskiego II, za interesujący, ale nie mający nic do rzeczy. Ludziom wolno zmieniać poglądy, mówią, i nie chcielibyśmy doktrynalnego szefa, który jest tak nieelastyczny, że w ogóle nie ewoluuje. To, że Ratzinger skłonny był zmodyfikować lub porzucić zajmowane wcześniej stanowisko, może stanowić oznakę intelektualnej żywotności. Inni całkowicie odrzuciliby tę przesłankę, dowodząc, że w myśli Ratzingera istnieje zasadnicza ciągłość, która jest ważniejsza od jakiejkolwiek ewolucji w poszczególnych kwestiach. Niemniej jednak to, czy Ratzinger porzucił swoje wcześniejsze przekonania, jest niezwykle istotne w kontekście katolicyzmu u początków XXI w. z trzech powodów.

Historyczny

Być może najgoręcej dyskutowaną w dzisiejszym Kościele katolickim kwestią jest to, kto ma większe prawo do dziedzictwa Soboru Watykańskiego II: reformatorzy, którzy zabiegają o służebny Kościół, bardziej tolerancyjny wobec wewnętrznego zróżnicowania, czy skrzydło zachowawcze, które pragnie, by Kościół akcentował swoją tradycyjną gwarancję jedności silną władzą papieską. Chodzi o to, czyje dążenie bardziej odpowiada zamierzeniom Soboru Watykańskiego II. Albo – z „czysto konstrukcjonistycznego" punktu widzenia – które lepiej oddaje legislacyjny zamysł ojców soboru. Jeśli prawdą jest, że Ratzinger porzucił swoje wcześniejsze przekonania, że jego „udział" w soborze dzisiaj lepiej tłumaczą kwestie natury biograficznej niż świadectwa historyczne, to jest ważne odkrycie dla postępowej strony w tym sporze. Ten, kto panuje nad tym, jak pamiętany jest Sobór Watykański II, w bardzo wielkim stopniu kontroluje kierunek, w jakim zmierza Kościół. Świadectwo Ratzingera ma fundamentalne znaczenie dla ustalenia, co sobór zamierzał, a wszelka ocena jego świadectwa będzie niepełna bez postawienia pytania o to, jak i dlaczego uległo ono z upływem czasu zmianie.

Co więcej, sam Ratzinger włączył się do tej historycznej dyskusji. W wywiadzie z 1993 roku dla tygodnika „Time" stwierdził: „Nie widzę żadnej zmiany z upływem czasu mojego stanowiska w kwestiach teologicznych". Uczciwe zatem będzie skonfrontowanie tego twierdzenia z faktami.

Polityczny

Kłopot z politycznymi sporami we współczesnym katolicyzmie polega na tym, że nazbyt często spierające się strony mówią po prostu w próżnię, płaszczyzna intelektualnego porozumienia bowiem, na której można oprzeć dyskusję, jest niewielka. Postępowi katolicy przesiąknęli dziełami Rosemary Ruether, Matthew Foksa czy Karla Rahnera, ale w większości nie znają Dietricha i Alice Hildebrandów, Hansa Ursa von Balthasara czy Matthiasa Scheebena lub też któregokolwiek z pozostałych myślicieli i autorów, którzy stanowią intelektualnych koryfeuszy katolików konserwatywnych. Żadna ze stron nie chce się zdobyć na intelektualny wysiłek, by dogłębnie zrozumieć obawy, które kierują działaniami ich oponentów, argumenty, które doprowadziły ich do obecnych wniosków, rozwiązań, które rozważyli i odrzucili.

Każda strona często podejrzewa drugą o nonszalancję i lekceważenie oraz brak ugruntowania w głębi tradycji katolickiej. Dzięki zrozumieniu, jakimi drogami podążał Ratzinger i w jakim miejscu jego myśl zboczyła z kursu, którego tak wielu trzymało się po Soborze Watykańskim II, postępowcy będą być może w stanie przekonać do zmian ludzi spoza pochlebczego kręgu. Podobnie konserwatyści będą mogli pojąć, dlaczego często oskarża się ich o zerwanie z myślą soborową.

Kościelny

Marks powiedział, że systemy intelektualne są zdeterminowane sytuacją ekonomiczną i społeczną. Był absolutystą, ale fakt ten nie ma zasadniczego znaczenia dla zrozumienia jego fundamentalnej myśli, że na idee często wywierają wpływ czynniki zewnętrzne, takie jak pozycja społeczna i uprzywilejowanie. Jeśli prawdą jest, że poglądy teologiczne Ratzingera ewoluowały, w miarę jak zmieniała się jego rola w Kościele, sugeruje to, że władze kościelne nie są wolne od wpływu normalnych sił kształtujących decyzje konkretnego człowieka. Nasuwa to myśl, że być może powinny one przyjmować postawę większej pokory przed wyciągnięciem własnych wniosków, zdając sobie sprawę, że w ich sposobie myślenia mogą znajdować odzwierciedlenie lub może się na nich odcisnąć ślad wpływów, które niewiele mają wspólnego z ewangelią. Oczywiście jest to postawienie sprawy bez ogródek; osoby znające Ratzingera mówią, że stara się on być otwarty na więcej niż jedną szkołę myślową i narzuca jedynie stanowisko Kościoła, nie zaś własne. Jednak rzecz w tym, że z upływem czasu przeczucia Ratzingera, jakie powinno być stanowisko Kościoła, zmieniły się, a na rozwój ten mogły wywierać wpływ czynniki inne niż obiektywne sądy teologiczne.

Dwie kariery

W ciągu trzydziestu lat, jakie upłynęły od święceń Josepha Ratzingera w 1951 roku do roku 1981, gdy kardynał stanął na czele Kongregacji Nauki Wiary, odniósł on ogromny sukces w dwóch różnych sferach dotyczących Kościoła katolickiego, po pierwsze jako teolog, a po drugie jako kardynał. W obu Ratzinger szybko piął się w górę. W krótkim czasie znalazł się na wielu niemieckich uniwersytetach, zwykle obejmując stanowiska wyższe i o większym znaczeniu. Zaczynał we Fryzyndze, następnie w 1959 roku przeniósł się do Bonn. Tam zaprzyjaźnił się z Fringsem, a podczas Soboru Watykańskiego II nazywano Ratzingera jego *peritus*, czyli doradcą teologicznym. W 1963 roku przeniósł się do Münster, a w roku 1966 znalazł się na uniwersytecie, którego już sama nazwa kojarzy się z wiodącą w Niemczech rolą w świecie akademickiej teologii – w Tybindze. Jak na ironię, człowiekiem, który zdobył dla Ratzingera mianowanie, był Hans Küng, który później stanie się jednym z najzagorzalszych krytyków Ratzingera. W 1998 roku w udzielonym mi wywiadzie porównał Kongregację Nauki Wiary z okresu, gdy na jej czele stał Ratzinger, do radzieckiego KGB[3].

W 1968 roku Ratzinger obserwował przelewającą się przez Europę falę studenckich buntów, które szczególnie silne były w Tybindze. Wydawało się, że marksizm szykuje się do zastąpienia chrześcijaństwa jako jednoczącego systemu znaczeniowego w Europie, i nawet studenci Ratzingera wznosili jako rewolucyjne motto okrzyki „Niech będzie przeklęty Jezus!" Przeżycie to nim wstrząsnęło i przyczyniło się do zajęcia przez niego stanowiska bardziej konserwatywnego.

W 1969 roku Ratzinger wrócił do Bawarii, by objąć stanowisko wykładowcy na nowym uniwersytecie w Ratyzbonie. Ostatecznie został dziekanem i zastępcą rektora. Został też teologicznym doradcą biskupów niemieckich, a także członkiem nowej Międzynarodowej Komisji Teologicznej, którą powołano po Soborze Watykańskim II. W tych dziesięcioleciach Ratzinger zyskał reputację inteligentnego, pracowitego uczonego, a jego sława w kręgach teologicznych jako jednej z najważniejszych postaci Soboru Watykańskiego II rosła.

W 1977 roku Ratzinger został mianowany arcybiskupem Monachium i Fryzyngi. Chociaż w 1997 roku napisał, że powołanie go na to stanowisko było dla niego niespodzianką i chciał odmówić, zaufany przyjaciel nakłaniał go, by je przyjął, a nuncjusz papieski zażądał, żeby podpisał odręcznie napisaną przysięgę na hotelowej papeterii, że zgadza się przyjąć tę funkcję. Dalsza wspinaczka po szczeblach kariery przebiegała szybko. W 1978 roku Paweł VI mianował Ratzingera kardynałem, a rok później odegrał on istotną, choć zakulisową rolę w nakłonieniu niemieckich biskupów do poparcia decyzji Jana Pawła II o pozbawieniu Künga prawa nazywania siebie teologiem katolickim, co utrwaliło rozłam między nimi. W 1980 roku Ratzinger otrzymał z rąk Jana Pawła II funkcję relatora, przewodniczącego specjalnego synodu ds. świeckich, za co zebrał wysokie oceny jako dobry słuchacz i głęboki myśliciel. Nowy papież po raz pierwszy poprosił Ratzingera, żeby stanął na czele Kongregacji ds. Wychowania Katolickiego, krótko po swoim wyborze. Kardynał wówczas odmówił, ponieważ czuł, że nie może tak szybko opuścić swojego stanowiska w Monachium. Jednak w 1981 roku przyjął propozycję papieża objęcia stanowiska prefekta Kongregacji Nauki Wiary. Od tego czasu Jan Paweł II stale przekazywał coraz więcej władzy urzędowi Ratzingera[4].

Aby zrozumieć, jak niezwykła była jego kariera, należy pamiętać, że w historii Kościoła teolog rzadko otrzymywał biret kardynalski. Ambitni młodzi księża zwykle jadą do Rzymu na studia, gdzie ważne jest, by wcześnie nawiązać kontakty, a także zyskać opinię „bezpiecznego" w kwestiach doktryny i indywidualnych przyzwyczajeń. Nowy ksiądz spędza rok czy dwa w parafii, następnie przechodzi do pracy w urzędzie biskupim, a potem, jeśli dopisze mu szczęście, wraca do Rzymu, do pracy w kongregacji (Sekretariat Stanu czy Kongregacja Nauki Wiary to gratka) i w końcu zdobywa mitrę biskupią. System ten jest tak zorganizowany, żeby gwarantował awans przewidywalnych, pracujących w urzędach ludzi. W amerykańskiej konferencji biskupów łatwo zauważyć prałatów, którzy poszli tą drogą: na przykład William Levada z San Francisco czy Justin Rigali z St. Louis. Są konserwatywni, głęboko lojalni wobec Rzymu często na niekorzyść konferencji biskupów, a mimo to dzięki swej ogładzie, są uprzejmi i czarujący. W tym kontekście ze strony młodego kleryka, który chce zrobić karierę, zajmowanie się poważnymi studiami teologicznymi, byłoby nierozsądne. Zawodowa praca akademicka niesie zbyt wiele ryzyka, zbyt często wymaga formułowania śmiałych twierdzeń.

Ten tradycyjny dystans między teologami i ich szybko awansującymi kolegami był, jeśli już, jeszcze bardziej zauważalny wśród osób należących do pokolenia Ratzingera, ponieważ po encyklice *Humani generis* Piusa XII z 1950 roku wielu myślicieli doznało krzywd od władz kościelnych, a na Soborze Watykańskim II zostali zrehabilitowani. Yves Congar, John Courtney Murray, Henri de Lubac... lista jest długa.

Większość wcześniejszych prefektów Kongregacji Nauki Wiary nie była cieszącymi się szacunkiem zawodowymi teologami. Argumentem zawsze było to, że „gdy Piotr interweniuje, czyni to jako rybak"; innymi słowy, papieski charyzmat obrony wiary nie zależy od specjalistycznej wiedzy teologicznej. W rzeczywistości jeden z byłych pracowników Kongregacji Nauki Wiary powiedział mi kiedyś, że Kościół musi sprawować kontrolę duszpasterską nad swoimi teologami, tak samo jak państwo sprawuje kontrolę cywilną nad armią. Dla wielu katolickich teologów przed Ratzingerem było to drażliwą kwestią; czuli się dyscyplinowani przez ludzi z kurii, którzy w rzeczywistości nie byli w stanie pojąć ich pracy. Gdy Ratzingera wybrano na prefekta Kongregacji Nauki Wiary, wielu teologów temu przyklasnęło, mając nadzieję, że pomimo iż kardynał zboczył na prawo, można od niego oczekiwać zrozumienia dla teologów. Ratzinger zaś, jeśli już, uważał, że ze względu na swoje kwalifikacje ma większą swobodę krytykowania ich niejako „od wewnątrz".

Dla większości teologów katolickich twórcze napięcie między władzami i intelektualistami Kościoła jest czymś naturalnym. Gdy ktoś przechodzi od badania granic do ich narzucania, jak uczynił to Ratzinger, wywołuje to oczywiście podejrzliwość. To sprawiło, że wymiana zdań między Ratzingerem a niektórymi teologami stała się ostrzejsza, często bardziej zażarta, ponieważ teologowie ci wiedzą, że to nie jest tak, iż Ratzinger nie rozumie, co oni mówią. Rozumie doskonale, a mimo to upiera się, że ich praca jest nie do przyjęcia. To sprawia, że dyskusja przeradza się nie tyle w naturalną zaciekłą rywalizację konkurujących ze sobą interesów Kościoła, ile w poczucie zdrady, poczucie, że wtrąca się ktoś, kto „wie lepiej". Sam Ratzinger musi to dotkliwie odczuwać, ponieważ bardzo dobrze zna mechanizmy funkcjonujące w społeczności zawodowych teologów katolickich. Przypomina to sytuację, gdy dziennikarz zostaje redaktorem naczelnym lub gdy nauczyciel obejmuje funkcję dyrektora szkoły. Powstaje pytanie: Czy on się sprzedał? Czy osiągnął sukces dzięki zdradzie swoich wcześniejszych przekonań? W ostatecznym rozrachunku jest to pytanie natury psychologicznej, na które biograf nie jest w mocy udzielić odpowiedzi. Oczywiste jest to, że stanowisko Ratzingera w kilku kwestiach ewoluowało w czasie jego kariery i że ewolucja ta sprawiła, iż władze kościelne się nim zainteresowały. Osoby najlepiej znające Ratzingera są przekonane, że głosiłby dzisiaj poglądy wyrażane w czasie prac Soboru Watykańskiego II, nawet gdyby ciągle był w Ratyzbonie. Równie prawdziwe może być twierdzenie, że za zmianami poglądów Ratzingera nie kryje się ambicja; nawet gdyby tak było, nie ma wątpliwości, jaki wniosek wyciągnąłby z sukcesu Ratzingera ktoś, kto j e s t ambitny.

Sobór Watykański II

Gdy w 1962 roku otwierano Sobór Watykański II, Joseph Ratzinger miał trzydzieści pięć lat. Aby zrozumieć, jak ten młody i ciągle nieznany profesor z Niemiec zdołał odegrać tak niezwykle ważną rolę w tym mającym najważniejsze znaczenie dla katolicyzmu XX w. wydarzeniu, wystarczy przypomnieć sobie odwieczną prawdę: nieważne, c o wiesz, ważne, k o g o znasz. Ratzinger znał Herberta Luthego, dawnego przyjaciela z seminarium, który został osobistym sekretarzem kardynała Josepha Fringsa z Kolonii. Obecnie Luthe jest biskupem niemieckiej diecezji Essen. Gdy Ratzinger w 1959 roku przeniósł się na uniwersytet w Bonn, znalazł się na terenie archidiecezji kolońskiej i Luthe zorganizował mu spotkanie z Fringsem. Zaprzyjaźnili się i ilekroć Frings potrzebował rady w kwestiach teologicznych, zwracał się o nią do swojego nowego przyjaciela i protegowanego.

Kardynał Joseph Frings

Frings był legendą w europejskich kręgach kościelnych, znakomitym uczonym biblistą, absolwentem Papieskiego Instytutu Biblijnego w Rzymie. Już to uwrażliwiło go na potencjalne nadużycia Świętego Oficjum, ponieważ wiedział, jak bardzo badacze Pisma św. byli nękani w połowie wieku. Ottaviani wraz ze swoim otoczeniem, niezadowoleni, że metoda historycznokrytyczna, dzięki której ujawniono różne warstwy i rywalizujące ideologie zawarte w Biblii, zagrozili, że zakwestionują samą ideę Objawienia. Podczas soboru Frings i Ratzinger energicznie bronili nowoczesnych badań Pisma św.[5] Frings uprawiał amatorsko wspinaczkę górską, ale w czasie otwarcia soboru miał siedemdziesiąt sześć lat i podupadł na zdrowiu. Był niemal niewidomy, co oznaczało, że musiał korzystać z pomocy innych. Czytano mu wszystkie dokumenty przygotowawcze, propozycje, memoranda i inne papiery, które krążyły przed i w czasie soboru. Pod tym względem był uzależniony od Ratzingera i Luthego w jeszcze większym stopniu niż większość biskupów opierających się na swoich *periti*. Pomimo fizycznej słabości jego przemówienia w sali soboru były klarowne, precyzyjne i bezpośrednie, a gdy zabierał głos, zwykle przyciągał uwagę słuchaczy.

Już przed rozpoczęciem soboru uważano, że głos Fringsa będzie należał do najbardziej ważkich. Przede wszystkim Frings był dobrze znany w Trzecim Świecie jako przewodniczący konferencji biskupów niemieckich; jego agencje pomocy międzynarodowej Misereor i Adveniat udzielały ogromnej pomocy biednym krajom, co umożliwiał niemiecki *Kirchensteuer*, czyli „podatek kościelny". Znali go więc biskupi z Brazylii, Indii i Nigerii i mieli powody, by być mu wdzięczni. Ponieważ archidiecezja kolońska należy do najbogatszych w Europie, miał również podobne możliwości pomocy na kontynencie.

Co więcej, Frings miał opinię osoby o umiarkowanych poglądach, szczególnie w porównaniu ze swoim kolegą z Monachium, kardynałem Juliusem Döpfnerem, którego uważano za progresistę. Gdy więc Frings opowiadał się za reformą, jego słowa miały dodatkową wagę. To, że okazał się przywódcą „postępowego" skrzydła, dla wielu obserwatorów stanowiło dowód, iż większość uczestników soboru była za stanowiskiem postępowym[6]. Krążyły też pogłoski, że ma dobre kontakty z papieżem Janem XXIII. W drodze powrotnej z konklawe w 1958 roku, na którym wybrano Jana XXIII, Frings powiedział Luthemu, że być może zostanie zwołany sobór, i wieść się rozniosła. Gdy okazało się to prawdą, ustaliła się opinia o Fringsie jako osobie dobrze poinformowanej.

Przed rozpoczęciem Soboru Watykańskiego II panowała ożywiona zakulisowa działalność organizacyjna. Pojawiła się krótka lista najbardziej wpływowych biskupów: Suenens z Belgii, Alfrink z Holandii, König z Austrii, Helder Cámara z Brazylii, patriarcha melchicki Maximos IV oraz Frings i Döpfner. Gdy biskupi zaczęli się organizować, przygotowując się do soboru, w centrum wszystkiego znajdował się Frings.

Wspomnienia Ratzingera

Kilka źródeł może być pomocnych przy odtworzeniu roli Ratzingera na soborze. Pierwszym z nich są jego własne ówczesne relacje zamieszczone w komentarzach, które pisał po każdej sesji[7]. Mamy też komentarze, które dostarczył do słynnej serii Vorgrimlera dokumentów Soboru Watykańskiego II, a także opisy jego poglądów i działań przedstawione przez obserwatorów i historyków soboru. Ogólne wnioski o stanowisku zajmowanym przez Ratzingera można też wyciągnąć, analizując przemówienia i dokumenty Fringsa, których przygotowanie jest w znacznej mierze dziełem jego doradcy. I na koniec, mamy późniejsze wspomnienia Ratzingera, przedstawione w wywiadach i autobiografii, która obejmuje okres do 1977 roku.

Na ile wiarygodne są te późniejsze wspomnienia? Sprawdźmy to na przykładzie podejścia Ratzingera do projektów dokumentów rozsyłanych przez Kurię przed rozpoczęciem soboru. Było oczywiste, że komisje przygotowujące te dokumenty, składające się z urzędników Kurii, chciały, aby ich szkice zostały mechanicznie zatwierdzone przez sobór. Frings i inne wpływowe postaci z obozu progresistów nie chcieli, żeby do tego doszło. W autobiografii Ratzinger pisze, że Frings przysyłał mu projekty dokumentów, które przygotowała Kuria, i chociaż znajdował pojedyncze sprawy, o które chciał się targować: „Nie znalazłem podstaw do całkowitego ich [tekstów przygotowawczych] odrzucenia, czego domagało się potem wielu w czasie obrad, niekiedy całkiem skutecznie".

Gdy przebadamy wszystkie pozostałe świadectwa, okaże się, że nie jest to prawdą. Frings był jednym z organizatorów kampanii na rzecz odrzucenia projektów Kurii. W maju 1961 roku on i Döpfner napisali do papieża, proponując przełożenie soboru na później z powodu złej jakości prac przygotowawczych. Na spotkaniu z biskupami nazwał przygotowane przez Kurię projekty dokumentów „zupełnie nieodpowiednimi" i „bardzo niezadowalającymi". Trudno sobie wyobrazić, żeby Frings zajął tak twarde stanowisko, gdyby jego zaufany doradca teologiczny mówił mu coś przeciwnego.

Już pierwszego dnia obrad roboczych, 13 października 1962 roku, Kuria planowała wybór komisji soborowych. Wybrani mieli zostać wszyscy członkowie komisji przygotowawczych, żeby przyspieszyć przyjęcie przez sobór projektów kurialnych. Plan ten opierał się na założeniu, że jeśli pierwszego dnia głosowałoby ponad dwa tysiące biskupów, byliby zbyt zdezorganizowani i za słabo by się znali, żeby zmontować jakąś silniejszą opozycję. Jednak Frings z kardynałem Liénartem z Lille zgłosili propozycję przesunięcia wyborów, „aby najpierw można było lepiej poznać kandydatów". Pomimo zakazu wiwatowania na sali biskupi gromko wyrazili swoją aprobatę. Była to pierwsza próba sił, z której zwycięsko wyszedł Frings. Nie ma żadnej wzmianki, że Ratzinger przeciwko temu oponował.

Niemniej jednak nie musimy spekulować, co myślał Ratzinger. Według drugiego tomu obszernej *Storia del Concilio Vaticano II* („Historia Soboru") pod redakcją Guiseppe Alberiga i Josepha A. Komonchaka, Ratzinger z Yves'em Congarem, Hansem Küngiem i Karlem Rahnerem twierdzili, że projekty kurii muszą zostać odrzucone. Ratzinger podobno był zdania, że są one „niezdolne przemówić do Kościoła". Co więcej, gdyby naprawdę uważał, że projekty kurialne są do przyjęcia, to trudno zrozumieć, dlaczego poświęcił większą część 1962 roku na opracowanie z Rahnerem nowej wersji struktury Kościoła, a następnie przemawiał na kilku spotkaniach biskupów, przedstawiając w skrócie, dlaczego nowa propozycja jest lepsza od projektu kurialnego.

We własnym komentarzu z 1963 roku do pierwszej sesji soboru Ratzinger oświadcza, że decyzja o odrzuceniu projektów kurialnych i zabraniu się na nowo do pracy była „wspaniałym, zaskakującym i naprawdę pozytywnym rezultatem". Opóźnienie wyboru członków komisji, do którego doprowadził Frings, nazywa znakiem, że sobór zdecydowany jest „działać niezależnie, a nie ograniczać się do mechanicznej akceptacji komisji przygotowawczych". A oto jak Ratzinger opisuje, o co toczyła się gra:

> Istniało niepokojące poczucie, że całe to przedsięwzięcie może stać się jedynie mechanicznym zatwierdzeniem wcześniej podjętych decyzji, utrudniając raczej, niż sprzyjając koniecznej dla Kościoła katolickiego odnowie. (...) Sobór rozczarowałby i zniechęciłby tych wszystkich, którzy pokładali w nim nadzieje, sparaliżowałby ich zdrowy dynamizm i raz jeszcze odsunąłby na bok wiele pytań, które ludzie naszej epoki stawiają Kościołowi.

Ta oczywista sprzeczność między wspomnieniami Ratzingera z 1997 roku a tym, co napisał w 1966 roku, wskazuje, że lepiej się opierać w zasadzie na jego ówczesnych wypowiedziach. Późniejsze wspomnienia przedstawiają większą wartość jako dokument ukazujący, jak z upływem czasu zmieniało się jego stanowisko, niż pomagający ustalić, jaka była jego rola w samym tym zdarzeniu.

Ratzinger na soborze

W czasie czterech sesji soboru, które odbywały się corocznie jesienią od 1962 do 1965 roku, Frings, Ratzinger i Luthe mieszkali w niemieckojęzycznej rezydencji dla księży i kleryków „Anima" w Rzymie. W swojej książce z 1998 roku *Im Sprung Gehemmt* („Nieudany skok") wiedeński biskup pomocniczy Helmut Krätzl opowiada o tych dniach, gdy był młodym seminarzystą mieszkającym w Animie i przyglądał się, jak Frings i Ratzinger przyczyniają się do nadania kształtu soborowi. Ratzingera przedstawia jako tytana w oczach seminarzystów i człowieka, który „energicznie włączył się w odnowioną wizję Kościoła"[8].

Wspomnienia Krätzla podkreślają, jak niezwykle istotną rolę odgrywał Ratzinger we wszystkim, co się działo. Chociaż oficjalnie pełnił funkcję doradcy Fringsa, nie pozostawał w cieniu w tym znaczeniu, że inni uczestnicy soboru wiedzieli, kim jest i co robi. Chociaż Ratzinger nie miał prawa zabierania głosu podczas obrad, pod każdym innym względem był postacią publiczną. Wygłaszał wykłady na temat zagadnień soborowych w różnych miejscach Rzymu i Niemiec, organizował sesje informacyjne dla ojców soboru i publikował cykl słynnych komentarzy soborowych.

Na Soborze Watykańskim II *periti* mieli udzielać odpowiedzi tylko na pytania zadawane im przez biskupów, mieli robić to obiektywnie i bez uwzględniania w nich własnych wniosków oraz nie mogli organizować poparcia dla konkretnych punktów widzenia lub udzielać wywiadów czy publikować osobistych opinii. Mimo że zasady te były wielokrotnie ogłaszane publicznie, to jednak *periti* raczej je lekceważyli, niż się do nich stosowali. Większość komentatorów uważa, że Sobór Watykański II nigdy nie poszedłby w takim kierunku, gdyby nie teologiczne przekonania i zmysł polityczny jego doradców, oraz – oczywiście – otwartość biskupów, którzy ich słuchali.

Już 10 października 1962 roku, przed pierwszym dniem obrad, Ratzinger okazał się głównym źródłem informacji naukowych biskupów niemieckojęzycznych. Tego dnia wszyscy biskupi z Niemiec, Austrii i Luksemburga zebrali się w „Animie", żeby przedyskutować strategię. Ratzinger wygłosił główną mowę, przedstawiając plany nowego projektu dokumentu o Objawieniu. Miał on zatem zasadniczy wpływ na ukształtowanie pierwszych wrażeń biskupów niemieckojęzycznych – którzy stanowili bez wątpienia najbardziej wpływowy blok na soborze – a jego wpływ stale rósł.

Po podjętej 13 października decyzji o przesunięciu na późniejszy termin wyboru członków komisji rozpoczęły się zakulisowe działania mające na celu obejście projektów kurialnych. Ratzinger i Rahner pracowali nad projektem schematu o Objawieniu, który był gotowy do 25 października. Tego dnia Frings był gospodarzem spotkania, w którym wzięli udział kardynałowie Alfrink, Suenens, Liénart, Döpfner, Siri i Montini (przyszły papież Paweł VI). Ratzingera poproszono o przedstawienie schematu, który zebrał dobre recenzje, chociaż Montini uważał, że najlepiej byłoby jak najwięcej pracy poświęcić istniejącym dokumentom. Z tego, co mówiono, Ratzinger zrobił wrażenie; później Montini, już jako papież, mianuje Ratzingera arcybiskupem Monachium i wyniesie go do godności kardynalskiej.

Po decyzji soboru o przesunięciu na później dokumentu o Objawieniu Ratzinger i jego współpracownicy mogli zmienić jego kształt tak, by zgadzał się w istotnych kwestiach ze schematem Rahnera-Ratzingera. Po trudnych negocjacjach i wielu kompromisach został on ostatecznie zatwierdzony na ostatniej sesji soboru 18 listopada 1965 roku. Konstytucja dogmatyczna o Objawieniu Bożym *Dei verbum* jest dokumentem Soboru Watykańskiego II, na który Ratzinger osobiście wywarł największy wpływ.

W ocenie Ratzingera najważniejszym dokumentem soborowym jest Konstytucja dogmatyczna o Kościele *Lumen gentium*. Zwieńczyła ona kilkudziesięcioletnie trudy przywrócenia nauki Kościoła opartej na Piśmie św. i Ojcach Kościoła oraz podjęła próbę przywrócenia równowagi między papieżem i biskupami, którą po uchwaleniu dogmatu o nieomylności papieża na Soborze Watykańskim I wielu uważało za utraconą. Tamten sobór zamierzał wydać deklarację o biskupach, ale został przerwany przez wybuch wojny francusko-pruskiej. Wiele dobrze poinformowanych osób uważało, że celem Soboru Watykańskiego II było doprowadzenie do końca spraw, których nie udało się zamknąć na pierwszym. Z ogólnego sprawozdania z soboru, które ukazało się 2 lipca 1964 roku, po drugiej sesji, wynika, że Ratzinger przyczynił się do nadania kształtu artykułom 22. i 23. z III rozdziału *Lumen gentium*; były to mające podstawowe znaczenie fragmenty o kolegialności i roli biskupów. Napisał również tuż po soborze komentarz do tej części *Lumen gentium* dla komentarzy Vorgrimlera.

Podczas trzeciej sesji soboru, która odbyła się jesienią 1964 roku, Ratzingera poproszono, by włączył się do prac komisji redakcyjnej, która przeredagowywała dekret o działalności misyjnej. Prace, w których uczestniczył również słynny teolog francuski Yves Congar, przedłużyły się na czwartą sesję. Frings przemówił przed zgromadzonymi, popierając ten dokument.

Ogólnie rzecz biorąc, Ratzinger znalazłby się na każdej liście najważniejszych teologów Soboru Watykańskiego II. W 1969 roku Karl Lehmann z Niemiec, przyszły biskup Moguncji i przewodniczący konferencji biskupów niemieckich, napisał w eseju o Karlu Rahnerze, że Rahner, Congar, Ratzinger, Küng i holenderski dominikanin Edward Schillebeeckx „przedarli się przez teksty przygotowane jako gotowe dokumenty na otwartą przestrzeń większej wolności teologicznej". Warto odnotować, że ze wszystkich nazwisk na liście Lehmanna dwa – Küng i Schillebeeckx – były analizowane przez Święte Oficjum po soborze, a Küng ostatecznie stracił prawo nauczania jako teolog katolicki.

Jak Ratzinger się zmienił

Dyskusja o Ratzingerze i Soborze Watykańskim II zazwyczaj toczy się na dość abstrakcyjnym poziomie. Liberałowie przywołują kojarzące się z soborem hasło – *aggiornamento* – oznaczające ducha zmian, zwrot ku współczesności i otwartość, a następnie zarzucają Ratzingerowi, że odstąpił od niego. Ratzinger, co całkowicie naturalne, uparcie twierdzi, że w Soborze Watykańskim II ważne są same dokumenty, a nie jakiś bezpostaciowy „duch rzekomo w nich zawarty". Z drugiej strony, obrońcy Ratzingera często przeprowadzają rozróżnienie między dwiema szkołami myśli na soborze: *aggiornamento* i *ressourcement*. Ta druga to „powrót do źródeł", co znalazło swój główny wyraz w nurcie liturgicznym, w powrocie do ojców Kościoła i w nowym uznaniu Pisma św. Obie szkoły były zgodne co do potrzeby wyrwania się z neoscholastycznej rutyny Kościoła w latach pięćdziesiątych XX w., ale osoby związane z *aggiornamento* chciały „modernizować" Kościół i skłonić go do dialogu ze współczesnością, podczas gdy kręgi optujące na rzecz *ressourcement* chciały odzyskać utracone elementy tradycji. Jeden ruch patrzył w przód, a drugi przede wszystkim wstecz.

Ujmując to wszystko w kategoriach polityki, *aggiornamento* było ruchem liberalnym, *ressourcement* bardziej konserwatywnym. Apologeci Ratzingera twierdzą, że był w całej rozciągłości człowiekiem *ressourcement*, a więc tak naprawdę się nie zmienił[9]. Podobnie jak argument „ducha Soboru Watykańskiego II", rozróżnienie *aggiornamento-ressourcement*, samo w sobie ważne, tak naprawdę nie jest pomocne przy udzielaniu odpowiedzi na pytanie, czy Ratzinger się zmienił, ponieważ *ressourcement* jest szerokim pojęciem, z którego można wyciągać wiele wniosków. W rzeczywistości wiele postaci dzisiejszego katolicyzmu, które uchodzą za najbardziej „liberalne", na przykład Richard McBrien i Charles Curran, dowodzą, że zajmowane przez nich stanowisko jest tak naprawdę bardziej „tradycyjne", bardziej oparte na źródłach niż ich krytyków z prawego skrzydła. Pytanie zatem brzmi, jakie wnioski z Ratzingerowskiego odczytania *ressourcement* kierowały nim wówczas i jak się mają do tego, co mówi dzisiaj?

W sześciu zagadnieniach, które zostaną po kolei omówione, wyraźnie można dostrzec różnice między stanowiskiem, jakie zajmował w nich Ratzinger na soborze, a tym, jakie zajmuje obecnie. W pewnych kwestiach jest to jawna sprzeczność, w innych – trudniej uchwytne przesunięcie akcentów. Ale dzisiaj Ratzinger stracił zapał, jaki niegdyś odczuwał w związku z Soborem Watykańskim II, co zostało podkreślone w komentarzu dla Richarda Ostlinga z Associated Press w 1985 roku: „Nie wszystkie ważne sobory, gdy poddane zostały ocenie historii, okazały się pożyteczne".

Kolegialność

Koncepcja kolegialności utrzymuje, że biskupi wspólnie są następcami dwunastu apostołów, którzy poszli za Jezusem, i stanowią „kolegium", najwyższą władzę dla Kościoła. Nie przewyższa ona autorytetu papieża, ale i nie podlega jego władzy. Papież „razem z kolegium" to formuła koncyliarna. Wiele szczegółów pozostawiono niedopracowanych, ale sama idea była taka, że biskupi powinni mieć coś do powiedzenia w rządzeniu Kościołem, nie tylko na poziomie ich poszczególnych diecezji, ale również w kwestii kształtowania ogólniejszych kierunków działania. Nikt się nie wypowiadał na ten temat bardziej konsekwentnie czy stanowczo od Fringsa i uzasadnione jest założenie, że pomagał mu w tym i wspierał go jego *peritus*: Ratzinger przynajmniej nigdy nie zawarł żadnego głosu sprzeciwu w żadnym ze swoich komentarzy czy ówczesnych wspomnień. Podczas spotkań przygotowawczych przed soborem Frings sprzeciwiał się temu, co projekt dokumentu o Kościele mówił o biskupach: że chociaż urząd biskupi wywodzi się od Chrystusa, władza poszczególnych biskupów pochodzi od papieża. Frings stwierdził, że się martwi, iż biskupi zostaną „zdekapitowani", i w zdecydowanych słowach utrzymywał, że ich władza jest niezależna.

Podczas dyskusji na forum siły kurialne utrzymywały, że idea kolegialności nie ma żadnej podstawy w starożytnych tekstach. Podczas drugiej sesji Frings obalił ten argument. Po pierwsze, zauważył, że zwyczaj wspólnego sprawowania władzy przez biskupów jest oczywisty od najwcześniejszych czasów istnienia Kościoła, od „kolegium jerozolimskiego" odnotowanego w Dziejach Apostolskich, po wszystkie sobory w pierwszych wiekach, które sformułowały najważniejsze koncepcje. Ponadto Frings oświadczył, że jeśli jakiejś doktryny Kościół nie może nauczać tylko dlatego, że nie występuje ona w starożytnych tekstach, to Kościół nie powinien przyjmować dogmatów o wniebowzięciu Maryi czy nieomylności papieskiej. Wszystkie prawdy wiary, stwierdził, nie są równie jasne od początku. Był to przekonujący argument i – biorąc pod uwagę gruntowną znajomość patrystyki Ratzingera – niewątpliwie został sformułowany pod jego wpływem.

Znowu nie jesteśmy skazani na domysły, jakie było stanowisko Ratzingera. Osobiście kilkakrotnie komentował doktrynę kolegialności. W sprawozdaniu z pierwszej sesji napisał, że czekał z niecierpliwością na czas „owocnego napięcia" między peryferiami i centrum, jakie powstanie wskutek nowej doktryny o roli biskupów. Powiedział, że napięcie między Rzymem i biskupami jest nieuniknione, ale będzie ono zdrowym ćwiczeniem dla całego Ciała Chrystusowego. W eseju poświęconym „wstępnym uwagom" do *Lumen gentium,* sformułowanym przez Pawła VI, Ratzinger zauważył, że Sobór Watykański I w rzeczywistości rozważał potępienie idei kolegialności, ponieważ niektórzy protestanci wykorzystali ten termin, by dowodzić, że Kościół nie może być i kolegialny, i hierarchiczny. Ratzinger stwierdził, że jest to nadal opinia niektórych „teologów rzymskich". Nie był to ostatni raz, gdy pogardliwie użył tego wyrażenia. Ale teologowie rzymscy, napisał Ratzinger, mylą się, ponieważ sobór używał terminu „kolegium" w jego znaczeniu patrystycznym, które stwarza możliwości ważniejszym i mniej ważnym członkom kolegium.

W tym samym komentarzu Ratzinger stwierdza, że jednym z największych osiągnięć *Lumen gentium* jest potraktowanie Kościoła nie jedynie jako instytucji prawnej, ale jako sakramentu, jako żywego znaku Boga. Koncepcja ta ma konsekwencje dla kolegialności, stwierdził. „O tyle, o ile koncepcja prawa jest oderwana od idei sakramentu lub z nią związana, prawo w Kościele będzie sprawą całkowicie scentralizowaną lub samą w sobie kolegialną". Innymi słowy, w im większym stopniu Kościół jest sakramentem, tym bardziej będzie kolegialny. W być może mającej największe znaczenie w świetle jego późniejszej kariery wypowiedzi Ratzinger zauważa, że – z prawnego punktu widzenia – papież być może nie jest zobligowany do przeprowadzania przed wydaniem stanowiska konsultacji z biskupami lub wiernymi, ale istnieje moralna powinność uczynienia tego. „Obecnie do wymogów, jakie narzuca papieżowi sam jego urząd, musimy bez wątpienia zaliczyć moralny obowiązek wysłuchania głosu Kościoła powszechnego" – napisał[10]. Kierunek myśli Ratzingera na soborze jest oczywisty. Kościół jest zbyt scentralizowany, zbytnio kontrolowany przez Rzym i istnieje potrzeba, zarówno praktyczna, jak i teologiczna, przekazania ponownie władzy biskupom.

W komentarzu z 1963 roku do pierwszej sesji soboru Ratzinger zauważa, jak bardzo zachwiana została w Kościele równowaga między pionową i poziomą strukturą władzy. Istniały silne więzy łączące biskupów z papieżem, ale „niemal nie występowały poziome więzi między samymi biskupami". Pojawienie się „katolicyzmu poziomego" postrzegał jako jedno z najważniejszych osiągnięć soboru, coś, w czym „kuria odkryła siłę, z którą należy się liczyć, i prawdziwego partnera w dyskusji". Wzajemne relacje między biskupami w czasie soboru postrzegał jako pewną formę kolegialności w działaniu:

> To, co biskupi mówili i robili, było czymś więcej niż tylko wyrazem konkretnej szkoły teologicznej. Był to raczej wyraz innej szkoły, do której wszyscy uczęszczali, szkoły samego ich urzędu, szkoły jedności z wiernymi i ze światem, w którym żyją.

Jak na ironię, największą troską Ratzingera w 1965 roku w związku ze stosunkiem Soboru Watykańskiego II do kolegialności było raczej to, że może on uczynić z biskupów „małych papieży" i nasilić klerykalizm, niż pójście tą drogą do końca i odkrycie poza kolegialnością biskupów „braterstwa całego Kościoła". Innymi słowy, obawiał się, że rozwój kolegialności nie posunie się odpowiednio daleko.

Porównajmy to przekonanie ze wspomnieniem Ratzingera o stosowaniu kolegialności na Soborze Watykańskim II w autobiografii z 1997 roku: „Coraz częściej sobór wydawał się wielkim kościelnym parlamentem, który może wszystko zmieniać i kształtować na swój sposób. Całkiem wyraźnie dało się odczuć wzrastającą niechęć do Rzymu i Rzymskiej Kurii, postrzeganych jako wrogów wszelkiej nowości i postępu". Ratzinger sugeruje, że biskupi w mniejszym stopniu kierowali się trzeźwą oceną najlepszych interesów Kościoła, a bardziej wyrównywaniem rachunków z kurią. Tak więc idea kolegialności, którą w 1964 roku Ratzinger uważał za uprawnioną kwestię teologiczną, w roku 1997 roku stała się jedynie zagadnieniem walki o władzę.

Późniejszy pogląd Ratzingera na kolegialność został najpełniej wyrażony w cyklu wykładów o eklezjologii wygłoszonym przed biskupami Brazylii w 1990 roku. Ratzinger przeprowadza analizę znaczenia, jakie ma dla biskupów to, że są następcami apostołów. Ponieważ pierwsi apostołowie wędrowali, Ratzinger dowodzi, że być biskupem to być zorientowanym przede wszystkim na Kościół powszechny, nawet przed Kościołem lokalnym; że jest się najpierw biskupem Kościoła katolickiego, a dopiero potem biskupem Boise czy Bratysławy. Mówi, że tylko papież jest następcą konkretnego apostoła – Piotra. Każdy inny biskup zajmuje miejsce apostolskiego kolegium, episkopat więc cechuje podstawowe „my". Jak się to „my" przejawia? Ratzinger mówi, że w solidarności z pozostałymi biskupami regionu oraz w posłuszeństwie wobec biskupa Rzymu. Praktyczny wniosek jest taki, że biskupom nie wolno domagać się niezależności od Rzymu.

Następnie Ratzinger wypowiada jeszcze jedną uwagę. Twierdzi, że katolickość Kościoła nie jest jedynie geograficzna, lecz diachroniczna, co znaczy, że rozciąga się w czasie. „Większość, która formowała się w pewnym momencie przeciwko wierze Kościoła, w całych dziejach nie będzie żadną większością: prawdziwa większość w Kościele rozciąga się diachronicznie przez wieki i dopiero wtedy, gdy słucha się tej plenarnej większości, pozostaje się w apostolskim «my»". Co chciał przez to powiedzieć? Biskup, który bierze swoje obowiązki duszpasterskie od ludzi, a nie od papiestwa, przestaje być biskupem.

Ta zmiana myślenia Ratzingera wyraźnie odbija się w kierunkach działania, które wyznaczał jako prefekt. Wiele z nich atakowało „katolicyzm poziomy", który w czasie soboru Ratzinger tak wychwalał. Dobrym przykładem są sześcioletnie starania o nowy amerykański lekcjonarz, księgę liturgiczną zawierającą zestawy tekstów Biblii przeznaczonych do czytania w czasie mszy świętej, podjęte w latach dziewięćdziesiątych XX w. Na zebraniu w 1991 roku biskupi amerykańscy przytłaczającą większością głosów zaaprobowali nowy przekład lekcjonarza, który został napisany w tak zwanym „języku łącznym", co oznacza używanie terminów nie wskazujących na płeć, takich jak „osoba" zamiast „człowiek"*. Przekładu dokonali najlepsi w kraju katoliccy bibliści, językoznawcy i teologowie. Słuszne wydawałoby się przypuszczenie, że można ufać, iż amerykańscy biskupi potrafią określić, który przekład Biblii na język angielski najlepiej nadaje się do użytku w ich kraju. W rzeczywistości jednak kuria najpierw zaakceptowała, a następnie odrzuciła przekład amerykański, a po jakimś czasie okazało się, że za tą drugą decyzją stał Ratzinger. Zarzucił temu przekładowi poważne błędy doktrynalne, zwłaszcza użycie słowa „osoba" zamiast „człowiek" w Psalmach, co – jak dowodził – utrudnia ich odczytanie jako oczekiwanie na Chrystusa. Po latach negocjacji, w których biskupi domagali się większego zrozumienia, a Watykan odmawiał zmiany stanowiska, Ratzinger powołał jedenastoosobową grupę roboczą w Rzymie i ona wprowadziła do lekcjonarza zmiany, których sobie życzył. Była to pod wieloma względami niezwykła procedura. Między innymi co najmniej trzy osoby tego ciała nie były rodzimymi użytkownikami języka angielskiego, a tylko jedna miała stopień doktorski z Pisma św.

Prefekt Ratzinger podkopał ideę kolegialności w tej właśnie sferze, w której – jak sam zauważył – po raz pierwszy przybrała kształt w myśleniu soborowym: w liturgii. W komentarzu z 1963 roku do pierwszej sesji Soboru Watykańskiego II napisał:

> Ustanowienie praw liturgicznych dla własnych regionów jest obecnie, w pewnych granicach, obowiązkiem różnych konferencji biskupów. I to nie z przekazania im uprawnień przez Stolicę Apostolską, lecz z racji ich niezależnej władzy. (...) Być może ktoś mógłby stwierdzić, że ten drobny przepis, który po raz pierwszy nadaje konferencjom biskupów własną władzę kanoniczną, ma większe znaczenie dla teologii episkopatu i dla od dawna oczekiwanego wzmocnienia władzy episkopatu niż dla samej Konstytucji o Kościele. W tym wypadku bowiem w grę wchodzi fakt dokonany, a fakty, jak uczy historia, mają większą wagę niż czysta doktryna.

Innymi słowy, sobór uznał biskupów za faktycznych decydentów, nie w teorii, lecz w rzeczywistości, przekazując podejmowanie decyzji

---

* Ang. „man" – zarówno „człowiek", jak i „mężczyzna".

w kwestiach liturgicznych konferencjom. Odzyskując to uprawnienie dla Rzymu, Ratzinger zaatakował samą istotę episkopalnej kolegialności.

Konferencje biskupów

Koncepcja narodowych czy regionalnych konferencji biskupów jest czymś naturalnym: wszyscy biskupi danego kraju czy regionu regularnie się zbierają, żeby wymieniać się doświadczeniami, wspólnie mobilizować zasoby i – tam gdzie uznają to za stosowne – wydawać oświadczenia. Oficjalne istnienie konferencji jest stosunkowo świeżej daty, chociaż – jak podkreśla wielu teologów – nie są one niczym innym jak nową formą starożytnego „soboru partykularnego", na którym biskupi z danego regionu zbierali się i wspólnie rozwiązywali problemy lub wyjaśniali kwestie doktrynalne, w przeciwieństwie do soboru ogólnego, na w którym uczestniczyli biskupi z całego świata. Ponieważ wiemy, że sobory partykularne zwoływano już od czwartego stulecia, instytucja ta jest o wiele starsza od godności kardynała (X w.) czy Kurii Rzymskiej (XVI w.). Fakt, że konferencje biskupów nie były bardziej powszechne, czy nie miały większej władzy w czasach przed Soborem Watykańskim II, jest kolejnym dowodem, jak wielkiemu zachwianiu uległ podział władzy w Kościele.

W Stanach Zjednoczonych Krajowa Konferencja Biskupów Katolickich w Waszyngtonie stanowi jeden z najlepszych przykładów rozwoju konferencji biskupów po soborze. Zatrudnia dziesiątki pełnoetatowych pracowników i zarządza różnymi posługami. Niemal powszechne jest przekonanie, że konferencja biskupów amerykańskich tak naprawdę nabrała rozmachu w latach osiemdziesiątych XX w., gdy wydała dwa dokumenty: w 1983 roku *The challenge of peace* o wojnie nuklearnej i w 1986 roku *Economic justice for all*. Publikacje te były przygotowywane przez wiele lat, cieszyły się szerokim poparciem biskupów i wywołały szeroką dyskusję społeczną nawet poza granicami Kościoła katolickiego.

Gdy czyta się dokument Soboru Watykańskiego II, wszystko to wydaje się logicznym rozwojem wydarzeń. W komentarzu w serii Vorgrimlera z 1966 roku Ratzinger również tak to postrzegał: „Kościół jest w swej istocie zróżnicowany, jest *communio*, wspólnotą, centralizacja ma swoje granice, a działania kościelne na poziomie kraju, regionu czy diecezji mają swoje znaczenie". W komentarzu do pierwszej sesji Soboru Watykańskiego II Ratzinger napisał, że spodziewa się, iż konferencje episkopatu będą stanowić ciało pośrednie typu „quasi--synodalnego" między poszczególnymi biskupami i papieżem. Warto również przypomnieć, jakim językiem został napisany artykuł 23. rozdziału III *Lumen gentium*, ten właśnie artykuł, do którego sformułowania przyczynił się Ratzinger: „Konferencje episkopatu w dzisiejszych czasach są w stanie wnieść wkład na wiele owocnych sposobów do konkretnego urzeczywistnienia ducha kolegialności". W komentarzu z 1965 roku do trzeciej sesji soboru Ratzinger napisał, że „ta sama rzeczywistość" ustanowiona we wczesnym Kościele pod postacią synodów i patriarchatów dzisiaj przyjmuje formę konferencji biskupów.

Bezspornym dowodem jest tu jednak artykuł, który Ratzinger opublikował w pierwszym numerze „Concilium" w 1965 roku, który wart jest przytoczenia w dłuższym fragmencie:

> Zatrzymajmy się na chwilę przy konferencjach biskupów, ponieważ wydaje się, że są one dzisiaj najlepszym sposobem na konkretną wielość w jedności. Swój pierwowzór mają w działalności synodów w „kolegiach" w różnych regionach starożytnego Kościoła. Stanowią również uprawnioną formę kolegialnej struktury Kościoła. Nierzadko słyszy się opinię, że konferencjom biskupów brakuje jakiejkolwiek podstawy teologicznej, a więc nie mogą działać w sposób wiążący poszczególnych biskupów. Ideę kolegialności, jak się powiada, można stosować jedynie w odniesieniu do wspólnego działania całego episkopatu. Tutaj znowu mamy do czynienia z przypadkiem pojawienia się jednostronnej i ahistorycznej systematyzacji. (...) Powiedzielibyśmy raczej, że idea kolegialności, poza urzędem jedności, który odnosi się do papieża, oznacza element zróżnicowania i zdolności przystosowania się, który z gruntu zawarty jest w strukturach Kościoła, ale może się on przejawiać na różne sposoby. Kolegialność biskupów oznacza, że w Kościele powinna być (pod jednością gwarantowaną przez urząd prymasa) uporządkowana wielość. Konferencje biskupów są zatem jedną z możliwych form kolegialności, która jest częściowo urzeczywistniana, z perspektywą na całościowe jej urzeczywistnienie[11].

Należy zauważyć, że nie były to tylko prywatne opinie Ratzingera, ale rozumienie władz kościelnych tuż po soborze. Pod kierownictwem Pawła VI Watykan wydał *Dekret o pasterskich zadaniach biskupów w Kościele*, które nakazywało biskupowi przyjmować „z wiernym posłuszeństwem" działania podejmowane przez większość jego konferencji, „bowiem mają one moc prawną dzięki najwyższej władzy Kościoła i wprowadza je w życie w swojej diecezji, chociaż wcześniej mógł nie zgadzać się z nimi lub też mogą one powodować dla niego pewne niedogodności".

Zasady te trudno pogodzić z wydanym przez Rzym w sierpniu 1998 roku dokumentem *Apostolos suos*, który twierdzi, że konferencje biskupów nie mają prawa autorytatywnie nauczać. Zatem konferencjom nie wolno wydawać oświadczeń w kwestiach doktrynalnych i moralnych, jeśli nie zostaną one przyjęte jednomyślnie, żeby wszyscy biskupi poparli dany dokument swoim autorytetem, lub jeśli nie zostanie on wcześniej zatwierdzony przez Watykan. Dokument *Apostolos suos* był ukoronowaniem dziesięcioletniej dyskusji, która miała na celu dokładnie określić teologiczny status konferencji biskupów, a Ratzinger był główną siłą domagającą się zajęcia bardziej restryktywnego stanowiska. Wyjaśniał, że dokument ten będzie chronił pojedynczych biskupów, którzy mają odmienne zdanie niż ich konferencja, dodając, że „do prawdy nie dociera się większością głosów".

Kiedy Ratzinger zmienił zdanie? Peter Hebblethwaite, nieżyjący już nestor watykanologów, informował, że pierwszy raz Ratzinger wyraził swoje nowe zastrzeżenia w styczniu 1983 roku, gdy do Rzymu wezwano pewnych biskupów amerykańskich, by zbadać drugi szkic ich listu o wojnie i pokoju. Wówczas, jak dowiedział się Hebblethwaite ze swoich źródeł, Ratzinger dowodził, że konferencja biskupów nie ma *mandatum docendi*, czyli „uprawnienia do nauczania". Uprawnienie takie przysługuje tylko indywidualnemu biskupowi jako następcy apostołów lub papieżowi; nie istnieje żaden poziom pośredni.

W wywiadzie rzece z 1984 roku, który później wydano jako *Raport o stanie wiary*, Ratzinger przedstawił dwa dodatkowe powody swoich wątpliwości co do konferencji biskupów. Pierwszy wiązał się z okresem Niemiec nazistowskich. Ratzinger stwierdził, że oświadczenia na temat nazistów wydawane przez konferencję biskupów niemieckich były zbyt uległe i biurokratyczne, pojedynczy biskupi zaś wykazywali większą odwagę. Po drugie, według niego pozornie demokratyczny proces podejmowania decyzji przez konferencję często jest złudny. Zauważył, że z 2135 biskupów na Soborze Watykańskim II tylko około 200 przemówiło choć raz w ciągu wszystkich czterech jego sesji. Zatem w takiej sytuacji poglądy niewielkiej mniejszości często mogą fałszywie nabrać nadmiernej wagi.

Odkładając na bok ścisłość jego danych o soborze, co tłumaczy zmianę podejścia Ratzingera? Zauważmy, kiedy do niej doszło: jego wątpliwości ujawniły się dopiero, gdy przybył do Rzymu i musiał się zmierzyć z pewnością siebie dobrze zarządzanych konferencji, z którymi się nie zgadzał. Myślę, że Hebblethwaite ma rację, gdy sugeruje, że Ratzinger wykorzystuje teologię do celów ideologicznych:

> Oczywiste bowiem jest, że prefekt Kongregacji Nauki Wiary znajdzie jakiegoś jednego biskupa składającego wizytę *ad limina* w Rzymie, który będzie bardziej uległy i potulny niż pewna siebie konferencja episkopatu z jego terytorium. (...) Prawda jest taka, że konferencja episkopatu może stawić czoło Ratzingerowi. Dlatego właśnie próbuje on ją przyciąć do odpowiednich wymiarów.

Ratzinger zaczął też inaczej rozumieć inną, pokrewną kwestię, kwestię synodu biskupów, powołanego przez Pawła VI na początku czwartej sesji Soboru Watykańskiego II. Pierwszy synod zwołano w 1967 roku, a wyznaczony na październik 2001 roku synod poświęcony episkopatowi będzie dwudziesty. W 1965 roku Ratzinger postrzegał to gremium jako sposób kontynuacji soboru: „Jeśli moglibyśmy powiedzieć, że synod jest permanentnie obradującym soborem w miniaturze – a jego skład osobowy, jak również nazwa to uzasadnia – to jego ustanowienie w tych okolicznościach gwarantuje, że sobór będzie kontynuował pracę po jego oficjalnym zakończeniu; od tej chwili stanie się on elementem codziennego życia Kościoła". W 1987 roku jednak w książce *Kościół, ekumenizm i polityka* Ratzinger oświadczył kategorycznie: „[Synod] doradza papieżowi; nie jest on mniejszym soborem i nie jest kolegialnym organem przywództwa dla Kościoła powszechnego". Dowodził, że według *Lumen gentium* 22, kolegium biskupów może działać z mocą prawną wyłącznie na synodzie ekumenicznym lub gdy działanie podejmują wspólnie wszyscy biskupi rozproszeni po całym świecie. Kolegium nie może delegować swojej władzy, dlatego też synod nie może pełnić takiej samej roli jak sobór.

Rola Świętego Oficjum

Gdyby Kościół katolicki ustanawiał dni polityki Kościoła, tak jak ustanawia dni świętych, prawdopodobnie 8 listopada byłby w kalendarzu kościelnym „dniem świętego buntu". Tego dnia w 1963 roku na sali obrad drugiej sesji Soboru Watykańskiego II pewien urzędnik kurii został zrugany w sposób, jakiego nigdy wcześniej ani później nie widziano na oficjalnym zgromadzeniu katolickim. Czterysta lat powstrzymywanej frustracji eksplodowało w jednym przemówieniu kardynała Fringsa.

Niemiecki hierarcha zabrał głos w sprawie plotek, które od ponad tygodnia krążyły po Rzymie, że głosowanie przeprowadzone 30 października, w którym spora większość biskupów opowiedziała się za kolegialnością, było nieważne, ponieważ pytania zostały źle sformułowane. Soborowa Komisja Teologiczna, pełna lojalistów kurii, sugerowała, że już samo to wystarcza, żeby ustalić, czy uchwalona kolegialność wytrzyma próbę doktrynalną. Frings miał wrażenie, że jest to jeszcze jedna podjęta przez kurię próba odzyskania za pomocą intrygi tego, co straciła ona w otwartej dyskusji, i miał tego dosyć.

„Jestem zdumiony, że kardynał Browne, wiceprzewodniczący Komisji Teologicznej, podał to głosowanie w wątpliwość – powiedział Frings, cytowany przez Xaviera Rynne'a, skrywającego się pod tym pseudonimem kronikarza Soboru Watykańskiego II, którego relacje ukazywały się w „New Yorkerze". – Komisja nie ma do odegrania żadnej innej roli jak wykonywanie woli – i przestrzeganie zaleceń – soboru. Co więcej, nie wolno nam mylić ról administracyjnych z rolami prawodawczymi".

Tutaj nastąpiła piorunująca wiadomość: „Dotyczy to również Świętego Oficjum, którego metody i postępowanie w ogóle nie przystają do współczesności i które są źródłem skandalu dla świata". Frings przemawiał po łacinie, ale został doskonale zrozumiany, a gdy doszedł do „źródłem skandalu", wybuchły owacje – długie, głośne, nieprzerwane owacje, chociaż takie zakłócenie stanowiło formalne złamanie zasad soboru. „Nikt nie powinien być osądzany i skazywany bez wysłuchania, bez znajomości treści oskarżenia i bez możliwości naprawienia tego, co mu się w uzasadniony sposób zarzuca". Następnie Frings dodał, że zbyt wielu biskupów pracuje w kurii, w której wiele ich stanowisk można by było powierzyć pracownikom świeckim. „Ta reforma kurii jest konieczna – powiedział. – Wprowadźmy ją w życie". Gdy skończył, rozpętała się następna burza oklasków. Protestancki komentator Robert MacAfee Brown stwierdził później, że była to „właściwa mowa, wygłoszona przez właściwego człowieka we właściwym czasie", w tym znaczeniu, że w doskonały sposób uchwyciła odczucia ojców soboru.

Ottaviani znajdował się na liście zabierających tego ranka głos trzy pozycje niżej. Trzęsąc się z gniewu, zignorował zasadę, że biskupi mają się trzymać swoich przygotowanych tekstów, i odpowiedział wprost Fringsowi. Najpierw stwierdził, że może tylko dojść do wniosku, iż krytykowanie przez Fringsa Świętego Oficjum opiera się na niewiedzy, ponieważ nie chce mu przypisywać niższych pobudek. Z uporem utrzymywał, że Święte Oficjum zawsze rozpatruje sprawy starannie i zawsze przed wydaniem sądu nad czyimś tekstem wzywa uznanych ekspertów. Po drugie, Ottaviani zapewnił, że atak na Święte Oficjum jest atakiem na samego papieża. Na koniec odrzucił samo pojęcie kolegialności.

Plan obrad soboru nie dawał niemal żadnej możliwości takiego bezpośredniego starcia poglądów. Zatem wymiana zdań między Fringsem i Ottavianim stała się w pewien sposób wydarzeniem określającym charakter całego soboru, a zagadnienie przyszłości Świętego Oficjum stało się symbolem wszystkiego, o co toczyła się gra. Gdy po południu tego dnia Paweł VI wezwał Fringsa, żeby złożyć mu gratulacje, wydawało się, że reforma Świętego Oficjum ma poparcie papieża i że jest prawie nieuchronna. W rzeczywistości Paweł VI zarządził później szereg reform, między innymi zmianę nazwy ze „Świętego Oficjum" na „Kongregację Nauki Wiary"; papież powiedział, że pragnął, aby nowa struktura organizacyjna wspierała dobrą pracę teologiczną, a nie przede wszystkim potępiała wątpliwe teksty.

Nigdzie w pismach Ratzingera z tego okresu nie ma nawet najmniejszej wskazówki, że nie zgadzał się z Fringsem co do potrzeby reformy. Przeciwnie, w jego pismach roi się od lekceważących uwag o „rzymskich teologach" i „rzymskich szkołach", którzy sądzą, że reprezentują wszystkie odmiany dopuszczalnej myśli katolickiej. Dalej Ratzinger z aprobatą odnotował przemówienie wygłoszone przez arcybiskupa Michele Pellegrina z Turynu na sesji zamykającej sobór: „Kto ośmieliłby się stwierdzić, że prawa i godność osób świeckich i księży były bezwzględnie szanowane, czy to przez biskupów, czy przez księży o pełnej uniesienia żarliwości, czy też – w rzeczy samej – przez kardynałów w Kurii Rzymskiej?" W komentarzu z 1965 roku do trzeciej sesji soboru Ratzinger skarżył się na „aż nazbyt sprawne działanie centralnego Urzędu Nauczycielskiego, który przesądza każdą sprawę, niemal zanim zostanie przedstawiona do dyskusji".

W glosie do *Gaudium et spes* w komentarzu Vorgrimlera – w którym Ratzinger wyraził poważne zastrzeżenia wobec niektórych aspektów tego dokumentu – zauważył, że sobór nie wybierał między konkurującymi wykładniami, jak należy rozumieć naukę o grzechu pierworodnym. „I tutaj panowała zgoda, że istotna treść ustaleń trydenckich nie może zostać zarzucona, ale że teologia musi mieć swobodę dokładnego zbadania na nowo, czym ta istotna treść jest". Takie stwierdzenia z pewnością przywodzą na myśl Ratzingera, który zgadza się ze swoim zwierzchnikiem, iż teologowie potrzebują od Świętego Oficjum Nowego Ładu, bardziej programu wsparcia niż potępienia.

W komentarzu do dekretu o Objawieniu Ratzinger bardzo szczegółowo przedstawia swoje poglądy na temat wolności teologicznej. Zauważając, jak Święte Oficjum próbowało wyciszyć dyskusję przed soborem, chociaż nawet tradycja katolicka podobno umożliwia istnienie różnych „szkół" wśród teologów, Ratzinger stwierdza:

> Coś, czego nie da się dopasować do antytez „tomizmu", „szkotyzmu", „molinizmu" itp., nie było znane jako „szkoła teologiczna", lecz po prostu jako nowinka i tym samym nie dostawało się pod ochronę, jaką cieszyły się różnice między „szkołami", z których wiele jednak wydaje się ustalonych.
>
> Dopiero sobór uświadomił fakt, że klasyczne „szkoły" stały się obecnie równie nieistotne jak sprzeczności między nimi: okazało się też, że teologia katolicka pozostaje żywa, że w jej ramach uformowały się nowe „szkoły" i sprzeczności i że te nowe grupy oraz stawiane przez nie pytania również są uprawnionymi formami katolickiej pracy teologicznej.

Jest to nadzwyczaj zwięzła i cięta obrona teologicznej wolności z perspektywy katolickiej. Okazuje się również, że jest to ten sam argument, którego użyli Leonardo Boff i teologowie wyzwolenia czy Matthew Fox i Uniwersytet Duchowości Stworzenia.

W 1964 roku w komentarzu do drugiej sesji Soboru Watykańskiego II Ratzinger zasugerował nawet, że Święte Oficjum powinno brać lekcje z ochrony praw jednostki u świeckich demokracji. Stwierdził, że sobór był otwarty na „wprowadzenie pozytywnych efektów współczesnej myśli prawniczej do struktur kościelnych. Struktury te często kształtowały się w epoce absolutyzmu i stąd ich geneza jest zbyt ludzka".

Bodaj najbardziej spektakularnym świadectwem dowodzącym przepaści dzielącej Ratzingera z Soboru Watykańskiego II od watykańskiego prefekta jest oświadczenie, które zgodził się podpisać w 1968 roku. Powstało ono w Nijmegen w Holandii, gdzie wydawano „Concilium", a jego autorami było wielu tych samych *periti* i sympatyzujących biskupów, którzy byli pierwszymi autorami i redaktorami tego periodyku. Oświadczenie ostatecznie podpisało 1360 katolickich teologów z 53 państw, sugerując, że w bardzo wielkim stopniu odzwierciedla ono zgodną opinię ówczesnej społeczności osób zawodowo zajmujących się teologią[12]. Ratzinger przyłączył się do swoich przyjaciół i współpracowników zapewniających, że „wolność teologów i teologii w służbie Kościoła odzyskana przez Sobór Watykański II nie może zostać ponownie zagrożona". Osoby, które się pod nim podpisały – między innymi Hans Küng, Karl Rahner, Edward Schillebeeckx, Yves Congar, J. B. Metz i Roland Murphy – przysięgały wierność papieżowi, ale dowodziły, że Urząd Nauczycielski papieża i biskupów „nie może i nie wolno mu zastępować, utrudniać i przeszkadzać w realizacji nauczycielskiego zadania teologów jako uczonych".

„Każda forma dochodzenia, bez względu na to jak delikatna, nie tylko szkodzi rozwojowi silnej teologii, ale też wyrządza nieodwracalną szkodę wiarygodności Kościoła jako społeczności we współczesnym świecie" – czytamy w oświadczeniu. Sygnatariusze stwierdzili, że oczekują, iż papież i biskupi będą wspierać ich jako teologów

> (...) dla dobra i pomyślności ludzkości w Kościele i w świecie. Chcielibyśmy wypełniać swój obowiązek, którym jest poszukiwanie prawdy i mówienie prawdy, nie będąc narażonymi na środki i sankcje administracyjne. Oczekujemy, że nasza wolność będzie respektowana zawsze, gdy wypowiemy lub opublikujemy, w najlepszej wierze i zgodnie z sumieniem, nasze dobrze uzasadnione przekonania teologiczne.

Sygnatariusze przedstawili siedem propozycji, ponieważ ich „praca jako teologów wydaje się obecnie coraz bardziej zagrożona". Oto one:

- Kuria Rzymska, zwłaszcza Kongregacja Nauki Wiary, musi uwzględniać i wyrażać w swoim składzie osobowym „uprawnioną różnorodność współczesnych szkół teologicznych i form umysłowego oglądu";
- powinno to przede wszystkim znaleźć zastosowanie w odniesieniu do organu decyzyjnego Kongregacji Nauki Wiary, plenarnego zgromadzenia kardynałów, gdzie powinno się zastosować ograniczenie wieku do siedemdziesięciu pięciu lat;
- konsultantami kongregacji powinny być tylko osoby powszechnie uznane za wybitnych teologów zawodowych, z określoną długością kadencji, i nie powinno się powoływać nikogo, kto przekroczył siedemdziesiąty piąty rok życia;
- członkowie Międzynarodowej Komisji Teologicznej, powołanej jako

organ doradczy kongregacji, muszą być przedstawicielami różnych szkół teologicznych; kongregacja musi zasięgać rady komisji, a władza Kongregacji Nauki Wiary i komisji doktrynalnych narodowych konferencji biskupów musi zostać wyraźnie określona i ograniczona;
- gdy kongregacja czuje się zobowiązana potępić jakiegoś teologa, musi to zostać przeprowadzone w uporządkowany i dozwolony przez prawo sposób, a obrady powinny zostać opracowane i opublikowane;
- oskarżony powinien mieć pewne prawa, takie jak prawo do oceny jego myśli wyłącznie na podstawie faktycznie opublikowanych prac w języku oryginału, do doradcy od samego początku dochodzenia, do otrzymania wszystkich dotyczących sprawy dokumentów w formie pisemnej, do przekazania każdej kwestii spornej dwóm lub większej liczbie zawodowych teologów (jeden wybrany przez oskarżonego); do towarzyszenia mu zawodowego teologa oraz do mówienia w wybranym przez siebie języku na wypadek rozmowy osobistej, prawo, by nie być zobowiązanym do zachowania tajemnicy oraz do uzyskania uzasadnienia ewentualnego potępienia;
- troska o prawdę w Kościele „musi być realizowana i spełniona zgodnie z zasadami chrześcijańskiego miłosierdzia".

W oświadczeniu zwraca się również uwagę, że wszelkich kroków administracyjnych czy ekonomicznych, które podejmuje się przeciwko autorom czy wydawcom wykraczającym poza przewidziane tutaj granice, „należy w obecnej sytuacji unikać, ponieważ są one z reguły bezużyteczne czy nawet szkodliwe".

Ratzinger jasno i jednoznacznie poparł to oświadczenie i jest to całkowicie zgodne z tym, co mówił i pisał w tamtym czasie. Później poddamy szczegółowej analizie pracę Kongregacji Nauki Wiary pod kierownictwem Ratzingera, ale dość powiedzieć, że większość reform, do których nawoływał w 1968 roku, pozostała podczas jego dwudziestodwuletniego urzędowania niezrealizowana. Teologowie nadal nie mają prawa do doradcy od samego początku dochodzenia – w rzeczywistości dochodzenie może się toczyć przez lata, zanim teolog w ogóle się o nim dowie. Międzynarodowa Komisja Teologiczna w żaden sposób nie oddaje rzeczywistej różnorodności dzisiejszej teologii katolickiej. Kongregacja nadal próbuje zmuszać do zachowania w tajemnicy swoich procedur i decyzji[13].

Drogę, jaką Ratzinger przebył od czasu Soboru Watykańskiego II, chyba najlepiej widać, porównując jego decyzję o podpisaniu Deklaracji z Nijmegen w 1968 roku z jego reakcją na Deklarację Kolońską z 1989 roku, podpisaną przez 163 teologów i wydaną po tym, jak Jan Paweł II podjął decyzję nie uwzględniającą oczekiwań lokalnych i mianował arcybiskupem Kolonii arcykonserwatywnego Joachima Meisnera. Istotą oświadczenia kolońskiego było ponowne domaganie się prawa do swobodnej i otwartej dyskusji w Kościele, napisane językiem uderzająco przypominającym dokument z Nijmegen. Oświadczenie to potępiało „nowy centralizm rzymski" i dowodziło, że „Kościół istnieje dla służby Jezusowi Chrystusowi. Musi on oprzeć się nieustannej pokusie nadużywania swojej Ewangelii Bożej sprawiedliwości, miłosierdzia i wierności dla własnej potęgi, na skutek wykorzystywania wątpliwych form kontroli". W kwestii teologów, którym zakazuje się wykładania w seminariach i na wydziałach teologicznych, sygnatariusze odrzucali to, co nazwali „niedopuszczalną" ingerencją. Deklaracja Kolońska została podpisana przez wielu z tych, którzy dwadzieścia lat wcześniej wydali oświadczenie z Nijmegen, między innymi Künga i Schillebeeckxa.

W 1989 roku Ratzinger był prefektem Kongregacji Nauki Wiary od ośmiu lat. Chociaż niektórzy biskupi europejscy przyjęli Deklarację Kolońską jako „zaproszenie do dialogu", Ratzinger tak jej nie potraktował. Odpowiedział na nią ostrymi słowami, twierdząc, że w Kościele „nie ma prawa do odstępstwa", i sugerując, że teologowie, którzy podpisali deklarację, uczestniczą w „politycznym wyścigu o władzę". Ratzinger dowiódł również, że jest skłonny zastosować brutalną siłę polityczną, by dopiąć swego, udzielając 13 listopada 1989 roku wywiadu, w którym powiedział, że być może wydziały teologiczne uniwersytetów w Niemczech trzeba będzie okroić. Stwierdził, że może nie być wystarczającej liczby „wykwalifikowanych" ludzi, by obsadzić stanowiska teologiczne w całym kraju. W rzeczywistości uderzał w czuły punkt, ostrzegając teologów, że w grę mogą wchodzić ich stanowiska. W Niemczech teologowie nauczają na państwowych uniwersytetach, ale jeśli biskup cofnie komuś kanoniczne pozwolenie, osoba ta musi znaleźć stanowisko na innym wydziale lub na innym uniwersytecie.

Zaledwie kilka miesięcy później, w 1990 roku, Kongregacja Nauki Wiary wydała Instrukcję o powołaniu teologa w Kościele *Donum veritatis*, który podkreślał wyrażone przez Ratzingera żądanie podporządkowania się. Chociaż prasie powiedział, że dokument ten był przygotowywany przed Deklaracją Kolońską, powszechnie uważano go za odpowiedź w tym znaczeniu, że krytykował „kryzys" odstępstwa i odrzucał wiele reform, które Ratzinger popierał w 1968 roku.

Rozwój tradycji

Gdyby tradycja była czymś danym raz na zawsze, gdyby praktyczne wnioski i werbalny wyraz doktryn sformułowanych setki lat temu same były uświęcone, to praca teologiczna ograniczałaby się do szukania nowych i lepszych argumentów popierających te formuły i wnioski. Takie w zasadzie stanowisko zajął kardynał Alfredo Ottaviani na Soborze Watykańskim II; jego mottem biskupim było *Semper idem*, czyli „zawsze to samo". Z drugiej strony, jeżeli doktryny są ludzką próbą wyrażenia treści boskiego Objawienia, to słowa i kategorie myślowe, za pomocą których są wyrażane, z zasady są ulepszane i uściślane. Co więcej, praktyczne wnioski wyciągane z tych doktryn, odzwierciedlające założenia i warunki danego okresu historycznego, również się zmieniają.

Ten ostatni pogląd zdaje się lepiej oddawać stanowisko Ratzingera na Soborze Watykańskim II. Jego przekonania zostały najpełniej wyłożone w jego opracowaniu dla komentarzy do dokumentów Soboru Watykańskiego II poświęconego doktrynie Objawienia. Ratzinger napisał, że „tradycji nie wolno pojmować jako czegoś danego raz na zawsze, musi być ona rozumiana w kategoriach rozwoju, postępu i znajomości wiary". Stwierdził, że dekret „uświadamia, iż wierność w sferze ducha może być realizowana jedynie w drodze nieustannie odnawianego dostosowania". Powiedział, że metodą, którą zastosowano na Soborze Watykańskim II, było zwracanie uwagi na to, co zostało zapisane w Trydencie i na Soborze Watykańskim I, a następnie „interpretacja tego w kategoriach współczesności, co wiąże się z nową interpretacją zarówno spraw zasadniczych, jak i niedostatków". Stwierdził, że całkowicie zgadza się z określeniem przez wielkiego protestanckiego teologa Karla Bartha metody Soboru Watykańskiego II jako „pójścia naprzód w stosunku do śladów kroków tych soborów".

Na ironię zakrawa obecnie fakt, że w 1967 roku jedną z największych trosk Ratzingera związanych z *Dei verbum*, dekretem o Objawieniu, było to, że nie sformułowano w nim zbioru kryteriów uprawnionej krytyki tradycji. Uważał, że z powodu nacisku, jaki *Dei verbum* kładzie na „tradycję", dekret ten może doprowadzić Kościół do przekonania, że „cokolwiek jest, jest słuszne"; innymi słowy, że jeśli coś należy do tradycji, to z tego powodu musi być podtrzymywane. Napisał:

> Nie ma, w rzeczywistości, żadnej wzmianki wprost o możliwości wypaczenia tradycji i o miejscu Pisma świętego jako pewnego elementu w ramach Kościoła, które jest r ó w n i e ż krytyczne

wobec tradycji, co oznacza, że najważniejszy aspekt problemu tradycji, jak tego dowodzi historia Kościoła – i być może prawdziwe sedno *ecclesia semper reformanda* – został przeoczony.

Ratzinger ostrzegał w swoim komentarzu przed niebezpieczeństwami przekazania Urzędu Nauczycielskiego Kościoła biblistom i historykom, sugerując, że ich zmieniające się hipotezy nie stanowią żadnej podstawy, na której można opierać decyzje życiowe. Ale mówił też w porywających słowach o tym, że Kościół powinien potraktować ich spory jako uprawniony sposób zachowania rzetelnej tradycji. W tym samym dokumencie Ratzinger przyznał, że jeden z problemów stosowania „tradycji" polega na tym, że nie zawsze jest jasne, gdzie kończy się obiektywna treść Objawienia, a zaczynają subiektywne uprzedzenia tego, kto daje wyraz temu Objawieniu: „Wyjaśnianie, jako proces rozumienia, nie może zostać wyraźnie oddzielone od tego, co jest rozumiane" – napisał.

Dłuższy fragment artykułu Ratzingera o Objawieniu w komentarzach do dokumentów Soboru Watykańskiego II rozwija tok jego rozumowania:

> Całe duchowe doświadczenie Kościoła, jego pełen wiary, modlitwy i miłości stosunek do Boga i Jego Słowa, sprawia, że nasze rozumienie podstawowej prawdy rośnie i w wierze obecnych czasów na nowo wydobywa z przeszłości jego historycznego powstania to, co było przeznaczone na wszelki czas, a mimo to może zostać zrozumiane jedynie w zmieniających się epokach i w konkretny dla każdej sposób. W tym procesie rozumienia, który stanowi konkretny sposób przekazywania tradycji w Kościele, praca Urzędu Nauczycielskiego jest jednym elementem (i – z powodu swej natury – elementem krytycznym, nie wytwarzającym), ale nie jest wszystkim.

Dzisiaj Ratzingera bardziej zajmuje powstrzymanie rozwoju tradycji niż jej obrona. Ostrzegał, że Kościół nie jest „laboratorium dla teologów" i że „dane" wiary narzucają ograniczenia spekulacjom, oraz podkreślał, że posłuszeństwo wobec Magisterium stanowi nieodłączną cechę tożsamości teologa katolickiego. Najwyraźniej kontrast z jego wcześniejszymi przekonaniami uwidacznia się w poglądzie na rolę Pisma świętego jako krytyka tradycji. W 1966 roku Ratzinger chciał przywrócić Pismu świętemu rolę narzędzia oceny nauki i praktyki Kościoła. W 1997 roku jednak przestrzegał, że skłonność do posługiwania się Pismem świętym przeciwko Kościołowi należy do jednego z najbardziej niebezpiecznych nurtów wypływających z Soboru Watykańskiego II. Do tej zmiany stanowiska doszło z pewnością wskutek jego długiej walki z teologami wyzwolenia, którzy twierdzili, że historyczny Jezus uleczył zarówno ciało, jak i duszę osoby ludzkiej, i że – przez zbytnie uduchowienie przesłania Jezusa – Kościół przeoczył decydujący element ewangelii. Ratzinger dryfował w stronę Balthasarowskiego nacisku na Chrystusa wiary przeciwstawionego Chrystusowi historii, co miało ten skutek, że bardziej podkreśla to, co wieczne, niż to, co się rozwija. Innymi słowy, Ratzinger przyjął stanowisko bliskie temu, przed którym przestrzegał na zakończenie Soboru Watykańskiego II.

Liturgia

Niewiele jest tematów, o których Ratzinger pisze obecnie z większą pasją niż liturgia. W autobiografii w poruszających słowach opisuje, jak jako młodego mężczyznę porwał go dramat katolickiej mszy świętej w całej jej wspaniałości i tajemniczości. Powiedział, że miał poczucie, iż na mszy stanął wobec obrzędu, który przekraczał jedynie ludzką inwencję, który zdawał się dawać poczucie łączności z głębią Boga. „Wkraczanie stopniowo w tajemniczy świat liturgii, która odgrywała się przed nami i dla nas przy ołtarzu, było przeżyciem przykuwającym uwagę" – pisze.

> Fascynującą przygodą było zagłębianie się w tajemnicę świata liturgii, która rozgrywała się na ołtarzu przed nami i dla nas. Stawało się dla mnie coraz bardziej jasne, że spotykałem tam rzeczywistość, której nikt nie zmyślił, której nie stworzył ani jakiś urzędnik, ani wielka jednostka. Ta tajemnicza struktura tekstu i akcji wyrosła poprzez stulecia z wiary Kościoła. Niosła ze sobą ładunek całej ludzkiej historii i była czymś więcej niż tylko jej produktem.

Zrozumiałe, że Ratzinger bardzo pragnie chronić obrzęd, który wywarł na nim tak głębokie wrażenie. Nigdy nie atakował tak zwanej „nowej mszy", ale zawzięcie krytykował sposób, w jaki zmiany w liturgii były wprowadzane po Soborze Watykańskim II, zwłaszcza podjętą przez Pawła VI decyzję o rezygnacji z dawnej mszy łacińskiej, zwanej też mszą trydencką. „Ogłoszenie zakazanym (...) spowodowało wyłom w historii liturgii i jego następstwa mogły być tylko tragiczne – napisał Ratzinger w autobiografii. – Jestem przekonany, że kryzys w Kościele, który obecnie przeżywamy, jest w znacznej mierze wywołany rozpadem liturgii".

Ratzinger odprawił kilka razy mszę łacińską, odkąd Jan Paweł II zatwierdził w 1988 roku starszy ryt. W kwietniu 1998 roku odprawił mszę łacińską w Weimarze dla 350 członków Stowarzyszenia Świeckich na rzecz Klasycznego Rytu Rzymskiego w Kościele Rzymskokatolickim. Wcześniej był ważnym mówcą na konferencji finansowanej przez Una Voce, międzynarodową organizację, której celem jest propagowanie mszy łacińskiej. Chociaż powiedział, że pragnie nowego „ruchu liturgicznego", który będzie budował na obowiązujących ustaleniach Soboru Watykańskiego II, jest oczywiste, że ruch, którego oczekuje, wskrzesi również znaczną część liturgii przedsoborowej.

Przedkładanie przez Ratzingera starszych praktyk liturgicznych stało się oczywiste w 1993 roku, gdy napisał krótką przedmowę do książki niemieckiego księdza Klausa Gambera *Zwróćmy się ku Panu!*, w której autor dowodził, że jedna z najważniejszych nowinek liturgicznych zatwierdzonych przez Sobór Watykański II – zwrócenie ołtarza w stronę wiernych, aby ludzie aktywniej brali udział we mszy – powinno się uchylić. Ratzinger powiedział, że argumenty Gambera wydały mu się przekonujące, ale ze względu na „liturgiczny pokój" nie będzie natychmiast działał na ich podstawie. W końcu jednak stwierdził, że Kościół potrzebuje „reformy reformy". Położenie ołtarza w pewien sposób symbolizuje szersze zagadnienie: co się tak naprawdę dzieje w czasie mszy? Czy ksiądz odnawia ofiarę Chrystusa na krzyżu, w którym to wypadku wierni są w zasadzie świadkami uświęconego misterium? Czy też ksiądz i wierni wspólnie odnawiają Ostatnią Wieczerzę Chrystusa, dzieląc się posiłkiem i wspominając jego przykład? Innymi słowy, jak bardzo integralną częścią symbolicznego dramatu są wierni? Przez odwrócenie ołtarza nowy obrządek mszy świętej miał przyczynić się do tego, by wierni stali się aktywnymi jej uczestnikami. Jednak w opinii Ratzingera zmiana ta doprowadziła do nadmiernie „poziomego" postrzegania mszy kosztem jej wymiaru „transcendentalnego". Innymi słowy, uczestnicy tak mocno skupiają się na tym, co robią, że tracą z pola widzenia to, co robi Bóg.

W 1998 roku Ratzinger wyraził też nadzieję, że łacina mogłaby być powszechniej wykorzystywana w liturgii. Wezwał nowe pokolenie biskupów, by szerzyli użycie łaciny jako antidotum na „nieposkromioną kreatywność" liturgii po soborze, która „sprawia, że znika tajemnica świętości". Uznał, że obecna grupa biskupów

(...) ma formację i wykształcenie, zgodnie z którymi dawna liturgia jest sprawą zamkniętą, trzęsawiskiem, które niesie ryzyko zniszczenia jedności, przede wszystkim w przeciwieństwie do soboru. Musimy umożliwić uformowanie się nowego pokolenia prałatów, którzy zdają sobie sprawę, że dawna liturgia nie musi stanowić ataku na sobór, lecz urzeczywistnienie soboru. Dawna liturgia nie jest obskurantyzmem, nie jest zaciekłym tradycjonalizmem (...) lecz tak naprawdę jest pragnieniem bycia z boskością[14].

Bez względu na to, na ile uzasadnione są poglądy wyrażone w tego typu komentarzach, to nie jest Joseph Ratzinger Soboru Watykańskiego II. Daleki od krytykowania liturgicznych nowinek, takich jak używanie języka narodowego, obrócenie ołtarza i podkreślanie aktywnego uczestnictwa wiernych, Ratzinger w czasach soboru był zdecydowanym zwolennikiem wszystkich tych pomysłów.

W komentarzu do trzeciej sesji soboru, na przykład, określił mszę łacińską odprawianą w kościele w czasach jego młodości mianem „archeologicznej". Stanowiła „obraz tak ozdobiony, że prawie nie było widać obrazu pierwotnego". Była „dla wiernych zamkniętą księgą" – pisał Ratzinger, jakby była „czymś nieistotnym dla świętych katolickiej reformacji", zauważając, że św. Jan od Krzyża i św. Teresa z Avili w ogóle nie czerpali duchowej strawy z mszy. Porównajmy te słowa z pełnym szacunku językiem o „tajemniczej strukturze tekstów i działań wyrosłej przez stulecia z wiary Kościoła", a wyraźnie ujrzymy odwrócenie perspektywy Ratzingera.

Niezadowolenie z łacińskiej liturgii stanowiło stały temat komentarzy jego do soboru. W pierwszym raporcie bardzo narzekał na liturgię otwarcia w 1962 roku, która „nie wykazywała żadnego śladu ruchu liturgicznego", a zwłaszcza „nie umożliwiała żadnego aktywnego uczestnictwa wiernych". Stwierdził, że liturgia na zakończenie była dużo lepsza, zwłaszcza że odpowiedzi były śpiewane wspólnie, symbolizując aktywne uczestnictwo, którego w jego odczuciu brakowało pierwszej mszy. Jeśli chodzi o używanie łaciny, Ratzinger w komentarzu do pierwszej sesji przytoczył z aprobatą słowa patriarchy melchickiego Maximosa IV: „Język jest dla ludzi, nie dla aniołów".

Dalej Ratzinger dowodził, że język jest przejawem ducha, który – ponieważ jest to duch ludzki – „umie myśleć jedynie, mówiąc: i – w mowie i z mowy – żyje". Ratzinger zaatakował również używanie łaciny w seminariach, stwierdzając, że ma ona znaczny wpływ na „jałowość" uprawianej tam teologii katolickiej. Używanie łaciny w tych miejscach nazwał „wymuszoną jednością z językiem, który nie jest już narzędziem ruchu ludzkiego ducha". Należy zauważyć, że było to z jego strony szczególnie śmiałe twierdzenie w świetle konstytucji apostolskiej Jana XXIII z 1962 roku *Veterum sapientia*, który wprowadzał łacinę jako wyłączny język kształcenia kleryków. Ratzinger w rzeczywistości wprost sprzeciwiał się rozstrzygnięciom Ojca Świętego. Przyklasnął odprawieniu liturgii w obrządku wschodnim na pierwszej sesji soboru jako poprawce do „łacińskiej wyłączności". W komentarzu do drugiej sesji Ratzinger oklaskiwał Pawła VI za to, że zakończył swoje przemówienie programowe soboru, mówiąc po grecku i rosyjsku, a więc „wychodząc poza przestrzeń łacińskości i wkraczając w powszechność Kościoła wszystkich narodów".

Z kolei nie ma żadnych pisemnych dowodów na to, co Ratzinger myślał w czasach soboru na temat odwrócenia ołtarza. Ale uczciwie można stwierdzić, że był przynajmniej świadom, iż jego ulubiony teolog, Romano Guardini, zapoczątkował odwrócenie ołtarza na mszach, które odprawiał dla młodzieży niemieckiej w Burg Rothenfels. Nigdzie Ratzinger nie odnotował jakiegokolwiek niepokoju z powodu tej nowinki – przeciwnie, obsypuje Guardiniego pochwałami za „odkrycie na nowo starożytnego znaczenia liturgii i przywrócenie jej do życia".

Jeśli chodzi o aktywne uczestnictwo wiernych we mszy, oto co Ratzinger napisał w 1958 roku w pracy *Die christliche Brüderlichkeit* („Chrześcijańskie braterstwo"). Książka ta była pierwszym prawdziwym wyłożeniem jego poglądów teologicznych:

> Uznanie, że *ekklesia* (Kościół) i *adelphotes* (braterstwo) są tym samym, że Kościół, który się spełnia w celebrowaniu Eucharystii, jest w swej istocie wspólnotą braci, zmusza nas do celebrowania Eucharystii jako obrzędu braterstwa w żywym dialogu – a nie, żebyśmy mieli samotną hierarchię stojącą naprzeciw grupy świeckich, z której każdy jest odizolowany nad własnym mszalikiem czy książeczką do nabożeństwa. Eucharystia musi na powrót stać się wyraźnie sakramentem braterstwa, aby mogła osiągnąć swą widoczną, tworzącą społeczność moc.

W autobiografii Ratzinger przyznaje, że jego poglądy na liturgię z biegiem lat ewoluowały. „Nie mogłem przewidzieć, że wkrótce z większą niż dotychczas siłą miały ujawnić się negatywne aspekty tego ruchu, niosąc poważne ryzyko autodestrukcji samej liturgii". Dość uczciwie. Nie zawsze da się przewidzieć skutki zmian w czasie, gdy się je wprowadza, i zasadne jest wyrażenie zastrzeżeń, gdy skutki te staną się już oczywiste. Ale z takimi zastrzeżeniami powinno iść w parze uczciwe osobiste przyznanie się. Ratzinger nie był biernym obserwatorem, gdy Sobór Watykański II wytyczał nowy kierunek tendencji w liturgii – przyczynił się do jego ustalenia. Nie może winić anonimowych „ekspertów liturgicznych", którzy narzucili Kościołowi swój program. Zasady, które kierowały ich pracą, zostały ustalone całkowicie publicznie i zaaprobowane przez biskupów na soborze, z poparciem Ratzingera.

Ekumenizm

W przemówieniach na sali obrad soboru Frings dwukrotnie poruszał kwestie ekumenizmu. Gdy za pierwszym razem omawiał Konstytucję dogmatyczną o Kościele (dokument, który ostatecznie stał się *Lumen gentium*), chwalił ją za „ekumeniczny ton". Powiedział, że szczególnie ceni nieprawniczy i nieapologetyczny ton w stosunku do niechrześcijan. Przyklasnął również niedawnemu złożonemu przez Pawła VI oświadczeniu, w którym papież przyznaje, że Kościół katolicki musi przyjąć na siebie część winy za obecny podział Kościołów chrześcijańskich. Na drugiej sesji Frings wypowiadał się o statusie małżeństw mieszanych. Powiedział, że przeczenie ważności małżeństwa mieszanego, które zawiera katolik i niekatolik przed kimś innym niż katolicki ksiądz, stanowi przeszkodę na drodze postępu ekumenicznego i że Kościół powinien powrócić do „dawniejszego zwyczaju" zatwierdzania takich małżeństw.

Ratzinger osobiście gruntownie zajął się ekumenizmem w komentarzu do drugiej sesji soboru wydanym w 1964 roku. Jawi się w nim jako oddany ekumenista. Biada nad „nowymi przeszkodami", które niektórzy biskupi na soborze stawiają na drodze stosunków z innymi Kościołami chrześcijańskimi w postaci przesadnego kultu Maryi. Sardonicznie stwierdza, że zainteresowanie Józefem, mężem Maryi, różańcem, uświęceniem Maryi, oddaniem sercu Maryi, nadaniem Maryi tytułu „Matki Kościoła" i poszukiwaniem innych, podobnych tytułów, którymi można byłoby obdarzyć Maryję – wszystko to, mówi, nie świadczy dobrze o teologicznym oświeceniu biskupów na soborze. Z drugiej strony, z zadowoleniem przyjął nowy język projektu dekretu o ekumenizmie, uznającego chrześcijan niekatolików, którzy otrzymali chrzest i inne sakramenty „we własnych Kościołach i społecznościach kościelnych". Po raz pierwszy, zauważył, sobór przyznał jakiekolwiek znaczenie oderwanym Kościołom, podobnie jak oderwanym braciom. „Nowy tekst mówi teraz wyraźnie i jasno, chociaż pobieżnie, że ci chrześcijanie istnieją nie tylko jako jednostki, lecz również w społecznościach chrześcijańskich, którym nadaje się właściwy chrześcijański status i kościelny charakter". Ratzinger dalej łączy decentralizację i ekumenizm, dowodząc, że podobnie jak katolicyzm na nowo odkrywa dopuszczalną różnorodność form przyjmowanych przez jego Kościoły miejscowe, tak Kościoły oderwane będą bardziej skłonne znaleźć miejsce w tej wspólnocie".

Na poziomie praktycznym prefekt Ratzinger uczynił bardzo mało, żeby rozwijać ekumenizm, a całkiem sporo, by go zahamować. W 1998 roku, właśnie gdy Kościoły anglikański i katolicki były o krok od podpisania poważnego porozumienia teologicznego, Ratzinger wydał dokument, w którym utrzymywano, że odmowa uznawania święceń pastorów anglikańskich przez Kościół katolicki w rzeczywistości była niepodważalną nauką. Był to, w najlepszym razie, poważny przypadek wybrania niewłaściwego momentu. Wymusił roczne opóźnienie podpisania przełomowego porozumienia między katolikami i luteranami w kwestii doktryny usprawiedliwienia, chociaż ostatecznie dzięki jego wysiłkom porozumienie to udało się uratować. Co ważniejsze, prefekt Ratzinger uważa obecnie ekumeniczne zjednoczenie za odległy, niemal eschatologiczny cel, i z pewnością nie jest już przekonany, że zjednoczenie będzie stanowić podstawę decentralizacji Kościoła.

Chociaż, ściśle rzecz biorąc, termin „ekumenizm" odnosi się tylko do stosunków z innymi Kościołami chrześcijańskimi (dla określenia relacji z islamem, buddyzmem i innymi wyznaniami preferuje się określenie „dialog między religiami"), Ratzinger był zaciekłym przeciwnikiem zmierzania przez katolicyzm do odprężenia w stosunkach z innymi religiami. Na przykład w 1986 roku Jan Paweł II zwołał szczyt przywódców wielu tradycji religijnych z całego świata w Asyżu i chociaż nie „modlili się wspólnie", „modlili się jednocześnie", według norm papiestwa był to znaczący gest dobrej woli. Ratzinger udzielił zaś wywiadu gazecie, w którym stwierdził stanowczo: „To nie może być wzór!" Był to jeden z nielicznych przypadków, kiedy Ratzinger jawnie i publicznie krytykował decyzje Jana Pawła II.

Przed i po: dobry przykład

Przemianie Ratzingera z ostrożnego reformatora w zdecydowanego konserwatystę można się dokładnie przyjrzeć na przykładzie jego poglądów na przyjmowanie komunii św. przez rozwiedzionych katolików, którzy zawarli nowy cywilny związek małżeński. Stosowana przez Kościół zasada tradycyjnie jest taka, że katolicy, którzy się rozwiedli i powtórnie wstąpili w związek małżeński według prawa świeckiego, nie mają prawa przyjmować sakramentów, dopóki Kościół nie wyda unieważnienia, oficjalnego uznania poprzedniego małżeństwa za zawarte nieważnie. Wielu katolików miało trudności z procesem unieważnienia, czasami dlatego, że ich byli partnerzy lub władze kościelne odmawiały współpracy, a czasami dlatego, że trudno zdobyć niezbędne dowody istnienia „przeszkody" dla zawarcia małżeństwa. Coraz większa liczba katolików zaczyna też uważać samą koncepcję unieważnienia za obraźliwą. Zamiast fikcji szukania jakiegoś technicznego powodu dla twierdzenia, że nigdy nie zawarli małżeństwa, wolą, jako uczciwsze, przyznanie się, że ważne małżeństwo się rozpadło.

Z tych powodów wielu rozwiedzionych katolików, którzy powtórnie wstąpili w cywilny związek małżeński, ocenia, że zrobili wszystko, co w ich mocy, żeby sprawy ułożyły się dobrze, i – nawet przy braku unieważnienia – podchodzą, żeby przyjąć komunię św. Nieliczni księża odmawiają im jej, wielu po cichu temu sprzyja. Wielu hierarchów Kościoła sugerowało, że tę cichą elastyczność należy rozszerzyć, zauważając na przykład, że w Kościołach wschodnich sakramenty pojmuje się nie jak nagrody za dobre postępowanie, lecz jako lekarstwo dla duszy. Władze watykańskie jednak twierdzą, że należy utrzymać w mocy tradycyjne reguły.

W poświęconym temu zagadnieniu eseju z 1972 roku Ratzinger argumentował na rzecz bardziej elastycznego podejścia, opierając się na własnym odczytaniu Ojców Kościoła, zwłaszcza św. Bazylego, w IV w. biskupa Cezarei:

> Żądanie, by drugie małżeństwo przez dłuższy czas dowodziło, iż jest źródłem prawdziwie moralnych wartości, i aby żyło w duchu wiary, faktycznie odpowiada temu rodzajowi odpustu, który można znaleźć w nauce Bazylego. Stwierdza się w nim, że po dłuższej pokucie *digamus* (ktoś, kto żyje w drugim małżeństwie) może przyjąć komunię bez zawieszenia drugiego małżeństwa; to

z wiary w miłosierdzie Boga, który nie pozostawia pokuty bez odpowiedzi. Ilekroć w drugim małżeństwie powstają zobowiązania moralne wobec dzieci, wobec rodziny i wobec kobiety, a nie ma żadnych podobnych zobowiązań z pierwszego małżeństwa; ilekroć też rozwiązanie drugiego małżeństwa nie jest dopuszczalne z powodów natury moralnej, a wstrzemięźliwość nie wydaje się prawdopodobna (*magnorum est*, mówi Grzegorz II – znajduje się poza zwykłą mocą stron), wydaje się, że prawo przyjmowania pełnej komunii, po okresie próbnym, jest jak najbardziej sprawiedliwe i pozostaje w pełnej zgodności z naszą tradycją kościelną. Przyzwolenie na udzielanie komunii w takim przypadku nie może być uzależnione od czynu, który byłby moralnie lub faktycznie niemożliwy.

Ratzinger umieszcza ten wniosek w kontekście tradycji kościelnej:

Anatema (soboru trydenckiego) nałożona na naukę głoszącą, że założycielskie struktury Kościoła są błędne lub że są one jedynie możliwymi do zmiany zwyczajami, pozostaje wiążąca w całej swojej mocy. Małżeństwo jest sakramentem, stanowi nierozerwalny związek stworzony na mocy ostatecznej decyzji. Ale nie powinno to wykluczać przyznania prawa do komunii tym osobom, które uznają tę naukę za zasadę życiową, ale znajdują się w sytuacji wyjątkowej specjalnego rodzaju, w której odczuwają szczególną potrzebę pozostawania w komunii z ciałem Pana.

Jako prefekt Kongregacji Nauki Wiary, Ratzinger był zmuszony ponownie zająć się tym zagadnieniem w połowie lat dziewięćdziesiątych, gdy spora liczba biskupów niemieckich, między innymi jego byli współpracownicy z Communio, Karl Lehmann i Walter Kaspar, wezwała do większej elastyczności w dopuszczaniu osób będących w powtórnych związkach małżeńskich do sakramentów, zgodnie z linią nakreśloną w eseju Ratzingera. W odpowiedzi z 14 września 1994 roku Kongregacja Nauki Wiary wydała *List do biskupów Kościoła katolickiego na temat przyjmowania Komunii św. przez wiernych rozwiedzionych żyjących w nowych związkach*.

Dokument ten sprowadzał się do stanowczego potwierdzenia tradycyjnej zasady, odrzucając wiele argumentów, które Ratzinger osobiście podawał w 1972 roku. „(...) autentyczne zrozumienie i prawdziwe miłosierdzie nigdy nie są oderwane od prawdy" – czytamy w dokumencie. Osoby, które wstąpiły w powtórny cywilny związek małżeński, „znajdują się w sytuacji, która obiektywnie jest niezgodna z prawem

Bożym, i dlatego nie mogą one przystępować do komunii św., dopóki trwa ta sytuacja". Co więcej, dowodzi się w dokumencie, przyzwolenie tym osobom na przyjmowanie sakramentów „wprowadziłoby w błąd wiernych lub powodowałoby zamęt co do nauki Kościoła o nierozerwalności małżeństwa". Małżeństwo, stwierdza się w dokumencie, jest bytem publicznym, który dotyczy nie tylko jego stron, i żaden sąd w sumieniu nie może „pominąć pośrednictwa Kościoła". Uczynienie tego byłoby w praktyce zaprzeczeniem, że małżeństwo jest sakramentem.

„Komunia z Chrystusem Głową nigdy nie może być oddzielona od komunii z Jego członkami, czyli z Jego Kościołem" – czytamy w konkluzji dokumentu. Z tego powodu, „z absolutną wiernością woli Chrystusa", osoby, które zawarły powtórny cywilny związek małżeński, muszą zostać wyłączone z sakramentów. „Pasterze i wspólnota wiernych muszą zatem cierpieć i miłować wraz z zainteresowanymi osobami, aby mogły one dostrzec także w swym ciężarze słodkie jarzmo i lekkie brzemię Jezusa".

List porusza mnóstwo skomplikowanych kwestii teologicznych, które nadal są żywo dyskutowane w łonie Kościoła. Bezdyskusyjnie ilustruje on jednak różnicę między Ratzingerem-teologiem soborowym a Ratzingerem-prefektem doktrynalnym.

Ciągła nić: Kościół i kultura

Pod zmianami poglądów na konkretne kwestie kryje się trwałe przekonanie, które pozostaje niezmienne u Ratzingera od soboru do dzisiaj: pesymistyczne spojrzenie na związki między Kościołem i kulturą. Kluczem do wyjaśnienia, jak Ratzinger mógł się radykalnie zmienić od czasów soboru, jest uświadomienie sobie, że wydarzenia z końca lat sześćdziesiątych XX w. i późniejsze coraz bardziej wysuwały jego wątpliwości co do świata na pierwszy plan jego myśli. To w swej istocie augustyniańskie podejście oddziałało na Ratzingera za pośrednictwem wpływu Lutra, mocno podkreślającego stan upadku świata, na niemiecką teologię.

Gdy w 1984 roku ukazał się *Raport o stanie wiary*, to właśnie poglądy Ratzingera na kulturę natychmiast wzbudziły kontrowersje. Stwierdził, że kultura zachodnia jest wrogo nastawiona do wiary w niezwykle istotny sposób. Nazwał ją nawet „piekielną" w tym sensie, że popularyzuje wizję życia opartego na przyjemności. Ponieważ w powszechnym rozumieniu Soboru Watykańskiego II podkreślano odprężenie między Kościołem i światem, sprowadzało to w poważnym stopniu katolicyzm na złą drogę. Jak to ujął:

> Czas znaleźć na nowo odwagę nonkonformizmu, zdolność sprzeciwienia się wielu tendencjom otaczającej nas kultury, wycofania się z pewnej euforycznej posoborowej solidarności (...). Jestem przekonany, że szkody, które w tych dwudziestu latach ponieśliśmy, są spowodowane nie przez „prawdziwy" sobór, lecz przez wyzwolenie w Kościele ukrytych sił polemicznych i odśrodkowych; a poza Kościołem są spowodowane przez konfrontację z kulturalną rewolucją na Zachodzie: sukces wyższej warstwy średniej, nowych tercjarzy, hołdujących liberalno-radykalnej ideologii o indywidualistycznym, racjonalistycznym i hedonistycznym zabarwieniu.

Zbyt wielu teologów, stwierdził Ratzinger, nauczyło się swój punkt wyjściowy brać nie z Kościoła i jego nauki, lecz ze „znaków czasu" w świecie: „Staje się trudne, jeśli w ogóle możliwe, przedstawienie katolickiej moralności jako rozsądnej. Zbytnio odbiega od tego, co jest uważane za oczywiste, za normalne przez większość ludzi, uwarunkowanych przez dominującą kulturę, z którą związało się – jako jej wpływowi orędownicy – wcale nie tak mało «katolickich» moralistów". W wywiadzie z 1996 roku Ratzinger wraca do tego samego tematu: „Powinniśmy mieć odwagę powstać przeciwko temu, co jest uznawane za «normalne» dla człowieka pod koniec XX w., i na nowo odkryć wiarę w jej prostocie" – powiedział.

Chociaż jego analiza może być dzisiaj nieco ostrzejsza, te podstawowe przekonania o niezgodności Kościoła i kultury były już mocno ugruntowane w czasie zakończenia Soboru Watykańskiego II. Najbardziej dramatyczny wyraz znalazły w jego reakcjach na ostatnie wielkie osiągnięcie soboru, fragment Konstytucji duszpasterskiej o Kościele w świecie współczesnym, *Gaudium et spes*.

Chociaż *Gaudium et spes* przechodziła ten sam gruntowny proces komentowania i poprawek redakcyjnych co wszystkie dokumenty soboru, odbija się w niej wyraźnie francuski duch. Dokument ten pod wieloma względami jest owocem myśli kardynała Leona Suenensa z Belgii i nosi wyraźne ślady idei Jeana Daniélou i Yves'a Congara. Niebezpośrednio przywołuje na myśl Teilharda de Chardin, francuskiego filozofa jezuitę i paleontologa, który dowodził, że ewolucja jest rozwijaniem się Bożej transcendencji w czasie. „Francuskość" tego dokumentu widoczna jest przede wszystkim w jego optymistycznym tonie i gotowości odczytywania „znaków czasu" w poszukiwaniu wskazówek co do planu Bożego. *Gaudium et spes* była też jedynym dokumentem soborowym, który został napisany i rozprowadzony w języku narodowym – po francusku – a następnie przetłumaczony na łacinę. Dominujący francuski klimat tego dokumentu nie zrobił na Ratzingerze wrażenia. W istocie, gdy Frings mówił o *Gaudium et spes*, był do niej zaskakująco negatywnie nastawiony, dając wyraz wielu niepokojom, które trapiły również Ratzingera. Dowodził, że znaczenie wizerunku Kościoła jako „ludu Bożego" w dokumencie jest niejednoznaczne (niemal na pewno zaczerpnął to z pracy doktorskiej Ratzingera o „ludzie Bożym" u św. Augustyna). Frings upierał się też, że to, co w *Gaudium et spes* określano „światem", jest nieprecyzyjne. Powiedział, że „cały zakres" tego dokumentu jest zwodniczy i że ważkie problemy nie powinny być rozwiązywane jednym słowem czy zdaniem. Stanowisko to nie przeważyło, ale jest wiarygodną wskazówką co do poglądów Ratzingera.

Własne poglądy Ratzingera na *Gaudium et spes* zostały szczegółowo przedstawione w komentarzach do dokumentów Soboru Watykańskiego II. Jest to jedyny punkt, w którym Ratzinger z czasów soboru wydaje się znajomą postacią, myślicielem, który zachowuje podstawową ciągłość z kierunkiem swojej późniejszej kariery. Żaden tekst nie ujawnia lepiej jego fundamentalnych przekonań teologicznych, którym pozostał wierny.

Na przykład, o wykorzystaniu w dokumencie wyrażenia „lud Boży" jako metafory Kościoła Ratzinger pisze:

> Ten sposób mówienia o Kościele grozi wcale niemałym niebezpieczeństwem utonięcia raz jeszcze w czysto socjologicznym czy nawet ideologicznym poglądzie na Kościół poprzez pominięcie podstawowych myśli Konstytucji o liturgii świętej i Konstytucji dogmatycznej o Kościele oraz poprzez nadmierne uproszczenie, uzewnętrznienie i uczynienie sloganu z terminu, który może zachować swoje znaczenie jedynie wtedy, gdy stosuje się go w naprawdę teologicznym kontekście.

Ratzinger stwierdził, że wydaje się wielu ludziom, „zwłaszcza teologom z krajów niemieckojęzycznych, że nie doszło do wystarczająco zdecydowanego odrzucenia doktryny człowieka rozdartego między filozofią i teologią". To również stanowi odzwierciedlenie wcześniejszego przedkładania przez Ratzingera św. Augustyna nad Akwinatę. Ponieważ ludzki rozum jest niezdolny pojąć prawdę bez boskiego światła, „filozofia" – w znaczeniu ludzkiego wysiłku zrozumienia natury bez odwoływania się do wiary – jest jałowa.

Ratzinger utożsamiał się z krytykami *Gaudium et spes*, którzy dowodzili, że dokument ten zakwestionował sam cel Objawienia. „Tekst nasuwa pytanie, dlaczego właściwie rozsądna i doskonale wolna istota ludzka opisana w pierwszych dwóch artykułach nagle zostaje obciążona historią Chrystusa. To ostatnie może wydawać się dość niezrozumiałym dodatkiem do obrazu, który był już sam w sobie jasny" – napisał. Ratzinger odciął się od języka, jakim w tym dokumencie mówi się o istocie ludzkiej jako obrazie Boga, dowodząc, że ściśle mówiąc, człowiek jest obrazem Boga jedynie przez Chrystusa, tak więc odnosi się to bardziej do przyszłej obietnicy niż do podstawowego daru.

Ratzingerowi nie podobał się „francuski" wydźwięk *Gaudium et spes*:

> Zasadniczo optymistyczna atmosfera, która panowała na soborze dzięki temu potwierdzeniu współczesności, musiała u autorów projektu połączyć się z poglądem na świat zbliżonym raczej do myśli Teilharda de Chardin, chociaż podjęto wysiłki zmierzające do tego, by wyraźnie Teilhardowskich idei nie wprowadzać do tekstu soborowego. Na koniec trzeba stwierdzić, że silny nacisk, wywodzący się od Lutra, na zagadnienie grzechu, w przeważającej mierze był obcy francuskim autorom tego projektu dokumentu, których teologiczne założenia były całkiem odmienne. Ich myśl prawdopodobnie wywodzi się ze stanowiska teologicznego, które ma tendencję tomistyczną, i znajduje się też pod wpływem greckich ojców Kościoła.

Dalej Ratzinger cytuje słynną dowcipną uwagę, którą Teilhard skierował do swoich krytyków: „Wszyscy jesteście zahipnotyzowani złem", sugerując, że oddaje ona coś z ducha *Gaudium et spes*. Podsuwa też myśl, że chrystologia w *Gaudium et spes* opiera się zbyt mocno na Wcieleniu i Wielkanocy, a za słabo na Męce Pańskiej.

W tym samym komentarzu Ratzinger zarzuca dokumentowi, że popadł „w całkowicie pelagiańską terminologię". (Pelagiusza, wczesnochrześcijańskiego teologa, uznano później za heretyka, który głosił, że zbawienie człowieka nie jest zdeterminowane ani nie jest kwestią samej łaski Bożej, ale że można na nie „zasłużyć" dzięki dobrym uczynkom i prawemu życiu.) „Nie można oprzeć się wrażeniu – napisał Ratzinger – że teologicznie całkowicie uzasadniona chęć optymizmu, jaka dominuje w całym tekście, została błędnie zinterpretowana i doprowadziła do uspokajających sformułowań, do których w ogóle niekoniecznie powinna była doprowadzić".

W komentarzu z 1966 roku do czwartej sesji soboru, wydanym jako *Die letzte Sitzungsperiode des Konzils* („Ostatnia sesja soboru"), Ratzinger jest jeszcze bardziej zjadliwy w stosunku do *Gaudium et spes*. Jej autorzy, napisał:

> (...) niestety wyciągnęli poza ochronne mury budynku wydziału teologii właśnie te twierdzenia, które i tak są wspólne teologii i każdemu duchowo-etycznemu obrazowi człowieka. Ponieważ to, co jest właściwe teologii – dyskusja o Chrystusie i jego dziele – pozostawiono w konceptualnej zamrażarce, okazało się, że – w przeciwieństwie do zrozumiałej części – wydaje się to jeszcze bardziej niezrozumiałe i przestarzałe.

Oceniając w połowie lat siedemdziesiątych Sobór Watykański II, Ratzinger występuje przeciwko tendencji uznawania *Gaudium et spes* za ukoronowanie soboru, a tym samym za podstawę interpretacji wszystkiego, co na nim ustalono. Zamiast tego pyta, czy nie właściwsze byłoby uznanie jej za tymczasową próbę zastosowania wizji wiary zawartej w trzech konstytucjach dogmatycznych: o liturgii świętej, Kościele i Objawieniu Bożym do konkretnych warunków historycznych. Każdy, kto szukałby wskazówki, jakim hierarchą będzie Joseph Ratzinger, właśnie by ją znalazł[15].

Co się stało?

Dzisiaj Ratzinger utrzymuje, że jest wierny literze szesnastu dokumentów Soboru Watykańskiego II, odrzucając liberalizującego ducha, który w opinii wielu osób z nich wypływa, ale chodzi tu o coś więcej. Dokumenty tak długie, zawiłe i będące w tak oczywisty sposób efektem kompromisu umożliwiają wiele różnych sposobów ich odczytania. Nie wystarczy zatem proste zapewnienie, że jest się „wiernym dokumentom"; pojawia się kwestia światopoglądu Ratzingera, jego odczucia oraz tego, jak wpływa to na jego sposób rozumienia tych dokumentów.

Wydaje się, że po zamknięciu obrad Soboru Watykańskiego II ścierały się w nim dwa odczucia: silne poczucie potrzeby strukturalnej reformy Kościoła, prowadzącej do większej tolerancji dla różnorodności i dla różnych szkół myśli, oraz niepokój, że zbytnio optymistyczne otwarcie się soboru na „świat" uczyniło go w pewien sposób ślepym na rzeczywistość grzechu. W latach po soborze pesymistyczny wydźwięk komentarzy Ratzingera do *Gaudium et spes* stał się motywem przewodnim jego rozumienia soboru. Zaczął odczytywać konstytucję *Lumen gentium* nie jako plan postępowej reformy, jak czynił to, gdy ją przyjmowano, ale raczej jako stabilizujące antidotum na kościelną „lawinę", którą zapoczątkowała *Gaudium et spes*. Pytanie zatem brzmi: co się stało? Z pewnością nikt nie potrafi zajrzeć w głąb duszy Ratzingera i odczytać odpowiedzi, ale uzasadniona jest sugestia, że w grę wchodzą tu co najmniej cztery czynniki.

Bunt 1968 roku

Rok 1968 był burzliwy. W Stanach Zjednoczonych studenci okupowali budynki Columbia University, podczas gdy protestujący i policjanci załatwiali swoje porachunki na ulicach Chicago; w Pradze krótki rozkwit oporu wobec komunistów zakończył się chrzęstem czołgów na ulicach miasta; przez Europę Zachodnią przelewała się fala lewicowych buntów.

Gdy doszło do tego zamętu, Ratzinger wykładał w Tybindze. Obchody 150-lecia utworzenia wydziału teologii katolickiej w tym mieście, które odbyły się w 1967 roku, stanowiły dla Ratzingera w okresie posoborowym swego rodzaju punkt szczytowy. Mówi, że niemal tuż potem dominującym w Tybindze nurtem myślowym stał się marksizm i sprawił, że zwolennicy innych punktów widzenia czuli się jak „drobnomieszczanie". Jednak do głębi wstrząsnęło nim to, że wydziały teologiczne w Tybindze stały się „prawdziwym ośrodkiem ideologicznym" zwrotu w kierunku marksizmu. W 1997 roku Ratzinger pisał:

> Bluźnierczy sposób, w jaki zaczęto obecnie gardzić krzyżem jako symbolem sadomasochizmu, hipokryzja, z jaką niektórzy wciąż podawali się za wiernych, gdy było to przydatne, by nie narażać instrumentów, które miały służyć ich osobistym celom: tego wszystkiego nie można było i nie powinno się uważać za nieszkodliwe ani traktować jak jeszcze jednego akademickiego sporu.

W Soli ziemi Ratzinger rozwinął swoje wrażenia z tamtego okresu. „Doszło do instrumentalizacji przez tyrańskie, brutalne i okrutne ideologie. Dlatego zdałem sobie sprawę, że musimy się bronić przed tym nadużyciem, jeśli chcemy właśnie utrzymać wolę Soboru" – powiedział.

Szczególnie jedno zdarzenie utkwiło mu w pamięci jako symbol ekscesów tamtego okresu. Związek Studentów Protestanckich rozprowadzał ulotkę z prowokacyjnym pytaniem: „Czyż krzyż Jezusa jest czymś innym niż wyrazem sadomasochistycznej apoteozy bólu?" Ulotka zapewniała też, że „Nowy Testament jest dokumentem nieludzkiej postawy, zakrojonym na wielką skalę kłamstwem dla mas". Ratzinger stwierdził, że z drugim profesorem zabiegali, by studenci zaprzestali rozpowszechniania ulotki, ale bez rezultatu. Jego protestancki kolega wystosował apel do studentów, „by słowa «Niech będzie przeklęty Jezus» zniknęły z naszego grona", lecz pozostał on bez odpowiedzi.

Podczas zamieszek w Tybindze Ratzinger miał nieprzyjemne spotkanie albo ze studentami, albo z kadrą uniwersytecką, w zależności od rekonstrukcji wydarzeń. Bardziej szczegółowo omówię tę kwestię w następnym rozdziale, ale niewątpliwie przyczyniło się to do nasilenia obaw w stosunku do sił wyzwalających się w kulturze. Ratzinger sugeruje, że przeżycie to przekonało go, iż liberalizacja tego typu, którą popierał w Kościele podczas Soboru Watykańskiego II, prowadzi do chaosu, ponieważ wszelki sens tego, co jest odrębnie chrześcijańskie w Kościele, został utracony: każdy zdawał się ze spuścizny soboru interesować się tylko *Gaudium et spes* i „znakami czasu". Aby pozostać wiernym całemu soborowi, Ratzinger czuł, że musi obrać bardziej konserwatywny kurs. „Kto chciał tu pozostać progresistą, musiał się zaprzedać" – powiedział.

Kolejność wydarzeń również przemawia za tym wnioskiem. Pod koniec 1968 roku Ratzinger wciąż był wystarczająco postępowy, by podpisać Deklarację z Nijmegen, domagającą się gruntownej reformy Świętego Oficjum, która miała na celu zapewnić dużo większy zakres swobody dociekań teologicznych. W 1969 roku jednak przeniósł się z Tybingi do Ratyzbony – w tym bawarskim mieście właśnie otwarto nowy uniwersytet, który dał Ratzingerowi szansę „rozpoczęcia wszystkiego od nowa" – i sprawy zaczęły się inaczej przedstawiać.

W wygłoszonym w 1971 roku wykładzie w Bawarskiej Akademii Katolickiej w Monachium Ratzinger zajął się zagadnieniem „Dlaczego nadal jestem w Kościele?". Zapytał słuchaczy: „Jak to możliwe, że w tym samym momencie, w którym sobór zdawał się zbierać dojrzałe plony przebudzenia minionych dziesięcioleci, zamiast tych dających satysfakcję bogactw wydał przerażającą pustkę? Jak to się mogło stać, że ten rozpad był rezultatem tak obiecującego początku?" Dalej Ratzinger dowodził, że entuzjaści soboru w swojej pasji reformowania stracili z pola widzenia „cały Kościół", przestali widzieć państwo na korzyść swojego miasta, przestali widzieć las, ponieważ zasłaniały im go drzewa.

Rok 1971 w pewnym sensie oznaczał „ujawnienie się" bardziej konserwatywnego Josepha Ratzingera. W tym samym roku zaczął on pełnić funkcję doradcy biskupów niemieckich w trwającym dziesięć lat dochodzeniu w sprawie Hansa Künga. W 1972 roku Ratzinger zaczął współpracować z Balthasarem, de Lubakiem i innymi zbiegami z postępowych kręgów soboru, rozpoczynając wydawanie „Communio", konkurencyjnego w stosunku do „Concilium" periodyku. Począwszy od tej chwili, przebieg całej kariery Ratzingera był już wyznaczony.

Oznaki upadku

Nie ma większych sporów o to, że czasy po Soborze Watykańskim II były dla Kościoła katolickiego w wielu częściach świata latami trudnymi, przynajmniej gdy używa się tradycyjnych wskaźników: uczestnictwa we mszy, powołań do kapłaństwa, powołań do zakonów i posłuszeństwa wobec nauki Kościoła. Wielu katolików naturalnie łączy te negatywne tendencje z Soborem Watykańskim II po prostu dlatego, że większość z nich pojawiła się krótko po jego zakończeniu. Wrażenie, że Sobór Watykański II „zaszkodził Kościołowi", odegrało też pewną rolę w wystąpieniu Ratzingera z obozu postępowego.

W ciągu dwudziestu lat od zakończenia ostatniego soboru do synodu biskupów w 1985 roku, liczba księży katolickich na świecie zmniejszyła się o 28 tysięcy, a zakonników o 114 tysięcy. Tendencje w Ameryce, ogólnie rzecz biorąc, odzwierciedlają sytuację globalną. W 1950 roku było 28 milionów katolików i 147 tysięcy sióstr zakonnych. Prognozy na rok 2000 mówią o 62 milionach katolików i około 80 tysiącach sióstr zakonnych, znacznie więc zmniejszyła się ich liczba. Najwięcej sióstr zakonnych w Stanach Zjednoczonych było w roku 1965 – 179 954. Jeśli chodzi o księży, amerykański Kościół katolicki miał ich 59 tysięcy w 1975 roku i w sumie 48 tysięcy w 1999 roku, by służyć wyznawcom katolicyzmu, których liczba, znacznie zwiększona wskutek imigracji Latynosów, wzrosła dwunastokrotnie. W chwili powstawania tej książki liczba parafii w Stanach Zjednoczonych bez księdza wynosi 2393 i zwiększyła się z 549 w 1965 roku, a ponieważ wzrasta średnia wieku księży, liczba ta z całą pewnością wzrośnie, chyba że biskupi postanowią zamknąć lub połączyć odpowiednią liczbę parafii, by stosunek utrzymał się na stałym poziomie. Pod koniec lat dziewięćdziesiątych XX w. pojawiły się oznaki, że liczba nowych powołań kapłańskich może powoli rosnąć, ale w stopniu absolutnie niewystarczającym, by zastąpić tych, którzy w nadchodzących latach przejdą na emeryturę.

Podobne są dane dotyczące członków zakonów Kościoła katolickiego, takich jak jezuici, dominikanie i franciszkanie. W latach osiemdziesiątych krążył żart, że nad drzwiami jednego z klasztorów jezuickich w Europie wisiał napis: „Uprasza się, by ostatni, który będzie opuszczał zakon, pamiętał o zgaszeniu światła". Wisielczy humor tego typu nie bardzo uspokaja kogoś takiego jak Ratzinger. W 1984 roku dowodził on, że spadek był największy w zakonach znajdujących się w awangardzie prób reformy Kościoła: „Często to właśnie tradycyjnie najlepiej «wykształcone», najlepiej intelektualnie wyposażone zakony przeżywały najgłębszy kryzys" – powiedział Ratzinger.

Uczestnictwo we mszy również spadło. Sondaże wykazały, że w 1958 roku 78 procent katolików przynajmniej twierdziło, że raz w tygodniu uczestniczy we mszy. Pod koniec lat dziewięćdziesiątych było to około 35 procent; większość ankieterów jest przekonana, że dane o uczestnictwie we mszy są zawyżone, a rzeczywisty odsetek wynosi 25 procent. Jest on znacznie wyższy niż w Europie, gdzie w niektórych państwach spada do liczb jednocyfrowych, i wyższy niż wśród wszystkich protestantów głównego nurtu, ale mimo to spadek jest dramatyczny. W Ameryce Łacińskiej cotygodniowe uczestnictwo we mszy na obszarach odczuwających dotkliwy brak księży spadło podobno do poziomu zaledwie dziesięciu procent.

W 1996 roku Ratzinger sarkastycznie stwierdził, że przyrównując to do gwałtownego spadku liczby katolików rzeczywiście praktykujących, brak księży może nie być aż tak spory, jak się wydaje. „W stosunku do liczby dzieci i liczby tych, którzy regularnie chodzą do kościoła, liczba powołań kapłańskich prawdopodobnie w ogóle się nie zmniejszyła" – powiedział.

Sondaże wskazują też na osłabienie wśród wielu katolików entuzjazmu dla swojej wiary. W 1952 roku 83 procent katolików stwierdziło, że religia jest „bardzo ważna" w ich życiu; w 1998 roku za taką uznało ją tylko 54 procent. Podobnie sondaże dowodzą, że znaczna większość katolików, przynajmniej w państwach rozwiniętych, odrzuca nauczanie papieskie w wielu kwestiach: antykoncepcji, żonatych księży, ordynacji kobiet i homoseksualizmu.

Ogólnie rzecz biorąc, to wystarczy, żeby każdy poważny katolik się wzdrygnął. Oczywiście istnieje wiele różnych sposobów interpretacji tych danych. Amerykański socjolog i powieściopisarz, ojciec Andrew Greeley, dowodzi, że wiele z tych tendencji spadkowych pojawiło się nie po Soborze Watykańskim II, lecz po ogłoszeniu przez Pawła VI encykliki *Humanae vitae* w 1968 roku, która potwierdziła papieski zakaz stosowania antykoncepcji i gorzko rozczarowała wielu katolików liczących na zmiany. Greeley twierdzi, że w rzeczywistości odpływ byłby dużo większy, gdyby nie optymizm i nowa energia, będące dziełem soboru.

Inni dowodzą, że zmniejszenie się liczby księży i sióstr zakonnych zostało zrównoważone wzrostem odpowiedzialności świeckich za Kościół. W amerykańskim Kościele katolickim jest obecnie 30 tysięcy świeckich, a dalszych 20 tysięcy się kształci, by zawodowo spełniać funkcje, które jeszcze pokolenie temu należały wyłącznie do duchownych, od nauczania katechizmu po podpisywanie czeków. Ponadto miliony ludzi pomagają prowadzić kościoły, nie pobierając za to wynagrodzenia. Są to ministrowie eucharystii albo członkowie rad parafialnych lub katecheci wolontariusze. Można by argumentować, że ta nowa energia jest właśnie owocem intencji soboru, i na tym, a nie na bolesnym spadku liczby powołań kapłańskich i zakonnych, powinniśmy się skupić.

Każdy, kogo interesuje instytucjonalne zdrowie katolicyzmu, z pewnością dostrzega kryzys w obecnych czasach, ale czy kryzys ten wziął się ze sposobu, w jaki Kościół przyjął Sobór Watykański II, jak zdaje się dzisiaj sądzić Ratzinger, czy też prawdziwy problem polega na istniejącej nadal przepaści między obudzonymi przez ten sobór nadziejami a codzienną kościelną rzeczywistością, to już inna kwestia.

Patologia wiary

Często pomijanym zagadnieniem w rozważaniach o Ratzingerze jest charakter jego pracy. Tak samo jak lekarze wszędzie widzą zagrożenia dla zdrowia, prawnicy możliwe delikty, a policjanci działania przestępcze, Ratzinger wyczuwa czającą się za każdym rogiem herezję, po części dlatego, że za to mu płacą. Ktoś kiedyś wyraził to, mówiąc, że rola Świętego Oficjum polega na zajmowaniu się „patologią wiary", to znaczy wiarą katolicką najbardziej wypaczoną. Ratzinger usłyszy o przytłaczającej większości katolickich parafii na świecie tylko wtedy, gdy wystąpi tam jakiś problem, będzie czytał prace większości katolickich teologów tylko po to, by zbadać ich najsłabsze lub najbardziej niejasne punkty, będzie analizował akta większości księży tylko wtedy, gdy zrobią lub powiedzą coś podejrzanego. Gdy tylko taki aspekt się dostrzega, można dojść do w pełni uzasadnionego wniosku, że tylko ten właśnie istnieje. Jeśli masz tylko młotek, wcześniej czy później wszystko wygląda jak gwóźdź.

Należy dodać, że ogromna większość listów do Ratzingera to skargi niezadowolonych katolików. Najbardziej prawdopodobne jest, że do Watykanu piszą katolicy konserwatywni, prefekt więc uzyskuje przekrzywiony na prawo obraz Kościołów lokalnych. Nie musimy też spekulować, że katolicy z prawego skrzydła próbują za pomocą korespondencji wywierać wpływ na Ratzingera. Nietypowo publiczny i dobrze udokumentowany przypadek zdarzył się w Australii w 1999 roku. Doszło do niego wskutek sporu o tak zwaną spowiedź trzeciego rytu, w którym ksiądz udziela rozgrzeszenia nie pojedynczym osobom, ale grupom ludzi. Chociaż ryt ten miał być zarezerwowany dla przypadków „poważnej potrzeby", od Soboru Watykańskiego II zaczęto go powszechnie stosować w Australii. Wiele osób uznawało, że lepiej oddaje on społeczny wymiar grzechu i przebaczenia. Także wielu księży informowało, że ludziom się on podoba i przychodzą do kościoła, żeby to przeżyć, zwłaszcza podczas Adwentu i Wielkiego Postu, gdy katolicy tradycyjnie czują potrzebę spowiedzi.

Trzeci ryt nie podobał się jednak pewnej grupie zwanej Australian Catholics Advocacy Centre, na której czele stał prawnik z Sydney, Paul Brazier. Wielu Australijczyków twierdzi, że Brazier wyraża odczucia drobnego odsetka całej ludności wyznania katolickiego w kraju. Udało mu się jednak zorganizować niewielką grupę obserwatorów, którzy rozjechali się do parafii w czasie Wielkiego Postu w 1999 roku i wypełnili pięciostronicowe „formularze obserwacji naocznego świadka", w których opisywali dokładnie, jak wyglądała spowiedź. Gdy świadkom udało się zdobyć dowody jakichkolwiek nieprawidłowości, składali pod przysięgą pisemne oświadczenia. Brazier gromadził cały ten materiał dowodowy, porządkował i wysyłał do Rzymu. Chociaż nie powie, dokąd one dotarły, wydaje się oczywiste, że kopie otrzymał Ratzinger, podobnie jak kardynał Jorge Medina Estévez, który kieruje Kongregacją ds. Kultu Bożego i Dyscypliny Sakramentów.

Wysiłek ten opłacił się, gdyż zaledwie po kilku tygodniach od chwili, gdy akta zaczęły docierać na biurka w Rzymie, Watykan ogłosił dokument potwierdzający zakaz trzeciego rytu i ostrzegający przed „sprawiedliwymi karami" dla księży, którzy go stosują. W Australii potraktowano to jako wielki sukces Braziera i jego Advocacy Centre. Nawet kardynał Sydney Edward Clancy musiał przyznać, że uznano to za „zwycięstwo" Braziera. Clancy skarżył się, że Rzym wysłuchał garstki malkontentów z prawego skrzydła, a nie biskupów, co najwyraźniej drażni dostojników kościelnych na całym świecie[16].

Chodzi o to, że tego typu listy Ratzinger otrzymuje codziennie. Można w końcu zrozumieć, dlaczego jest on przekonany, że lewicowe odstępstwo grasuje po całym katolickim świecie. Nie tłumaczy to prawicowych skłonności Ratzingera, zanim przybył on do Rzymu, ale jest pomocne w wyjaśnieniu, dlaczego te sympatie przekształciły się w ciągu dwudziestu lat u steru władzy w niewzruszone przekonania.

Władza

Im bardziej konserwatywne stanowisko zajmował Ratzinger, tym większym dostępem do władzy i przywilejów był nagradzany, czego kulminacją było mianowanie go w 1997 roku arcybiskupem Monachium. Zmieniające się stanowisko Ratzingera pozostawało z pewnością zgodne z politycznymi wiatrami wiejącymi w latach siedemdziesiątych XX w. w Konferencji Biskupów Niemieckich, gdy zdecydowanie konserwatywny kardynał Joseph Höffner z Kolonii przyćmił umiarkowanego, ale starzejącego się kardynała Juliusa Döpfnera z Monachium. Bezdyskusyjne jest również to, że po wezwaniu Ratzingera do Rzymu zrewidowane stanowisko w kwestii kolegialności, teologicznego statusu konferencji biskupów, roli Kongregacji Nauki Wiary i rozwoju Tradycji przyspieszyło jego karierę.

Każda struktura władzy ma własną ideologię, a tych, których zadaniem jest podtrzymywanie systemu, wybiera się dlatego, że ich doświadczenia i światopogląd są z tą ideologią zgodne. Ratzinger oczywiście celowo nie modyfikował swoich przekonań w celu zdobycia władzy lub jej zwiększenia. Nic nie wskazuje na to, że na przykład w 1970 roku mógł przewidzieć, iż w ciągu ośmiu lat zostanie kardynałem Kościoła. Ale nikt w pełni nie uświadamia sobie motywów i sił kształtujących czyjeś decyzje i z pewnością Ratzinger – jak wszyscy inni hierarchowie katoliccy – nie jest nieświadomy, jakie postawy najprawdopodobniej przyspieszą karierę. Nie chodzi tu o to, żeby zarzucać mu nieszczerość, lecz by zauważyć, że system dawał mu zachęty, by dalej i szybciej poszedł ścieżką, którą wybrał.

Pisałem już, że pod koniec soboru nasilało się niezadowolenie Ratzingera związane z niektórymi z jego podstawowych założeń, co było szczególnie widoczne w jego komentarzu do *Gaudium et spes*. Nikt w 1965 roku nie mógł przewidzieć, dokąd to niezadowolenie go zaprowadzi. Ale w znakomitej historii Soboru Watykańskiego II księdza Ralpha M. Wiltgena zatytułowanej *Ren wpada do Tybru*, na przedostatniej stronie znajduje się fragment, który niemal przepowiada późniejsze zdarzenia:

> Ksiądz Ratzinger, osobisty teolog kardynała Fringsa i były student księdza Rahnera, podczas soboru zdawał się niemal bezwarunkowo popierać poglądy swojego byłego nauczyciela. Ale gdy zbliżał się on do końca, Ratzinger przyznał, że nie zgadzał się w różnych kwestiach, i stwierdził, że po zakończeniu soboru zacznie bardziej domagać się należnego mu uznania[17].

Nieczęsto zdarzało się napisać bardziej prorocze słowa.

Rozdział 3

Wszystkie drogi prowadzą do Rzymu

Gdy 8 grudnia 1965 roku Sobór Watykański II zamykał swoje obrady, dwaj rzymscy artyści dopieszczali własne dzieło *aggiornamento*. Ettore De Concilis i Rosso Falciano otrzymali zamówienie na dekorację wnętrza nowego rzymskiego kościoła pod wezwaniem św. Franciszka z Asyżu. W duchu „znaków czasu" duet ten przyozdobił nowy kościół wizerunkami Jana XXIII, Fidela Castro, radzieckiego premiera Aleksieja Kosygina, Mao Tse-tunga, Bertranda Russella, Giorgia La Piry, przywódcy włoskiej partii komunistycznej Palmira Togliattiego, Sophii Loren i Jacqueline Kennedy. Było to na wskroś – a w rzeczywistości, jak trzeba stwierdzić z perspektywy czasu, nadmiernie – ekumeniczne zgromadzenie świętych. Taki był duch epoki.

Taka scena z połowy lat sześćdziesiątych XX w. może się dzisiaj wydawać niezwykła, podobnie jak ścieżka dźwiękowa musicalu *Hair*, przywołując odległe wspomnienia niemądrego, naiwnego, choć pełnego uniesienia momentu historycznego. Ale wielu hierarchów Kościoła katolickiego synkretyzm widoczny wewnątrz nowego rzymskiego kościoła bardziej niepokoił, niż upajał. Wielu osobom po soborze wydawało się możliwe, że odrębności katolicyzmu grozi zanik, że awangarda Kościoła robi niewiele więcej poza pokropieniem święconą wodą radykalizmu lat sześćdziesiątych. Niektórym wydawało się, że przez otwarte okno papieża Jana wylano dziecko razem z kąpielą.

Z perspektywy czasu łatwo zrozumieć, dlaczego osoby takie jak Joseph Ratzinger mogły wyciągnąć taki wniosek. W kręgach teologicznych koniec lat sześćdziesiątych był epoką teologii „śmierci Boga", za którą opowiadały się takie postaci, jak Paul van Buren, który utrzymywał, że transcendentny Bóg we współczesnej kulturze nie ma sensu. Chrześcijaństwo powinno zaprezentować się na nowo, konkludował Buren, jako kodeks etyczny opierający się na historycznej postaci Jezusa z Nazaretu, a nie na nadprzyrodzonym „Chrystusie". Prawdopodobnie nigdy poglądu tego nie podzielała większość poważnych teologów, ale ze wszystkich relacji prasowych i telewizyjnych nikt by się tego nie domyślił. Harwardzki teolog Harvey Cox w wydanej w 1965 roku książce *The Secular City* dowodził – przy wielkim aplauzie krytyki – że zorganizowana religia zmierza do upadku. Sama współczesna kultura, stwierdził Cox, przejęła jej funkcję nosiciela najgłębszych nadziei i marzeń ludzkości.

W Kościele katolickim zgodnie z duchem *aggiornamento*, aprobowano koncepcję, że Boga można – z równym prawdopodobieństwem jak „wewnątrz" Kościoła – znaleźć „na zewnątrz", w polityce, sztuce i współczesnym życiu. Kościół, który wcześniej stylizował się na twierdzę, nagle stał się sitem – wszystko z kultury zdawało się przez nie przelatywać. Brytyjski teolog Adrian Hastings podsumował tę sytuację w 1991 roku, gdy pisał o Ratzingerze: „Jego powrotna droga do tradycjonalizmu może okazać się jedynym sposobem uniknięcia teologicznej dezintegracji, która zagrażała nie tylko Soborowi Watykańskiemu I, ale też soborowi chalcedońskiemu i nicejskiemu".

Waga tego zagrożenia stała się wyraźnie widoczna w tych gorączkowych dniach lata 1968 roku, gdy europejskie ulice i miasteczka akademickie spływały krwią. Wcześniej uporządkowanego i zamkniętego w sobie uniwersyteckiego świata Ratzingera w Tybindze nie oszczędziło zamieszanie tych czasów i w tamtych dniach stanął oko w oko z tym, co później nazwie „terrorem".

Po ogłoszeniu 25 lipca 1968 roku encykliki Pawła VI *Humanae vitae* w całym Kościele rozbrzmiały dzwony odstępstw. Czas publikacji *Humanae vitae* gwarantował, że ogarniające cały Zachód powszechne antyestablishmentowe nastroje ustawią Kościół katolicki na swym celowniku. Dla milionów katolików, którzy w zakazie stosowania antykoncepcji widzieli pozostałość średniowiecznych uprzedzeń antyseksualnych, odmowa Pawła VI zmiany nauczania w tym względzie zdawała się usprawiedliwiać radykalnie sceptyczne nastawienie do wszelkich roszczeń do prawdy czy autorytetu władz kościelnych.

Ratzinger opuścił Sobór Watykański II rozdarty między optymizmem związanym z ożywieniem wewnętrznego życia Kościoła a pesymizmem dotyczącym relacji Kościoła ze światem, i wydaje się oczywiste, w którą stronę popychał go wiatr kultury. Zakorzeniony w światopoglądzie Augustyna i Bonawentury, Ratzinger zawsze kładł nacisk na krytyczny dystans, który musi oddzielać Kościół od kultury. W latach pięćdziesiątych XX w., gdy katolicyzm wydawał się bezpiecznie odizolowany od co bardziej niebezpiecznych nurtów współczesnego życia, było to przekonanie głównie akademickie. Ale pod koniec lat sześćdziesiątych, w chaosie panującym w Kościele i poza nim, to, jak Ratzinger postrzegał „otwarcie na świat", jawi się jako widocznie jedyna rzecz, którą katolicy zrozumieli z soboru. Jego wewnętrzne niepokoje przybrały na sile i stały się bardziej uporczywe, a ton jego wypowiedzi coraz bardziej pesymistyczny.

W 1964 roku Ratzinger zgodził się wejść do rady nowego periodyku teologicznego „Concilium", który stworzono jako forum kontynuowania refleksji soborowej po linii tych, którzy stali na czele sił reformatorskich na Soborze Watykańskim II. Jednak w 1972 roku Ratzinger, Henri de Lubac, Hans Urs von Balthasar, Walter Kasper i Karl Lehmann dali formalny wyraz swojemu rozczarowaniu, zakładając konkurencyjny periodyk „Communio". Niektórych z tych teologów postrzega się dzisiaj jako intelektualnych architektów katolickiej „restauracji" – próby przywrócenia tych elementów życia i nauczania Kościoła, które w ich odczuciu zostały zaprzepaszczone w posoborowym pędzie ku nowoczesności. „Communio" stał się głównym forum, na którym Ratzinger dzielił się ze światem swoimi koncepcjami teologicznymi. (Lehmann i Kasper jako biskupi niemieckich diecezji w osobliwym postępie zdawali się dryfować z powrotem w kierunku centrum; w 1994 roku obaj podpisali się pod wezwaniem, by pozwolić rozwodnikom w następnych związkach małżeńskich na przyjmowanie sakramentów, która to prośba została odrzucona przez Ratzingera.)

Trafnym wskaźnikiem, z której strony wieje wiatr w Kościele za pontyfikatu Jana Pawła II, jest to, że nagrodzone zostały osoby z kręgu „Communio": Ratzinger jest prefektem Kongregacji Nauki Wiary, Lehmann został biskupem w 1983 roku, a Kasper w 1989, Lubac i Balthasar zaś zostali mianowani kardynałami. Balthasar zmarł na kilka dni przed otrzymaniem biretu kardynalskiego. Wierni zwolennicy „Concilium" – Rahner, Schillebeeckx, Küng, Metz – nie zostali obdarzeni podobnymi zaszczytami.

Wszystko to było bardzo niepodobne do Josepha Ratzingera, który w 1962 roku napisał studium wzywające teologów, by znaleźli w sobie „odwagę, by cierpieć" za to, że głośno mówią o słabościach, które dostrzegają w Kościele.

> Służalczość pochlebców (których prawdziwi prorocy Starego Testamentu napiętnowali jako „fałszywych proroków"), tych, którzy unikają każdego zderzenia i cofają się przed nim, którzy nade

wszystko cenią sobie swoje spokojne samozadowolenie, nie jest prawdziwym posłuszeństwem. (...) Dzisiaj, jak zawsze, Kościół nie potrzebuje pochlebców wychwalających status quo, ale ludzi, których pokora i posłuszeństwo nie są mniejsze od zamiłowania do prawdy: ludzi, którzy mierzą się z każdym nieporozumieniem i atakiem, żeby dać świadectwo; ludzi, którzy – słowem – kochają Kościół bardziej niż łatwą i gładką ścieżkę własnego przeznaczenia.

W tym samym tekście Ratzinger otwarcie oskarżył Kościół o rzucenie stulecia na pastwę niedowierzania wskutek stworzenia zbyt wielu norm, a także o „okopanie się za zewnętrznymi liniami obronnymi, zamiast opierać się na prawdzie, która jest nieodłączna od wolności i odrzuca takie linie obronne"[1].

Zmiana nastawienia Ratzingera zbiegła się w czasie z jego przeprowadzkami. Latem 1966 roku przyjął posadę na wydziale teologii katolickiej na uniwersytecie w Tybindze, należącym do czołówki niemieckiej sceny teologicznej i jednym z najważniejszych ośrodków teologii chrześcijańskiej na świecie. Jednak po 1968 roku Ratzinger był znużony walką, którą uważał za samotną bitwę z marksizmem, i postanowił pomóc otworzyć nowy bawarski uniwersytet w Ratyzbonie. W tym mieście właśnie Ratzinger zaczął kształcić pokolenie studentów, którzy zaczną odgrywać w swoich Kościołach narodowych rolę restauracyjną – na przykład jezuita Joseph Fessio w Stanach Zjednoczonych, ojciec Vincent Twomey w Irlandii i dominikanin Christoph Schönborn w Austrii, obecnie kardynał Wiednia. Pouczające jest porównanie tych późniejszych doktorantów Ratzingera z jego wcześniejszymi uczniami – niektórzy z nich stali się krytykami swojego dawnego mistrza. Właśnie ta rozbieżność bardziej niż wszystko inne podkreśla przepaść dzielącą Ratzingera soborowego i posoborowego.

W tych rozstrzygających latach – od końca lat sześćdziesiątych do roku 1977 – Ratzinger dotarł na szczyt swojej kariery teologicznej. Jego najważniejsze prace nabierały zatem kształtu w okresie coraz większego zaniepokojenia stanem Kościoła. Obecnie większość z nich wydaje się bardziej defensywna niż twórcza i między innymi z tego powodu większość z jego kolegów jest przekonana, że Ratzinger za sto lat będzie bardziej interesujący dla historyków Kościoła niż teologów. Jego dzieła będą analizowane ze względu na możliwość poznania istoty tych czasów, a nie ze względu na jego koncepcje.

Koniec kariery Ratzingera jako pracującego na pełen etat teologa i profesora można datować na 1976 rok, gdy nadeszła wiadomość o śmierci kardynała Döpfnera z Monachium. Pokonanie drogi do Rzymu nie zajęło mu wiele czasu – mianowany w marcu 1977 roku następcą Döpfnera, w czerwcu został kardynałem, a do końca następnego roku brał udział w dwóch konklawe. W Monachium wykorzystał swoją nową władzę do zdyscyplinowania dwóch dawnych kolegów, którzy w jego odczuciu wciągali Kościół na niebezpieczne wody: Johanna Baptisty Metza i Hansa Künga. W ciągu czterech lat stał się u Jana Pawła II szarą eminencją jako szef władzy doktrynalnej Kościoła katolickiego.

Ratzinger teolog

W ciągu ponad czterdziestu lat zajmowania się nauką Ratzinger był autorem lub współautorem czterdziestu książek, a ponadto niezliczonych artykułów do periodyków, ksiąg jubileuszowych i przedmów do prac kolegów uczonych. Jego szczytowy okres od 1965 do 1977 roku wyznaczają dwie ważne książki: pierwsza odniosła największy sukces, a drugą uważa się za najlepszą. *Wprowadzenie w chrześcijaństwo* zostało wydane w Monachium w 1968 roku; Seabury opublikował wydanie angielskie w 1979 roku [wyd. pol. 1970]. Książka ta, w formie rozważań Składu Apostolskiego, powstała na podstawie cyklu wykładów w Tybindze w 1967 roku, a więc przed kryzysem roku 1968, chociaż napomyka o gromadzących się czarnych chmurach[2].

W dziedzinie teologii *Wprowadzenie w chrześcijaństwo* odniosło olbrzymi sukces i okazało się najbardziej znaną książką Ratzingera. Jest to jego jedyne dzieło, które może konkurować z takimi książkami jak *Christ sein* („O byciu chrześcijaninem") Hansa Künga czy *Nauka Chrystusa. Teologia moralna* Bernharda Häringa jako dzieło teologiczne, które wywarło znaczny wpływ na katolicyzm swoich czasów. Na początku lat siedemdziesiątych była to lektura obowiązkowa w seminariach i instytutach teologicznych na całym świecie. Ratzinger nadał tej książce formę omówienia chrześcijaństwa, które byłoby dostępne nie tylko dla specjalistów zajmujących się teologią, chociaż niewątpliwie jest to lektura wymagająca. Została wydana po francusku, holendersku, chorwacku, portugalsku, japońsku, słoweńsku, węgiersku, koreańsku, angielsku, hiszpańsku, rosyjsku, włosku, czesku, arabsku i po polsku, i nadal dobrze się sprzedaje, czemu bez wątpienia służy to, że jej autor zdobył tak szeroką sławę.

Gdy dzisiaj czyta się *Wprowadzenie...* wydaje się oczywiste, że wątpliwości Ratzingera dotyczące kierunku, w jakim zmierza Kościół po soborze, jego poczucie, że podkreślanie *aggiornamento* w świecie, który sam się rozpada, jest niedorzeczne i autodestrukcyjne, nabierały ostrości, w miarę jak pisał. Mimo to, jako jeden z pierwszych owoców soboru, książka ta nie robiła na czytelnikach wrażenia defensywnej. Wychwalano ją jako śmiałą, dającą poczucie swobody, jako wzorzec tego rodzaju bolesnej uczciwości w katolickim życiu intelektualnym, która umożliwiła Sobór Watykański II. Książka Ratzingera nie była prawniczym podręcznikiem wypełnionym po brzegi zasadami i regułami; były to rozważania o wierze, które sięgały głębi ludzkiego doświadczenia, które ośmielały się przejść nagie przed wątpliwością i niewiarą w tym celu, by odkryć, co to naprawdę znaczy być dziś chrześcijaninem. Krótko mówiąc, książka ta oznaczała zmianę sposobu, w jaki teologowie przedstawiali wiarę katolicką.

Dzieło, które wieńczy ten okres życia Ratzingera – *Śmierć i życie wieczne*, wydane w 1977 roku – jest tomem w serii *Kleine Katholische Dogmatik* („Mała katolicka dogmatyka"), którą stworzył kolega Ratzingera w Ratyzbonie. Ratzinger nazwał tę książkę swoim „najgruntowniejszym dziełem, nad którym pracowałem z największym wysiłkiem". W 1988 roku została przełożona na angielski przez Michaela Waldsteina, zwolennika Ratzingera, który dzisiaj kieruje instytutem teologicznym w Austrii pod egidą Schönborna. Waldstein także uważa tom poświęcony eschatologii za największe osiągnięcie teologiczne Ratzingera.

W okresie, którego ramy czasowe wyznaczają te dwie książki, Ratzinger opublikował wiele prac poświęconych Kościołowi. Dzieła te są interesujące nie tylko dlatego, że ukazują, jak zmieniała się w tamtym czasie myśl wybitnego teologa, ale ponieważ właśnie w jego eklezjologii dostrzegamy najbardziej bezpośrednie powiązanie między Ratzingerem-teologiem i Ratzingerem-hierarchą watykańskim.

Wprowadzenie w chrześcijaństwo

Książka ta ma formę wykładni Składu Apostolskiego. Rozpoczyna się ona od z pewnością najbardziej pamiętnego dla Ratzingera literackiego dzieła, jego wersji starej niemieckiej bajki ludowej *Hans im*

Glück („Szczęśliwy Janek"). Jest to przypowieść o młodym człowieku, który znajduje dużą bryłę złota. Po drodze uznaje, że jest zbyt ciężka, i najpierw wymienia ją na konia, potem konia wymienia na krowę, następnie krowę na gęś, a w końcu gęś na osełkę. Ostatecznie Janek wyrzuca osełkę do pobliskiego strumienia; uważa, że nie odrzuca niczego, co miałoby jakąś rzeczywistą wartość, a wyrzucając ją, zdobywa całkowitą wolność.

„Jak długo upajał się tym darem i jak ponura była chwila ocknięcia się z rzekomej wolności, to – jak wiadomo – pozostawia się wyobraźni czytelnika". Następnie wyciąga wniosek: „(...) czy może teologia ostatnich lat nie poszła taką właśnie drogą?" Ratzinger wykorzystuje tę opowieść, żeby wskazać cel swej książki: stanąć twarzą w twarz z wyzwaniem, jakie stanowi wiara chrześcijańska, bez jej rozwadniania czy sprawiania, by wyglądała na bardziej „sensowną".

O tej słynnej pierwszej stronie długo krążyła pewna plotka, a mianowicie, że *Hans im Glück* z opowieści Ratzingera to w rzeczywistości Hans Küng. Ratzinger jednak zaprzeczył temu w 1996 roku: „Nie, nie ma to w ogóle nic wspólnego z Hansem Küngiem – muszę to zdecydowanie stwierdzić. Jakikolwiek atak na Künga nie był moją intencją". Oznajmił również, że opowieść została napisana przed wydarzeniami 1968 roku, chociaż z perspektywy czasu „bardzo dobrze oddawała ówczesną sytuację".

Na następnych kilku stronach Ratzinger snuje rozważania o porównaniu duńskiego filozofa Sørena Kierkegaarda, który kiedyś opisał sytuację, w jakiej znajduje się chrześcijański kaznodzieja, jako podobną do sytuacji osoby, która w kostiumie cyrkowego klowna próbuje powiedzieć mieszkańcom wioski, że jest pożar. Im bardziej klown upiera się, że pożar się zbliża, tym większym wieśniacy wybuchają śmiechem, traktując to jako część przedstawienia. Gdy w końcu widzą na własne oczy, że klown mówił poważnie, jest już za późno: ogień pochłania ich wszystkich.

Dzisiejsza sytuacja chrześcijaństwa jest w rzeczywistości dużo bardziej problematyczna, niż to przewidywał nawet Kierkegaard, konstatuje Ratzinger, ponieważ dla chrześcijanina nie jest to jedynie kwestia zrzucenia stroju klowna i włożenia współczesnego ubrania. W rzeczywistości chodzi o to, do czego próbował doprowadzić opracowany przez Rudolfa Bultmanna program demitologizacji – o odarcie chrześcijaństwa z jego „mitycznych" elementów i skupienie się na jego egzystencjalnym wezwaniu do autentyczności. W inny sposób, kontynuuje Ratzinger, właśnie to próbuje sprawić *aggiornamento*: uczynić chrześcijaństwo bardziej strawnym przez zaokrąglenie jego krawędzi i „uwspółcześnienie" go. Jednak obie te „konwulsyjne próby", stwierdza Ratzinger, zawodzą, ponieważ chrześcijaństwo w istocie jest „skandalem" i nie można tego rozwiązać, ukrywając jego paradoksy czy rozpuszczając jego naukę w mentalności szerszej kultury.

Ratzinger wie, że ludzi do Boga nie prowadzi głównie intelektualna ciekawość, lecz pąląca potrzeba serca. Samotność i emocjonalne zubożenie sprawiają, że ludzie pragną czegoś więcej, i nawet szczęście wskazuje poza samo siebie, gdy stawiamy pytanie o jego źródło. Niekompletność każdej międzyludzkiej więzi, pisze dalej, skłania ludzkość do poszukiwania wiecznego i absolutnego „Ty". Następnie pobieżnie przedstawia koncepcję świata stworzonego, który prowadzi ludzkość do Boga; tomistyczne pojęcie natury jako swego rodzaju Objawienia jest mu w zasadzie obce.

Ratzinger przedstawia wspaniałe rozważania o wątpliwości i wierze, sugerując, że wątpliwość nie jest ciężarem tylko dla wierzącego. Niewierzącemu nie daje spokoju pytanie: A jeśli to prawda? Niełatwo zaspokoić trawiące współczesnego człowieka Zachodu pragnienie absolutu, ponieważ nasze sposoby myślenia sprawiają, że prawda jest nieuchwytna. Pod wpływem pozytywizmu logicznego i marksizmu, twierdzi Ratzinger, kultura sprowadziła prawdę do poziomu faktu, a szczególnie do ludzkiej zdolności zmiany kształtu życia społecznego i politycznego. Ratzinger zapewnia, że tę współczesną aktywność filozoficzną można pojmować jako ruch od wpływu Giambattisty Vica, który postrzegał prawdę jako fakty teraźniejszości, do Karola Marksa, dla którego prawda jest przekształcaniem faktów przyszłości. Aby dotrzymać kroku czasom, inspirowani marksizmem teologowie przedstawiają zatem wiarę jako system retoryki, który wspiera działalność polityczną. Do tej kategorii Ratzinger zalicza „teologię nadziei" Jürgena Moltmanna i „teologię świata" Johanna Baptisty Metza, co było pierwszym z wielu delikatnych przytyków w książce skierowanych do różnych nurtów w teologii.

Ratzinger mówi, że „wiara" w chrześcijańskim znaczeniu tego słowa nie ma nic wspólnego z epistemologią zorientowaną na działanie. „(...) proces wiary nie należy do relacji: wiedzieć–wykonać, charakterystycznej dla umysłowej konstelacji nastawienia na to, co wykonalne". Zasadniczą rzeczą dla chrześcijaństwa nie jest robienie, lecz bycie, i to właśnie tutaj Ratzinger najwyraźniej ujawnia swoje zakorzenienie w platonizmie. Rzeczywiście, Ratzinger twierdzi, że nie przypadkiem ewangelia chrześcijańska najpierw dotarła do świata pod egidą filozofii greckiej, zorientowanej na wieczną prawdę. Potwierdzenie tego znajduje w Dziejach Apostolskich i w ich znaczeniu, które Niemcy nazywają *Heilsgeschichte*, „historią zbawienia". Wedle tej koncepcji Bóg kieruje historią w stronę swojego zbawczego celu. Ratzinger ma na myśli, że Bóg tak to zaplanował, żeby wczesne chrześcijaństwo pojawiło się w środowisku intelektualnym bardziej zainteresowanym byciem niż działaniem. „Rozumienie wyrasta tylko z wiary" – pisze.

Politeizm, według niego, prowadzi do koncepcji „bogów plemiennych" i dlatego zakłada, że dobrobyt państwa zależy od woli boga; ateizm, z drugiej strony, przeczy istnieniu absolutu moralnego ponad zbiorowością. Monoteizm „(...) właśnie dlatego, że nie wyraża żadnych politycznych zamiarów, jest programem o radykalnym znaczeniu politycznym: przez absolutność nadaną każdej jednostce przez Boga i przez względność, do której sprowadza wszystkie polityczne wspólnoty z racji jedności Boga, który je wszystkie ogarnia".

Ratzinger chce, aby wpływ wyznania wiary w Jezusa Chrystusa był jasny: chrześcijanie twierdzą, że cała historia, cały wszechświat kończy się i znajduje odkupienie w zmiennych kolejach jednej istoty ludzkiej. Skłania to do zastanowienia się, mówi Ratzinger, „zwłaszcza gdy je porównujemy z religijnością Azji, czyby nie było o wiele prościej wierzyć w to, co wieczne – utajone, powierzyć się temu, rozważając to i tęskniąc za tym? (...) aniżeli zgodzić się na pozytywizm wiary w jedną, jedyną postać i wypatrywać zbawienia człowieka i świata, niczym na końcu szpilki, w jednym przypadkowym punkcie?" Jako prefekt powraca do wątku, że wschodnie przekonania religijne są „mniej wymagające" od chrześcijaństwa.

Ratzinger cytuje Adolfa von Harnacka i Rudolfa Bultmanna jako dwa kamienie węgielne współczesnej chrystologii. Pierwszy powiedział, że znaczenie ma tylko Jezus historyczny, pokorny głosiciel miłości i współczucia; dla drugiego liczy się jedynie Chrystus, objawienie Bożego wezwania do autentyczności. Ratzinger twierdzi, że żadna z tych możliwości nie wystarcza. Głoszenie przywiązania do „Jezusa historycznego" wprowadza chaos. Hipotezy historyczne pojawiają się i znikają z każdym świtem i nie jest to w żadnym razie podstawa, na której można oprzeć życie. Ale jeśli mamy się przyznać do Chrystusa, z pewnością musi to zawierać jakąś treść. Życie Jezusa musi mieć jakieś znaczenie, w przeciwnym razie jak moglibyśmy mieć pewność, że „to jest Chrystus"? Proponowane przez Ratzingera rozwiązanie to akceptacja wyznania wiary. Tutaj znajdujemy „życie Chrystusa", które jest czymś więcej niż egzegezą i argumentacją historyczną; jest wiarą społeczności, która pierwsza przyniosła światu Chrystusa. „Może przecież powinniśmy zawierzyć panującej od stuleci wierze, która w swej istocie nie chciała być niczym innym, tylko rozumieniem, rozumieniem tego, kim i czym był właściwie Jezus". Ratzinger zauważa, że zbyt wielu współczesnych chrześcijan dało się oczarować „pogodnemu optymizmowi postępu". Zamiast tego, utrzymuje, patrzenie na Ukrzyżowanego mówi nam, jakiego rodzaju otwartości na świat chrześcijanie powinni oczekiwać i dokonać – otwarcia na ofiarę.

Wydaje się, że Ratzinger dochodzi do wniosku, iż wysiłki reformatorskie są zazwyczaj stratą czasu. „Ludzie prawdziwie wierzący nie przywiązują wielkiej wagi do walki o odnowę form kościelnych. Żywią się tym, czym Kościół jest zawsze". Jak na człowieka, który zaledwie trzy lata wcześniej pomagał kardynałowi Fringsowi domagającemu się reformy Świętego Oficjum, jest to stwierdzenie zaskakujące. Trudno też pogodzić to stanowisko z głębokim podziwem Ratzingera dla Romana Guardiniego, na przykład, i jego zaangażowania w reformę liturgii. Guardini nie był człowiekiem, który „żywił się tym, czym Kościół był zawsze", w żadnym wąskim sensie.

Ratzinger może jednak mieć na myśli to, że wizja chrześcijańska musi wnikać głębiej niż tylko w struktury i systemy władzy, żeby pojąć Ducha, który mieszka głęboko w łonie Kościoła. Z tego punktu widzenia pytania o reformę nie byłyby bezzasadne, ale nie dotyczyłyby istoty Kościoła. Ratzinger daje to do zrozumienia, gdy stwierdza: „Tylko ten, kto doświadczył, jak – mimo zmiany swych sług i swych form – Kościół dźwiga ludzi, daje im ojczyznę i nadzieję, ojczyznę, która jest nadzieją: drogą do życia wiecznego, tylko ten, kto doświadczył tego, wie, czym jest Kościół, zarówno niegdyś, jak i obecnie".

Mimo to w innych fragmentach zdaje się być wrogo nastawiony do samej idei reformy. Zapewnia, że znaczna część krytyki Kościoła jest „skrywaną dumą", „urażoną goryczą" i „bezmyślnym żargonem". Twierdzi, że prowadzi to do zredukowania Kościoła do bytu politycznego, społeczności, której zadaniem jest „organizowanie, reformowanie i rządzenie". Jednak równie szybko potrafi zmienić bieg, nazywając Kościół raczej „duchowym i charyzmatycznym" niż „hierarchicznym". Uważa, że zwierzchnictwo biskupa Rzymu nie należy do najważniejszych cech Kościoła oraz że struktura episkopalna nie jest konieczna – stanowi ona jedynie środek do osiągnięcia celu. Główną duchową rzeczywistością Kościoła musi być „reprezentowanie" Boga, nie dążenie do władzy. Ratzinger wie, jak bardzo przez lata Kościół stracił z pola widzenia ten ideał, cytując Wilhelma z Owernii: „Nie jest to już oblubienica, tylko potwór bezkształtny i dziki". Świętość Boga, podkreśla Ratzinger, „nie trzyma się w dostojnym dystansie, jak coś nietykalnie czystego, tylko miesza się z brudem świata, aby go przezwyciężyć".

Ta droga rozumowania prowadzi go do jednego z mających największą wagę fragmentów całego jego dorobku: „Kościół stał się dziś dla wielu główną przeszkodą w wierze. Widzą w nim tylko ludzkie dążenie do władzy, małostkowe widowisko dawane przez tych, którzy ze swym twierdzeniem, że oficjalnie strzegą chrześcijaństwa, wydają się największą przeszkodą dla prawdziwego ducha chrześcijańskiego".

W tym zdaniu wyczuwa się dawnego Josepha Ratzingera, który zmaga się z nowym, zatroskanym obrońcą wiary, krążącym ze znużeniem wokół energicznego reformatora z czasów soboru. To właśnie tamten Ratzinger najbardziej ukazywał się ze stron *Wprowadzenia...* tym, którzy czytali je pod koniec lat sześćdziesiątych. Ze swoją pasją, nastawieniem na personalizm, zdeterminowaniem, by stawić czoło rzeczywistości nie za pomocą kategorii myśli neoscholastycznej, ale wprost tak, jak się ona jawi, Ratzinger zdawał się otwierać drzwi dla teologii katolickiej. Innymi słowy, przełom polegał nie tyle na tym, co Ratzinger powiedział – bowiem, choć umiejętnie wyrażone, nie było to nic rewolucyjnego – ile jak to powiedział. Wyraźnie też widać, że wyłania się nowy Ratzinger, człowiek, który bardziej jest zaabsorbowany zamykaniem drzwi niż ich otwieraniem.

Eklezjologia

W miarę jak Ratzingera coraz bardziej niepokoił świat posoborowy, jego myśli ciążyły ku Kościołowi. Zaczął rozmyślać o tym, czym jest Kościół i w jakm związku z nim powinni pozostawać wierni. Zagadnienie to jest szczególnie istotne dla zrozumienia poźniejszego stanowiska i postępowania Ratzingera.

W 1968 roku w artykule w irlandzkim periodyku „Furrow" wziął stronę liberałów w sporze o nowy katechizm holenderski. Nie był bezkrytyczny: kwestionował przedstawienie chrystologii, odkupienia i Eucharystii. Chwalił jednak także głębokie poczucie religijności, które z niego emanuje. Uznając prawo Watykanu do zgłaszania zastrzeżeń, Ratzinger potępiał też tajność działania sił kurialnych: „Jednocześnie musimy wyrazić ubolewanie z powodu tego, że Rzym narzucił taką ścisłą tajność komisji kardynałów, a komisja teologom, uniemożliwiając w ten sposób nie tylko rozpowszechnianie wiarygodnych informacji, ale też przeprowadzenie konstruktywnej dyskusji". Interwencja Ratzingera tym bardziej zakrawa na ironię, że już jako prefekt odrzucił katechizm francuski, powszechnie uważany za równie radykalny jak tekst holenderski, którego bronił w 1968 roku. Potępił też „Chrystusa wśród nas", słynny katechizm dla dorosłych, który wszedł do użytku w Stanach Zjednoczonych; w pewnym sensie przyczynił się do uznania wszystkich katechizmów narodowych za zbędne, narzucając w 1992 roku katechizm powszechny.

Jednak jego obrona wolności uprawiania teologii już pod koniec lat sześćdziesiątych zaczęła się łączyć w wypowiedziach publicznych z nawoływaniem do większej czujności ze strony władz kościelnych. W *Theologische Prinzipienlehre* („Zasady nauczania teologii") Ratzinger potępia przywódców Kościoła za to, że „stali się psami, które nie szczekają, ze strachu przed liberalną opinią publiczną stali bezradnie obok, gdy wiara była po trochu przehandlowywana za miskę soczewicy, z uznania dla współczesności"[3].

W 1968 roku Ratzinger napisał artykuł o znaczeniu Ojców Kościoła w kwestii opracowania zasad wiary. Utrzymuje w nim, że są oni głosem Kościoła ciągle niepodzielonego, że reprezentują istotę katolicyzmu: episkopalnie, sakramentalnie i liturgicznie, zgodnie z zasadami ustalonymi na pierwszych czterech soborach powszechnych. Zna spory, jakie wiedli oni ze sobą, ale w jego opinii dyskusje te zawierały się w zakresie podstawowego porozumienia. Być może to przekonanie Ratzingera tłumaczy jego ambiwalentny stosunek do ograniczenia swobodnej dyskusji teologicznej pod koniec lat sześćdziesiątych.

Eklezjologia Ratzingera nabierała coraz bardziej defensywnego wydźwięku. W 1970 roku wraz ze swoim przyjacielem Hansem Meierem wydali tom zatytułowany *Demokracja w Kościele*. W książce tej Ratzinger rzuca wyzwanie teologom, którzy samą ideę Kościoła instytucjonalnego postrzegają jako swego rodzaju manipulację. Utrzymuje, że nawet u Karla Rahnera idea „demokracji" w Kościele jest w rzeczywistości modnym określeniem wiary w zbawienie na tym świecie, pojęciem zakładającym, że jeśli wprowadzi się w życie właściwy program reform, królestwo można zbudować tu i teraz – pojęciem obcym tradycyjnej myśli katolickiej. Ratzinger przybiera też ton, który coraz częściej będzie się pojawiał w jego późniejszych pracach, oskarżając orędowników demokracji w Kościele o to, że pozują na populistów, a w rzeczywistości odmawiają akceptacji prostej wiary ogromnych rzesz wiernych. „Te kręgi, które szczególnie głośno wypowiadają się o demokratyzacji Kościoła – napisał – okazują najmniej szacunku dla wspólnej wiary wspólnoty wyznaniowej".

Najważniejszą pracą eklezjologiczną Ratzingera w tym okresie była *Das neue Volk Gottes* („Nowy lud Boży"), która ukazała się w 1969 roku. W epoce kontrreformacji, stwierdził w niej, nacisk kładziono na widzialny, zewnętrzny Kościół, w okresie po pierwszej wojnie światowej zaś katolicy potrzebowali głębszej duchowości i podkreślali rolę Kościoła niewidzialnego. To ostatnie stanowisko doprowadziło jednak do „lekceważenia" struktur zewnętrznych. Jako korekturę Ratzinger cytuje św. Augustyna: „W jakim stopniu ktoś kocha Kościół Chrystusa, w takim posiada Ducha Świętego". Syntezą, jakiej dokonał Ratzinger, jest „eklezjologia wspólnoty", dowodząc, że Kościół jest mistyczną wspólnotą lokalnych społeczności nie w sensie politycznej federacji, lecz raczej więzi sakramentalnej. Jest zarówno widoczny i duchowy, zewnętrzny i wewnętrzny. Wspólnota łączy Boga i człowieka, widzialny i niewidzialny wymiar Kościoła, hierarchię i wiernych, Kościoły lokalne i Kościół powszechny. Jako prefekt, Ratzinger będzie z uporem utrzymywał, że propagowanie eklezjologii wspólnoty było głównym celem Soboru Watykańskiego II.

Jak większość wielkich idei, eklezjologia wspólnoty jest interpretowana na różne sposoby. Dla nurtu postępowego nazwanie Kościoła wspólnotą oznacza, że nie jest on monarchią czy korporacją. Zamiast wydawania poleceń z góry, decyzje powinny odzwierciedlać poczucie wspólnoty. Dla nurtu konserwatywnego nazwanie Kościoła wspólnotą oznacza, że nie jest on demokracją. Zamiast ustalania kierunku polityki na drodze głosowania i polityki presji, Kościół działa na zasadzie zaufania i posłuszeństwa wobec władzy. Odstępstwo ma sens w państwie stworzonym na mocy umowy społecznej, ale nie we wspólnocie, w której strony i frakcje są nie na miejscu. Jedną z miar zmiany poglądów Ratzingera jest to, że we wcześniejszych pracach skłania się ku pierwszemu sposobowi rozumienia tego pojęcia, a w późniejszych – ku drugiemu.

Dla Ratzingera istotną kwestią jest to, że te poziome więzi są „diachroniczne", to znaczy, że obejmują nie tylko członków Kościoła, którzy żyją dzisiaj, ale wszystkich, którzy kiedykolwiek należeli do wspólnoty świętych. W tym znaczeniu, stwierdza, nikt nie może ustalić *sensus fidelium*, „wyczucia wierzących", biorąc pod uwagę tylko to, co myśli dzisiaj większość katolików. Trzeba uwzględnić to, jakie było świadectwo Kościoła przez wieki. Sakramentalne rozumienie Kościoła także sprzyja centrum, papiestwu jako „oznace" wspólnoty, pisze Ratzinger. Papiestwo symbolizuje i podtrzymuje więzi, które łączą katolików.

W *Das neue Volk Gottes* Ratzinger wraca do swojego mistrza, św. Bonawentury, po części aby przestrzec przed doprowadzeniem tego przesadnego poglądu na papiestwo do skrajności. Pogląd samego Bonawentury na rolę papieża ustalił się w sporach w XIII w., gdy zakony żebracze zostały gwałtownie zaatakowane przez wielu „tradycjonalistów". (Franciszkanie i dominikanie mieszkali i pracowali nie w klasztorach czy parafiach, ale w szerokim świecie, utrzymując się z żebrania – stąd zakony „żebracze".) Franciszkanie liczyli na silne, stanowcze papiestwo, które by ich broniło. Bonawentura przyjął więc pogląd na papiestwo, który dzisiaj można odbierać tylko jako niepokojąco podniosły. Dowodził, że papież jest „kryterium" czy „ideałem" ludzkości, że odgrywa taką samą rolę w nowotestamentowej organizacji zbawienia, jaką miał żydowski najwyższy kapłan w starotestamentowej, i wreszcie że pełni funkcję głowy Ciała Chrystusa. Ratzinger odrzuca ten pogląd, uznając go za napuszoną retorykę i sugerując potrzebę „ducha umiarkowania i właściwego środka".

Dalej dowodzi, że „centralizm" w Kościele jest niepotrzebny. Z czasem, uważa, Piotrowa idea powszechnego prymatu zlała się z jurysdykcyjnymi funkcjami patriarchy Rzymu, ale to jest zbędne. Papież może zachować prymat, nie stosując bezpośredniej kontroli nad sprawami wspólnot lokalnych. Koncepcja prymatu oznacza, że papież ma decydujący głos w kwestii tego, czym jest wiara – po wysłuchaniu Kościoła powszechnego. Jednak głowa Kościoła musi nie tylko określić, co „przeciętny wierny" uważa za wiarę. Nie można pozwolić, by rządziły sondaże. Wiara ma obiektywne kryteria i papież musi je respektować. „W takich wypadkach papież powinien i nie może wahać się przemówić przeciwko statystykom i potędze opinii publicznej z jej roszczeniami do posiadania wyłącznej ważności".

Ratzinger potwierdza, że istnieje zbawienie poza Kościołem. Sugeruje, że człowiek jest chrześcijaninem nie dla posiadania polisy na życie wieczne, ale raczej jako „przedstawiciel" wielu. Zarazem jednak chrześcijaństwo jest siłą misyjną: nie możemy tylko służyć światu, musimy starać się go również ewangelizować. „Istnieje tylko jedna uprawniona forma otwartości Kościoła na świat i tak z pewnością musi być zawsze. Forma ta jest dwojaka. Jest nią misja przedłużenia szerzenia Słowa i prosty gest bezinteresownej służby miłości w urzeczywistnianiu miłości Bożej, miłości, która płynie dalej, nawet gdy pozostaje bez odpowiedzi".

Tutaj Ratzinger dochodzi do zagadnienia dialogu Kościoła ze światem, tak podkreślanego w *Gaudium et spes*. Uważa, że dialog ten nie może być platoński, nie może być kwestią rozniecania iskierek wglądu, które już wcześniej istnieją w osobie ludzkiej. Chrześcijańska ewangelia nie jest, w tym znaczeniu, „naturalna". Jest całkowicie odmienna, dociera do ludzkości z zewnątrz i wywołuje sprzeciw właśnie dlatego, że jest „nienaturalna". Dlatego dialog ten ma wyraźnie zakreślone granice. Ratzinger zauważa, że w przeciwieństwie do wszystkich dzieł platońskich dialog nigdy nie stał się gatunkiem literatury chrześcijańskiej. Przesłaniem chrześcijaństwa jest przede wszystkim *kerygma*, głoszenie ewangelii. Jest ono zaproszeniem do przyjęcia, nie do dialogu. Dialog następuje po uwierzeniu. Wynika z tego, że Kościół musi nie tylko wciągnąć świat w dialog, musi mu głosić ewangelię. W tym znaczeniu jest to rozmowa jednostronna.

Eschatologia

Teologia katolicka tradycyjnie dzieli zagadnienia eschatologii, czyli nauki o sprawach ostatecznych, w tak zwaną „ostateczną czwórkę": niebo, piekło, sąd i zmartwychwstanie. Ratzinger łączy te zagadnienia i potępia współczesnych teologów, którzy ich unikają, jednak w książce pt. *Śmierć i życie wieczne* dąży do czegoś więcej. Jego celem jest przywrócenie należnego znaczenia eschatologii w życiu chrześcijańskim. Dowodzi, że błędne wyobrażenia królestwa Bożego, jakie zrodziły się pod wpływem ideologii Marksa, zagrażają integralności chrześcijańskiego przesłania.

Pracę tę Ratzinger pisał głównie w Ratyzbonie pod koniec lat siedemdziesiątych, dlatego też stanowi ona najbardziej dojrzały wyraz jego myśli na ten temat. Ratzinger zgodził się napisać kilka tomów do serii „Kleine Katholische Dogmatik", ale traktat o eschatologii był jedynym, który ukończył przed mianowaniem na arcybiskupa.

Motywem przewodnim tej pracy jest konieczność oddzielenia eschatologii od polityki, położenia kresu myleniu królestwa Bożego ze społecznym lub politycznym układem, który można wypracować w ramach tego porządku historycznego. Ratzinger pisze, że jako młody profesor dążył do oddzielenia idei platońskich, zwłaszcza idei nieśmiertelności duszy, od eschatologii. Tak mocno bowiem podkreślając wyższość duszy nad ciałem, Platon wydawał mu się zbyt oderwany od świata, zbyt odległy od rzeczywistych politycznych trosk ludzkości. Już jako dojrzalszy teolog zaczął jednak dostrzegać prawdziwe zaangażowanie polityczne u Platona i u tych, którzy kontynuowali jego myśl. W Atenach w czasach wielkiego filozofa sofiści uważali, że prawdy nie da się ustalić i jedyną rzeczą, która ma znaczenie, jest sprawowanie władzy, dlatego przedkładali retorykę nad metafizykę. Platonicy odrzucali ten wniosek, pisze dalej Ratzinger. Upierając się przy istnieniu prawdy obiektywnej, Platon wyznaczył granice władzy, zrelatywizował więc wszelkie ludzkie rządy.

Stosując to do dzisiejszej eschatologii, Ratzinger mówi, że przywrócenie platońsko-augustyniańskiego nacisku na indywidualne zbawienie jest konieczną poprawką do eschatologii wspólnotowych i społecznych. Tutaj Ratzinger wymienia z nazwy teologię wyzwolenia i znowu krytykuje swojego dawnego kolegę z Münster, Johannesa Baptistę Metza. Przyznaje, że te nurty zaproponowały kilka prawdziwych „wartościowych elementów", zarazem jednak twierdzi, że nadzieja, jaką daje chrześcijaństwo, jest natury ewangelicznej, nie politycznej. „Królestwo Boże nie jest pojęciem politycznym, stąd nie stanowi też kryterium politycznego, według którego można by kształtować bezpośrednio polityczną *praxis* lub oceniać realizacje polityczne". Gdy ludzie mylą ewangelię z przesłaniem politycznym, gubi się element charakterystyczny dla chrześcijaństwa, „przemienia[jąc się] od razu w fałszywą namiastkę". Mówiąc prościej, Ratzinger stwierdza, że chrześcijaństwo składa obietnicę życia po śmierci, a nie lepszego życia przed śmiercią.

Z jednej strony, zauważa Ratzinger, współczesny świat usuwa śmierć z zasięgu naszego wzroku – „[choroba i śmierć] stają się szczególnymi problemami technicznymi, którymi zajmują się powołane do tego instytucje. Z kolei w mediach śmierć staje się spektaklem dostarczającym silnych wrażeń jako antidotum na ogólne znudzenie codziennością". W obu wypadkach znajdujemy rozmyślne pragnienie uniknięcia głębokich pytań, które stawia śmierć.

Jeśli chodzi o powtórne przyjście Chrystusa, Ratzinger twierdzi w zasadzie, że tylko czas pokaże. O piekle pisze, że nauka o wiecznej karze jest w sposób oczywisty ustalona przez Jezusa i Nowy Testament. Niemniej jednak pozostaje pod wystarczająco silnym wpływem Orygenesa, żeby pozostawić otwartą możliwość powszechnego pojednania. Dalej pisze, że istnieje czyściec, chociaż sugeruje, że może to być jedynie oczyszczający efekt spotkania z Jezusem. W kwestii natury zmartwychwstałego ciała stwierdza, że nie będzie ono ani czysto fizyczne, ani czysto duchowe. Faktycznie nastąpi „dzień ostateczny", według niego, ponieważ zbawienie jest zaplanowane dla „całego organizmu" ludzkości.

Spuścizna teologiczna

Czasami, gdy prosiłem teologów, by scharakteryzowali wkład Ratzingera, używali takich słów jak „solidny", „jasny", „uporządkowany". Jak ujął to jeden z amerykańskich jezuitów: „Jeśli autorem jest Joseph Ratzinger, można liczyć na to, że będzie to kawał solidnej, godnej szacunku roboty". Jednak większość teologów mówi też, że myśl Ratzingera jest w przeważającej mierze zapożyczona. Odkrycie przez niego na nowo ojców Kościoła stanowiło element ogólniejszego *ressourcement* („powrotu do źródeł") teologii przedsoborowej; jego zainteresowanie sytuacją człowieka wywodzi się z ogólnego filozoficznego nurtu personalistycznego w XX w., a jego eklezjologia wspólnoty została mniej lub bardziej bezpośrednio zapożyczona od Guardiniego i Balthasara. Znaczące jest, że żaden z niemieckich profesorów teologii, z którymi przeprowadzono rozmowy na potrzeby tej książki, nie był w stanie przypomnieć sobie żadnego kolegi spoza kręgów sytuujących się daleko na prawym skrzydle, który wykorzystywałby oryginalne teksty Ratzingera na swoich zajęciach.

Wydaje się, że wśród zawodowych teologów katolickich panuje zgodna opinia, iż jedynymi dziełami Ratzingera, które będą czytane w przyszłości, okażą się jego komentarze do Soboru Watykańskiego II, a i to tylko dlatego, że pomagają objaśnić sposób myślenia osób, które przygotowywały dokumenty, a nie ze względu na ich oryginalność. Możliwe też, że dzieło Ratzingera znajdzie czytelników spoza kręgu zawodowych teologów. Podobnie jak św. Augustyn, Ratzinger nadał kształt większości swoich prac w sporach dotyczących konkretnych kwestii, stąd większość jego dzieł ma defensywny i nieco polemiczny wydźwięk. W takim świetle może zostać odkryty na nowo przez przyszłych czytelników, którzy podzielają jego rozczarowanie. Może stać się świętym patronem zniechęconych; *fons perennis*, „wiecznym źródłem", dla katolików zaniepokojonych, że świat pochłonie wiarę.

Ratzinger nauczyciel

Studenci Ratzingera składają – co niemal nieuchronne – hołd jego niezwykłej pamięci. Jego były asystent powiedział mi, że zapytał go kiedyś, w jaki sposób pisze książki. Ratzinger odpowiedział, że najpierw pisze tekst, następnie dodaje przypisy, a dopiero potem sprawdza materiały źródłowe. Innymi słowy, ma zdolność zapamiętywania dokładnego brzmienia długich cytatów, w różnych językach, a w niektórych wypadkach z dzieł, których nie czytał od dziesięcioleci. Mówi się też, że potrafi wysłuchać wielu ludzi wypowiadających różne poglądy, a następnie przypomnieć sobie, co kto mówił, po czym przedstawić syntetyczne omówienie dyskusji.

W przeciwieństwie do niektórych nauczycieli akademickich Ratzinger nigdy nie pozwolił, by naukowa postawa osłabiła jego wiarę. Gdy przemawiał, czynił to najpierw jako ksiądz, a dopiero w drugiej kolejności jako uczony. „Po każdym wykładzie miało się ochotę iść do kościoła, żeby się pomodlić" – wspominał John Jay Hughes, nawrócony z anglikanizmu amerykański ksiądz katolicki, który studiował w Niemczech i znał Ratzingera jako profesora teologii. Hughes powiedział, że czasami mieszkańcy miasta przychodzili wysłuchać porannego wykładu Ratzingera w drodze do pracy, ponieważ wykłady te były tak piękne i przystępne. Hughes podziwiał u swego wykładowcy umiejętność przekazywania swojej ogromnej erudycji w sposób zrozumiały dla niespecjalistów.

Wpływ profesora uniwersyteckiego można ocenić, analizując drogi kariery, jakie później wybierają jego studenci. Szczególnie odnosi się to do profesorów niemieckich. Więź między *Doktorvater* i jego *Studentenkreis* ma niemal sakralny charakter, z silnymi elementami kultu; pojęcia wierności są głęboko zakorzenione, podobnie jak zarzuty herezji, gdy ktoś opuści owczarnię. Gdy *Doktorvater* przenosi się na inny uniwersytet, jego studenci często przenoszą się razem z nim. Są lojalni wobec profesora, nie katedry.

Do niedawna Ratzinger prowadził regularne, coroczne rekolekcje dla swych byłych doktorantów, zwykle we wrześniu i najczęściej w Alpach, na granicy włosko-niemieckiej. Wygłaszano wykłady, a na koniec Ratzinger przedstawiał syntetyczne podsumowanie. Osoby w nich uczestniczące mówią, że dobrze przyjmuje krytykę, a jego podsumowania zawsze są uczciwe. Następnie uczestnicy otwierali kilka skrzynek wina i rozmawiali do późna w nocy. Jednak w połowie lat dziewięćdziesiątych ze względu na nawał obowiązków i coraz słabsze zdrowie kardynała spotkania te stały się rzadsze.

W wypadku Ratzingera niezwykłe jest to, że stworzył wokół siebie dwa różne *Studentenkreise*: jeden z wczesnego okresu Bonn, Münster i Tybingi, a drugi w późniejszych latach, spędzonych w Ratyzbonie. W większości kwestii teologicznych druga grupa nie zgadza się z pierwszą. Podział ten w jeszcze większym stopniu niż przedstawione w rozdziale drugim zmiany nastawienia podkreśla przepaść między Ratzingerem przed i po soborze. W Bonn i Münster od 1959 do 1966 roku kształcił teologów o orientacji reformatorskiej, zainteresowanych poszerzaniem granic dociekań teologicznych; po 1969 roku Ratzinger w Ratyzbonie kształcił teologów, którzy kładli nacisk na ortodoksyjność, posłuszeństwo i pilnowanie granic między Kościołem i światem.

Tę dynamikę zmian najlepiej prześledzić na przykładzie pięciu protegowanych Ratzingera: Hansjürgena Verweyena, Wernera Böckenfördego, Vincenta Twomeya, Josepha Fessia i Christopha Schönborna.

Hansjürgen Verweyen

Verweyen jest teologiem systematycznym, który wykłada na uniwersytecie we Fryburgu. Na początku lat siedemdziesiątych spędził sześć lat w Stanach Zjednoczonych na uniwersytecie Notre Dame. Stanowisko to w rzeczywistości zawdzięczał Ratzingerowi, którego poproszono o polecenie kilku doktorantów „jego chowu" na stanowiska na wydziale teologii. Po powrocie do Niemiec, przed przeniesieniem do Fryburga, Verweyen wykładał na uniwersytecie w Essen.

Najsłynniejszą jego pracą jest *Ontologische Voraussetzungen des Glaubenaktes* („Ontologiczne przesłanki aktu wiary"), przygotowana pod opieką Ratzingera. Verweyen przedstawia w niej dość śmiałą tezę, że „wielkanocna wiara" wyznawców Jezusa – ich przekonanie, że jest i Bogiem, i człowiekiem – w rzeczywistości jest wcześniejsza niż wielkanocne wydarzenie. Zmartwychwstanie nie ujawniło, że Jezus jest Bogiem; potwierdziło rozumienie, które w zasadzie istniało już znacznie wcześniej. Dowodząc tego, Verweyen chce ponownie skupić uwagę na życiu Jezusa historycznego, które umykało z pola widzenia chrystologii takich myślicieli jak Urs von Balthasar. W swojej argumentacji Verweyen utrzymuje, że boskość Jezusa na długo przed późniejszymi cudownymi „fajerwerkami" ujawniło wcześniej to, czego dokonał, i postawy, jakie przyjmował. W późniejszym starciu między teologami wyzwolenia i Ratzingerem pierwsi przyjmą sposób rozumowania Verweyena, chociaż nie wprost, przeciwko jego dawnemu mistrzowi.

Verweyen powiedział, że pisząc tę książkę, w niezbyt dużym stopniu czerpał z myśli swego nauczyciela, przede wszystkim dlatego, że sam Ratzinger nie był szczególnie zainteresowany zagadnieniami, które były przedmiotem jego rozważań. „Metodą Ratzingera było dawanie studentom tematów, z którymi nie był obeznany, żeby się czegoś od nich dowiedzieć" – stwierdził Verweyen. Chociaż niemiecki teolog ciepło wspomina czasy Ratzingera, czuje też, że musi być – biorąc pod uwagę pozycję swojego mistrza w Kościele – niezwykle ostrożny. Zgodził się na rozmowę, wyłącznie pod warunkiem że nic nie zostanie opublikowane bez jego jasno wyrażonej pisemnej zgody. „To ważne, gdy mówi się o Ratzingerze" – wyjaśnił.

Verweyen rozpoczął studia doktoranckie pod opieką Ratzingera w Bonn, a następnie przeniósł się za nim do Münster i w końcu do Tybingi, gdzie je skończył w 1967 roku. Miło wpomina Ratzingera z sali wykładowej: „Był doskonałym nauczycielem, zarówno pod względem kwalifikacji naukowych, jak i dydaktycznych. Zawsze był przygotowany. Już w Bonn można było drukować, praktycznie rzecz biorąc, wszystko, co wychodziło z jego ust". Verweyen wspomina, że na zajęciach prowadzonych przez Ratzingera w Bonn i Münster zawsze był komplet. „My, studenci, byliśmy z niego bardzo dumni, ponieważ był najsłynniejszym *peritus* na Soborze Watykańskim II" – stwierdził, dodając, że to uczucie studentów do Ratzingera ochłodziło się w 1967 roku, gdy Verweyen wyjechał do Notre Dame.

Verweyen kończył doktorat, gdy Ratzinger zaczynał zmieniać swoje rozumienie soboru w świetle zagrożeń, które – w jego opinii – nabierały właśnie kształtu. Verweyen jest przekonany, że umiarkowanie postępowe stanowisko Ratzingera na soborze straciło zwolenników w późniejszych latach, gdy kultura, w Kościele i poza nim, zaczęła przejawiać lewicowe ciągoty. Ludzie tacy jak Ratzinger i von Balthasar uważali, że jedynym miejscem, do którego mogą się udać, jest obóz konserwatystów. Część winy za to Verweyen przypisuje samemu Ratzingerowi: „Nigdy nie pojawiał się w mediach, jak robili to Küng i Metz, nigdy w wystarczającym stopniu nie dbał o to, by znaleźć odbiorców podzielających jego punkt widzenia i w ten sposób trzymać się razem".

Chociaż Verweyen podkreśla, że pozostaje z Ratzingerem w dobrych stosunkach, nie próbował ukrywać głębokiej niezgody wobec drogi, którą wybrał Ratzinger. W 1994 Verweyen opublikował komentarz do nowego *Katechizmu Kościoła Katolickiego*. W książce *Der Weltkatechismus: Therapie oder Symptom iner kranken Kirche?* („Katechizm powszechny: terapia czy symptom choroby Kościoła?") przytacza dokumenty Soboru Watykańskiego II, a nawet prace samego Ratzingera, jako argumenty przeciwko pewnym fragmentom katechizmu, starając się wykazać, że nie jest to neutralne przedstawienie tradycji katolicyzmu, a raczej – w niektórych miejscach – świadome i celowe przekształcenie tej tradycji tak, by służyła politycznym i kościelnym celom obecnego papieża[4].

Pomimo tego zerwania z Ratzingerem, gdy niedawno Verweyen skończył sześćdziesiąt lat, otrzymał od kardynała życzliwy list z gratulacjami i zachętą, by „kontynuował zbożne dzieło". Verweyen podkreślał, że on i jego żona Ingrid, która również studiowała u Ratzingera w Bonn, nadal są mu wdzięczni za jego życzliwość. Jednocześnie przyznaje, że osobista uprzejmość to nie to samo co dobre rządy: „Wśród niemieckich teologów uniwersyteckich zdaje się panować niemal jednomyślna zgoda, że sposób, w jaki traktowano wielu lub może nawet większość niemieckich biskupów w Rzymie i przez Rzym w ostatnim dziesięcioleciu, zdecydowanie odbiega od kolegialności głoszonej na Soborze Watykańskim II". Pod tym względem, konkluduje Verweyen, dzisiaj Ratzinger wypowiada się w wyraźnie odmiennym tonie niż w czasach, gdy on był jego studentem.

Werner Böckenförde

Werner Böckenförde pochodzi ze znakomitej niemieckiej rodziny. Jego brat Ernst Wolfang jest jednym z najsłynniejszych prawników w kraju i przez pewien czas był doradcą niemieckich biskupów w kwestii ich kontrowersyjnego programu poradnictwa przedaborcyjnego. Werner, obecnie siedemdziesięcioletni, jest emerytowanym profesorem prawa kanonicznego i stosunków prawnych między Kościołem i państwem na uniwersytecie we Frankfurcie nad Menem. Jest też księdzem seniorem katedry w diecezji limburskiej.

Pododnie jak Verweyen, Böckenförde studiował pod kierunkiem Ratzingera w Bonn i Münster. Przez jakiś czas pracował jako jego asystent. Tak samo jak Verweyen, obserwował, jak jego dawny mistrz z upływem lat przesuwa się w stosunku do własnego stanowiska mocno na prawo. Ponieważ Böckenförde w końcu wybrał prawo kanoniczne, nie miał zbyt wielu okazji, żeby brodzić w teologicznych wodach. Jego zapatrywania trudno byłoby nazwać radykalnymi czy nawet wyraźnie „postępowymi". Mimo to wypowiada się o Ratzingerze z jeszcze większą niż Verweyen ostrożnością. Gdy skontaktowano się z nim w sprawie wywiadu, powiedział tylko, że jego wspólne dni z Ratzingerem minęły „dawno, bardzo dawno temu".

Pewną wskazówkę co do stosunku Böckenförda do lat spędzonych przez Ratzingera w Watykanie można jednak dostrzec w przemówieniu, które wygłosił w Würzburgu na spotkaniu sponsorowanym przez niemiecki oddział organizacji Wir Sind Kirche („My jesteśmy Kościołem") – międzynarodowego reformatorskiego ruchu katolickiego potępionego przez Ratzingera. W swoim przemówieniu Böckenförde odniósł się do „aktualnej sytuacji Kościoła katolickiego z punktu widzenia prawa kanonicznego". Na przywódcach ruchu Wir Sind Kirche wywarło ono takie wrażenie, że szeroko je rozpowszechniali[5].

Böckenförde na samym początku oświadczył, że zamierza patrzeć na rzeczywistość Kościoła tak, jak jest ona skodyfikowana w prawie kanonicznym, a nie poprzez marzycielskie wypowiedzi o „duchu soboru" formułowane przez pewnych utopistów. Wie, co ludzie mają na myśli, gdy przywołują tego „ducha". Przedstawiając swoje pierwsze wrażenia z soboru, powiedział: „W końcu jakaś reakcja na ultramontanizm ostatniego stulecia, na antymodernizm początku tego stulecia i podobnie uciskającej ciasnoty umysłowej lat pięćdziesiątych. Z dokumentów soboru i wielu ich komentarzy wyłania się bardziej przyjazny obraz Kościoła. Można odnieść wrażenie, że popuszczono cugli. Ludzie świeccy nabrali większej pewności siebie i stali się bardziej zdecydowani".

Mimo to Böckenförde stwierdził, że w *Kodeksie Prawa Kanonicznego* z 1983 roku nie z takim Kościołem ma się do czynienia. „Kościelny prawodawca – a według konstytucji Kościoła jest nim ostatecznie tylko papież – dowiódł, że jest zdecydowany nie tylko położyć kres jakiemukolwiek kwestionowaniu hierarchicznej struktury Kościoła, ale dodatkowo jeszcze bardziej wzmocnić jego strukturę". Skutek jest taki, stwierdził Böckenförde, że w kategoriach prawa kanonicznego Jan Paweł II postanowił, że „sobór nie powinien mieć żadnych poważniejszych konsekwencji".

Wymieniając wiele przykładów, od nowych przysiąg wierności po nowe kary za nieposłuszeństwo, Böckenförde stwierdził: „Pragnienie wolności i odpowiedzialności spotkało się z żądaniem posłuszeństwa, nie tyle z powodu głębi poglądów, ile formalnej władzy". Następnie dowodził, że nowy *Kodeks Prawa Kanonicznego* uderza w samo sformułowane na soborze rozumienie wolności w Kościele. „W skrócie formuła ta mówi: chrześcijańska wolność znajduje swoje spełnienie w posłuszeństwie". Stwierdził, że skutkiem takiego podejścia jest „wyraźne osłabienie władzy kościelnej".

Przywołując kilka wydanych w poprzednim dziesięcioleciu konkretnych przypadków żądania posłuszeństwa, Böckenförde poruszył kwestię wydanego w lutym 1997 roku przez Papieską Radę do spraw Rodziny zbioru wskazówek dla spowiedników. Dokument ten stwierdza, że zakaz antykoncepcji jest „ostateczny i niezmienny". Zauważając, że po encyklice *Humanae vitae* z 1968 roku Watykan znacząco nie oświadczał, że jego nauka jest nieomylna, Böckenförde zauważa, że dokument z 1997 roku podniósł doktrynalną stawkę. „Jest jednak pewna nadzieja, że biskupi, którzy nie zgadzają się z tym uzupełnieniem, ujawnią się" – stwierdził. W przeciwnym razie papież może wyciągnąć wniosek, że jest to „trwała nauka" Kościoła, ponieważ nikt się jej nie sprzeciwił. O dokumencie z 1997 roku o duszpasterstwie świeckich Böckenförde powiedział, że czuł się „zaniepokojony" stwierdzeniem, jakoby wprowadzenie duszpasterstwa świeckich „prowadziło do zmniejszenia liczby powołań kapłańskich", a także oświadczeniem, że biskupi nie muszą zgadzać się na przejście księdza na emeryturę tylko z tego powodu, że ukończył siedemdziesiąt pięć lat.

Następnie Böckenförde zapytał: „Co możemy zrobić, gdy mamy do czynienia z tak zamkniętym systemem? Co pozostaje wiernym, którzy nie chcą rezygnować czy uciekać w ciągłą opozycję, ale pragną wprowadzić ożywienie do Kościoła?" Zaproponował kilka strategii, od rezygnacji z rozpatrywania dyskusji o strukturze Kościoła w kategoriach personalnych po żądanie, żeby biskupi wykorzystali pozostające w ich dyspozycji narzędzia prawne w celu zapewnienia większego udziału świeckich i młodszego duchowieństwa w podejmowaniu decyzji. Odrzucił bezpośrednie apele do Rzymu, które nazwał „donkiszoterią". Wezwał biskupów, żeby nie poddawali się kontroli Rzymu (zbyt często „dają się wodzić za nos niektórym biurokratom z Kurii Rzymskiej") i przekazywali głos swoich wiernych. Tutaj przywołał Ratzingera: „Kardynał Ratzinger odpowiedział na pytanie, czy Watykan zamierzał zapytać lud Boży o opinię w kwestiach wiary, w książce *Sól ziemi*. Twierdzi, że wychodzi z założenia, iż biskupi dobrze wiedzą, w co naprawdę wierzą mężczyźni i kobiety, i że podzielą się tą informacją. Biskupi mogą [zatem] zostać zapytani, w jaki sposób zdobywają informacje o *sensus fidelium* wiernych powierzonych ich opiece oraz czy i jak informują o tym Rzym". Na koniec Böckenförde wyraża nadzieję, że „wierni obudzą w biskupie apostoła".

Wszystko to ma znajomy wydźwięk: wyraźnie słychać w tym Josepha Ratzingera z roku 1963 i 1964, który ostro ganił Kurię Rzymską i żądał większej władzy dla miejscowych biskupów. W tym znaczeniu Böckenförde kontynuuje dzieło swojego dawnego profesora. Zmianę poglądów Ratzingera można wiarygodnie oszacować, pojmując, jak wielki dystans – teologiczny i polityczny – dzieli go od dzisiejszego stanowiska Böckenförda.

Vincent Twomey

Ojciec Vincent Twomey jest członkiem Zgromadzenia Słowa Bożego (księży werbistów). Jego zagorzała ortodoksja stanowi przykład drugiego *Studentenkreis* Ratzingera, który utworzył się wokół niego w latach siedemdziesiątych w Ratyzbonie. Twomey ukończył dysertację doktorską w 1978 roku, rok po mianowaniu Ratzingera arcybiskupem Monachium, a następnie spędził ponad dwa lata jako wykładowca w seminarium w Papui-Nowej Gwinei. Obecnie wykłada na St. Patrick's College w Maynooth w Irlandii, ogólnokrajowym seminarium i ośrodku „establishmentu katolicyzmu". Jest również rzecznikiem prasowym biskupa Dublinu, Desmonda Connella, głowy Kościoła irlandzkiego.

Przygotowana pod opieką Ratzingera praca Twomeya nosiła tytuł: „Apostolikos Thronos: Prymat Rzymu w historii Kościoła Euzebiusza i pismach historyczno-apologetycznych świętego Atanazego Wielkiego". Twomey o stanowisku Euzebiusza pisze: Konkretny „urząd" biskupa Rzymu miał się zajmować „wykrywaniem herezji i ekskomunikowaniem heretyków, jak wcześniej Piotr wykrywał i niweczył błędy twórcy wszelkiej herezji Szymona Maga, oraz autorytatywnie zatwierdzać nauczanie ortodoksyjnych autorów, jak Piotr niegdyś zaaprobował do czytania w kościołach Ewangelię św. Marka".

Wojowniczo ortodoksyjny Twomey odgrywał nadal rolę rzecznika Kościoła. Napisał do „Irish Times", aby się poskarżyć na artykuł z 1994 roku, w którym zarzucano papieżowi fundamentalizm:

> Rażąco niesprawiedliwe jest twierdzenie, do którego się posunęliście, że „dyskusja i kompromis są – z definicji – czymś nieodpowiednim w odniesieniu do papieża", chyba że zakładacie, iż dialog może toczyć się wyłącznie między tymi, którym brak przekonania lub którzy przeczą istnieniu obiektywnej prawdy w kwestiach dotyczących religii i moralności. Rzeczywiście możliwe jest pomylenie radykalnego charakteru nauki Kościoła z „fundamentalizmem", gdy kwestionowana jest czyjaś własna radykalna nauka, jak ma to miejsce w przypadku całego ruchu sekularyzacyjnego. Papież podważył niektóre z podstawowych założeń współczesnej cywilizacji, ale to nie to samo co „fundamentalizm". Uproszczo-

ne odpowiedzi, które współczesna mentalność proponuje na takie skomplikowane ludzkie problemy, jak trudności małżeńskie (wprowadzić rozwody), AIDS (stosować prezerwatywy) czy tak zwany problem przeludnienia (rozdawać środki antykoncepcyjne, popierać aborcję), a także fanatyzm, z jakim są one propagowane, słuszniej można byłoby określić mianem świeckiego „fundamentalizmu" – jeśli już ktoś upierałby się przy używaniu tego słowa.

W 1995 roku, w najgorętszym okresie irlandzkiej dyskusji o referendum w sprawie legalizacji rozwodów, Twomey zakwestionował argument, że Sobór Watykański II odwiódł Kościół od „narzucania" moralności innym. „W świecie, który woli ignorować to, co jest obiektywnie dobre i złe, tj. co Bóg przeznaczył wszystkim ludziom, nauka moralna Kościoła przybiera więc profetyczny charakter. Można sprzeciwiać się takiemu poglądowi na moralność, ale nie można tego robić, wspierając się autorytetem Soboru Watykańskiego II" – napisał Twomey. Augustyniański wydźwięk ma też jego odpowiedź na argument, że katolicy powinni podjąć próbę znalezienia wspólnej płaszczyzny ze współobywatelami na gruncie zasad powszechnego prawa naturalnego. „Przyjmowanie takiego podziału na bycie obywatelem i bycie katolikiem, w którym ten ostatni jest ograniczony do prywatnej sfery hermetycznie odciętej od publicznej sfery prawa, jest sprzeczne zarówno z filozofią klasyczną, jak i powszechną czy katolicką tradycją"– napisał Twomey.

W końcu, w liście z 1999 roku, Twomey zajmuje się kwestią ordynacji kobiet. „Każda próba wyświęcenia kobiety, nawet podjęta przez prawomocnie wyświęconego biskupa, byłaby w najwyższym stopniu pozbawiona mocy prawnej. Takie jest stanowisko Kościoła od dwóch tysięcy lat, co zostało niedawno potwierdzone przez papieża Jana Pawła II. (...) Dla katolików to właśnie stanowisko Kościoła jest w ostatecznym rozrachunku obowiązującą interpretacją stanowiska Chrystusa. Dzisiaj bibliści mogą myśleć inaczej. Jutro mogą zmienić zdanie".

W pokpiwaniu ze zmiennych hipotez biblistów, w odrzucaniu wyraźnego rozróżnienia między naturą i łaską i w podejściu w rodzaju „zamkniętych drzwi" do kwestii kobiet, Twomey pozostaje w wielkiej zgodzie z dzisiejszym Josephem Ratzingerem. Reprezentuje ten rodzaj wpływu, jaki wywiera na Kościół druga fala studentów Ratzingera.

Joseph Fessio

Jezuita Joseph Fessio jest – według wszelkiej miary – człowiekiem wybitnym. Jest poliglotą i prawdziwym intelektualistą, a mimo to cechuje go praktyczna serdeczność prowincjonalnego polityka. Jest skrajnym papieskim maksymalistą i w publicznej dyskusji nigdy nie oszczędza przeciwnika, chociaż w kontaktach osobistych należy do najbardziej przystępnych ludzi w życiu publicznym amerykańskiego Kościoła katolickiego. Niewiele osób jest bardziej czarujących w rozmowie czy bardziej bezpośrednio uczynnych. Fessio, pierwszy mistrz ortodoksji, w latach osiemdziesiątych zaprzyjaźnił się z katolickim liberalnym dziennikarzem, gejem Billem Kenkellenem, i był przy nim, gdy Bill powoli umierał na AIDS. Gdy Kenkellen potrzebował księdza, żeby udzielił mu sakramentu chorych, wezwał właśnie Fessia. Jest on powszechnie uważany za ważnego gracza w Kościele, człowieka, który ma dostęp do kulisów władzy w Rzymie, choć mieszka w swoim biurze w Instytucie Ignacjańskim. On sam mówi, że rozkładana kanapa i klęcznik to wszystko, czego potrzebuje.

Fessio założył Instytut Ignacjański w San Francisco w 1976 roku w celu propagowania bardziej tradycyjnego programu humanistycznego na amerykańskich uniwersytetach katolickich. Fessio przyjrzał się współczesnym nurtom intelektualnym w północnej Europie i nie spodobało mu się to, co zobaczył – te „dekonstrukcjonistyczne i feministyczne" instytucje stały się „ośrodkami odstępstwa i opozycji wobec Rzymu". Podjęta przez niego próba pchnięcia jezuickiego uniwersytetu w San Francisco w bardziej tradycjonalistycznym kierunku w znacznej mierze jednak się nie powiodła. Został zwolniony ze stanowiska szefa tego instytutu w 1987 roku. Fessio założył również – i nadal nim kieruje – wydawnictwo Ignatius Press, którego misją jest ponowne zapełnienie amerykańskich półek „prawdziwie" katolicką literaturą. Oznacza to, że Ignatius Press nie będzie oferować dzieł Charlesa Currana czy Richarda McBriena, za to będzie wydawać mnóstwo tytułów Hansa Ursa von Balthasara i Josepha Ratzingera. W istocie wydawnictwo Ignatius ma umowę na wydawanie angielskich przekładów większości dzieł Ratzingera.

Fessio zaczynał jako jezuita pod koniec lat sześćdziesiątych i chociaż miał wszystkie atrybuty hipisa – długie włosy, brodę, sandały i krzyż zawieszony na szyi na skórzanym rzemieniu – solennie zapewnia, że „nigdy nie odstąpił od ortodoksyjnej wiary". Jego prowincjał wysłał go do Europy na studia teologiczne i w Lyonie Fessio poznał Henriego de

Lubaca, przyjaciela Ratzingera i jego współpracownika z „Communio". Lubac podsunął mu myśl, żeby napisał dysertację o Balthasarze, na opiekuna naukowego zaproponował Ratzingera, Ratyzbonę zaś jako oczywiste miejsce studiów. Fessio przybył tam jesienią 1972 roku, napisał pracę o estetyce Balthasara i w 1974 roku znalazł się z powrotem w San Francisco. Trudno znaleźć jakieś toczące się wśród amerykańskich katolików przez ostatnie dwadzieścia lat dyskusje, w których Fessio by nie uczestniczył. Jako członek trzyosobowej rady Adoremus – grupy strzegącej zachowania konserwatywnej liturgii – Fessio brał udział w 1997 roku w redagowaniu oświadczenia, w którym list pasterski kardynała Los Angeles Rogera Mahony'ego napiętnowano jako równoznaczny z herezją. Gdy w 1994 roku Rzym zakwestionował przekład Biblii zaakceptowany przez amerykańskich biskupów katolickich, wiele osób podejrzewało, że Fessio miał w tym swój udział. Przekładu dokonano tak zwanym językiem „inkluzywnym" – na przykład zamiast słowa „człowiek" używano słowa „ludzie". Fessio stwierdził wówczas, że ten pęd do inkluzywnego języka wywodzi się z „pewnej elitarnej grupy, grupy posiadającej wiedzę, i niektórych biskupów będących pod wpływem swojego personelu. To nie jest oddolny, powszechny ruch". W kwestii stanowiska Kościoła dotyczącego niedopuszczania wyświęcania kobiet Fessio oznajmia kategorycznie: „To nie jest decyzja. Jest to stwierdzenie stanu faktycznego". Utrzymuje również, że nie ma żadnych przykładów zmiany „prawdziwej nauki katolickiej", nawet gdy chodzi o zagadnienia takie jak lichwa czy wolność religijna.

Fessio zasiada wraz z Ratzingerem w radzie rzymskiej instytucji zwanej „Casa Balthasar", miejscu zamieszkania dla młodych mężczyzn, którzy myślą o powołaniu kapłańskim. Celem tej instytucji jest zapoznawanie potencjalnych księży z katolicką tradycją intelektualną w formie przekazywanej przez Lubaca, Balthasara i Adrienne von Speyr. Rada spotyka się raz do roku w lutym i wtedy Fessio składa zazwyczaj wizytę w biurze Ratzingera. Wspomina żywe, choć subtelne poczucie humoru kardynała. Pewnego razu wyjaśniał, że uniezależnia swój instytut zarówno od uniwersytetu, jak i od archidiecezji. „Ach – odparł Ratzinger – dzięki tej podwójnej niezależności możesz pozostać tradycjonalistą". Fessio jednak utrzymuje też, że pogłoski, jakoby miał swobodny dostęp do Ratzingera, są przesadzone. Ludziom przekonanym, że Ratzinger jest srogim ciemiężcą, odpowiada po prostu, że kardynał nakreślił jedynie wyraźne granice, gdzie katolicyzm się zaczyna i kończy, oraz domaga się, by ci, którzy go nauczają, szanowali te granice.

„Jak długo utrzymałby się ktoś pracujący dla General Motors, gdyby w rzeczywistości sprzedawał fordy? – retorycznie pyta Fessio[6].

Christoph Schönborn

Niewielu członków hierarchii rzymskokatolickiej ma bardziej szacowną genealogię niż kardynał Christoph Schönborn. Członek starej austriackiej szlacheckiej rodziny Schönborn-Buchheim-Wolfstahl, obecnie arcybiskup Wiednia, jest jednym z dwóch kardynałów i dziewiętnastu arcybiskupów, biskupów, księży i zakonnic, których wydała jego rodzina. Nie jest nawet pierwszym Schönbornem, który został prymasem Kościoła austriackiego – zaszczyt ten przypadł wcześniej jego stryjecznemu prapradziadkowi, kardynałowi Franzowi hrabiemu Schönbornowi, który stał na czele austriackiego episkopatu w dawnej monarchii austro-węgierskiej, będąc arcybiskupem Pragi.

Być może dzięki takiemu pochodzeniu Christoph Schönborn nie jest ulicznym bojownikiem w typie Twomeya i Fessia. Cechuje go typowe dla Starego Świata poczucie godności, które nie pozwala mu posunąć się zbyt daleko w słownych potyczkach. Jednak na swój sposób on również jest kontynuatorem ratyzbońskiej spuścizny Ratzingera, przyczyniając się do pchnięcia Kościoła w bardziej ortodoksyjnym kierunku. W Ratyzbonie Schönborn napisał pracę doktorską o św. Sofroniuszu z Jerozolimy (560–638), Ojcu Kościoła, któremu największą sławę przyniósł *List synodalny*; bronił w nim doktryny podwójnej natury Chrystusa – ludzkiej i boskiej. Następnie Schönborn został profesorem teologii na Uniwersytecie Dominikańskim we Fryburgu w Szwajcarii. Z czasem otrzymał nominację na członka Międzynarodowej Komisji Teologicznej. W 1987 roku Ratzinger mianował Schönborna redaktorem naczelnym nowego powszechnego *Katechizmu Kościoła Katolickiego*. Schönborn miał największy wpływ na treść tego dokumentu, który w opinii kilku przenikliwych komentatorów spraw Kościoła – między innymi amerykańskiego jezuity Toma Reese'a – będzie najtrwalszym dokonaniem pontyfikatu Jana Pawła II. Schönborn, podobnie jak Ratzinger, doszedł do biskupstwa „mniej uczęszczaną drogą" zawodowej działalności na polu teologii, a nie kariery w kościelnej dyplomacji.

Gdy w 1985 roku powszechnie kochany kardynał Franz König, arcybiskup Wiednia odszedł na emeryturę, większość Austriaków była przekonana, że najoczywistszym kandydatem na jego następcę będzie biskup pomocniczy Helmut Krätzl. Jednak zamiast niego Jan Paweł II narzucił nieznanego benedyktyna Hansa Hermanna Gröera, co wielu Austriaków odczytało jako próbę wzięcia w karby ich „liberalnego" Kościoła. Gdy pojawiły się zarzuty, że Gröer w czasach, gdy był opatem, molestował seksualnie nowicjuszy, a wydawało się, że papież jest zdecydowany ślepo popierać Gröera, austriaccy katolicy wybuchli. Dziesiątki tysięcy opuściły Kościół, a pół miliona podpisało petycję z żądaniem gruntownej reformy Kościoła. Obecnie Austria zajęła miejsce Holandii jako najbardziej swarliwej wspólnoty katolickiej w Europie.

Gdy w 1995 roku Gröer ustąpił, na jego miejsce mianowano Schönborna. Początkowo zebrał dobre noty za swoje umiarkowanie i duszpasterską wrażliwość. Przyłączył się do pozostałych biskupów, którzy publicznie oświadczyli, że są przekonani, iż Gröer jest winny, i przeprosili austriackich katolików. Reputacja Schönborna ucierpiała jednak w następnych miesiącach z powodu poważnych gaf, od sposobu, w jaki zwolnił swojego cieszącego się popularnością wikariusza generalnego, kładąc mu pod drzwiami zwolnienie, po brak nagany dla ultrakonserwatywnego biskupa Kurta Krenna z Sankt Pölten, którego uszczypliwy styl zraził ogromną większość Austriaków. Jeśli chodzi o sprawy bardziej ogólnej natury, wielu Austriaków twierdzi, że są rozczarowani oporem Schönborna wobec reform w Kościele, do których wezwało specjalne ogólnonarodowe zgromadzenie katolików Dialog dla Austrii, które zebrało się w Salzburgu w październiku 1998 roku.

W książce, która ukazała się tuż przed zwołaniem tego zgromadzenia, Schönborn wyszydził formułowane przez organizację Wir Sind Kirche – najważniejszą austriacką grupę reformatorską – żądania ordynacji kobiet, tolerowania antykoncepcji, małżeństw księży, mniej wymagającej etyki seksualnej i większej lokalnej kontroli w Kościele, jako działania „protestanckie". Po zgromadzeniu wygłosił we Frankfurcie przemówienie, w którym odrzucił przywództwo tej organizacji, uznając ją za gasnący żar pokolenia 1968 roku i jego „hermeneutyki podejrzliwości"[7].

Na początku lat dziewięćdziesiątych Schönborn pełnił funkcję kanclerza Medo Institute w Holandii, konserwatywnego ośrodka studiów teologicznych powołanego w 1990 roku jako przeciwwaga dla ustalonych programów teologii na uniwersytetach północnoeuropejskich. Gdy sprzeciw w Holandii wymusił zmianę siedziby instytutu w 1994 roku, Schönborn zaprosił go do Austrii pod nazwą Międzynarodowego Instytutu Teologicznego ds. Badań nad Małżeństwem i Rodziną. Prowadzi on działalność z siedzibą w odnowionym klasztorze kartuzów w Gaming w Austrii, a Schönborn został mianowany przez Jana Pawła II jego „wielkim kanclerzem". Instytut otrzymuje pewne fundusze od Konferencji Biskupów Amerykańskich. Schönborn ma kontakty z prawym skrzydłem katolicyzmu w Stanach Zjednoczonych, zwłaszcza na Uniwersytecie Franciszkańskim w Steubenville w stanie Ohio, znanym ze swojego silnie tradycyjnego stanowiska w sprawach Kościoła. Steubenville prowadzi w Gaming swój austriacki oddział pod nazwą Międzynarodowego Instytutu Teologicznego. W kwietniu 1997 roku Schönborn pojechał do Stanów Zjednoczonych, żeby odebrać honorowy doktorat uniwersytetu w Steubenville za swoją pracę o katechizmie.

Schönborn jest entuzjastycznym zwolennikiem „nowych ruchów" w Kościele, takich jak Legion Chrystusa, Focolare i neokatechumenat. Najważniejsza doradczyni Schönborna, Therese Henesberger, należy do ruchu neokatechumenatu. W 1997 roku Schönborn napisał artykuł dla „L'Osservatore Romano", w którym bronił nowych ruchów przed zarzutami, że sprowadzają się one do „sekt w Kościele".

Schönborna tak często wymieniano jako potencjalnego następcę Ratzingera, że w 1998 roku na konferencji prasowej Ratzinger napominał, iż mianowanie go kardynałem członkiem kongregacji nie powinno być interpretowane jako wyznaczenie „następcy tronu". Mimo to Schönborn rzeczywiście reprezentuje w pewnym sensie spuściznę Ratzingera. Jest najznakomitszym i najbardziej wpływowym członkiem drugiego *Studentenkreise* Ratzingera, a biorąc pod uwagę jego młody wiek – obecnie ma dopiero pięćdziesiąt cztery lata – prawdopodobne jest, że Schönborn będzie w następnych latach w Kościele siłą, z którą należy się liczyć. Ma zatem idealną pozycję, by zneutralizować wpływ takich osób jak Verweyen i Böckenförde – zapewnić Ratzingerowi z Ratyzbony zwycięstwo nad Ratzingerem z Bonn[8].

Ratzinger w annus mirabilis *1968*

Joseph Ratzinger przyjechał do Tybingi w 1966 roku, nadal entuzjastycznie nastawiony do nadziei, jakie rozbudził Sobór Watykański II, i gotów zająć miejsce obok innych rodzących się gwiazd niemieckiej teologii, zwłaszcza Hansa Künga po stronie katolików i Jürgena Moltmanna po stronie Kościoła ewangelicko-reformowanego. Küng pełnił funkcję dziekana wydziału teologii katolickiej, gdy zwolniło się stanowisko szefa katedry dogmatyki, i postąpił nietypowo, nie opracował bowiem *terna*, czyli listy trzech kandydatów. Jedyną osobą, którą zaproponował, był Ratzinger, do którego wcześniej zatelefonował do Münster, żeby mieć pewność, że się zgodzi. Wydział zatwierdził tę propozycję.

Küng i Ratzinger w czasach Tybingi pozostawali ze sobą w dobrych stosunkach. W czwartkowe wieczory spotykali się na obiedzie, żeby porozmawiać o wydawanym wspólnie periodyku. Küng był zresztą jedynym kolegą, z którym Ratziner regularnie spotykał się towarzysko. Byli diametralnie różni – Küng pędził ulicami miasta swoim alfa romeo, a Ratzinger pedałował na rowerze w profesorskim berecie – ale wydawało się, że są pokrewnymi duszami.

Coraz bardziej postępowe poglądy teologiczne Künga jednak nie odpowiadały Ratzingerowi. Przed 1969 rokiem, gdy Ratzinger wyjechał z Tybingi do Ratyzbony, podstawy jego bardziej pesymistycznego, konserwatywnego poglądu były już uformowane. Jak sugerowano w rozdziale drugim, z tą zmianą silny związek miały wydarzenia 1968 roku, a więc żeby zrozumieć, w jakim kierunku podążała myśl Ratzingera, koniecznie należy się głębiej przyjrzeć tym kilku pamiętnym miesiącom.

Kilka ogólniejszych sił sprawiło, że pod koniec lat sześćdziesiątych[9] pokolenie wyżu demograficznego w Niemczech było szczególnie skłonne do protestu społecznego. Pierwszą była spuścizna narodowego socjalizmu. Na fali zapału do powojennej odbudowy kłopotliwe pytania, co kto robił za rządów nazistów, odsunięto w większości na bok. Jednak dwadzieścia lat później dzieci epoki uniwersytetów zaczęły pytać rodziców, co robili za dyktatury Hitlera. Często odpowiedzi były dla nich niezadowalające. Potępienie skonkretyzowało się w 1968 roku, gdy polująca na nazistów Beate Klarsfeld uderzyła kanclerza Republiki Federalnej Niemiec Kurta Georga Kiesingera w twarz, publicznie protestując przeciwko jego nazistowskiej przeszłości. Kiesinger był w czasie wojny łącznikiem między Josephem Goebbelsem, szefem propagandy Hitlera, i ministrem spraw zagranicznych Joachimem von Ribbentropem.

Poza tym w Niemczech – podobnie jak w Stanach Zjednoczonych – pokolenie wyżu demograficznego było niezwykle liczne, liczba ludności zwiększyła się o miliony nastolatków i młodych dorosłych. System szkolnictwa nie był przygotowany, żeby poradzić sobie z taką spiętrzoną falą. Pod koniec lat sześćdziesiątych na niemieckich uniwersytetach na nauczyciela przypadało trzy razy więcej studentów niż w Stanach Zjednoczonych i cztery razy więcej niż w Anglii. Jednocześnie niemiecka młodzież domagała się, by uniwersytety stały się bardziej dostępne. Jeszcze w 1968 roku było zaledwie siedem procent niemieckiej młodzieży uprawnionej do kształcenia na poziomie uniwersyteckim, a tylko trzy procent faktycznie rozpoczynało studia. Zatem w tym samym czasie, gdy wzrastała liczba osób tradycyjnie wybierających się na studia, pojawiły się też naciski, by zwiększyć liczbę miejsc na uczelniach. Pod takim obciążeniem w wielu miejscach załamały się usługi świadczone przez uniwersytety, co wywołało powszechny nastrój rozczarowania. Zagadnieniem wywołującym spory była też relacja między studentem i wykładowcą. W opinii działaczy studenckich relacja ta przypominała stosunek panujący między panem feudalnym i jego poddanymi; między wielkopańskim profesorem a jego plebejskimi studentami była przepaść nie do pokonania. To też wywoływało oburzenie pokolenia, które już miało skłonności do podawania w wątpliwość prawości starszego pokolenia.

W tych czasach protestu przemoc wisiała w powietrzu, chociaż przywódcy studentów w Niemczech nigdy się do niej nie uciekli. W rzeczywistości większość aktów przemocy, do których doszło, została spowodowana przez policję. Niemniej jednak wśród studentów i ich lewicowych sympatyków teoria i język gwałtownej rewolucji były na tyle powszechne, żeby poważnie zaniepokoić dużą, reprezentatywną grupę Niemców, którzy żyli w odległości kilku zaledwie mil od realnego państwa komunistycznego. Klimat ten się nasilał, w miarę jak zwiększała się liczba podkładanych bomb i akcji terrorystycznych.

Chociaż centrum dowodzenia ruchu studenckiego znajdowało się na Wolnym Uniwersytecie Berlińskim, porwał on też Tybingę. W artykule zamieszczonym w „Suddeutsche Zeitung" w 1996 roku studencki radykał z lat sześćdziesiątych o nazwisku Klaus Podak wspominał nastroje w Tybindze, jakie zapanowały po zastrzeleniu studenta Benna Ohnesorga w Berlinie podczas protestu przeciwko wizycie szacha Iranu, co wywołało wielką falę buntów na uczelniach wyższych w całym kraju: „Nadciągała rewolucja. Jej szalona, gorąca atmosfera dotarła do Tybingi jak powiew wiatru. Policzki nam się zaczerwieniły. Serca biły nam szybciej. Oczy błyszczały. Ciała drżały. Byliśmy cały czas podekscytowani". Mniej więcej w tym samym czasie inny radykał, niejaki Günther Maschke, został redaktorem pisma studenckiego w Tybindze i uczynił z niego jedną z najważniejszych trybun ruchu protestu.

Tybinga jednak stała się intelektualną mekką radykałów głównie z tego powodu, że działał tam Ernst Bloch. Przeprowadzona przez tego filozofa, powszechnie uważanego za ojca rewolty studenckiej 1968 roku, marksistowska analiza chrześcijaństwa i zmian społecznych stanowiła znaczną część podbudowy intelektualnej dla radykałów, a on sam poparł ich protesty. Na znaku „Tybinga" w dawnej auli uniwersytetu radykałowie wypisali w pewnym momencie sprejem napis „Uniwersytet Ernsta Blocha". W *Moim życiu* Ratzinger cierpko potwierdza jego wpływ, stwierdzając mimochodem, że „określił Heideggera pogardliwie jako małego mieszczucha".

Blochowi wtórował Moltmann, który w swojej „teologii nadziei" zawarł ideę chrześcijańskiego poparcia dla rewolucji społecznej (język Moltmanna ujawnia wpływ arcydzieła Blocha *Das Prinzip Hoffnung*), „Zasada nadziei". Egzegeta Nowego Testamentu z Tybingi Ernst Käsemann również udzielił poparcia studentom, którzy zarzucali Kościołowi, że zbyt często uczestniczy w kapitalistycznym wyzysku biednych i że tradycyjna teologia często służy wspieraniu systemu. Käsemann, chociaż nie był radykałem, miał głębokie poczucie odpowiedzialności politycznej – jego córka Elisabeth została zamordowana z powodu swojej działalności politycznej przez wojskową juntę w Argentynie.

Dla Ratzingera było tego po prostu za wiele. Sfrustrowany tym, że wydziały teologiczne stają się ideologicznym ośrodkiem ruchu protestu, połączył siły z dwoma protestanckimi kolegami, Ulrichem Wickertem i Wolfgangiem Beyerhausem, żeby „reprezentować wspólną wiarę w Boga żywego i w Chrystusa, Słowo Boże, które stało się ciałem", która w opinii tej trójki była zagrożona. Ratzinger znalazł się w konflikcie z wieloma swoimi kolegami. „Nie chciałem stale żyć w atmosferze konfliktu..." – powiedział i tak po zaledwie trzech latach opuścił Tybingę, szczyt, o którego zdobyciu większość teologów może tylko marzyć.

Ratzinger porzucił Tybingę dla instytucji szczebla regionalnego, która nie mogła poszczycić się taką tradycją. Ratyzbona była nową inicjatywą landu bawarskiego. To tak, jakby starszy redaktor z „New York Timesa" odszedł u szczytu kariery, żeby założyć małą, lokalną gazetkę w Albany. Takiej decyzji nie da się wytłumaczyć jedynie różnicą zapatrywań intelektualnych, co jest w końcu siłą wielkiego uniwersytetu.

Od dawna krążyły pogłoski, że jednym z czynników, które wpłynęły na decyzję Ratzingera o opuszczeniu Tybingi, była coraz większa niechęć studentów do jego osoby. Mimo to w *Moim życiu* pisze: „(...) nigdy nie miałem trudności ze studentami, wręcz przeciwnie. Na moje wykłady przychodziła duża liczba słuchaczy". W szczególności zaprzeczył plotce, jakoby wrogo nastawiona grupa studentów wyrwała mu kiedyś mikrofon z ręki, chociaż o zdarzeniu tym pisała niemiecka prasa.

Chociaż Ratzinger wciąż był lubianym wykładowcą, ze strony części studentów i młodszych pracowników naukowych spotykał się z ostrym sprzeciwem. Wyrażał się on zakłócaniem prowadzonych przezeń zajęć. Küng wspomina, że Ratzingera, podobnie jak kilku innych popularnych profesorów, włącznie z nim samym, lewicowi studenci obrali za cel strajków okupacyjnych. „Wchodzili i zajmowali mównicę – powiedział Küng. – Nawet dla człowieka o tak silnej osobowości jak ja było to nieprzyjemne. Dla kogoś tak nieśmiałego jak Ratzinger było to przerażające". Küng powiedział, że pod koniec semestru w 1968 roku odwołał swoje wykłady, ponieważ zmęczyły go ciągłe „najazdy", i wspomniał, że narzekali z Ratzingerem na te zdarzenia. Dodał, że też słyszał w tamtym czasie pogłoski, iż doktoranci Ratzingera nie byli z niego zadowoleni, ale „nie bardzo interesowały go szczegóły".

W *Soli ziemi* Ratzinger stwierdził, że jego problemy nie były związane ze studentami, lecz ze „średnim szczeblem kadry uniwersyteckiej", z asystentami profesorów – odpowiednikami wykładowców kontraktowych w Stanach Zjednoczonych. Na niemieckich uniwersytetach należeli oni do najbardziej pokrzywdzonych grup, ponieważ część swoich potencjalnie najbardziej twórczych lat spędzali na pisaniu recenzji z książek i załatwianiu spraw profesorów. Ich męka kończyła się dopiero wtedy, gdy ich również przyjęto w poczet członków tej gildii. Wspierani czasami przez studentów, często stanowili drugą awangardę niepokojów na uczelni.

Ratzinger był głęboko zaniepokojony zdarzeniami w studenckiej parafii w Tybindze, gdzie pewna grupa radykałów domagała się prawa do dawania „upoważnienia politycznego" dla parafii. Studenci ci chcieli sami mianować kapelana i wciągnąć parafię w działalność polityczną. Spór głęboko podzielił katolickich studentów Tybingi. Ratzinger podzielił się ze studentami swoimi niepokojami, zwłaszcza w kwestii dotyczącej prawa biskupa do wyznaczania kapelanów. Było to dla niego kolejne uświadamiające przeżycie, lekcja poglądowa dotycząca niebezpieczeństw związanych z upolitycznianiem wiary.

Później Ratzinger powiedział, że przeżycia w Tybindze ukazały mu „instrumentalizację przez tyrańskie, brutalne i okrutne ideologie. Dlatego zdałem sobie sprawę, że musimy się bronić przed tym nadużyciem, jeśli chcemy utrzymać wolę soboru. (...) [Ale] widziałem, że dochodzi do tyranii, również w brutalnych formach. (...) kto chciał tu pozostać progresistą, musiał się zaprzedać". Według osób, które pod koniec lat sześćdziesiątych były w Tybindze, kilku doktorantów Ratzingera, między innymi niektórzy z tych, którzy podążyli za nim z Bonn i Münster, było zdziwionych i rozczarowanych jego nowym stanowiskiem. Niektórzy opuścili go, żeby studiować u Künga lub Metza.

Inną rewolucją, która też odcisnęła piętno na Ratzingerze, była rewolucja katolicka: powszechne, ogólnoświatowe oburzenie na wydaną przez Pawła VI 25 lipca 1968 roku encyklikę *Humanae vitae*. Wielu biografów Pawła jest przekonanych, że gniew wywołany przez *Humanae vitae*, która podtrzymała zakaz kontroli urodzin wbrew powszechnym oczekiwaniom, że go zniesie, tak wstrząsnął papieżem, że tłumaczy to, dlaczego przez końcowe dziesięć lat swojego pontyfikatu nie wydał już nigdy żadnej encykliki. Ponad tysiąc teologów z całego świata zgłosiło swój sprzeciw przeciwko temu nauczaniu, oświadczając, że „sprawia ono, iż wojna i ubóstwo są nieuchronne". Nazwali je „niemoralnym". Badania opinii publicznej pokazały, że przytłaczająca większość katolików miała wrażenie, iż papież jest „oderwany od rzeczywistości".

W Niemczech napięcie trochę zelżało, gdy biskupi na spotkaniu w Köningstein oświadczyli, że „małżeństwa, które stosują antykoncepcję, muszą same ocenić, czy we własnym sumieniu – bez subiektywnego domniemania – potrafią odpowiadać za własną decyzję". Jeśli uznają, że tak, to stosowanie kontroli urodzin niekoniecznie musi być grzechem. Biskupi zauważyli, że papież nie ogłosił, że jego nauczanie jest dogmatem. Biskupi austriaccy wydali podobne oświadczenie, nazywane Deklaracją Marii Troster, podobnie jak ponad dwadzieścia innych konferencji biskupów.

Jednak na wrześniowym Katholikentag – ogólnonarodowym zgromadzeniu katolików – w Essen spór wybuchł na nowo. Zebrał się Komitet Krytycznych Katolików, by zorganizować opór wobec *Humanae vitae*. Oczekiwali jakiegoś gestu poparcia ze strony kardynała Juliusa Döpfnera, bohatera liberałów na Soborze Watykańskim II oraz przewodniczącego papieskiej komisji do spraw kontroli urodzin, która zalecała zmianę stanowiska w tej kwestii. Początkowo Döpfner gotów był udzielić poparcia komitetowi, ale później, według niemieckiej teolog Uty Ranke-Heinemann, która była świadkiem tego zdarzenia, „zmienił stanowisko". „Stwierdził, że musimy dać wyraz poparcia dla papieża, mówiąc o tym, jaką wykazał się odwagą i jak bardzo miał rację. Byłam zdumiona". Powiedziała, że postawa Döpfnera przypieczętowała rozłam między wieloma katolikami niemieckimi i władzami kościelnymi[10].

Wydarzenia 1968 roku „wywarły niezwykle silny wpływ" na Ratzingera – powiedział w 1993 roku tygodnikowi „Time" jego były student Wolfgang Beinert. Był „bardzo otwarty, gotów przyjmować nowe rzeczy. Ale nagle dostrzegł, że te nowe idee łączą się z przemocą i zniszczeniem ładu tego, co było wcześniej. Nie był po prostu w stanie dłużej tego znieść".

Gustav Siewerth Akademie

Innym sposobem oceny nasilającego się w latach siedemdziesiątych konserwatyzmu Ratzingera jest przyjrzenie się, w jakich kołach się obracał. Każdego lata od 1970 do 1979 roku prowadził zajęcia z egzegezy dogmatycznej w instytucji zwanej Gustaw Siewerth Akademie z siedzibą w niemieckim Szwarcwaldzie. Na zajęciach tych wykładał z Heinrichem Schlierem, protestanckim egzegetą, który przeszedł na katolicyzm częściowo z powodu rozczarowania reakcją Kościoła ewangelickiego na narodowy socjalizm. Schlier przez większość tego czasu wykładał w Bonn i był Ratzingerowi bliski[11].

Obydwaj znali Gustava Siewertha, niemieckiego filozofa i pisarza katolickiego, który do śmierci w 1963 roku wykładał w Akwizgranie i Fryburgu. Siewerth wykorzystał tomizm, żeby obalić niemiecką formę egzystencjalizmu w postaci zaproponowanej przez Heideggera. Kilka lat po śmierci filozofa jego zwolenniczka, niejaka baronowa Alma von Stockhausen, postanowiła otworzyć na jego cześć *Hochschule* w Szwarcwaldzie, gdzie mieszkał. Obiekt ten nazwano Gustav Siewerth Haus i zanim przyznano mu oficjalnie status szkoły w 1971 roku, stanowił społeczny ośrodek, w którym mieszkano i studiowano. Przy tym przedsięwzięciu pomagał doktorant Ratzingera o nazwisku Richard Lehmann-Dronke.

W *Moim życiu* Ratzinger opisuje swoje zainteresowanie Siewerth Akademie jako próbę naśladowania pracy Romana Guardiniego z katolicką młodzieżą w Burg Rothenfels w okresie przedwojennym. Jednak nie były to rekolekcje dla grupy miejscowej młodzieży. Siewerth Akademie przyciągała młodych ludzi szczególnego rodzaju, ludzi poszukujących głęboko tradycyjnego sposobu przeżywania wiary, zajmujących jednocześnie bardzo sceptyczne, w niektórych wypadkach niemal apokaliptyczne, stanowisko wobec świata, zwłaszcza wobec postępowych nurtów politycznych i społecznych przepływających przez Europę pod koniec lat sześćdziesiątych i w latach siedemdziesiątych.

Pani von Stockhausen była zaprzysiężoną przeciwniczką marksizmu i jednym z jej pierwszych przedsięwzięć było zaproszenie grupy studenckich radykałów z tak zwanej „pozaparlamentarnej opozycji" we Fryburgu, gdzie wykładała, do złożenia jej wizyty w Siewerth Haus. Najwyraźniej była przekonująca – po kilku miesiącach jej goście gotowi byli przyznać, że Marks się myli, a dwa miesiące później przywódca grupy ochrzcił się w wierze katolickiej. Biorąc pod uwagę, że Stockhausen mówiła, iż radykałowie grozili jej śmiercią, był to efekt naprawdę znaczący.

W początkach działalności w Siewerth Haus wyraźnie pobrzmiewały rozważania milenarystyczne, dla których pożywkę stanowiły przede wszystkim proroctwa maryjne z Garabandal. Od 1961 do 1965 roku czworo dzieci z Garabandal w Hiszpanii miało wiele wizji Najświętszej Marii Panny. Mówiła im o mającym nastąpić wielkim cudzie, po którym miało pojawić się ostrzeżenie, a następnie „wielka kara", jeśli ludzkość nie okaże skruchy. Proroctwa z Garabandal stały się następnie najbardziej radykalną formą apokaliptycznego nurtu maryjnego w rzymskim katolicyzmie. Jeden z doktorantów Ratzingera, który odwiedzał ten dom pod koniec lat sześćdziesiątych, powiedział, że ludzie „żyli tam niemal jak w zakonie" i zafascynowały ich te maryjne scenariusze końca świata. „Pewnego lata zapytali mnie, co robię w wakacje, na co odparłem, że jadę do domu – powiedział. – Powiedzieli, że tego lata wydarzy się coś bardzo dziwnego i być może nie powinienem wracać. Wszystko to wiązało się z Garabandal". Inny doktorant Ratzingera powiedział, że gdy przebywał w Tybindze, krążyły pogłoski, iż zarówno Ratzinger, jak i Balthasar poważnie brali pod uwagę pogląd, że wkrótce może nastąpić koniec świata i że powinno się poczynić przygotowania – najwyraźniej odzwierciedla to atmosferę rozważań o końcu świata w Siewerth Haus.

Nawet bez rozważań dotyczących kary Szwarcwald jest miejscem, które sprzyja wyjątkowo konserwatywnej odmianie katolicyzmu. O poglądach Stockhausen świadczy wywiad udzielony w 1996 roku niemieckiemu czasopismu, w którym baronowa powiedziała, że źródłem jej największego smutku jest sposób, w jaki „feminizm rewolucjonizuje rodzinę, państwo i Kościół". W 1992 roku Stockhausen była współautorką artykułu, który sprowadzał się do ataku na Karla Rahnera, nazywając jego prace „germańską pomyłką", samego zaś teologa „synem Hegla" i „bratankiem Lutra"; jego teologia była „nie tylko nudna, ale w ostatecznym rozrachunku powierzchowna (...) z łatwością mogłaby być przyjęta przez masonów".

W 1990 roku Otto von Habsburg wygłosił przemówienie na uroczystości otwarcia akademii. Postulował, żeby budowę nowej Europy po upadku muru berlińskiego oprzeć na wartościach chrześcijańskich, i powiedział, że studenci Siewerth Akademie mogą w tym procesie odegrać pierwszoplanową rolę. Habsburg, członek Parlamentu Europejskiego z Niemiec, jest bezpośrednim dziedzicem tronu austro-węgierskiego i osobą głęboko konserwatywną w kwestiach religijnych. Mszę na uroczystości otwarcia odprawił austriacki biskup Kurt Krenn, jeden z najbardziej prawicowych hierarchów na świecie i dawny kolega Ratzingera z Ratyzbony. Krenn wygłosił kazanie o „niepodzielności prawdy". Inny członek kadry dydaktycznej Akademie, wymieniony jako „profesor nadzwyczajny", to Leo Scheffczyk, głęboko konserwatywny zwolennik Opus Dei, który publicznie wyraził żal, że Jan Paweł II nie ogłosił, iż nauka o ordynacji kobiet jest nieomylna. Scheffczyk ukuł wyrażenie, że gdy Rzym interweniuje w kwestiach doktrynalnych, czyni to nie pod przykrywką debaty teologicznej, lecz „jako rybak".

Stockhausen nie otrzymuje żadnych funduszy ani od Kościoła, ani od państwa, opierając się na prywatnych darowiznach i opłatach z czesnego. Licząca około trzydziestu studentów z różnych zakątków Europy Gustav Siewerth Akademie jest obecnie najmniejszą *Hochschule* w Niemczech. Wywiera jednak ogromny wpływ na Kościół katolicki w tym kraju dzięki kontaktom Stockhausen i jej umiejętności przyciągania sympatycznych pracowników, takich jak Scheffczyk i popularna gwiazda telewizji Guido Knopp, który jest tam profesorem dziennikarstwa. Stockhausen i Gustav Siewerth Akademie ilustrują nową, silniejszą ostrość poglądów Ratzingera, które pojawiły się w czasach Ratyzbony.

Ratzinger kardynał

24 lipca 1964 roku zmarł kardynał Julius Döpfner z Monachium. Ratzinger powiedział później, że nie podejrzewał niczego niezwykłego, gdy niedługo potem nuncjusz apostolski zapytał go, czy mógłby mu złożyć

wizytę w Ratyzbonie. Po krótkiej rozmowie nuncjusz wręczył Ratzingerowi list z mianowaniem na następcę Döpfnera. Ratzinger mówi, że poszedł do swojego przyjaciela i mistrza Johanna Auera, który dał mu radę, żeby przyjął to stanowisko. Potem wrócił do nuncjusza i na papeterii hotelu, w którym nuncjusz się zatrzymał, napisał, że się zgadza. Były arcybiskup Mediolanu kardynał Giovanni Battista Montini przepowiedział, że wielkich rzeczy można spodziewać się po dwóch osobach, które zwróciły na siebie uwagę świata podczas Soboru Watykańskiego II: Hansie Küngu i Josephie Ratzingerze. Jako Paweł VI Montini tylko pomógł sprawdzić się swojej przepowiedni.

Mówi się, że gdy Ratzinger był arcybiskupem, jego stosunki z duchownymi w diecezji były chwiejne. Częściowo napięcie to przebija się z oświadczenia, które wydała grupa monachijskich księży w odpowiedzi na *Raport o stanie wiary* z 1984 roku, w trzy lata po tym, jak ich pasterz wyjechał do Rzymu: „Ci, którzy – jak Ratzinger – wynoszą się w tak tryumfalny sposób ponad wszystko (...) wykluczają siebie jako partnerów do dialogu" – stwierdzili księża. Niemniej jednak Ratzinger szybko wspinał się po szczeblach kariery. W marcu otrzymał nominację arcybiskupią i został konsekrowany 28 maja, a już 27 czerwca tego samego roku był w Rzymie, gdzie przyjmował kapelusz kardynalski. W Monachium przebywał niespełna cztery lata, ale w tym czasie jasno pokazał, poprzez stosunki z trzema czołowymi postaciami, jakiego rodzaju prefektem Kongregacji Nauki Wiary prawdopodobnie się okaże.

Karol Wojtyła

Ratzinger i arcybiskup Krakowa kardynał Karol Wojtyła poznali się na konklawe w 1978 roku po śmierci Pawła VI, chociaż – według biografa papieża George'a Weigela – od 1974 roku wymieniali się książkami. Wojtyła słyszał o Ratzingerze co najmniej od połowy lat sześćdziesiątych. Gdy w 1968 roku ukazało się *Wprowadzenie w chrześcijaństwo* niemieckiego teologa, kardynał Stefan Wyszyński zakazał go w archidiecezji warszawskiej, a Wojtyła dopuścił je w Krakowie. Obydwaj byli na Soborze Watykańskim II. Wojtyła odkrył w Ratzingerze tę samą głęboką ortodoksję, która i jego cechowała, połączoną z pierwszorzędnym wykształceniem teologicznym, którego z powodu izolacji Polski jego rodacy zdobyć nie mogli. Mieszkańcy Europy Środkowej postrzegają Niemcy jako intelektualnego lidera regionu, a Wojtyła z pewnością był pod wrażeniem renomy, jaką w niemieckich kręgach teologicznych cieszył się Ratzinger. Gdy w 1978 roku zmarł Paweł VI, Ratzinger znajdował się na kilku krótkich listach kandydatów na jego następcę, na obu konklawe, na których wybrano Albina Lucianiego w sierpniu i Karola Wojtyłę w październiku. Niewiele odróżniało Ratzingera i Wojtyłę jako potencjalnego *papabile*. Obydwaj byli młodymi (Wojtyła miał pięćdziesiąt osiem, a Ratzinger pięćdziesiąt jeden lat) i inteligentnymi konserwatystami i żaden z nich nie był Włochem. Ratzingera jednak zbyt obciążała opinia teologa, który publicznie zmienił zdanie na temat Soboru Watykańskiego II. Wojtyła był dużo mniej znany, na soborze nie odegrał większej roli i żył w odciętej od świata przez komunistów Polsce.

Dwaj dziennikarze, Tad Szulc i Peter Hebblethwaite, informują, że Ratzinger odegrał pewną rolę na konklawe, na którym wybrano Karola Wojtyłę. Obaj są zgodni, że w niedzielę 15 października, pierwszego dnia konklawe, w kilku głosowaniach nie zapadło rozstrzygnięcie. Na tym początkowym etapie oddano kilka głosów na Wojtyłę. Szulc mówi, że kardynał Franz König z Wiednia i inni zaczęli nawoływać do głosowania na Wojtyłę w niedzielę wieczorem, a w poniedziałek rano wydawało się, że mają wystarczającą liczbę głosów, żeby go wybrać. W pierwszym głosowaniu nie było jednak wymaganej większości dwóch trzecich głosów. Na tym etapie, mówi Szulc, kardynał John Krol z Filadelfii (Polak) przekonał pozostałych amerykańskich kardynałów do głosowania na Wojtyłę, a Ratzinger zebrał pozostałe głosy niemieckie[12].

Hebblethwaite uważa, że Ratzinger dużo energiczniej zajmował się kampanią na rzecz wyboru Wojtyły. Zwraca uwagę, że w czasie *novemdiales*, czyli dziewięciu dni żałoby wymienionych w procedurach przed konklawe, Ratzinger wygłosił jedno z kazań. Przestrzegał w nim swoich braci kardynałów, że będzie na nich wywierana presja, żeby wybrać kogoś opowiadającego się za dalszym „otwarciem na lewo", za „historycznym kompromisem" z komunistami, który był głównym elementem *realpolitik* Pawła VI. Ratzinger nakłaniał kardynałów, by oparli się tej pokusie. W wywiadzie, który ukazał się przed konklawe na łamach „Frankfurter Allgemeine Zeitung", stwierdził, że Jan Paweł I miał krytyczny stosunek do teologii wyzwolenia i tę linię powinien kontynuować jego następca. (Jan Paweł I we wrześniu 1978 roku wysłał Ratzingera jako legata papieskiego na kongres maryjny do Ekwadoru, gdzie Ratzinger przestrzegał przed ideologiami marksistowskimi i teologią wyzwolenia.) Opierając się na tych danych, Hebblethwaite stwierdza, że Ratzinger aktywnie działał na konklawe w niedzielę wieczorem na rzecz wyboru Wojtyły, pomagając Königowi przekonywać, że Polak jest logicznym wyborem, ponieważ dobrze mówi po włosku i może pomóc w zjednoczeniu Wschodu z Zachodem.

Nowy papież nie czekał długo, żeby zasygnalizować swoje zainteresowanie Ratzingerem. Wkrótce po swoim wyborze oznajmił kardynałowi: „Będziemy musieli ściągnąć cię do Rzymu". Zaproponował mu stanowisko prefekta Kongregacji ds. Wychowania Katolickiego, ale Ratzinger odniósł się do tego niechętnie, stwierdzając, że jeszcze za wcześnie, żeby opuścić Monachium[13].

W 1980 roku na Synodzie do spraw Rodziny Ratzinger z mianowania papieża działał jako *relator*, sprawozdawca. Piastując to stanowisko, kardynał przewodniczył sesjom synodu, kierował jego pracami i streszczał rozmaite przemówienia dla papieża. Spodziewano się, że temat – „rodzina" – będzie kontrowersyjny, ponieważ wiązał się z kontrolą urodzin: po raz pierwszy biskupi świata mieli okazję oficjalnie przekazać swoje poglądy o *Humanae vitae* papieżowi. Według większości relacji, Ratzinger trafił w odpowiedni ton. Utrzymał w mocy stanowisko Magisterium w każdej kwestii: w przemówieniu inauguracyjnym, na przykład, ubolewał, że „tradycyjne formy życia rodzinnego są sprzeczne z techniczną cywilizacją zachodniego świata". Zaatakował chemiczne środki antykoncepcyjne, nazywając je „przeciwnymi naturalnemu porządkowi rzeczy". Podobnie bronił czystości przedmałżeńskiej i heteroseksualnej monogamii. „Nie może istnieć inne małżeństwo jak to, które jest nierozerwalnym związkiem między jednym mężczyzną i jedną kobietą" – stwierdził. Jednak w swojej roli kompilatora wykazał się profesjonalną umiejętnością objęcia rozumem i wyartykułowania różnych punktów widzenia. „Niektórzy księża nalegają, aby nie powtarzać zwykle używanych formuł, jak gdyby doktrynę sformułowano raz na zawsze" – powiedział. Inni są przekonani, że „Kościołowi nie wolno dać się przytłoczyć bieżącym opiniom, jakby była to doktryna socjologiczna, lecz musi on profetycznie głosić lekarstwo ewangelii na zło tego świata".

Nie wszyscy jednak chwalili Ratzingera za to, w jaki sposób poprowadził synod. Kardynał poprosił grupę ekspertów o przygotowanie propozycji, które miały stanowić podstawę raportu końcowego z synodu. Projekt roboczy opierał się na pierwszej rundzie spotkań biskupów w małych grupach i Ratzinger chciał, żeby biskupi przedyskutowali ten projekt podczas spotkań drugiej rundy. Biskupi, których wybrano na przedstawicieli małych grup, odrzucili jednak projekt Ratzingera, twierdząc, że propozycje muszą wychodzić od samych delegatów w małych grupach roboczych. Ratzinger zmuszony był ustąpić[14].

Będąc arcybiskupem Monachium, Ratzinger zaangażował się w ruch Solidarności w Polsce. Gdy w czerwcu 1979 roku papież poleciał do Polski, żeby odprawić mszę w Nowym Targu, Ratzinger był u jego boku z – między innymi – kardynałem Krolem z Filadelfii. W 1981 roku, gdy polskie władze komunistyczne wprowadziły stan wojenny, Ratzinger – obok Franza Josefa Straussa, przywódcy bawarskiego skrzydła chrześcijańskich demokratów – wziął udział w manifestacji w Monachium. Uczestniczyło w niej około półtora tysiąca ludzi.

Do jednego z nielicznych kryzysowych momentów w stosunkach między Ratzingerem i Janem Pawłem II doszło w listopadzie 1980 roku, gdy papież udał się do Bawarii. Przed pielgrzymką Ratzinger zadał sobie wiele trudu, by nakłonić swoją trzodę do jak najlepszego zachowania. Na konferencji prasowej na kilka dni przed pielgrzymką powiedział, że świat może „stworzyć sobie lub zmienić obraz Niemiec" w świetle wizyty papieża. Tym samym prosił Bawarię, żeby pokazała się jako „godna, przyjazna gościom, radosna i szczodra". Poprosił też katolików o krytycznym nastawieniu, żeby nie zakłócili radości z wizyty papieża i nie rozdmuchiwali sporów w mediach w czasie wspólnych modlitw i mszy.

Oznaka czekających niebezpieczeństw pojawiła się w stwierdzeniu o „krytycznych oczekiwaniach" wobec tej wizyty, sformułowanych przez Katholische Jugend Münchens (Katolicką Młodzież Monachijską). Sygnatariusze wyrazili między innymi nadzieję, że Jan Paweł II będzie gotowy do wyczerpującej dyskusji na temat urzędu Piotrowego – z perspektywy czasu recepta na rozczarowanie.

Samolot papieża przybył do Monachium o 8.20 rano i Jan Paweł II udał się do Thereisienwiese, by odprawić mszę na wolnym powietrzu, mimo przenikliwego listopadowego zimna. Według planu podczas mszy dwoje wybranych przedstawicieli Bundes der Deutschen Katholischen Jugend (Związku Niemieckiej Młodzieży Chrześcijańskiej) miało wygłosić przemówienia powitalne. Chociaż przemówienia te miały być wcześniej przejrzane, najwyraźniej doszło do jakiegoś nieporozumienia między księdzem, który miał się zająć ich zredagowaniem, i urzędem Ratzingera. Tuż przed rozpoczęciem mszy bliski współpracownik kardynała zażądał, żeby usunąć z przemówienia siedemnaście wierszy tekstu, który miała wygłosić dwudziestodziewięcioletnia pracownica opieki społecznej o nazwisku Barbara Engl. W tym momencie było na to już za późno, ponieważ pełny tekst jej przemówienia rozdano już prasie. Engl uparcie później twierdziła, że nie powiedziano jej o usunięciu fragmentu tekstu przed jego wygłoszeniem.

Zgodnie z planem wygłosiła przemówienie zatytułowane „Spostrzeżenia wielu młodych ludzi". Powiedziała w nim papieżowi, że „Kościół w Republice Federalnej bojaźliwie trzyma się linii status quo", że „zbyt często w kwestiach związków, seksualności (...) reaguje wydawaniem zakazów" i że młodzi ludzie chcą „większego udziału kobiet w urzędach kościelnych". Obserwatorzy powiedzieli, że w czasie tego przemówienia papież siedział sztywno, odmawiał różaniec, a gdy dobiegło końca, nie zabrał głosu. Było to w pewnym sensie powtórzenie sceny z października 1979 roku, gdy amerykańska siostra miłosierdzia Teresa Kane publicznie poprosiła papieża o otwarcie dla kobiet wszystkich urzędów Kościoła.

W burzy zainteresowania mediów, jaka nastąpiła, władze kościelne pośpiesznie zdystansowały się od Engl. Rzecznik Ratzingera powiedział tego samego dnia wieczorem, że Engl „nas oszukała". Pięć dni później biskup Paul Cordes, Niemiec, który wówczas pracował w Rzymie w Papieskiej Radzie do spraw Świeckich, ostro skrytykował Engl w długim wywiadzie dla „Katholischen Nachrichtenagentur". Po następnych pięciu dniach Ratzinger powiedział, że uwagi Engl nie były ani „taktowne, ani stosowne". Mimo że z uporem twierdziła, iż wiernie trzymała się wszystkich zaleceń Ratzingera, sześć miesięcy po tym zdarzeniu kardynał odmówił spotkania z nią lub drugim mówcą, Franzem Peteranderlem, żeby porozmawiać o tym, co się stało[15].

Mimo tego krótkiego spięcia Jan Paweł II zwrócił się w 1981 roku do Ratzingera w sprawie przejęcia kierownictwa Kongregacji Nauki Wiary od chorwackiego kardynała Franja Sepera. Nominacja ta była – według rzecznika Watykanu Joacquína Navarro-Vallsa – „bardzo osobistym wyborem" papieża. Dawny kolega Ratzingera ujął to następująco: „Ten polski papież postanowił w wielkim stopniu oprzeć się na znanym niemieckim teologu, który miał dla niego interpretować współczesną myśl. Wyboru tego dokonano jednak dokładnie w tym momencie, w którym Ratzinger w rzeczywistości wycofał się ze współczesnej myśli".

Johannes Baptista Metz

I Ratzinger, i Metz przybyli do Münster w 1963 roku. W rzeczywistości to dzięki rekomendacji Ratzingera Metz otrzymał katedrę teologii fundamentalnej. Został tam do 1993 roku, natomiast Ratzinger po sześciu latach wyjechał do Tybingi. W ciągu tych sześciu lat zaprzyjaźnili się, pracowali razem na Soborze Watykańskim II, a i później utrzymywali ze sobą kontakt. Metz, urodzony w 1928 roku, także był pod koniec drugiej wojny światowej amerykańskim jeńcem. Pamięć Trzeciej Rzeszy cały czas spędzała mu sen z powiek – usilnie nakłaniał chrześcijan, by „nigdy nie zapominali o Auschwitz". Później jednak Ratzinger powiedział, że gdy obserwował, jak Metz dochodzi do swoich koncepcji „politycznej teologii" – przekonania, że chrześcijaństwo ze swej istoty oznacza zaangażowanie polityczne na rzecz sprawiedliwości społecznej, był coraz bardziej zaniepokojony: „Dostrzegałem pojawiający się konflikt, który mógł sięgnąć naprawdę głęboko".

Chociaż niektóre koncepcje Metza przejęli studenci protestujący w 1968 roku, on w tym czasie trzymał się na uboczu, zawsze krytyczny w stosunku do skłonności do przemocy i zniszczenia chrześcijaństwa w rewolucyjnym zamęcie. Metza uważano za jedną z najważniejszych postaci niemieckiej sceny teologicznej. Gdy biskupi niemieccy potrzebowali kogoś, kto przygotowałby ostateczną wersję dokumentu końcowego ich synodu z połowy lat siedemdziesiątych, jednogłośnie wybrali Metza. Pełnił też funkcję konsultanta Papieskiej Rady do spraw Dialogu z Niewierzącymi.

Wydaje się jednak, że żadne z tych referencji nie miały znaczenia, gdy w 1979 roku kandydował na stanowisko na Uniwersytecie Monachijskim. Senat uniwersytetu jednogłośnie uznał Metza za swojego najlepszego kandydata z listy nazwisk trzech osób, z których jedna miała zastąpić przechodzącego na emeryturę profesora Heinricha Friesa. Na mocy postanowień bawarskiego konkordatu zawartego ze Stolicą Apostolską w 1924 roku, który wynegocjował Eugenio Pacelli, późniejszy Pius XII, arcybiskupowi Monachium przysługiwało prawo nakazania bawarskiemu ministrowi edukacji dokonania wyboru jednego z pozostałych kandydatów z listy, jeśli nie uzna proponowanego kandydata za możliwego do przyjęcia. Ratzinger skorzystał z tego prawa i polecił swojemu staremu przyjacielowi i koledze Hansowi Meierowi, wówczas ministrowi edukacji, zamiast Metza mianować Heinricha Döringa. Chociaż Ratzinger bronił swojej decyzji, mówiąc, że opierała się ona na „właściwych względach pedagogicznych", posunięcie to wywołało szybką i otwarcie wyrażaną krytykę ze strony całego katolickiego środowiska Niemiec.

Najmocniej protestował inny ze starych przyjaciół i kolegów Ratzingera – Karl Rahner, który w niemieckich gazetach opublikował list do kardynała. Zadziwiająca była ostrość jego tonu:

Nie miałeś żadnego powodu, żeby odrzucić Metza. Sam wcześniej proponowałeś mu takie samo stanowisko na uniwersytecie w Würzburgu. Jakie masz podstawy uzasadniające teraz Twoją zmianę stanowiska? Czy rzeczywistym powodem jest teologia polityczna Metza? To złamanie liczącej stulecie tradycji powoływania profesorów sprawia, że Twoja odpowiedzialność za ochronę wolności akademickiej na uniwersytecie staje się farsą.

Czy Metz jest nieprawomyślny albo niemoralny? Jeśli tak, dlaczego przez tyle lat nie postawiono mu żadnych zarzutów? Mogę jedynie przypuszczać, że powodem jest Twój osobisty sprzeciw wobec politycznej teologii Metza. Sam nie zgadzam się we wszystkich kwestiach z Metzem, ale absolutnie nic nie może usprawiedliwić odmówienia mu stanowiska nauczycielskiego.

Kardynale Ratzinger, czy to możliwe, że Twoim prawdziwym powodem jest to, że Metz przyczynił się do powstania w Ameryce Łacińskiej krytykowanej przez Ciebie teologii wyzwolenia? Dwadzieścia pięć lat temu Święte Oficjum w Rzymie zakazało mi pisać cokolwiek o koncelebracji. Była to bezsensowna, nienaukowa manipulacja kościelnych biurokratów. Sądzę, że Twoje działanie przeciwko Metzowi zalicza się do tej samej kategorii.

Nie żywię złudzeń, że mój protest cokolwiek zmieni. Od wielu lat jako profesor teologii nauczałem, że Kościół jest Kościołem grzesznym i w wielu przypadkach myli się w swojej nauce i decyzjach. Było tak w przeszłości, jest obecnie i będzie w przyszłości. Co więcej, tragicznym faktem jest też to, że bardzo rzadko którykolwiek hierarcha Kościoła przyznaje się zgodnie z prawdą do popełnienia jakiegoś błędu. I w takich przypadkach nie ma w Kościele żadnego praktycznie sądu odwoławczego, który mógłby naprawić sytuację.

Przeciętny chrześcijanin często ma gorzkie poczucie, że jego wypływająca z wiary wierność Kościołowi jest nadużywana. A mimo to wie, że przed obliczem prawa jest bezsilny. W społeczeństwie w takiej sytuacji można zgodnie z prawem zbuntować się przeciwko takiemu nadużyciu władzy. Ale w przypadku wierzącego chrześcijanina jest inaczej. Możemy szczerze powiedzieć, że wrażliwość na podstawowe prawa człowieka ciągle jeszcze musi się w Kościele rozwinąć.

W tych okolicznościach nie wystarczy stwierdzić, że ci, którzy cierpią, powinni duchowo utożsamiać się z cierpiącym Chrystusem. Należy zaprotestować przeciwko niesprawiedliwości i nadużyciu władzy. Kardynale Ratzinger, czy teraz rozumiesz, dlaczego protestuję?

Sam Metz w 1979 roku niewiele mówił na ten temat, chociaż w 1989 roku był jednym z ponad 300 europejskich teologów, którzy podpisali słynną Deklarację Kolońską. Domagano się w niej prawa do nauczania w zgodzie z własnymi przekonaniami i większej lokalnej kontroli nad wyborem biskupów[16].

Rahner zmarł w 1984 roku bez pojednawczego gestu z Ratzingerem. Na sympozjum w Ahaus w Niemczech w 1998 roku, zorganizowanym z okazji siedemdziesiątych urodzin Metza, wydawało się, że kardynał i Metz jednak zakopali topór wojenny. W tej jednodniowej uroczystości zarówno Ratzinger, jak i Metz wygłosili przemówienia na jeden z ulubionych tematów jubilata, apokaliptycznych wyobrażeń w Biblii i ich znaczenia dla teologii chrześcijańskiej. Później obydwaj pogrążyli się w półgodzinnej rozmowie. Wśród innych przemawiających znajdowali się Moltmann i żydowska uczona Eveline Goodman-Thau. Na sympozjum Ratzinger powiedział, że zaczął „okazywać szacunek" Metzowi. Relacje w mediach określały ich rozmowy mianem „serdecznych" i „pojednawczych". Podczas rozmowy Ratzinger zgodził się z Metzem, że „cierpienie innych musi stanowić główny wyznacznik działania, nie tylko dla chrześcijan, lecz także w polityce świeckiej i społeczeństwie". Metz z kolei poruszył ulubiony temat tak Ratzingera, jak i Jana Pawła II, dowodząc, że apokaliptyczne pojmowanie wartości czasu powinno się przeciwstawić „odurzającemu relatywizmowi".

„Nie jestem absolutnie pewny, ale wielu z moich kolegów odniosło wrażenie, że było to [pojawienie się Ratzingera] pojednawczym gestem w stronę społeczności teologów" – powiedział Metz w telefonicznym wywiadzie ze mną dla „National Catholic Reporter" (NCR). Hans Küng jednak wyśmiał go za to, że pokazał się z Ratzingerem, nie poruszając sprawy wewnętrznej reformy Kościoła. „Jest zdumiewające" i „głęboko skandaliczne", że Metz „zapewnił Wielkiemu Inkwizytorowi forum" – napisał Küng w liście otwartym opublikowanym przed sympozjum w Ahaus.

„Jest najważniejszym urzędnikiem Inkwizycji. Przypomina to ogólną rozmowę o prawach człowieka z szefem KGB – powiedział mi wówczas Küng w wywiadzie dla NCR. – Jest to praktycznie kapitulacja wobec systemu rzymskiego, swego rodzaju zawarcie pokoju z Ratzingerem, gdy prawdziwym zadaniem teologii politycznej powinno być utożsamianie się z cierpiącymi ludźmi w naszym Kościele. Nadużywają mówienia o Bogu, by uniknąć zajęcia się problemami Kościoła".

Dla Metza było to trochę za dużo. „Küng zachowuje się czasami jak drugie Magisterium. Prawdę mówiąc, jedno wystarczy, przynajmniej dla mnie" – powiedział. Dodał, że uwagi Künga „bardzo go zraniły, rozczarowały i rozzłościły". Küng był niewzruszony: „Uroczystość ta stanowiła jedynie bardzo miłą okazję, żeby pokazać Ratzingera jako uśmiechniętego Inkwizytora, który potrafi mówić o wzniosłych zagadnieniach teologicznych w pogodny sposób – powiedział. – Myślał, że wszyscy będą pod wrażeniem".

Hans Küng

I tu dochodzimy do Hansa Künga. Żadna inna osoba na świecie nie jest bardziej związana z Soborem Watykańskim II, zarówno z nadziejami, jakie rozbudził, jak i niebezpieczeństwami, które zrodził, niż ten siedemdziesięciodwuletni teolog szwajcarski. Jego książka *Sobór i zjednoczenie* była powszechnie postrzegana jako nieoficjalna wykładnia Soboru Watykańskiego II. „Już nigdy pojedynczy teolog nie wywrze takiego wpływu" – napisał Peter Hebblethwaite. Od tamtych czasów Küng stał się wizytówką liberalnego katolicyzmu, nawołując do reformy wewnątrz Kościoła i rozwijania ekumenizmu poza nim.

Urodzony w Lucernie w Szwajcarii Küng pojechał w wieku dwudziestu lat do Rzymu, by studiować na papieskim Uniwersytecie Gregoriańskim. Jako młody seminarzysta był tak naprawdę konserwatywny. Gdy papież Pius XII ogłosił dogmat o cielesnym wniebowzięciu Marii, na przykład, Küng głośno to poparł, potępiając „dumę" i „ultrakrytycyzm" profesorów niemieckiej teologii, którzy się sprzeciwili. W tym znaczeniu intelektualna droga Künga jest zwierciadlanym odbiciem drogi Ratzingera i biegnie od prawej do lewej; ich przyjaźń na Soborze Watykańskim II może wyjaśniać fakt, że spotkali się pośrodku. W 1955 roku studium Künga o doktrynie usprawiedliwienia u Karla Bartha stało się sensacją. Dowodził, że rozumienie jej przez teologa ewangelickiego jest w istocie katolickie. Według wszelkiego prawdopodobieństwa to właśnie ta praca skłoniła Święte Oficjum do założenia Küngowi kartoteki. Ironiczną wymowę ma też fakt, że jego kolega, teolog szwajcarski Urs von Balthasar, zachęcał go do rozwinięcia tej dysertacji do postaci książki.

Watykan po raz pierwszy skontaktował się z Küngiem w kwietniu 1967 roku, by odpowiedział na zarzuty postawione jego książce *Die Kirche* („Kościół"), które dotyczyły głównie rozumienia władzy papieża. 30 maja 1968 roku Küng napisał list do arcybiskupa Paola Philippego, ówczesnego sekretarza kongregacji, zwracając się doń z kilkoma prośbami: (1) o udostępnienie mu jego kartoteki („Nie muszę chyba przypominać, że we wszystkich państwach Zachodu nawet przestępcy mają zapewniony pełny dostęp do dotyczących ich akt"), (2) żeby wszelkie wcześniejsze decyzje podjęte bez jego udziału nie były brane pod uwagę, (3) o sformułowanie na piśmie listy problemów związanych z jego książką, (4) o podanie nazwisk ekspertów, którzy analizowali książkę, (5) o zgodę na mówienie po niemiecku na wszystkich oficjalnych spotkaniach i (6) żeby pokryto koszty jego podróży do Rzymu (w przeciwnym razie, stwierdził, spotkanie może odbyć się w Tybindze – „Mój dom jest do waszej dyspozycji"). Kopie tego listu zostały przekazane biskupowi Josephowi Leiprechtowi z diecezji Rottenberg, do której należy Tybinga, i Ratzingerowi, który był wówczas dziekanem wydziału teologicznego. Ratzinger był więc zaangażowany, co najmniej luźno, w sprawę Künga od samego początku.

W lipcu 1970 roku w świecie katolicyzmu Küng detonował prawdziwą bombę. Jego książka *Nieomylny?* zdawała się podważać dogmat o nieomylności papieża przyjęty na Soborze Watykańskim I w 1870 roku, kwestionując zarówno jego teologiczną zasadność, jak i ukazując jego katastrofalne skutki dla ekumenizmu. Należy stwierdzić, że nie tylko Küng wyrażał takie opinie. Na przykład holenderski biskup Francis Simons z Indore w Indiach napisał w 1968 roku książkę *Nieomylny Nomos*, formułując zarzut, że jeśli dogmat o nieomylności jest uzasadniony, Nowy Testament powinien go podtrzymywać, a tak nie jest.

Wkrótce po ukazaniu się książki Künga Konferencja Biskupów Niemieckich rozpoczęła śledztwo. W styczniu 1971 roku Küng stawił się na przesłuchanie przed komisją doktrynalną konferencji. W jej skład wchodzili biskupi Volk i Wetter (który później będzie następcą Ratzingera w Monachium) oraz ich doradcy teologiczni – Ratzinger i Heinrich Schlier. 8 lutego 1971 roku konferencja biskupów wydała oświadczenie, w którym potępiła książkę Künga. To samo uczynili 21 lutego biskupi włoscy.

Ratzinger był jednym z autorów tomu z 1971 roku wydanego pod redakcją Karla Rahnera, w którym zamieszczono eseje krytykujące książkę Künga. Zarówno Ratzinger, jak i Rahner zgłosili poważne zastrzeżenia do jej argumentacji; Küng skarżył się, że Rahner nie poprosił go o napisanie eseju w swojej obronie. Rozłam między Küngiem i Rahnerem nie był jednak jeszcze tak zupełny jak w 1972 roku, gdy Küng poprowadził w Tybindze seminarium poświęcone zagadnieniu nieomylności, na które zaprosił Friesa, Lehmanna, Rahnera i Ratzingera, i pokrył koszty ich przybycia. Küng poprosił też kardynała Sepera o przysłanie swojego przedstawiciela, ale ten odmówił. W liście do Sepera z 22 września 1973 roku Küng nazwał to seminarium zdrową, solidną dyskusją.

Uważana przez wielu za najwyższe osiągnięcie książka Künga *Christ sein* („O byciu chrześcijaninem") ukazała się w 1974 roku. W wielu kręgach natychmiast okrzyknięto ją tekstem klasycznym, ale przez społeczność teologów niemieckich została przyjęta z mieszanymi uczuciami. W 1976 roku wydano w Niemczech tom esejów poświęconych tej książce, których autorami byli między innymi Ratzinger, Rahner, Balthasar, Lehmann i Kasper. Ratzinger był niezwykle zjadliwy. Napisał, że Küng w tej książce wybiera „opcję etykietki, która w rzeczywistości jest pustą formułą", odbiera teologii „jej śmiertelną powagę i podporządkowuje ją wątpliwym interesom literackości", wiara chrześcijańska w niej „ulega zepsuciu u samej podstawy", Kościół znika „dosłownie, nie mówiąc nic istotnego", cechuje ją „nie skrywana arogancja"; jej teologia jest „pozbawiona podstaw i w ostatecznym rozrachunku niewiążąca", Küng „rozwijał ją sam, sam ze sobą i współczesnym rozsądkiem", książka wyraża „przeświadczenie pewnej szkoły, przeświadczenie pewnej frakcji, nie zaś przeświadczenie, za które można oddać życie, przeświadczenie na wygodnickie czasy, w których nie wymaga się ostateczności", jej teologia „gubi się w zawiłościach" i „prowadzi donikąd". Küng ostro sprzeciwił się przeprowadzonej przez Ratzingera analizie w artykule, który ukazał się 22 maja 1976 roku we „Frankfurter Allgemeine", pisząc, że zawiera ona „niezliczone błędne interpretacje, insynuacje i potępienia". W sumie Küng nazwał ten tom esejów „ciosem prosto w plecy". W gronie przyjaciół sugerował, że Ratzinger jest zazdrosny o to, iż jego początkowa sława i popularność wśród studentów nie dorównują sławie i popularności Künga.

Biskupi niemieccy w reakcji na ukazanie się „O byciu chrześcijaninem" rozpoczęli śledztwo. W 1977 roku Küng stawił się przed zespołem ekspertów w Stuttgarcie, żeby przedyskutować zastrzeżenia biskupów do tej książki i innych jego prac. Protokół z tego spotkania został później wydany pod tytułem „Stuttgart Colloquium". Döpfner zaproponował to spotkanie tuż przed swoją śmiercią. W liście do Künga stwierdził, że chce, aby Ratzinger i Lehmann byli jego doradcami. Küng sprzeciwił się udziałowi Ratzingera, jako powód podając fakt, że jego tekstom na temat książek *Nieomylny?* i „O byciu chrześcijaninem" brakuje obiektywizmu. Z Ratzingera zrezygnowano. Na spotkaniu w Stuttgarcie Küng wyjaśnił, dlaczego nie chciał, żeby uczestniczył w nim Ratzinger: „Nie chciałem, by Ratzinger był tu obecny, nie dlatego że nie życzę sobie z nim rozmawiać, lecz dlatego że spodziewałem się (co zyskało tutaj potwierdzenie), iż mogłaby się w tę rozmowę wkraść fundamentalna ostrość i emocjonalność, których nie pragnąłem". Küng w czasie tego spotkania powiedział, że kiedyś, „gdy można jeszcze było z nim rozmawiać", dyskutował z Ratzingerem o pewnym zagadnieniu chrystologicznym, co sugeruje, że w 1977 roku faktycznie ze sobą nie rozmawiali. Mimo to darzyli się niechętnym szacunkiem. Jak Küng wyraził się o Ratzingerze: „Jest zbyt inteligentny i posiada zbyt wielką wiedzę, żeby nie rozumieć, że wszystkie te sprawy są bardzo trudnymi zagadnieniami"[17].

Tymczasem Ratzinger został wyświęcony na arcybiskupa Monachium i wciągnięty w wewnętrzne dyskusje w konferencji biskupów o sprawie Künga. Między Ratzingerem, Küngiem i kardynałem Kolonii Josefem Höffnerem, głównym krytykiem Künga wśród biskupów przez większą część lat siedemdziesiątych, krążyły w tę i z powrotem listy. W 1978 roku biskupi myśleli, że udało im się nieoficjalnie ustalić z Küngiem, że nie będzie wywoływał żadnych nowych dyskusji o nieomylności. Gdy Küng napisał w 1979 roku wstęp do poświęconej temu zagadnieniu książki Augusta Bernharda Haslera, czuli, że złamał to ustalenie. Sytuacja uległa pogorszeniu we wrześniu 1979 roku, gdy Küng napisał bardzo krytyczną analizę pierwszego roku pontyfikatu papieża Jana Pawła II, którą podchwyciły wszystkie ważniejsze gazety na całym świecie.

Pierwsze wzmianki o zastosowaniu środków dyscyplinarnych pojawiły się 16 października 1979 roku w udzielonym przez Ratzingera wywiadzie radiowym, w którym ostro krytykował artykuł Künga o papieżu. Na początku listopada niemieccy kardynałowie Volk, Höffner oraz Ratzinger byli w Rzymie na spotkaniu z papieżem. W udzielonym po nim wywiadzie dla niemieckiej katolickiej agencji prasowej Ratzinger użył po raz pierwszy w związku z tą sprawą terminu *missio canonica*, mówiąc, że Küng nie może wykładać teologii katolickiej i zajmować stanowisk, które piastuje. *Missio canonica* to zgoda, którą katolicki teolog musi uzyskać, żeby wykładać w instytucji uznawanej przez papiestwo.

Przyjacielski list Ratzingera dotarł do Künga 16 listopada, dając mu nadzieję, że być może zostanie mu oszczędzone najgorsze – ale tak się nie stało. 18 grudnia 1979 roku biskupi niemieccy zwołali konferencję prasową, na której ogłosili oświadczenie Kongregacji Nauki Wiary, że Künga nie można już uważać za teologa katolickiego. Język tego oświadczenia był niemal taki sam, jakiego użył Ratzinger w wywiadzie, co doprowadziło Künga do przekonania, że kardynał wcześniej wiedział o tej decyzji. Jeszcze w grudniu na spotkaniu w Rzymie, w którym uczestniczyli biskup Küng, trzej kardynałowie niemieccy, Seper, kardynał Agostino Casaroli i Jan Paweł II, zatwierdzono tę decyzję. Moser napisał do Künga i oficjalnie wycofał *missio canonica*.

W wygłoszonym 31 grudnia 1979 roku kazaniu Ratzinger bronił kroków podjętych przeciwko Küngowi, posługując się argumentacją, która będzie dobrze znana przez następne dwa dziesięciolecia: „Wyznawca chrześcijaństwa jest prostym człowiekiem: biskupi powinni bronić wiary tych zwykłych ludzi przed potęgą intelektualistów". Chociaż miną jeszcze dwa lata, zanim Ratzinger obejmie urząd w Watykanie, Küng i Metz byli – w pewnym sensie – jego pierwszymi dwiema sprawami. Jego najważniejsze troski były już oczywiste: próby podkreślania znaczenia społecznego i politycznego wymiaru chrześcijaństwa lub podważania autorytetu Rzymu nie będą tolerowane. Gdy trzeba będzie podjąć odpowiednie działania, zostaną one podjęte bez wahania, bez stosowania niejasnych półśrodków; nie będzie też żadnych zmian decyzji, gdy pojawią się nieuniknione głośne protesty.

Innymi słowy, Jan Paweł II wiedział, co otrzymuje, gdy wezwał Ratzingera do Rzymu. Reszta Kościoła miała się dowiedzieć wkrótce.

Rozdział 4

Prawdziwe wyzwolenie

W lipcu 1985 roku w klasztorze Najświętszego Serca w Petrópolis pod Rio de Janeiro w Brazylii nagromadzono niezwykłą teologiczną siłę ognia. Był tam franciszkański zakonnik i teolog Leonardo Boff (miesiąc wcześniej Kongregacja Nauki Wiary Ratzingera zakazała mu prawa do publikacji przez rok), do którego dołączył jego brat Clodovis. Obecny był urugwajski jezuita Juan Luis Segundo, obok Peruwiańczyka Gustava Gutiérreza, człowieka, który ukuł termin „teologia wyzwolenia", oraz wiele innych osób. Był to „almanach biograficzny" ruchu teologii wyzwolenia w Ameryce Łacińskiej. Oficjalnym powodem tego spotkania było przedyskutowanie postępu prac nad wielotomowym zbiorem dzieł poświęconych teologii wyzwolenia, ale podtekst był wyraźny – chodziło o zademonstrowanie poparcia dla Boffa.

W klasztorze Najświętszego Serca obecny był też teolog z Harvardu Harvey Cox, sympatyk teologii wyzwolenia, który później napisał książkę *The Silencing of Leonardo Boff* („Uciszenie Leonarda Boffa") o starciu między Rzymem i teologami latynoamerykańskimi. Według Coksa Boff powiedział zgromadzonym, że jego franciszkańscy przełożeni w Brazylii zapewnili go, iż urzędowy nakaz milczenia nie obejmuje nieoficjalnych rozmów z przyjaciółmi i kolegami, czuje więc, że może rozmawiać o swoich przeżyciach w Rzymie, zwłaszcza o przesłuchaniu w Kongregacji Nauki Wiary. Powiedział zgromadzonym, że odniósł wrażenie, iż w koncentracji władzy kościelnej, która nie uznaje żadnych ograniczeń i nie odpowiada przed nikim, wyczuł coś złego, coś niechrześcijańskiego. A mimo to, powiedział Boff, był zdecydowany zostać w Kościele, nie wywoływać latynoamerykańskiej schizmy, której Rzym najwyraźniej się obawiał ze strony ruchu teologii wyzwolenia.

Boff mówił, jak bardzo wzruszyło go poparcie brazylijskich biskupów. Według Coksa, twierdził, że pewien brazylijski biskup poprosił go nawet, żeby przygotował mu gruntowne opracowanie wszystkich pism Ratzingera, zwłaszcza jego niedawno wydanego wywiadu z włoskim dziennikarzem Vittoriem Messorim, który ukazał się pt. *Raport o stanie wiary*, a następnie sporządził akt oskarżenia Ratzingera o herezję. Cox nie powiedział, jaka miała być podstawa tego oskarżenia, ale przypuszczalnie przypominałaby argumentację Segundy w książce „Teologia i Kościół: Odpowiedź kardynałowi Ratzingerowi i ostrzeżenie dla całego Kościoła", która ukazała się w 1985 roku. Segundo doszedł do wniosku, że Ratzinger obalił naukę Soboru Watykańskiego II, że wolę Boga można dostrzec w ruchach społecznych i politycznych, których celem jest wyzwolenie człowieka.

Boff odrzucił propozycję biskupa, mówiąc, że nie chciałby nikogo, z Ratzingerem włącznie, narażać na tego typu ciężką próbę, przez jaką sam przeszedł. Niemniej jednak to, że katolicki biskup mógł poważnie rozważać postawienie zarzutu herezji najwyższemu urzędnikowi do spraw nauki w Kościele – nawet jeśli było to bardziej posunięcie polityczne niż trzeźwy sąd teologiczny – dowodzi żarliwości walki o teologię wyzwolenia, którą wzniecił Ratzinger.

Zasadniczo celem teologów wyzwolenia było zerwanie sojuszu Kościoła, państwa i armii, który od stuleci dominował w Ameryce Łacińskiej. Wzorując się na historycznym Jezusie, który był orędownikiem ludzi zepchniętych na margines, teologowie wyzwolenia dowodzili, że Kościół musi „w sposób uprzywilejowany traktować ubogich". W praktyce oznaczało to wspieranie lewicowych ruchów społecznych, z których wiele miało otwarcie marksistowski charakter, a kilka opowiadało się za stosowaniem przemocy w sprawie zbudowania sprawiedliwego społeczeństwa. Wewnątrz Kościoła teologowie wyzwolenia stosowali formę swego rodzaju walki klasowej, wiążąc swój los z tzw. „wspólnotami podstawowymi" (małymi grupami biedaków, którzy spotykali się, żeby czytać Biblię i dyskutować o zagadnieniach społecznych) w przeciwieństwie do Kościoła instytucjonalnego i jego hierarchii. Z dwóch zatem powodów – przejęcia lewicowego radykalizmu i niechęci do kontroli ze strony hierarchii – teologia wyzwolenia niepokoiła Watykan.

Ratzinger uważa, że swój największy sukces jako najwyższa kościelna władza doktrynalna odniósł w sprawie teologii wyzwolenia. Gdy w 1996 roku dziennikarz Peter Seewald poprosił kardynała, żeby wymienił swoje największe osiągnięcia, umieścił to na pierwszym miejscu. „Dzisiaj powszechnie uznaje się, że nasze instrukcje [skierowane przeciwko teologii wyzwolenia] były potrzebne i szły we właściwym kierunku" – powiedział.

Również w walce z teologią wyzwolenia Ratzinger wywarł największy wpływ społeczny. W kontekście zimnej wojny na każde zagrożenie dla panującego w Ameryce Łacińskiej porządku patrzono w Waszyngtonie z niepokojem, czego dowodzi przygotowany w 1982 roku przez najważniejszych doradców Reagana Dokument z Santa Fe. W raporcie tym teologię wyzwolenia traktuje się jako przykład zakrojonej na szerszą skalę radziecko-marksistowskiej próby uderzenia w „miękkie podbrzusze" zachodniej półkuli. Zaleca się w nim podjęcie działań mających na celu zwalczenie wpływów teologii wyzwolenia. Możliwości Stanów Zjednoczonych i ich sojuszników w Ameryce Łacińskiej były w tym względzie ograniczone. Byli zmuszeni opierać się na presji policji i brutalności wojska, tępych narzędziach, które na ogół więcej ludzi zrażały, niż przekonywały. Ratzinger jednak mógł sprzeciwić się tej katolickiej rewolucji od wewnątrz, wykorzystać możliwości samego Kościoła, by pozbawić teologów wyzwolenia zarówno wiarygodności, jak i instytucjonalnego wsparcia. Zatem całe społeczeństwo latynoamerykańskie, a nie tylko wewnętrzne życie Kościoła, jest dzisiaj z powodu Josepha Ratzingera inne.

Ratzinger jednak nie ponosi wyłącznej odpowiedzialności za taki rezultat. Kryzys teologii wyzwolenia spowodowały ogólne zmiany społeczne i kulturowe. W latach sześćdziesiątych i siedemdziesiątych Ameryka Łacińska walczyła z dwoma rodzajami ucisku: politycznym i ekonomicznym. Teologia wyzwolenia próbowała je łączyć, dowodząc, że prawdziwa reforma polityczna może być efektem jedynie sprawiedliwego systemu ekonomicznego. Ale gdy w latach osiemdziesiątych dyktatorzy upadli i zostali zastąpieni demokratycznymi rządami, polityczna potrzeba teologii wyzwolenia osłabła. W tym samym czasie upadek socjalizmu w Europie spowodował, że jej analiza ekonomiczna stała się podejrzana. Sytuacja „biednych" również ulegała zmianie, ponieważ miliony dawnych chłopów stały się mieszkańcami miast. Zagrożeniem, z którym muszą się zmierzyć dzisiaj biedni, jak napisał brazylijski teolog wyzwolenia Hugo Assmann, nie jest już ucisk, lecz wykluczenie. Teologia wyzwolenia nie sformułowała jeszcze przekonującej odpowiedzi na tę nową rzeczywistość.

Ratzingerowi zresztą nigdy by się nie udało, gdyby nie cieszył się poparciem znaczących sił konserwatywnych w latynoamerykańskim katolicyzmie. Faktycznie, w wielu przypadkach gorliwość miejscowych przeciwników teologii wyzwolenia była większa niż Rzymu.

Według popularnego w Ameryce Łacińskiej poglądu to biskupi i działacze z prawego skrzydła – kardynał Eugenio Sales z Rio de Janeiro, kardynał Alfonso López Trujillo z Kolumbii, biskup Bonaventura Kloppenburg z Brazylii – tak naprawdę stali za potępieniem. Jednak nawet wsparcie niezwykle wpływowych miejscowych duchownych nie wystarczyłoby do powstrzymania teologii wyzwolenia, gdyby ruchowi temu udało się porwać masy. Ale duszpasterski wymiar teologii wyzwolenia, zwłaszcza słynne wspólnoty podstawowe, obejmował w szczytowym momencie nie więcej niż pięć procent ogółu ludności katolickiej. Ponadto nie każdy mieszkaniec Ameryki Łacińskiej w społeczności podstawowej popierał czy nawet rozumiał przedsięwzięcie teologów wyzwolenia. José Comblin, jeden z ważniejszych teologów wyzwolenia, w 1998 roku wyznał szczerze, że szkalując Pierwszy Świat, teologia wyzwolenia po prostu błędnie odczytała nastawienie większości mieszkańców Ameryki Łacińskiej[1]. Zatem różne siły – silna opozycja lokalna, zmieniająca się rzeczywistość polityczna i gospodarcza oraz stanowisko ideologiczne, które odstręczało wielu zwykłych mieszkańców Ameryki Łacińskiej – łącznie pokrzyżowały szyki postępowi teologii wyzwolenia.

Nie umniejsza to jednak w niczym roli Ratzingera. Ponieważ realia społeczne w Ameryce Łacińskiej ulegały zmianom, teologowie wyzwolenia powinni byli twórczo rozwijać swoją koncepcję, oni natomiast poświęcali czas głównie na obronę przed dochodzeniami Ratzingera czy zajmowanie się autocenzurą, by się uchronić przed następną falą kontroli. Co więcej, nawet gdyby część latynoamerykańskich katolików podzielała zapał, z jakim Ratzinger wykorzeniał teologię wyzwolenia, nie przyniósłby on żadnych rezultatów bez Ratzingera, który go popierał i wykorzystywał. Ostatecznie tylko on miał zarówno władzę, jak i przekonanie, by powstrzymać ten ruch.

Walka z teologią wyzwolenia stanowi istotę spuścizny Ratzingera, ponieważ tak wyraźnie wypływa z jego poglądów i zapatrywań, w przeciwieństwie do poglądów i zapatrywań papieża, któremu służy. Ruch Solidarności w Polsce sprawił, że Jan Paweł II odczuwał instynktowną sympatię do księży i świeckich rzucających wyzwanie rządom i żądających sprawiedliwości społecznej. Do 1980 roku ponad 800 księży i zakonników poniosło w Ameryce Łacińskiej męczeńską śmierć i z pewnością papież był głęboko poruszony świadectwem, które dali. Z drugiej strony, przykład popieranego przez komunistów PAX-u pozwolił Janowi Pawłowi II sądzić, że księża i świeccy artykułujący to żądanie wewnątrz Kościoła są siłami wywrotowymi. Uważał, że żądania wewnętrznej reformy w Polsce były dziełem komunistycznych wtyczek w celu osłabienia Kościoła katolickiego, dał się więc przekonać, gdy Ratzinger i miejscowi konserwatyści powiedzieli mu, że to samo dzieje się w Ameryce Łacińskiej.

Ratzinger nałożył teologii wyzwolenia kaganiec w tym samym czasie, gdy w Ameryce Łacińskiej zaczynał dominować globalny kapitalizm. Do końca lat dziewięćdziesiątych, przez ponad dziesięciolecie szalejącego „neoliberalizmu", pod którą to nazwą znana jest w Ameryce Łacińskiej koncepcja wolnego handlu i ograniczenia roli państwa, doszło do znacznego wzrostu gospodarczego, na którym skorzystali względnie nieliczni, co sprawiło, że nierówności stały się jeszcze ostrzejsze, i przyczyniło się do powstania – jak nazywają to niektórzy komentatorzy – „apartheidu społecznego". Pozostają tylko spekulacje, ale być może Ameryka Łacińska wyglądałaby dzisiaj inaczej, gdyby zamiast zmuszania do milczenia i przywoływania do porządku teologów wyzwolenia, Watykan udzielił im pełnego poparcia, mianował biskupów gotowych poprzeć ich wołanie o sprawiedliwość, gdyby urzędnicy watykańscy przyłączyli się do ludzi w podstawowych wspólnotach i kordonach pikietujących. Zamiast tego, pomimo starań pojedynczych biskupów i teologów, Kościół katolicki w Ameryce Łacińskiej nie odegrał żadnej takiej transformacyjnej roli. W niemałym stopniu na skutek wpływów Ratzingera.

Czym jest teologia wyzwolenia

Teologia wyzwolenia sięga korzeniami głęboko w przeszłość, XV i XVI w. i powstania chrześcijańskiego humanizmu oraz – już bliżej naszych czasów – Soboru Watykańskiego II i dekretu *Gaudem et spes*. Ściśle jednak mówiąc, teologia wyzwolenia narodziła się w 1968 roku na Konferencji Biskupów Latynoamerykańskich w Medellín w Kolumbii. Na spotkaniu tym podtrzymano „uprzywilejowane traktowanie ubogich" w imieniu Kościoła katolickiego w Ameryce Łacińskiej. Ruch ten wziął nazwę od tytułu książki Gustava Gutiérreza z 1971 roku *Teologia wyzwolenia*. Sam Gutiérrez pełnił w Medellín funkcję doradcy teologicznego.

Dzisiaj zwykło się mówić o „teologiach wyzwolenia" i uznawać wielość ruchów, które czerpią inspirację z latynoamerykańskiego eksperymentu. W książce *Liberation Theologies* („Teologia wyzwolenia") z 1995 roku jezuicki pisarz i teolog Alfred Hennely wyróżnia dziewięć typów teologii wyzwolenia: latynoamerykański, północnoamerykański feministyczny, murzyński, latynoski, afrykański, azjatycki, Pierwszego Świata, ekoteologiczny, a nawet teologię wyzwolenia religii światowych. Wspólną cechą wszystkich tych typów teologii jest podkreślanie konsekwencji chrześcijaństwa w doczesnym świecie, ale też w istotny sposób się od siebie różnią. W tym rozdziale skoncentrujemy się jednak na latynoamerykańskiej formie teologii wyzwolenia, która pojawiła się w latach siedemdziesiątych i osiemdziesiątych, ponieważ to właśnie tę jej postać z taką werwą zaatakował Ratzinger.

Tradycyjnie w tej postaci teologii wyzwolenia za najważniejsze uznaje się cztery koncepcje:

1. Uprzywilejowanie ubogich. Jak wspomniano wyżej, wyrażenie to pochodzi z dokumentu z Medellín z 1968 roku. Już wcześniej w *Gaudium et spes*, dokumencie przyjętym na Soborze Watykańskim II, usilnie zalecano, aby chrześcijańska solidarność z ludzkością obejmowała „w szczególności ubogich". Dla teologów wyzwolenia nie są to puste słowa. Oznaczają one, że Kościół musi stanąć w jednym rzędzie z biednymi, gdy walczą oni o zmiany z tymi siłami społecznymi, które pragną utrzymać status quo. Nacisk na to doprowadził do zarzutów, że teologia wyzwolenia opowiada się za walką klasową. Teologowie wyzwolenia utrzymują jednak, że to nie oni wymyślili podział społeczeństwa na bogatą elitę i biedną większość. Sam Kościół przyczynił się do stworzenia tego porządku społecznego w Ameryce Łacińskiej: katoliccy misjonarze służyli jako ewangelizatorzy europejskim zdobywcom, a przywódcy Kościoła przez czterysta lat sympatyzowali z miejscowymi elitami. Krótko mówiąc, Kościół nigdy nie był neutralny. Nie chodzi o to – mówią teologowie wyzwolenia – żeby wciągnąć Kościół w walkę klas, która w sytuacji Ameryki Łacińskiej jest faktem. Ich celem jest zmiana priorytetów.
2. Zinstytucjonalizowana przemoc. Idea ta również pochodzi z dokumentu z Medellín. Teologowie wyzwolenia dostrzegają „ukrytą przemoc" w strukturze społecznej, która rodzi głód i ubóstwo. Zatem gdy w latach osiemdziesiątych krytycy oskarżali teologów wyzwolenia o sprzyjanie rewolucyjnej przemocy (zarzut ten był w przeważającej mierze sfabrykowany), często odpowiadali: „Ale Kościół zawsze tolerował przemoc". Mieli na myśli to, że

podtrzymując status quo, przywódcy kościelni godzili się na system, który używał przemocy wobec milionów ludzi. W takim kontekście zarzuty o „podburzanie do przemocy" wobec tych, którzy pragną zmian, wydawał się nieszczery.
3. Strukturalny grzech. Celem teologów wyzwolenia jest poszerzenie tradycyjnego katolickiego rozumienia grzechu pojmowanego w kategoriach jednostki: grzech jest złamaniem przez konkretną osobę zasad, na przykład kłamstwo czy kradzież. Teologowie wyzwolenia dowodzili, że istnieje również społeczny wymiar grzechu, który jest czymś więcej niż tylko sumą pojedynczych złych uczynków. Do często przytaczanych przykładów zalicza się neokolonializm i feudalny charakter stosunków między latynoamerykańskimi wielkimi posiadaczami ziemskimi i chłopami. Zatem odkupienie grzechów dokonane przez Chrystusa musi być czymś więcej niż odkupieniem pojedynczych dusz. Musi również uratować, przekształcić rzeczywistość społeczną ludzkiego życia. Teologowie wyzwolenia przyznają, wspólnie z wszystkimi teologami chrześcijańskimi, że na pełne odkupienie musimy czekać do powtórnego przyjścia Chrystusa, ale z uporem utrzymują też, że odkupienie, jak powiedział św. Paweł, w pewnym sensie już istnieje. Obowiązkiem chrześcijan jest działanie w imię poszerzenia tego odkupienia w przestrzeni i czasie, a więc staranie o naprawienie grzechu społecznego stanowi konstytutywny element bycia chrześcijaninem.
4. Ortopraktyka. Termin ten został ukuty przez teologów wyzwolenia jako przeciwwaga dla tradycyjnie podkreślanej przez Kościół „ortodoksji" w znaczeniu „prawowierności". Teologowie wyzwolenia dowodzą, że najważniejsze jest „właściwe działanie", to znaczy wysiłki, które prowadzą do wyzwolenia człowieka. Większość teologów wyzwolenia mówi, że nacisk na ortopraktykę jest kwestią równowagi, a nie wyboru między wiarą i działaniem. Pragnęli odwrócić kilkusetletnią chrześcijańską tendencję do nadmiernego podkreślania wiary kosztem działania. Rozróżnienie to stanowi jednak sedno znacznej części krytyki Ratzingera. Dowodzi on, że najpierw musi być doktryna, nie można ocenić, które działania są słuszne, bez istniejących już wcześniej przekonań. Przecząc priorytetowi wiary, dowodził Ratzinger, teologowie wyzwolenia relatywizują doktrynę chrześcijańską.

Teologia wyzwolenia zachęca do analizy społecznej. Aby zlikwidować niesprawiedliwość, najpierw trzeba zrozumieć mechanizmy społeczne, których jest rezultatem. W analizie tej wielu teologów wyzwolenia odwołuje się do marksizmu. Często pojawiają się w ich pismach pojęcia takie jak wartość dodana, różnica między kwotą, jaką płaci się robotnikom, a rynkową wartością ich pracy. Krytycy uznali to za niepokojące, twierdząc, że nie można rozdzielić marksistowskiej „nauki" od jej ideologicznych fundamentów – ateizmu, materializmu i totalitaryzmu.

I wreszcie, teologowie wyzwolenia kładą nacisk na duszpasterski wymiar swojej działalności. W Ameryce Łacińskiej teologię wyzwolenia zaczęto utożsamiać ze „wspólnotami podstawowymi", dziesiątkami tysięcy małych grup chrześcijan, zwykle liczącymi od dziesięciu do trzydziestu osób, które spotykały się, żeby studiować Pismo św. i toczyć dyskusje prowadzące do działania. Grupy te czasami spotykały się pod kierownictwem księdza, chociaż najczęściej na ich czele stała osoba świecka. W latach siedemdziesiątych i osiemdziesiątych teologowie wyzwolenia uznali wspólnoty podstawowe za główne czynniki zmian w społeczeństwie Ameryki Łacińskiej, za miejsce, w którym gromadzą się biedni, by wziąć swój los we własne ręce. Trudno powiedzieć, jak bardzo rozpowszechnione było to zjawisko w szczytowym okresie; w latach osiemdziesiątych wpływowy brazylijski teolog wyzwolenia Carlos Alberto Libanio Christo (szerzej znany jako Frei Betto, dominikanin) zapewniał, że w jego kraju istnieje od 80 do 100 tysięcy społeczności podstawowych, liczących ponad dwa miliony członków. John Burdick, który pisał o społecznościach podstawowych w *Looking for God in Brazil* („Szukanie Boga w Brazylii"), powołuje się na te szacunki jako powszechnie przyjmowaną liczbę. Z drugiej strony, jeden z badaczy, który na początku lat dziewięćdziesiątych próbował rzeczywiście policzyć te społeczności, powiedział, że udało mu się znaleźć ich tylko tysiąc w archidiecezji São Paulo. Mieszka tam jedna dziesiąta ludności Brazylii i był to obszar, na którym intensywną działalność nakłaniającą do tworzenia społeczności podstawowych prowadził kardynał Evaristo Arns. Autor ten szacował więc, że jest mało prawdopodobne, aby było ich więcej niż 10 tysięcy, co oznaczałoby, że liczba ich członków wynosi 200 tysięcy[2].

Bez względu na realia społeczne, społeczności podstawowe były – i są – kamieniem probierczym tego ruchu. Wielu teologów wyzwolenia przyłączyło się do społeczności podstawowych lub starało się spędzać z nimi czas. W postępowych diecezjach latynoamerykańskich kontakt ze społecznościami podstawowymi stał się integralnym elementem formowania kapłańskiego. Społeczności podstawowe stanowiły też w znacznej mierze przyczynę zaniepokojenia Watykanu teologią wyzwolenia. Ponieważ istniały one niezależnie od nadzoru duchowieństwa, zdawały się stanowić model „Kościoła oddolnego", i rzeczywiście niekiedy ich co bardziej entuzjastycznie nastawieni zwolennicy w taki sposób je przedstawiali. W istocie w społecznościach podstawowych nie ma niczego antagonistycznego, co będą powtarzać teologowie wyzwolenia głównego nurtu w toczących się w latach osiemdziesiątych sporach.

Balast Ratzingera

Historycznym pechowym zrządzeniem losu dla teologów wyzwolenia było to, że napotkali oni w osobie Josepha Ratzingera człowieka, który miał predyspozycje, by być potężnym przeciwnikiem. Balast Ratzingera był natury zarówno osobistej, jak i zawodowej, a im dłużej trwała walka, tym trudniej było oddzielić jedno od drugiego.

Niemieckie korzenie

W środowisku niemieckich teologów katolickich, nawet tych, którzy sympatyzują z teologią wyzwolenia, dogmatem jest to, że swoimi korzeniami ruch ten tkwi w Niemczech. Ratzinger pewnego razu zasugerował żartem, że problem Boffa polega na tym, iż „czytał za dużo niemieckiej teologii". W artykule z marca 1984 roku poświęconym teologii wyzwolenia Ratzinger uznał ją „nie za produkt krajowy, lecz wyeksportowany z Europy". Przekonanie to opiera się na dwóch faktach. Pierwszym jest to, że teologowie wyzwolenia często cytują myślicieli niemieckich, zwłaszcza Johannesa Metza z Monachium i Jürgena Moltmanna z Tybingi. Ponieważ Metz i Moltmann najważniejsze prace napisali w latach sześćdziesiątych, występuje skłonność do zakładania *post hoc ergo propter hoc**: ponieważ teologia wyzwolenia powstała później, z pewnością musiała pozostawać pod ich wpływem.

---

* Z łac. – „po tym, a więc wskutek tego".

Metz przecierał szlak „teologii politycznej", dowodząc, że Sobór Watykański II oznaczał, iż chrześcijanie muszą odczytywać „znaki czasu" w ruchach społecznych i politycznych oraz wspierać tych, którzy starają się poprawić ludzką kondycję. Podobnie celem Moltmanna, teologa luterańskiego, było wydobycie bardziej radykalnej, wcześniejszej warstwy tradycji chrześcijaństwa pogrzebanej pod stuleciami przestrzegania ładu społecznego. Dowodził, że wiara w ukrzyżowanego Jezusa uwalnia chrześcijan od podległości „fałszywym bałwanom", zwłaszcza społecznemu status quo. To Jezus daje prawdziwą nadzieję na przemiany społeczne, dlatego też nazwał swoją teorię „teologią nadziei".

Metz i teologowie wyzwolenia wywierali na siebie wzajemny wpływ. W latach siedemdziesiątych Metz pisał eseje o społecznościach podstawowych, a w 1980 roku napisał panegiryk na cześć Ernesta Cardenala, nikaraguańskiego księdza, który był ministrem kultury u sandinistów, z okazji jego przyjazdu do Niemiec w celu odebrania nagrody za książkę. W jednym z ostatnich esejów Moltmann dowodzi, że ponieważ skutkiem międzynarodowego kapitalizmu lat dziewięćdziesiątych jest globalizacja przepływu kapitału, dóbr i usług, teologia wyzwolenia także musi się zglobalizować. W tym kontekście opowiada się za sojuszem teologów wyzwolenia z Trzeciego Świata i europejskich architektów teologii politycznej.

Drugim argumentem popierającym tezę o niemieckich źródłach teologii wyzwolenia jest to, że niektórzy z teologów wyzwolenia studiowali w Niemczech. Leonardo Boff lata 1965–1970 spędził na studiach na Uniwersytecie Monachijskim pod kierunkiem Karla Rahnera. Gdy Boff ukończył pracę doktorską, *Sakramenty Kościoła*, Rahner zaproponował mu, żeby pokazał ją pewnemu koledze, któremu dysertacja się spodobała i pomógł mu znaleźć wydawcę. Kolegą tym był Joseph Ratzinger. Jezuita Jon Sobrino również studiował w Niemczech, a święcenia kapłańskie otrzymał we Frankfurcie. Gutiérrez objechał Europę, studiując w Louvain, Lyonie i Rzymie. Segundo zdobył stopnie naukowe w Louvain i na Uniwersytecie Paryskim. Jeśli krytycy teologii wyzwolenia chcą winić kogoś w Europie, to w rzeczywistości lepszymi kandydatami byliby francuscy prekursorzy *nouvelle theologie*, których ruch księży-robotników jest historycznym poprzednikiem ruchu teologii wyzwolenia, a ich podejście inkarnacyjne bardziej się z nią zgadza niż sceptycyzm w odniesieniu do „świata", który przenika znaczną część teologii niemieckiej. Gutiérrez nadal ma wielu zwolenników w Europie. W 1998 roku otrzymał doktorat *honoris causa* uniwersytetu we Fryburgu; był to jego szesnasty doktorat honorowy; w 1993 roku prezydent Francji François Mitterand odznaczył Gutiérreza Francuską Legią Honorową.

Jednak dla teologów wyzwolenia pogląd, że nie robią nic poza kalkowaniem wniosków wypływających z koncepcji niemieckich, jest głęboko frustrujący. Uparcie twierdzą, że ruch ich wywodzi się z doświadczenia ubóstwa w Trzecim Świecie. Rzeczywiście, większość latynoamerykańskich teologów wyzwolenia traktuje jako powód do dumy to, że chociaż teologia polityczna jest w Europie kwestią „akademicką", w Trzecim Świecie teologia wyzwolenia jest zjawiskiem powszechnym, ściśle związanym z pracą duszpasterską. Wielu teologów wyzwolenia beształo Metza i Moltmanna za to, że pisali nie kończące się prolegomeny do działania, a nic nie robili. Teologowie wyzwolenia znają oczywiście ważne postaci teologii katolickiej i być może nawet dostrzegają pewne z nimi powinowactwo, ale daleko od tego do twierdzenia, że teologia wyzwolenia wywodzi się z myśli europejskiej.

Ratzinger jest jednak zdecydowanym zwolennikiem teorii niemieckich korzeni teologii wyzwolenia. Gdy objął urząd prefekta Kongregacji Nauki Wiary, nie odczuwał potrzeby dokształcenia się w kwestii założeń czy praktycznej podstawy tego ruchu. Uznał, że zna jego historię, jego założenia, być może nawet lepiej od takich postaci jak Sobrino i Gutiérrez, ponieważ zna ich prekursorów. Co ważniejsze, Ratzinger podjął już decyzję w sprawie tych zaangażowanych politycznie teologii. Jest przekonany, że w sferze teorii prowadzą do relatywizacji doktryny chrześcijańskiej, a w sferze praktyki – do różnych form rewolucyjnego terroru. W obu tych sferach stanowią zagrożenie dla wiary.

Marksizm

„Gdy w Watykanie mówi się o marksizmie, widzi się ciąg obrazów ciągnący się do gułagu na Syberii" – zauważył kiedyś Boff. Bez wątpienia ma on rację, że marksizm budził w Ratzingerze drżenie. Od opowieści o okropnościach rewolucji rad w Bawarii w 1919 roku przez radykałów studenckich 1968 roku i grupę Baader-Meinhoff po represje w NRD, Ratzinger kojarzy marksizm z terrorem i przemocą. Południowa granica Karl-Marx-Stadt, serca Niemieckiej Republiki Demokratycznej, znajdowała się niedaleko domu Ratzingera w Bawarii, i wiedział, do jakich rzeczy zdolne jest państwo marksistowskie.

Konferencja Episkopatów Ameryki Łacińskiej w Medellín, która udzieliła swojego błogosławieństwa teologii wyzwolenia, odbyła się w 1968 roku. Ratzingerowi Medellín musiało wydawać się jeszcze jednym skutkiem ogromnej fali lewicowego radykalizmu, która przelała się tego roku przez świat. Teologowie wyzwolenia to kwestionują. W wywiadzie z 1998 roku dla niemieckiej gazety Gutiérrez utrzymywał z uporem, że „kontekst był zupełnie inny", twierdząc, że Medellín wywodzi się z duszpasterskiej refleksji nad ubóstwem. Wydaje się to trochę nieszczere, ponieważ i ubóstwo, i księża byli w Ameryce Łacińskiej na długo przed 1969 rokiem. Jeśli jednak nawet nastroje panujące w tamtym czasie sprzyjały powstaniu teologii wyzwolenia, Gutiérrez ma rację, że nie można ograniczać znaczenia tego ruchu do jednego czynnika, który przyczynił się do jego powstania.

W miarę rozwoju wydarzeń w Ameryce Łacińskiej teologowie wyzwolenia dostarczyli na tyle dużo potwierdzeń obaw Ratzingera, żeby uwiarygodnić jego zdecydowane odrzucenie teologii wyzwolenia jako jednego z frontów rewolucji marksistowskiej. Garstka księży wzięła do ręki broń i przyłączyła się do ruchów partyzanckich. Niektórzy z nich zginęli i byli czczeni jako bohaterowie, na przykład przyjaciel Gustava Gutiérreza Camilo Torres, który przyłączył się do peruwiańskiego Świetlistego Szlaku. Swego czasu Torres powiedział: „Uważam, że walka rewolucyjna jest walką chrześcijańską i kapłańską. (...) Poświęciłem się rewolucji z miłości bliźniego". Całemu pokoleniu mieszkańców Ameryki Łacińskiej dyskusja o Torresie pomogła ukształtować poglądy na to, co to znaczy być katolikiem. W tym samym duchu trzej księża pełnili w sandinistycznym rządzie Nikaragui funkcję ministrów i bronili okrucieństw tego rządu w imię wyzwolenia.

Biskupi tacy jak Ivo Lorscheiter z Brazylii wielokrotnie podkreślali, że katoliccy sympatycy teologii wyzwolenia „nie opowiadają się za gwałtownymi metodami czy chrystologiami, które zalecają pewne ideologie takie jak marksizm". Zapewnienia te nie przekonały Ratzingera, zwłaszcza gdy dalej Lorscheiter upierał się, co zwykle robił, żeby walkę klasową uznać za jedno z realiów rzeczywistości latynoamerykańskiej. Ratzinger odrzucał takie działania jak „strajki eucharystyczne", gdy księża związani z teologią wyzwolenia odmawiali sakramentów szefowi czy „wodzowi" danego obszaru, dopóki nie spełni żądań chłopów czy robotników. Dostrzegł również dwuznaczność najważniejszych postaci, takich jak Boff, który z jednej strony potępił w 1985 roku socjalizm państwowy, uznając go za „autorytarny", a jednocześnie w wyraźnie zafałszowany sposób wypowiadał się o Kubie Fidela Castro: „Na Kubie nie ma slumsów".

Upór, z jakim Ratzinger wiązał teologię wyzwolenia z państwowym terrorem w Europie Wschodniej, widać w najczęściej cytowanym fragmencie wydanej przez niego w 1984 roku instrukcji w sprawie teologii wyzwolenia:

> Równocześnie, obalenie drogą rewolucyjnej przemocy struktur powodujących niesprawiedliwość nie oznacza *ipso facto* ustanowienia sprawiedliwego ustroju. Tych wszystkich, którzy szczerze pragną prawdziwego wyzwolenia swoich braci, powinien skłonić do refleksji fakt znamionujący naszą epokę. Miliony naszych współczesnych słusznie pragną odzyskać podstawowe wolności, odebrane im przez ustroje totalitarne i ateistyczne, które doszły do władzy na drodze rewolucji i przemocy właśnie w imię wyzwolenia ludu. Nie można zapominać o tej hańbie naszej epoki; to właśnie starając się rzekomo przynieść im wolność, utrzymuje się całe narody w niegodnych człowieka warunkach zniewolenia. Ci, którzy – być może nieświadomie – współdziałają na rzecz takiego zniewolenia, zdradzają ubogich, którym zamierzają służyć.

Widać tutaj, dlaczego walka między Ratzingerem i teologami wyzwolenia była tak zażarta: obie strony wierzyły, że sprawa nie dotyczy akademickich zagadnień interesujących z teoretycznego punktu widzenia, ale kwestii życia i śmierci – zniewolenia i ucisku. Teologowie wyzwolenia chcieli, aby Kościół pomógł w wyzwoleniu biednych Ameryki Łacińskiej, spętanych kajdanami ubóstwa i głodu; Ratzinger był zapatrzony w biednych wschodniej Europy, zniewolonych przez państwa policyjne wspierane przez Związek Radziecki.

Krąg Ratzingera

Przyjaciele i myśliciele o podobnych zapatrywaniach pracowali w latach siedemdziesiątych nad pewnymi teoriami, które Ratzinger później wykorzysta w swojej krytyce teologii wyzwolenia. Dwie postaci stanowią dobry przykład: Hans Urs von Balthasar i Bonaventura Kloppenburg.

Przez całe lata siedemdziesiąte Balthasar, współpracownik i mistrz Ratzingera, stale krytykował teologię wyzwolenia. Pod jej adresem skierował trzy podstawowe zarzuty:

1. Jest ze swej natury regionalna i narodowa; w rzeczywistości szczyci się tym. Balthasar zauważa, że wielu teologów wyzwolenia mówi o „niemożliwości" przeszczepienia ich idei w inny kontekst społeczny. Jednak każda prawdziwie katolicka teologia musi mieć charakter uniwersalny: „Cechą charakterystyczną sekt i herezji jest to, że się określają i zaczynają szerzyć, poczynając od określonej sfery narodowej" – zapewnia Balthasar.
2. Prawdziwa teologia katolicka nigdy nie zrywa jedności z Kościołem. Może mieć szczególną charyzmę, ale korzysta z niej w jedności jednego ciała. Balthasar nie powiedział tego wprost, ale sugeruje, że teologowie wyzwolenia zerwali tę łączność.
3. Teologia katolicka musi uznawać fakt, że Bóg „dostarcza własnej hermeneutyki". Nie potrzebujemy obcych systemów myślowych, takich jak marksizm, żeby zrozumieć Objawienie, ponieważ ono samo zawiera klucz do zrozumienia. „Bez względu na to, czy mają charakter bardziej osobisty, czy bardziej społeczny, schematy interpretacji ludzkiej egzystencji jako całości często pozostają w służbie niechrześcijańskiej lub antychrześcijańskiej ideologii, należy więc sprawdzać z podwójną starannością ich «neutralność» i potencjalną przydatność dla chrześcijańskiego objaśnienia świata" – napisał Balthasar.

Teolog ten przestrzega przed próbami upolitycznienia chrześcijaństwa:

> Ilekroć jakakolwiek postać chrześcijaństwa, która uważa się za oświeconą, zapomina, że krzyż Chrystusa i Jego zmartwychwstanie całkowicie wypełniły „utopijną" obietnicę Starego Testamentu („Bóg z nami"), skutkiem jest (...) popadanie w judaistyczną mentalność, która odczytuje obecnie Nowy Testament poprzez filtr ideologii pana i niewolnika, i – w konsekwencji – przejmuje kontrolę nad całkowitym wyzwoleniem polityczno-religijnym ludzkości, całkowicie sprzecznie z oryginalnym starotestamentowym pojmowaniem Izraela.

Balthasar nalega na wyłącznie jednostkowe rozumienie grzechu: „Sytuacje społeczne mogą być niesprawiedliwe, ale same w sobie nie mogą być grzeszne. Grzeszne mogą być tylko osoby, które ponoszą odpowiedzialność za istnienie takich sytuacji i które dalej tolerują je, pomimo że powinny je znieść lub złagodzić".

Na koniec Balthasar przedstawia następujący sąd: „Kościół musi w sposób uprzywilejowany traktować ubogich; jego najlepsi członkowie zawsze tak postępowali. Ale to rozwiązanie nie może osłabiać uniwersalności propozycji Kościoła zbawienia dla wszystkich w taki sposób, że staje się on partią polityczną. Nie może on zatem celebrować Eucharystii tylko z tymi, którzy są biedni materialnie, czy ograniczać swojej katolickiej jedności do «partii» biednych, czy też rozszerzać swej jedności na wszystkich dopiero po zwycięskiej «walce klasowej»". Ponieważ zarówno Balthasar, jak i Ratzinger zasiadali w latach siedemdziesiątych w Międzynarodowej Komisji Teologicznej i pomagali nadać kształt oświadczeniu z 1977 roku pt. „Rozwój człowieka a chrześcijańskie zbawienie", można zakładać, że Ratzinger przynajmniej częściowo podzielał krytyczne poglądy Balthasara.

Bonaventura Kloppenburg, będąc członkiem brazylijskiej hierarchii kościelnej, miał przywilej obserwowania wszystkiego „na miejscu". Urodzony w Molbergen w Niemczech w 1919 roku Kloppenburg był franciszkaninem. Gdy pełnił funkcję biskupa pomocniczego w Rio de Janeiro, był jednym z najzagorzalszych przeciwników Boffa. Później został biskupem Novo Hamburgo, gdzie został przywódcą konserwatywnej frakcji w brazylijskim Kościele. I Kloppenburg, i Ratzinger byli ekspertami na Soborze Watykańskim II, obracali się w postępowych kręgach, a później przesunęli się na prawo. Obaj zasiadali w latach siedemdziesiątych w Międzynarodowej Komisji Teologicznej.

Zmiany myślenia Kloppenburga o teologii wyzwolenia można dostrzec w monografii *Temptations for the Theology of Liberation* („Pokusy teologii wyzwolenia"), którą napisał w 1974 roku[3]. Jak na ironię, autor zaczyna od powiązania teologii wyzwolenia z Rudolfem Bultmannem, który w swoim programie „demitologizacji" utrzymywał, że historyczny Jezus nie ma żadnego znaczenia dla chrześcijaństwa, ponieważ liczy się wyłącznie „Chrystus wiary". Kloppenburg twierdzi, że teologia wyzwolenia podziela ten pogląd, podkreślając, iż ewangelia przemawia do tego czasu i miejsca. Argument ten nie odpowiadał Ratzingerowi – później oskarży teologów wyzwolenia o coś wręcz przeciwnego, o nadawanie zbyt wielkiego znaczenia Jezusowi historycznemu.

Rozumowanie Kloppenburga zbiegało się jednak z poglądami Ratzingera w innych kwestiach. Franciszkański teolog sugeruje, że teologia wyzwolenia jest zbyt skłonna sprzymierzać się ze świeckimi ruchami wyzwoleńczymi. „Jeżeli nasze próby dostosowania skończą się tym, że osiągniemy całkowite «zrozumienie» lub zlikwidujemy «surowość Słowa», nie potrzebujemy żadnych innych dowodów, że zeszliśmy z drogi Pana" – pisze. Przestrzega przed pomijaniem wewnętrznej i osobistej duchowości w podkreślaniu roli przeobrażeń społecznych, a niektórym teologom wyzwolenia zarzuca „pogardę dla ontologicznych wymiarów teologii". Ostrzega przed marksizmem i stwierdza: „Królestwo Boże, które rościłoby sobie pretensje do tego, żeby być w pełni realnym na ziemi przed ponownym przyjściem Chrystusa, byłoby jedynie niebezpiecznym złudzeniem". Mówi, że w chrześcijańskim rozumieniu odkupienie i uświęcenie są zasadniczo jednostkowe, ale mają „społeczny, a nawet kosmiczny wymiar".

Jednak Kloppenburg prawdopodobnie nie wywarł na Ratzingera żadnego bezpośredniego wpływu, a jeśli już, to mógł on biec w przeciwnym kierunku. W latach siedemdziesiątych w kręgach kościelnych, w których obracał się Ratzinger – teologów związanych z periodykiem „Communio" i coraz silniejszym sprzeciwem wobec posoborowego okresu w Kościele – nasilała się krytyka teologii wyzwolenia. Taki teologiczny klimat przyczynił się do przygotowania sceny na ofensywę Ratzingera. Nie podjął on próby stłumienia teologii wyzwolenia dopiero po objęciu urzędu, on z takim nastawieniem na ten urząd przyszedł.

Krytyka teologiczna

Krytyka teologii wyzwolenia Ratzingera opiera się na dwóch głównych wątkach teologicznych, które przewijają się w jego pracach poświęconych innym zagadnieniom.

Prawda

Ponieważ teologowie wyzwolenia dowodzili, że teologiczne zrozumienie powinno następować po zaangażowaniu politycznym, Ratzinger sądził, że twierdzą oni, iż praktyka stanowi kryterium oceny słuszności doktryny. Innymi słowy, decyzję o tym, które nauki chrześcijaństwa są „prawdziwe", podejmuje się na podstawie tego, jak dobrze wspierają one polityczne działania w imię sprawiedliwości społecznej. Już w 1968 roku we *Wprowadzeniu w chrześcijaństwo* Ratzinger opierał się „tyranii *factum*", tendencji do redukowania prawdy do tego, co się robi, a nie do tego, jaka jest rzeczywistość. Błąd ten sprawia, że niektórzy przedstawiają chrześcijaństwo jako narzędzie służące do zmiany świata i do „przenoszenia wiary na tę samą płaszczyznę". Innymi słowy, wszelka doktryna jest podejrzana, jeśli nie służy zmianom społecznym.

Ratzinger nie przypisał po prostu tego rozumowania teologom wyzwolenia – niektórzy faktycznie zajmowali takie stanowisko. Słynne stwierdzenie Juana Luisa Segunda w *Theology for Artisans of a New Humanity* („Teologia dla rzemieślników nowej ludzkości") brzmiało: „Jedyną prawdą jest prawda, która skutecznie służy wyzwoleniu". W czerwcu 1974 roku Segundo Galilea opublikował w „Concilium" artykuł, w którym dowodził, że Mojżesz stanowi lepszy wzór dla zaangażowanego politycznie chrześcijanina niż Jezus, ponieważ połączył koncepcję zbawienia politycznego i religijnego, podczas gdy Jezus odrzucił „rozwiązanie zelotów". Z pewnością wyglądało to na stosowanie kryterium praktyki do oceny doktryny i trudno sobie wyobrazić bardziej radykalne zastosowanie niż zdetronizowanie Jezusa jako ośrodka wiary. Nie ma znaczenia, czy to właśnie Galilea miał na myśli – jego artykuł sprawiał takie właśnie wrażenie. Podobnie Hugo Assmann napisał w 1976 roku: „Biblia! Ona nie istnieje. Jedyną Biblią jest Biblia socjologiczna tego, co dzieje się na moich oczach, tu i teraz"[4].

Teologowie wyzwolenia głównego nurtu uparcie twierdzą, że nie istnieje żaden konieczny związek między teologią wyzwolenia i relatywizmem. Ratzinger jednak mógł znaleźć mnóstwo dowodów potwierdzających jego obawy w pismach teologów wyzwolenia. Było oczywiste, dokąd zaprowadzi go ta analiza. Zostało to wyrażone w instrukcji z 1984 roku:

> Nieuniknionym następstwem tej nowej koncepcji jest radykalna politycyzacja twierdzeń wiary i ocen teologicznych. Nie chodzi tylko o zwrócenie uwagi na konsekwencje i implikacje polityczne prawd wiary, co w zasadzie mogłoby być uznane w wymiarze transcendentalnym, ale o to, że cała nauka wiary i teologii zostaje podporządkowana kryterium politycznemu, uzależnionemu od zasady walki klas jako motoru historii.

Fundamentalne znaczenie ma tutaj słowo „transcendentalny", które jest w żargonie teologicznym odpowiednikiem słowa „nadprzyrodzony". Przecząc obiektywnej prawdzie, uważa Ratzinger, teologowie wyzwolenia przeczą transcendencji, a więc Bogu, czy przynajmniej sprawiają, że kwestia Boga staje się dyskusyjna.

Oskarżenie teologów wyzwolenia o brak szacunku dla prawdy było dla nich szczególnie obraźliwe, ponieważ byli więzieni, bici i zabijani właśnie dlatego, że mówili prawdę, ujawniając okrucieństwo reżimów rządzących ich krajami. Był to czarno-biały, prosty wybór: jeśli będziesz mówił, zginiesz; jeśli będziesz milczał, przeżyjesz. Segundo pisał o tym, jak święta dla teologów wyzwolenia była prawda, właśnie dlatego, że często była sprawą życia i śmierci. Zatem znowu obie strony widziały coś o zasadniczym znaczeniu, o co toczyła się gra. Ratzinger widział wiarę, za którą przez wieki oddawali życie niezliczeni męczennicy, na których zarabiano polityczne punkty, podczas gdy teologowie wyzwolenia widzieli, że przyczyny, dla których umierali męczeńską śmiercią, były przez Watykan ignorowane lub pomijane. W ich oczach Rzym zdawał się obawiać wyciągnąć wnioski z własnej wiary. Rozbieżność między tymi dwoma ujęciami była w dwudziestowiecznym katolicyzmie prawdopodobnie najbardziej znacząca, zarówno z eklezjalnego, jak i politycznego punktu widzenia.

Eschatologia

Zasadniczym zarzutem Ratzingera wobec teologii wyzwolenia jest to, że uosabia ona błędne pojęcie eschatologii. Ratzinger jest przekonany, że teologowie wyzwolenia dążą do królestwa Bożego na tej ziemi i w tym porządku historycznym. Tego rodzaju utopijność nie tylko jest błędna, mówi Ratzinger, jest też groźna. Ilekroć ruch społeczny czy polityczny absolutystycznie twierdzi, czego to on nie da, niedaleko mu do faszyzmu. Tego uczą nazistowskie Niemcy, dowodzi Ratzinger, i sowiecka Rosja. Celem chrześcijaństwa zatem musi być odseparowanie polityki od eschatologii. Jak ujął to w książce *Kościół, ekumenizm i polityka* z 1987 roku: „Gdzie nie ma dualizmu, tam jest totalitaryzm".

Ratzinger wie, że większość teologów wyzwolenia nie rozpoznałaby siebie w tym opisie. Wie, że uważają, iż pełne urzeczywistnienie królestwa Bożego nastąpi na tamtym świecie. Wie o tym, ponieważ główne postaci tego ruchu – Boff, Gutiérrez, Sobrino – w różnym czasie były zmuszone napisać dla niego obszerne „wyjaśnienia" i każdy z nich poruszył tę kwestię. Dla Ratzingera jednak to, że z uporem utrzymywali, iż w rzeczywistości nie postulują natychmiastowego zbawienia, nie miało znaczenia. Ich system siłą rzeczy prowadzi w tym kierunku, konieczna więc jest dekonstrukcja tego systemu, a nie tylko chwilowe porzucenie go w kryzysowej sytuacji.

Dla Ratzingera ta pokusa, by zepchnąć eschatologię w ziemskie oczekiwania społeczne, istnieje w chrześcijaństwie odwiecznie. Jak wspomniano w rozdziale pierwszym, podoktorancka praca Ratzingera traktowała o Bonawenturze, a zwłaszcza o jego walce z „duchowymi franciszkanami". Grupa ta oczekiwała nadejścia trzeciej epoki Ducha Świętego, która miała opierać się na ubóstwie i zostać sprowadzona przez samego św. Franciszka. W tej epoce biedni mieli zostać wyniesieni, a bogaci upokorzeni. Ponieważ ludźmi miałby kierować bezpośrednio Duch Święty, instytucjonalne struktury Kościoła straciłyby na znaczeniu. Ratzinger tym samym znalazł już szablon sposobu rozumienia swojej walki z teologami wyzwolenia.

W jego ocenie konsekwencje teologii wyzwolenia wypaczają prawdziwy obraz eschatologii na co najmniej cztery sposoby:

1. Odchodzenie od katolicyzmu. Ratzinger uważa, że obiecując biednym zapanowanie sprawiedliwości, która nigdy nie nadejdzie, teologia wyzwolenia w rzeczywistości odstręczyła ich od katolicyzmu, a wielu zaczęło wskutek tego szukać transcendentalnej wiary gdzie indziej. W *Soli ziemi* stwierdził: „Lepszy świat, na który daje się tam nadzieję, jawił się najbiedniejszym jako zbyt odległy, dlatego byli oni zainteresowani religią dnia dzisiejszego – religią, która by sięgała w ich życie". Ratzinger powiązał to lekceważenie tu i teraz z przechodzeniem na protestantyzm. „Protestantyzacja" Ameryki Łacińskiej długo stanowiła przyczynę niepokoju władz katolickich i chociaż czasami podaje się przesadnie wysokie liczby, sam trend rzeczywiście występuje. Większość komentatorów ocenia, że dwanaście do trzynastu procent mieszkańców Ameryki Łacińskiej to obecnie protestanci, co stanowi ogromny wzrost z około jednego procenta w 1930 roku i czterech procent w roku 1960. To odchodzenie od katolicyzmu było pożywką dla prawicowej krytyki teologii wyzwolenia, oskarżającej obóz postępowy o upolitycznienie wiary i odchodzenie ludzi, zwłaszcza do szybko rozwijających się Kościołów ewangelickich i zielonoświątkowych. Argument ten wzmacnia wskazanie na takie przykłady jak południowomeksykański stan Chiapas, w którym biskup Samuel Ruiz jest nazywany „czerwonym biskupem" z powodu poparcia powstań chłopów i ludów tubylczych. Poziom nawróceń na protestantyzm w całym Meksyku wynosił w latach dziewięćdziesiątych dziesięć procent, a w Chiapas około trzydziestu[5].

Wielu ekspertów sądzi, że teologii wyzwolenia nie można winić za przechodzenie ludzi do innych wyznań. Gdyby tak było w Brazylii, zauważa Comblin, byłyby większe straty w archidiecezji São Paulo, siedlisku teologii wyzwolenia, niż w Rio de Janeiro, gdzie nigdy nie cieszyła się większym poparciem; w rzeczywistości sytuacja wygląda odwrotnie. Niemniej jednak jest oczywiste, że Ratzinger ten związek widzi.
2. Terror. Ratzinger uważa, że jeśli pozwolisz sobie uwierzyć, iż idealne społeczeństwo może być dziełem rąk ludzkich, to ręce te będą unurzane we krwi. Pogląd ten wyraził w *Raporcie o stanie wiary*: „«Absolutne dobro» (a to oznacza budowę sprawiedliwego społeczeństwa socjalistycznego) staje się normą moralną, która usprawiedliwia wszystko, włącznie – jeśli to konieczne – z przemocą, ludobójstwem, kłamliwością (...). A to, co wygląda na «wyzwolenie», obraca się w swoje przeciwieństwo i ukazuje swoje diabelskie oblicze w czynach". Następnie Ratzinger przywołuje islamistyczne bojówki, takie jak Hezbollah, jako dobry przykład, dowodząc, że przekształciły one islam w pewną postać teologii wyzwolenia, która dąży do wybawienia od Izraela.
3. Odstępstwa. Ratzinger długo był przekonany, że katolicy – pod wpływem teologii wyzwolenia – będą dostrzegać pewną formę „walki klasowej" między tymi, którzy mają władzę kościelną, a tymi, którzy są z niej wykluczeni, i tym samym będą żądać „wyzwolenia" z opierających się na ucisku struktur kościelnych. Próbując przekształcić Kościół w narzędzie rewolucji – twierdzi Ratzinger – teologia wyzwolenia zapomina, że jego forma i struktura są „dane" z Objawienia, a nie wynikają z umowy społecznej. Jak na ironię, ten relatywizm faktycznie przyczynia się do obalenia totalitarnych reżimów. „Kościół stanowi podstawę wolności właśnie dlatego, że jego forma jest formą wspólnoty, w której zawiera się też powszechnie wiążące zobowiązanie. Gdy zatem sprzeciwiam się dyktaturze, robię to nie tylko we własnym imieniu jako człowiek prywatny, ale ze względu na wewnętrzną siłę, która przekracza moje «ja» i mój subiektywizm" – stwierdził Ratzinger.
4. Rozmycie się w kulturze. W ostatecznym rozrachunku tym, o co toczy się gra dla Ratzingera, jest jego augustyniańskie rozumienie różnicy między Kościołem i kulturą, przefiltrowane przez silny luterański nacisk na grzech i upadły świat. „Czas, by na nowo odnaleźć odwagę nonkonformizmu, zdolność przeciwstawienia

się wielu tendencjom otaczającej kultury, wyrzekając się pewnej euforycznej posoborowej solidarności – stwierdził w *Raporcie o stanie wiary*. – Dzisiaj bardziej niż kiedykolwiek wcześniej chrześcijanin musi być świadom, że należy do mniejszości i że jet w opozycji do wszystkiego, co wydaje się dobre, oczywiste, logiczne «duchowi świata», jak nazywa to Nowy Testament". Ratzinger stwierdza, że w zakresie, w jakim teologia wyzwolenia pokłada nadzieje raczej w świeckim postępie politycznym niż w wyzwoleniu, które może przynieść tylko Chrystus, traci Krzyż z pola widzenia.

Kampania w sprawie teologii wyzwolenia

Ostrzeżenia Ratzingera przed zagrożeniami, jakie stwarza teologia wyzwolenia, w rzeczywistości poprzedzają jego przybycie do Watykanu, podobnie jak coraz większe zaniepokojenie Watykanu populistycznym natarciem Kościoła latynoamerykańskiego jest wcześniejsze niż objęcie przez Ratzingera urzędu prefekta. Zatem gdy się tam zjawił, teologia wyzwolenia i Rzym krążyły już wokół siebie, nieufnie, a wybuch otwartego konfliktu był już tylko kwestią czasu.

Lata siedemdziesiąte

Kongregacja Nauki Wiary założyła akta Leonardowi Boffowi w 1975 roku, a akta Jona Sobrina sięgają 1980 roku. Biorąc pod uwagę ostrzeżenia formułowane w latach siedemdziesiątych przez Międzynarodową Komisję Teologiczną, było nieuniknione, że najważniejsi teologowie wyzwolenia zostaną poddani ocenie. Zarazem ruch teologii wyzwolenia rósł w siłę. Na swoim trzydziestym drugim Zgromadzeniu Generalnym w 1974 roku jezuici przyjęli oświadczenie, w którym czytamy: „Wspieranie sprawiedliwości jest absolutnie konieczne". Przełożony jezuitów, drobny Bask Pedro Arrupe, postać wówczas – pełnił czwartą kadencję – niezwykle popularna, tak skomentował tę decyzję: „Gdybyśmy żyli zgodnie z tym dekretem, mielibyśmy męczenników". Dziesiątki nękanych, bitych i mordowanych przez następne dwadzieścia lat jezuitów potwierdzałyby punkt widzenia Arrupego.

W dokumencie Międzynarodowej Komisji Teologicznej „Deklaracja o postępie ludzkim i zbawieniu chrześcijańskim" z 1977 roku zawarto zaskakująco wyważone stanowisko wobec teologii wyzwolenia, biorąc pod uwagę, że członkami gremium, które je przygotowało, był i Ratzinger, i Kloppenburg. Karl Lehmann, obecnie biskup Moguncji, był przewodniczącym podkomisji, która opracowała ten dokument. Przestrzegano w nim, że nikt nie powinien krytykować teologii wyzwolenia, „jeśli nie słyszy jednocześnie krzyku biednych i nie szuka bardziej możliwych do zaakceptowania sposobów zareagowania". W dokumencie tym nie odrzucono koncepcji grzechu strukturalnego. Grzech, czytamy w nim, jest przede wszystkim czymś natury jednostkowej, „ale nie ulega wątpliwości, że wskutek potęgi grzechu krzywda i niesprawiedliwość mogą przeniknąć do instytucji społecznych i politycznych". W dokumencie przyznawano, że Kościół nie może uniknąć angażowania się w kwestie polityczne, i uznano, że fundamentalna jedność między rozwojem człowieka i zbawieniem zapewnionym przez Chrystusa „nie może być unieważniona, ponieważ stanowi istotę rzeczywistości"[6].

Jednakże w dokumencie tym zgłoszono także szereg zastrzeżeń do teologii wyzwolenia, które Ratzinger i inni jej krytycy rozwiną w nadchodzących latach. Nadprzyrodzonego charakteru chrześcijańskiego odkupienia nie wolno mylić ze świecką historią; Kościołowi nie wolno zatopić się w świecie; chrześcijańskie nawoływania do reformy społecznej i politycznej nie mogą prowadzić do przemocy; uświęcanie polityki prowadzi do dyktatury; marksizmu nie wolno „ochrzcić"; chrześcijanom nie wolno popierać walki klas; pełne wyzwolenie nastąpi dopiero na tamtym świecie. Wydaną przez Kongregację Nauki Wiary w 1984 roku instrukcję o teologii wyzwolenia, jak się dalej przekonamy, można odczytać jako rozwinięcie tych punktów.

Ratzinger jako krytyk teologii wyzwolenia oficjalnie zadebiutował w 1978 roku, gdy papież Jan Paweł I mianował go, wówczas arcybiskupa Monachium, swoim legatem na kongres maryjny w Guayquil w Ekwadorze. Celem tego wyjazdu było przekazanie ostrzeżenia przed marksizmem i rewolucją społeczną (co wskazuje, między innymi, że ci, którzy wyobrażają sobie, że dłuższy pontyfikat Jana Pawła I pozwoliłby uniknąć krucjaty Kościoła przeciwko teologii wyzwolenia i innym postępowym nurtom, prawdopodobnie się mylą). Ratzinger rozpoczął przemówienie od uświadomienia mieszkańcom Ameryki Łacińskiej, jak ważne jest to, co dzieje się w ich Kościele, ponieważ obecnie większość katolików świata mieszka w obu Amerykach. „Oznacza to, że centrum Kościoła światowego przeniesie się do Ameryki" – powiedział. (W typowy dla Europejczyków sposób Ratzinger traktuje Amerykę Północną i Południową jako jeden kontynent.) „Byłoby okropnym nieszczęściem" – kontynuował – gdyby Ameryka „zaprzedała swoją duszę", oczarowana europejskimi osiągnięciami gospodarczymi i technicznymi, i uległa „kulturze posiadania". Kultura ta, ostrzegał Ratzinger, najprawdopodobniej pojawi się pod przykrywką marksizmu. Stwierdził, że obydwa „wielkie racjonalizmy" epoki – zachodni pozytywistyczny i wschodni marksistowski – prowadzą świat do głębokiego kryzysu. „Ukazuje to katastrofalną drogę wyłącznie racjonalistycznej kultury" – powiedział Ratzinger. Nacisk na zdobywanie i dystrybucję dóbr materialnych wspólny obu tym systemom „nie rozwiązał wielkich problemów między Północą a Południem w ostatnim ćwierćwieczu" – powiedział. Jako rozwiązanie alternatywne Ratzinger zaproponował, żeby mieszkańcy Ameryki Łacińskiej rozwijali własną „kulturę intuicji i serca", która istnieje również – jak powiedział – w innej formie w Afryce[7].

Po śmierci Jana Pawła I Ratzinger udzielił wywiadu monachijskiej „Süddeutsche Zeitung" na temat swojej wizyty w Ekwadorze i wyboru nowego papieża. Opublikowany 6 października 1978 roku stanowi jego pierwszą, bezpośrednią, publiczną krytykę teologii wyzwolenia. Mówiąc o Kościele w Ameryce Łacińskiej, Ratzinger stwierdził: „Konieczne jest ulżenie nie tylko w ekonomicznych, ale przede wszystkim w społecznych potrzebach". Argumentował, że „nazbyt pospieszne wprowadzenie epoki przemysłowej" w kulturę doprowadziło do „wykorzenienia, zniszczenia struktury rodziny, społeczeństwa bez ojców, proletariatyzacji życia akademickiego i głębokich podziałów między ludźmi". Powiedział, że odrzucenie „aroganckiego amerykanizmu", przez który rozumiał kapitalistyczną ideologię Stanów Zjednoczonych, oraz niesprawiedliwe realia społeczne stworzyły podstawę dla ideologii marksistowskich.

„Tam, gdzie ewangelizacja jest zaniedbywana, a pomoc społeczna odarta z jej chrześcijańskiej istoty, gdzie tak gorąco dyskutowana teologia wyzwolenia zlewa się z marksistowskimi założeniami, drzwi przed ideologicznymi sposobami walki stoją otworem" – powiedział. Ratzinger sugerował, że sukcesy odnoszone w regionie przez świadków Jehowy i mormonów dowodzą, że marksizmowi i rewolucji nie udało się zaspokoić duchowych potrzeb ludzi. W sprawie wyboru papieża Ratzinger stwierdził, że pomimo krytyki Jana Pawła I ze strony „lewicowych sił we Włoszech", jego negatywna ocena teologii wyzwolenia powinna zostać podtrzymana przez nowego papieża.

Decydującym dla teologii wyzwolenia wydarzeniem 1979 roku była rewolucja sandinistów w Nikaragui. Powstanie cieszyło się poparciem większości wspólnot podstawowych i postępowych nurtów w nikaraguańskim Kościele katolickim. Trzej księża pełnili funkcje ministrów w rządzie, a jeden był ambasadorem tego państwa przy Organizacji Państw Amerykańskich. To bardziej niż cokolwiek innego utwierdziło Ratzingera w przekonaniu, że punkt widzenia teologii wyzwolenia na walkę klas może być postrzegany jedynie zza lufy karabinu.

Na początku 1979 roku Jan Paweł II udał się z jedną ze swoich pierwszych pielgrzymek jako papież do Republiki Dominikańskiej i Meksyku. W Meksyku wygłosił przemówienie na konferencji CELAM (Konferencji Episkopatów Ameryki Łacińskiej) w Puebli w pobliżu granicy z Gwatemalą. Spotkanie CELAM w Medellín w 1968 roku entuzjastycznie poparło teologię wyzwolenia. Konserwatywni członkowie hierarchii, zwłaszcza kardynał Alfonso López Trujillo z Kolumbii, tym razem chcieli jej potępienia. Wydawało się, że wypowiedzi papieża w Puebli skłaniają się ku stanowisku konserwatystów. Ostrzegł księży: „Nie jesteście przywódcami społecznymi czy politycznymi ani urzędnikami reprezentującymi ziemską władzę", i powiedział katolikom Ameryki Łacińskiej, żeby pozostali wierni „chrześcijańskiej koncepcji wyzwolenia", a nie koncepcji „ideologicznej". Sformułowana na koniec Deklaracja z Puebli była kompromisem. Powtórzono w niej, że Kościół opowiada się za „uprzywilejowaniem biednych", ale zostało to obwarowane przestrogami przed rewolucją. Większość teologów wyzwolenia uznała ten dokument za oczyszczenie z zarzutów i zaczęła wspominać o „Medellín i Puebli", jakby stanowiły jeden ciąg myślowy. Z perspektywy historycznej jednak Puebla w rzeczywistości bardziej przypomina punkt na biegnącym w dół zboczu, początek zmiany oficjalnego nastawienia latynoamerykańskiej hierarchii do teologii wyzwolenia. Później tego samego roku Jan Paweł II powiedział, że popiera ideę teologii wyzwolenia, ale nie powinna ona być łączona jedynie z Ameryką Łacińską ani z ludźmi społecznie ubogimi. Przytoczył słowa Balthasara, z których wynikało, że teologia katolicka musi mieć „powszechny promień".

1980

Dwa wydarzenia 1980 roku wskazywały kierunek, jaki przyjmie kampania skierowana przeciwko teologii wyzwolenia. Około 20 marca trzej urzędnicy watykańscy – kardynałowie Silvio Oddi z Kongregacji ds. Duchowieństwa, Franjo Seper z Kongregacji Nauki Wiary i Sebastiano Baggio z Kongregacji ds. Biskupów – postanowili zwrócić się do papieża z prośbą, żeby przeniósł arcybiskupa Salwadoru Oscara Romera. Uważali, że nieustanne krytykowanie przez niego rządu i jego „uprzywilejowanie biednych" grozi nieodwracalnym podziałem Kościoła w tym kraju. Romero został zamordowany 24 marca, zanim decyzję tę można było wprowadzić w życie. Decyzja o przeniesieniu Romera była sygnałem, że Rzym nie patrzy przychylnym okiem na kierunek polityczny, w jakim zmierza Kościół latynoamerykański[8].

W styczniu 1979 roku, tuż przed spotkaniem w Puebli, Romero ekskomunikował prezydenta Salwadoru za to, że nie powstrzymał zabijania księży i świeckich. Tego rodzaju profetyczny gest niegdyś konserwatywnego Romera już wcześniej wpędził go w kłopoty z Rzymem; w sierpniu 1979 roku napisał w pamiętniku, że zaczyna się go oskarżać, że jest „marksistą" i „wywrotowcem". Wiosną 1979 roku Stolica Apostolska poprosiła Georgetown University w Waszyngtonie, by zrezygnował z planów nadania Romerowi honorowego stopnia naukowego. Rektor Georgetown jezuita Timothy Healy odmówił i pojechał do San Salwadoru, żeby nadać mu ten stopień.

Przez następnych kilka lat Rzym przeniósł, zastąpił lub zamknął usta wielu postępowym biskupom w oczywistym celu osłabienia tego nurtu w Kościele latynoamerykańskim. Romero stwierdził w pamiętniku, że rzeczywistym problemem było to, iż on – jak wielu innych księży – starał się pozostać wierny Soborowi Watykańskiemu II „wyjaśnionemu dla Ameryki Łacińskiej w Medellín i Puebli". Do dziś władze watykańskie odmawiają uznania Romera za męczennika ani nie chcą go wynieść na ołtarze. W wypadku papieża, który kanonizował tyle osób, że stanowią one niemal trzy czwarte kanonizacji wszystkich jego poprzedników łącznie, jest to ważne i znamienne pominięcie.

Później tego samego 1980 roku Jan Paweł II udał się ze swoją pierwszą wizytą duszpasterską do Brazylii, największego katolickiego kraju na świecie i ojczyzny najbardziej zdecydowanych wśród biskupów zwolenników teologii wyzwolenia. Przez większą część tej wizyty gospodarzem był kardynał Evaristo Arns z São Paulo, bohater brazylijskich katolików, był bowiem człowiekiem najbardziej kojarzonym ze sprzeciwem wobec władzy wojskowej. (Wojsko przejęło władzę w Brazylii w 1964 roku i utrzymało ją do roku 1985, gdy zezwoliło na cywilne wybory.) Wcześniej tego samego roku Arns starł się z watykańskimi urzędnikami, gdyż chciał zorganizować konferencję poświęconą teologii w Trzecim Świecie w São Paulo. Rzym poprosił go, żeby się wstrzymał, a gdy nie usłuchał, Watykan rozesłał listy do biskupów w krajach, z których teologowie otrzymali zaproszenia, zalecające, by uniemożliwili im wzięcie udziału w tej konferencji. Po otrzymaniu listów biskupom złożyli wizyty nuncjusze papiescy. Tak więc gdy Jan Paweł II przybył do Brazylii, Arns miał powody do nieufności. Niemniej jednak nie rezygnował. W pewnym momencie wizyty wojskowi oficjele zaproponowali, że zapewnią papieżowi przelot do następnego miejsca, oszczędzając mu podróży kościelnymi samochodami po wyboistych drogach. Gdy papież i jego świta zmierzali w kierunku śmigłowca, Arns odciągnął go na bok i łagodnie, choć stanowczo powiedział: „Jeśli jedziesz z armią, jedziesz sam". Jan Paweł II odwrócił się i odszedł z Arnsem. Był to zwiastun tego, co miało nastąpić: w Brazylii teologia wyzwolenia miała potężnych obrońców, którzy mieli zarówno wolę, jak i intelektualne zaplecze, by się bronić. Ratzinger zrozumiał, że jeśli chce złamać ten ruch, bitwę trzeba będzie toczyć przede wszystkim na brazylijskiej ziemi.

1981

W 1981 roku Jan Paweł II odrzucił regułę jezuitów, żeby narzucić zakonowi własne przywództwo, i opóźnił ich następne zgromadzenie ogólne o dwa lata, dopóki nie uznał, że może spokojnie zgodzić się na nowe wybory. Działania te były wyraźnym odrzuceniem przywództwa Pedra Arrupego i postępowego nurtu jezuitów, zwłaszcza ich poparcia dla teologii wyzwolenia. Papież zarzucił jezuitom mieszanie się do polityki, zeświecczenie i – szczególnie w Ameryce Łacińskiej – zastępowanie tradycyjnej formacji kapłańskiej zaangażowaniem w „Kościół popularny" składający się ze wspólnot podstawowych. Jan Paweł II dowodził, że z powodu nieproporcjonalnie dużego wpływu jezuitów na Kościół musiał ukarać ich dla przykładu; jeden z jezuitów twierdził, że papież powiedział do niego: „Jeśli wy to robicie, inne zakony będą uważały, że też mogą to robić".

Gdy w 1981 roku Arrupe doznał udaru, papież mianował generałem zakonu ojca Paola Dezzę, osiemdziesięcioletniego jezuitę włoskiego (a później kardynała), wraz z ojcem Giuseppe Pittau, prowincjałem jezuitów w Japonii. Papież nie pozwolił jezuitom zwołać zgromadzenia ogólnego aż do września 1983 roku, gdy na generała zakonu wybrali ojca Petera Hansa Kolvenbacha, bardzo szanowanego holenderskiego uczonego i specjalistę do spraw Bliskiego Wschodu. Arrupe był więc pierwszym przełożonym jezuitów w historii, który musiał oddać przywództwo przed śmiercią. W 1985 roku, zwracając się do zgromadzenia jezuitów, Jan Paweł II wciąż mówił napominającym tonem: „Musicie pilnie baczyć, żeby wiernych nie zdezorientować wątpliwymi naukami, wydawnictwami czy przemówieniami, które pozostają w jawnej sprzeczności z wiarą i moralnością Kościoła". Arrupe zmarł w 1991 roku, spędziwszy niemal dziesięć lat w szpitalu w głównej siedzibie jezuitów w Rzymie.

1982

Niechęć prawego skrzydła Kościoła latynoamerykańskiego do teologii wyzwolenia nasiliła się w 1982 roku, czego przykładem jest artykuł o Boffie, który Kloppenburg opublikował w „Communio". Wrogość Kloppenburga przynajmniej w części miała charakter osobisty; w czasach, gdy ciągle jeszcze entuzjastycznie odnosił się Soboru Watykańskiego II, przygotowywał Boffa, tak jak i on franciszkanina, na swojego następcę na wydziale teologii uniwersytetu w Petrópolis. Gdy pod koniec lat siedemdziesiątych oddalili się od siebie, wywołało to rozgoryczenie Kloppenburga, który stał się jednym z najbardziej zagorzałych przeciwników teologii wyzwolenia. Boff odwzajemniał to uczucie. W wywiadzie z 1989 roku, który przeprowadził doktorant z Kent State University w Ohio, opublikowanym później w „National Catholic Reporter", Boff przechwalał się, że gdyby Kloppenburg, którego nazwał „przywódcą reakcyjnych, konserwatywnych biskupów", zorganizował spotkanie z okazji wydania nowej książki, miałby szczęście, gdyby pojawiło się na nim ze trzech przyjaciół, żeby ją kupić. On zaś może sprzedać trzysta egzemplarzy książki na jednym spotkaniu. „Kto więc mobilizuje więcej ludzi?" – zapytał retorycznie.

W artykule zamieszczonym w „Communio" Kloppenburg na przedmiot szczególnej krytyki wybrał wydaną w 1981 roku książkę Boffa *Igreja: carisma e poder* („Kościół: charyzma i władza"). (W rzeczywistości był to zbiór esejów napisanych w latach 1972–1981.) Zarzucił w nim brazylijskiemu teologowi, że chce „Kościoła bez instytucji, bez władzy, bez hierarchii, bez dogmatów i prawa kanonicznego". Chociaż większość komentatorów uważa, że jest to wypaczenie poglądów Boffa, rzeczywiście skierował on w tej książce parę ostrych słów pod adresem instytucjonalnego katolicyzmu. Został on „zabsolutyzowany w taki sposób, że próbuje zastąpić Jezusa Chrystusa lub uważać siebie za równego Jemu (...). Napięcia były, i są, często likwidowane za sprawą represji, które często gwałcą podstawowe prawa człowieka przestrzegane nawet przez społeczeństwa oficjalnie ateistyczne".

Administracja prezydenta Stanów Zjednoczonych Ronalda Reagana zwróciła uwagę na teologię wyzwolenia w 1982 roku w dokumencie zatytułowanym „Nowa polityka amerykańska na lata osiemdziesiąte", znanym powszechnie jako dokument z Santa Fe, od nazwy miasta, w którym pracował nad nim zespół doradców Reagana. Znajdowali się w nim Roger Fontaine, później doradca Reagana do spraw Ameryki Środkowej w Radzie Bezpieczeństwa Narodowego, i Lewis Tambs, ambasador w Kostaryce do czasu, gdy wskutek afery Iran-contras został zmuszony do ustąpienia. W dokumencie tym utrzymywano, że za katolicką krytykę „efektywnego kapitalizmu" w Ameryce Łacińskiej odpowiedzialna jest teologia wyzwolenia, i sugerowano, że amerykańska polityka powinna polegać na udzieleniu pomocy grupom protestanckim w celu „obudzenia" postępowego katolicyzmu. Nie ma żadnych dowodów, żeby Jan Paweł II zawarł jakiś tajny sojusz z Reaganem, jak kiedyś twierdzili Carl Bernstein i Marco Politi, ale najwyraźniej Reagan sprzyjał podejmowanym przez Ratzingera wysiłkom zduszenia teologii wyzwolenia[9].

1983

W lutym 1983 roku Ratzinger wysłał list do biskupów peruwiańskich z prośbą o zbadanie sprawy Gustava Gutiérreza. Wymienił w nim kilka przypuszczalnych błędów w pismach Gutiérreza: (1) marksistowskie ujęcie historii; (2) wybiórcze odczytywanie Biblii, w którym nadmierny nacisk kładzie się na biednych; (3) traktowanie Ducha Świętego jako źródła Objawienia odrębnego od tradycji Kościoła i jego Urzędu Nauczycielskiego; (4) teologia klasowa; (5) nacisk na budowę królestwa Bożego za pomocą walki klas, który to proces wymaga również zmiany struktur Kościoła; (6) wprowadzenie Kościoła do grup partyzanckich – koncepcja ta „stanowi zagrożenie dla hierarchii i jej legalności"; (7) lekceważenie błogosławieństw; i (8) marksistowskie wypaczenie ewangelii. „Istnieją podstawy do głębokiego niepokoju" w sprawie teologii, za którą opowiada się Gutiérrez – zakończył Ratzinger.

Póki kardynał Juan Landázuri, postępowiec, który mianował Gutiérreza swoim doradcą w Medellín, pozostawał w Limie, Gutiérrez mógł liczyć na pewną ochronę, ale postanowił, że nie będzie czekał na to, co nieuniknione. Zapytał Ratzingera, czy pozwoli mu przyjechać do Rzymu, żeby mógł się z nim spotkać. Ratzinger zgodził się i Gutiérrez pojechał tam w marcu. Wrócił zniechęcony i powiedział, że prefekt był miły, ale walka o teologię wyzwolenia jest „daleka od zakończenia". W czerwcu 1983 roku Gutiérrez przedłożył biskupom sześćdziesięciostronicową obronę swojego stanowiska. Na posiedzeniach plenarnych w sierpniu i kolejnym w styczniu nie wiedzieli, co zrobić dalej, i utknęli w martwym punkcie.

W 1983 roku papież udał się z wizytą duszpasterską do Ameryki Środkowej, na której trasie znajdowała się też Nikaragua. Nie spodobało mu się to, co tam zobaczył. W czasie mszy na otwartym powietrzu Jan Paweł II patrzył na transparenty z napisem „Dzięki Ci, Boże, za rewolucję" i przestrzegał zgromadzonych przed „ideologicznymi kompromisami i tymczasowymi rozwiązaniami". Gdy ludzie krzyknęli „Pokój", papież odparł: „Cisza! Kościół pierwszy troszczy się o pokój". Najsłynniejszym obrazem z tej pielgrzymki stało się przybycie papieża do Managui, gdy Ernesto Cardenal, jeden z trzech księży pełniących w rządzie sandinistów funkcje ministrów, próbował go powitać, stojąc w rzędzie z innymi osobami. Zdecydowany nie dać szansy dysydentom na „zrobienie sobie z nim zdjęcia", papież cofnął rękę i pogroził palcem Cardenalowi, mówiąc: „Najpierw uporządkuj swoją sytuację z Kościołem". Chociaż później Cardenal zbył ten gest, mówiąc o nim, że jest „bez znaczenia", ostatecznie zmuszono go do uporządkowania jego sytuacji.

Dojdzie do tego rok później w grudniu 1984 roku, gdy Watykan oświadczy, że brat Cardenala, Fernando, sandinistowski minister oświaty, został usunięty z zakonu jezuitów. Ernestowi Cardenalowi i jeszcze jednemu księdzu, Edgarowi Parralesowi, ambasadorowi przy Organizacji Państw Amerykańskich, odebrano status kapłański. Jak na ironię, Parrales z własnej woli od ponad roku prosił o zwolnienie go ze ślubów. W tym samym czasie zakon misjonarzy z Maryknoll z polecenia Watykanu usunął ojca Miguela D'Escoto, który wówczas pełnił funkcję sandinistowskiego ministra spraw zagranicznych. Przełożony zakonu, ojciec William Boteler, powiedział, że nie zgadza się z tą decyzją, ale nie ma wyboru. Wpływ D'Escota jest nadal odczuwalny w Stanach Zjednoczonych dzięki wydawnictwu Orbit Books, które w 1970 roku pomógł otworzyć Philipowi Scharperowi, żeby umożliwić autorom z Trzeciego Świata dotarcie do amerykańskiej opinii publicznej.

W dniach 18 i 19 października 1983 roku amerykański senator Jeremiah Denton, który przewodniczył senackiej Podkomisji do spraw Bezpieczeństwa i Terroryzmu, prowadził przesłuchania dotyczące teologii wyzwolenia. Głównym świadkiem był konserwatywny ksiądz Enrique Rueda, który nazwał teologię wyzwolenia jedną z metod próby podboju „miękkiego podbrzusza" Stanów Zjednoczonych w Ameryce Łacińskiej. Denton wyraził nadzieję, że decydenci potraktują to zagrożenie poważnie.

1984

Rok 1984 to *annus mirabilis* ruchu teologii wyzwolenia, rok, w którym walka między Watykanem a teoretykami ruchu zaczęła się toczyć publicznie. Rozpoczęło się to 14 marca od eseju Ratzingera opublikowanego we włoskim czasopiśmie „30 Giorni", związanym z konserwatywnym ruchem Wspólnota i Wyzwolenie. Ratzinger zasugerował, że w rzeczywistości teologia wyzwolenia stawia Kościół przed nowym rodzajem herezji, która nie trzyma się reguł. Ruch ten „nie podpada pod przyjęte kategorie herezji, ponieważ akceptuje cały przyjęty język, ale nadaje mu nowe znaczenie". Innymi słowy, teologowie wyzwolenia nie podważają wprost podstawowych doktryn, takich jak doktryna odkupienia czy łaski, ale nadają tym słowom zupełnie inną treść, herezja ta więc jest zarówno bardziej subtelna, jak i bardziej systematyczna. Esej ten oznaczał formalne wypowiedzenie wojny przez Ratzingera, ponieważ teraz jego ocena była jasna – teologia wyzwolenia nie jest tylko niebezpieczna czy nieortodoksyjna, ona jest heretycka.

Ratzinger stwierdził, że teologia wyzwolenia opiera się na marksizmie i interpretuje chrześcijaństwo jako polityczny program walki klasowej o wyzwolenie biednych. Pozbawia kategorie wiary – grzech, łaska, odkupienie – ich tradycyjnej treści i nadaje im nowe, społeczno-polityczne znaczenie. Ostrzegał, że w myśl teologii wyzwolenia „lud Boży" jest przeciwstawiany „hierarchii", wzniecając tym samym walkę klas wewnątrz Kościoła. Nauki Magisterium Kościoła biorą stronę bogatych i wpływowych przeciwko biednym. Chociaż ruch ten jest związany głównie z Ameryką Łacińską, Ratzinger ostrzegał, że istnieją jego odmiany w Indiach, na Sri Lance, Filipinach, Tajwanie i w Afryce. Jako przykłady niebezpiecznych myślicieli wymienił Assmanna, Gutiérreza i Sobrina.

Esej ten był najwyraźniej napisany jako przemówienie na zebranie kongregacji doktrynalnej. Okoliczności, w jakich doszło do jego publikacji w „30 Giorni", pozostają niejasne. Amerykański teolog Virgilio

Elizondo, cytując Gutiérreza, powiedział agencji prasowej, że Ratzinger tłumaczył mu, iż esej ten był szkicem i że został skradziony z jego biurka oraz że nie przedstawia on pełni jego poglądów. Nigdy nie doszło jednak do żadnego odwołania i późniejsze postępowanie nie daje żadnych podstaw do przypuszczeń, że Ratzinger nie podzielał zawartych w eseju tez. Na konferencji prasowej zwołanej w celu wyjaśnienia tej sprawy Ratzinger chwalił teologię wyzwolenia za to, że „przedstawiła we właściwym świetle konieczną odpowiedzialność chrześcijanina za biednych i uciskanych", dodał jednak, że „specjalne uprzywilejowanie przez Kościół biednych (...) nie wyklucza nikogo".

W marcu 1984 roku w Bogocie w Kolumbii odbyło się specjalne spotkanie członków Kongregacji Nauki Wiary i przedstawicieli CELAM. Za kulisami wrogowie teologii wyzwolenia mieli nadzieję na otwarte potępienie, ale uniemożliwiła to odmowa kilku biskupów. Ostatecznie wydano oświadczenie, w którym chłodno pochwalono teologię wyzwolenia, ale odrzucono analizę marksistowską. Jedna z gazet przytoczyła słowa pewnego latynoamerykańskiego arcybiskupa, który narzekał na Watykan: „Nie są w stanie zaakceptować tego, że coś nowego czy twórczego może wyjść z Trzeciego Świata". Hans Küng natychmiast po spotkaniu w Bogocie opublikował z niego relację, informując o rozdźwiękach między Ratzingerem i postępowym skrzydłem CELAM. Darío Castrillón Hoyos (wówczas sekretarz generalny CELAM, a obecnie prefekt watykańskiej Kongregacji ds. Duchowieństwa) poinformował jednak Künga w liście, który później został opublikowany w biuletynie wydanym przez CELAM, że biskupi Ameryki Łacińskiej pozostawali „w całkowitej zgodzie" z poglądami Ratzingera na teologię wyzwolenia.

W styczniu biskupi Peru stosunkiem trzydzieści jeden do piętnastu przegłosowali jakąś formę krytyki Gutiérreza, ale nie byli w stanie osiągnąć zgody co do tekstu oświadczenia. Sytuacja odwróciła się w marcu, gdy kardynał Landázuri z Limy otrzymał list od Karla Rahnera. List ten, datowany 16 marca, został napisany dokładnie na dwa tygodnie przed jego śmiercią w wieku osiemdziesięciu lat. Rahner wystąpił w nim z porywającym poparciem dla peruwiańskiego teologa: „Jestem przekonany o prawomyślności teologicznego dzieła Gustava Gutiérreza – napisał. – Teologia wyzwolenia, której jest przedstawicielem, jest całkowicie prawomyślna. Potępienie Gustava Gutiérreza miałoby – co stwierdzam z pełnym przekonaniem – bardzo negatywne konsekwencje dla klimatu koniecznego dla przetrwania teologii, która pozostaje w służbie ewangelizacji. Dzisiaj istnieją różne szkoły i zawsze tak było

(...). Byłoby czymś godnym ubolewania, gdyby ten uprawniony pluralizm miał zostać ograniczony środkami administracyjnymi". Landázuri pokazał ten list innym biskupom peruwiańskim, co miało niezwykle silny wpływ na przeciwstawienie się tendencjom cenzorskim[10].

15 maja Ratzinger wysłał sześciostronicowy list do Leonarda Boffa z prośbą o wyjaśnienie poglądów, szczególnie tych, które wiązały się z podważaniem hierarchicznej władzy przez „Kościół ludu". Oskarżył Boffa o „bezlitosny, gwałtowny atak" na Kościół instytucjonalny. W tym samym czasie arcybiskup Eugenio Sales z Rio de Janeiro wycofał *missio canonica* bratu Boffa Clodovisowi i koledze Antoniowi Moserowi. Sales oskarżył ich o stosowanie analizy marksistowskiej. Jego posunięcie spowodowało oficjalny protest brazylijskiej konferencji biskupów, której członkowie podkreślili, że Moser znajduje się w ich komisji doktrynalnej. Sales pozostał jednak niewzruszony.

Wrogość konserwatywnych hierarchów latynoamerykańskich, takich jak Sales, López Trujillo i Koppenburg, do teologii wyzwolenia skłoniła po latach niektórych komentatorów do wniosku, że rola Watykanu w rozprawieniu się z nią była przeceniana, że najwięksi jej wrogowie znajdowali się na miejscu. Mimo to w latach osiemdziesiątych ci miejscowi przeciwnicy stanowili mniejszość w swoich konferencjach biskupów. Nadzieje pokładali w Rzymie, a to oznaczało Ratzingera.

Sales od dawna kierował do Watykanu skargi na Arnsa z São Paulo, szczególnie na jego program formacji kapłanów, który według zapewnień Salesa był równoznaczny ze szkoleniem rewolucjonistów. Latem 1984 roku Ratzinger mianował kardynała Josepha Höffnera z Kolonii swoim przedstawicielem, który miał „przeprowadzić inspekcję" programów formacji w São Paulo. Höffner był głównym antagonistą Künga w niemieckiej konferencji biskupów i głośnym przeciwnikiem socjalizmu demokratycznego, który uznawał za „w sposób nie do przyjęcia marksistowski". Höffnera wysłano, nie powiadamiając brazylijskiej konferencji biskupów, chociaż Ratzinger wcześniej obiecywał Brazylijczykom, że bez ich zgody nie zostanie wszczęte żadne dochodzenie[11].

Arns podzielił swoich seminarzystów na jedenaście małych domów formacyjnych, z których w każdym było siedem lub osiem osób, zaangażowanych we wspólnoty podstawowe. Podczas studiów pracowali, żeby móc pomagać swoim rodzinom. Na konferencji prasowej w Brazylii Höffner powiedział mediom, że jest pod wrażeniem tego, co zobaczył. Zwrócił uwagę, że gdy Arns przybył do São Paulo w 1970 roku, było tam tylko dziewięciu seminarzystów, a w połowie lat osiemdziesiątych już dziewięćdziesięciu trzech. Jego program, powiedział, może być wzorem dla innych krajów. Gdy jednak wrócił do Niemiec, raport, który przedłożył Ratzingerowi, był w przeważającej mierze negatywny. Jeszcze tego lata Ratzinger wygłosił przemówienie na Katholikentag w Niemczech. Zostało ono zakłócone przez młodych protestujących, którzy rozwinęli transparent z napisem „Pomimo Inkwizycji teologia wyzwolenia żyje, Herr Ratzinger".

Wtedy rzucona została największa pojedyncza bomba Ratzingera: Instrukcja o niektórych aspektach „teologii wyzwolenia" *Libertatis nuntius*, oficjalnie datowana 3 września 1984 roku, ale wydana pod koniec sierpnia. Ostrzegał w niej przed „nową nędzą i nowymi zniewoleniami", do których powstania mogła przyczynić się teologia wyzwolenia. Przyznając, że chrześcijanie powinni „angażować się w walkę o sprawiedliwość", i zapewniając, że ostrzeżenie to „nie powinno (...) służyć za usprawiedliwienie tym, którzy chronią się za postawą neutralności i obojętności wobec tragicznych i palących problemów nędzy i niesprawiedliwości", utrzymywał zarazem, że przez stosowanie pojęć marksistowskich teologia wyzwolenia „cała nauka wiary i teologii zostaje podporządkowana kryterium politycznemu, uzależnionemu od walki klas". W dokumencie stwierdzano, że teologia wyzwolenia wykazuje skłonność do błędnego rozumienia lub usuwania transcendencji i nagrody wyzwolenia w Jezusie Chrystusie, nadrzędności łaski i prawdziwej natury sposobów zbawienia, zwłaszcza Kościoła i jego sakramentów. Teologia wyzwolenia wrzuca historię świętą w historię świecką. Co więcej, sprzyja kościelnej anarchii: „Dystansując się od autorytatywnej interpretacji Urzędu Nauczycielskiego, piętnowanej jako interpretacja klasowa, odchodzi się od tradycji".

Po oskarżeniu teologii wyzwolenia o bezkrytyczne zapożyczanie marksistowskich narzędzi analizy Ratziger dokonał retorycznego nokautu: „System ten jest wypaczeniem orędzia chrześcijańskiego w postaci, w jakiej Bóg zlecił je swojemu Kościołowi". Dokument ten został osobiście zatwierdzony przez papieża.

O tym, że instrukcja dawała wyraz osobistym niepokojom Ratzingera, a nie była tylko uzgodnieniem rzymskich teologów, można wnosić na podstawie porównania jej z omówionym wcześniej oświadczeniem Międzynarodowej Komisji Teologicznej wydanym w 1977 roku. Wszystkie przestrogi przed teologią wyzwolenia zostały zaostrzone, zwłaszcza oskarżenie o opieranie się w zbyt wielkim stopniu na analizie marksistowskiej. Zagadnieniu temu poświęcono jeden akapit w dokumencie wydanym przez Międzynarodową Komisję Teologiczną; w liczącej 10 tysięcy słów instrukcji na kwestię tę przeznaczono ponad 4 tysiące słów. Brakowało najważniejszych pozytywnych składników oceny z dokumentu z 1977 roku. W żadnym miejscu instrukcji nie przyznano, że Kościół instytucjonalny w sposób nieunikniony angażuje się w kwestie polityczne, czy że powinien wykorzystywać to zaangażowanie dla dobra ludzi biednych. W dokumencie z 1977 roku potwierdzono naukę z *Gaudium et spes*, że w królestwie Bożym „zachowana zostanie nie tylko miłość, ale i praca na rzecz miłości", co znaczy, że ludzie zaczynają budować to królestwo już tu, na ziemi. Podkreślał on też podstawową jedność między rozwojem człowieka i chrześcijańskim zbawieniem. Instrukcja zaś nazywała większość form teologii wyzwolenia „negacją wiary Kościoła".

Wywołało to ogromną falę reakcji. Watykański sekretarz stanu Agostino Casaroli powiedział, że z nim się nie skonsultowano i że żałuje, iż instrukcja ma tak „negatywny" wydźwięk. „Lepszy" byłby dokument w tonie pozytywnym. Zaczęły krążyć plotki, że papież nie jest zadowolony; najwyraźniej sądził, że dokument został przedyskutowany przez komisje doktrynalne biskupów latynoamerykańskich, a gdy się dowiedział, że tak nie było, zasugerował, by uznać go za „dokument roboczy Kongregacji Nauki Wiary". Wielu watykańskich obserwatorów uważa, że Jan Paweł II zakulisowo zlecił kardynałowi Rogerowi Etchegarayowi, szefowi Papieskiej Rady „Iustitia et Pax", rozpoczęcie prac nad bardziej pozytywnym oświadczeniem. Wielu przywódców katolickich na całym świecie zareagowało oburzeniem. Angielski teolog dominikański Nicholas Lash powiedział, że Ratzinger „wymyślił system, który nie istnieje". W tym kontekście wyważona odpowiedź nawet umiarkowanych amerykańskich biskupów jest znacząca. James Malone z Youngstown w Ohio nazwał ten dokument „klarownym i pomocnym", a Joseph Bernardin stwierdził, że pomoże on „rozwinąć się teologii wyzwolenia w ramach tradycji".

Teologowie wyzwolenia nie poczuli się na ogół dotknięci tą instrukcją, ponieważ nie wyznawali żadnych z tych poglądów, przed którymi ostrzegała. Nie popierali marksizmu jako systemu politycznego, nie odrzucali łaski Chrystusa, oni również uważali, że sakramenty i Kościół mają fundamentalne znaczenie. Niektórzy teologowie wyzwolenia poczuli się nawet zachęceni, dochodząc do wniosku, że jeśli Ratzingera niepokoiły takie kwestie, jego krytyka w ogóle ich nie dotyczy. Ich błąd polegał na tym, że nie docenili systematycznego podejścia Ratzingera. Nie interesowało go, czy oni r z e c z y w i ś c i e wyznają te poglądy; chodziło mu o to, że ich teologiczne założenia prowadziły do takich wniosków, bez względu na to, czy konkretni teologowie je uznawali czy nie. „Mamy tu zatem prawdziwy system, nawet jeśli niektórzy się wahają, czy doprowadzić rozumowanie do końca" – czytamy w instrukcji.

Wyjątkiem był Segundo, który w następnym roku wydał książkę zatytułowaną „Teologia i Kościół: Odpowiedź kardynałowi Ratzingerowi i ostrzeżenie dla całego Kościoła". Segundo stwierdził, że teologowie wyzwolenia nie zdołają uniknąć ciosu Ratzingera, utrzymując, że ich nie dotyczy, i że dokument ten jest bezpośrednim atakiem na ich dzieło, który trzeba traktować poważnie. Jeśli Ratzinger ma rację, powiedział Segundo, to ja się mylę. Marksizm, dowodził, to temat zastępczy – prawdziwa rozbieżność dotyczy eklezjologii. Segundo postawił tezę, że Ratzinger praktycznie odrzucił naukę Soboru Watykańskiego II, wyrażoną w *Gaudium et spes*, że Boża łaska i zbawienie są uniwersalne, Kościół więc musi współpracować z innymi ludźmi i siłami społecznymi, gdy rozpoznaje Boże cele.

W ciągu kilku dni po wydaniu instrukcji do Rzymu przybył Leonardo Boff na wyznaczoną na 7 września rozmowę, na którą został wezwany przez Ratzingera w celu przedyskutowania zastrzeżeń kongregacji do jego książki „Kościół: charyzma i władza". Jak na ironię historii, 7 września przypada święto niepodległości Brazylii. Jeszcze w sierpniu Boff napisał do Ratzingera, proponując, żeby do rozmowy doszło w Brazylii, ale kardynał odmówił. Ratzinger nalegał, żeby samochód kongregacji zabrał go z siedziby franciszkanów w Rzymie i odwiózł go tam – chodziło bez wątpienia o to, by uniknąć mediów, ponieważ przylot Boffa na rzymskie lotnisko Fiumicino był przyczyną zorganizowania na poczekaniu konferencji prasowej. Samochód prowadził monsignor Josef Clemens, osobisty sekretarz Ratzingera, a żadnemu z franciszkanów nie wolno było towarzyszyć Boffowi. Gdy Clemens przyjechał, Boff żartobliwie zapytał, czy będą potrzebne kajdanki. Trzej członkowie brazylijskiej hierarchii – Arns, kardynał Alósio Lorscheider i biskup Ivo Lorscheiter, przewodniczący Konferencji Biskupów Brazylijskich – poprosiło o zgodę na uczestnictwo w rozmowie, ale Ratzinger im odmówił. Po negocjacjach pozwolono im uczestniczyć w drugiej jej części.

Edward Schillebeeckx powiedział kiedyś, że najbardziej kłopotliwym momentem w takim przesłuchaniu są próby prowadzenia towarzyskiej rozmowy przy kawie. W przypadku Boffa, zagaił ją Ratzinger, stwierdzając, że Boff dobrze wygląda w sutannie i powinien częściej ją nosić, że jest to oznaka świadka; Boff odparł, że może być też symbolem władzy. Gdy rozmowa zakończyła się bez jakiejkolwiek wzmianki o potępieniu, Brazylijczycy sądzili, że wygrali; gdy wychodzili, Arns nawet ułożył palce w znak „V" jak zwycięstwo przed rzędem kamer telewizyjnych. Najgorsze miało jednak dopiero nastąpić[12]. W tym samym miesiącu odbyło się w Rzymie specjalne spotkanie biskupów peruwiańskich. Jeszcze raz Ratzinger zabiegał o podjęcie kroków przeciwko Gutiérrezowi. Chciał, żeby potępiono go za trzy rzeczy: stosowanie marksizmu, zbytnie podkreślanie grzechu społecznego i odmowę wyrzeczenia się przemocy. W odniesieniu do tego ostatniego punktu Gutiérrez i pozostali przytoczyli *Populorum progressio* Pawła VI, w której odrzuca się wykluczenie przemocy jako ostatecznego środka przeciwko „jawnej, długotrwałej tyranii". Peruwiańczycy, może pokrzepieni listem Rahnera, może idąc za przykładem energicznej obrony Boffa przez Brazylijczyków, odmówili.

Spotkanie rozpoczęło się od sugestii Ratzingera, że on obejmie funkcję przewodniczącego. Landázuri odparł jednak, że nie będzie to oficjalne posiedzenie konferencji biskupów, jeśli on nie będzie mu przewodniczył. Ostatecznie biskupi nie wydali żadnego potępienia Gutiérreza. W dokumencie końcowym z 26 listopada wyrażono uznanie dla „pogłębienia duchowości", do którego przyczyniła się teologia wyzwolenia, potwierdził on istnienie grzechu społecznego, walkę klas potraktował jako fakt i domagał się większego rozpowszechnienia sprawiedliwości. O teologii wyzwolenia mówiono w nim nawet z dumą jako o ruchu, który „zrodził się na naszej ziemi". Ratzinger najwyraźniej postawił na to, że działając przez biskupów peruwiańskich, a nie przeciwstawiając się Gutiérrezowi wprost, może uda mu się osiągnąć to, co zamierzał, nie wywołując ostrego sprzeciwu wobec Rzymu. W tym wypadku pomysł spalił na panewce.

Sytuacja zmieniła się w 1989 roku wraz z mianowaniem jezuity Augusta Vargasa Alzamory na następcę Landázuriego w Limie. Vargas Alzamora, powiązany z Opus Dei, zajął wobec Gutiérreza twardsze stanowisko. Zmiana ta dowodzi, że dopóki o nominacjach biskupich będą decydować wyłącznie urzędnicy watykańscy, dopóty nie będzie takiej porażki, której nie dałoby się ostatecznie obrócić w sukces.

Podróżując po Ameryce Łacińskiej pod koniec 1984 roku, Jan Paweł II w każdym z odwiedzanych miejsc wspominał o teologii wyzwolenia. W Wenezueli, Ekwadorze i na Trynidadzie papież przestrzegał tłumy przed alkoholem, narkotykami, przemocą, gnuśnością, prostytucją i przygodnym seksem. Napominał rządy, by użyły bogactwa narodowego do poprawy warunków życia ludzi biednych, i chwalił biskupów z CELAM za uprzywilejowane traktowanie ubogich. Ale też

Pięcioletni Joseph
Ratzinger w Aschau, 1932 r.

W mundurze służb pomocniczych
obrony przeciwlotniczej, 1943 r.

Rodzina Ratzingerów:
ojciec Josef, matka
Maria oraz dzieci:
Maria, Georg i Joseph,
1951 r.

Joseph wraz z bratem Georgem przyjmują święcenia kapłańskie w katedrze we Fryburgu, 1951 r.

Ratzinger jako profesor teologii

Papież Paweł VI nakłada Ratzingerowi biret kardynalski, 1978 r.

Kardynał Ratzinger z papieżem Janem Pawłem II w Watykanie, 1984 r.

Kardynał nie zapomina,
że jest Bawarczykiem

„Po wielkim papieżu Janie Pawle II księża kardynałowie wybrali mnie,
prostego i skromnego robotnika winnicy Pańskiej" — pierwsze słowa
Ojca Świętego Benedykta XVI

powtórzył argument Ratzingera, że to uprzywilejowanie nie dotyczy „klasy" i że jest otwarte dla każdego. Od biskupów zażądał, żeby „usunęli z trzody błędy, które stanowią dla niej zagrożenie".

W październiku 1984 roku Ratzinger wysłał list do salwadorskiego jezuity Jona Sobrina, zobowiązując go do przysłania Kongregacji Nauki Wiary obszernego wyjaśnienia jego poglądów na wyzwolenie i odkupienie. Sobrino, teolog z kadry prowadzonego przez jezuitów Uniwersytetu Ameryki Środkowej, był doradcą Romera i pomagał mu w przygotowaniu wielu jego listów duszpasterskich. Sobrino szybko uzyskał poparcie jezuity Juana Alfara na Uniwersytecie Gregoriańskim w Rzymie, który nazwał go „teologiem bardzo ortodoksyjnym".

1985

López Trujillo i jego krąg zwołali w 1985 roku spotkanie pod Santiago w Chile. Skoro nie można było liczyć na to, że konferencje biskupów latynoamerykańskich potępią teologię wyzwolenia, ta doraźnie stworzona grupa konserwatywnych hierarchów z determinacją dążyła do tego, by ich głos został usłyszany. Wydali oświadczenie andyjskie, w którym potępili teologię wyzwolenia jako marksistowskie wypaczenie wiary. Stwierdzili, że teologia wyzwolenia sprzyja konfliktowi między „Kościołem popularnym" a „Kościołem hierarchicznym". Spotkanie to było obszernie transmitowane przez państwową telewizję kontrolowaną przez Pinocheta, a armia chilijska powołała się na ten dokument, uzasadniając późniejsze aresztowanie ojca Renata Hevii, redaktora postępowego pisma „Mensaje". Ta andyjska grupa zebrała się jeszcze raz w styczniu 1986 roku w Limie; tym razem dołączył do niej Darío Castrillón Hoyos z Kolumbii, który o Leonardzie Boffie powiedział: „Boff będzie musiał prosić Boga, żeby mu wybaczył, a gdy Bóg go wysłucha, to wtedy papież i ja będziemy wiedzieli, czy mu wybaczyć czy nie". Kardynał Bernard Law z Bostonu, konserwatysta i ulubieniec Watykanu, również uczestniczył w spotkaniu w Limie.

11 marca 1985 roku Kongregacja Nauki Wiary wydała oficjalny komunikat o książce Boffa „Kościół: charyzma i władza" . Książka ta stanowi zagrożenie dla wiary, stwierdzono w nim, z powodu przedstawionej koncepcji dogmatu, rozumienia świętej władzy i nadmiernego nacisku na profetyczną rolę Kościoła. 26 kwietnia Ratzinger wydał oficjalny nakaz milczenia Leonardowi Boffowi – ogłoszono go 9 maja. Nie wolno mu było do odwołania publikować, nauczać ani wypowia-

dać się publicznie. Boff zaakceptował tę decyzję i przez pewien czas odmawiał nawet odbierania telefonów od kolegów. „Wolę iść z Kościołem, niż iść samotnie z moją teologią" – stwierdził. Zagadkowym uzupełnieniem jest to, co Balthasar powiedział dziennikarzowi „Frankfurter Allgemeine" 25 października 1985 roku, mianowicie, że decyzja o nakazie milczenia dla Boffa nie wyszła od Ratzingera i że prefekt nie miał innego wyjścia, jak tylko ją podpisać. Były student Ratzingera Hermann Härring w eseju z 1986 roku publicznie poprosił o wyjaśnienie tego stwierdzenia, ale nigdy go nie podano[13].

Nakaz milczenia dla Boffa był już drugim od Soboru Watykańskiego II – pierwszy wydano francuskiemu dominikaninowi Jacques'owi Pohierowi za jego poglądy na temat Zmartwychwstania. W lecie 1985 roku katolickie wydawnictwo z Brazylii zamierzało wydać tom zawierający całą korespondencję między Boffem i Ratzingerem, a także zapis rozmowy przeprowadzonej 7 września w Rzymie, ale prefekt interweniował w sprawie wstrzymania tej publikacji.

W sierpniu 1985 roku Gutiérrez popadł w nowy zatarg z Ratzingerem, ponieważ pojechał do Nikaragui, żeby dać wyraz solidarności z Miguelem D'Escoto – ministrem spraw zagranicznych w rządzie sandinistowskim i suspendowanym księdzem. D'Escoto rozpoczął strajk głodowy, żeby zaprotestować przeciwko podburzaniu przez Stany Zjednoczone do przemocy w stosunku do Nikaragui. Gutiérrez powiedział, że zgadza się, iż „wielkie zagrożenie dla Nikaragui" pochodzi ze Stanów Zjednoczonych. Rewolucję sandinistowską nazwał „ruchem wyzwoleńczym", pomimo występowania pewnych „historycznych niejasności". O D'Escocie wyraził się następująco: „To nie przyjaciel, to mój brat".

Na Synodzie Biskupów w 1985 roku, zwołanym w celu dokonania oceny dorobku Soboru Watykańskiego II, brazylijski biskup Ivo Lorscheiter wygłosił przemówienie, w którym stwierdził, że teologia wyzwolenia „nie usprawiedliwia marksistowskiej ideologii ani nie zrywa z tradycją teologii katolickiej". Kwestia ta nie została zamieszczona w oficjalnym watykańskim podsumowaniu dorobku synodu.

1986

Przez krótki czas w 1986 roku wydawało się, że teologia wyzwolenia może mieć swój come back. W styczniu słynny katolicki pisarz Graham Greene poparł ją, a podczas podróży po Nikaragui powiedział też, że odnosi wrażenie, iż sandiniści respektują wolność religijną i polityczną. W tym samym miesiącu kilku brazylijskich biskupów udało się z wizytą *ad limina* do Rzymu – by spotkać się z papieżem, co wszyscy biskupi są zobowiązani czynić co pięć lat. W swoim przemówieniu papież ostrzegł przed „poważnymi odstępstwami", które teologia wyzwolenia może wprowadzić do wiary, i z uporem utrzymywał, że Kościoła nie można redukować do jego roli społeczno-politycznej. Jedynym prawdziwym wyzwoleniem, powiedział, jest indywidualne wyzwolenie z grzechu. Jednak 13 marca, gdy do Rzymu przybyła kolejna grupa Brazylijczyków, papież wypowiadał się w tonie dużo bardziej optymistycznym. „Oczyszczona z elementów, które mogłyby ją rozwodnić – stwierdził – teologia wyzwolenia jest nie tylko prawomyślna, ale też niezbędna".

Najważniejsze miało dopiero nadejść. 12 kwietnia 1986 roku afrykański kardynał Bernardin Gantin, ówczesny szef Kongregacji ds. Biskupów, wygłosił przemówienie na rekolekcjach dla członków konferencji biskupów brazylijskich. Przywiózł list od papieża, w którym Jan Paweł II pisał o teologii wyzwolenia, że jest ona „nie tylko trafna, ale też pożyteczna i niezbędna". Uczestnicy rekolekcji wspominali, że gdy Gantin czytał te słowa, biskupi zaczęli wykrzykiwać „alleluja". Niektórzy mieli łzy w oczach. Jeden z biskupów powiedział później: „Papież oddał teologię wyzwolenia biskupom".

Pozytywne zjawiska trwały do połowy 1986 roku, gdy kilka tomów z planowanej pięćdziesięciotomowej serii poświęconej teologii wyzwolenia zaczęło schodzić z pras drukarskich. Oparta na pracach wszystkich najsłynniejszych teologów tego ruchu, między innymi Boffa, seria ukazała się z oficjalnym poparciem 119 biskupów katolickich, w tym 79 z samej Brazylii. Pięciu było ze Stanów Zjednoczonych: Robert Sanchez z Santa Fe, biskup pomocniczy Thomas Gumbleton z Detroit, Raymond Hunthausen z Seattle, Raymond Lucker z New Ulm i biskup pomocniczy Peter Rosazza z Hartford.

W kwietniu wydano długo oczekiwany drugi dokument watykański dotyczący teologii wyzwolenia. Instrukcja o chrześcijańskiej wolności i wyzwoleniu *Libertatis conscientia* zdawała się prezentować bardziej pozytywny obraz. „Dążenie do wolności i wyzwolenia, które należą do głównych znaków czasu we współczesnym świecie, mają swoje pierwsze źródło w dziedzictwie chrześcijaństwa (...) – czytamy w niej. – Ci, którzy cierpią ubóstwo, są obdarzani uprzywilejowaną miłością ze strony Kościoła, który od początku swego istnienia i pomimo wad wielu jego członków nie ustaje w pracy, by ulżyć ich doli, bronić ich i wyzwolić. Kościół czyni to za pomocą niezliczonych aktów miłosierdzia, które zawsze i wszędzie pozostają niezbędne. Ponadto za pomocą doktryny społecznej, którą stara się wprowadzać w życie, dąży do pobudzenia strukturalnych zmian w społeczeństwie, aby zapewnić warunki życia godne osoby ludzkiej". W tekście tym zaaprobowano walkę zbrojną jako ostateczną reakcję na „długotrwałą tyranię", a nawet wyrażono się z uznaniem o wspólnotach podstawowych, nazywając je „źródłem wielkiej nadziei dla Kościoła".

Boff przyjął ten dokument ciepło. Napisał list do Ratzingera (zaadresowany do „Drogiego brata Ratzingera"), w którym nazwał nową instrukcję „rozstrzygającym i historycznym" tekstem chroniącym teologię wyzwolenia. „Teraz nie może być już żadnych wątpliwości: Rzym jest po stronie uciskanych i tych wszystkich, którzy walczą z niesprawiedliwością" – napisał Boff. List ten podpisał też jego brat Clodovis.

Bardziej trzeźwe odczytanie dokumentu z 5 kwietnia 1986 roku ujawnia, że jest on o wiele bardziej niejednoznaczny. W pierwszych wierszach zauważa się: „Zarówno w sferze teoretycznej, jak i praktycznej dążenia te [do wyzwolenia] niekiedy przybierają formy, które nie zawsze pozostają w zgodzie z prawdą o człowieku, tak jak przejawia się ona w świetle jego stworzenia i odkupienia. Z tego powodu Kongregacja Nauki Wiary uznaje za konieczne zwrócenie uwagi na «odstępstwa lub ryzyko odstępstw szkodzących wierze i życiu chrześcijańskiemu». Ostrzeżenia te, wcale nie przestarzałe, wydają się coraz bardziej na czasie i na miejscu". Następnie dowodzi się w nim, że w swych filozoficznych założeniach teologia wyzwolenia przyjmuje takie rozumienie prawdy i wolności, które bardziej zniewala, niż wyzwala. Powszechnie zauważono zmianę formuły z „uprzywilejowania biednych" na „uprzywilejowane umiłowanie biednych", niuans, który wiele osób potraktowało jako wyrażone nie wprost odrzucenie walki klas.

Nakaz milczenia dla Boffa zniesiono tuż przed Wielkanocą. Decyzję tę określił on „spójną postawą Rzymu", pozostającą w zgodzie z duchem nowej instrukcji. Wiążąc tę decyzję ze świętami Wielkiej Nocy, jego przyjaciele ogłosili, że „brat Leonardo zmartwychwstał!" Euforia była w tym czasie tak wielka, że niektórzy zwolennicy teologii wyzwolenia nazwali to „poddaniem się" Watykanu. W rzeczywistości jednak było to tylko chwilowe wytchnienie. W ciągu sześciu następnych lat Boffa wielokrotnie proszono o wyjaśnienie lub zmodyfikowanie poglądów, aż w 1992 roku po zakazie nauczania Boff postanowił wystąpić ze stanu kapłańskiego.

Pytaniu, jak to się stało, że Leonardo Boff stał się „wrogiem publicznym numer jeden" w kampanii Ratzingera przeciwko teologii wyzwolenia, zawsze towarzyszyły spekulacje. Gutiérrez był szerzej znany na arenie międzynarodowej, a zarówno Sobrino, jak i Segundo mieli większe możliwości intelektualne. Mimo to Boff był jedynym teologiem wyzwolenia, który miał inkwizycyjny proces w Rzymie, tylko jemu nakazano milczenie, tylko jego pisma były wielokrotnie potępiane, tylko jego działalność była śledzona przez Rzym z niesłabnącą drobiazgowością. W wywiadzie udzielonym w 1999 roku „Newsweekowi" Boff opisał siatkę agentów Ratzingera w okresie jego milczenia w 1985 roku: „Pewnego razu udałem się do odległej amazońskiej wioski, żeby wziąć udział w rekolekcjach – powiedział. – Trzy dni później wieść o tym dotarła do Watykanu".

Dlaczego Boff? Istnieją cztery prawdopodobne przyczyny. Pierwszą, i prawdopodobnie najważniejszą, jest to, że Boff odniósł pojęciowe narzędzia teologii wyzwolenia do Kościoła. Dowodził, że „duchowna arystokracja" wywłaszczyła lud Boży ze środków religijnej produkcji, a tym samym zawłaszczyła jego prawo do podejmowania decyzji. W 1984 roku publicznie ostrzegał, że jeśli „schizma wyjdzie z bazy" w Ameryce Łacińskiej, „odpowiedzialność będzie ponosił Watykan".

Ratzinger potwierdził tę analizę w lutym 2000 roku w przemówieniu na zamkniętej konferencji w Rzymie, na której oceniano wprowadzanie w życie postanowień Soboru Watykańskiego II. Prefekt powiedział – co wiemy z doniesień „Catholic News Service" – że Boff był pierwszą publiczną próbą tego, jak będą interpretowane potencjalnie dwuznaczne wypowiedzi soboru o Kościele. *Lumen gentium*, dokument Soboru Watykańskiego II poświęcony Kościołowi, stwierdzał, że „jedyny Kościół Chrystusa (...) trwa w Kościele katolickim". Ratzinger stwierdził, że Boff i inni uznali, iż oznacza to, że ten jedyny Kościół Chrystusa może również trwać poza katolicyzmem, że w rzeczywistości historyczny Jezus wcale nie zamierzał założyć Kościoła instytucjonalnego. Tezę tę, powiedział Ratzinger, można nazwać „eklezjologicznym relatywizmem". Tak więc Ratzinger osobiście zaświadczył, że sprawa Boffa nie dotyczyła głównie teologii wyzwolenia, lecz pojmowania Kościoła.

Po drugie, Boff był Brazylijczykiem. Amerykanin Charles Curran, który sam stał się celem Ratzingera w latach osiemdziesiątych, tak przedstawił tę kwestię w udzielonym mi w 1999 roku wywiadzie: „Była to decyzja polityczna. Brazylia była wielkim, wpływowym Kościołem, i Ratzinger chciał wysłać sygnał. Urugwaj (ojczyzna Segunda) z pewnością nie jest odpowiednim do tego miejscem". Co więcej, hierarchia brazylijska w połowie lat osiemdziesiątych była bardzo przywiązana do wizji teologii wyzwolenia. Jeśli Ratzinger miał odnieść sukces, Brazylia była odpowiednim miejscem do stoczenia bitwy.

Po trzecie, Boff nie miał sprzyjającego mu miejscowego biskupa, który miałby na tyle dużą władzę, by przeszkadzać Rzymowi w taki sam sposób, w jaki robił to Gutiérrez w początkowej fazie swoich kłopotów. Mimo że większość hierarchii brazylijskiej mogła popierać Boffa, w początkach lat osiemdziesiątych jego biskup, kardynał Eugenio Sales, domagał się podjęcia działań przeciwko niemu.

I wreszcie aspekt osobisty. Ratzinger znał Boffa, pracował z nim jako student. Boff to silna, ekspresyjna osobowość, zupełnie odmienna od Gutiérreza, Sobrina i Segunda. Boff, chociaż dużo mniej świadomie konfrontacyjny niż Hans Küng, miał coś z talentu tego szwajcarskiego teologa do robienia wrzawy prasowej. Pod koniec lat osiemdziesiątych, na przykład, wzywał do likwidacji niepodległości państwowej Watykanu i odwołania wszystkich nuncjuszy papieskich. W pewnym sensie Boff zachęcił Ratzingera, żeby go ścigał.

W 1986 roku jednak to wszystko nie było oczywiste. Traktując te trzy wydarzenia roku łącznie – pozornie bardziej pozytywny charakter nowej instrukcji, zniesienie nakazu milczenia dla Boffa i poparcie papieża dla teologii wyzwolenia jako „nie tylko trafnej, ale też pożytecznej i niezbędnej" – Gutiérrez pod koniec 1986 roku stwierdził: „Dyskusja skończona". Znaczyło to, że teologia wyzwolenia zwyciężyła. Jeśli tak, to było to pyrrusowe zwycięstwo.

1987

W 1987 roku Jan Paweł II ogłosił encyklikę *Sollicitudo rei socialis*, dokument, który łączył tak wiele zagadnień interesujących Boffa i innych teologów latynoamerykańskich, że jeden z komentatorów zauważył, iż „mógłby zostać napisany przez teologów wyzwolenia". Jan Paweł II napisał: „Pragnienie wyzwolenia z wszelkich form zniewolenia, w odniesieniu do człowieka i społeczeństwa, jest czymś szlachetnym i wartościowym. Do tego właśnie zmierza rozwój (...)". Przywołał nawet kilka ulubionych przez teologów wyzwolenia wersetów Biblii, między innymi fragment Ewangelii św. Mateusza 25,31-46, i wykorzystał je tak, jak robią to teologowie wyzwolenia – jako wezwanie do reform społecznych. Jego krytyczne nastawienie zarówno do kapitalizmu, jak i do komunizmu sprawiło, że niektórzy zachodni krytycy oskarżyli papieża o „relatywizm moralny", ponieważ nie potępił Sowietów. Gutiérrez odwzajemnił gest Jana Pawła II, mówiąc w październikowym wywiadzie dla radia watykańskiego, że Magisterium ma „obowiązek i prawo" wyrażania krytycznych opinii o teologii wyzwolenia. Dwie instrukcje jej dotyczące nazwał „pożytecznymi" i powiedział, że pomogły teologom wyzwolenia uściślić terminy, które nie były całkowicie precyzyjne. „Powinniśmy zwracać na nie uwagę" – powiedział. Jednak dwa zdarzenia z 1987 roku zwiastowały nadejście niebezpiecznych dni. Ratzinger wstrzymał wydanie nowej książki Boffa, co wskazywało na powrót do konfrontacyjnego stanowiska Rzymu. Bardziej niepokojące było to, że w listopadzie grupa zwana Konferencją Armii Amerykańskich, składająca się z przedstawicieli armii piętnastu państw zachodniej półkuli, włącznie ze Stanami Zjednoczonymi i Salwadorem, zebrała się, żeby przedyskutować raport dotyczący teologii wyzwolenia. Potępiono w nim ten ruch, a niektórych z jego czołowych przedstawicieli nazwano twardogłowymi marksistami, którzy popierają „cele rewolucji komunistycznej". Na tej liście znajdował się między innymi jezuita Ignacio Ellacuría, zamordowany później wraz z piątką jezuitów na Uniwersytecie Ameryki Środkowej. Na tej liście znalazły się też nazwiska innych teologów wyzwolenia: Pablo Richard, José Comblin i Hugo Assmann. Jedna z organizacji broniących praw człowieka nazwie później ten raport, zatytułowany „Strategia międzynarodowego ruchu komunistycznego w Ameryce Łacińskiej z wykorzystaniem różnych rodzajów działalności", „niemal pocałunkiem śmierci".

1988

Trzy zdarzenia w 1988 roku potwierdziły, że ocena Gustava Gutiérreza z roku 1986 była przedwczesna. Po pierwsze, Watykan zatwierdził krok, o którym od pewnego czasu krążyły pogłoski. W archidiecezji São Paulo kardynała Arnsa utworzono cztery nowe diecezje: Osasco, Itapecerica da Serra, Santo Amaro i São Miguel Paulista. Chociaż zmiana liczby ludności w tej archidiecezji usprawiedliwiała to posunięcie, Arns i jego zwolennicy uważali, że celem było przede wszystkim zmniejszenie jego wpływów. Większość z najbiedniejszych obszarów archidiecezji, a tym samym najsilniejszych ognisk poparcia dla teologii wyzwolenia, zostało przypisanych do nowych diecezji. Otrzymały one niezbyt postępowych biskupów. Arnsowi pozostawiono bogate główne miasto. Posunięcie to było sygnałem, że zwolennicy teologii wyzwolenia, nawet na najwyższych szczeblach, nie są uodpornieni na naciski Watykanu. Wszelkie wątpliwości, o co toczy się gra, usunął Kloppenburg, stwierdzając, że Watykan musiał podjąć działania przeciwko tym, „którzy odmawiają kierowania się wskazówkami papieża i zajmują stanowiska nie do pogodzenia z oficjalną doktryną". Powiedział, że jest „jasne" i „oczywiste", iż działania w São Paulo podjęto, mając to właśnie na myśli.

We wrześniu Ratzinger uczynił niezwykły ruch: nakazał milczenie biskupowi Pedrowi Casaldalidze z diecezji São Felix. Zakazano mu publicznego wypowiadania się, pisania i opuszczania swojej diecezji bez wyraźnego pozwolenia. Decyzja ta była następstwem przesłuchania Casaldaligi przez Ratzingera i Gantina. Jako powody podjęcia tego działania podali: (1) niestawianie się Casaldaligi w Rzymie na wymagane wizyty *ad limina*; (2) jego teksty sprzyjające teologii wyzwolenia; (3) podróż do Nikaragui, aby poprzeć strajk głodowy Miguela D'Escota (jak wspomniano wyżej, przysporzyło to kłopotów również Gutiérrezowi); (4) jego opublikowane „poprawki" mszy dla Indian i Murzynów; (5) nazwanie Oscara Romera „męczennikiem", zanim Kościół oficjalnie go za takiego uznał. Urodzonego w Hiszpanii klaretana Ratzinger i Gantin poprosili o podpisanie oświadczenia, w którym obiecywał, że nie będzie się dopuszczał szkodliwych postępków. Odmowa była przyczyną wydania mu trzy miesiące później nakazu milczenia.

W 1988 roku Ratzinger opublikował komentarz do instrukcji watykańskiej z 1986 roku, wyjaśniający sposób jego interpretacji tego dokumentu. Wspomniał o „inspirowanych przez marksizm formach wyzwalania odrzuconych przez Urząd Nauczycielski Kościoła". Zakładał, że większość czytelników dokumentu z 1986 roku pominęła te jego fragmenty, które dotyczyły prawdy i wolności, i wolała bezpośrednio przejść do tego, co mówił on o walce o wyzwolenie. Ratzinger sugeruje, że w ten sposób umknęło im, jak głęboko sprzeczna z podstawowymi dogmatami wiary chrześcijańskiej jest teologia wyzwolenia. Obiecywane przez nią „wyzwolenie" prowadzi do anarchii, a ostatecznie do tyranii, dowodzi. „Każdy, kto uważa, że tak naprawdę chodzi tutaj o drobiazgowe kazuistyczne rozróżnienia, które nie powinny ważyć w tej wspaniałej walce z tyranią, nie dostrzega przepaści ziejącej między dwiema podstawowymi wizjami wolności i ludzkiej godności, które kierują tymi różnymi formami wyzwalania". Chociaż Ratzinger nie formułuje tego wprost, wniosek jest oczywisty: tymi „dwiema wizjami" są ortodoksyjny katolicyzm z jednej strony i teologia wyzwolenia z drugiej.

1989–1990

Dwa wydarzenia z lat 1989–1990 zdają się zamykać epokę teologii wyzwolenia w dziejach Ameryki Łacińskiej. Jednym był upadek muru berlińskiego. Wydawało się, że wraz z nim zdyskredytowany został stary socjalistyczny mit i potwierdzona została słuszność kapitalizmu. W 1990 roku drugi akt dramatu rozegrał się w Ameryce Łacińskiej, gdy sandiniści stracili w wyborach władzę w Nikaragui. Ich socjalistyczna utopia trwała zaledwie dziesięć lat i została odrzucona przez ludzi, których aspiracje podobno miała spełnić.

Centrum rewolucyjnego Kościoła nikaraguańskiego w latach siedemdziesiątych i osiemdziesiątych była parafia Santa Maria de los Angeles w Managui, którą kierował franciszkanin Uriel Molina. Na sanktuarium widniał mural, przedstawiający partyzanta w oliwkowo-zielonym mundurze polowym z krzyżem i flagą sandinistów, wyglądający zaś na zachłannego Jankes próbuje wyciąć nikaraguański las. Skończyło się to jednak w 1990 roku, gdy Watykan usunął Molinę z parafii. W 1996 roku usunięto go też z zakonu franciszkanów[14].

Pewne zjawiska się nie zmieniły, na przykład skłonność latynoamerykańskich wojskowych do korzystania z siły w celu stłumienia opozycji. 16 listopada 1989 roku sześciu jezuitów na Uniwersytecie Ameryki Środkowej w San Salvadorze – Ignacio Ellacuría, Ignacio Martin-Baro, Segundo Montes Mozo, Amando López Quintana, Juan Ramon Moreno i Joaquin López y López – zostało zastrzelonych wraz z kucharką Julią Elbą Ramos i jej piętnastoletnią córką Celiną Ramos. Jezuitów tych zamordowano, ponieważ powszechnie postrzegano ich – podobnie jak sam uniwersytet – jako przeciwników rządu. Szczególnie Ellacuría cieszył się w kręgach teologów wyzwolenia reputacją przenikliwego umysłu.

Również w 1989 roku grupa andyjska Lópeza Trujilla odbyła jeszcze jedno spotkanie w Limie. Jako alternatywę dla teologii wyzwolenia zaproponowali „teologię pojednania". Poza Trujillem w spotkaniu tym wzięli udział kardynał Miguel Obando y Bravo z Managui i biskup Oscar Rodriguez z Hondurasu, który pełnił w tamtym czasie funkcję sekretarza generalnego CELAM. Po spotkaniu Trujillo powiedział dziennikarzom: „Teologia wyzwolenia ma materialistyczny, a nie ludzki punkt widzenia. W tym nurcie teologicznym nie występuje podejście chrześcijańskie". Mniej więcej w tym samym czasie nowy arcybiskup Limy Augusto Vargas powiedział na konferencji prasowej 17 września, że chce pomóc Gustavowi Gutiérrezowi „całkowicie przezwyciężyć wszelkie trudności doktrynalne". Aby to osiągnąć, polecił Gutiérrezowi przedkładać wszystkie teksty teologiczne przed ich publikacją.

Na Haiti inny eksperyment z teologią wyzwolenia w praktyce też dobiegał kresu. Jean Bertrand Aristide, ksiądz i reformator społeczny, został w 1988 roku usunięty z zakonu salezjanów za „podburzanie do przemocy, nienawiści społecznej i walki klasowej". Ruch, który powstał pod jego przywództwem, był na tyle silny, że doprowadził do obalenia haitańskiego dyktatora „Baby Doca" Duvaliera i w konsekwencji do wyboru Aristide'a na prezydenta, ale nie był dość silny, żeby zapobiec przepędzeniu go z kraju wskutek wojskowego zamachu stanu.

Watykan był jedynym państwem na świecie, które uznało reżim wojskowy po przejęciu przez niego władzy w 1991 roku. Posunięcie to zdumiało i wstrząsnęło wieloma Haitańczykami. Zwolennicy Aristide'a w odwecie zaatakowali i spalili rezydencję nuncjusza papieskiego, poważnie raniąc zairskiego księdza, który tam urzędował. Do czasu, gdy wskutek interwencji Stanów Zjednoczonych w 1994 roku przywrócono Aristide'a do władzy, armia dokonała ponad trzech tysięcy mordów politycznych. Wielu Haitańczykom ostrzeżenia Ratzingera przed teologią wyzwolenia, która prowadzi do terroru, wydawały się szczególnie nieszczere, ponieważ wyglądało na to, że Watykan udziela poparcia terrorowi o znacznie bardziej bezlitosnym i systematycznym charakterze. Aristide wystąpił ze stanu kapłańskiego i ożenił się ze swoją amerykańską doradczynią prawną, mają teraz dwoje dzieci. W połowie lat dziewięćdziesiątych opuścił urząd prezydenta, ale już na początku 2000 roku myślał o powrocie na scenę polityczną.

1991-1992

W 1991 roku Ratzinger ponownie uderzył w Boffa, tym razem żądając, żeby teolog zrezygnował z funkcji szefa „Vozes", franciszkańskiego pisma, które wydawał w Petrópolis. Boff zaakceptował ten wyrok, ale jego przyjaciele nie mieli wątpliwości, że jest u kresu cierpliwości. W 1992 roku Ratzinger zakazał Boffowi nauczania i wprowadził cenzurę prewencyjną na wszystkie jego teksty, upierając się, że Boff wciąż nie oczyścił swojej eklezjologii z odstępstw i wewnętrznej walki klasowej, które były przedmiotem sprawy w 1984 roku. Tego było zbyt wiele. 26 maja 1992 roku Boff wydał oświadczenie, że występuje ze stanu kapłańskiego. Jego pożegnalne słowa zapadają w pamięć: „Władza kościelna jest okrutna i bezlitosna. Nigdy niczego nie zapomina. Nigdy niczego nie wybacza. Żąda wszystkiego".

Jak na ironię Boff w 1999 roku oznajmił, że nigdy nie dostał z Watykanu żadnego dokumentu oficjalnie go usuwającego, z kanonicznego punktu widzenia więc nadal jest kapłanem i zakonnikiem. W wywiadzie dla „Newsweeka" w 1999 roku powiedział, że uważa siebie za członka Kościoła, chociaż „bardziej franciszkanina niż rzymskiego katolika". Nadal dużo pisze i wykłada.

W październiku 1992 roku w Santo Domingo odbyło się czwarte posiedzenie CELAM. Tym razem teologom wyzwolenia nie udało się uniknąć ataku, którego obawiali się w Puebli. Watykan nalegał, żeby sesji przewodniczyły mianowane przez niego osoby – sekretarz stanu Angelo Sodano i chilijski kardynał Jorge Medina Estévez. Medina, wróg teologii wyzwolenia, od dawna pozostawał w przyjacielskich stosunkach z generałem Augustem Pinochetem. W 1999 roku, gdy Pinocheta zatrzymano w Londynie, by postawić go przed sądem pod zarzutem łamania praw człowieka, Medina przekonał sekretariat stanu, żeby wstawił się za nim u rządu brytyjskiego. Pod kierunkiem Sodana i Mediny w sposobie potraktowania teologii wyzwolenia w dokumencie końcowym z Santo Domingo pobrzmiewają bardzo wyraźnie Ratzingerowskie nuty[15]. Biskupi oficjalnie potępili wszelkie utożsamianie królestwa Bożego z sytuacją społeczno-polityczną, „co czyniły pewne współczesne teologie". Potwierdzili, że królestwo to można postrzegać wyłącznie w „misterium łączności" chrześcijan z Jezusem, a nie w jakimkolwiek ziemskim porządku społecznym.

Dla teologów wyzwolenia Santo Domingo to swego rodzaju Waterloo dla ruchu zapoczątkowanego w Medellín i chłodno wspartego w Puebli. Dominująca niegdyś w latynoamerykańskim katolicyzmie zgoda na postępowość należała do przeszłości, a „oficjalna" duchowość Kościoła raz jeszcze postrzegała odkupienie przede wszystkim w kategoriach jednostkowych przeżyć, a nie w zbiorowym dążeniu biednych do sprawiedliwości.

Ostatnim ciosem w 1992 roku było zamknięcie przez nowego biskupa José Cardosa Sobrinha seminariów diecezjalnych stworzonych przez Doma Heldera Cámarę, legendarnego biskupa Olinda-Recife w Brazylii. Metoda Cámary, którą wprowadził on przed teologią wyzwolenia, została pomyślana jako oddolny program formacji księży dla ludności rolniczej. Seminarzyści żyli w małych społecznościach i prowadzili działalność duszpasterską w czasie studiów, co przypominało metodę z São Paulo z czasów Arnsa. Większość wykonywała jakieś prace rolne, aby być blisko swoich ludzi. Cámara nazywał to „teologią motyki". Seminarzyści szkolili też świeckich przywódców w zakresie obowiązków duszpasterskich we wspólnotach podstawowych i parafiach. Większą część podbudowy teologicznej dla seminariów opracował José Comblin.

W 1987 roku Jan Paweł II wprowadził konserwatystę Lucasa Moreirę Nevesa na urząd biskupa San Salvadoru, co czyniło z niego zwierzchnika Olinda-Recife, między innymi po to, by mógł powstrzymać Cámarę. Zamknięcie seminariów było dla Cámary bolesne i wisiało jak odrzucenie nad końcem jego kariery, ale nigdy publicznie nie zaprotestował. Zmarł w 1999 roku[16].

1993–1999

Po 1992 roku bitwa o teologię wyzwolenia przerodziła się w zasadzie w obławę. W miejscach, gdzie postępowi biskupi udzielali kiedyś schronienia teologom wyzwolenia, mianowano konserwatystów: na przykład Fernanda Saenza Lacalle'a, księdza z Opus Dei, w San Salwadorze, i José Freirego Falcão w Brazylii. W 1996 roku Jan Paweł II złożył wizytę w Salwadorze i powiedział coś, co brzmiało trochę jak analiza skutków niepowodzenia: „Teologia wyzwolenia trąciła ideologią marksistowską (...). Dzisiaj, po upadku komunizmu, teologia wyzwolenia też trochę podupadła". Oświadczył, że „epoka teologii wyzwolenia się skończyła".

Z kongregacji doktrynalnej wciąż wypływały środki dyscyplinarne. W 1995 roku Ivone Gebara, teolog i członkini Zakonu Sióstr Szkolnych de Notre Dame, otrzymała polecenie powstrzymania się przez dwa lata od wypowiadania się, nauczania i pisania. Ratzinger zażądał też od Gebary, która próbowała połączyć postępową myśl z ekologią i feminizmem, żeby pojechała do Francji studiować „tradycyjną teologię". Podobnie jak w wypadku Boffa, punktem zapalnym było krytykowanie przez Gebarę Kościoła. Pisała, że chrześcijaństwo przyjęło strukturę patriarchalną i biedni stali się jednymi z największych konsumentów patriarchatu, „z powodu pociechy, jaką on daje". „Nasze rozumienie Boga musi się zmienić – stwierdziła Gebara. – Nie możemy już dłużej mówić o bycie samym w sobie, wszechmocnym, ponad wszystkim. Nie możemy już dłużej słuchać «tego w górze». Jest to Bóg stworzony przez patriarchat. Holistyczny ekofeminizm kwestionuje teologie, które postrzegają Boga jako znajdującego się ponad wszystkim".

Jan Paweł II wciąż miał mieszane odczucia wobec teologii wyzwolenia. W styczniu 1999 roku złożył wizytę w Meksyku, żeby przedstawić dokument oficjalnie zamykający „Synod dla Ameryki", który odbył się pod koniec 1997 roku w Rzymie. W dokumencie tym papież odniósł się do „grzechów społecznych" i ostro skrytykował neoliberalizm. Domagał się sprawiedliwości dla biednych i ludów tubylczych. Jednak w drodze powrotnej w odrzutowcu linii Air Italia, gdy Jana Pawła II zapytano o biskupa Ruiza i powstanie w Chiapas, wrócił do powtarzającego się refrenu: „teologia wyzwolenia jest marksistowska": „Rozważa się zastąpienie teologii wyzwolenia teologią tubylczą, która byłaby przekładem, inspiracją marksizmu, a Kościół oczywiście się nie zgadza i proponuje inną drogę, drogę solidarności i dialogu".

Jeszcze pod koniec lat dziewięćdziesiątych dało się słyszeć inne echa dawnych sporów. Na przykład meksykański biskup Arturo Lona Reyes z Tehuantepec odmówił w 1998 roku ustąpienia, twierdząc, że władze kościelne chcą go wyrzucić z powodu popierania teologii wyzwolenia. „Jestem najbiedniejszym z biednych, a oni oskarżają mnie o dzielenie Kościoła. (...) Nigdy nie popierałem neoliberalizmu i wolę biedaków, tych, którzy są wykluczeni z systemu" – powiedział reporterom. Stwierdził, że ustąpiłby tylko wtedy, gdyby papież go o to poprosił w obecności dwóch świadków. Jednak gdy emerytowany biskup z Oaxaca wezwał wszystkich biskupów Meksyku do poparcia Lony Reyesa, cisza była ogłuszająca. Czasy, gdy Konferencja Biskupów Latynoamerykańskich stawiała czoło Rzymowi, jak uczynili to Brazylijczycy w sprawie Boffa czy Peruwiańczycy, gdy chodziło o Gutiérreza, dawno już minęły.

Bilans

Ratzinger obejmował urząd przekonany, że teologia wyzwolenia stanowi zagrożenie dla wiary. Z czasem nazwał ją „herezją", „ateistyczną" i „niechrześcijańską". Powiedział, że od ortodoksji dzieli ją „zapierająca dech w piersiach przepaść". W pierwszym dziesięcioleciu sprawowania władzy, mniej więcej od 1981 do 1991 roku, kampania Ratzingera mająca na celu rozmontowanie teologii wyzwolenia była w przeważającej mierze skuteczna. Comblin w 1998 roku tak przedstawił sytuację: „Można mówić o teologii wyzwolenia w Europie czy w Stanach Zjednoczonych, ale nie można o niej mówić w Ameryce Łacińskiej, bo natychmiast zostanie się usuniętym na margines. (...) Wracamy w Ameryce Łacińskiej do ostrej polaryzacji: klerykalny integryzm kontra charyzmatyczny pietyzm. Możliwość wyboru chrześcijańskiego humanizmu, który tak bardzo zaznaczył się na Soborze Watykańskim II, została przemilczana".

Być może jest to diagnoza nazbyt pesymistyczna: wspólnoty podstawowe nadal się spotykają, powstają książki poświęcone teologii wyzwolenia, jej idee trwają w tysiącach różnych form. Jak stwierdził Gutiérrez w 1997 roku: „Póki biedni są uciskani, póty teologia wyzwolenia nie zginie". Gdy na przykład szesnastu biskupów z krajów zadłużonych i krajów wierzycieli poleciało w 1999 roku na spotkanie państw G-7 do Bonn, żeby domagać się darowania długów najbiedniejszym krajom świata, widać w tym dziedzictwo teologii wyzwolenia. Troska o sprawiedliwość społeczną weszła w zakres obowiązków przywódców katolickich.

A mimo to zgoda na postęp, która sprawiła, że teologia wyzwolenia dominowała w Ameryce Łacińskiej, i która zdawała się prowadzić do przeobrażenia rzeczywistości społecznej tego regionu, dzisiaj należy do przeszłości. Pytanie brzmi: co ta krucjata mówi nam o Ratzingerze? Jakie miała znaczenie dla Kościoła i dla świata?

Lekcje z Ratzingera

Trzy sprawy wydają się oczywiste. Po pierwsze, Ratzinger, gdy w pełni angażuje się emocjonalnie w walkę, staje się małostkowy. Gdy udzielił nagany Gutiérrezowi za wyrazy solidarności z Tissą Balasuriyą na kilka dni przed cofnięciem przez kongregację jego ekskomuniki, gdy zganił Gutiérreza i Casaldaligę za poparcie strajku głodowego ich przyjaciela Miguela D'Escota, gdy robił wyrzuty Casaldalidze za to, że nazwał Romera „męczennikiem", i gdy nie pozwolił, aby bracia franciszkanie towarzyszyli Boffowi w samochodzie, który wiózł go do siedziby kongregacji doktrynalnej, Raztinger ujawnił małoduszny rys charakteru, który pozostaje w sprzeczności z uprzejmością i przestrzeganiem zasad fair play, z których jest znany.

Druga sprawa polega na tym, że w Kościele katolickim opłaca się być przyjacielem Josepha Ratzingera. Jego latynoamerykańscy sprzymierzeńcy w walce z teologią wyzwolenia awansowali na wysokie urzędy kościelne. Czterech kieruje obecnie urzędami kurii: Trujillo stoi na czele Papieskiej Rady do spraw Rodziny, Castrillón – Kongregacji ds. Duchowieństwa, Neves – wszechmocnej Kongregacji ds. Biskupów, a Medina Estévez – Kongregacji ds. Kultu Bożego i Dyscypliny Sakramentów. Całą czwórkę wymienia się dzisiaj jako *papabile*, czyli potencjalnych kandydatów na papieża. Freire Falcão jest kardynałem w Brazylii. Kloppenburg otrzymał własną diecezję w Novo Hamburgo.

Przeciwnicy zaś zostali zepchnięci na margines: Miguel D'Escoto, Ernesto Cardenal, Jean Bertrand Aristide i Leonardo Boff opuścili stan kapłański. Uriel Molina prowadzi przedszkole w Nikaragui, a Fernando Cardenal prowadzi jezuickie rekolekcje. Ojciec chrzestny ruchu, Gustavo Gutiérrez, usunął się w cień w Limie, żeby uniknąć starć ze swoim należącym do Opus Dei biskupem. Różnica jest wyraźna dla każdego uważnie patrzącego katolika.

Szeroko zakrojone zniszczenie przez Ratzingera teologii wyzwolenia dowodzi również, że mimo dużej zgodności poglądów z Janem Pawłem II istnieją między nimi różnice. Papież nie nakłaniał Ratzingera do wszczęcia tej kampanii. Jan Paweł II miał mało cierpliwości do nieposłusznych księży, ale też wykorzystywał niektóre z najważniejszych wątków teologii wyzwolenia we własnych przemówieniach i encyklikach. Nazwał teologię wyzwolenia „pożyteczną i niezbędną" i zainicjował opracowanie dokumentu, który miał w zamierzeniach stanowić bardziej pozytywne oświadczenie w sprawie teologii wyzwolenia po jej potępieniu przez Ratzingera w 1986 roku. Niektórzy z przyjaciół i doradców Jana Pawła II, tacy jak austriacki kardynał Franz König, przekonywali papieża, że ruch teologii wyzwolenia to latynoamerykańska wersja Solidarności w Polsce. Mimo to Ratzinger wytrwał i w końcu to jego wizja zdecydowała o ostatecznym rezultacie. Ratzinger nie jest Rasputinem. W innych kwestiach, w których różnił się z Janem Pawłem II – celowości beatyfikowania tylu świętych czy doktrynalnych implikacji wspólnych modlitw z przywódcami innych religii – papież pozostał przy swoim zdaniu. Jednak w kwestii teologii wyzwolenia głębia zaangażowania i pewność postanowienia Ratzingera, w połączeniu z niezdecydowaniem Jana Pawła II, przypieczętowały jej los. Ratzinger potrafi więc doprowadzić do czegoś bez inicjatywy czy nawet pełnego poparcia papieża.

Protegowany Ratzingera Joseph Fessio powiedział mi w wywiadzie z 1999 roku, że środki dyscyplinujące stosowane przez kardynała są „obiektywne, nie osobiste. To kwestia dokumentacji. Zajmuje się tym, co leży na jego biurku". Historia kampanii przeciwko teologii wyzwolenia dowodzi, że Fessio ma całkowitą rację: przeprowadzana przez Ratzingera analiza jakiegoś autora czy ruchu zaczyna się i kończy na biurku w gabinecie, gdzie teoretyczne implikacje idei można doprowadzić do ich logicznego końca. Nie chodzi o to, czy osoby, które głoszą dany pogląd, naprawdę są rewolucjonistami, marksistami, ateistami czy anarchistami. Chodzi o to, czy z perspektywy europejskiej filozofii i teologii, na której wykształcił się Ratzinger, ich idee prowadzą do takich rezultatów. Ratzinger zdaje się wierzyć, że ludzki wymiar teologów, to, kim w rzeczywistości są i co naprawdę robią i mówią, nie ma większego znaczenia dla oceny ich koncepcji.

Dla Kościoła i dla świata

W 1985 roku Segundo napisał, że stawką, o jaką toczyła się gra w sprawie teologii wyzwolenia, nie był marksizm czy walka klasowa. Sednem sprawy była eklezjologia Soboru Watykańskiego II. Dla soboru, który wydał *Gaudium et spes*, teologia Wcielenia oznaczała, że Bóg działa poprzez powszechną ludzką tęsknotę za sprawiedliwością. Kościół musi „nabrać ciała", przyłączając się do ruchów społecznych dążących do stworzenia takiego porządku społecznego, który respektuje ludzką godność. Autorzy *Gaudium et spes* pragnęli uczynić dla końca XX w. to, czego Akwinata dokonał dla trzynastego stulecia: wprowadzić ponownie trzeci termin teologii – „naturę" – między bieguny „grzechu" i „łaski". W przemówieniu zamykającym obrady soboru 7 grudnia 1965 roku Paweł VI zapytał retorycznie, czy to kopernikańskie zwrócenie się ku światu jako centrum życia chrześcijańskiego jest zdradą wcześniejszej myśli Kościoła. „Czy może to wszystko i wszystko inne, co moglibyśmy powiedzieć o ludzkiej wartości soboru, odwraca umysł Kościoła w antropocentrycznym kierunku współczesnej kultury? Nie odwraca, ale zwraca" – powiedział papież.

Władze kościelne zawsze podchodziły do teologii wcielenia z nieufnością. W latach przed Soborem Watykańskim II Pius XII nakazał rozprawić się z francuskim katolicyzmem z powodu ruchu księży-robotników i wykorzystywania w budynkach kościelnych współczesnej, abstrakcyjnej sztuki. Powód jest oczywisty: hierarchia kościelna czerpie władzę z kontrolowania środków zbawienia. Jeśli zbawienie można znaleźć „tam", w świecie, jak i „tutaj", w Kościele, to władza ta jest osłabiona.

Jeśli chodzi o wpływ kampanii Ratzingera na rozwój polityczny Ameryki Łacińskiej, nie sposób stwierdzić, co mogłoby się wydarzyć, gdyby Ratzinger poświęcił popieraniu teologów wyzwolenia tyle samo energii, ile podcinaniu im skrzydeł. Ale istnieje punkt odniesienia: Polska. W jej wypadku ruch, który zaangażował Kościół wraz z innymi grupami we wspólną walkę, by doprowadzić do zmian, zyskał pełne poparcie Watykanu, tak moralne, jak i logistyczne. Wyglądający na niewzruszony porządek społeczny został obalony przez to połączenie energii ze śmiałością. Polska jest dzisiaj wolna w znacznej mierze dzięki Watykanowi, Episkopatowi i świeckim, którzy zaangażowali się we wspólną sprawę transformacji społecznej. Czy coś takiego mogłoby się stać w Ameryce Łacińskiej? Być może nie. Ale dla tych, którzy wierzą, że to wierność, a nie sukces musi być miarą, kwestionowanie „praktyczności" wizji teologów wyzwolenia jest kwestią niewłaściwego rozłożenia akcentów. Jak napisał Comblin: „To może być znak, że oni wcześniej pomylili ewangeliczne uprzywilejowanie biednych z opcją na rzecz zwycięstwa".

Po dekadzie rzekomych sukcesów neoliberalizmu w latach dziewięćdziesiątych ubóstwo w Ameryce Łacińskiej jest powszechne. Ogólnie rzecz biorąc, kontynent ten jedynie utrzymał pozycję. Według raportu regionalnej instytucji monitorującej w 1999 roku trzydzieści sześć procent latynoamerykańskich gospodarstw domowych żyło poniżej granicy ubóstwa, statystycznie niemal dokładnie tyle samo co w roku 1980, gdy było ich trzydzieści pięć procent. To oznacza, że 200 milionów ludzi w tym regionie jest „biednych", w tym 90 milionów pogrążonych w ubóstwie. To, że Ameryka Łacińska w ciągu dziesięciu lat gwałtownego wzrostu gospodarczego nie zdołała statystycznie obniżyć poziomu ubóstwa, dowodzi, że narastają w niej nierówności. W latach dziewięćdziesiątych wielu ludzi, zwłaszcza absolwentów wyższych uczelni, zbliżyło się bardziej niż kiedykolwiek wcześniej do amerykańskiego i europejskiego stylu życia, który zawsze pragnęli naśladować. Ale przegrani w tej nowej grze, ludzie niewykształceni i niewykwalifikowani, znaleźli się w jeszcze trudniejszej sytuacji.

Niemal połowa z miliarda katolików na świecie to mieszkańcy Ameryki Łacińskiej. W regionie tym znajdują się dwa największe katolickie kraje na świecie – Brazylia i Meksyk. Tam, gdzie Kościół katolicki jest tak dominującą siłą, uzasadnione jest oczekiwanie porządku społecznego, który lepiej odzwierciedlałby wartości ewangelii. Kontakt społeczeństwa z ewangelią powinien przypominać włożenie kabla pod napięciem do stawu – wstrząs powinien być odczuwalny w każdym jego miejscu. Za to, że katolicyzm latynoamerykański nie wywarł takiego wpływu, w znacznym stopniu odpowiedzialność ponosi Ratzinger.

Gdy w 1983 roku ukazała się instrukcja dotycząca teologii wyzwolenia, wybitny belgijski teolog, dominikanin Edward Schillebeeckx stwierdził: „Dyktatorzy Ameryki Łacińskiej przyjmą ją z radością, ponieważ będzie służyła ich celom. Czy było to zamierzone czy nie, instrukcja ta w rzeczywistości staje się narzędziem politycznym w rękach ludzi uprzywilejowanych w Ameryce Łacińskiej, którzy są z kolei popierani przez wielkie potęgi zagraniczne, by wzmocnić system, który utrzymuje biednych w posłuszeństwie wobec nielicznych bogatych. Czy to jest ta dobra nowina, której moglibyśmy spodziewać się po Rzymie?" Dzisiaj Ameryką Łacińską nie rządzą dyktatorzy, lecz prezesi i dyrektorzy generalni, a wielkimi potęgami są międzynarodowe instytucje finansowe i korporacje, lecz przeprowadzona przez Schillebeeckxa analiza pozostaje prawdziwa.

Z teologicznego punktu widzenia stanie po stronie niesprawiedliwego status quo nie może wydawać się niczym innym jak wypaczeniem chrześcijańskiej nowiny. Jak stwierdził w 1962 roku pewien teolog, pisząc na temat wolności słowa w Kościele: „Znaczenie proroctwa polega nie tyle na przewidywaniu przyszłości, ile na proroczym sprzeciwie wobec przekonanych o swojej nieomylności instytucji. (...) Bóg przez całe dzieje nie był po stronie instytucji, lecz po stronie cierpiących i prześladowanych"[17].

Teologiem tym był Joseph Ratzinger.

Rozdział 5

Kulturowy wojownik

13 stycznia 1998 roku tuż przed ósmą rano trzydziestodziewięcioletni Sycylijczyk, niejaki Alfredo Ormando, wśliznął się na plac św. Piotra w Rzymie. Tego słonecznego, zimowego ranka poza sezonem turystycznym plac był pusty. Ormando zdjął kurtkę, wyjął puszkę z benzyną, polał się nią, po czym podpalił. Ruszył w stronę Bazyliki św. Piotra „jak olbrzymia pochodnia", jak ujął to jeden ze świadków. Kobieta sprzątająca jedną z fontann pobiegła i znalazła dwóch policjantów, którzy pochwycili Ormanda w chwili, gdy wstępował na schody wspaniałej świątyni. Rzucili go na ziemię i zdusili płomienie, które wtedy poparzyły mu już dziewięćdziesiąt procent powierzchni ciała. Jeszcze przytomny Ormando mruknął: „Nie potrafię się nawet zabić". Zabrano go do pobliskiego szpitala, gdzie przeleżał dziesięć dni, po czym zmarł.

Okazało się, że Ormando był gejem. Urodził się w biednej wiosce w środkowej części Sycylii, gdzie homoseksualizm nadal jest silnie piętnowany. Przygnębiony i zniechęcony odmową akceptacji ze strony swojej rodziny przeprowadził się do Palermo, gdzie chciał zostać pisarzem, „intelektualistą w rodzinie robotników", jak wspominał właściciel domu, w którym mieszkał. Odniósł niewielki sukces – ukazała się tylko jedna książka, którą opublikowało małe, lokalne wydawnictwo. By zdobyć stopień naukowy z literatury, zapisał się na uniwersytet w Palermo, ale do chwili, gdy stanął w płomieniach, nie skończył uczelni. W szpitalu nie odwiedził go nikt z rodziny, co było ostatecznym odrzuceniem, które towarzyszyło mu przez całe życie.

Rzymska policja powiedziała, że znalazła w kurtce Ormanda listy, w których tłumaczył, że przyczyną jego kroku była odmowa akceptacji gejów przez rodzinę i społeczeństwo. Plotka, że w drugim liście winił Watykan, nie potwierdziła się. Działacze organizacji gejowskich i sympatycy z całych Włoch mówili jednak, że nawet jeśli takiego listu nie było, wybór przez Ormanda placu św. Piotra raczej nie był przypadkowy: w końcu przynosił swoje problemy do ich źródła. „Należało oczekiwać, że wcześniej czy później ktoś zrobi coś rozpaczliwego, żeby potępić homofobię Kościoła – powiedział przywódca włoskiej organizacji na rzecz praw gejów Arcigay. – We Włoszech antyhomoseksualne poglądy Kościoła są źródłem cierpienia".

Śmierć Ormanda dramatycznie ilustruje centrowe stanowisko katolicyzmu i postaw społecznych, do których kształtowania się ono przyczynia, wobec jednego z dwóch najbardziej kontrowersyjnych bojów końca XX w. o prawa obywatelskie – ruchu równouprawnienia gejów. Drugim jest ruch kobiet. Od lat siedemdziesiątych XX w. feminizm i kampania prawnej oraz społecznej akceptacji homoseksualizmu stanowią linię frontu „wojen kulturowych" w rozwiniętym świecie. Stanowiska, jakie zajął w odpowiedzi na te ruchy Ratzinger, pchnęły katolicyzm na pozycję potocznie nazywaną religijną prawicą.

Przywódcy katoliccy potępili kulturowy wpływ feminizmu, wiążąc go, jak to często bywa, z walką o kontrolę urodzeń i prawo do aborcji. Kościół stwierdził też, że nie może wyświęcać kobiet. Część kobiet zinterpretowała tę odmowę jako przejaw dyskryminacji płci. Jeśli chodzi o homoseksualistów, Kościół ostro potępił przemoc skierowaną przeciwko gejom, ale zachowania seksualne napiętnował jako niemoralne i nawet udzielił poparcia pewnym formom ich prawnej dyskryminacji.

Za pontyfikatu Jana Pawła II zakaz wyświęcania kobiet został wyniesiony do statusu niemal nieomylnej nauki, a dalszych dyskusji o ordynacji kobiet zakazano. Miliony katolickich kobiet nie akceptuje używanej przez Watykan retoryki „komplementarności", czyli koncepcji, że dwie płci pełnią równie ważne, ale różne role, uznając ją za podstawę wykluczenia ich ze stanu kapłańskiego. Medycyna i prawo, wojsko, polityka – w tych sferach też funkcjonowały kiedyś teorie, które miały uzasadniać wykluczenie z nich kobiet. Po gruntownej analizie okazywały się one zwykle wymysłami, które miały uzasadnić uprzedzenia.

Ratzinger uczynił z opierania się podejmowanym przez feministki próbom wtargnięcia na nowe terytoria najwyższy priorytet. Jego przyjaciel, luterański teolog Wolfhart Pannenberg, powiedział po rozmowie z kardynałem w 1997 roku, że „odniósł wrażenie, iż ordynacja kobiet jest ogromną przeszkodą na drodze postępu wszelkiego ekumenizmu". Jest to szczególnie trafne, ponieważ Ratzinger uważa, że kampania na rzecz wyświęcania kobiet jest napędzana przez „rzeczniczki radykalnych feministek, zwłaszcza lesbijek"[1].

Stosunki między homoseksualistami i Kościołem w czasie urzędowania Ratzingera były jeszcze bardziej wrogie. Oficjalnie Kościół naucza, że czyny homoseksualne są „ze swej istoty złe", ale osobom homoseksualnym należy okazywać współczucie. Większość homoseksualistów uważa jednak to rozróżnienie za niemożliwe do utrzymania, ponieważ skazuje ich albo na życie niespełnione seksualnie, albo na życie w oczach Kościoła grzeszne. Wielu homoseksualistów wyznania katolickiego odbiera stanowisko Kościoła jako pewną formę tolerowania uprzedzeń.

Kobiety i homoseksualiści wyznania katolickiego na ogół nie chcą wybierać między Kościołem i swoim sumieniem. Chcą, żeby katolicyzm odzwierciedlał te same zasady równości, których domagają się w społeczności świeckiej. Ponieważ Joseph Ratzinger jest głównym intelektualnym autorem stojącym za zamknięciem się Kościoła na dążenia tych dwóch grup, w oczach wielu kobiet i homoseksualistów wyznania katolickiego jest symbolem wszystkiego, co w Kościele wzbudza ich sprzeciw.

W liście broniącym wydanego w 1994 roku przez Jana Pawła II zakazu dalszej dyskusji o wyświęcaniu kobiet Ratzinger stwierdza, że osoba, która naciska na tę kwestię, „prawdopodobnie przyzwala na to, by w zbyt wielkim stopniu wpływały na nią obyczaje i duch epoki". To jest podstawa rozumowania Ratzingera w tej sprawie: Kościół nie może przyzwolić na to, by świat go terroryzował. Feminizm i ruchy na rzecz równouprawnienia homoseksualistów stanowią przejawy kultury, która utraciła zdolność akceptowania ograniczeń narzucanych przez autorytet i uzasadnionych w Objawieniu. Jak Kościół może tak po prostu opowiedzieć się po stronie „znaków czasu" – pyta Ratzinger – w upadłym świecie?

Ratzinger a kobiety

W piękny wieczór 13 lutego 1999 roku, po trzech dniach spotkań z przedstawicielami komisji doktrynalnych konferencji biskupów w Stanach Zjednoczonych, Kanadzie, Australii, Nowej Zelandii i wysp Pacyfiku, Ratzinger wygłaszał wykład w seminarium św. Patryka w Menlo Park w północnej Kalifornii. Wśród obecnych księży znajdowały się tacy dostojnicy jak kardynał Aloysius Ambrozic z Toronto, arcybiskup Daniel Pilarczyk z Cincinnati i ich gospodarz arcybiskup William J. Levada z San Francisco. Podczas obrad ponad dwadzieścia osób – wyłącznie mężczyzn – miało do powiedzenia coś zaskakująco pozytywnego o kobietach. Na konferencji prasowej w przeddzień wykładu Ratzingera Ambrozic określił relacje między Kościołem i myślą feministyczną jako „wzajemnie wzbogacające". Ten pozytywny ton zdawał się oznaczać postęp dla Ratzingera, który zarezerwował swoją najostrzejszą krytykę dla „radykalnego feminizmu". Wypowiedzi Ambrozica zostały przychylnie skomentowane w amerykańskich i kanadyjskich gazetach z 12 lutego, a część katoliczek myślała, że Kościół podaje gałązkę oliwną.

Następnego wieczoru Ratzinger wygłosił wykład poświęcony encyklice Jana Pawła II *Fides et ratio*. Chociaż nie poruszał zagadnień kobiet, wciąż panowała atmosfera uprzejmości. Spoglądając na licznie zgromadzonych słuchaczy, wśród których był między innymi anglikański arcybiskup i buddyjski mnich, Ratzinger pochwalił inne wyznania za krzewienie takich postaw jak szacunek i miłość bliźniego. Później, na przyjęciu, pozował do zdjęcia z buddyjskim mnichem, czcigodnym Hengiem Sure'em z San Francisco, z którym stanowili interesującą parę: jeden ubrany w czarną sutannę z czerwoną lamówką i szkarłatną piuską, drugi w powiewających szatach w kolorze różu i kości słoniowej.

Serdeczność ta nie sięgała jednak dużo dalej niż drzwi sali, w której odbywało się przyjęcie. Gdy tylko Ratzinger wszedł na podium, szepczący coś do walkie-talkie klerycy o ponurych twarzach kazali grupce katoliczek „opuścić teren" seminarium św. Patryka. Tych pięć kobiet przyszło na wykład, który zapowiadano jako publiczny, by na miejscu się dowiedzieć, że wstęp jest tylko dla zaproszonych. Ochrona była szczelna. Przy każdym wejściu do budynku stali młodzi mężczyźni w koloratkach, którzy sprawdzali uprawniające do wejścia zaproszenia. Zrezygnowawszy już z myśli o tym, że zetrą się z Ratzingerem twarzą w twarz, kobiety rozwinęły transparent i zaczęły rozdawać kartki z zaproszeniem na „inkluzywną liturgię", którą planowały tydzień później w Oakland.

Kobietom kazano wyjść. Victoria Rue, jedna z organizatorek, odpowiedziała, że jako praktykujący katolicy archidiecezji płacą na seminarium i dlatego mają prawo tu być, ale kościelni żandarmi byli niewzruszeni. Pięć kobiet wyprowadzono na ulicę przed głównym wejściem, gdzie dalej rozdawały kartki, a klerycy machnięciem ręki nakazywali ludziom przechodzić dalej. To, czy samochód się zatrzymał czy nie, stanowiło swego rodzaju probierz stosunku kierującej nim osoby do kobiet w Kościele; wiele zresztą się zatrzymywało, mimo że lista gości była starannie przygotowana.

Rue twierdzi, że jeden z samochodów prowadzony przez nieznanego kleryka ostro skręcił w jej stronę, tak jakby chciał ją rozjechać; czy dobrze odczytała zamiary kierowcy czy nie, wrażenie to stanowi znamienny wskaźnik, jak te protestujące kobiety się czuły tego wieczoru. Potraktowanie ich przez władze seminarium Rue nazwała „wstrząsającym, mrożącym krew w żyłach". Rzecznik archidiecezji, naciskany, by wyjaśnił, dlaczego tych pięć nieszkodliwych kobiet nie mogło zająć jakiegoś kąta na rozległym terenie seminarium, zamiast stać na ruchliwej ulicy, stwierdził: „Można doprowadzić to rozumowanie do końca, a to oznacza, że każdy mógłby zająć mównicę"[2].

Zatem w niespełna dwadzieścia cztery godziny po tym, jak grupa katolickich dostojników zdawała się dać kobietom nadzieję na dialog, pięć z tych kobiet duchowieństwo usunęło z terenu seminarium. Trudno sobie wyobrazić bardziej wizualnie przemawiający powód, dlaczego katoliczki czują się odrzucone. Tego wieczoru, gdy Ratzinger znajdował się w murach seminarium, dla tych kobiet dosłownie nie było miejsca w Kościele katolickim.

Ordynacja

Punktem wyjścia dla współczesnej katolickiej dyskusji o ordynacji kobiet jest Deklaracja o dopuszczeniu kobiet do kapłaństwa urzędowego *Inter insigniores*, wydana przez poprzednika Ratzingera, chorwackiego kardynała Franja Sepera 15 października 1976 roku, w dniu św. Teresy z Avili. Dokument ten, który ogłoszono po podjęciu przez amerykański Kościół episkopalny decyzji o ordynacji kobiet, rozpoczyna się od wstępu poświęconego roli kobiet we współczesnym społeczeństwie i w Kościele, po którym następuje sześć części. Najważniejszy jego fragment streszcza całe rozumowanie: „Kościół katolicki nigdy nie uważał, że można w sposób uprawniony wyświęcać kobiety". Zarówno Pismo święte, jak i Ojcowie Kościoła, twierdzi się w tym dokumencie, są jednomyślni, że sakrament kapłaństwa jest zarezerwowany dla mężczyzn.

Zanim przejdziemy do stanowiska Ratzingera w tej kwestii, warto się zastanowić, dlaczego wielu katolikom trudno zaakceptować tę naukę. Jak zauważył Karl Rahner w eseju z końca lat siedemdziesiątych poświęconym ordynacji kobiet, istnieją dwa rodzaje tradycji w Kościele: pierwszy jest wiążący, ponieważ wywodzi się z Bożego Objawienia, drugi z ludzkiego zwyczaju, który po prostu przez długi czas nie jest kwestionowany. Ten ostatni zawsze z zasady może ulegać zmianom. Rahner sugerował, że wcale nie jest oczywiste, iż zakaz ordynacji kobiet nie należy do tego drugiego rodzaju.

Inni krytycy są przekonani, że przywoływana przez Watykan „nieprzerwana tradycja" wykluczenia kobiet ze święceń jest bardziej efektem ideologii niż gruntownych badań historycznych. Na przykład w Liście do Rzymian, 16 św. Paweł nazywa kobietę o imieniu Junia „wybitną pośród apostołów". W wielu rękopisach i przekładach jej imię zmieniono w Junias, żeby było rodzaju męskiego. Stanowi to przykład, mówią przeciwnicy stanowiska Watykanu, wyrzucania kobiet z historii Kościoła przez dwa tysiąclecia.

Inter insigniores dowodzi, że ponieważ Jezus wybrał na apostołów tylko mężczyzn, Kościół nie ma prawa postępować inaczej. Mimo to dzisiaj panuje wśród biblistów powszechna zgoda, że „dwunastka" stanowiła dla wczesnych chrześcijan odpowiednik „dwunastu" patriarchów starożytnego Izraela, którzy dali początek dwunastu plemionom. Jako ojcowie założyciele nowego narodu wybranego, dwunastu apostołów nie miało żadnych następców. Jednak jako do księży i sług społeczności – w tej tylko roli „sukcesja apostołów" ma sens – do dwunastki przyłączyli się zarówno mężczyźni, jak i kobiety. Takie rozumienie utrzymało się w dziejach Kościoła o wiele dłużej, niż się zwykle sądzi. Angielski teolog John Wijngaards, na przykład, udokumentował liczne przypadki wyświęcania przez kilka stuleci kobiet na diakonisy[3].

Nie trzeba wcale sięgać do odległej przeszłości, żeby znaleźć przykłady katoliczek, które pełniły funkcje kapłańskie. W Czechosłowacji w czasach komunistycznego ucisku biskup Felix Davidek wyświęcił grupkę kobiet na księży i diakonisy. Było ich mniej więcej po sześć. Najsłynniejszą z kobiet-księży Davidka jest Ludmila Javorova, która mieszka na południu Czech, w Brnie, gdzie obecnie pracuje jako katechetka w szkole podstawowej. Javorova, której ojciec był bliskim przyjacielem Davidka, po wyświęceniu pełniła funkcję wikariusza biskupa aż do jego śmierci w 1988 roku. Javorova i Davidek byli sobie bardzo bliscy; wspominano, że żyli razem jak mąż i żona, chociaż Javorova twierdzi, że była to plotka, którą przekazali radiu Głos Ameryki komuniści. W małym, zżytym światku czeskiego „Kościoła milczącego" Javorova i pozostałe kobiety pełniły funkcję – i w przeważającej mierze akceptowano je – księży.

Po upadku komunizmu, gdy sytuacja Kościoła czeskiego się unormowała, władze kościelne poleciły tym kobietom zaprzestania pełnienia tej roli. Jedne posłuchały, ale część z nich dalej udzielała sakramentów znajomym i zwolennikom. Rzecznik Watykanu Joacquín Navarro-Valls, zapytany w 1995 roku o te ordynacje, odparł, że mogło do nich dojść, ale nawet jeśli doszło, to i tak są nieważne. Większość kobiet wyświęconych przez Davidka, obawiając się represji ze strony albo Kościoła, albo społeczności, w których żyły, niechętnie opowiadała o swoich doświadczeniach. Nawet Javorova, która objechała Stany Zjednoczone na zaproszenie Women's Ordination Conference, organizacji popierającej wyświęcanie kobiet, opowiadała swoją historię w sposób możliwie zawoalowany.

Dowiedziałem się o tym z pierwszej ręki, gdy pod koniec września 1999 roku odwiedziłem Javorovą w jej mieszkaniu w Brnie. Wywiad organizowano za pośrednictwem Women's Ordination Conference, a Javorova wyraziła zgodę – poprzez mówiącego po czesku stażystę z tej organizacji – na spotkanie ze mną wyłącznie pod warunkiem, że obiecam, iż nie będę o naszej rozmowie pisał. Później zwolniła mnie częściowo z tej obietnicy, pozwalając mi „ogólnie" napisać o tej wizycie. Można było odnieść wrażenie, że wszystko sprzysięgło się przeciwko naszemu spotkaniu. Do Brna miałem dotrzeć z Wiednia po dwugodzinnej jeździe samochodem, ale kilka dni wcześniej dowiedziałem się, że tłumacz, którego mi obiecano przed wyjazdem ze Stanów Zjednoczonych, wycofał się. Zwróciłem się do przyjaciela, który pracuje dla Konferencji Biskupów Austriackich, ale udało mu się jedynie znaleźć jakieś nazwisko w Słowacji, które podał mi na godzinę przed planowanym wyjazdem. I tak wyruszyłem wynajętym samochodem z nabazgranym adresem i bez żadnego pomysłu, jak mam znaleźć Javorovą, nie mówiąc już o rozmowie z nią.

Szczęśliwym trafem, gdy wjechałem do centrum Brna, zauważyłem ogromny hotel i kasyno Best Western (przyznaję, że nie miałem pojęcia, że Best Western prowadzi kasyna we wschodniej Europie). Zaparkowałem i pojawiłem się przed recepcjonistą, który nie miał żadnego powodu, by podejrzewać, że nie jestem gościem. Wyjaśniłem mu sytuację, w jakiej się znalazłem, a on szybko znalazł mi tłumacza ze szkoły języka angielskiego na tej samej ulicy. Złapałem taksówkę, podjechałem po mojego tłumacza i wspólnie udaliśmy się do mieszkania

Javorovej, które znajdowało się w wielkim, szarym wieżowcu z epoki głębokiego socjalizmu w podupadłej części miasta, mając tylko kilka chwil na dojazd.

Javorova czekała w swoim małym saloniku z kawą i ciastem na niskim stole pod dużym portretem Davidka. Powoli zaczęła opowiadać swoją historię. Wyjaśniła, że dla Davidka decyzja o wyświęcaniu kobiet nie była demonstracją feminizmu, lecz raczej strategią zapewnienia opieki duszpasterskiej kobietom więzionym przez komunistów. Davidek sam został wtrącony do więzienia po półrocznym okresie ukrywania się, gdy za dnia chodził przebrany za kobietę, by uniknąć aresztowania. Trzymano go w miejscu, gdzie mężczyźni i kobiety byli od siebie odseparowani, a kontakt mogli nawiązać wyłącznie na spacerniaku. Dzielił ich mur. Davidek, spacerując w kółko, recytował mszę, podskakując i wykrzykując przez mur słowa błogosławieństwa, żeby kobiety mogły je usłyszeć. Zdawał sobie sprawę, że było to niewystarczające, i chciał przygotować niewielką liczbę kobiet do udzielania sakramentów w więzieniu, opierając się na założeniu, że niektóre z nich z powodu swojej działalności w podziemnym Kościele w końcu zostaną aresztowane. Czuł się uprawniony do takiego kroku, ponieważ Pius XII dał biskupom czeskim zgodę na wyświęcanie księży w tajemnicy, jeśli nie będą mogli utrzymywać kontaktów z władzami kościelnymi.

Po potajemnym wyświęceniu Javorova przez lata spodziewała się, że aresztuje ją tajna policja, przez cały ten czas pełniąc obowiązki duszpasterskie wobec małej grupy wiernych w podziemiu. To zrozumiałe, że sądzi, iż jej wierność i odwaga były godne kapłaństwa. Chociaż nie powiedziała tego wprost, jestem przekonany, że żywi trochę nadziei, iż pewnego dnia zostanie uznana przez papieża za księdza. (Być może nadzieja ta osłabła: gdy w lutym 2000 roku w watykańskim oświadczeniu dotyczącym działających w podziemiu księży w Czechosłowacji stwierdzono, że istnieją „poważne wątpliwości" co do ważności niektórych święceń, „zwłaszcza tych, których dokonał biskup Felix Maria Davidek", dała mi zgodę na ujawnienie znacznej części jej historii.)

Zwolennicy ordynacji kobiet dowodzą, że od Junii do Javorovej istnieje ważna, aczkolwiek w znacznej mierze skrywana tradycja kobiet-księży w Kościele katolickim. Co więcej, istnieją poważne dowody, że katolicy na całym świecie są gotowi wydobyć tę tradycję na światło dzienne. W 1992 roku na zgromadzeniu biskupów Quebecu zasugerowano, że być może nadszedł już czas, by rozważyć możliwość wyświęcania kobiet, a na synodzie w 1999 roku w diecezji montrealskiej głosowano za tym, by przekazać tę sugestię Rzymowi. W Austrii i Niemczech w 1995 roku pod petycją o reformę w Kościele zebrano niemal trzy miliony podpisów, a jednym z pięciu najważniejszych żądań była ordynacja kobiet. Badania opinii przeprowadzone wśród amerykańskich katolików pokazują, że dzisiaj dwie trzecie popiera dopuszczenie kobiet do stanu kapłańskiego – co stanowi wzrost o niemal dwadzieścia punktów procentowych od podobnych badań przeprowadzanych w latach osiemdziesiątych. Jednak ani argument tradycji, ani argument wyników badań opinii publicznej nie przekonały przywódców Kościoła, by inaczej spojrzeli na tę kwestię. Ratzinger stanowczo wprowadził w życie naukę w sprawie ordynacji kobiet, ze szczególnym uwzględnieniem Stanów Zjednoczonych, uważanych przez większość watykańskich urzędników za kraj, którego kultura polityczna jest w wyjątkowym władaniu feminizmu.

W 1981 roku, krótko po objęciu przez Ratzingera urzędu, komisja doktrynalna konferencji biskupów amerykańskich na jego prośbę rozpoczęła dochodzenie w sprawie książki pt. *Catholicism* („Katolicyzm") księdza Richarda McBriena. Dzieło to jest niezwykle obszerne – liczy 1184 strony w dwóch tomach – a jego ambicją jest przedstawić jasne podsumowanie wiary katolickiej, a także streszczenie aktualnej refleksji teologicznej dotyczącej istotnych kwestii. Książka odniosła ogromny sukces, sprzedano ponad sto tysięcy egzemplarzy i przetłumaczono ją na kilka języków. Jezuita Tom Reese, redaktor pisma zakonu „America", twierdzi, że współcześnie główna różnica między seminarium konserwatywnym a seminarium liberalnym polega na tym, że konserwatyści używają katechizmu powszechnego, a liberałowie McBriena. Jednym z głównych zarzutów Ratzingera wobec tej książki było to, że wywoływała wrażenie, iż nauka Kościoła w kwestii ordynacji kobiet i antykoncepcji może ulec zmianie.

McBrien, teolog z University of Notre Dame, miał szczęście, że przewodniczącym komisji doktrynalnej był w tamtym czasie umiarkowany arcybiskup San Francisco John Quinn, obecnie na emeryturze. Gdy w 1995 roku ogłoszono raport komisji, wymieniono w nim kilka kwestii „potencjalnie wprowadzających w błąd", a inne jej fragmenty nazwano „hipotetycznymi", ale stwierdzono też, że książka ma „wiele cech pozytywnych", i nie zalecono żadnych działań dyscyplinujących. Niemniej jednak przesłanie wydawało się dość oczywiste: teologowie, którzy kwestionują naukę w kwestii ordynacji kobiet, czy nawet tylko bronią prawomocności jej kwestionowania, czynią to na własną odpowiedzialność.

W latach osiemdziesiątych w Stanach Zjednoczonych głównym forum dyskusji o roli kobiet w Kościele była konferencja biskupów amerykańskich i niefortunna próba opracowania listu duszpasterskiego o kobietach. Z pomysłem tym wystąpił w 1982 roku biskup Michael McAuliffe z Jefferson City w stanie Missouri. Rok później rozpoczęła pracę komisja składająca się z sześciu biskupów pod kierunkiem biskupa Josepha Imescha z Joliet w Illinois. Imesch i jego koledzy uznali, że ich dokument powinien odzwierciedlać doświadczenia i punkt widzenia kobiet, i w tym celu znaczną część 1985 i 1986 roku poświęcili na ogólnokrajowe konsultacje. Wzięło w nich udział około 75 tysięcy kobiet[4].

W kwietniu 1988 roku komisja opublikowała pierwszy szkic dokumentu, w którym znalazły się „nie przefiltrowane" głosy kobiet. Jedne były krytyczne, inne nawet poruszały kwestię ordynacji kobiet. Komisja przeprowadziła drugi etap konsultacji, żeby zgromadzić opinie o pierwszym szkicu dokumentu. Tymczasem Jan Paweł II odniósł się do niego podczas spotkania z biskupami amerykańskimi we wrześniu 1988 roku, zalecając im, aby kładli nacisk na aspekt komplementarności – na to, że mężczyźni i kobiety mają różne, ale „komplementarne" role; Watykan często odwoływał się do tego argumentu, żeby uzasadnić zakaz ordynacji kobiet. Wiele katoliczek uważa ideę komplementarności za obraźliwą, wskazującą na istotę kobiecej natury, która zarówno kształtuje, jak i ogranicza społeczne i kościelne role dostępne kobietom. W marcu 1990 roku opublikowano drugi szkic. Dodano w nim zdecydowane ponowne potwierdzenie nauki Kościoła w sprawie kontroli urodzeń, zrezygnowano z klauzuli mówiącej, że doświadczenia kobiet będą uwzględnione w kościelnej nauce o seksualności, i przeprowadzono ostre rozróżnienie między „feminizmem chrześcijańskim" i „feminizmem radykalnym".

Zmiany te nie wystarczyły, żeby rozwiać obawy Watykanu. Biskupi amerykańscy zamierzali przyjąć ten dokument w listopadzie 1991 roku, ale urzędnicy kurialni poprosili o zwłokę, aby delegacja konferencji biskupów mogła udać się do Rzymu na konsultacje. Komentatorzy mówią, że Watykan przyglądał się szerokiemu rozpowszechnianiu na całym świecie dwóch wcześniejszych listów pasterskich biskupów amerykańskich – *The challenge of peace* z 1983 roku i *Economic justice for all* z 1986 – i nie chciał, aby ten list w sprawie kobiet nasilił presję feminizmu na katolicyzm w innych krajach.

Dwudniowemu spotkaniu w Watykanie jesienią 1991 roku przewodniczył Ratzinger. Wśród zebranych przezeń grubych ryb, które miały stawić czoło Amerykanom, znajdowali się niemiecki biskup Walter Kasper, australijski arcybiskup Eric D'Arcy i arcybiskup irlandzki Desmond Connell. Jeden z amerykańskich biskupów, który pracował nad przygotowywaniem tego dokumentu, powiedział mi o tym spotkaniu, wypowiadając się o nim po raz pierwszy: „Wrobiono nas. Myślałem, że się tam zjawimy i pouczymy hierarchów z innych państw, podzielimy się z nimi tym, co powiedziały nam Amerykanki. Zamiast tego zebrałem cięgi. Nie było żadnej szansy na to, żeby nas wysłuchano". Ratzinger powiedział wprost: biskupom amerykańskim nie wolno kontynuować prac nad tym listem w jego obecnej formie.

Pewien amerykański biskup, który nie chce, by jego nazwisko zostało wymienione w tej książce z obawy przed dalszym nękaniem przez urząd Ratzingera, powiedział, że opisał na tym spotkaniu frustrację wykształconych i samoświadomych katoliczek. Gdy skończył, włoski prałat odpowiedział mu kategorycznie: „Tu, we Włoszech, nie mamy tego problemu". W akcie sprawiedliwości kilka dni później Włoszki zorganizowały w Rzymie demonstrację, żeby zaprotestować przeciwko dyskryminacji w Kościele.

Biskup wyjaśniał dalej, że Ratzinger sformułował dwa główne zastrzeżenia wobec dokumentu: po pierwsze, nie przedstawiał on wystarczająco jasno zakazu ordynacji kobiet; po drugie, zbytnio sprzyjał językowi inkluzywnemu, unikając gdzie tylko można słów nacechowanych rodzajem gramatycznym w liturgii i Biblii, na przykład przedkładając słowo „osoba" nad „mężczyznę". Próbując odpowiedzieć na te krytyczne uwagi, nie rezygnując zarazem zbytnio z tego, co wniosły katoliczki, komisja wróciła do pracy. W marcu 1992 roku przekazano do oceny trzeci szkic. Łączył mocniejszy język w kwestiach spornych z Watykanem z potępieniem „grzechu seksizmu" i wskazywał, że niezdolność seminarzysty do pracy z kobietami powinno się uznać za „wskazówkę negatywną" dla ordynacji.

Dla niektórych osób w konferencji nawet to okazało się nie do przyjęcia. Na posiedzeniu w czerwcu 1992 roku biskupi podjęli decyzję o przygotowaniu jeszcze jednego szkicu. Tym razem do napisania go wyznaczono arcybiskupa Williama Levadę z San Francisco, konserwatystę, który na początku lat osiemdziesiątych pracował u Ratzingera w Kongregacji Nauki Wiary. Zanim w listopadzie 1992 roku wersja Levady została poddana pod głosowanie, dokument ten tak bardzo przesunął się na prawo – potępiał rewolucję seksualną, różne formy feminizmu i prawo tak samo traktujące mężczyzn i kobiety – że wiele kobiet miało nadzieję, iż biskupi odrzucą ten projekt w całości.

Nie udało się zebrać dwóch trzecich głosów, koniecznych, by projekt przeszedł.

Po dziesięciu latach, po raz pierwszy w historii konferencji, list pasterski został odrzucony w jawnym głosowaniu. Chociaż w grę wchodziło wiele innych czynników, trzeba uczciwie przyznać, że interwencja Ratzingera jest prawdopodobnie najważniejszą przyczyną, dla której biskupi amerykańscy nie ogłosili listu pasterskiego o roli kobiet. Sprawa ta ma znaczenie nie tylko dla kwestii roli kobiet w Kościele, ale również dla przyszłości samej Konferencji Biskupów Amerykańskich. Epoka długich listów duszpasterskich, przygotowywanych po szerokich konsultacjach i dotyczących najważniejszych spraw społecznych, skończyła się definitywnie w listopadzie 1992 roku. Amerykańscy biskupi, wypowiadając się w 1983 roku o broni jądrowej i w 1986 o gospodarce, wnieśli ogromny wkład do moralnej analizy kwestii kierunków polityki publicznej w kulturze amerykańskiej. W dużej mierze dzięki Ratzingerowi nie będą już mieli takiego wpływu w przyszłości.

Nie oznacza to, że Kościół pod rządami Jana Pawła II i Ratzingera milczy w kwestii kobiet. Papież w rzeczywistości szczyci się swoim dobrym rozumieniem kobiet i poświęcił im dwie encykliki: *Redemptoris Mater* (1987) i *Mulieres dignitatem* (1988). Jednak tym co najprawdopodobniej będzie mu pamiętać większość katoliczek, jest trzask pioruna, który dobiegł z Watykanu 22 maja 1994 roku w postaci listu apostolskiego o udzielaniu święceń kapłańskich wyłącznie mężczyznom, *Ordinatio sacerdotalis*. Dokument ten ma zaledwie kilka akapitów długości, co sugeruje, że Jan Paweł II chciał, żeby jego stanowisko było rzeczowe i jasne. „Święcenia kapłańskie, poprzez które przekazana zostaje misja nauczania i uświęcania wiernych oraz rządzenia nimi, powierzona przez Chrystusa swoim Apostołom, były w Kościele katolickim zawsze i od samego początku zastrzeżone wyłącznie dla mężczyzn. Tę samą tradycję wiernie zachowały również Kościoły Wschodu". Odnosząc się do faktu, że Najświętsza Maria Panna nie została wybrana na apostoła, papież stwierdza, że dowodzi to, iż: „Niedopuszczenie kobiet do święceń kapłańskich nie może oznaczać umniejszenia ich godności ani ich dyskryminacji".

Następnie przeszedł do sedna sprawy: „Aby zatem usunąć wszelką wątpliwość w sprawie tak wielkiej wagi, która dotyczy samego Boskiego ustanowienia Kościoła, mocą mojego urzędu utwierdzania braci, oświadczam, że Kościół nie ma żadnej władzy udzielania święceń kapłańskich kobietom oraz że orzeczenie to powinno być przez wszystkich wiernych Kościoła uznane za ostateczne". *Ordinatio sacer-*

dotalis interpretowano tak, że nie tylko ordynacja kobiet jest poza dyskusją, ale zakazane jest też jej popieranie. Pierwsza ofiara tego prawa ograniczającego swobodę wypowiedzi padła w maju 1995 roku, gdy St. Meinard's Seminary w Indianie zwolniło siostrę miłosierdzia Carmel McEnroy, jedną z tysiąca katolików w całym kraju, którzy podpisali apel do Jana Pawła II o wznowienie debaty na ten temat. Odpowiedzią Kościoła było jej zwolnienie, które spowodowało wytoczenie seminarium procesu sądowego[5] – przegranego.

28 października 1995 roku Ratzinger wydał krótki dokument, formalnie brzmiący jak odpowiedź na *dubium*, czyli wątpliwość, dotyczący mocy doktrynalnej *Ordinatio sacerdotalis*. Chodziło o to, czy przedstawiona w nim nauka jest nieomylna. Ratzinger udzielił odpowiedzi twierdzącej: „Nauka ta wymaga ostatecznej zgody, ponieważ – oparta na pisanym Słowie Bożym i od początku nieustannie respektowana i praktykowana w Tradycji Kościoła, została przedstawiona jako nieomylna przez zwykłe i powszechne Magisterium. (...) Zatem w obecnych okolicznościach Biskup Rzymu, sprawując właściwy mu urząd utwierdzania braci, przekazuje tę samą naukę w formie oficjalnego oświadczenia, wyraźnie stwierdzając, że ma być przestrzegana zawsze, wszędzie i przez wszystkich, należy bowiem do prawd wiary". Oświadczenie to zostało zaakceptowane przez papieża.

W towarzyszącym mu, ogłoszonym tego samego dnia liście Ratzinger wyłożył swoje rozumowanie. Najpierw zapewnił, że dokument *Ordinatio sacerdotalis* ukazał wielu ludziom, jakie jest stanowisko Kościoła. „Wiele sumień, które w dobrej wierze było zaniepokojonych, bardziej zwątpieniem niż niepewnością, odnalazło znowu spokój dzięki nauce Ojca Świętego". Mimo to, stwierdził Ratzinger, spór nadal występuje. „Utrzymuje się pewna konsternacja, nie tylko tych, którzy – dalecy od wiary katolickiej – nie akceptują istnienia autorytetu doktrynalnego w Kościele, to znaczy Magisterium sakramentalnie obdarzonego autorytetem Chrystusa – ale też tych wiernych, którym nadal wydaje się, iż wykluczenie kobiet z posługi kapłańskiej stanowi jakąś formę niesprawiedliwości lub ich dyskryminacji".

Ratzinger powiedział, że Kościół głosi zarówno szacunek dla kobiet, jak i niemożność ich wyświęcania. „Jeżeli jednak, być może wskutek zbytniego ulegania zwyczajom i duchowi epoki, ktoś stwierdziłby, że istnieje sprzeczność między tymi dwiema prawdami, droga postępu w inteligencji wiary byłaby stracona". Dyskusja o ordynacji, powiedział, często opiera się na nieścisłej idei posługi.

Aby zrozumieć, że nauka ta nie implikuje żadnej niesprawiedliwości czy dyskryminacji kobiet, należy uwzględnić samą istotę posługi kapłańskiej, która jest służbą, a nie stanowiskiem czy przywilejem lub ludzką władzą nad innymi. Ktokolwiek, mężczyzna czy kobieta, pojmuje kapłaństwo w kategoriach osobistego potwierdzenia, celu czy punktu wyjścia kariery ludzkiego sukcesu, głęboko się myli, bowiem prawdziwe znaczenie chrześcijańskiego kapłaństwa, czy jest to zwykłe kapłaństwo wiernych, czy – w sposób najbardziej szczególny – posługa kapłańska, można odnaleźć wyłącznie w poświęceniu samego siebie w jedności z Chrystusem, w służbie braciom.

Jeśli chodzi konkretnie o kwestię nieomylności, Ratzinger dowodzi, że dokument *Ordinatio sacerdotalis* sam w sobie nie jest instancją instancją nieomylności – odwołuje się raczej do nieomylności nauki zawsze, wszędzie i przez wszystkich uznawanej. „W tym wypadku akt Magisterium Papieskiego, sam w sobie nie nieomylny, czerpie z nieomylności nauki doktryny już przez Kościół posiadanej" – napisał. Ta analiza nieomylności wywołała szerokie spory teologiczne. John Coleman, teolog i socjolog jezuicki, nazwał to stanowisko „fundamentalizmem papieskim" – oświadczenia papieża traktuje się *ipso facto* jako nieomylne. Ukuto termin „pełzająca nieomylność".

Inni bronili Ratzingera w tej właśnie kwestii: ogłaszając, iż zakaz kapłaństwa kobiet jest nieomylny, być może uchronił Kościół przed pełną, oficjalną deklaracją nieomylności. Zwrócili uwagę na artykuł konserwatywnego kardynała niemieckiego Joachima Meisnera w tygodniku katolickim „Reinischer Merkur", który ukazał się w tym samym czasie co *dubium* Ratzingera. Meisner dowodził, że *Ordinatio sacerdotalis* było nieomylnym stanowiskiem papieskim, które potwierdzało jednomyślną naukę kolegium biskupów. Niektórzy uznali, że katoliccy konserwatyści chcieli formalnego oświadczenia papieża *ex cathedra*. Niemiecki teolog Leo Scheffczyk, o którym wiadomo, że jest osobą bliską papieżowi, opublikował w czerwcu 1995 roku artykuł, w którym wyraził żal, że papież nie ogłosił tej nauki nieomylną *ex cathedra*.

Zweryfikowanie tego scenariusza jest niemożliwe. Biograf papieża George Weigel, który cieszył się nie mającym precedensu dostępem do papieża, przeczy temu. Tylko Jan Paweł II wie, jakie były jego prawdziwe intencje. W dokumentach jednak nie ma nic, co by wskazywało, że Ratzinger nie w pełni popierał zakaz kapłaństwa kobiet oraz twierdzenie, że jest to nauka trwała i niezmienna.

Catholic Theological Society of America, najważniejsze stowarzyszenie teologów katolickich w Ameryce Północnej, wydało w czerwcu

1997 roku oświadczenie kwestionujące wniosek Ratzingera. Stosunkiem głosów 216 do 22 przy 10 wstrzymujących się przyjęto liczące 5 tysięcy słów, ściśle uargumentowane opracowanie, które przedstawiono 1300 członkom stowarzyszenia wiele miesięcy wcześniej i od tamtej pory gruntownie przeredagowywano. „Istnieją poważne wątpliwości" – czytamy w nim o podstawach utrzymywania, że stanowisko w kwestii ordynacji jest nieomylne i że stanowi część „prawd wiary", które muszą przyjmować wszyscy katolicy. Dokument ten zalecał „w odniesieniu do tego zagadnienia dalsze badania, dyskusję i modlitwy". Angielskie Canon Law Society doszło w 1996 do podobnego wniosku: że nauka papieża o kapłaństwie kobiet nie jest nieomylna.

W styczniu 1997 roku Kongregacja Nauki Wiary opublikowała zbiór dokumentów wraz z esejami teologów i historyków popierających zastosowane w nim rozumowanie w kwestii ordynacji kobiet. Na konferencji prasowej, na której poinformowano o tym zbiorze, Ratzinger wypowiedział się na temat, czy katolicy, którzy są przekonani, że kobiety powinny być wyświęcane na księży, są heretykami. Z formalnego punktu widzenia, powiedział, słowo „herezja" odnosi się do przeczenia prawdzie objawionej, takiej jak Wcielenie czy Zmartwychwstanie. Zakaz kapłaństwa kobiet zaś stanowi doktrynalny wniosek oparty na Objawieniu i z tego powodu ci, którzy go nie przyjmują, nie są dosłownie heretykami. Jednak faktycznie „popierają błędną doktrynę, która jest niezgodna z wiarą" i wykluczają się z jedności z Kościołem. Tacy katolicy są, innymi słowy, de facto ekskomunikowani.

W lipcu 1998 roku Jan Paweł II ogłosił list apostolski motu proprio *Ad tuendam fidem*, wprowadzający do prawa kanonicznego kary za odstępstwo od nowego typu „ostatecznych nauk". Ratzinger wydał pięciostronicowy komentarz do *Ad tuendam*. Wymienił w nim przykładowe doktryny, które zostaną zaliczone do tego zbioru „zdecydowanie nieomylnej" nauki: zakaz kapłaństwa kobiet, zakaz eutanazji, niemoralność prostytucji i cudzołóstwa, legalność konkretnego papieża czy soboru powszechnego, kanonizacji świętych i nieważności święceń kapłanów anglikańskich. Ratzinger zasugerował nawet, że kapłaństwo dostępne wyłącznie dla mężczyzn może stać się oficjalnie uznane za naukę nieomylną. Wielu obserwatorów, między innymi McBrien, zwróciło uwagę, że twierdzenie Ratzingera, iż doktryny te są nieomylne, samo nie jest twierdzeniem nieomylnym, a więc podlega dyskusji.

Kampania na rzecz zakończenia dyskusji trwała. Jesienią 1998 roku Ratzinger naciskał na biskupa Johna Kinneya z St. Cloud w Minnesocie, żeby nakazał wydawnictwu Liturgical Press z jego diecezji wycofanie książki *Women at the Altar* („Kobiety przy ołtarzu") angielskiej zakonnicy Lavinii Byrne. Przedstawia ona argumenty przemawiające za ordynacją kobiet. Ideę kapłaństwa kobiet nazywa „pojęciem głęboko chrześcijańskim", które opiera się na koncepcji, że „Słowo Boże zostało poczęte w ciele kobiety i zrodziło się, żeby zbawić nas wszystkich". Początkowo doniesienia prasowe mówiły o spaleniu 1300 egzemplarzy, ale redaktor Liturgical Press powiedział później, że polecenie Ratzingera dotyczyło tylko tego, by książki się nie ukazały. W dalszym ciągu były dostępne w Anglii, gdzie wydało je wydawnictwo świeckie. Sama Byrne, postać znana w brytyjskich mediach elektronicznych, ostatecznie wystąpiła z zakonu[6].

Prawa dotyczące rozrodczości

Podobnie jak było to z kwestią ordynacji kobiet, od dawna krążyła plotka, że Ratzinger nie dopuścił do tego, by Jan Paweł II oficjalnie ogłosił naukę zawartą w *Humanae vitae* nieomylną. Jedna z wersji tej plotki głosi, że Jan Paweł II faktycznie ogłosił nieomylność tego zakazu w pierwszym szkicu swojej encykliki *Veritatis splendor* z 1993 roku, ale pod wpływem Ratzingera wycofał się z tego. Ta hipoteza opiera się niemal wyłącznie na wywiadzie, którego Ratzinger udzielił w 1992 roku „Die Welt", na krótko przed ogłoszeniem *Veritatis splendor*. Zapytany o kontrolę urodzeń Ratzinger powiedział wówczas: „Konieczna będzie dalsza analiza, żeby dotrzeć do sedna tego problemu". Zauważył też, że rozróżnienie na antykoncepcję sztuczną i naturalną wprowadza zamieszanie i przesłania „prawdziwe problemy". Stwierdził, że nauka Kościoła nie zaproponowała niczego, co byłoby szczególnie pomocne w kwestii globalnego przeludnienia. Nie rozwinął żadnej z tych uwag, ale niektórym wystarczyły, żeby uznać, iż Ratzinger ma wątpliwości co do *Humanae vitae*. Gdy ogłoszono *Veritatis splendor* bez oświadczenia o nieomylności, niektórzy wyciągnęli wniosek, że stoi za tym Ratzinger.

I w tym wypadku niemożliwa jest ocena prawdziwości tego twierdzenia. Warto jednak zauważyć, że głównym zwolennikiem hipotezy, iż Ratzinger zablokował stwierdzenie nieomylności, jest Hans Küng. Dlaczego uważa, że Ratzinger to zrobił? Ponieważ kardynał miał pozostawać pod silnym wpływem przeprowadzonej przez Künga krytyki dogmatu o nieomylności. „Kto, jeśli nie on, będzie pamiętał o badaniach, które rozpoczął jego ówczesny kolega z Tybingi pod tytułem

Nieomylny? w 1970 roku i które do dzisiaj nie zostały zakończone, oraz poruszeniu, jakie wywołały?" Być może Küng ma rację, ale trudno nie zauważyć, że jest to argument wyrachowany, oznaczający: „W głębi duszy Ratzinger wie, że mam rację".

W każdym razie Ratzinger wyraźnie popiera istotę nauki o kontroli urodzeń, nawet jeśli sposób, w jaki została sformułowana, sprawia mu trudności. Jedną z fundamentalnych idei Ratzingera jest to, że kultura zachodnia jest zbyt zaabsorbowana własną potęgą, by zaakceptować „to, co dane", czy to z Objawienia, czy z biologii. W *Soli ziemi* powiedział: „Ogromnym niebezpieczeństwem – już niezależnie od kwestii antykoncepcji – jest to, że chcemy również nad ludzkim bytem zapanować za pomocą techniki, że zapomnieliśmy o czymś takim jak odwieczne ludzkie problemy, których nie można rozwiązać za pomocą techniki, które wymagają określonego stylu życia i określonych decyzji życiowych". Argument Ratzingera mówi, że to kultura, nie technika, jest jedynym wiarygodnym rozwiązaniem większości problemów ludzi w sferze społecznej. Mimo to waha się również przed potępieniem par stosujących antykoncepcję. „Powiedziałbym, że są to kwestie, które powinno się omawiać z kierownikiem duchowym, z kapłanem – kwestie, których nie można ujmować abstrakcyjnie".

Najbardziej systematyczne przedstawienie przez Ratzingera zagadnień dotyczących rozrodczości jest zawarte w instrukcji Kongregacji Nauki Wiary z 1987 roku zwanej *Donum vitae*. Chociaż powtórzono w niej zakaz antykoncepcji i aborcji, dokument ten traktował głównie o dylematach etycznych stwarzanych przez nowe techniki reprodukcyjne, takie jak zapłodnienie *in vitro*, sztuczne zapłodnienie i zastępcze macierzyństwo, a także z zagadnieniami pokrewnymi, na przykład klonowaniem i eksperymentowaniem na embrionach. Ratzinger jest dumny z tego dokumentu: w *Soli ziemi* wymienił go obok instrukcji w sprawie teologii wyzwolenia i Katechizmu powszechnego jako szczytowe osiągnięcia swojej kadencji.

„Nie można czerpać kryteriów kierownictwa ze zwykłej technicznej efektywności, z możliwej użyteczności badań naukowych dla jednych kosztem innych, czy jeszcze gorzej, z dominujących ideologii" – pisze Ratzinger. I charakterystycznym dlań językiem ostrzega: „Nauka bez sumienia może doprowadzić tylko do upadku człowieka". Dokument potępia wykorzystywanie badań prenatalnych do uzasadnienia aborcji, eksperymentowanie na embrionach w celach innych niż czysto terapeutyczne oraz zwyczaj utrzymywania embrionów przy życiu w celach eksperymentalnych czy komercyjnych. W kwestii zapłodnienia z pomocą lekarza, Ratzinger mówi, że podstawowa norma brzmi: „Dar ludzkiego życia musi realizować się w małżeństwie za pomocą konkretnych i wyłącznych aktów męża i żony w zgodzie z prawami zapisanymi w ich osobach i w ich jedności". Akt małżeński męża i żony wiąże jednoczące i prokreacyjne cele seksualności; każdy inny rodzaj reprodukcji je dzieli.

Na podstawie tych rozważań zapłodnienie in vitro w każdej formie musi zostać odrzucone. Przede wszystkim większość rodzajów zapłodnienia *in vitro* wiąże się ze zniszczeniem „nadwyżkowych" embrionów. „Mentalność aborcyjna, która umożliwiła tę procedurę, prowadzi zatem – czy się tego chce czy nie – do panowania człowieka nad życiem i śmiercią istot ludzkich i może doprowadzić do systemu radykalnej eugeniki". Zakaz zapłodnienia *in vitro* pozostaje jednak w mocy, nawet gdy nie dochodzi do tego nadużycia, ponieważ procedura ta jest „sprzeczna z jednością małżeństwa, z godnością małżonków, z powołaniem właściwym rodzicom i z prawem dziecka do poczęcia i przyjścia na świat w małżeństwie i z małżeństwa". Podobnie odrzuca się sztuczne zapłodnienie, chyba że „pomaga aktowi małżeńskiemu osiągnąć jego przyrodzone cele", warunek, który czyni niektóre leki na płodność legalnymi. Na takiej podstawie Watykan zaaprobował stosowanie wspomagającej erekcję viagry. Ale jeżeli sztuczne zapłodnienie ma „zastępować akt małżeński", nie może zostać zaaprobowane. Na przykład, jeżeli nasienie pozyskuje się za pomocą masturbacji, procedura taka jest niemoralna. Ratzinger dowodzi, że prawo świeckie musi zabronić przekazywania gamet między osobami nie pozostającymi ze sobą w związku małżeńskim, banków spermy i macierzyństwa zastępczego.

Ratzinger przyznaje, że część tych wniosków będzie ciężarem dla niektórych niepłodnych małżeństw katolickich. Przypomina im: „Małżeństwo nie daje małżonkom prawa do posiadania dziecka" – i radzi im, by postrzegały swoje trudności jako „okazję do uczestniczenia w szczególny sposób w Krzyżu Pańskim". W uwadze, która sięga istoty teologii Ratzingera, stwierdził, że Kościół przez te zakazy „broni człowieka przed ekscesami jego własnej potęgi".

Donum vitae cechuje ostrożność rozumowania. Ratzinger przezwycięża quasi-fundamentalizm części katolickiej teologii moralnej, twierdząc, że ingerencji w proces rozrodczości „nie należy odrzucać na tej podstawie, że są sztuczne. Jako takie świadczą o możliwościach sztuki medycznej". Niemniej jednak jego całościowe odrzucenie zapłodnienia *in vitro*, nawet gdy materiał reprodukcyjny pochodzi od małżonków pozostających w kochającym się związku, wielu katolikom, zwłaszcza kobietom, trudno pogodzić z obroną przez Kościół życia i pochwałą macierzyństwa.

W kwestię aborcji Ratzinger najbardziej bezpośrednio zaangażował się poprzez Niemcy i spory, w których pogrążył się tamtejszy Kościół katolicki pod koniec lat dziewięćdziesiątych. Zjednoczenie Niemiec spowodowało, że istniały dwie polityki: swobodny dostęp do aborcji na wschodzie, restryktywne rozwiązania na zachodzie. Żadna kwestia kulturowa nie podzieliła społeczeństwa bardziej niż pytanie, jak zharmonizować te dwa podejścia, a konserwatywni chrześcijańscy demokraci za rządów byłego kanclerza Helmuta Kohla, katolika, naciskali na przyjęcie bardziej restrykcyjnego prawa Zachodnich Niemiec. Ostatecznie uzgodniono, że w kraju aborcja będzie legalna w ciągu pierwszych dwunastu tygodni ciąży. Wiele kobiet, szczególnie w byłej Republice Federalnej Niemiec, było rozgoryczonych tym, co postrzegały jako zagarnięcie władzy przez Kościół katolicki.

Według nowego prawa kobiety muszą udowodnić, że zasięgnęły porady, zanim będą mogły legalnie dokonać aborcji. W całym kraju są setki ośrodków poradnictwa, uprawnionych do wydawania zaświadczeń; około 260 z nich prowadzi Kościół katolicki (większość za pośrednictwem organizacji charytatywnej Caritas); są dotowane przez szesnaście niemieckich landów. Wielu katolików jest przekonanych, że system poradnictwa umożliwia Kościołowi ukazanie duszpasterskiej twarzy kobietom w potrzebie. Zwolennicy dowodzą również, że ten system się sprawdza. Z 20 tysięcy kobiet, które co roku korzystają z poradnictwa ośrodków kościelnych, około 5 tysięcy decyduje się donosić ciążę do porodu. Wielu zwolenników tego systemu uważa, że jest to 5 tysięcy aborcji rocznic, do których dzięki pomocy Kościoła nie doszło. Jednak przeciwnicy, tacy jak Ratzinger, widzą 15 tysięcy aborcji, do których Kościół dopuścił.

W grudniu 1997 roku Jan Paweł II napisał do biskupów niemieckich i nakazał wycofanie Kościoła z systemu poradnictwa. Jego list zapoczątkował trwające dwa lata dyskusje i negocjacje między Watykanem i niemieckimi biskupami, w których Ratzinger zajmował środek sceny, nietypowe miejsce dla tego cara doktryny. Ponieważ system poradnictwa był kwestią polityczną dotyczącą właściwych stosunków między Kościołem i państwem, tak naprawdę znajdował się w gestii sekretarza stanu, kardynała Angela Sodana. Wielu Niemców uważa, że Sodano stanowił w Watykanie umiarkowaną przeciwwagę dla Ratzingera. Niemniej jednak to Ratzinger prowadził korespondencję i organizował spotkania; było oczywiste, że na jego sądzie papież polega najbardziej. Z upływem lat Ratzinger zaangażował się w sprawy Kościołów krajów niemieckojęzycznych w sposób, który dalece wykracza poza wymogi, jakie stawia mu rola arbitra doktrynalnej ortodoksji. „Frankfurter Allgemeine" donosił w sierpniu 1998 roku, że w oczach wielu Niemców Ratzinger stał się dla papieża „specjalnym komisarzem do spraw Niemiec" i swego rodzaju „zastępcą papieża dla katolików niemieckojęzycznych".

Zniecierpliwiony kunktatorstwem biskupów Ratzinger wysłał 20 maja 1998 roku list do przewodniczącego konferencji, biskupa Karla Lehmanna, z żądaniem, by do jesieni 1998 roku biskupi przedłożyli Watykanowi do oceny projekt rozwiązania. Tymczasem dobrze zorganizowane w tym kraju grupy katolików świeckich domagały się od swoich biskupów, by ci bronili systemu, który zdawał się sprawdzać. List Ratzingera niemal powszechnie został przyjęty negatywnie. Zazwyczaj ostrożny Komitet Centralny Katolików Niemieckich (najważniejsza organizacja katolików w tym kraju) wysłał do Lehmanna list z prośbą, by zwrócił się do papieża o wykluczenie z dyskusji Ratzingera. Prośba taka jest uzasadniona tym – stwierdzono – że Ratzinger niszczy „powszechną zgodę w Kościele w Niemczech".

W lutym 1999 roku Lehmann poleciał do Rzymu na rozmowy z Ratzingerem i pozostałymi urzędnikami watykańskimi. Niemieckie gazety donosiły, że Lehmann ma nadzieję znaleźć podstawy do jakiegoś kompromisu. Podczas lutowego spotkania biskupi nie zdołali uzgodnić wspólnego stanowiska, postanowili więc przedstawić papieżowi cztery propozycje i pozostawić mu wybór. Propozycje te były różne: od przyzwolenia na dalsze wydawanie przez ośrodki kościelne zaświadczeń, do których dołączano by listę organizacji pomagających kobietom chcącym urodzić dziecko, po zmuszenie ośrodków do zaprzestania wydawania zaświadczeń i przyzwolenie, by kobiety same informowały lekarzy, że skorzystały z poradnictwa. Ten plan wymagałby zmiany niemieckiego prawa.

Po tym lutowym spotkaniu rozpoczęło się czekanie na odpowiedź Stolicy Apostolskiej. Prowadzono intensywne działania zakulisowe. Przywódcy niemieckiej Unii Chrześcijańsko-Demokratycznej, głównej partii centroprawicowej, której kierownictwo jest blisko związane z Kościołem, wybrali się do Watykanu, żeby udzielić poparcia systemowi poradnictwa. Członek tej delegacji, Hermann Küs, powiedział później „Tageszeitung", że spotkali się i z Ratzingerem, i z Sodanem, i że sekretarz stanu zdawał się ich popierać, stwierdził bowiem, że obecny system poradnictwa w wystarczającym stopniu chroni życie nienarodzonych. Küs oznajmił również, że Ratzinger zwrócił się do papieża z prośbą, aby nie angażował go w ocenę czterech propozycji przedstawionych przez biskupów. „Mam nadzieję, że to nie jest tylko taktyka" – podsumował. „Tageszeitung" donosiła, że Ratzinger prywatnie powiedział współpracownikom, że nie musi uczestniczyć w ocenie, ponieważ już ma pewność, że papież podejmie decyzję zgodną z jego stanowiskiem.

3 czerwca nadeszła decyzja papieża. Jeżeli już katolickie ośrodki poradnictwa mają w ogóle wydawać zaświadczenia, muszą one zawierać sformułowanie w rodzaju: „Niniejsze zaświadczenie nie może być wykorzystane w celu przeprowadzenia legalnej aborcji". Listu tego nie podano do wiadomości publicznej aż do 22 czerwca, dzień po rozpoczęciu spotkania biskupów w Würzburgu, gdzie przegłosowali utrzymanie ośrodków poradnictwa w systemie finansowanym przez państwo, ale też umieszczenie wymaganej przez papieża informacji na wszystkich zaświadczeniach. Głosowanie za było jednomyślne. Wielu niemieckich komentatorów potraktowało to jako porażkę Ratzingera, ale szybko się po niej podniósł.

Wkrótce po spotkaniu w Würzburgu konserwatywny kardynał Joachim Meisner z Kolonii przedstawił papieżowi zastrzeżenia, które podobno powtórzył arcybiskup Johannes Dyba z Fuldy; w swojej diecezji nigdy nie zezwolił on Kościołowi na wydawanie zaświadczeń. W rezultacie specjalna delegacja niemiecka, w której skład wchodzili Meisner, Lehmann i kardynałowie Friedrich Wetter z Monachium i Georg Sterzinsky z Berlina, udała się 16 września do Castel Gandolfo. Spotkali się z papieżem, a także z Ratzingerem i Sodano. Efektem był jeszcze jeden list do konferencji biskupów, tym razem podpisany także przez Sodana i Ratzingera, w którym stwierdzano, że ten nowy kompromis jest niemożliwy do zaakceptowania.

Raz jeszcze biskupi poprosili o czas. W dowód determinacji na jesiennym posiedzeniu ponownie wybrali Lehmanna na przewodniczącego większością dwóch trzecich głosów. W oświadczeniu stwierdzono, że „na razie" zostają w systemie poradnictwa, do czasu dalszej apelacji. Jednak w kwietniu 2000 roku nastąpiło nieuniknione: biskupi ogłosili, że wycofują się z systemu państwowego. Powiedzieli, że będą próbowali w jakiś sposób utrzymać ośrodki poradnictwa, chociaż to, jak zamierzały one przyciągnąć kobiety, nie wydając zaświadczeń, pozostaje nie wyjaśnione. W niemieckiej prasie rezultat taki potraktowano jako zdecydowane zwycięstwo Ratzingera nad większością w konferencji biskupów[7].

Spór o system poradnictwa wiązał się z klasycznym dylematem etycznym: czy lepiej ryzykować ułatwienie zła w nadziei na uczynienie dobra, czy też zrezygnować z szansy uczynienia dobra, by zagwarantować, że zło nie będzie propagowane? Spór ten stanowił również precedens dla ustalenia implikacji *Gaudium et spes*. Czy Kościół powinien nawiązywać partnerskie stosunki ze świeckim społeczeństwem, akceptując to, że nie może narzucić warunków tego partnerstwa, aby szerzyć wartości królestwa Bożego, czy też Kościół powinien wycofać się z takiego partnerstwa, jeśli wiąże się ono z dwuznacznością doktrynalną lub moralną? W obu tych sferach Ratzinger zdecydowanie opowiadał się za brakiem zaangażowania.

Język inkluzywny

W filmie Spike'a Lee *Malcolm X* jest niezwykle silnie oddziałująca scena, w której młody Malcolm, coraz bardziej będący pod urokiem wspólnoty islamu, jest w więziennej bibliotece. Jego nowy mistrz kładzie przed nim słownik języka angielskiego i prosi, żeby znalazł słowo „biały". Czytając, Malcolm dowiaduje się, że ma ono takie znaczenia, jak „czysty", „niezbezczeszczony", „dobry". Następnie odszukuje słowo „czarny" i stwierdza, że oznacza ono „groźny", „niebezpieczny" i „zły". Prowadzi to do przebudzenia Malcolma: po raz pierwszy uświadamia sobie, że nawet język, którym się posługuje, jest wykorzystywany do odarcia go z pełni człowieczeństwa.

Gdy feministki w latach sześćdziesiątych i siedemdziesiątych zastanawiały się nad przyczynami uprzedzeń społecznych i kulturowych, stało się dla nich oczywiste, że kobiety są podobnie prześladowane w języku. Jawne formy dyskryminacji, takie jak niższe płace i przeszkody na drodze kariery, stanowiły tylko najbardziej widoczne przejawy głębszego problemu, który zaczęły nazywać „patriarchatem": systemem społecznym i intelektualnym, w którym mężczyźni dominują nad kobietami, a niewielu mężczyzn dominuje nad resztą. Jak każda struktura społeczna, podkreślały feministki, patriarchat wzmacnia pewien kodeks zwyczajów i założeń, włącznie z używanym językiem. Na przykład, gdy ludzie mówiący po angielsku używają słowa „man", mając na myśli wszystkich ludzi, przedstawia to męskość jako ideał człowieczeństwa. Niektóre feministki uważają, że męski język, w jakim mówi się o Bogu, stanowi przykład myślenia patriarchalnego: Dlaczego Bóg musi być mężczyzną? Dlaczego o Bogu nie można mówić obok „on" – „ona"?

W tym samym czasie, gdy feministki formułowały te krytyczne uwagi, bibliści i językoznawcy zwracali uwagę, że to, iż gramatyka języków starożytnych wymaga, żeby rzeczowniki miały rodzaj, nie oznacza jeszcze, że zakres słów w tych językach faktycznie ograniczał się do jednej czy drugiej płci. Łacińskie słowo *homines* [l. poj. *homo*] jest na przykład rodzaju męskiego, ale zazwyczaj znaczy „ludzie" – zarówno mężczyźni, jak i kobiety. Przekładanie tego słowa dla współczesnych użytkowników języka angielskiego jako „men" [mężczyźni] jest zatem nieścisłe.

Zlanie się tych dwóch nurtów myślowych – jednego wyczulonego na polityczne użycia języka, drugiego na ścisłość lingwistyczną – doprowadziło do ruchu na rzecz inkluzywnego języka w badaniach biblijnych i liturgicznych. Presja na stosowanie języka inkluzywnego występuje nie tylko wśród katolików czy nawet ogólnie w sferze religii – od literatury akademickiej i tekstów dziennikarskich po zmiany nazw zawodów, od dawna trwają wysiłki mające na celu opracowanie terminologii nie nacechowanej rodzajowo. Na przykład w 1997 roku Kanadyjskie Towarzystwo Lekarskie poświęciło jeden z numerów swojego pisma dyskusji, czy stażystów powinno się uczyć używania języka neutralnego ze względu na rodzaj. Jednak kwestia ta szczególnie silnie oddziałała w katolicyzmie, ponieważ pojawiła się z grubsza wtedy, kiedy Kościół postanowił dokonać przekładu tekstów liturgicznych na języki narodowe. Oznaczało to, że w latach siedemdziesiątych trzeba było przetłumaczyć mnóstwo tekstów na angielski i pozostałe języki narodowe, a następnie regularnie je przeglądać. Sobór postanowił dać konferencji biskupów każdego państwa wolną rękę, jeśli chodzi o określenie sposobu przygotowania przekładów, wychodząc z założenia, że rodzimi użytkownicy języka i miejscowi księża są w stanie najlepiej ocenić, jak Pismo święte czy msza powinny brzmieć po angielsku, rosyjsku czy japońsku. Rzym wymagał jedynie, aby dokonane przekłady zostały przedłożone właściwemu urzędowi Kurii – zazwyczaj Kongregacji ds. Kultu Bożego i Dyscypliny Sakramentów – w celu uzyskania *recognitio*, czyli formalnego uznania, nie wyjaśniając, czy jest ono tylko nadaniem nowemu tekstowi oficjalnego statusu prawnego, czy też obejmuje dokonanie przez Rzym jakiejś jego oceny.

Wielu anglojęzycznych biskupów postanowiło na otwartej trybunie Soboru Watykańskiego II powołać agencję, w której znajdowaliby się najlepsi językoznawcy, bibliści i liturgiści, żeby pomogli im przygotować przekłady. W efekcie powołano Międzynarodową Komisję Języka Angielskiego w Liturgii z siedzibą w Waszyngtonie. Obecnie komisja ta reprezentuje dwadzieścia jeden konferencji biskupów, w których najważniejszym językiem jest angielski.

W ciągu pierwszych dwóch dziesięcioleci po soborze w kręgach tłumaczy tekstów liturgicznych, włącznie z tymi, którzy pracowali z komisją międzynarodową, zawarto nieoficjalne porozumienie, że konieczne będzie wprowadzenie jakiejś formy języka inkluzywnego. Doszło do różnicy zdań w kwestii, czy zastosować „poziomy" język inkluzywny, odnoszący się do ludzkości („ludzie" zamiast „człowiek" [*people* zamiast *man*]), czy „pionowy", („Pana", a nie „Jego"). Większość katolickich językoznawców i biblistów uważało, że w większości wypadków należy używać poziomego języka inkluzywnego, pionowy zaś stosować z umiarem. W żadnym wypadku nie mogło się to odbywać kosztem ścisłości, ale rzadko bywała taka pokusa. W większości sytuacji okazywało się też, że przekłady bardziej inkluzywne były najściślejsze. Porozumienie to znalazło oficjalny wyraz w wydanych w 1990 roku przez biskupów amerykańskich *Criteria for the evaluation of inclusive language* („Kryteria oceny języka inkluzywnego"). Publikacja ta miała pomóc biskupom w ocenie przekładów proponowanych do użytku liturgicznego. W dokumencie tym stwierdza się, że istnieją dwie ogólne zasady oceny takich przekładów: „zasada wierności Słowu Bożemu i zasada szacunku dla charakteru zgromadzenia liturgicznego".

Jednak już w czasie, gdy biskupi wysyłali swoje oświadczenie do drukarni, Ratzinger przygotowywał kontrofensywę. W języku inkluzywnym widział jeszcze jeden przykład postrzegania Kościoła w kategoriach socjologicznych, w którym ignoruje się „dane" wiary – w tym wypadku chodziło o faktyczne ponowne spisanie treści Objawienia – żeby uczynić go bardziej akceptowalnym dla „świata". Co więcej, Ratzinger miał konkretne powody, by zachować pewne rodzaje słownictwa w rodzaju męskim. Uważał na przykład, że zaimki rodzaju męskiego w psalmach Starego Testamentu są ważne, wtedy bowiem Kościół może nadal odczytywać je jako zapowiedź Jezusa; stwierdził, że słowo *man* [w jęz. angielskim zarówno „człowiek", jak i „mężczyzna"] w Nowym Testamencie ma fundamentalne znaczenie dla „chrześcijańskiej antropologii", czyli doktryny Kościoła na temat osoby ludzkiej. *Man* występuje i w liczbie pojedynczej, i mnogiej, funkcjonując w wyrażeniach takich jak *this man* [„ten mężczyzna, człowiek"] i *the rise of man* [„rozkwit ludzkości"], łączy więc wspólną historię i naturę wszystkich istot ludzkich, a także pojedynczość każdej jednostki. Krytykom, którzy dowodzili, że znacznie słowa *man* we współczesnej angielszczyźnie się zmieniło i stało się ono słowem nacechowanym rodzajem, Ratzinger z uporem odpowiadał, że żadne inne słowo nie oddaje równie dobrze myśli biblijnej.

Uwzględniając te zagadnienia, Kongregacja Nauki Wiary na początku lat dziewięćdziesiątych opracowała własny zbiór zasad oceny adekwatności przekładów dokonanych językiem inkluzywnym, ale ku wielkiemu rozczarowaniu wielu ekspertów do spraw liturgii, tłumaczy i biblistów, zasad tych nie opublikowano aż do 1997 roku, gdy w „National Catholic Reporter" zamieszczono kopię, która wyciekła z urzędu. Ogólnie rzecz biorąc, zasady te dużo rygorystyczniej oceniały, gdzie inkluzywność jest właściwa[8].

W Stanach Zjednoczonych konserwatywna organizacja obrony liturgii Adoremus szczególnie energicznie opowiadała się za bardziej „tradycyjnym" językiem. Adoremus miała trzyosobowy zarząd, w którego skład wchodził jezuita Joseph Fessio, dawny doktorant Ratzingera z Ratyzbony. Wiele grup z prawego skrzydła katolicyzmu postrzegało język inkluzywny jako przyczółek szerszej feministycznej kampanii na rzecz przekształcenia katolicyzmu. Niektóre grupy feministyczne widziały to tak samo, dowodząc, że język wpływa na kształtowanie się postaw, a więc bardziej inkluzywny język używany w czasie modlitw mógłby przyczynić się do powstania Kościoła, w którym kobiety szerzej by uczestniczyły. W tle tej debaty zawsze kryła się poważniejsza kwestia ordynacji kobiet, chociaż było to przyczyną frustracji wielu tłumaczy i ekspertów do spraw liturgii, którzy chcieli, żeby kwestię języka oceniać osobno, a nie jako element teoretycznej prostej drogi prowadzącej do kapłaństwa kobiet.

Tarcia związane z językiem inkluzywnym ujawniły się w angielskim przekładzie nowego Katechizmu Kościoła Katolickiego, którego wydanie wstrzymywano przez dwa lata, ponieważ Watykan nalegał, żeby usunąć setki przypadków użycia języka inkluzywnego. Ale to był tylko wstęp do boju, który stoczono o nowy amerykański przekład lekcjonarza, czyli księgi liturgicznej zawierającej zestawy tekstów Biblii przeznaczonych do czytania w czasie mszy. W listopadzie 1991 roku biskupi amerykańscy zatwierdzili nowy lekcjonarz, który składał się z trzech podstawowych tekstów: Nowego Testamentu w wersji z wydanej w 1986 roku Nowej Biblii Amerykańskiej, Starego Testamentu w wersji z Nowej Biblii Amerykańskiej z 1970 roku i Psałterza, czyli zbioru psalmów, z poprawionego wydania z 1991 roku z Nowej Biblii Amerykańskiej. Każdy z tych tekstów był uważany za „umiarkowanie" inkluzywny, przy czym Psałterz najbardziej zbliżył się do języka neutralnego ze względu na płeć. W maju 1992 roku Kongregacja ds. Kultu Bożego i Dyscypliny Sakramentów zatwierdziła nowy lekcjonarz. Jednak w czerwcu 1994 roku biskupów amerykańskich powiadomiono, że zatwierdzenie zostało wycofane na wniosek Kongregacji Nauki Wiary, która zgłosiła poważne zastrzeżenia. Nastąpiła długa wymiana listów, spotkań i konsultacji, osiągając punkt kulminacyjny w wyjątkowym w historii amerykańskiego Kościoła katolickiego posunięciu: siedmiu czynnych w tamtym czasie kardynałów ze Stanów Zjednoczonych pojechało w grudniu 1996 roku do Rzymu w celu rozwiązania tego sporu. Byli to Bernard Law z Bostonu, John O'Connor z Nowego Jorku, James Hickey z Waszyngtonu, Roger Mahony z Los Angeles, Anthony Bevilacqua z Filadelfii, William Keeler z Baltimore i Adam Maida z Detroit. Na spotkaniu Ratzinger stwierdził, że czas już zaostrzyć kryteria przekładu. W przemówieniu, którego tekst przekazano później członkom konferencji biskupów amerykańskich, Ratzinger powiedział kardynałom, że w przypadku pierwszej generacji tekstów liturgicznych w językach narodowych „ich przekłady nie były być może tak adekwatne, jak mogłyby być, ale występowała prawdziwa potrzeba duszpasterska, by je szybko przygotować". Jednak w przypadku tekstów drugiej generacji, takich jak nowy amerykański lekcjonarz, konieczna jest większa staranność. „Będą one kształtować słownictwo biblijne, a tym samym podstawę doktrynalną następnych pokoleń wiernych" – stwierdził. Przesłanie było oczywiste: tym razem nie będzie mechanicznego zatwierdzania. Ratzinger przedłożył też tę kwestię amerykańskim dostojnikom. „Myślę, że wszyscy zgadzamy się, iż – z perspektywy doktryny – najważniejszą sprawą jest używanie języka inkluzywnego" – powiedział.

W następstwie tego spotkania powołano specjalną jedenastoosobową grupę, która miała nadać ostateczną postać amerykańskiemu lekcjonarzowi. Zbierała się od 24 lutego do 8 marca 1997 roku w biurach Kongregacji ds. Kultu Bożego. Składała się z czterech arcybiskupów, pięciu doradców i dwóch osób robiących notatki. Trzech jej członków reprezentowało Stany Zjednoczone: Levada, arcybiskup Justin Rigali z St. Louis i biskup Jerome Hanus z Dubuque w stanie Iowa. Przewodniczącym grupy był kardynał Francis Stafford, szef Papieskiej Rady ds. Świeckich. Ratzinger zwołał spotkanie grupy i wygłosił przemówienie inauguracyjne, ale nie brał udziału w jej pracach. Pozostałymi członkami byli marysta Anthony Ward, jezuita Mario Lessi-Ariosto, ksiądz Thomas Fucinaro, ksiądz Charles Brown i Michael Waldstein. Ward, Lessi-Ariosto i Fucinaro pracują w Kongregacji ds. Kultu Bożego i Dyscypliny Sakramentów, natomiast Brown to Amerykanin z archidiecezji nowojorskiej, który pracuje w Kongregacji Nauki Wiary. Austriak Waldstein, osoba świecka, który wówczas wykładał na Uniwersytecie Notre Dame, był jedynym ekspertem z zewnątrz. Skład grupy uzupełniały dwie osoby robiące notatki: ksiądz James Moroney, szef Komisji ds. Liturgii Konferencji Biskupów Amerykańskich, i ksiądz Joseph Hauer, kanclerz Hanusa w Dubuque.

W listopadzie 1998 roku opublikowałem w „National Catholic Reporter" artykuł, w którym zamieściłem nazwiska i informacje biograficzne o członkach tej grupy roboczej. Wynikało z nich, że:

- tylko jeden z jedenastu członków miał stopień naukowy z biblistyki;
- dla dwóch członków grupy język angielski nie był językiem ojczystym, a jeszcze jeden pochodził z Wielkiej Brytanii i nie spędził w Stanach Zjednoczonych dłuższego czasu, co – jak się uważa – ma zasadnicze znaczenie dla idiomatycznego opanowania amerykańskiej odmiany języka angielskiego;
- co najmniej jeden z doradców był w czasie tego spotkania doktorantem;
- kilku członków tej grupy w przeszłości sprzeciwiało się przekładom dokonywanym za pomocą języka inkluzywnego, w tym dwóch amerykańskich arcybiskupów i jedyny uczony biblista.

Według benedyktyna Josepha Jensena, sekretarza Katolickiego Stowarzyszenia Biblijnego, w pracach nad przygotowaniem tekstu, który stanowił podstawę lekcjonarza, uczestniczyło niemal stu biblistów ze Stanów Zjednoczonych: dwudziestu jeden zajmowało się Nowym Testamentem, czterdziestu Starym Testamentem, a trzydziestu sześciu Psałterzem. Teraz los tego przedsięwzięcia spoczywał w rękach grupy, której członkowie zostali starannie wybrani przez Ratzingera i – szczerze mówiąc – według wielu amerykańskich ekspertów nie mieli kwalifikacji niezbędnych, by pojąć wchodzące tu w grę subtelności.

Podczas dwutygodniowych obrad grupa ta postanowiła odrzucić bardziej inkluzywny Psałterz z 1991 roku na rzecz przekładu pochodzącego z epoki lat pięćdziesiątych z pewnymi zmianami. Na przykład, w Liście do Rzymian 5,12 grupa postanowiła zmienić *person* z powrotem na *man*, żeby lepiej oddawało to ideę, że upadł nie pojedynczy człowiek, lecz cała ludzkość. Mówiąc bardziej ogólnie, grupa zaakceptowała stanowisko Watykanu, że niedozwolona jest zmiana zaimków w liczbie pojedynczej na liczbę mnogą ze względu na inkluzywność, postanowiono jednak dopuścić w wielu przypadkach przekład greckiego słowa *adelphoi* z greckiego Nowego Testamentu jako „bracia i siostry", a nie tylko „bracia".

Rzym zatwierdził ich rozstrzygnięcia, podobnie jak uczynili to w czerwcu 1997 roku biskupi amerykańscy, z zastrzeżeniem, że powrócą do tej sprawy po pięciu latach. Zwolenników używania języka inkluzywnego najbardziej zbulwersowała decyzja w sprawie Psałterza. W lipcowym biuletynie komisji liturgicznej biskupów amerykańskich, podsumowującym rezultaty prac grupy, stwierdzono, że hebrajskie psalmy mają kilka zaimków rodzaju męskiego odnoszących się do Boga, ale i tak przekład z 1991 roku, w którym usunięto zaimki rodzaju męskiego, został odrzucony. Benedyktynka Ruth Marlene Fox, która w latach dziewięćdziesiątych uważnie śledziła tę debatę i sporo na jej temat pisała, stwierdziła, że grupa robocza „wolała przetłumaczyć Biblię nieściśle, niż sprawić wrażenie, że zgadza się z żądaniem większej inkluzywności użytych słów".

Na posiedzeniu biskupów amerykańskich w czerwcu 1997 roku biskup Donald Trautman z Erie w stanie Pensylwania sformułował zarzut, że nowy lekcjonarz jest mniej inkluzywny niż nawet współczesne przekłady dla biblijnych fundamentalistów. „Jeśli nawet tradycje fundamentalistyczne mogą używać języka inkluzywnego, my zaś używać go nie możemy, to co to mówi o naszej biblistyce?" – zapytał. Lekcjonarz został „znacznie i zdecydowanie zmieniony – powiedział wówczas Trautman – przestając być tekstem napisanym językiem inkluzywnym".

Fakt, że uczony tej miary co Joseph Ratzinger podjął w tej sprawie tak wielkie starania, że powołał ludzi, o których wiedział, że nie do końca nadają się do tego zadania, by rezultat był zgodny z jego oczekiwaniami, świadczy, że musiało tu chodzić o coś bardzo ważnego. Można byłoby wyciągnąć wniosek, że dla Ratzingera feminizm jest formą teologii wyzwolenia dla rozwiniętego świata zachodniego – eklezjologią „grupy interesu", skłonnej poświęcić prawdę dla korzyści politycznych.

Międzynarodowa Komisja ds. Języka Angielskiego w Liturgii (ICEL) nadal zresztą jest śliską politycznie sprawą. Chociaż ICEL miała niewiele wspólnego z kwestią lekcjonarza, komisja ta stała się symbolem gorącej dyskusji o języku inkluzywnym. W grudniu 1999 roku Kongregacja ds. Kultu Bożego i Dyscypliny Sakramentów ogłosiła kategoryczne żądanie wprowadzenia zmian w strukturze grupy, poddając ją dużo ściślejszej kontroli Rzymu. W chwili, gdy piszę te słowa, jest niejasne, jak biskupi, którzy kierują tą komisją, zareagują. Niemniej jednak Rzym osiągnął przynajmniej jeden ze swoich głównych celów: język inkluzywny w dzisiejszym Kościele oznacza kłopoty[9].

Homoseksualizm

Mieszkanie Josepha Ratzingera w Rzymie znajduje się tuż nad przystankiem autobusu linii 64, kilka minut na piechotę od placu św. Piotra. Być może wyglądał przez okno tego dnia 1990 roku, gdy dwudziestoośmioletni socjolog niemiecki Thomas Migge znajdował się w autobusie. Migge przebywał w Rzymie turystycznie i tak się złożyło, że jechał autobusem, gdy poczuł szturchnięcia w pośladek. Początkowo myślał, że to czyjś parasol, ale szturchanie nie ustawało, w końcu więc odwrócił się, żeby zobaczyć, co się dzieje. Jego wzrok napotkał starszego księdza katolickiego w koloratce, który „uśmiechał się pożądliwie", jak później opisał tę scenę Migge.

Socjolog, który pochodził z katolickiej rodziny w Westfalii, był zdumiony tym, że ksiądz może zachowywać się tak bezwstydnie tuż obok placu św. Piotra. Wskutek tego przeżycia postanowił przeprowadzić badania naukowe i przez następne półtora roku sprawdzał, ile znajomości homoseksualnych może nawiązać w okolicach Watykanu. Zamierzał krążyć po tych miejscach w Rzymie, w których zbierali się homoseksualiści (Piazza Navona, park Monte Caprino i plaża w Castelfusano) i zamieszczać ogłoszenia w prasie gejowskiej („młody ksiądz niemiecki, sam w Rzymie, szuka kontaktu"). Przebywał też w towarzystwie studentów z Uniwersytetu Gregoriańskiego. Migge flirtował, dopóki nie złożono mu propozycji, a potem próbował nakłonić duchownego do rozmowy, obiecując anonimowość. Przez osiemnaście miesięcy nawiązał sześćdziesiąt cztery takie znajomości, które opisał w niemieckim tygodniku „Der Spiegel", a następnie w wydanej w 1993 roku książce *Kann denn Liebe Sünde sein? Gespräche mit homosexuellen Geistlichen* („Czy miłość może być grzechem? Rozmowy z homoseksualnymi duchownymi")[10].

Migge podzielił te sześćdziesiąt cztery znajomości na trzy typy. Pierwszą grupę, liczącą szesnaście osób, stanowili „szybcy" duchowni, których interesował szybki seks bez wdawania się w rozmowy, a następnie powrót do zwykłego życia człowieka Kościoła. Wydawało się, że ci księża nie widzieli sprzeczności między swoim postępowaniem i swoim statusem. Typowym przedstawicielem tego typu był pewien amerykański ksiądz, który zaprowadził Miggego do ciemnej bocznej nawy rzymskiego kościoła. Gdy się zorientował, że Migge chce tylko porozmawiać, zapiął spodnie i rzucił na odchodnym: „Nie przyszedłem tu rozmawiać, głupi dzieciuchu". Następną, trzydziestosiedmioosobową grupę Migge nazwał „hedonistami" – byli to duchowni, którzy otwarcie przyznawali, że żyją w konflikcie z nauką Kościoła. Żyją wyłącznie w sferze zmysłów, estetyki. Roberto, niemiecki franciszkanin, powiedział Miggemu, że został mnichem, ponieważ jest to łatwe życie, nie musi dużo pracować i może spełnić się seksualnie. Ostatnia, licząca jedenaście osób grupa składała się z duchownych, którzy mieli świadomość sprzeczności między ich postępowaniem i nauką Kościoła i prywatnie tę naukę odrzucali. „Postanowili żyć zgodnie z wolą Bożą, a nie osób piastujących urzędy kościelne" – stwierdził Migge. Dominikanin Klaus powiedział mu: „Mamy dużo pomysłów zmian, które chcielibyśmy wprowadzić, ale jeszcze większy jest w nas strach, że wyda się to, co robimy. W pewnym sensie przypominamy pierwszych chrześcijan z katakumb. Nie odważymy się walczyć publicznie"[11].

Ironiczna wymowa faktu, że coś takiego stało się pod oknem Ratzingera, jest uderzająca i w symboliczny sposób ukazuje, jak ważne było ustosunkowanie się Kościoła katolickiego do kwestii homoseksualizmu w czasie jego urzędowania w Rzymie. Żaden prefekt Kongregacji Nauki Wiary nigdy nie pisał i nie mówił tak dużo o homoseksualizmie jak Ratzinger, głównie dlatego, że homoseksualiści nigdy nie mieli takiej swobody organizowania się i żądania uznania swoich praw, jaką cieszą się dzisiaj. Na przykład Amerykańskie Towarzystwo Psychiatryczne usunęło homoseksualizm ze swojej listy chorób umysłowych dopiero w 1973 roku. Co więcej, naukowe badania homoseksualizmu w ostatnich trzech dziesięcioleciach znacznie się posunęły naprzód. Chociaż nadal toczy się dyskusja, środowisko lekarskie zaczyna obecnie postrzegać homoseksualizm jako cechę uwarunkowaną genetycznie. Ta zmiana pojmowania homoseksualizmu spowodowała ogromny nacisk na podejście katolickie, które koncentruje się raczej na aktach fizycznych niż na wewnętrznej orientacji psychoseksualnej.

Z tych powodów Ratzinger i Kościół katolicki zostali po raz pierwszy zmuszeni zająć się homoseksualizmem jako zagadnieniem praw obywatelskich. Aby sprostać temu nowemu wyzwaniu, Ratzinger posłużył się dawną koncepcją: akty homoseksualne są niemoralne bez względu na okoliczności czy intencje.

Kampania Ratzingera na rzecz utrzymania stanowiska w kwestii homoseksualizmu sięga 1983 roku, gdy Kongregacja Nauki Wiary próbowała wstrzymać wydanie książki *A Challenge to Love: Gay and Lesbian Catholics in the Church* („Wyzwanie miłości: katoliccy homoseksualiści w Kościele"), antologii pod redakcją Roberta Nugenta. Praca duszpasterska tego salwatorianina wśród gejów i lesbijek wyznania katolickiego, często prowadzona we dwójkę z siostrą Jeannine Gramick, już wywoływała krytyczne uwagi. Była uważana za kontrowersyjną, do chwili gdy Ratzinger w 1999 roku dożywotnio zakazał i Nugentowi, i Gramick pracy duszpasterskiej. Nie zdołał nie dopuścić do wydania *A Challenge to Love*, ale udało mu się zmusić biskupa Waltera Sullivana z Richmond w Wirginii, który napisał wstęp do tej książki, do usunięcia z niej swojego nazwiska.

W maju 1984 roku Ratzinger poprosił arcybiskupa Petera Gerety'ego z Newark w New Jersey o wycofanie imprimatur dla *Sexual Morality* („Moralność seksualna") Philipa S. Keane'a. Wydawnictwo Paulist Press, z siedzibą w archidiecezji Gerety'ego, sprzedało ponad 28 tysięcy egzemplarzy tej książki od chwili, gdy ukazała się w 1977 roku. Decyzja ta nadeszła w tym samym czasie, gdy Ratzinger kazał Gerety'emu cofnąć imprimatur dla postępowego, posoborowego katechizmu „Chrystus wśród nas", który sprzedał się w ponad 1,6 miliona egzemplarzy. Paulist Press ogłosiło, że zaprzestaje wydawania tej książki, którą szybko przejął oddział Harpera z San Francisco.

We wstępie do *Sexual Morality* Keane napisał, że chociaż tradycja katolicka prezentuje „bardzo interesujący punkt widzenia na seksualność człowieka", jest również „zubożona z powodu pewnych historycznych wypaczeń". Należy ją uważać za „zawsze otwartą na lepsze sformułowania". Keane wskazywał, że niektóre zachowania, takie jak masturbacja, homoseksualizm, seks przedmałżeński, antykoncepcja i aborcja nie są absolutnie niemoralne, lecz raczej są „ontycznym złem", które staje się niemoralne „tylko gdy czyn jest pozbawiony stosownego powodu". Działania podjęte przez Ratzingera miały dać do zrozumienia, że takie stanowisko nie jest mile widziane w publicznej dyskusji Kościoła.

W 1986 roku doszło do trzech wydarzeń, które sprawiły, że katoliccy homoseksualiści mieli „rok niebezpiecznego życia". We wrześniu arcybiskup Raymond Hunthausen z Seattle oświadczył, że zgodnie z poleceniem Watykanu przekazał swojemu nowemu biskupowi pomocniczemu, Donaldowi Wuerlowi, najwyższą władzę w diecezji w pięciu kwestiach: unieważniania małżeństw, liturgii, sterylizacji w katolickich szpitalach, szkół wyznaniowych i posługi wśród homoseksualistów. Było oczywiste, że jest to kara, ponieważ działanie to podjęto wskutek dwóch odrębnych, skierowanych do Watykanu próśb o przeprowadzenie dochodzenia w sprawie Hunthausena: jedną wystosował ówczesny arcybiskup (obecnie kardynał) James Hickey z Waszyngtonu, a drugą trzyosobowa komisja, w której skład wchodzili kardynał Joseph Bernardin z Chicago, arcybiskup John Quinn z San Francisco i kardynał John O'Connor z Nowego Jorku.

Ponieważ Hunthausen cieszył się reputacją pacyfisty, wielu amerykańskich katolików przypuszczało, że jego problemy są związane z polityką. Hunthausen nazwał kiedyś pobliską bazę broni jądrowej „Auschwitz Puget Sound" i w proteście przeciwko wydatkom zbrojeniowym odmówił wpłacenia połowy swojego podatku dochodowego. Chociaż ta jego działalność bez wątpienia odegrała pewną rolę, przyczyna zainteresowania się nim Ratzingera była związana z homoseksualizmem.

Hunthausen dowiedział się, że jest poddawany ocenie, jesienią 1983 roku, gdy uczestniczył w posiedzeniu Krajowej Konferencji Biskupów Katolickich w Chicago. Powiedział mu o tym arcybiskup Pio Laghi, nuncjusz papieski w Stanach Zjednoczonych. Zaledwie kilka miesięcy wcześniej Hunthausen pozwolił stowarzyszeniu homoseksualistów katolików o nazwie Dignity zorganizować mszę w katedrze w Seattle. Mszę tę odprawił jezuita John McNeill, później zmuszony do wystąpienia z zakonu za nawoływanie do zmian nauki Kościoła w kwestii homoseksualizmu. Założona w 1969 roku grupa Dignity stała się kontrowersyjna dla konserwatywnych katolików, ponieważ – chociaż nie odrzucała otwarcie nauki Kościoła – umniejszała znaczenie zakazu aktów seksualnych i kładła nacisk na teologię stworzenia, w której orientacja homoseksualna jest rozumiana jako pozytywna. „Oni też są katolikami – powiedział wówczas Hunthausen. – Muszą mieć miejsce, w którym mogą się modlić".

Rok później przywrócono Hunthausenowi władzę. W maju 1987 roku, niemal po czterech miesiącach prywatnych rozmów i negocjacji z komisją złożoną z trzech biskupów, Wuerla mianowano ponownie, a biskup Thomas J. Murphy został nowym asystentem Hunthausena, z tytułem arcybiskupa koadiutora. Chociaż wynik przyjęto jako zwycięstwo Hunthausena, został w oczywisty sposób skarcony. Co więcej, biskupi otrzymali jasny przekaz, że duszpasterstwo homoseksualistów, jeśli nie opiera się na wyraźnym potępieniu zachowań homoseksualnych, jest przyczyną poważnych problemów z Rzymem.

Drugi cios 1986 roku padł 1 października, gdy Ratzinger ogłosił List do biskupów Kościoła katolickiego o duszpasterstwie osób homoseksualnych *Homosexualitatis problema*. Adresowany do Kościoła powszechnego, został ogłoszony przez watykańskie biuro prasowe po angielsku, nie po włosku, co sugerowało, że jest skierowany szczególnie do Stanów Zjednoczonych. Większość komentatorów była przekonana, że ogłoszenie tego listu przyspieszyła sprawa Hunthausena, pojawienie się grup takich jak Dignity i rosnąca popularność posługi Nugenta i Gramick.

Celem, który Ratzinger chciał osiągnąć za pomocą tego listu, było usunięcie wszelkich niejasności, które spowodowała deklaracja w sprawie etyki seksualnej wydana przez Kongregację Nauki Wiary w 1975 roku. W tym dokumencie przeprowadzono rozróżnienie między predyspozycją lub skłonnością homoseksualną a czynami homoseksualnymi, co niektórzy odebrali jako sygnał, że Kościół być może zmierza w kierunku tolerowania tego ostatniego. Ratzinger odrzucił wszelkie takie spekulacje: „W dyskusji powstałej po ogłoszeniu Deklaracji zostały jednak zaproponowane interpretacje nadmiernie przychylne samej skłonności homoseksualnej, do tego stopnia, że niektórzy posunęli się do zdefiniowania jej jako obojętnej lub, co więcej, jako dobrej. Należy natomiast sprecyzować, że szczególna skłonność osoby homoseksualnej, chociaż sama w sobie nie jest grzechem, stanowi jednak słabszą bądź silniejszą skłonność do postępowania złego z moralnego punktu widzenia. Z tego powodu sama skłonność musi być uważana za obiektywnie nieuporządkowaną". Na argument, wysuwany przez Dignity i inne organizacje, że homoseksualizm nie może być złem, jeśli jest dany z natury, Ratzinger, praktycznie rzecz biorąc, odparł: Zdecydowanie nie doceniliście wpływu grzechu.

Na poparcie traktowania homoseksualizmu jako obiektywnego zaburzenia Ratzinger podaje trzy argumenty. Pierwszy pochodzi z Pisma świętego. Ratzinger dostrzega w Biblii „oczywistą spójność" potępienia aktów homoseksualnych; mówi: „Św. Paweł znajduje bardzo jasny przykład braku harmonii [między stwórcą a stworzeniem (...) w stosunkach homoseksualnych". Następnie stwierdza, że tradycja Kościoła podtrzymuje to stanowisko. Na koniec sięga do teologii systematycznej, dowodząc, że homoseksualizm krzyżuje Boży plan męsko-żeńskiej komplementarności. Wniosek jest jednoznaczny: „Tylko w stosunku małżeńskim współżycie płciowe może być moralnie dobre. Z tego powodu osoba, która zachowuje się w sposób homoseksualny, działa niemoralnie".

Ratzinger przestrzega biskupów, by mieli się na baczności przed homoseksualnymi grupami nacisku, które dążą do obalenia tej nauki. „Ci, którzy wewnątrz wspólnoty wiary wywierają nacisk w tym kierunku, mają często ścisłe powiązania z tymi, którzy działają poza nią. (...) Ukazują oni, chociaż nie w sposób całkowicie świadomy, ideologię materialistyczną, która neguje transcendentalną naturę osoby ludzkiej, jak również nadprzyrodzone powołanie każdego człowieka". Tacy odszczepieńcy „bądź lekceważą nauczanie Kościoła albo chcą je w jakiś sposób zmienić". Podkreślał, że nauczanie Kościoła „nie może ulec zmianie ani pod naciskiem prawodawstwa cywilnego, ani chwilowej mody".

Im dalej, tym język, którym pisze Ratzinger, staje się bardziej emocjonalny. „Chociaż praktyka homoseksualizmu poważnie zagraża życiu i dobru wielu ludzi, rzecznicy tej tendencji nie odstępują od swego działania i nie chcą wziąć pod uwagę rozmiarów ryzyka, które jest w nim zawarte" – pisze. Andrew Sullivan, katolik gej i redaktor „New Republic", zauważy później, że ta uwaga, pojawiająca się w okresie największego nasilenia epidemii AIDS, była „czymś niezwykłym ze względu na brak współczucia". Ratzinger jednak mówi, że Kościół troszczy się o tych, którzy „mogliby ulec zwodniczej propagandzie" orędowników homoseksualizmu. Utrzymuje, że homoseksualizm „wywiera bezpośredni wpływ na koncepcję, jaką społeczność ma w naturze i prawach rodziny oraz naraża ją na poważne niebezpieczeństwo". Ostrzega, że społeczne przyzwolenie na homoseksualizm uwalnia inne demony: „rozpowszechniają się także inne przewrotne opinie i jakieś praktyki oraz szerzą irracjonalne zachowania i przemoc". Te ostre sformułowania, które zdają się potwierdzać niektóre z najbardziej prostackich wyobrażeń na temat gejów (AIDS chorobą gejów, homoseksualizm jako swego rodzaju problem psychiczny), u wielu czytelników wywołały wstrząs. „Niektóre ze zdań czyta się z dreszczem przechodzącym po plecach, są porównywalne do dokumentów ogłaszanych przez Kościół w Europie w latach trzydziestych XX w." – napisał Sullivan.

Ratzinger uczula biskupów, by wystrzegali się programów pracy duszpasterskiej w środowisku homoseksualistów, gdyż mogłyby stanowić forpocztę kampanii na rzecz zmiany nauki Kościoła. „Kongregacja pragnie prosić biskupów, by byli szczególnie wrażliwi na programy, które dążą do wywarcia faktycznego nacisku na Kościół, by zmienił swoje nauczanie, nawet jeśli w słowach neguje się niekiedy, że tak nie jest" – napisał, co niektórzy odebrali jako odniesienie do Nugenta i Gramick. Ostrzegał przed „celową dwuznacznością" oświadczeń i publicznych wystąpień. „Żaden autentyczny program duszpasterski nie powinien wiązać organizacji, w których zrzeszają się osoby homoseksualne, bez jasnego określenia, że aktywność homoseksualna jest niemoralna".

Zarówno Ratzinger, jak i katolicy zaangażowani w opiekę duszpasterską nad homoseksualistami kładą nacisk na współczucie. Dla Ratzingera jednak oznacza to przekazanie homoseksualistom całej prawdy o nauce Kościoła, a nie dodawanie otuchy, co postrzega jako ucieczkę od rzeczywistości. Dla większości duszpasterzy oznacza to niepodkreślanie potępienia przez Kościół homoseksualizmu kosztem jego pozytywnych deklaracji o miłości i akceptacji osób homoseksualnych. Prawda wygląda tak, że wielu katolików naprawdę uważa, iż nauka Kościoła w kwestii homoseksualizmu powinna się zmienić (badania opinii publicznej świadczą, że w Kościele amerykańskim opinie są podzielone pół na pół), a ci katolicy, którzy postanawiają sprawować opiekę duszpasterską nad homoseksualistami, prawdopodobnie faktycznie – jak wyraził się Ratzinger – kryją się za różnymi formami „celowej dwuznaczności". Bez wątpienia tak właśnie było w wypadku Nugenta i Gramick, którzy zawsze pilnie wystrzegali się wypowiadania osobistych opinii na temat nauki Kościoła. Ratzinger jednak jest niesprawiedliwy, zarzucając im stosowanie wybiegów, gdy jego urząd uniemożliwia im otwartą działalność. Upieranie się, że prawdziwi katolicy muszą opuścić Kościół, żeby móc sprawować opiekę duszpasterską, przypomina trochę zniszczenie wsi, by ją uratować.

Ratzinger kończy swój list prośbą o zastosowanie sankcji dyscyplinarnych. „Powinno się wycofać wszelkie poparcie dla jakiejkolwiek organizacji, która usiłowałaby zmienić istotne nauczanie Kościoła – napisał. – Szczególna uwaga powinna zostać zwrócona na praktykę programowania nabożeństw religijnych i wykorzystanie przez te grupy pomieszczeń należących do Kościoła, łącznie z możliwością korzystania ze szkół i instytutów katolickich wyższego stopnia. Takie pozwolenie na korzystanie z własności Kościoła może wydawać się tylko gestem sprawiedliwości i miłości, ale w rzeczywistości jest w sprzeczności z celami, dla których takie instytuty zostały założone, a to może stać się powodem nieporozumień i skandalu". Biskupi w Atlancie, Buffalo, na Brooklynie, w Pensacoli i Vancouver natychmiast oświadczyli, że organizacja Dignity nie jest już mile widziana. W ciągu kilku miesięcy organizacja była już niepożądana w budynkach kościelnych wszędzie.

W odpowiedzi na dokument Ratzingera McNeill złamał nakaz publicznego milczenia, który mu narzucono wskutek presji poprzednika prefekta. McNeill, zakonnik i psychoterapeuta, w 1976 roku wydał książkę *The Church and the Homosexual* („Kościół a homoseksualizm"). Opowiadał się w niej za zmianą nauki Kościoła, przytaczając argumenty z Pisma świętego, dziejów Kościoła, psychologii, socjologii i teologii moralnej. Dowodził, że związki homoseksualne należy oceniać według tych samych kryteriów co związki heteroseksualne. Książka McNeilla ukazała się za zgodą jezuitów, ale rok później Watykan nakazał zakonowi jej wycofanie. McNeillowi zakazano też zabierania publicznie głosu w tych sprawach.

„Ponieważ większość osób homoseksualnych odbiera swoją orientację jako coś wrodzonego, to jeśli przyjmą tę naukę Kościoła, muszą uważać, że Bóg sadystycznie stworzył ich z wrodzoną skłonnością do zła – stwierdził McNeill w oświadczeniu będącym odpowiedzią na dokument wydany przez Ratzingera. – Z mojego ponaddwudziestoletniego doświadczenia w opiece duszpasterskiej nad tysiącami homoseksualnych katolików i innych chrześcijan wynika, że homoseksualnymi mężczyznami, u których najbardziej prawdopodobne jest realizowanie potrzeb seksualnych w niebezpieczny, kompulsywny sposób, i tym samym zarażenie się wirusem HIV, są właśnie te osoby, które zinternalizowały nienawiść do samych siebie narzuconą im przez wyznawaną religię".

19 października przełożony zakonu jezuitów, ojciec Hans Peter Kolvenbach, poinformował McNeilla, że musi albo zrezygnować z publicznej opieki duszpasterskiej nad homoseksualistami, albo zostanie usunięty z zakonu. McNeill powiedział, że nie może zrezygnować, został więc usunięty z zakonu, i w rzeczywistości z duchowieństwa. Ponieważ McNeill, jeden z założycieli organizacji Dignity, był żywym symbolem nadziei katolickich gejów na zmianę w Kościele, jego wydalenie było swego rodzaju przełomem. Dla tych gejów wyznania katolickiego, którzy pozostali, nadszedł czas, żeby zeszli do katakumb[12].

Zanim jednak rok 1986 dobiegł końca, doszło do jeszcze jednej porażki. W grudniu biskup Matthew Clark z Rochester w stanie Nowy Jork otrzymał od Ratzingera list, w którym polecono mu wycofanie imprimatur dla książki, która miała pomóc rodzicom w rozmowach z dziećmi. Zatytułowana *Parents Talk Love: The Catholic Family Hand-*

book about sexuality („Rodzice mówią językiem miłości: podręcznik sesksualności dla rodziny katolickiej") została napisana przez księdza Matthew A. Kawiaka i Susan K. Sullivan, nauczycielkę w katolickiej szkole średniej. Ratzinger przytoczył w liście sposób omówienia trzech tematów: homoseksualizmu, masturbacji i antykoncepcji. Clark oświadczył, że nie ma innego wyjścia, jak wycofać imprimatur.

Epidemia AIDS postawiła władze kościelne przed nowymi problemami. W grudniu 1987 roku komisja administracyjna Konferencji Biskupów Amerykańskich wydała dokument zatytułowany *The many faces of AIDS: A gospel response* („Wiele oblicz AIDS: odpowiedź ewangelii"). Biskupi sugerowali, że w pewnych okolicznościach używanie prezerwatyw może być usprawiedliwione, żeby walczyć z szerzeniem się wirusa HIV. Dokument ten wywołał spór w samej konferencji – grupa około czterdziestu konserwatystów skrytykowała tekst za to, że stwarza wrażenie, iż przyzwala na jedną z metod antykoncepcji. 29 maja 1988 roku Ratzinger wysłał list do Pio Laghiego, nuncjusza papieskiego w Stanach Zjednoczonych, żeby przekazał go biskupom. Ratzinger ostrzegł biskupów, żeby przed publikacją dokumentów konsultowali się z Rzymem: „Przede wszystkim, i na poziomie bardziej ogólnym, należy pamiętać o problemie, jaki stanowi reakcja świata, którą wywołują niektóre dokumenty ogłaszane przez różne konferencje episkopatu. (...) Przynajmniej w niektórych przypadkach, gdy omawiane sprawy pozostają w kręgu zainteresowań Kościoła powszechnego, wydaje się wskazane, aby konsultować je wcześniej ze Stolicą Apostolską".

Następnie Ratzinger przytoczył fragment artykułu o AIDS z „L'Osservatore Romano", który w powszechnym przekonaniu został przez niego zainspirowany: „Dostrzeganie rozwiązania problemu zarażeń za pomocą zalecania używania prezerwatyw oznaczałoby wejście na drogę nie tylko niewystarczająco pewną z technicznego punktu widzenia, ale też i przede wszystkim nie do przyjęcia z perspektywy moralnej. Taka propozycja «bezpiecznego» czy przynajmniej «bezpieczniejszego» seksu – jak mówią – ignoruje prawdziwą przyczynę tego problemu, a mianowicie permisywizm, który w sferze seksu, podobnie jak w innych sprawach, powoduje osłabienie moralnego kręgosłupa ludzi". Ratzinger mówi, że „w całkowitej wierności nauce Kościoła" instytucjom katolickim nie wolno „stwarzać wrażenia, że stara się zaakceptować działania, które są niemoralne, na przykład techniczne instrukcje używania środków zapobiegawczych". Należy z całą stanowczością stwierdzić, mówi, że „jedynym z medycznego punktu widzenia pewnym zabezpieczeniem przed AIDS są te właśnie zachowania, które są zgodne z prawem Bożym i z prawdą o człowieku, którą Kościół zawsze głosił i nadal ma odwagę głosić". List ten praktycznie unieważnił oświadczenie komisji administracyjnej, a stanowisko Kościoła w kwestii prezerwatyw było przeciwne ich stosowaniu nawet przez małżeństwa, nawet gdy jeden z małżonków jest nosicielem wirusa HIV i chodzi o uniknięcie zarażenia.

Jedna z nielicznych sytuacji, gdy Ratzinger musiał publicznie stawić czoło audytorium, które zbulwersował, zdarzyła się 28 stycznia 1988 roku, gdy pojawił się w Nowym Jorku, żeby wygłosić wykład o biblistyce. Jego przemówienie, na które wstęp był wolny, zostało przerwane na około dziesięć minut przez głośne okrzyki protestujących zwolenników gejów rozproszonych wśród publiczności. Krzyczeli „Żaden z niego sługa Boży", „inkwizytor" i „nazista". Kardynał Nowego Jorku John O'Connor podczas tego zakłócenia porządku siedział ponury. Policjanci i funkcjonariusze w cywilu przeczesali publiczność w luterańskim kościele św. Piotra i wypchnęli demonstrantów na zewnątrz. Ostatecznie aresztowano sześć osób.

Tymczasem wciąż trwała kampania na rzecz utrzymania dotychczasowej linii postępowania. Ksiądz André Guindon, teolog na Uniwersytecie św. Pawła w Ottawie w Kanadzie, w lutym 1992 roku otrzymał od Ratzingera trzynastostronicowe krytyczne opracowanie swojej książki *The Sexual Creators* („Twórcy seksualizmu"), analizowanej od 1988 roku. Ratzinger polecił Guindonowi, by wyjaśnił swoje poglądy na trzy zagadnienia: seks przedmałżeński, kontrola urodzeń i homoseksualizm. Uwagi krytyczne pod adresem Guindona zostały opublikowane – co było posunięciem nietypowym – w „L'Osservatore Romano", co sugerowało, że nie ma zbyt wiele szans na kompromis. W wywiadzie udzielonym kanadyjskiej gazecie w 1986 roku Guindon z mocą dowodził, że doktryna Kościoła w sprawie seksualności wymaga zmian. „Mogłeś zabić sąsiada i to był grzech, ale prawdziwym grzechem jest seks – powiedział o tradycyjnym poglądzie katolickim. – Gdyby tylko ktoś dotknął swojego siusiaka, od razu miałby na głowie Boga Wszechmogącego". W *The Sexual Creators* Guindon napisał, że Dawid i Jonatan należą do tych postaci biblijnych, które były homoseksualnymi kochankami, i mówi, że nieliczne tylko opisy miłości heteroseksualnej dorównują zmysłowej czułości ich związku. Na koniec stwierdził: „Etycznie istotne pytanie dotyczące seksu homoseksualnego ma niewiele wspólnego z poziomem aktywności seksualnej czy z jej technikami. Powinno raczej dotyczyć zagadnienia właściwej człowiekowi jakości i znaczenia tego zmysłowego święta". Wielu teologów spodziewało się, że Guindonowi zostanie wydany nakaz milczenia, ale zmarł, zanim dochodzenie się zakończyło.

Na początku lat dziewięćdziesiątych, gdy epidemia AIDS zdawała się trochę przygasać, nowa debata społeczna związana z homoseksualizmem dotyczyła praw homoseksualistów w takich dziedzinach jak mieszkanie, zatrudnienie i adopcja. Prawo do zawierania związków małżeńskich i wychowywania dzieci wielu homoseksualistom wydawało się w zasięgu ręki. W lipcu 1992 roku Ratzinger ponownie napisał do biskupów, tym razem, żeby zagwarantować sobie, iż wystąpią przeciwko tego rodzaju ewolucji społecznej. Ratzinger przypomniał biskupom o nauce zawartej w jego liście z 1986 roku o „immanentnym moralnym złu" homoseksualizmu. Zauważa, że niektórzy odczuwają pokusę okazywania współczucia homoseksualistom z powodu skierowanych przeciwko nim wielu zbrodni nienawiści. Zacytujmy ponownie dokument z 1986 roku: „Jednak słuszna reakcja na niesprawiedliwości popełniane wobec osób homoseksualnych nie może w żaden sposób prowadzić do twierdzenia, że skłonność homoseksualna nie jest moralnie nieuporządkowana – stwierdził. – Jeśli przyjmie się takie twierdzenie, a w konsekwencji aktywność homoseksualną uzna za dobrą, albo też jeśli wprowadza się prawodawstwo cywilne, biorące w obronę zachowanie, dla którego nikt nie może domagać się jakiegokolwiek prawa (...) rozpowszechniają się także inne przewrotne opinie i jakieś praktyki oraz szerzą irracjonalne zachowania i przemoc".

Ratzinger doradził biskupom: „Istnieją sfery, w których nie jest niesprawiedliwą dyskryminacją uwzględnianie orientacji seksualnej, na przykład w przyznawaniu dzieci do adopcji lub do rodziny zastępczej, w zatrudnianiu nauczycieli czy trenerów i w rekrutacji wojskowej". Zapewnia, że prawa homoseksualistów „można prawomocnie ograniczyć z powodu obiektywnie zaburzonego zachowania". Dowodzi, że wszelka ochrona praw homoseksualistów musi opierać się na ogólnych prawach człowieka, a nie na nie istniejącym „prawie do homoseksualizmu. (...) Przejście od uznania homoseksualizmu za czynnik, na podstawie którego dyskryminacja jest nielegalna, może doprowadzić z łatwością, jeśli nie automatycznie, do prawnej ochrony homoseksualizmu". Ratzinger żąda, by przywódcy Kościoła sprzeciwiali się takim środkom jak prawo do zawierania związków cywilnych czy prawo do adopcji przez homoseksualistów, nawet jeśli instytucje kościelne są z tego zwolnione. „Kościół ma obowiązek szerzenia moralności publicznej całego społeczeństwa opierającej się na fundamentalnych prawach moralnych, a nie jedynie bronić się przed wprowadzaniem w życie szkodliwych regulacji prawnych"[13].

Następnie Ratzinger poczynił sugestię, którą można określić tylko jako zdumiewającą: że orientacja seksualna nie jest analogiczna do rasy czy płci jako podstawa ochrony prawnej, bo to jedynie bezczelni geje stwarzają problemy. „Osoby homoseksualne, które obnoszą się ze swoim homoseksualizmem, zazwyczaj uznają zachowania czy styl życia homoseksualistów za całkowicie nieszkodliwe, o ile nie za coś całkowicie dobrego, a tym samym godne publicznej aprobaty. To właśnie w tym środowisku najłatwiej znaleźć osoby, które pragną manipulować Kościołem, zdobywając poparcie często mających dobre intencje księży, mając na celu zmianę świeckich kodeksów i praw".

Joseph Ratzinger jest człowiekiem oczytanym, dużo lepiej orientującym się w nurtach społecznych, niż się wydaje niezadowolonym katolikom Zachodu. Nie jest „oderwany" w tym znaczeniu, które zazwyczaj mają na myśli jego krytycy. Trudno jednak oprzeć się wrażeniu, że w kwestii homoseksualizmu Ratzinger nie zadał sobie trudu, by gruntownie zapoznać się z tymi zagadnieniami. W dwóch jego najważniejsze dokumentach aż roi się od niezwykle ostrych uprzedzeń: AIDS jako choroba homoseksualistów, homoseksualiści jako niszczyciele rodzin, homoseksualizm jako przyczyna przemocy i zamieszek, „kłamliwa propaganda" środowisk homoseksualistów i przekonanie, że żądanie praw obywatelskich zgłaszają tylko „asertywni homoseksualiści". To właśnie ten sposób mówienia o homoseksualizmie w rzeczywistości najbardziej zbliża Ratzingera do wojny kulturowej tego rodzaju, którą prowadzi amerykańska prawica religijna, i nie jest żadnym zaskoczeniem, że dokumenty te zostały ciepło przyjęte zarówno przez Pata Robertsona, jak i Pata Buchanana. Organizacja New Ways Ministry in the United States, założona przez Nugenta i Gramick w celu zaspokojenia potrzeb katolików homoseksualistów, nazwała list Ratzingera z 1992 roku „nie skrywaną homofobią". W tym samym czasie badania przeprowadzone przez Gallupa wykazały, że siedemdziesiąt osiem procent amerykańskich katolików opowiada się za ochroną homoseksualistów w miejscu pracy.

Sekretarz Kongregacji Nauki Wiary, arcybiskup Tarcisio Bertone, w grudniu 1996 roku opublikował w „L'Osservatore Romano" artykuł, w którym utrzymywał, iż niektóre nauki papieskie powinny być uważane za nieomylne, nawet gdy nie zostały oficjalnie wygłoszone *ex cathedra*. Bertone wymienia trzy dokumenty papieskie: *Veritatis splendor*, *Ordinatio sacerdotalis* i *Evangelium vitae*. Ponieważ w *Veri-*

tatis splendor mówi się konkretnie o immanentnym złu homoseksualizmu, argumentacja Bertonego stanowi pierwsze oficjalne stwierdzenie urzędnika Kościoła, choć nie wprost, że ta nauka jest nieomylna. Zainteresowanie Ratzingera homoseksualizmem skupiało się głównie na Stanach Zjednoczonych, ponieważ tam właśnie najsilniejszy był ruch w obronie praw obywatelskich homoseksualistów. Jest to jednak ruch o znaczeniu światowym, i nawet w samym Watykanie występuje różnica zdań. Potwierdziło się to w lutym 1997 roku, gdy Watykan narzucił nowego przełożonego paulinom, zakonowi z siedzibą w Mediolanie, który wydaje wiele popularnych włoskich publikacji, między innymi mające największy nakład w kraju czasopismo „Famiglia Cristiana". Do kierowania tą wspólnotą zakonną i przywrócenia bardziej konserwatywnej polityki wydawniczej został wyznaczony przez papieża biskup Antonio Buoncristiani, były dyplomata watykański i profesor socjologii. Szczególne niezadowolenie Watykanu wywołał artykuł w „Famiglia Cristiana", w którym zalecano rodzicom, by nie narzucali swoich poglądów dorosłemu synowi, jeśli uzna on, że jest gejem, nawet jeśli nie zgadzają się z jego wyborem. Papież podjął ten krok po liście Ratzingera z 1991 roku do paulinów, w którym kardynał ostrzegał ich, żeby zwracali „większą uwagę" na to, co wydają o zagadnieniach moralnych.

Niektórzy członkowie Konferencji Biskupów Amerykańskich wciąż wierzyli, że możliwe jest zajęcie wobec homoseksualizmu bardziej duszpasterskiego stanowiska: nie po to, by rzucić wyzwanie jego „immanentnemu złu", ale by podkreślić akceptację i tolerancję. Owocem ich wysiłków był dokument z 1 października 1997 roku Komisji ds. Małżeństwa i Rodziny zatytułowany „Zawsze nasze dzieci". Rodzice i działacze ciepło przyjęli zawarty w nim apel o to, by ponad moralne potępienie stawiać wsparcie dla dzieci, które są gejami i lesbijkami. W przygotowaniu tego dokumentu ważną, zakulisową rolę odegrali Nugent i Gramick.

List ten, mimo że kładzie nacisk na tradycyjną naukę o grzeszności „zachowań homogenitalnych", zaleca współczucie. Rodzice, którzy często przeżywają silne emocje, gdy ich dziecko „ujawnia się" i mówi im, że jest gejem czy lesbijką, nie powinni odsuwać się od swoich dzieci, zalecała komisja, zauważając, że odrzucenie może zwiększać ryzyko samobójstwa i używania substancji odurzających. Rodzice często czują gniew, strach, winę, samotność i wstyd. „Wasza miłość może być poddana w tych okolicznościach próbie, ale może też się wzmocnić dzięki waszym staraniom, by odpowiadać miłością" – napisano w dokumencie. Komisja nakłaniała rodziców, by uważali swoje dzieci, które są gejami czy lesbijkami, za „dar i powołane dla jakiegoś celu w Bożym planie" i żeby szukali „właściwego kierownictwa".

List ostrożnie odchodził od postrzegania homoseksualizmu jako immanentnego zła moralnego. „Wydaje się, że nie istnieje żadna pojedyncza przyczyna orientacji homoseksualnej. Według zgodnej opinii ekspertów występuje wiele czynników – genetycznych, hormonalnych, psychicznych – które mogą do niej doprowadzić. Ogólnie mówiąc, orientacja homoseksualna jest odbierana jako coś danego, a nie coś, co się dobrowolnie wybiera. Orientacji homoseksualnej jako takiej nie można zatem uważać za grzeszną, ponieważ moralność zakłada wolność wyboru". List zdawał się też dawać nadzieję, że homoseksualiści wyznania katolickiego zostaną być może wpuszczeni do obiektów kościelnych. „Wszystkie osoby homoseksualne mają prawo należeć do wspólnoty wyznaniowej, słuchać słowa Bożego i być otoczone opieką duszpasterską. Osoby homoseksualne, które żyją w czystości, powinny mieć możliwość przewodzić i służyć wspólnocie. Kościół jednak ma prawo odmówić publicznej roli służenia i przewodzenia osobom, homo- czy heteroseksualnym, których publiczne zachowanie jawnie gwałci jego nauki".

Jednak ledwo wysechł atrament, już rozpoczęła się kontrofensywa. Nugent zwrócił uwagę, że właśnie gdy ogłoszono ten list, biskup Edward Egan z Bridgeport w Connecticut nie zgodził się, by w rekolekcjach na terenie jego diecezji uczestniczyli katoliccy rodzice homoseksualistów. Jak na ironię, dokument „Zawsze nasze dzieci" zaleca „uczestnictwo w rekolekcjach przygotowanych dla katolickich rodziców, których dzieci są homoseksualistami". Egan został później mianowany arcybiskupem Nowego Jorku, obejmując urząd po O'Connorze.

Do lipca 1998 roku Komisja ds. Małżeństwa i Rodziny znajdowała się w kłopotliwej sytuacji, ponieważ Ratzinger nalegał, aby przeredagowała list. Zmiana, która skupiła największą uwagę duszpasterzy, dotyczyła jednego słowa; w przeredagowanym tekście orientacji homoseksualnej nie nazywano już „fundamentalnym aspektem osobowości", lecz „aspektem głęboko zakorzenionym", co zdawało się osłabiać wrażenie, że homoseksualizm jest „dany".

Drugi ustęp dotyczył nastolatków „eksperymentujących z pewnymi zachowaniami homoseksualnymi, co stanowi jeden z etapów określania tożsamości seksualnej". Stwierdzał, że „pojedyncze akty nie czynią nikogo homoseksualistą", i sugerował, że w czasie zamętu okresu dojrzewania „niekiedy najlepszym podejściem może być postawa typu «poczekamy, zobaczymy», przy jednoczesnym utrzymywaniu przez was stosunków opartych na zaufaniu oraz udzielaniu różnego rodzaju wsparcia, informacji i podnoszenia na duchu". W wersji poprawionej mówi się o nastolatkach „wykazujących cechy, które was martwią, takie jak wybór przez dziecko tego, co czyta czy ogląda w mediach, gorące przyjaźnie i inne zauważalne cechy i skłonności". Czytamy w nim: „Ze strony rodziców wymaga to takiego podejścia, które nie zakłada, że wasze dziecko rozwinęło w sobie orientację homoseksualną, i które pomoże wam zachować wzajemną miłość, podczas gdy udzielacie mu wsparcia, informacji, wskazówek moralnych i podnosicie na duchu. Rodzice muszą stale zwracać baczną uwagę na zachowanie dzieci i gdy okazuje się to konieczne, w sposób odpowiedzialny interweniować".

Trzecią zmianą było dodanie przypisu do fragmentu, który mówił, że orientacja homoseksualna „nie może być uważana za grzeszną". W przypisie znajduje się cytat z Katechizmu Kościoła Katolickiego: „Skłonność taka, obiektywnie nieuporządkowana, dla większości z nich stanowi trudne doświadczenie". Czwarta zmiana polegała na usunięciu z tekstu cytatu z katechizmu: „Każdy człowiek (...) powinien uznać i przyjąć swoją tożsamość płciową".

Po ustępie wzywającym wszystkich ludzi do życia w czystości, bez względu na ich sytuację życiową, oraz mówiącym o potrzebie walki z grzechem i czerpaniu siły z sakramentów pokuty i eucharystii, w wersji poprawionej dodaje się następujący akapit: „Co więcej, gdy osoby homoseksualne «poświęcą swoje życie zrozumieniu natury przeznaczonego im przez Boga osobistego powołania, będą mogły wierniej odbywać sakrament pokuty i uzyskać łaskę Bożą tak chętnie udzielaną, aby pełniej przeobrazić swoje życie zgodnie z Jego zamysłem»". Cytat w tym akapicie pochodzi z listu Ratzingera z 1986 roku. Szósta poprawka dotyczy zawartego w dokumencie stwierdzenia: „Niczego w Biblii czy nauce katolickiej nie można wykorzystywać dla uzasadnienia postaw i zachowań, które cechują uprzedzenia lub dyskryminacja" w stosunku do osób o orientacji homoseksualnej. W poprawionej wersji dodano przypis: „W kwestiach, w których orientacja seksualna jest w sposób oczywisty istotna, wspólne dobro rzeczywiście uzasadnia jej uwzględnienie", pochodzący z listu Ratzingera z 1992 roku.

Ostatnia poprawka skraca fragment pierwotnej wersji, w której radzono osobom zajmującym się duszpasterstwem: „Używaj słów *homoseksualista, gej, lesbijka* w sposób uczciwy i ścisły, zwłaszcza przy ołtarzu. Na różne i delikatne sposoby możesz przyzwolić ludziom na rozmowy o zagadnieniach związanych z homoseksualizmem i dać im do zrozumienia, że ty również jesteś skłonny z nimi rozmawiać". W wersji poprawionej mamy tylko: „Gdy przemawiasz publicznie, używaj słów *homoseksualista, gej* i *lesbijka* w sposób uczciwy i ścisły".

Podczas gdy biskupi i osoby popierające homoseksualistów wyznania katolickiego próbowali robić jak najlepszą minę do złej gry, było oczywiste, że dokument „Zawsze nasze dzieci" jest martwy, jeśli chodzi o priorytety duszpasterskie biskupów amerykańskich. Co więcej, wielu analityków jest przekonanych, że spór o ten list miał swój udział w doprowadzeniu do ogłoszenia w 1998 roku listu apostolskiego *motu proprio* Jana Pawła II o naturze teologicznej i prawnej Konferencji Episkopatów, który praktycznie zabraniał konferencjom biskupów nauczania w imieniu Kościoła, dopóki przygotowane przez nie dokumenty nie uzyskają jednomyślnego poparcia wszystkich członków konferencji lub nie zostaną wcześniej zatwierdzone przez Rzym.

31 maja 1999 roku Ratzinger wydał Nugentowi i Gramick dożywotni zakaz posługi duszpasterskiej dla homoseksualistów. Zakazał im też zajmowania jakichkolwiek stanowisk kierowniczych w ich wspólnotach zakonnych. Było to uderzająco podobne do zakazu dla McNeilla pod koniec lat siedemdziesiątych. Decyzja ta była zwieńczeniem dwóch dziesięcioleci dochodzenia[14].

Na prośbę Kongregacji ds. Instytutów Życia Konsekrowanego i Stowarzyszeń Życia Apostolskiego wspólnoty zakonne Nugenta i Gramick trzykrotnie badały ich działalność, raz w 1977 roku i jeszcze dwa razy do roku 1985. Za każdym razem ich pracę duszpasterską i publikacje uznano za ortodoksyjne. W 1984 roku kardynał James Hickey z Waszyngtonu polecił im zerwanie kontaktów z New Ways Ministry. Oficjalne śledztwo Watykanu rozpoczęło się w 1988 roku, po czym chwilowo o nim zapomniano do 1994 roku, gdy kardynałowi Adamowi Majdzie z Detroit zlecono podjęcie bardziej energicznych działań.

Ponieważ sądzono, że sprawa ta ma „aspekty doktrynalne", przeszła do urzędu Ratzingera. Negocjacje doprowadziły do wystosowania przez Rzym ultimatum: albo podpiszecie wyznanie wiary, albo spotkają was kary dyscyplinarne. W najważniejszym fragmencie wyznania czytamy:

> Zdecydowanie też akceptuję i uważam, że akty homoseksualne zawsze są obiektywnie złe. Na trwałym fundamencie niezmiennych świadectw Biblii, która przedstawia czyny homoseksualne

jako czyny głębokiej deprawacji. (...) Tradycja zawsze utrzymywała, że czyny homoseksualne są immanentnie zaburzone. (...) Wyrażam zgodę na religijne poddanie woli i intelektu nauczaniu, które głosi, że orientacja homoseksualna, chociaż sama w sobie nie jest grzechem, stanowi skłonność do zachowań, które są immanentnie złe, a tym samym muszą być uważane za obiektywnie zaburzone.

Gramick kategorycznie odmówiła, natomiast Nugent próbował przeredagować wyznanie. Jego starania odrzucono, co doprowadziło do podjęcia działania z 31 maja.

Zawiadomienie Ratzingera podsumowuje podstawy wydania zakazu posługi duszpasterskiej:

> Od początku ojciec Nugent i siostra Gramick, przedstawiając nauczanie Kościoła, ciągle kwestionowali najważniejsze jego elementy. (...) W związku z ich wypowiedziami i działaniami Kongregacja Nauki Wiary i Kongregacja ds. Instytutów Życia Konsekrowanego i Stowarzyszeń Życia Apostolskiego otrzymywały liczne skargi i pilne prośby o wyjaśnienia od biskupów i innych osób w Stanach Zjednoczonych Ameryki Północnej. Było oczywiste, że działalność siostry Gramick i ojca Nugenta powodowała problemy we wcale niemałej liczbie diecezji i że nadal przedstawiali nauczanie Kościoła jako jedną z możliwych opcji pośród wielu innych i jako otwartą na zasadniczą zmianę. (...) Pochwalanie błędów i niejasności nie jest zgodne z chrześcijańską postawą prawdziwego szacunku i współczucia: osoby, które walczą z homoseksualizmem, nie mniej niż wszystkie inne powinny mieć prawo do otrzymania prawdziwej nauki Kościoła od tych, którzy sprawują wobec nich posługę duszpasterską.

Nugent twierdził, że z upływem lat przedmiot watykańskiego dochodzenia się zmienił, z badania jego publicznych wypowiedzi i posługi na żądanie, żeby oświadczył, jakie jest jego stanowisko w kwestii homoseksualizmu. „Jestem przekonany, że do końca dziesięcioletniego procesu nie udało się znaleźć żadnych niezbitych dowodów, które uzasadniałyby jakiekolwiek oskarżenie o publiczne, uparte odstępstwo od któregokolwiek aspektu nauczania Kościoła w kwestii homoseksualizmu, które zasługiwałoby na tak surową karę – stwierdził w oświadczeniu. – Nie stwierdziwszy żadnych zastrzeżeń w moich publicznych wystąpieniach, które nie zostały wyjaśnione czy poprawione w mojej odpowiedzi na *contestatio*, głównym celem postępowania stała się teraz próba – za pomocą specjalnie opracowanego Wyznania Wiary – uzyskania ode mnie wewnętrznego przestrzegania drugorzędnej autorytatywnej doktryny uważanej za nieomylną na mocy niewiążącego aktu zwykłego i powszechnego Magisterium".

Pomijając żargon kościelnego języka, Nugent dowodził, że Ratzinger nie zdołał znaleźć w jego pismach żadnej podstawy, która pozwoliłaby go ukarać, ścigał go więc za to, czego nie powiedział. Pomimo oczywistego przekonania, że jego proces nie był uczciwy, Nugent zgodził się z decyzją Watykanu. „Jako syn Kościoła, kapłan i członek zgromadzenia zakonnego związany ślubami posłuszeństwa zgodziłem się z decyzją podjętą przez Kongregację Nauki Wiary i wyraziłem wolę wprowadzenia jej w życie" – stwierdził.

Gramick podzielała krytyczny pogląd Nugenta na proces.

> To, co na początku było badaniem moich publicznych wypowiedzi ustnych i na piśmie o homoseksualizmie, na koniec stało się przesłuchaniem dotyczącym moich wewnętrznych przekonań w tej kwestii. Moje osobiste przekonania zostały pominięte podczas przesłuchań przed Komisją Watykańską, gdy kardynał Adam Maida, przewodniczący komisji, zapytał mnie o nie, a potem szybko przyznał: „Być może to nie jest właściwe pytanie". (...) Jestem gotowa oświadczyć, że zgadzam się z wszystkimi podstawowymi prawdami naszej wiary. Poza tym mój status zakonnicy, która złożyła śluby, i osoby sprawującej publicznie posługę duszpasterską, nie powinny pozbawiać mnie prawa, które przysługuje każdemu wiernemu, kierowania się własnym sumieniem w kwestiach, które nie mają podstawowego znaczenia dla naszej wiary. Ingerowanie, bez zgody, w sanktuarium czyjegoś sumienia, oznacza brak szacunku i jest złe.

Ostrzej niż Nugent wyrażała się o postrzeganej niesprawiedliwości. „Jestem głęboko przekonana o potrzebie władzy i szanuję tych, którzy są nią obdarzeni. Jednocześnie z tego dochodzenia wynoszę przeświadczenie, że sprawiedliwości nie stało się zadość z powodu braku uczciwych i jawnych procedur. Lud Boży zasługuje na bezstronne wysłuchanie i proces każdego oskarżonego. Istnieje konflikt interesów, gdy jakiekolwiek ciało pełni w tej samej sprawie rolę prokuratora, ławy przysięgłych i sędziego, do czego doszło w watykańskim dochodzeniu w sprawie mojej posługi duszpasterskiej". Na koniec Gramick postanowiła zaakceptować zakaz i zapracować na jego zniesienie.

Zaledwie rok później, w maju 2000 roku, Nugenta i Gramick ponownie wezwano do Rzymu. Ich zakonni przełożeni poinformowali ich, że obecnie mają zakaz:

- mówienia lub pisania o zakazie lub kościelnych procesach, które do niego doprowadziły,
- mówienia lub pisania o zagadnieniach związanych z homoseksualizmem,
- protestowania przeciwko zakazowi lub zachęcania wiernych do publicznego wyrażania poglądów niezgodnych z Magisterium Kościoła,
- w jakikolwiek publiczny sposób krytykowania Magisterium w kwestiach homoseksualizmu i pokrewnych.

Było to poszerzenie zakresu poprzedniego zakazu posługi duszpasterskiej, spowodowane prawdopodobnie tym, że zarówno Nugent, jak i Gramick wygłaszali w Stanach Zjednoczonych przemówienia, w których krytykowali podjęte przeciwko nim kroki. Nugent zaakceptował nowe polecenia, Gramick zaś odmówiła, wkraczając na drogę wykluczenia jej z zakonu (Zgromadzenie Sióstr Szkolnych de Notre Dame).

Większość istniejących grup wsparcia dla gejów i lesbijek wyznania katolickiego, takich jak New Ways Ministry i Dignity, przysięgało walczyć dalej, a niektórzy przywódcy posunęli się nawet do śmiałego stwierdzenia, że Ratzinger na próżno próbuje powstrzymać falę, ale po cichu większość przyznawała, że potępienie dwóch najważniejszych osób ruchu było głęboko zniechęcające. Niemal nieuniknionym skutkiem, uważano, jest to, że wielu homoseksualistów wyznania katolickiego będzie szukać bardziej przyjaznych miejsc, gdzie będą się mogli modlić. Inni pozostaną w Kościele, ale nadal będą w ukryciu, niezdolni podzielić się ze współwyznawcami swoim najgłębszym „ja". Jeszcze inni całkowicie stracą wiarę, zniechęceni do Boga i Kościoła, i uwewnętrznią ten gniew w postaci zachowań niszczących ich samych lub innych.

Koszty

Ilu homoseksualistów odeszło z Kościoła z powodu katolickiej doktryny, że ich orientacja jest „immanentnie zła"? Ile par gejów i lesbijek nie mogło wychowywać dzieci, ponieważ ludzie tacy jak Ratzinger uważali to za niemożliwe do przyjęcia? Nie da się tego policzyć. Ale można podejść do tych spraw z drugiej strony i zastanowić się, jaki mógłby być świat, gdyby Kościół popierał i wspierał homoseksualistów w ich dążeniu do tego, żeby oceniać ich – z moralnego i prawnego punktu widzenia – według tych samych zasad co heteroseksualistów.

W Brazylii, kraju o przytłaczającej większości katolików (75 procent ze 162 milionów mieszkańców; jest to kraj, w którym mieszka największa liczba katolików), grasujące gangi młodocianych regularnie biją homoseksualistów. Grupy uderzeniowe o takich nazwach jak „Czarni Jeźdźcy" czy „Al Koran" zabijają homoseksualne prostytutki. Policja często nie potrafi zapobiec takiej przemocy i odmawia wszczęcia śledztwa, po części dlatego, że wielu policjantów ma takie same uprzedzenia wobec homoseksualistów jak napastnicy. Ofiary twierdzą, że policja czasami nawet przyłącza się do pobić. Według jednej z organizacji, działającej w tym kraju na rzecz praw homoseksualistów, od 1980 roku zamordowano w Brazylii 1600 homoseksualnych mężczyzn, mimo że na obszarach miejskich, takich jak Rio de Janeiro, toleruje się jawne wyrażanie homoseksualizmu jeszcze bardziej niż w większości miast amerykańskich. Od 1995 roku kilku brazylijskich homoseksualistów uzyskało azyl polityczny w Stanach Zjednoczonych, przekonawszy urzędników imigracyjnych, że mają uzasadnione obawy, iż w ojczyźnie będą prześladowani. Brazylijskim homoseksualistom przyznawano też azyl w Kanadzie, Wielkiej Brytanii i Australii. Panujący w Brazylii klimat wrogości do homoseksualistów jest w ogromnej mierze spowodowany postawą przywódców katolickich. W 1998 roku najpopularniejszy w kraju ksiądz występujący w telewizji powiedział widzom: „Wiele koncepcji zmieni się w dniu, gdy zostanie dowiedzione, że homoseksualizm jest chorobą"[15].

Podobna sytuacja istnieje we Włoszech. Z akt policji rzymskiej wynika, że od 1990 roku w niewyjaśnionych okolicznościach zamordowano osiemnastu homoseksualnych mężczyzn, a dziesięciu z tych spraw wciąż nie rozwikłano. Biorąc pod uwagę niezwykle silne uprzedzenia społeczne w stosunku do homoseksualizmu we Włoszech, miejscowe organizacje działające na rzecz praw gejów są przekonane, że tych osiemnaście przypadków stanowi jedynie wierzchołek góry lodowej. Jedna z tych organizacji – Arcigay – uważa, że co roku dochodzi do dwustu nie zgłoszonych zabójstw, a kolejnych dwustu nastolatków rocznie popełnia samobójstwo, ponieważ stwierdza, że nie potrafi sobie poradzić ze swoim homoseksualizmem[16].

Homoseksualiści są ofiarami przemocy na całym świecie, jak o tym świadczy choćby tragiczny przypadek Matthew Shepherda. Ale Brazylia i Włochy mają tu szczególne znaczenie, ponieważ w obu tych krajach katolicyzm wywiera bardzo głęboki wpływ na kulturę. Wyobraźmy sobie rewolucję kulturową, jaka by się dokonała, gdyby Kościół katolicki jednoznacznie stwierdził, że homoseksualizm jest moralny i akceptowalny. Wyobraźmy sobie, jaką wagę dla społeczeństwa miałyby śluby kościelne homoseksualistów, zgodne ze stwierdzeniem Leona XIII z *Rerum novarum* (1891 r.): „Żadne prawo ludzkie nie może odbierać człowiekowi naturalnego i zasadniczego prawa do małżeństwa". Wyobraźmy sobie mającą równie silne oddziaływanie symbolikę chrztów dzieci adoptowanych przez rodziców homoseksualistów. Takie gesty spowodowałyby na pewno zmianę postaw kulturowych.

Ile kobiet doznało przemocy z powodu patriarchalnych wartości, których głosicielem jest Kościół katolicki? Ile kobiet niepotrzebnie zawęziło spektrum swoich możliwości życiowych lub zostały one duchowo umniejszone, gdy widziały, jak mężczyźni stają przy ołtarzu? Powtórzmy, można tylko spekulować, na ile świat byłby inny, gdyby inny był Kościół. Eugene Kennedy obrazowo przedstawił tę kwestię 28 maja 1999 roku w „National Catholic Reporter". Zapytał: Jaki byłby wpływ wyświęcania kobiet na dyskusję o aborcji? „Na poziomie prawdziwego życia – poniżej naszych rozważań i racjonalizowania naszych postaw i zachowań – zmiana ta zerwałaby okowy kontroli kobiet przez mężczyzn, która jest silnie związana, o czym rzadko, jeśli w ogóle, wspomina się w katolicyzmie, z istotą debaty o aborcji – napisał. – Wiele kobiet odnosi wrażenie, że Kościół instytucjonalny (...) jest wrogo do nich nastawiony, że mężczyźni tak długo dominują nad kobietami w kwestiach doktryny i dyscypliny, że to męskie niedostrzeganie ich najbardziej wewnętrznego życia wydaje się naturalne, wręcz nadprzyrodzone – innymi słowy, że Bóg chciał, żeby tak było. Ta podziemna walka przeciwko dominacji mężczyzn stanowi motywację dla wielu kobiet, które zajmują stanowisko opowiadające się za prawem do aborcji. Być może więcej kobiet, niż zdajemy sobie z tego sprawę, jest nie tyle za aborcją, ile przeciw temu, czego doświadczają jako historycznego uciskania ich przez mężczyzn".

Wnioski wypływające z argumentacji Kennedy'ego wykraczają poza kwestię aborcji. Gdyby Kościół katolicki całkowicie zmienił swoje stanowisko i otworzył drzwi kobietom – gdyby w katolicyzmie były kobiety księża, biskupi, kardynałowie, a być może któregoś dnia papież – wpływ na pojmowanie przez kobiety samych siebie byłby rewolucyjny. Ordynacja kobiet w Kościele katolickim być może nie wykorzeniłaby ucisku kobiet, ale z pewnością zmniejszyłaby liczbę uciskanych kobiet. Czy zagadnienie to ma znaczenie teologiczne, jest kwestią dyskusyjną. Sam Ratzinger, należy stwierdzić, mógłby przyznać, że większa aprobata ze strony Kościoła wpłynęłaby na postawy społeczne wobec homoseksualistów czy kobiet. Stwierdziłby jednak, że nie można dążyć do dobrego celu za pomocą złych środków, a ignorowanie nauczania Kościoła do tego by się właśnie sprowadzało. Żadna ze stron dyskusji nie może jednak zaprzeczyć, że gdy chodzi o stanowisko Kościoła wobec kobiet i homoseksualistów, Joseph Ratzinger jest postacią ważną.

Rozdział 6

Święte wojny

Asyż, rodzinne miasto św. Franciszka, stał się ośrodkiem ludzkiego ducha po siedmiu stuleciach od narodzin jego najsłynniejszego syna. Mistyk i miłośnik przyrody, Franciszek jest z pewnością najbardziej ludzkim z katolickich świętych i poszukiwacze wszelkiego autoramentu – od zwolenników New Age przez działaczy ruchów ekologicznych, charyzmatyków po pacyfistów, konserwatystów i liberałów, katolików i nie – odczuwali potrzebę odbycia pielgrzymki do miejsca jego narodzin. Jednak nawet w świetle tej tradycji grupa, która spotkała się w Asyżu w październiku 1986 roku, była wyjątkowa. Byli w niej rabini w jarmułkach i Sikhowie w turbanach, muzułmanie modlący się na grubych dywanach i wyznawca zoroastryzmu rozniecający święty ogień. Robert Runcie, anglikański biskup Canterbury, wymieniał uprzejmości z Dalajlamą. Prawomyślni biskupi rozmawiali z Alanem Boesakiem, działaczem antyapartheidowym z Afryki Południowej i przewodniczącym Światowej Rady Kościołów Reformowanych.

Do spotkania, w którym brało udział ponad 200 przywódców religijnych, doszło na zaproszenie Jana Pawła II, nie by „wspólnie się modlić" – według doradców papieża byłoby to teologicznie problematyczne – ale by „być razem i się modlić" o pokój. Pomimo silnej presji, by zrezygnował z tego pomysłu, Jan Paweł II postrzegał to zgromadzenie jako przejaw swojej misji promowania jedności.

W pewnym momencie tego dnia każdemu z różnych wyznań przydzielono jeden z dziesiątków kościołów rozrzuconych po całym Asyżu w celu odprawienia modłów. Buddyści monotonnie śpiewali i bili w bębny, a sintoiści grali urzekające melodie na instrumentach z cienkiego bambusa. Następnie wszyscy zgromadzili się przy papieżu i utworzyli krąg, by pomodlić się o pokój. Dwaj animiści z Afryki odmówili modlitwę: „Wszechmocny Boże, Wielki Kciuku, bez którego nie możemy się obejść przy wiązaniu jakiegokolwiek węzła, Grzmiący Piorunie, który rozłupujesz potężne drzewa, Wszystkowidzący Panie wysoko na niebie, który widzisz nawet ślady antylopy na skale tu, na ziemi (...) tyś jest kamieniem węgielnym pokoju". John Pretty-on-Top, szaman szczepu Crow z Montany, w kompletnym nakryciu głowy, paląc fajkę pokoju, powiedział: „O Wielki Duchu, wznoszę ku tobie moją fajkę, ku czterem wiatrom, twoim posłańcom i ku matce ziemi, która zapewnia byt twoim dzieciom. (...) Modlę się, byś obdarzył pokojem wszystkich moich braci i siostry na świecie". Gdy modlitwy dobiegły końca, przywódcy duchowi zebrali się w klasztorze franciszkańskim na posiłek złożony z chleba, pizzy, warzyw, coca-coli i wody. Idąc na rzadkie ustępstwo, Włosi nie podali wina, żeby nie urazić wyznawców, dla których alkohol jest zabroniony.

To Spotkanie Międzyreligijne w 1986 roku było zapierającym dech w piersiach gestem ze strony Kościoła rzymskokatolickiego, biorąc pod uwagę, że wcześniej w tym stuleciu Kościół określał wiele z tych wierzeń mianem „pogańskich" lub „heretyckich". Decyzja Jana Pawła II, żeby modlić się w tym samym czasie, choć nie tym samym głosem, z tym różnorodnym tłumem, również przyprawiała o zawrót głowy, biorąc pod uwagę, że katolikom nie wolno było odmówić nawet Modlitwy Pańskiej z innymi chrześcijanami aż do czasów po Soborze Watykańskim II. Trudno było uwierzyć, że to ten sam Kościół, który w 1217 roku na Soborze Laterańskim IV oświadczył: „Istnieje jeden Kościół powszechny wiernych, poza którym nikt nie może być zbawiony".

Dla mediów spotkanie w Asyżu, pełne przeciwieństw i wspaniałych obrazów, było spełnieniem marzeń. Część świeckich lewicowców, którzy uważali to zgromadzenie za pusty symbol, nosiła znaczki z napisem „O pokój się nie modli, o pokój trzeba walczyć". Inni postępowi przywódcy religijni narzekali, że ten szeroko zakrojony plan Jana Pawła II w niewielkim stopniu przyczyni się do zlikwidowania podziałów, dopóki katolicyzm nie przestanie podkreślać wyższości własnego podejścia do prawdy. Jednak najgłośniejsze głosy krytyki pod adresem spotkania w Asyżu dobiegały z prawej strony. Zwolennicy schizmatyckiego biskupa katolickiego Marcela Lefebvre'a, który sprzeciwiał się liturgicznym i doktrynalnym zmianom od Soboru Watykańskiego II, rozdawali ulotki otwarcie oskarżające papieża, że jest apostatą. Dwa lata później, gdy Lefebvre dokonał schizmy, wyświęcając własnych biskupów, powiedział, że jego działania miały na celu obronę katolicyzmu przed „duchem Soboru Watykańskiego II i duchem Asyżu". Fundamentalistyczny amerykański protestant Carl McIntire poparł Lefebvra, nazywając spotkanie w Asyżu „największym obrzydlistwem w dziejach Kościoła". Konserwatywni krytycy mieli o czym pisać, gdy wyciekły informacje, że jacyś buddyści przypadkiem położyli swoje przedmioty kultu religijnego na tabernakulum w kościele w Asyżu, który im przydzielono. (W tabernakulum przechowuje się hostie i komunikanty i jest ono uważane za jedno z najświętszych miejsc w kościele.)

Niektórzy urzędnicy Kurii Rzymskiej, najbliżsi doradcy papieża, zgłaszali zastrzeżenia. Sam Ratzinger powiedział później niemieckiej gazecie: „To nie może być wzorzec!" Na konferencji prasowej w 1987 roku stwierdził, że w powszechnym odbiorze tego, co stało się w Asyżu – to, że uczestnicy tego spotkania przyznali, że każde wyznanie ma uprawniony zbiór wierzeń opierających się na różnych historycznych doświadczeniach, jest fałszem. „To jest zdecydowane odrzucenie prawdy – stwierdził. – Debatę o religii trzeba rozpocząć od nowa. Kategorię prawdy i dynamizm prawdy odkłada się na bok. Stanowisko, według którego wszyscy mamy wartości i nikt nie jest w posiadaniu prawdy, jest wyrazem postawy statycznej i jest przeciwne prawdziwemu postępowi. Akceptacja tego historycznego ujęcia to uwięzienie się w historycyzmie"[1].

Ponownie widać było wyraźnie nerwowość kurii, gdy Watykan zorganizował podobne spotkanie w Asyżu pod koniec października 1999 roku – tego dnia reporterów zniechęcano nawet do wyjazdu do Asyżu, w kościołach nie było nabożeństw niekatolickich i nie było wspólnej modlitwy. Przywódców religijnych poproszono o zatrzymanie się przed grobem św. Franciszka, żeby wspólnie uczcić go minutą ciszy, niby przypadkiem poza zasięgiem kamer telewizyjnych i magnetofonów[2].

Biorąc pod uwagę tak silny opór, nic dziwnego, że w latach po pierwszym spotkaniu w Asyżu nadzieja na zgodę międzyreligijną, która się tam narodziła, natykała się na twarde realia doktrynalne. Na bliźniaczych frontach ekumenizmu, czyli stosunków między różnymi wyznaniami chrześcijańskimi, i dialogu międzyreligijnego, czyli stosunków między różnymi religiami świata, Ratzingera w latach dziewięćdziesiątych coraz bardziej niepokoiło to, że dążenie do jedności wyprzedza doktrynalną jasność. Do 1996 roku ostrzegał, że teologia pluralizmu religijnego – próba znalezienia podstawy teologicznej pozwalającej uznać różnorodność religijną ludzkości – zastąpiła teologię wyzwolenia jako najpoważniejsze zagrożenie epoki dla wiary. Przez kilka lat od tego przemówienia w 1996 roku przesłuchano, ocenzurowano lub ekskomunikowano co najmniej sześciu katolickich myślicieli za ich działalność na rzecz religijnego pluralizmu. Ratzinger nie kwestionuje tego, że wyznawcy innych religii mogą zostać zbawieni. W *Soli ziemi* stwierdził: „Oczywiście, każdy człowiek może otrzymać od swej religii wskazówki, dzięki którym staje się czystszy, dzięki którym podoba się też Bogu i osiąga zbawienie. (...) z pewnością będzie się tak działo w większości przypadków". Prawdziwa dyskusja, jak ujął to jezuicki teolog Jacques Dupuis w książce z 1997 roku *Ku chrześcijańskiej teologii pluralizmu religijnego*, toczy się w kwestii, czy pluralizm religijny istnieje de iure, a także de facto: czy różne religie są częścią Bożego planu zbawienia. Ujmując rzecz najprościej, chodzi o to, czy wyznawcy innych religii zostaną zbawieni pomimo swojej niechrześcijańskiej wiary, czy też w tej ich wierze i poprzez nią.

Biorąc pod uwagę, że różnice religijne często prowadzą do śmierci, co potwierdzano przelaną krwią od Kosowa po Kaszmir, ogólne zastrzeżenia Ratzingera wobec „ducha Asyżu" muszą mieć istotne konsekwencje w świecie rzeczywistym.

Sobór Watykański II a pluralizm religijny

Zagadnienia teologiczne związane z podziałami wśród chrześcijan i pluralizmem religijnym świata pojawiły się w czterech dokumentach Soboru Watykańskiego II: Deklaracji o stosunku Kościoła do religii niechrześcijańskich *Nostra aetate*, Dekrecie o działalności misyjnej *Dignitatis humanae*, Deklaracji o wolności religijnej *Ad gentes divinitus* i Dekrecie o ekumenizmie *Unitatis redintegratio*. Kwestię tę podniesiono również w dyskusji o 8. artykule Konstytucji dogmatycznej o Kościele *Lumen gentium*. Fragment ten mówi, że Kościół Chrystusa „trwa" w Kościele rzymskokatolickim oraz że wiele elementów uświęcenia i prawdy można znaleźć poza widzialnymi strukturami Kościoła katolickiego, chociaż właściwie należą one do Kościoła Chrystusa i jako takie „nakłaniają do jedności katolickiej". W sumie teksty te spowodowały w Kościele stan nie rozładowanego napięcia. Sobór potwierdził, że prawda jest też w innych religiach, i uznał prawo do wolności religijnej; mimo to wezwał do wznowienia wysiłku misyjnego, ponieważ tylko Kościół katolicki jest w posiadaniu pełni środków służących zbawieniu. Czy te stanowiska są całkowicie ze sobą zgodne i które powinno dominować w myśli Kościoła – pytania te – wyznaczają ramy dyskusji o pluralizmie religijnym, która toczy się od tamtego czasu. Stanowisko Ratzingera w czasie soboru można częściowo określić na podstawie publicznych oświadczeń kardynała Fringsa. Podczas debaty o *Lumen gentium* na drugiej sesji Frings wychwalał „ekumenicznego ducha" tego dokumentu i jego pokojowe nastawienie do niechrześcijan. Doceniał to, że Paweł VI wyraził żal, iż Kościół katolicki odegrał tak dużą rolę w tworzeniu podziałów wśród chrześcijan, i zachęcał, żeby podobny język wprowadzono do tekstu. Później Frings wypowiedział się za ekumenizmem, gdy dowodził, że Kościół powinien uznawać małżeństwa mieszane zawarte w obecności niekatolickiego kapłana, i usunąć wszystkie kary kościelne grożące za zawarcie takiego związku.

Mimo to jest oczywiste, że Frings i Ratzinger nie byli gotowi zrezygnować z roszczeń chrześcijaństwa, że jest „prawdziwe", w tym znaczeniu, że lepsze od innych religii, ani do osłabienia działalności ewangelizacyjnej. W czasie debaty nad dokumentem o działalności misyjnej na trzeciej sesji Frings zażądał obszerniejszego dokumentu. Upierał się, że słowa „misja" nie powinno się używać w odniesieniu do reewangelizacji niepraktykujących katolików, ale musi ono pozostać przede wszystkim głoszeniem ewangelii tym, którzy znajdują się poza Kościołem. Zaproponował coroczną składkę starszych diecezji na wsparcie wysiłków misyjnych, jako że jest niesprawiedliwe, żeby misyjni biskupi musieli tak wiele czasu poświęcać na zabieganie o wsparcie finansowe.

Przemówienie Fringsa przypieczętowało los sporządzonego wcześniej szkicu dokumentu o działalności misyjnej i sobór postanowił przygotować zupełnie nowy dokument. Jako *peritus* Fringsa Ratzinger został oddelegowany do pracy nad nowym tekstem, wraz z Yves'em Congarem i wieloma innymi teologami. W *Ad gentes divinitus* ostatecznie znalazły się dwa punkty, które zarówno Ratzinger, jak i Frings uważali za istotne: po pierwsze, ewangelizacja, w znaczeniu głoszenia dobrej nowiny w celu nawracania, musi pozostać kwintesencją pracy misyjnej, w przeciwieństwie do działalności społecznej i innych działań „przedewangelizacyjnych"; i po drugie, wparcie dla misji jest kolegialnym obowiązkiem wiążącym wszystkich biskupów.

Dokument o wolności religijnej oznaczał niemalże wywrócenie do góry nogami dotychczasowego nauczania Kościoła w tej kwestii. Chociaż obserwatorzy Watykanu byli obecni na sesji Organizacji Narodów

Zjednoczonych w 1948 roku – przyjęto wówczas Powszechną Deklarację Praw Człowieka, w której wymieniono gwarancję wolności religijnej – dla katolików, którzy udawali się na sobór, była to oficjalnie wciąż idea heretycka. Obowiązującą naukę sformułował w 1832 roku papież Grzegorz XVI, który nazwał fałszywą i absurdalną czy raczej szaloną zasadę, że musimy zabezpieczyć i zagwarantować każdemu wolność sumienia; jest to jeden z najbardziej zaraźliwych błędów. (...) Wiąże się z tym wolność prasy, wolność najbardziej niebezpieczna, wolność budząca obrzydzenie, która nigdy nie wzbudza dość przerażenia". Jeszcze za czasów Piusa X i antymodernistycznej kampanii na początku XX w. anatemy te energicznie wprowadzano w życie. Stanowiły jedną z odpowiedzi katolicyzmu na Oświecenie.

Zatem deklaracja Soboru Watykańskiego II, że „osoba ludzka ma prawo do wolności religijnej", została przyjęta przez cały świat jako zaskakujący i zdecydowany zwrot. Ratzinger nie odegrał żadnej bezpośredniej roli w przygotowywaniu tego dokumentu, ale Frings wystąpił z interwencją 15 września 1965 roku, podczas pierwszego etapu dyskusji. Wychwalał dokument, ale zgłosił zastrzeżenia, które później rozwinie Ratzinger. Po pierwsze, Frings powiedział, że sobór nie powinien opowiadać się za wolnością religijną, opierając się na prawie naturalnym, takie zagadnienia bowiem powinny być przedmiotem dyskusji filozofów, a sobór powinien zajmować się ustaleniem implikacji Objawienia. Po drugie, Frings podkreślił, że wolności od przymusu państwowego i wolności od moralnego obowiązku naśladowania Chrystusa nie wolno traktować jako tej samej idei. Na koniec przytoczył argumenty przeciwko włączeniu do dokumentu omówienia doktryny i praktyki wolności religijnej w dziejach Kościoła. Potraktowane łącznie uwagi te sugerują, że w rozumieniu Fringsa, a zatem i Ratzingera, wolność religijną należy traktować jako pojęcie polityczne, a nie teologiczne. Państwo nie może narzucać przekonań religijnych, ale Kościołowi nie wolno rezygnować ze swojego prawa do tego, że stanowi jedyną drogę zbawienia.

Sprawa Halbfassa

W latach spędzonych przez Ratzingera w Tybindze narastał spór, który podkreślał dystans, jaki dzielił jego rozumienie pluralizmu religijnego od kierunku, w którym – jak sądziło wielu katolików – zmierza Kościół. Spór ten koncentrował się na Hubertusie Halbfassie, popularnym teologu i wychowawcy religijnym, który nauczał w *Hochschule* w oddalonej o dwadzieścia pięć kilometrów od Tybingi miejscowości Reutlingen. Obecnie jest na emeryturze i mieszka w Drolshagen w Niemczech³.

Droga kariery Halbfassa przypominała nieco drogę Ratzingera. Urodzony w 1932 roku w rodzinie rolników i robotników, obronił doktorat z teologii katolickiej na Uniwersytecie Monachijskim w 1957 roku. Otrzymał święcenia kapłańskie i w latach 1957–1960 był wikarym w Brakel. W 1960 roku został wykładowcą teologii w *Hochschule* w Paderborn w północnych Niemczech, między Essen i Hanowerem. Latem 1967 roku przeprowadził się do Reutlingen, gdzie spędził tylko rok, ponieważ zaproponowano mu podobne stanowisko w Bonn.

Halbfass jednak został wciągnięty w ten spór jeszcze przed podjęciem pracy. Wydana w lutym 1968 roku jego książka *Fundamentalketechtik: Sprache und Erfahrung in Religionsunterricht* („Podstawy katechetyki: sztuka mówienia i doświadczenie w nauczaniu religii") wywołała sensację w kręgach niemieckojęzycznych teologów. Halbfass zamierzał przedstawić w niej konsekwencje, jakie „nauki egzegetyczne", zwłaszcza współczesna krytyka biblijna, mają dla katolickiego dogmatu. Książka ta po części przyczyniła się do wybuchu – jak nazywa to Halbfass – *Lehrstreit*, czyli sporu doktrynalnego, z powodu prezentowanego w niej podejścia do takich artykułów wiary, jak Zmartwychwstanie, które Halbfass traktuje nie jako fakt historyczny, lecz jako pojęcie powstałe z czasem w pierwszych wiekach Kościoła. Jednak najbardziej kontrowersyjna w tej książce była definicja celu chrześcijańskiej działalności misyjnej. Halbfass stwierdził, że jej celem nie może być nawracanie, lecz pomaganie „hindusowi stać się lepszym hindusem, buddyście lepszym buddystą, a muzułmaninowi lepszym muzułmaninem". W 1999 roku w korespondencji pocztą elektroniczną ze mną Halbfass napisał, że jego argument był szczególnie kontrowersyjny, ponieważ zajmował się edukacją religijną. Powstawało pytanie, jakie rozumienie Kościół powinien przekazać następnemu pokoleniu?

Fundamentalketechtik ukazała się bez imprimatur, ale wkrótce po jej wydaniu potępili ją kardynał Frings i biskup Josef Höffner, późniejszy jego następca. W lipcu 1968 roku niemiecka konferencja biskupów oficjalnie potępiła tę książkę, przytaczając zajmowane przez nią stanowisko w kwestii działalności misyjnej. Bonn, gdzie zaoferowano Halbfassowi stanowisko nauczycielskie, podlega Kolonii, dla ludzi zorientowanych w wewnętrznych sprawach Kościoła nie było więc żadnym zaskoczeniem, że tamtejszy wikariusz generalny zawetował mianowanie Halbfassa w *Hochschule*. Halbfass powiedział mi, że wedle jego wiedzy Ratzinger nie miał żadnego udziału w żadnej z tych decyzji.

Wieść, że biskupi – praktycznie rzecz biorąc – ocenzurowali Halbfassa, wywołała powszechne oburzenie. Zarówno w Bonn, jak i w Reutlingen studenci zorganizowali uliczne marsze na znak poparcia dla niego. Pięćdziesięciu studentów teologii na Uniwersytecie Monachijskim podpisało się pod listem otwartym do kardynała Juliusa Döpfnera z Monachium, wówczas przewodniczącego konferencji biskupów niemieckich, z żądaniem, by Halbfassowi pozwolono objąć stanowisko w Bonn. Biskupi się nie ugięli. Przeciwnie, polecili mu, żeby wycofał swoją książkę i usunął z niej niedozwolone fragmenty. Poparcie dla Halbfassa, nawet wśród postępowych teologów, nie było powszechne, na przykład Karl Rahner stwierdził, że ta książka „przeczy podstawowemu kościelnemu charakterowi powołania teologa". Niemniej jednak ogólnie sympatie w Kościele były po stronie Halbfassa, a gdy w listopadzie 1969 roku wycofano mu *missio canonica* jako teologa katolickiego, w całym kraju powstała kolejna fala protestów.

Reakcję tę można wyjaśnić w kategoriach działania trzech sił. Po pierwsze, Sobór Watykański II rozbudził w wielu katolikach oczekiwanie, że epoka odbierania imprimatur książkom i wycofywania pozwoleń na nauczanie teologii się skończyła. Przypadek Halbfassa był pierwszym dowodem w Niemczech, że katolicy błędnie odczytali te intencje. Po drugie, wielu katolików zakładało, że Kościół zmierza w kierunku poparcia pluralizmu religijnego, lecz sprawa Halbfassa obaliła to założenie. I w końcu, ogólny rewolucyjny klimat końca lat sześćdziesiątych nasilił tendencję buntu przeciwko wszelkim przejawom władzy. Gdy zatem Halbfass w artykule w „Christ und Welt" z 1968 roku oskarżył biskupów niemieckich o to, że dokonują oceny współczesnych wyrazów wiary według kryteriów liczących stulecia, jego argument spotkał się z szerokim uznaniem społeczności katolików niemieckich.

Na wydziały teologii katolickiej i protestanckiej w Tybindze silnie naciskano, żeby udzieliły poparcia swojemu koledze, który mieszka po sąsiedzku w Reutlingen. Studenci na początku semestru zimowego 1968 roku wieszali ulotki z pytaniem, co wydział zamierza zrobić ze „sprawą Halbfassa". Wielu pracowników naukowych Tybingi zgadzało się, że muszą podjąć działanie. „Chcieliśmy bronić tego człowieka – wspominał Küng. – Bardzo nas interesowało, co się z nim dzieje". Küng powiedział, że na wydziale katolickim niemal wszyscy chcieli stanąć po stronie Halbfassa, jedynym wyjątkiem był Ratzinger, który akurat w tym roku pełnił funkcję dziekana.

Halbfass powiedział mi, że Ratzinger zaprosił go na spotkanie z członkami kadry naukowej wydziału teologii katolickiej do siebie, do domu w Tybindze, na nieoficjalne rozmowy. Na tym spotkaniu – stwierdził Halbfass – Ratzinger oznajmił, że oczywiście każdy ma prawo zająć takie stanowisko, jakie on przedstawił w swojej książce, ale nie powinno się tego robić, będąc teologiem katolickim. Halbfass wspominał, że Ratzinger wyrażał się uprzejmie i rozmowa ta „nie miała żadnych widocznych konsekwencji" dla stosunków między nimi. Stanowisko, jakie w tej dyskusji zajął Ratzinger, być może nie stanowiło dla Halbfassa zaskoczenia: pomimo postępowego wydźwięku komentarzy Ratzingera do Soboru Watykańskiego II, w tomie z 1966 roku poświęconym czwartej sesji napisał on: „Panujący optymizm, który rozumie religie światowe jako w pewien sposób środki zbawcze, jest po prostu nie do pogodzenia z biblijną oceną tych religii".

Küng powiedział, że kadra nauczycielska spotkała się później na ponadgodzinnej dyskusji o tej sprawie i Ratzinger nieugięcie sprzeciwiał się jakiemukolwiek wyrazowi poparcia dla Halbfassa czy jakiejkolwiek interwencji w jego sprawie u biskupa Karla Josefa Leiprechta z Rottenburga, w którego diecezji znajdowały się i Tybinga, i Reutlingen. Küng pamięta, że był zaskoczony zdecydowanym stanowiskiem Ratzingera: „Wtedy po raz pierwszy byłem świadkiem, jak Ratzinger potrafi bronić jakiegoś stanowiska za pomocą wszelkich argumentów, jakie przychodzą mu do głowy, nawet gdy się wzajemnie wykluczają – powiedział. – Zastosował wszystkie możliwe argumenty"[4].

Dawny doktorant Ratzingera Charles MacDonald, obecnie profesor w Nowej Szkocji w Kanadzie, wspominał, że sprawa Halbfassa była dla Ratzingera momentem przełomowym. Gdy protesty w obronie kontrowersyjnego teologa przybierały na sile, Ratzinger wyczuł, że powinien publicznie ogłosić powody zajęcia takiego a nie innego stanowiska, zorganizował więc specjalny wykład otwarty poświęcony sprawie Halbfassa. Ponad siedemset osób przyszło, by wysłuchać, jak Ratzinger będzie przedstawiał stanowisko Halbfassa i własne. W zaskakującym wówczas geście Ratzinger po zakończeniu wykładu odpowiadał na pytania z sali. MacDonald powiedział, że większość pytań była nieprzyjazna, ale też pobrzmiewał w nich szacunek dla Ratzingera za to, że postanowił wystawić się na grad pytań. Najważniejszy moment nadszedł, gdy Ratzinger w odpowiedzi na pytanie o to, jak Halbfass rozumie pojęcie doktryny, odparł: „Gdybym w to wierzył, nie mógłbym już uczciwie wypowiedzieć słów Wyznania Wiary". MacDonald wspominał, że właśnie wtedy zrozumiał, jak „głęboko egzystencjalne" znaczenie ma ta sprawa dla Ratzingera. Dodał, że na seminarium Hansa Künga poświęconym dogmatowi o nieomylności, gdy Ratzinger pojawił się na nim jako zaproszony mówca, użył tych samych słów w odniesieniu do stanowiska, jakie Küng zajmował w kwestii genezy Kościoła: „Gdybym w to wierzył, nie mógłbym wypowiedzieć słów Wyznania Wiary".

W 1970 roku Halbfass opuścił stan kapłański i ożenił się. Dalej uczył w Reutlingen, gdzie został profesorem edukacji religijnej, a nie teologii. Mniej więcej w tym czasie – powiedział Halbfass – Ratzinger zaatakował jego poglądy na działalność misyjną w sposób, który w jego ocenie wypaczał treść książki. Nie zareagował jednak, być może z powodu drażliwości sytuacji, ponieważ niedawno zrezygnował z kapłaństwa. Lecz postępowe czasopismo niemieckich katolików „Publik--Forum" zamieściło bardzo dużo listów od czytelników, w których w większości brano stronę Halbfassa.

Spór o kontrowersyjnego teologa stopniowo przycichał. Napisał on jeszcze kilka dzieł teologicznych, między innymi dobrze przyjętą książkę *Das Dritte Auge* („Trzecie oko") z 1982 roku, rozwijając swoje koncepcje zarówno w dziedzinie katechezy, jak i pluralizmu religijnego. „Sprawa Halbfassa" pozwala zapoznać się ze stanowiskiem Ratzingera wobec tego ostatniego zagadnienia oraz – co równie istotne – prawa i obowiązku stosowania przez władze kościelne środków dyscyplinujących, gdy teologowie posuwają się za daleko. Dla Ratzingera kwestia działalności misyjnej już w 1968 roku stanowiła taką linię graniczną. Ewangelizacja, tak jak postrzega ją Ratzinger, oznacza więcej chrześcijan, a nie lepszych hindusów.

Ratzinger a ekumenizm

Jan Paweł II przewiduje, że trzecie tysiąclecie będzie okresem ponownego zjednoczenia odrębnych odłamów chrześcijaństwa, zaczynając od piętnastu Kościołów prawosławnych, aby chrześcijaństwo znowu mogło „oddychać obydwoma płucami", wschodnim i zachodnim. Jak dotąd jego pontyfikat przyniósł niewiele konkretnych przełomów – jego biograf George Weigel jest przekonany, że niemożność osiągnięcia znaczącego postępu na drodze zjednoczenia z prawosławiem jest dla papieża prawdopodobnie największym rozczarowaniem – niemniej jednak starania te stanowią charakterystyczną cechę panowania Jana Pawła II.

Niewiele świadczy o tym, że Ratzinger podziela to zaangażowanie w sprawę zjednoczenia chrześcijaństwa. Ekumenizm uważa za pożądany, ale jest dużo bardziej sceptycznie nastawiony do jego powodzenia i dużo ostrożniejszy, jeśli chodzi o zawieranie kompromisów. W wielu wypadkach Ratzinger pełnił funkcję hamulca dla ekumenicznego silnika Jana Pawła II. Jedynym, chociaż nadal niejednoznacznym, wyjątkiem jest dialog katolików z luteranami, w który Ratzinger jest sam głęboko zaangażowany.

Ratzinger najszerzej wypowiedział się o ekumenizmie w wydanym w 1998 roku zbiorze esejów zatytułowanym *Kościół, ekumenizm i polityka*. W eseju poświęconym Europie po upadku komunizmu ostrzega, że kapitalizm jest niewiele lepszy od nacjonalizmu czy komunizmu w tym, że wszystkie trzy proponują fałszywe bóstwa (odpowiednio dobrobyt, *Volk* i państwo). Ratzinger dowodzi, że aby Europa mogła zbudować cywilizację o ludzkim wymiarze, musi odkryć na nowo dwa elementy swojej przeszłości: klasyczne dziedzictwo antycznej Grecji i wspólną chrześcijańską tożsamość. W epoce klasycznej Europa powinna na nowo odkryć cel i wieczne wartości, które stoją ponad polityką, ograniczając jej władzę. Ratzinger, aby opisać to pojęcie dobra, używa greckiego słowa *eunomia*; w tym znaczeniu można tylko stwierdzić, że proponuje on raczej eunomiczny niż ekonomiczny model integracji europejskiej.

Ratzinger dowodzi, że chrześcijańska antropologia powinna dostarczyć tej nowej eunomicznej cywilizacji europejskiej wartości. W próbach zbudowania takiej nowej Europy właśnie pokłada największe nadzieje na ekumeniczną współpracę. Katolicy, prawosławni, anglikanie, luteranie i pozostałe odłamy chrześcijaństwa mogą wspólnie działać w imię szerzenia eunomicznych ideałów. Ratzinger kładzie zatem akcent na współpracę skierowaną na zewnątrz, nie na osiągnięcie wewnętrznego porozumienia doktrynalnego.

W eseju „Problemy ekumenizmu" Ratzinger definiuje cel katolickiej pracy nad ekumenizmem: przekształcenie obecnie oderwanych Kościołów w Kościoły „partykularne" w łączności z Rzymem. Stwierdza, że Sobór Watykański II słusznie zachęcił do pracy w tym kierunku, ale być może stworzył nierealne oczekiwania. Podziały chrześcijaństwa, sądzi, nie znikną szybko, i byłoby bezcelowym szukanie rozpaczliwych rozwiązań tylko po to, by przyspieszyć zjednoczenie. Przewiduje, że do pełnego zjednoczenia nie dojdzie za życia obecnego pokolenia.

Ratzinger odrzuca trzy takie rozwiązania, które jego zdaniem przewijają się w dyskusji ekumenicznej. Pierwszym jest rozwiązanie „z dołu". Chodzi w nim o to, że wierni różnych wyznań chrześcijaństwa, zniecierpliwieni przeciągającymi się dyskusjami teologicznymi, zaczną po prostu wspólnie się modlić. W tym scenariuszu wydarzeń hierarchie będą zmuszone dostosować się do nowej sytuacji na dole. Ratzinger zauważa, że z tym podejściem wiążą się dwa problemy. Podważa pojęcie Kościoła jako wspólnoty, zakładając podział między hierarchią i wiernymi zaczerpnięty ze świeckiej teorii polityki. Ponadto tego rodzaju „Kościół światowy" byłby zbyt płynny i niestabilny, żeby stworzyć trwałą jedność.

Drugą możliwością jest zjednoczenie od góry. Model ten, proponowany w różnych odmianach przez takich teologów katolickich jak Heinrich Fries i Karl Rahner, apeluje do przywódców Kościoła, aby zawiesili normalne warunki wstępne, które trzeba spełnić, żeby wstąpić do katolickiej wspólnoty, wychodząc z założenia, że gdy już nowi członkowie wkomponują się w życie Kościoła, ich doktrynalne zastrzeżenia wobec katolicyzmu się rozwieją. „Wrosną" w katolicyzm.

Co ciekawe, Ratzinger odrzuca tę propozycję, ponieważ opiera się ona na wyolbrzymieniu znaczenia władzy papieża. Papież musi postępować zgodnie z wiarą – nie może ot, tak sobie czegoś wyśnić („iluminizm") i zastosować tego w praktyce („woluntaryzm"). Uwaga ta przywodzi na myśl dyskusję na Soborze Watykańskim II, gdy Paweł VI zaproponował dodanie do *Lumen gentium* stwierdzenia, że papież w sprawowaniu swojej władzy nie jest niczym ograniczony. Komisja teologiczna soboru odrzuciła tę propozycję, zauważając, że papieża w rzeczywistości ogranicza wiele rzeczy: Objawienie, postanowienia soborów powszechnych, nieomylne oświadczenia poprzednich papieży, prawda. Nie może zadekretować, że dwa plus dwa równa się pięć. W latach dziewięćdziesiątych na watykańskim sympozjum poświęconym papiestwu amerykański teolog jezuicki Michael Buckley przytoczył podsumowanie tej dyskusji z komentarza Ratzingera do *Lumen gentium*; Ratzinger nie zorientował się, że to jego słowa, ale stwierdził, że teologia jest poprawna[5].

Na koniec Ratzinger odrzuca koncepcję zjednoczenia „z boku", w której różne gałęzie chrześcijaństwa miałyby zostać uznane za równie prawomocne tradycje, przy jednoczesnym odłożeniu na bok kwestii, która z nich jest „najprawdziwsza". Dowodzi, że to podejście stanowi w rzeczywistości przepis na pat, nie na postęp. Jeśli nie ma obiektywnej normy, według której można oceniać rozbieżne doktryny, to o czym tu mówić? W tym znaczeniu Ratzinger dowodzi, że uprzejma tolerancja w rzeczywistości „więzi" chrześcijan „w historycyzmie": jesteśmy skazani na różnice, ponieważ nie ma żadnych kryteriów, na podstawie których można byłoby uzasadnić zmianę.

Ratzinger uznaje, że zamiast tych trzech możliwych rozwiązań prawdziwy ekumenizm musi przebiegać z dołu, z góry i z boku jednocześnie. To właśnie ze wzajemnego przenikania się i powolnego dojrzewania poglądów każdego z tych trzech punktów widzenia stopniowo dojdzie do prawdziwego zjednoczenia. Jest to powolny, celowy proces, bez żadnych gwarancji powodzenia. Tymczasem chrześcijanie mogą współpracować w działaniach społecznych i wspólnym dawaniu moralnego świadectwa.

Wpływ Ratzingera na ekumenizm można ocenić, analizując jego kontakty z trzema różnymi Kościołami chrześcijańskimi: prawosławnym, anglikańskim i luterańskim.

Prawosławie

Ratzinger dobrze zna prawosławie. Uważał, że rosyjscy teologowie prawosławni wpłynęli na odzyskanie na Soborze Watykańskim II eklezjologii eucharystycznej, a współczesne ataki na „klerykalizm" w katolicyzmie porównywał ze schizmą raskolników (czyli starowierców) w Rosji w XVI w. Na Soborze Watykańskim II Ratzinger krytykował nadmiernie „zachodnie" nastawienie Kościoła, gdy dominował w nim neoscholastycyzm, i miał nadzieję, że dzięki powrotowi do wschodniej myśli i praktyki dojdzie do większej równowagi. Miał poczucie, że jednym ze szczytowych momentów liturgii soboru było głoszenie ewangelii po grecku. Ratzinger przy kilku okazjach sugerował, że jedynym warunkiem Rzymu dla połączenia się z prawosławiem powinno być przyjęcie przez nie nauki o prymacie papieża z pierwszego tysiąclecia.

W liście do biskupów Kościoła katolickiego o niektórych aspektach Kościoła pojętego jako komunia *Communionis ratio* z 28 maja 1992 roku Ratzinger stwierdza, że „w każdym prawomocnym celebrowaniu eucharystii prawdziwie obecny staje się jedyny, święty, katolicki i apostolski Kościół". Szczątkowa jedność z Kościołami chrześcijańskimi, które przetrwały różne historyczne rozłamy, istnieje „szczególnie z prawosławiem".

Za pontyfikatu Jana Pawła II doszło do stosunkowo niewielkich przełomów w stosunkach z prawosławiem: w 1996 roku Kościół katolicki i Armeński Kościół Apostolski podpisały wspólną chrystologiczną definicję, a w 1999 roku Jan Paweł II był pierwszym papieżem, który odwiedził państwa w przeważającej mierze prawosławne, udając się do Rumunii i byłej republiki radzieckiej, Gruzji. Mimo to niewiele skróciła się droga do jedności, a największą przeszkodą w rozmowach było zdefiniowanie, co tak naprawdę oznacza „prymat" następcy świętego Piotra. W *Ut unum sint* Jan Paweł II sugerował, że była to jedyna kwestia, która nadal dzieli Rzym i Kościoły wschodnie, którego to stanowiska nie podzielała większość zwierzchników Kościołów prawosławnych; w 1997 roku patriarcha ekumeniczny Bartolomeos I stwierdził, że „sposób naszego istnienia stał się teologicznie odmienny", co zdaje się wskazywać na głębsze podziały.

Ratzinger zorganizował dwa watykańskie sympozja o prymacie papieża: pierwsze w 1989 roku było poświęcone historycznym świadectwom sprawowania prymatu papieża w pierwszym tysiącleciu, a drugie w 1996 roku teologicznemu wymiarowi tego okresu historycznego. Owocem tych dwóch sympozjów był dokument z listopada 1998 roku zatytułowany *Prymat następcy Piotra w tajemnicy Kościoła*. Chociaż dokument ten nie był adresowany konkretnie do Kościołów prawosławnych, został przez ich zwierzchników powitany z wielkim zainteresowaniem. Ratzinger utrzymuje w nim, że silne papiestwo jest nie tylko wolą Chrystusa, ale też chroni biskupów i Kościoły lokalne przed polityczną ingerencją państwa. Tak naprawdę to właśnie obawy przed taką ingerencją przyczyniły się do powstania w XIX w. we Francji i w Niemczech silnych nacisków, by ogłosić dogmat o nieomylności papieża.

Ratzinger utrzymuje, że kolegialna władza ogółu biskupów, taka jak ta, która występuje w Kościołach prawosławnych, „nie stoi w sprzeczności z jednoosobowym prymatem, ani też nie powinna go relatywizować". Dowodzi, że Boża Opatrzność od początku obejmowała więź między historycznymi stolicami patriarchatu, takimi jak Antiochia i Aleksandria, z Rzymem. Prymatu papieża nie można ograniczać do „prymatu honorowego" ani nie można pojmować go jako „monarchię polityczną", zdolną funkcjonować wyłącznie jako symbol. Papież musi mieć pełnię najwyższej władzy nad Kościołem, by bronić go przed arbitralnością i konformizmem. Sprawując władzę, musi chronić uprawnioną różnorodność i słuchać Kościoła powszechnego, ale ostateczne decyzje podejmuje wyłącznie on.

Ratzinger zapewnia, że prawomocna celebracja eucharystii, przez którą ma na myśli głównie liturgię prawosławną, „obiektywnie wymaga" pełnej jedności z Rzymem, ponieważ prymat papieża stanowi element „wewnętrzności" eucharystycznej jedności. Ratzinger przyznaje, że prymat ten był przez stulecia egzekwowany w różny sposób, i pozostawia otwartą kwestię znalezienia dzisiaj nowych jego form. Mimo to przestrzega, że nie można tego uczynić, „szukając w dziejach najmniejszej liczby pełnionych funkcji".

Ratzinger mówi, że przypomnienie tych kluczowych punktów umożliwi dialogowi ekumenicznemu uniknięcie pułapek, które już zostały odnotowane w dziejach Kościoła. Wymienia febronianizm (ruch w osiemnastowiecznych Niemczech postulujący, aby niemiecki Kościół katolicki uniezależnił się od Rzymu), gallikanizm (podobny ruch we Francji, chociaż z elementami kontroli ze strony państwa), ultramontanizm (przez który Ratzinger prawdopodobnie rozumie nadmierny nacisk kładziony na prymat papieża) i koncyliaryzm (pogląd głoszący, że najwyższą władzę sprawuje nie papież, lecz sobór powszechny).

Poza kwestią prymatu papieża w dialogu między katolicyzmem i prawosławiem występują jeszcze dwie kwestie sporne. Pierwszą są tak zwane Kościoły unickie, wspólnoty, które mają wschodnią liturgię i tradycję i które uznają prymat papieża na warunkach określonych w Unii Brzeskiej w 1596 roku. Za czasów Związku Radzieckiego Kościoły unickie były szczególnie represjonowane, ponieważ postrzegano je jako przyczółek Zachodu. Większość ich majątku skonfiskowano i przekazano prawosławiu. Po upadku komunizmu Kościoły unickie domagały się zwrotu swoich parafii, ikon i innych dóbr. Rzym w tej kwestii balansuje na linie, nie chcąc ani zdradzić unitów, ani odepchnąć prawosławnych.

Jak dotąd najtrudniejszą sprawą, która dzisiaj dzieli rzymski katolicyzm i prawosławie, jest działalność misyjna. Zwierzchnicy prawosławni domagają się, aby Watykan obiecał, że wyrzeknie się nawracania na ich terytorium. Takie właśnie porozumienie osiągnęła w 1990 roku Komisja Mieszana do spraw Dialogu Teologicznego między Kościołem Rzymskokatolickim i Kościołem Prawosławnym, która obradowała we Fryzyndze w Niemczech, starej stolicy monachijskiej archidiecezji

Ratzingera. Komisja wydała oświadczenie, w którym czytamy: „Odrzucamy unizm jako sposób dążenia do jedności, ponieważ jest on niezgodny ze wspólną tradycją naszych Kościołów". I dalej: „Każda próba nawracania wyznawców jednego Kościoła na drugi – co nosi nazwę prozelityzmu – powinna być wykluczona jako wypaczenie działalności duszpasterskiej"[6].

Chociaż oświadczenie to okrzyknięto przełomem, było krytykowane przez wszystkie strony. Wielu w Kościołach unickich widziało w nim zdradę, większość zwierzchników Kościołów prawosławnych zaś ciągle podejrzewała Rzym o popieranie działalności misyjnej, ponieważ liczba nawróceń na katolicyzm, i bezpośrednich, i poprzez Kościoły unickie, zwiększała się w Europie Wschodniej w latach dziewięćdziesiątych. Konserwatyści w Watykanie uważali, że porozumienie to było sprzeniewierzeniem, dowodząc, że Kościół nigdy nie powinien rezygnować ze swojego prawa do głoszenia Ewangelii. W praktyce porozumienie to niewiele zmieniło i dla zwykłych wiernych, i w relacjach między zwierzchnikami katolicyzmu i prawosławia.

Anglikanizm

W książce *Kościół, ekumenizm i polityka* Ratzinger przedstawił w zarysie swoje poglądy na dialog katolicyzmu z anglikanizmem. Na poziomie zdroworozsądkowym, napisał, wydawałoby się, że anglikanizm z powodu swojej episkopalnej struktury daje nadzieję na szybki postęp rozmów z Rzymem. W rzeczywistości, stwierdził, w anglikanizmie występuje „rozproszony autorytet", w którym praktycznie nikt nie może wypowiadać się w imieniu wszystkich anglikanów. Ponadto, anglikańskie rozumienie fundamentalnych zagadnień doktrynalnych się zmienia. Zwierzchnicy anglikańscy uznają na przykład nieomylność soborów powszechnych tylko w zakresie, w którym są one zgodne z Pismem świętym. Ratzinger odpowiada, że jeśli ktoś spoza soboru potrafi lepiej ustalić sens Pisma świętego, to przede wszystkim sobór jest raczej niepotrzebny. Dla anglikanów „tradycja" oznacza wyznania wiary i inne dokumenty z dziejów Kościoła, dla katolików zaś – mówi Ratzinger – oznacza ona też żywy głos dzisiejszego Magisterium. Zatem podziały między Rzymem i Canterbury, w opinii Ratzingera, sięgają głębiej, niż uważa większość ludzi.

O podjętej w połowie 1976 roku przez Kościół episkopalny w Stanach Zjednoczonych decyzji o ordynacji kobiet Ratzinger powiedział:

„Do nowej sytuacji doprowadziły dwie okoliczności: rozszerzenie zasady większości na zagadnienia doktrynalne i powierzenie decyzji doktrynalnych kościołom narodowym – powiedział. – Obie są same w sobie nonsensowne, ponieważ doktryna jest albo prawdziwa, albo nieprawdziwa". Na koniec stwierdził, że anglikanizm proponuje jedynie „silny potencjał katolicki", a nie gotowość do pełnej jedności, która występuje w prawosławiu.

Od Soboru Watykańskiego II oficjalny dialog z anglikanizmem toczy się w ARCIC (Międzynarodowej Komisji Anglikańsko-Katolickiej). W marcu 1982 roku, zaledwie cztery miesiące po objęciu urzędu prefekta kongregacji doktrynalnej, Ratzinger odrzucił raport ARCIC, który przygotowywano dwanaście lat. Omówiono w nim szerokie spektrum spraw, takich jak doktryna eucharystii, posługi duszpasterskiej i ordynacji oraz władzy w Kościele. W dokumencie tym stwierdza się, że chociaż anglikanie być może skłonni byliby zaakceptować papieża jako duchowego przywódcę ponownie zjednoczonego Kościoła, nie są gotowi zaakceptować dogmatu o nieomylności. W tekście tym nie porusza się takich zagadnień jak rozwody czy ordynacja kobiet. W liście do katolickiego współprzewodniczącego ARCIC Ratzinger napisał, że dokument ten jest „ważnym wydarzeniem ekumenicznym", ale „nie można jeszcze powiedzieć, że osiągnięto porozumienie, które byłoby prawdziwie «istotne», w całości zagadnień analizowanych przez komisję". Wspominając o „tej jasności, która jest nieodzowna dla prawdziwego dialogu", Ratzinger stwierdził: „Istnieje kilka punktów, uważanych przez Kościół katolicki za dogmaty, których nasi anglikańscy bracia nie są w stanie jako takie zaakceptować czy też mogą je zaakceptować tylko w części". Wielu anglikanów, rozłoszczonych, że dwunastoletnia praca zostaje odrzucona przez człowieka, który dopiero co się pojawił, poczuło się obrażonych sformułowaniami użytymi przez Ratzingera.

Po przegłosowaniu przez Kościół episkopalny w Stanach Zjednoczonych ordynacji kobiet Watykan pozwolił całym parafiom episkopalnym wstąpić do Kościoła rzymskokatolickiego, jednocześnie pozwalając im na zachowanie znacznej części ich anglikańskiej liturgii i tradycji, co doprowadziło do powstania swego rodzaju anglikańskiego unizmu. Gdy w listopadzie 1992 roku Kościół anglikański zatwierdził ordynację kobiet przewagą zaledwie dwóch głosów, kilku angielskich anglikanów zwróciło się do Rzymu z petycją o umożliwienie im tego samego. Jednak wskutek oświadczenia z 1990 roku zwierzchników katolickich i prawosławnych odrzucającego unizm było to niemożliwe. Inni wyżsi rangą anglikańscy konserwatyści rzucili pomysł utworzenia własnej prałatury dla osób, które odeszły z anglikanizmu, co nadałoby im status podobny do tego, jaki ma Opus Dei. Komisja złożona z Ratzingera, australijskiego kardynała Edwarda Cassidy'ego, który stoi na czele papieskiej Rady ds. Popierania Jedności Chrześcijan, i angielskiego kardynała Basila Hume'a odrzuciła ten pomysł. Zamiast tego podjęli decyzję o przyjmowaniu do Kościoła pojedynczych anglikańskich pastorów. Przechodzili oni kurs doktryny katolickiej i – to było najbardziej kontrowersyjne – byli ponownie wyświęcani, co sugerowało, że ich święcenia anglikańskie nie są prawomocne. Pastorom żonatym pozwolono pozostać w stanie małżeńskim[7].

Wiele osób uważało, że podejście to oznacza duszpasterską wrażliwość. Wszelkie nadzieje, że Ratzinger zaczyna postrzegać anglikanizm w lepszym świetle, rozwiały się w lipcu 1998 roku. Wówczas Jan Paweł II ogłosił *Ad tuendam fidem*, list apostolski, w którym do prawa kanonicznego wprowadzano kary za odstępstwo od nieomylnego nauczania Magisterium, które nie zostało jeszcze oficjalnie za takie uznane. Ponieważ powtórzono w nim twierdzenia już sformułowane w nowym Kodeksie prawa kanonicznego, a także w dokumentach takich jak *Ordinatio sacerdotalis*, na sam list zwrócono stosunkowo niewielką uwagę. Bardziej bulwersujący charakter miał komentarz Ratzingera, w którym przedstawił on wiele doktryn jako przykłady tej kategorii nieomylnego nauczania, włącznie z nauczaniem Leona XIII *Apostolicae curae*, gdzie uznano święcenia anglikańskie za „całkowicie i absolutnie pozbawione mocy prawnej". Ratzinger praktycznie stwierdził, że nieprawomocność święceń anglikańskich jest nieomylną nauką Kościoła katolickiego.

Reakcja była natychmiastowa i gniewna. Anglikański arcybiskup Yorku David Hope był zaskoczony tak „surowym oświadczeniem". Arcybiskup Michael Peers powiedział: „Jest to jedyna wzmianka o ekumenizmie w oświadczeniu kardynała Ratzingera. Dotyczy tylko nas i jest całkowicie negatywna. Jest to rozczarowujące (...). Gdy kardynał Ratzinger mówi, że jest to stanowisko ostateczne, to odnosi się wrażenie, że nic się przez ostatnie 102 lata nie wydarzyło, a wydarzyło się bardzo wiele. Wskazuje to jednak, że miejscowe porozumienia w tradycji rzymskokatolickiej mogą oczywiście napotykać przeszkody w samym Rzymie". Richard McBrien nazwał komentarz Ratzingera „zdumiewająco niewrażliwym i prowokacyjnym". W biografii Jana Pawła II z 1999 roku Weigel wyraził wątpliwość co do mądrości decyzji Ratzingera. „Pozostaje niejasne, czy wymienione w komentarzu przykłady przemyślano tak starannie jak zawarty w nim opis (...) autorytatywnego nauczania". W przypisie Weigel dodał, że wrażenie to powstało po wywiadzie z Cassidym w październiku 1998 roku, który sugerował napięcie między kardynałami w związku z tą kwestią. Cassidy jest Australijczykiem, dobrze więc zna anglikanów.

W tych okolicznościach raport ARCIC z maja 1999 roku zatytułowany „Dar władzy" wielu obserwatorów uznało za cud. Pomimo implikowanego przez komentarz Ratzingera usztywnicnia stanowiska Watykanu, oświadczono w nim, że anglikanie byliby być może gotowi przyznać papieżowi „powszechny prymat". Co najbardziej zdumiewające, członkowie komisji oznajmili, że potrafią sobie wyobrazić, iż anglikanie zaakceptują taki prymat, „jeszcze zanim nasze Kościoły w pełni się zjednoczą". Był to niezwykły gest ze strony anglikańskiej, ale i tak nie mógł oznaczać szybkiego postępu. ARCIC może jedynie proponować porozumienia swoim Kościołom, nie ma żadnej mocy narzucania swoich planów.

Luteranizm

Luteranie są dla Ratzingera tym, czym prawosławni dla Jana Pawła II: odłączonymi braćmi, których zna najlepiej i z którymi naturalnie odczuwa największe powinowactwo. Z około sześćdziesięciu jeden milionów luteranów na świecie połowa to Niemcy, a ich tradycję Ratzinger zna niemal tak samo dobrze jak katolicyzm. Luter wywarł znaczny wpływ na myśl Ratzingera; po Augustynie nie ma prawdopodobnie żadnego autora chrześcijańskiego z czasów przednowożytnych, który wywarłby większy wpływ na jego poglądy teologiczne. Jednym z najbliższych przyjaciół Ratzingera jest teolog luterański Wolfhart Pannenberg.

To wszystko nie oznacza jednak, że Ratzinger dąży do pospiesznego odprężenia w stosunkach z luteranami. Podobnie jak w wypadku anglikanów, skarży się na brak w tradycji luterańskiej centralnej władzy doktrynalnej. Gdy jego protegowany i przyjaciel, amerykański jezuita Joseph Fessio zapytał go kiedyś o perspektywy jedności z Kościołem luterańskim, Ratzinger odparł: „Gdy tylko będzie jakiś Kościół luterański, możemy o tym podyskutować". Co więcej, jego podziw dla Lutra nie jest bezwarunkowy. W *Kościele, ekumenizmie i polityce* Ratzinger mówi, że jest dwóch Lutrów: Luter katechizmów, autor wspaniałych hymnów i inicjator reformy liturgii. Ten Luter, mówi Ratzinger, przewidział wiele z *ressourcement*, który później pojawił się w katolicyzmie przed Soborem Watykańskim II. Jest jednak także Luter polemista, którego radykalne poglądy na indywidualne zbawienie całkowicie usuwają Kościół z pola widzenia.

W 1996 roku po Niemczech krążyła plotka, że Jan Paweł II chce unieważnić ekskomunikę Lutra w 450 rocznicę jego śmierci, ale że plan ten został udaremniony przez Ratzingera i trzech biskupów niemieckich. Wiadomość ta, o której napisano w czasopiśmie „Focus", wydaje się mało prawdopodobna, choćby tylko z przyczyn logicznych. Ekskomunika to kara dla żywych; po śmierci jej miejsce zajmuje osąd samego Boga. Jeśli jednak Ratzinger faktycznie nie dopuścił do jakiegoś gestu, byłoby to zgodne z jego stwierdzeniem z 1998 roku, że anatemy, które rzucono na luteranów na soborze trydenckim, nadal obowiązują.

Wspólne rozmowy katolicko-luterańskie od czasów Soboru Watykańskiego II cieszą się opinią najbardziej teologicznie ważkich z wszystkich dialogów ekumenicznych. Mimo to Ratzinger napisał w 1988 roku, że opierając się na oświadczeniach międzykościelnych, które zazwyczaj próbują dokonać niemożliwego – pogodzić sprzeczne logicznie stanowiska zajmowane w przeszłości – ma niewielką nadzieję na postęp. W ten sposób nie osiągnie się jedności. Osiągnąć ją można jedynie, podejmując wspólnie „nowe działania", chociaż o tym, czym miałyby one być, wypowiadał się bardzo ogólnikowo.

Słowa te wydają się prorocze w świetle roli, jaką Ratzinger odegrał dziesięć lat później w odniesieniu do porozumienia między Stolicą Apostolską i Światową Federacją Luterańską. Porozumienie ogłoszono z wielką pompą w czerwcu 1998 roku, następnie pod naciskiem Ratzingera zostało pozornie zerwane, po czym znowu je przywołano w czerwcu 1999 roku.

25 czerwca 1998 roku Cassidy zorganizował konferencję prasową, żeby przedstawić Wspólną Deklarację w sprawie Nauki o Usprawiedliwieniu, owoc dziesiątków lat prac uczonych katolickich i luterańskich. „Niewątpliwie należy ją uznać za wybitne osiągnięcie ruchu ekumenicznego i kamień milowy na drodze do przywrócenia pełnej, widocznej jedności uczniów naszego Pana i Zbawiciela Jezusa Chrystusa" – powiedział. Dokument zawierał „czterdzieści cztery wspólne stanowiska" podsumowujące punkty, w których osiągnięto porozumienie. Każda strona mogła przedstawić własne wyjaśnienie rozumowania, które pozwoliło doprowadzić do porozumienia. Cassidy powiedział, że „wysoki poziom zgodności" osiągnięty w dokumencie

pozwala obu stronom oświadczyć, że „potępienia, które skierowały na siebie nawzajem obie strony w XVI w., dzisiaj już nie obowiązują".

Istotą porozumienia było to podstawowe zdanie: „Wyłącznie dzięki łasce Bożej, w wierze w zbawcze dzieło Chrystusa, nie zaś z powodu jakiejkolwiek naszej zasługi, jesteśmy akceptowani przez Boga i otrzymujemy Ducha Świętego, który odnawia nasze serca, przygotowując nas i wzywając do dobrych uczynków". Deklaracja ta „z końcem XX w. praktycznie rozwiązuje kwestię, która od dawna była przedmiotem sporów", oświadczył Cassidy.

Optymistyczne nastawienie Cassidy'ego podkopał fakt, że Watykan wydał też „odpowiedź" na deklarację. Zadziwiająca logika wydawania „odpowiedzi" na własny dokument sugerowała, że między Cassidym, gotowym ogłosić porozumienie z luteranami, a Ratzingerem, który wciąż widział różnice doktrynalne, toczyła się zakulisowa walka. Większość komentatorów jest przekonana, że jeśli odpowiedzi nie napisał Ratzinger osobiście, to w znacznym stopniu opierała się ona na jego obawach.

W odpowiedzi stwierdzono, że luterańskie rozumienie nauki o usprawiedliwieniu, w której osoba ludzka pozostaje *simul iustus et peccator* – jednocześnie usprawiedliwiona i grzeszna – było niezgodne z katolickim przekonaniem, że chrzest przeobraża człowieka i usuwa piętno grzechu. W odpowiedzi tej dowodzono również, że katolicy wierzą zarówno w zbawienie przez wiarę, jak i sąd na podstawie uczynków. Nie jest jasne, czytamy w odpowiedzi, czy rozumienie luterańskie da się pogodzić z katolickim rozumieniem sakramentu pokuty. Upór, z jakim luteranie utrzymywali, że usprawiedliwienie jest kamieniem węgielnym całej wiary chrześcijańskiej, jest przesadny; doktryna usprawiedliwienia musi zostać włączona do organicznej całości Objawienia. Odpowiedź, powtarzając uwagę Ratzingera wypowiedzianą do Fessia, dała wyraz zastrzeżeniom, czy luterańscy sygnatariusze mogą mówić w imieniu swojego Kościoła. „Pozostaje jednak kwestia prawdziwego zwierzchnictwa takiego synodalnego konsensusu, obecnie, a także w przyszłości, w życiu i doktrynie wspólnoty luterańskiej".

„Poziom zgodności jest wysoki – czytamy w odpowiedzi – ale nie pozwala nam jeszcze potwierdzić, że wszystkie różnice dzielące katolików i luteranów w doktrynie dotyczącej usprawiedliwienia są jedynie kwestią rozłożenia akcentów czy doboru słów. (...) Przeciwnie, rozbieżności muszą zostać przezwyciężone, zanim będziemy mogli potwierdzić, jak czyni się to zwyczajowo, że punkty te już nie będą narażone na potępienia soboru trydenckiego". Odpowiedź ta sprawiała wrażenie, jakby była przypadkiem, do którego odnosi się powiedzenie „nie wie lewica, co czyni prawica". Czy Kościół katolicki popierał *Wspólną deklarację* czy nie? Czy anatemy soboru trydenckiego zostały wycofane czy nie? Nikt tego dokładnie nie wiedział. Wielu luteranów było oburzonych. Jeden z nich twierdził, że Stolica Apostolska zdradziła zarówno teologów luterańskich, jak i rzymskokatolickich, którzy pracowali nad tym dokumentem, i że przywrócenie zaufania będzie trwało dziesiątki lat.

Prognoza ta okazała się zbyt pesymistyczna. Latem 1999 roku Cassidy zwołał drugą konferencję prasową, żeby ponownie ogłosić, że porozumienie zostało osiągnięte. Tym razem pojawiło się w postaci trzech dokumentów: samej *Wspólnej deklaracji*, „oficjalnego wspólnego oświadczenia", które wyjaśniało, jak obie strony rozumieją *Wspólną deklarację*, i „aneksu", w którym zajęto się zagadnieniami poruszonymi w odpowiedzi oraz dodatkowymi obawami strony luterańskiej. W oświadczeniu powtórzono twierdzenie Cassidy'ego z 1998 roku, że „między luteranami i katolikami istnieje konsensus co do podstawowych prawd doktryny usprawiedliwienia". Cassidy stwierdził, że nie oznacza to, iż Kościół cofnął ekskomunikę Lutra: „Dla Marcina Lutra nikt już dzisiaj nic nie może zrobić, ponieważ Marcina Lutra, gdziekolwiek jest, nie martwią już te potępienia". Ale o wchodzącej w grę kwestii doktrynalnej powiedział: „Potępienia odłożyliśmy na bok".

Aneks sprowadzał się do obalenia punkt po punkcie zagadnień poruszonych w odpowiedzi z 1998 roku. Chrzest naprawdę uwalnia ludzi z mocy grzechu, „jednak mylilibyśmy się, gdybyśmy stwierdzili, że jesteśmy bez grzechu"; „działanie łaski Bożej nie wyklucza działania ludzkiego"; „na sądzie ostatecznym usprawiedliwiona wola będzie sądzona również na podstawie uczynków"; „doktryna usprawiedliwienia jest miarą czy też kamieniem probierczym wiary chrześcijańskiej. Żadne nauczanie nie może być z tym kryterium sprzeczne"; i – co najbardziej znaczące – „odpowiedź Kościoła katolickiego nie zamierza kwestionować władzy synodów luterańskich czy Światowej Federacji Luterańskiej".

Pomimo wcześniejszych zastrzeżeń najwyraźniej właśnie Ratzinger umożliwił zawarcie tego porozumienia. „To Ratzinger rozwiązał węzły – powiedział mi wówczas biskup George Anderson, zwierzchnik Amerykańskiego Ewangelickiego Kościoła Luterańskiego. – Bez niego być może do porozumienia by nie doszło"[8].

14 lipca 1998 roku Ratzinger opublikował w niemieckiej gazecie „Frankfurter Allgemeine" list, w którym nazwał doniesienia, jakoby tor-

pedował pierwotne porozumienie, „gładkim kłamstwem". Stwierdził, że sparaliżowanie dialogu byłoby „zaprzeczeniem samemu sobie".

3 listopada 1998 roku w domu brata Ratzingera, Georga, w Ratyzbonie w Bawarii zebrała się powołana ad hoc grupa robocza, żeby wznowić rozmowy o porozumieniu. Grupę tę, w której znaleźli się Hanselmann, Ratzinger, katolicki teolog Heinz Schuette i teolog luterański Joachim Track, powołał biskup luterański Johannes Hanselmann.

„Był bardzo pozytywnie nastawiony, bardzo pomocny" – powiedział mi Track w rozmowie telefonicznej. Stwierdził, że Ratzinger poszedł na trzy ustępstwa, które uratowały porozumienie. Po pierwsze, zgodził się, że celem procesu ekumenicznego jest jedność w różnorodności, a nie reintegracja struktur. „Było to ważne dla wielu luteranów w Niemczech, którzy martwili się, że ostatecznym celem tego wszystkiego okaże się powrót do Rzymu" – powiedział Track. Po drugie, Ratzinger w pełni uznał uprawnienia Światowej Federacji Luterańskiej do zawarcia porozumienia z Watykanem. I na koniec zgodził się, że chociaż chrześcijanie są zobowiązani spełniać dobre uczynki, usprawiedliwienie i sąd ostateczny pozostają aktami Bożego miłosierdzia.

Anderson powiedział, że chociaż luteranie są wdzięczni Ratzingerowi za pomoc, te dwa Kościoły nadal czeka wiele pracy, zanim zdołają osiągnąć pełne zjednoczenie. „Od czasów Reformacji mamy odrębne dzieje. Ogłoszenie przez stronę katolicką dogmatu o nieomylności papieża i ordynacji kobiet przez nas to dwa oczywiste przykłady" – powiedział Anderson.

Inne oświadczenia ekumeniczne

Należy odnotować dwa inne oświadczenia Ratzingera, które miały konsekwencje dla ekumenizmu. 26 listopada 1983 roku Kongregacja Nauki Wiary powtórzyła zakaz przynależności katolików do organizacji masońskich. Katolicy, którzy zostają masonami, „popełniają grzech ciężki i nie wolno im przyjmować komunii świętej" – czytamy w oświadczeniu. Miejscowi biskupi i księża nie mają mocy uchylić tego oświadczenia. Dla szacunkowej liczby sześciu milionów masonów na całym świecie, dla których antykatolickie wystąpienia ich organizacji należą do przeszłości, oświadczenie to musiało się wydawać brakiem wrażliwości.

Jeszcze bardziej prowokacyjne było oskarżenie Ratzingera wystosowane 9 czerwca 1997 roku, pod adresem Światowej Rady Kościołów, że popierała marksistowskich rewolucjonistów w Ameryce Łacińskiej[9]. Światowa Rada Kościołów, z siedzibą w Genewie w Szwajcarii, szczyci się, że ma ponad 330 Kościołów członkowskich, w tym największe światowe wspólnoty protestanckie, anglikańskie i prawosławne. Uwaga Ratzingera padła na rzymskiej konferencji prasowej, na której poinformowano o wydaniu książki Nicoli Buksa, księdza z południowych Włoch. Bux utrzymywał, że Światowa Rada Kościołów popierała „niektóre kampanie sprzyjające rewolucji w Ameryce Łacińskiej" w latach osiemdziesiątych, ale nie uczyniła nic, żeby pomóc „chrześcijanom i «kościołom milczącym» w Europie Wschodniej". Ratzinger się z tym zgodził. „Wielu biskupów latynoamerykańskich i ja ubolewamy nad faktem, że Światowa Rada Kościołów udzielała silnego poparcia wywrotowym ruchom. Być może poparcie to było udzielane w dobrej wierze, ale przyniosło wielką szkodę życiu w Ewangelii". Przedstawiciele Światowej Rady Kościołów zaprzeczyli, jakoby środki finansowe organizacji wspierały zbrojną rewolucję. Światowa Rada Kościołów wspomagała finansowo teologów wyzwolenia i powiązane z Kościołami organizacje broniące praw obywatelskich, które wiele dyktatur wojskowych będących wówczas u władzy uważało za wrogów państwa. W Republice Południowej Afryki Światowa Rada Kościołów wspierała akcje humanitarne Afrykańskiego Kongresu Narodowego, który również prowadził zbrojną walkę z apartheidem, ale – jak twierdzili z mocą przedstawiciele Światowej Rady Kościołów – był to przypadek odosobniony.

Zapytany o wezwanie przez Światową Radę Kościołów do zwołania „soboru powszechnego całego Kościoła Jezusa Chrystusa, w rozumieniu Kościoła dawnego, nie podzielonego", Ratzinger powiedział, że bez „Piotrowej zasady" idea jedności chrześcijańskiej pozostanie „romantycznym, nierealnym marzeniem".

Ratzinger a pluralizm religijny

Żadnego teologa Ratzinger nie ocenzurował z powodu odstępstw dotyczących dialogu ekumenicznego. Gdy jednak teologowie katoliccy zajmują się religiami niechrześcijańskimi, zastrzeżenia doktrynalne Ratzingera stają się poważniejsze i nie waha się skorzystać z pełni władzy, jaką daje mu jego urząd.

Ratzinger porównał teologię pluralizmu religijnego do teologii wyzwolenia; jest to porównanie trafne. Obydwa ruchy odzwierciedlają to, co teologowie nazywają „wdarciem" Trzeciego Świata w katolicką świadomość. Teologia wyzwolenia zwraca uwagę na ubóstwo w Trzecim Świecie, pluralizm zaczyna od stwierdzenia, że poza Ameryką Łacińską większość Trzeciego Świata jest niechrześcijańska. Obydwa te ruchy odzwierciedlają posoborowy zwrot teologii katolickiej w kierunku „radości i nadziei, smutków i niepokojów" całego świata. Teologia wyzwolenia szuka znaków Bożego celu w walce o wyzwolenie społeczne i polityczne, pluralizm poszukuje w innych religiach elementów prawdy i łaski. Obydwa ruchy przyjmują bardziej pozytywną ocenę „świata" niż w czasach przed Soborem Watykańskim II.

Ratzinger jest też przekonany, że teologia wyzwolenia i wiele odmian pluralizmu religijnego podzielają to samo ułomne rozumienie prawdy. Dla nich prawda to wszystko, co służy postępowi: raczej ortopraktyka niż ortodoksja. Teologowie wyzwolenia przekształcają lub ignorują doktryny, które nie służą ich społecznym i politycznym celom, pluraliści przerabiają doktryny, które stoją na drodze do międzyreligijnej zgody. Ratzinger jest przekonany, że ten relatywizm jest szczególnie niebezpieczny, gdy chrześcijaństwo styka się z religiami wschodnimi. Obserwuje się tendencję, mówi, do zlewania się zachodniego filozoficznego relatywizmu z typowym dla Wschodu podkreślaniem niepoznawalności Boga. Tym samym relatywizm zostaje „ochrzczony".

Najbardziej konkretnie Ratzinger omówił dialog międzyreligijny w przemówieniu, które wygłosił w Paryżu, opublikowanym później, w 1997 roku, w „Communio"[10]. Ratzinger twierdzi, że religie światowe można z grubsza podzielić na dwa rodzaje: mistyczne i teistyczne. Mistyczne – przez które prawdopodobnie rozumie religie Azji, chociaż ich nie wymienia – uważają pozytywne stwierdzenia o Bogu za niemożliwe i wolą przed niepoznawalnym zachować milczenie. Teistyczne głoszą wiarę w Boga, którego można nazwać i który przejawia się w historii. Jeśli chodzi o relacje między religiami, kontynuuje Ratzinger, istnieją trzy możliwości: religia typu mistycznego może wchłonąć religię teistyczną i vice versa lub wszystkie religie mogą odłożyć na bok dzielące je różnice w imię praktycznych działań na rzecz pokoju i sprawiedliwości.

Ta ostatnia możliwość jest równoznaczna z „ortopraktyką" i jak widzieliśmy w wypadku teologii wyzwolenia, Ratzinger jest przekonany, że rezygnuje ona z prawdy. Skąd mamy wiedzieć, jakie działanie jest słuszne, jeśli nie mamy jakichś kryteriów prawdy? Usuwanie drażliwych problemów teologicznych – co, jak się wydaje, robią religie mistyczne – może pozornie dawać lepszą podstawę dla współpracy środowiskowej i społecznej, ale Ratzinger dowodzi, że jest wprost odwrotnie. Jeśli Bóg przynależy wyłącznie do sfery duchowej, świat materialny nie ma transcendentalnej wartości; jeśli Bóg nie interesuje się historią, liczy się tylko wewnętrzne życie jednostki. Etyka społeczna staje się czymś, co tworzymy, a nie pochodzi z Bożego nadania. Podstawą międzyreligijnej współpracy może zatem być tylko opcja teistyczna, a Ratzinger mówi, że nie można jej stosować, zarzucając doktrynę czy rezygnując z działalności misyjnej. Religie mogą się uczyć od siebie nawzajem i mogą nawet nauczyć się krytycznego stosunku do samych siebie, ale celem dialogu nie może być „jedność", w której różnice doktrynalne się zacierają.

Na koniec stwierdza: „Każdego, kto spodziewa się, że efektem dialogu między religiami będzie ich unifikacja, czeka rozczarowanie. Jest to raczej niemożliwe w naszym czasie historycznym, a być może nie jest to nawet pożądane".

Wojna z teologią pluralizmu: teoria

Obydwa najważniejsze przemówienia Ratzingera poświęcone pluralizmowi religijnemu zostały wygłoszone przed biskupami, którzy kierują komisjami doktrynalnymi, i w Trzecim Świecie. Fakty te są znaczące: Ratzinger sygnalizuje, że jest to zagrożenie teologiczne, które źródło ma w Trzecim Świecie i należy sprawować nad nim ścisły nadzór.

W marcu 1993 roku w Hongkongu Ratzinger przemawiał do przewodniczących Azjatyckich Konferencji Biskupów i przewodniczących komisji doktrynalnych na temat „Chrystus, wiara i wyzwania kulturowe". Chciał krytycznie przeanalizować twierdzenie, że jedynym sposobem ewangelizacji Azji jest takie dostosowanie nauczania i praktyki chrześcijańskiej, żeby nawrócenie na chrześcijaństwo nie było odbierane jako porzucenie własnej kultury. „Moim zamiarem jest zastanowienie się nad prawem i zdolnością wiary chrześcijańskiej do przekazywania siebie innym kulturom, asymilowania ich i oddania się im" – powiedział[11].

Ratzinger zaczął od definicji kultury. Według niego jest to „stworzona w ciągu dziejów wspólna forma wyrazu myśli i wartości, które charakteryzują życie społeczności". Jeśli kultura ma być zdrowa, dowodzi Ratzinger, musi być „otwarta", to znaczy gotowa na przeobrażenia. Czynnikiem przeobrażenia jest prawda, ponieważ na najgłębszym poziomie każdy człowiek, a co za tym idzie – każda kultura jest zorientowana na prawdę. W tym znaczeniu, stwierdza Ratzinger, chrześcijanie mówią o „adwentystycznej dynamice" kultur niechrześcijańskich, przygotowują one bowiem ludzi na uznanie i przyjęcie prawdy, którą objawia chrześcijaństwo. „Prawdziwe ubóstwo człowieka to zamknięcie się na prawdę – mówi Ratzinger. – Każda kultura jest w ostatecznym rozrachunku oczekiwaniem prawdy".

Ratzinger mówi, że często powtarzane modne słowo „inkulturacja" jest w rzeczywistości błędne, ponieważ implikuje, że religia pozbawiona kultury (chrześcijaństwo) styka się z kulturą niezależną od wiary (na przykład Azja). Ale w rzeczywistości tak nie jest. Kultury azjatyckie mają głęboko duchowe idee, podczas gdy samo chrześcijaństwo jest kulturą z historycznie przekazywanymi formami wyrazu, wartościami i ideałami. Ratzinger proponuje termin „interkulturowość", aby uchwycić rzeczywisty proces „wzajemnego doskonalenia się i łączenia", do którego powinno dochodzić, gdy chrześcijaństwo spotyka się z inną kulturą. Uważanie kultur za odcięte od siebie nawzajem, tak że jedna forma kulturowa nie może przemówić do drugiej, byłoby „manichejskie". Przekonanie, że chrześcijaństwo samo jest kulturą, prowadzi Ratzingera do ostrożnego podchodzenia do żądań, by je „zaadaptować": „Bóg związał się z historią, która teraz jest również Jego historią, i jest historią, której nie możemy odrzucić – mówi Ratzinger. – Nie możemy powtórzyć wydarzenia Wcielenia, jak nam wygodnie, w znaczeniu odebrania ciała Chrystusowi i zaproponowania Mu innego".

Ratzinger nazywa relatywizm kulturowy „najpoważniejszym problemem naszych czasów", ponieważ odcina on kultury od prawdy. To dlatego dzisiaj „praktyka zastąpiła prawdę i przesunęła oś religii. Nie wiemy, co jest prawdą, ale wiemy, co musimy zrobić, mianowicie, stworzyć lepsze społeczeństwo, «królestwo», jak się często mówi, zapożyczając to słowo z Biblii i nadając mu świeckie, utopijne znaczenie". Ratzinger uważa, że ten nacisk na jedność na poziomie raczej działania niż wiary pozbawia chrześcijaństwo jego treści. „Skoncentrowanie się na Kościele, skoncentrowanie się na Chrystusie, skoncentrowanie się na Bogu – to wszystko zdaje się ustępować skupieniu się na królestwie jako wspólnym celu wszystkich religii, i w takiej perspektywie i na takiej zasadzie mają się one ze sobą spotkać". Tutaj Ratzinger nawiązuje w przypisie do prac jezuity Jacques'a Dupuis – jest to pierwsza oznaka kłopotów dla teologa, którego działalność pięć lat później będzie przedmiotem dochodzenia urzędu Ratzingera.

„Dogmat relatywizmu" Ratzinger obwinia też o podkopywanie pracy misyjnej w jej tradycyjnym znaczeniu, to znaczy nawracaniu. „Misja staje się aroganckim założeniem kultury, która uważa siebie za wyższą w stosunku do innych, pozbawi ich więc tego, co jest dla nich dobre i im właściwe". Dla Ratzingera to pragnienie odcięcia od siebie kultur jest daremne: „Stopienie się ludzkości w jedno społeczeństwo, prowadzące wspólne życie i mające wspólne przeznaczenie, jest nie do powstrzymania, bowiem taka skłonność jest zakorzeniona w istocie człowieka". W każym razie technika uniemożliwia kulturowe wycofanie się. „Nie można zamykać ludzi i kultur w swego rodzaju duchowym rezerwacie przyrodniczym" – mówi Ratzinger. Przestrzega też przed połączeniem zachodniego relatywizmu filozoficznego ze wschodnią duchowością, daleką od zdecydowanych twierdzeń o naturze Boga. Połączenie to, twierdzi Ratzinger, nadaje relatywizmowi duchowe znaczenie, jakby był bardziej „oświecony", aby odrzucić obiektywną prawdę. Jako przykład z hinduizmu wskazuje dwudziestowiecznego myśliciela Sarrepallego Radhakrishnana, z katolicyzmu wspomina o księdzu Raimonie Panikkarze. O argumencie Panikkara, że formuły chrystologiczne nie są zwrotne – na przykład, że Jezus jest Chrystusem, ale Chrystus nie jest tylko Jezusem – Ratzinger mówi, że musi być odrzucony. Nie można dowodzić, że „Chrystusa" można znaleźć także w buddyzmie, hinduizmie itd., ponieważ twierdzenie takie oznacza postulowanie Chrystusa nie wcielonego.

Ratzinger uważa, że obecna sytuacja jest porównywalna do sytuacji w IV w., po tym, jak chrześcijaństwo stało się oficjalną religią cesarstwa, ale kiedy pogaństwo nie przestało jeszcze stanowić żywej opcji religijnej. Gdy nie udało im się zmiażdżyć chrześcijaństwa siłą – mówi Ratzinger – poganie tacy jak Kwintus Aureliusz Symmach i Julian Apostata próbowali je osłabić za pomocą tolerancji, przekonując chrześcijan, żeby postrzegali swoją wiarę jako jedną z wielu dróg prowadzących do Boga. „Nie można dotrzeć do tajemnicy tak wielkiej jedną tylko drogą" – powiedział Symmach, błagając senat, by odbudować posąg bogini Zwycięstwa. Ojcowie Kościoła odrzucili tę możliwość, mówi Ratzinger, ponieważ gdyby postąpili inaczej, oznaczałoby to zanegowanie uniwersalizmu twierdzeń Chrystusa. „Po tym odrzuceniu zostałyby wybrane elementy tradycji biblijnej, ale nie wiara samej Biblii. (...) Bez tej fundamentalnej decyzji nie ma chrześcijaństwa". Ojcowie Kościoła wykazali się inkulturacją we właściwym znaczeniu, gdy zajmowali świątynie i przekształcali je w kościoły czy gdy wykorzystywali pogańskie wyobrażenia jako podstawy dla ikonografii świętych. „To nie relatywistyczna filozofia religii umożliwiła im ciągłe istnienie; w rzeczywistości przede wszystkim to właśnie sprawiło, że byli nieskuteczni".

Drugie najważniejsze przemówienie Ratzinger wygłosił w 1996 roku do grupy przewodniczących komisji doktrynalnych Konferencji Biskupów Latynoamerykańskich w Meksyku. Powtarza w nim wiele tez z Hongkongu, ale dodaje nowe myśli i sformułowania stają się ostrzejsze[12].

Ratzinger zaczyna od jawnego porównania do teologii wyzwolenia: „W latach osiemdziesiątych teologia wyzwolenia w jej radykalnych formach wydawała się najpilniejszym wyzwaniem dla wiary Kościoła". Upadek marksizmu w Europie „okazał się swego rodzaju zmierzchem bogów dla tej teologii realizacji politycznej praktyki" – mówi. Po rozwianiu się marksistowskiego marzenia rozczarowanie zdawało się usprawiedliwiać nihilizm czy rezygnację z absolutnych odpowiedzi. Ta rozpacz związana z absolutem atakuje też religię. „Relatywizm stał się więc w obecnym czasie głównym problemem wiary – mówi Ratzinger. – Przedstawia się go jako stanowisko, które pozytywnie definiują pojęcia tolerancji i wiedzy na drodze dialogu i wolności; pojęcia te zostałyby ograniczone, gdyby dowiedziono istnienia jednej obowiązującej prawdy dla wszystkich".

Ratzinger mówi, że „tak zwana teologia pluralizmu religii rozwijała się stale od lat pięćdziesiątych", ale „dopiero teraz znalazła się w centrum uwagi chrześcijan". Jest ona dla Kościoła – mówi – walką tego dziesięciolecia: „W pewnym sensie podbój ten zajmuje – jeśli chodzi o siłę jej problematycznego aspektu i jej obecność w różnych sferach kultury – miejsce, które w poprzednim dziesięcioleciu zajmowała teologia wyzwolenia".

Powtarzając swoje ostrzeżenie z Hongkongu, Ratzinger mówi, że relatywizm jest szczególnie niebezpieczny, gdy łączy się ze wschodnią myślą religijną. „Z jednej strony, relatywizm jest typowym następstwem zachodniego świata i jego form myśli filozoficznej, podczas gdy z drugiej jest powiązany z filozoficznymi i religijnymi przeczuciami zwłaszcza Azji i – co zaskakujące – subkontynentu indyjskiego". W dalszej części przemówienia Ratzinger stwierdza, że wśród pluralistów „występuje dziwna bliskość między europejską filozofią postmetafizyczną i azjatycką teologią negatywną. (...) Zdają się wzajemnie utwierdzać w swoim metafizycznym i religijnym relatywizmie. Religijny i pragmatyczny relatywizm Europy i Ameryki może otrzymać swego rodzaju wyświęcenie od Indii, co zdaje się nadawać tej rezygnacji z dogmatu godność większego szacunku przed tajemnicą Boga i człowieka".

Ratzinger wymienia dwa przykłady: angielskiego teologa Johna Hicka i Amerykanina Paula Knittera. O pierwszym mówi, że w jego myśli „pojęcia takie jak Kościół, dogmat i sakramenty muszą utracić swój bezwarunkowy charakter. (...) Pojęcie dialogu staje się kwintesencją relatywistycznego credo i antytezą nawrócenia i misji. (...) Relatywistyczna likwidacja chrystologii, a jeszcze bardziej eklezjologii, staje się więc najważniejszym przykazaniem religii". Dla osób myślących tak jak Hick – mówi Ratzinger – każdy, kto odrzuca taką wizję dialogu, jest wrogiem demokracji i przeszkodą w spotkaniu się kultur, „co, jak powszechnie wiadomo, jest obecnie imperatywem". Ci, którzy chcą „pozostać przy wierze w Biblię i Kościół", są zmuszeni udać się na swego rodzaju kulturowe wygnanie.

Knittera z kolei Ratzinger postrzega jako głównego propagatora pluralistycznego poglądu, że praktyka jest ważniejsza od dogmatu. Dialog międzyreligijny powinien skupiać się na budowaniu królestwa, a nie na kwestiach doktrynalnych. Zatem dla amerykańskiego teologa – według Ratzingera – dialog międzyreligijny ogranicza się do programu etycznego lub politycznego. Jest to – mówi Ratzinger – stanowisko samo w sobie sprzeczne, ponieważ jeśli zrezygnuje się z obiektywnej prawdy, to jak stwierdzić, która konkretnie etyka czy polityka jest właściwa? „Wszystkie teorie relatywistyczne łączy to, że nie są one obligatoryjne, a więc stają się powierzchowne albo też zakładają, że mają absolutną normę, która nie występuje w praktyce, wynosząc ją do pozycji absolutyzmu, który tak naprawdę nie istnieje".

Przedstawiona przez Ratzingera argumentacja stanowi wyzwanie, z którym musi zmierzyć się każdy teolog pragnący głosić pluralizm religijny. Na początek Ratzinger nazwał Hicka „amerykańskim prezbiterianinem", chociaż w rzeczywistości jest on Anglikiem (mieszka w Birmingham). A już poważniej, Ratzinger przyznał, że jego ocena zarówno Hicka, jak i Knittera opiera się na wydanej w 1995 roku książce niemieckiego teologa K. H. Menkego, młodego profesora dogmatyki na uniwersytecie w Bonn. W środowisku niemieckich teologów książka Menkego ma opinię tendencyjnej i rojącej się od błędów, aż po takie szczegóły, jak podawanie niewłaściwych numerów stron w przypisach do cytowanych prac.

W 1997 roku Hick opublikował artykuł, w którym odpowiadał Ratzingerowi[13]. Zwrócił w nim uwagę, że Ratzinger błędnie ocenił jedną z jego książek, *Evil and the God of Love* („Zło i Bóg miłości"), uznając, że dotyczy pluralizmu religijnego, podczas gdy w rzeczywistości jest ona poświęcona teodycei. Ponadto Ratzinger błędnie uznał, że Hick jest zwolennikiem i religijnego pluralizmu, i moralnego relatywizmu, podczas gdy w rzeczywistości przyjmuje on to pierwsze, a odrzuca drugie. Hick stwierdził, że Ratzinger oskarżył go o negowanie transcendencji, co nie jest ścisłe. Postrzega on różne religie jako różne sposoby pojmowania „najskrytszej rzeczywistości, którą nazywamy", ale z pewnością nie neguje transcendencji Boga. Hick konkluduje, że znaczna część przeprowadzonej przez Ratzingera analizy „wprowadza w błąd i wyraźnie nie opiera się na gruntownej znajomości tekstów". Ratzinger, jak to miał w zwyczaju, w ogóle nie odpowiedział. Jeden z francuskich dziennikarzy wspominał kiedyś, że po tym, jak paryskie gazety szczególnie ostro krytykowały przemówienie, które wygłosił, Ratzinger powiedział przyjacielowi: „Jestem jak wiolonczelista Rostropowicz – nigdy nie czytam krytyków".

Wojna z teologią pluralizmu: praktyka

Uwzględniając ogrom literatury teologicznej publikowanej każdego roku, kongregacja Ratzingera nie jest w stanie ocenić pracy każdego teologa czy nawet opanować każdego nurtu teologicznego w katolicyzmie. Musi ustalać priorytety, podejmując decyzje, gdzie kryją się największe zagrożenia. (Szczegółowe przedstawienie, jak informacje napływają do urzędu Ratzingera, znajduje się w rozdziale 7., w części „Praca kongregacji".) To, że uznał on teologię pluralizmu religijnego za wroga numer jeden wiary, doprowadziło do skrócenia karier i atmosfery lęku wśród teologów katolickich.

Tissa Balasuriya

2 stycznia 1997 roku oblat Tissa Balasuriya ze Sri Lanki został ekskomunikowany na podstawie kanonu 1364 prawa kościelnego, który odnosi się do apostatów i heretyków, za poglądy na grzech pierwo-

rodny, Matkę Boską i rolę Chrystusa w zbawieniu. Balasuriya, który miał wtedy 72 lata, był dość mało znanym teologiem na zdominowanej przez buddystów Sri Lance, gdzie chrześcijanie stanowią zaledwie osiem procent ludności. Krajowi biskupi badali jego sprawę od 1994 roku. Do ekskomunikowania go doszło, gdy odmówił podpisania Wyznania Wiary przedłożonego mu przez kongregację doktrynalną, w którym znajdował się zakaz ordynacji kobiet. Balasuriya, który wierzy, że Matka Boska była pierwszą kapłanką, zaproponował w zamian, że podpisze Wyznanie Wiary wydane przez Pawła VI, ale z zastrzeżeniem, że zgadza się z wyrażonymi w nim zasadami „w kontekście postępu teologii i praktyki kościelnej od Soboru Watykańskiego II oraz wolności i odpowiedzialności chrześcijan i uczonych teologów zgodnie z prawem kanonicznym". To było nie do przyjęcia dla Ratzingera, podjęto więc decyzję o ekskomunice.

Na świecie odebrano to przede wszystkim jako karę niewspółmierną do przewinienia. Książka Balasurii *Mary and Human Libeberation* („Matka Boska i wyzwolenie") została wydrukowana przez jego mały ośrodek teologiczny i przed interwencją Watykanu sprzedano jej zaledwie kilkaset egzemplarzy. Po niej sprzedawała się tysiącami, a Balasuriya zyskał rozgłos. Wielu uważało, że Ratzinger popełnił błąd, dając Balasurii odskocznię, dzięki której osiągnął to, do czego nigdy nie doszedłby o własnych siłach, ale Ratzinger najwyraźniej był przekonany, że gra toczy się o wysoką stawkę.

Z jego punktu widzenia zasadniczą kwestią był upór, z jakim Balasuriya głosił, że religie azjatyckie są prawomocne i prawdziwe. W podpisanym przez Ratzingera liczącym 1800 słów powiadomieniu o ekskomunice trzykrotnie zarzucono Balasurii „relatywizowanie" lub „relatywizm" w odniesieniu do wiary. Ratzinger napisał, że Balasuriya „nie uznaje nadprzyrodzonego, jedynego w swoim rodzaju i niepowtarzalnego charakteru Objawienia Jezusa Chrystusa, umieszczając domniemania tego Objawienia na równi z innymi religiami. Utrzymuje w szczególności, że pewne «domniemania» związane z mitami bezkrytycznie uznano za ujawnione fakty historyczne, które po ideologicznej interpretacji dokonanej przez duchownych «sprawujących władzę» w Kościele ostatecznie stały się nauczaniem Magisterium".

Balasuriya nie przejął się tym oświadczeniem. „Należę do wspólnoty uczniów Jezusa bardziej niż kiedykolwiek wcześniej – powiedział. – Jest to też łączność mistyczna, duchowa. Być może z prawnego punktu widzenia jestem odcięty, ale duchowo jestem w większej bliskości niż kiedykolwiek wcześniej. Kongregacja Nauki Wiary spra-

wiła, że jestem w łączności z ludźmi z całego świata. To piękne przeżycie, myślę więc, że jest w tym coś opatrznościowego".
Ostatecznie jego optymizm okazał się uzasadniony. 15 stycznia 1998 roku jego ekskomunikę zniesiono. Balasuriya powiedział, że było to efektem „uczciwego i honorowego" porozumienia. Ratzinger wycofał wcześniejsze żądanie, żeby Balasuriya podpisał opracowane dla niego Wyznanie Wiary. Zamiast tego na „uroczystości pojednania" odczytał Wyznanie Wiary napisane przez papieża Pawła VI, bez dodatkowego warunku, który Ratzinger uznał za niemożliwy do przyjęcia. Balasuriya przyznał się do „błędnych spostrzeżeń" i zgodził przedkładać w przyszłości wszystkie swoje teksty biskupom, aby uzyskać imprimatur. W podpisanym przez niego oświadczeniu opublikowanym 22 stycznia w ogólnokrajowej gazecie katolickiej na Sri Lance stwierdził, że w jego pismach „dostrzeżono poważne niejasności i błędy doktrynalne". Powiedział, że żałuje „krzywdy", jaką te spostrzeżenia wyrządziły.

Historycy Kościoła będą się spierać, kto wygrał w tym sporze, ale przesłanie z Rzymu było oczywiste: każdego teologa katolickiego, który posuwa się zbyt daleko, głosząc niezależną prawomocność innych religii, który dąży do „zaadaptowania" dogmatu katolickiego dla potrzeb dialogu międzyreligijnego, czekają drakońskie konsekwencje. Niewielu teologów prawdopodobnie widzi w sprawie Balasurii, nawet pomimo jej wyraźnie szczęśliwego zakończenia, zachętę do zabiegania o pluralizm religijny.

Perry Schmidt-Leukel

Jedną z często przytaczanych na obronę Ratzingera kwestii jest to, że faktyczna liczba teologów ukaranych przez Kongregację Nauki Wiary za jego rządów jest dość mała. Nikt nie zna rzeczywistej ich liczby, ponieważ większość spraw jest zachowywana w tajemnicy, ale całkowita liczba znanych osób publicznie potępionych wynosi może tuzin. Mimo to wpływ cenzury watykańskiej wykracza poza osobę, której bezpośrednio dotknęła. Gdy Ratzinger potępia teologa, odrzuca też, choć nie wprost, jego teologię, tak więc każdy, kto sympatyzuje z poglądami tej osoby, otrzymuje ostrzeżenie. Podobnie władze kościelne niższego szczebla, i często wszczyna się postępowania dyscyplinarne bez żadnego wyraźnego związku z Ratzingerem, z powodu ustalonych przez niego priorytetów doktrynalnych. Zatem całkowita liczba teologów, którzy ponieśli konsekwencje swoich wystąpień, jest dużo większa niż tych kilka osób, które publicznie ukarał Ratzinger.

Dobrym przykładem jest przypadek niemieckiego teologa Perry'ego Schmidt-Leukela, eksperta do spraw dialogu międzyreligijnego, którego monografię z 1997 roku *Theologie der Religionen: Probleme, Optionen, Argumente* („Teologia religii: problemy, możliwości, argumenty") uważa się za jedno z autorytatywnych dzieł poświęconych temu zagadnieniu. W pierwszym przypisie do przemówienia w Meksyku z 1996 roku, w którym Ratzinger zaatakował teologię pluralizmu religijnego, wspomina się o przeglądzie literatury Schmidt-Leukela; sugeruje to, między innymi, że gdy katolicki teolog zobaczy swoje nazwisko wymienione w przypisach Ratzingera, może szukać porady dobrego specjalisty prawa kanonicznego.

Schmidt-Leukel jest świeckim teologiem, który ma żonę i dwoje dzieci, studia doktoranckie odbył na Uniwersytecie Monachijskim, a jego praca doktorska była poświęcona chrześcijańskiemu rozumieniu buddyjskiej koncepcji zbawienia. W 1996 roku, gdy pracował jako wykładowca kontraktowy w Monachium, skończył pracę habilitacyjną, w której przedstawił trzy ogólne chrześcijańskie podejścia do pluralizmu religijnego: ekskluzywizm (zbawienie tylko przez Chrystusa, niechrześcijanie są z niego wyłączeni); inkluzywizm (zbawienie przez Chrystusa, ale niechrześcijanie mogą być do niego włączeni) i pluralizm (zbawienie może dokonać się w różnych tradycjach religijnych). Skłania się ku opcji pluralistycznej, twierdząc, że pluralizm w tym znaczeniu powinien być przynajmniej zachowany w teologii katolickiej jako uprawniona hipoteza.

Po uzyskaniu habilitacji Schmidt-Leukel złożył podanie o stanowisko profesorskie na Uniwersytecie Monachijskim. Zgodnie z ustaleniami konkordatu zawartego między Bawarią i Stolicą Apostolską, kandydat na stanowisko profesora teologii na uniwersytecie państwowym musi zostać zatwierdzony przez bawarskiego ministra kultury, który z kolei musi uzyskać *nihil obstat* arcybiskupa Monachium, potwierdzające, że kandydat jest akceptowany. Schmidt-Leukel dowiedział się, że kardynał Friedrich Wetter ma zastrzeżenia dotyczące jego prac. W grudniu 1996 roku został zaproszony na – jak to ujęto – nieoficjalną pogawędkę. W rzeczywistości – mówi – był to proces inkwizycyjny ze świadkami. Wetter zarzucił zaproszonemu teologowi, że traktuje chrześcijaństwo jako zaledwie hipotezę, czemu ten zaprzeczył. Później stwierdził, że było oczywiste, iż ani Wetter, ani jego doradcy nie przeczytali jego pracy. Trzy miesiące później wezwano go na następne spotkanie, na którym odniósł wrażenie, że Wetter zmienia zdanie. „Myślałem, że udało mi się wyjaśnić podstawowe kwestie. Wydawało się, że doszedł do pewnego zrozumienia tej problematyki" – powiedział Schmidt-Leukel. Wizyta zakończyła się obietnicą ponownego spotkania.

Nigdy już jednak do niego nie doszło. W marcu 1998 roku Schmidt-Leukela powiadomiono, że Wetter odmówił mu *nihil obstat*, droga do stanowiska profesorskiego była więc dla niego zamknięta. List od bawarskiego ministra kultury z dnia 4 marca 1998 roku otwarcie stawiał sprawę: „Arcybiskup Monachium i Fryzyngi w liście z 12 lutego 1998 roku, na podstawie artykułu 3. paragraf 2. Konkordatu Bawarskiego, zgłosił zastrzeżenie do przyznania prawa do nauczania doktorowi Perry'emu Schmidt-Leukelowi na tej podstawie, że dr Perry Schmidt-Leukel jest przedstawicielem pluralistycznej teologii religii, która stoi w sprzeczności z najważniejszą prawdą wiary o odkupieniu przez Jezusa Chrystusa i z rozumieniem chrześcijańskiego Objawienia. Minister kraju związkowego nie ma zatem (...) podstaw prawnych, by przyznać prawo nauczania"[14].

Teoretycznie zakaz Wettera zamykał drogę do profesury teologicznej tylko w Monachium. Ale jego rzeczywisty zasięg był o wiele szerszy. Władze kościelne naciskały na Uniwersytet Monachijski, żeby zrezygnował ze Schmidt-Leukela jako wykładowcy kontraktowego, chociaż stanowisko to nie wymagało *nihil obstat*. Teolog stwierdził, że stał się persona non grata na wszystkich niemieckojęzycznych wydziałach teologii katolickiej, ponieważ żaden biskup nie chciał, żeby wyglądało, iż sprzeciwia się decyzji Wettera. W następnym semestrze Schmidt-Leukel został zaproszony przez uniwersytet w Salzburgu w Austrii do objęcia stanowiska tymczasowego wykładowcy, na czas poszukiwania przez uniwersytet wykładowcy na stałe. Arcybiskup Georg Eder z Salzburga zmusił uniwersytet do wycofania tego zaproszenia, a następnie wyraził na nie zgodę pod warunkiem że uniwersytet będzie organizował spotkania, na których stanowisko Schmidt-Leukela będzie krytykowane. Nawet wtedy Eder wycofał tę zgodę dwadzieścia cztery godziny później, gdy się dowiedział, że Schmidt-Leukel złożył podanie o etat w Salzburgu. Dopiero gdy zgodził się je wycofać, Eder pozwolił mu rozpocząć cykl wykładów.

Schmidt-Leukel z rodziną przeprowadził się następnie do Glasgow w Szkocji, gdzie zdobył stanowisko profesorskie na tamtejszym niewyznaniowym uniwersytecie. „Było to dla mnie jak zbawienie – powiedział. – W przeciwnym razie groziło mi, że w wieku czterdziestu pięciu lat, z dwojgiem małych, adoptowanych dzieci, zostanę bez pracy". Schmidt-Leukel powiedział, że uważa za „prawdopodobne", iż Wetter, zanim odmówił mu *nihil obstat*, konsultował się z Ratzingerem, ale nie ma żadnego dowodu. Skutkiem takich potępień jest to, że „młodzi studenci nie ośmielają się mówić czy pisać tego, co naprawdę myślą, zwłaszcza doktoranci. Za bardzo się boją". Mimo to Schmidt-Leukel pozostaje optymistą i uważa, że kiedyś rzymski katolicyzm opowie się za ideą pluralizmu. „Kościół nie jest takim monolitem, jakim chcieliby go czasami widzieć ludzie w Rzymie" – stwierdził.

Anthony de Mello

„O nikim nie można powiedzieć, że dotarł do szczytu prawdy – napisał kiedyś hinduski jezuita Anthony de Mello – dopóki tysiąc uczciwych ludzi nie oskarży go o bluźnierstwo". Jeśli to prawda, to 23 sierpnia 1998 roku odrobinę przybliżył de Mella do tego szczytu, ponieważ Kongregacja Nauki Wiary potępiła słynnego autora bestsellerów, które łączą duchowość zachodnią i wschodnią, za „relatywizowanie" wiary i szerzenie „religijnego indyferentyzmu". Kongregacja doktrynalna zarzuciła de Mellowi, który zmarł na chorobę serca w 1987 roku, głoszenie poglądu, że „uważanie Boga własnej religii za jedynego jest zwykłym fanatyzmem".

W liście z 23 lipca 1998 roku Ratzinger powiadomił przewodniczących konferencji biskupów z całego świata o mającym nastąpić oświadczeniu. Zwrócił się do biskupów z prośbą, żeby postarali się wycofać z obiegu książki de Mella lub zadbać, żeby drukowano je z poniższym ostrzeżeniem:

> Jego książki, które niemal zawsze mają formę krótkich opowiadań, zawierają pewne istotne mądrości Orientu. Mogą one być przydatne w osiąganiu samokontroli, w pokonywaniu ograniczeń i uczuć, które uniemożliwiają nam bycie wolnymi, i w podchodzeniu ze spokojem do zmiennych kolei życia. (...) Ale w pewnych fragmentach już tych wczesnych książek, a w jeszcze większym stopniu w dziełach późniejszych, zauważa się coraz silniejsze dystansowanie się od podstawowych treści wiary chrześcijańskiej. W miejsce Objawienia, które dokonało się poprzez osobę Jezusa Chrystusa, stawia on przeczucie Boga bez postaci czy oblicza, posuwając się aż do mówienia o Bogu jako czystej pustce.

Zawiadomienie wysłane przez kongregację ostrzega dalej, że myśl de Mella „prowadzi do zaprzeczenia, iż Biblia zawiera prawomocne stwierdzenia na temat Boga". Jest on przekonany, że Jezus nie jest Synem Bożym, ale jednym z wielu mistrzów duchowych; że pytanie o życie po śmierci jest bez znaczenia; że nie ma żadnych obiektywnych zasad moralnych i że Kościół stanowi przeszkodę w poszukiwaniu prawdy. Zatem „ta kongregacja stwierdza, że wyżej wymienione tytuły są niezgodne z wiarą katolicką, a nawet mogą wyrządzić poważną szkodę"[15].

Koledzy de Mella w większości odrzucają tezę, że podkopywał nauczanie Kościoła. „Jest mi niezwykle trudno uwierzyć, że ktokolwiek mógłby uznać cokolwiek, co mówi de Mello, za coś innego niż tylko ortodoksję – powiedział jezuita Francis Stroud. – Był bardzo pobożnym duchownym". Stroud, który współpracował z de Mellem, obecnie prowadzi „De Mello Spirituality Center" na Fordham University w Nowym Jorku. „De Mello faktycznie podkreślał, że Bóg jest tajemnicą – powiedział Stroud. – Ale przytaczał słowa św. Tomasza z Akwinu, który mówił dokładnie to samo. (...) Nigdy nie negował czegoś takiego jak koncepcja Boga osobowego. Gdy ktoś sobie żartował, mówiąc, że będzie miał kłopoty, odpowiadał: «Nie ten przebiegły jezuita». Ktoś [Ratzinger] go nabrał, ktoś go oszukał – powiedział Stroud. – Trudno mi uwierzyć, że dałby się na to nabrać".

O krokach Watykanu od jakiegoś czasu krążyły plotki w Indiach. W 1996 roku ówczesny prowincjał jezuitów w Azji Południowej, ojciec Varkey Perekkatt, powiedział agencji informacyjnej UCA, że prosił kolegów na całym świecie o pomoc w obronie de Mella przed atakami „zachodnich prawicowych gazet katolickich". Perekkatt powiedział, że krytyka w znacznym stopniu koncentrowała się na pracach opublikowanych po śmierci de Mella. Dodał, że taśmy z wykładami i rekolekcjami de Mella zostały wydane wbrew wyraźnemu zakazowi jezuity. Do sprawy tej wrócił 25 sierpnia 1998 roku obecny prowincjał jezuitów w Azji Południowej, ojciec Lisbert D'Souza, który powiedział, że niektóre z tych pośmiertnie wydanych dzieł sprawiły, iż de Mello był „rażąco błędnie rozumiany". Hinduscy jezuici, stwierdził, za autentyczne uważają tylko dziewięć książek.

Czas wydania tego oświadczenia – ponad dziesięć lat po śmierci de Mella – wiele osób zdezorientował. „To raczej dziwne potępiać kogoś, kto nie ma żadnej możliwości obrony – powiedział Eric Major, dyrektor działu książek religijnych w wydawnictwie Doubleday, które jest – dzięki serii „Image" – największym wydawcą książek de Mella w Stanach Zjednoczonych. – Dlaczego teraz?" Doubleday ma w ofercie osiem tytułów kontrowersyjnego jezuity, których łączna sprzedaż – według Majora – wynosi „miliony egzemplarzy". Powiedział, że „trudno prosić świeckie wydawnictwo" o wycofanie tych książek. Doubleday „chętnie wysłucha zastrzeżeń, tytuł po tytule", ale Major powiedział, że firma „zastrzega sobie jako wydawca publikujący przez dwadzieścia lat jego dzieła, do których nie było najmniejszych zastrzeżeń, prawo do służenia Kościołowi katolickiemu w jak najszerszej sferze". Oświadczenie to miało przynajmniej jeden skutek. W katolickiej księgarni w Londynie nad książkami de Mella umieszczono ostrzeżenie o następującej treści: „Uprzejmie informujemy, że Watykan uznał książki ojca Anthony'ego de Mello za niezgodne z doktryną. Możecie je czytać na własne ryzyko".

Prowincjałowie jezuitów z Azji stanęli w jego obronie. „Anthony de Mello był pionierem połączenia azjatyckiej i chrześcijańskiej duchowości i sposobów modlitwy – stwierdzili. – Pomógł tysiącom ludzi w Azji Południowej i na całym świecie osiągnąć wolność i pogłębić życie modlitwą, na co mamy liczne dowody, a także wiemy o tym z osobistego doświadczenia". Prowincjałowie wezwali do „uprawnionego pluralizmu w teologii w jedności w wierze" i do „zasady subsydiarności w procesie decyzyjnym w Kościele, który jest też wspólnotą Kościołów lokalnych". „Gdy decyzje podejmowane są jednostronnie bez porozumienia z Kościołami azjatyckimi, mamy do czynienia z brakiem zrozumienia dla różnic i dla właściwych procedur" – stwierdzili. – Obawiamy się, że interwencje tego rodzaju są w ostatecznym rozrachunku szkodliwe dla życia Kościoła, dla sprawy ewangelii i dla zadania interpretacji Słowa tym, którzy nie należą do zachodniej tradycji kulturalnej".

Jacques Dupuis

W listopadzie 1998 roku belgijski jezuita Jacques Dupuis potwierdził medialne pogłoski, że bierze urlop na Papieskim Uniwersytecie Gregoriańskim, żeby odpowiedzieć na doktrynalne śledztwo w sprawie swej książki *Ku chrześcijańskiej teologii pluralizmu religijnego* (Orbis, 1997). W książce tej Dupuis, który przed przyjazdem do Rzymu, gdzie wykładał i pełnił funkcję doradcy Papieskiej Rady ds. Dialogu Międzyreligijnego, przez trzydzieści sześć lat nauczał teologii w Indiach, starał się pogodzić aprobujący pogląd na religie niechrześcijańskie z tradycyjnym nauczaniem Kościoła. Argumentację swoją oparł na gruntownej analizie wszystkich związanych z tym zagadnieniem dokumentów Magisterium Kościoła. Zajął stanowisko, które większość uczonych badających tę dziedzinę uznała za umiarkowane, a efektem jego pracy była pewna postać „inkluzywizmu": przekonanie, że zbawienie jest najpełniej dostępne poprzez Jezusa (Jego odkupienie jest „konstytutywne" dla zbawienia człowieka), ale też akty zbawcze mogą się dokonać w ramach innych tradycji.

Dupuis sięga po Ewangelię św. Jana, żeby dowieść, że ponieważ Logos jest wieczny, istniał przed wcieleniem się w Jezusa i działał w innych kulturach. Stwierdzono to wprost w Liście do Rzymian, w którym czytamy: „Wielokrotnie i na różne sposoby przemawiał niegdyś Bóg do ojców przez proroków, a w tych ostatecznych dniach przemówił do nas przez Syna". Na mocy tego samego rozumowania Logos może nadal działać w innych religiach, dając natchnienie do zbawczych myśli, do których każdy może dojść, podczas gdy Jezus pozostaje jedynym w swoim rodzaju „sakramentem" Boga. Dupuis powołuje się na przymierza Boga z Adamem i Noem, które zawarto przed wezwaniem Abrahama, a więc symbolizują one przymierza z całą ludzkością. Jeśli Kościół wierzy, że przymierze z Abrahamem nadal obowiązuje, dlaczego miałoby być inaczej z tamtymi dwoma? Dupuis dowodzi, że chrześcijańska działalność misyjna powinna mieć szersze cele niż tylko nawracanie. Jej celem powinno być budowanie królestwa Bożego, co określił mianem poglądu „regnocentrycznego".

Podejście to stanowiło istotę stanowiska, które zajęła Federacja Konferencji Biskupów Azji w Tezach o dialogu międzyreligijnym z 1987 roku. Biskupi stwierdzili: „Istotą misji ewangelizacyjnej Kościoła jest budowanie królestwa Bożego i budowanie Kościoła służącego temu królestwu. Królestwo jest zatem czymś większym od Kościoła".

Książka Dupuis zebrała na ogół pozytywne recenzje. Otrzymała między innymi drugą nagrodę w dziedzinie teologii Amerykańskiego Stowarzyszenia Prasy Katolickiej; jurorzy powołali się na jej „klarowność i podejście pełne respektu". Na okładce wydania w twardej oprawie znajdowała się notka biskupa Michaela L. Fitzgeralda, sekretarza Papieskiej Rady ds. Dialogu Międzyreligijnego. „Mistrzowskie przedstawienie historii postaw chrześcijaństwa wobec innych religii – napisał Fitzgerald. – Dupuis prezentuje ogólną teologię religii w sposób zarazem gruntowny i interesujący". (Notkę tę usunięto z późniejszego wydania w miękkiej oprawie.) Lawrence S. Cunningham, były dziekan wydziału teologii na University of Notre Dame, podzielał te odczucia, pisząc w „Commonweal" w czerwcu 1998 roku, że książka Dupuis „powinna się stać lekturą obowiązkową w tej najbardziej palącej kwestii teologii". Nawet „Thomist", periodyk teologiczny redagowany przez dominikanina Augustina Di Noię, głównego teologa biskupów amerykańskich, ostrożnie pochwalił książkę Dupuis. W recenzji stwierdzono, że stanowi ona „poważne osiągnięcie", które „będzie przez długi czas ważnym punktem odniesienia w tej dziedzinie".

Siedemdziesięcioczteroletni Dupuis rozmawiał ze mną z Rzymu w listopadzie 1998 roku o przesłuchaniu przed Kongregacją Nauki Wiary. „Treść tego przesłuchania jest ściśle zastrzeżona – przytoczyłem jego słowa w «National Catholic Reporter». – Nie mogę wchodzić w szczegóły, nie pogarszając sprawy. Nie mogę o tym rozmawiać nawet z moimi kolegami czy studentami. Jedyne, co mogę stwierdzić publicznie, to tylko to, że byłem przesłuchiwany". Dupuis powiedział, że w dołączonym liście Kongregacja Nauki Wiary zakazywała mu w okresie poprzedzającym przesłuchanie „szerzenia idei, w sprawie których jestem przesłuchiwany, w nauczaniu, pisaniu lub wykładach publicznych".

Uniwersytet Gregoriański wydał oświadczenie, w którym stwierdza się, że Dupuis zostanie zwolniony z obowiązku nauczania na następne trzy miesiące. Generał zakonu jezuitów, a także wicerektor Uniwersytetu Gregoriańskiego Hans Peter Kolvenbach powiedział, że celem tego kroku jest stworzenie przesłuchiwanemu teologowi możliwości przygotowania obrony. Dupuis oznajmił, że decyzji tej nie należy rozumieć jako „zawieszenia" i że podjęto ją za jego zgodą. „To jedyne, co można było zrobić – stwierdził. – Jak można uczyć, gdy się nie wie, co się myśli?"

Niektóre źródła uważały, że Ratzinger działał z pobudek osobistych. Pod koniec lat osiemdziesiątych Dupuis był jednym z głównych autorów dokumentu zatytułowanego *Dialog i głoszenie*, który pierwotnie miał zostać ogłoszony przez Papieską Radę ds. Dialogu Międzyreligijnego. Ratzinger jednak uważał, że pierwsze szkice dokumentu zbyt mały nacisk kładły na działalność misyjną, i nakazał Kongregacji ds. Ewangelizacji Narodów, żeby włączyła się w redakcję tekstu. Efektem było przeciąganie liny między obiema kongregacjami – na każde pozytywne sformułowanie o dialogu pierwszej druga odpowiadała zawołaniem wojennym o większą liczbę nawróceń. W późniejszej analizie tego dokumentu Dupuis wspominał o wewnętrznych napięciach występujących w dokumencie i sugerował, że zaciemnia to stanowisko Magisterium. „Myślę, że może to być jeden z powodów, że zawzięli się na niego – powiedział pewien teolog katolicki znający zarówno Dupuis, jak i Kongregację Nauki Wiary. – Ujawnił, jak niespójny jest ten dokument".

Sprawa Dupuis doprowadziła do nietypowego spektaklu: dwaj kardynałowie ścierają się publicznie, podczas gdy emerytowany kardynał Franz König z Wiednia staje w obronie napiętnowanego teologa w artykule zamieszczonym w mającym swoją redakcję w Londynie katolickim piśmie „Tablet". König wezwał urząd Ratzingera, żeby był mniej zachowawczy, gdy analizuje nowe koncepcje w zagadnieniach międzyreligijnych. Przestrzegł Kongregację Nauki Wiary, że zachodnie pochodzenie jej analityków szczególnie utrudnia zrozumienie wschodnich nurtów teologicznych. Obecnie dziewięćdziesięciotrzyletni kardynał, w epoce zimnej wojny pełnił w austriackim Kościele funkcję prymasa i od dawna interesował się dialogiem międzyreligijnym. König powiedział: „Nie mogę dłużej milczeć, ponieważ serce mi krwawi, gdy widzę tak oczywistą krzywdę wyrządzaną wspólnemu dobru Kościoła Bożego". Zasugerował, że Kongregacja Nauki Wiary powinna „znaleźć lepsze metody wykonywania swojej pracy, żeby skutecznie służyć Kościołowi". Stwierdził, że większość członków Kongregacji Nauki Wiary „bardzo się obawia, że dialog międzyreligijny zrówna wszystkie religie (...). Ale jest to niewłaściwe podejście do dialogu z religiami wschodnimi. Przypomina to kolonializm i trąci arogancją". Na koniec przypomniał, że wraz z Soborem Watykańskim II i *Redemptoris missio* Kościół zrewidował swoje „apologetyczne i zachowawcze nastawienie" do religii niechrześcijańskich[16].

Ratzinger wysmażył odpowiedź do „Tablet", dowodząc, że jego urząd, gdy chroni wiarę i wiernych przed konceptami, które zrównują znaczenie wszystkich religii, tylko wykonuje zadanie, do którego został powołany. Wyraził „zdumienie" krytycznymi uwagami Königa. Stwierdził, że skierowana do Dupuis prośba o wyjaśnienia była podjętą dyskretnie „próbą rozmowy". „Czy rozmowa z autorami ma być nam zabroniona? Czy próba poufnego wyjaśnienia trudnych kwestii jest czymś złym?" – napisał Ratzinger. Kongregacja nie upubliczniła tej sprawy, stwierdził. Ktokolwiek to uczynił, być może chciał „nastawić opinię publiczną przeciwko naszej dykasterii". Stwierdził, że trzeba zadać sobie dwa zasadnicze pytania: „Czy chrześcijanin zaangażowany w dialog może wyrzec się swojego przekonania religijnego, że Chrystus jest prawdziwym Synem Bożym i że w chrześcijaństwie jest coś unikatowego?" i „Czy jest uczciwy wobec siebie i wobec innych, gdy przekonanie to odrzuca?" Ratzinger wtrącił mimochodem, że nie uważa, iż Dupuis to zrobił. Było mu przykro, że König przywoływał nauczanie papieża i soboru przeciwko kongregacji. „Nie potrafię sobie wyobrazić, że naprawdę wierzysz, iż myślenie kongregacji stoi w sprzeczności z Soborem Watykańskim II i z fundamentalną encykliką o działalności misyjnej" – stwierdził. Gdyby tak było, to papież nie zatwierdziłby osobiście przeprowadzenia przez kongregację rozmowy z Dupuis, „jak to faktycznie uczynił". Ratzinger poprosił Königa, by ponownie przeczytał encyklikę papieską.

König nie był jedynym obrońcą Dupuis. Arcybiskup Henry D'Souza z Kalkuty, przewodniczący Konferencji Biskupów Katolickich Indii, napisał do Dupuis – który pełnił funkcję doradcy teologicznego Federacji Azjatyckich Konferencji Biskupów – list z wyrazami poparcia. „Nie sądzę, żebyś miał większe trudności z wyjaśnieniem swojego stanowiska – napisał D'Souza. – Niemniej jednak martwią mnie skutki uboczne. Żaden teolog nie będzie chciał pisać zgodnie z tym, co myśli, jeśli takie jest podejście". Arcybiskup stwierdził, że Dupuis jest znany ze swojej „ortodoksji i prowadzenia dociekań teologicznych niezmiennie w zgodzie z nauczaniem Kościoła".

Balasuriya, który w wielu kwestiach idzie znacznie dalej niż Dupuis, również wystąpił po jego stronie. „Był z nami przez długi czas, spędziwszy dwadzieścia do trzydziestu lat w Azji, i czegoś się tutaj nauczył – powiedział w wywiadzie w sierpniu 1999 roku. – Nauczywszy się czegoś od Indii, chce przekazać to w Rzymie. Musimy bronić naszych misjonarzy na Zachodzie. Cenimy go i wierzymy, że stał się powrotnym misjonarzem".

Pod koniec 1999 roku Dupuis dowiedział się, że obszerne wyjaśnienia, które przedłożył kongregacji, są niewystarczające. W chwili, gdy piszę te słowa, jego sprawa ciągle nie jest rozstrzygnięta.

Ratzinger a religie

Jeśli przyjmiemy założenie, że tylko chrześcijaństwo podaje całą prawdę o ludzkiej egzystencji, to wynika z tego, że innym tradycjom religijnym tej prawdy brakuje. Nie jest więc niczym zaskakującym, że Ratzinger miał do powiedzenia o innych religiach coś krytycznego. W większości wypadków nie chodzi o to, że jest on celowo obraźliwy; rzecz raczej w tym, czy jego stanowisko teologiczne nieuchronnie przyczynia się do powstawania podziałów, a jeśli tak, jakie to ma znaczenie dla dążenia do pokoju między religiami.

Judaizm

Ratzinger, powtarzając zarówno *Nostra aetate*, jak i wyciągnięcie ręki przez Jana Pawła II do judaizmu, odrzucił chrześcijański stereotyp żydów jako łotrów, którzy zabili Jezusa. W 1994 roku w przemówieniu w Jerozolimie przytoczył słowa nowego Katechizmu Kościoła Katolickiego: „Wszyscy grzesznicy byli sprawcami męki Chrystusa". W tym jerozolimskim przemówieniu, wygłoszonym na pierwszej w historii Międzynarodowej Żydowsko-Chrześcijańskiej Konferencji na temat Współczesnych Wyzwań Społecznych i Naukowych, Ratzinger usilnie nakłaniał do porozumienia między żydami i chrześcijanami. „Po Auschwitz misja pojednania i akceptacji nie może czekać". Zakończył wspomnieniem z dzieciństwa: „Nie mogłem zrozumieć, że niektórzy ludzie chcą wywodzić potępienie żydów ze śmierci Jezusa, ponieważ następująca myśl tkwiła w mojej duszy, jako coś głęboko pocieszającego: krew Jezusa nie nawołuje do żadnych odwetów, ale wzywa wszystkich do pojednania". Ponieważ dzieciństwo Ratzingera upłynęło w nazistowskich Niemczech, była to uwaga dramatyczna.

Ratzinger podkreślił bliską teologiczną więź między tymi dwoma wyznaniami, wykorzystując opowieść św. Łukasza o Trzech Królach jako metaforę tego, jak Jezus poprowadzi wszystkie narody do Ludu Bożego, który powstał z Abrahama. Mimo to nie wycofał się z twierdzenia, że chrześcijaństwo „wypełnia" judaizm. Zacytował św. Augustyna: „Nowy Testament kryje się w Starym; Stary jest wyrażony wprost w Nowym". Ratzinger nie wspomniał też ani słowem o jednej z najbardziej spornych kwestii w stosunkach żydowsko-chrześcijańskich: czy chrześcijanie powinni dążyć do nawracania żydów czy nie.

W wywiadzie udzielonym w 1987 roku włoskiej gazecie „Il Sabato" zasugerował, że żydzi mogą pozostać w pełni wierni swojemu dziedzictwu tylko, zostając chrześcijanami. „Papież okazał szacunek, ale też wskazał teologiczny kierunek. Zawsze wskazuje on na naszą jedność z wiarą Abrahama, ale też rzeczywistość Jezusa Chrystusa, w którym wiara Abrahama znajduje swoje spełnienie" – powiedział. Ratzinger wspomniał o Edycie Stein, żydówce, która przeszła na katolicyzm, wstąpiła do zakonu karmelitanek i została zamordowana przez nazistów. „Znajdując wiarę w Chrystusa, objęła pełne dziedzictwo Abrahama", stwierdził Ratzinger, według informacji Associated Press o tym włoskim artykule. „Odrzuciła swoje żydowskie dziedzictwo, żeby posiąść dziedzictwo nowe i odmienne. Ale wkraczając w jedność z Chrystusem, wkroczyła w samo serce judaizmu". Uwagi te zbulwersowały wielu żydowskich przywódców. W proteście odwołano wyznaczony na 14–16 grudnia 1987 roku w Waszyngtonie szczyt hierarchów żydowskich i katolickich. Ratzinger powiedział, że jego słowa zostały wyrwane z kontekstu i błędnie przetłumaczone. Watykan wydał oświadczenie streszczające „intencję kardynała Ratzingera" wraz z zapisem wywiadu po niemiecku. Część żydowskich przywódców pozostała nieusatysfakcjonowana. „Niemiecki jest moim językiem ojczystym" – powiedział rabin Wolfe Kelman z Nowego Jorku, wiceprzewodniczący wykonawczy Rabinicznego Zgromadzenia Konserwatywnego Judaizmu. Jego zdaniem tekst niemiecki „nie zmienia stanowiska [Ratzingera]; jeśli już, to je wzmacnia (...). To, co mówi Ratzinger, sprowadza się do tego, że ideałem dla żydów jest zostać chrześcijanami".

Na konferencji prasowej w Nowym Jorku krótko po ukazaniu się tego artykułu zapytano Ratzingera, czy katolicy mogą nawiązać dialog, wierząc, że Stary Testament jest odrębną całością, czy też muszą przyznać, że Stary Testament bez Nowego jest niekompletny. Udzielił dwuczłonowej odpowiedzi: „Myślę, że dobra teologia chrześcijańska musi bardzo głęboko analizować Stary Testament i musi też słuchać interpretacji żydowskiej, ponieważ oni są właścicielami Starego Testamentu. (...) Nowy Testament jest również pismem świętym w tym znaczeniu, że daje chrześcijanom klucz do Starego Testamentu, a bez Starego Testamentu Nowy Testament nie mógłby nam nic dać".

Po drugie, powiedział, szczególnym punktem rozmów musi być to, że chrześcijanie uważają Nowy Testament za „częściowe" spełnienie Starego Testamentu, choć nie spełnienie całkowite, ponieważ chrześcijańskie pismo święte mówi o królestwie Bożym, które ma nadejść. „Żydzi powiedzieliby, że tak nie jest, i musimy uszanować ich stanowisko". Ratzinger dodał, że jest pewien, iż również żydzi szanują stanowisko katolickie, „więc sądzę, że jeśli chodzi o tę kwestię, to mają dobry dialog". Gdy rabina Henry'ego D. Michelmana, dyrektora wykonawczego Amerykańskiej Rady Synagogalnej, która reprezentuje trzy główne gałęzie judaizmu, poinformowano o oświadczeniu Ratzingera, powiedział: „Nie widzę żadnego wyjaśnienia. Nie widzę żadnego konkretnego kroku naprzód".

Nie ma większych wątpliwości co do osobistego szacunku Ratzingera dla żydów czy sprzeciwu wobec antysemityzmu. Wspomniał o napisie namalowanym na rezydencji kardynała Faulhabera w Monachium w 1938 roku: „Za żydami, miłośnik żydów". Faulhaber przeciwstawiał się podejmowanym przez Alfreda Rosenberga i innych próbom oczyszczenia chrześcijaństwa z elementów żydowskich. Dla Ratzingera ten napis na murze kardynała podsumowywał stanowisko Kościoła. W innych okolicznościach pewien przywódca żydowski zapytał Ratzingera, czy istnienie państwa Izrael ma dla katolików jakieś znaczenie teologiczne, jak to jest w wypadku żydów. Oto odpowiedź, jakiej udzielił: „Jeśli ma znaczenie dla was, musi mieć znaczenie dla nas". Mimo to stanowisko teologiczne Ratzingera wobec judaizmu − mianowicie, że dla chrześcijan żydowska historia i pismo święte osiągają pełnię wyłącznie w Chrystusie − jest dla niektórych żydów głęboko obraźliwe i część uczonych nazwała je formą „teologicznego antysemityzmu".

Islam

Jako trzecia wielka religia monoteistyczna islam również zajmuje szczególną pozycję w chrześcijańskich zapatrywaniach na pluralizm religijny. Jan Paweł II uczynił więcej niż większość jego poprzedników, by wyciągnąć rękę do muzułmanów. 19 sierpnia 1985 roku stał się pierwszym papieżem, który odwiedził kraj muzułmański, gdy przemówił do 80 tysięcy młodych ludzi w Casablance w Maroku, na zaproszenie króla Hassana II. Papież powiedział: „Wasz Bóg i mój jest ten sam, i jesteśmy braćmi i siostrami w wierze Abrahama". Dupuis dowodził, że stwierdzenie papieża było „przyznaniem nie wprost, że muzułmanie są zbawieni na własny sposób jako następcy Abrahama".

Ratzinger nie wykonał żadnych podobnie niezwykłych gestów pod adresem muzułmanów. W 1997 roku wyraził jednak żal z powodu działań Inkwizycji, której celem byli zarówno żydzi, jak i muzułmanie, zwłaszcza w Hiszpanii (hiszpańska Inkwizycja różniła się od Świętej Inkwizycji w Rzymie i nie miała żadnego bezpośredniego związku z urzędem Ratzingera). „Nie wiem, czy jestem właściwą osobą, żeby prosić o przebaczenie, ale żywię przekonanie, że zawsze powinniśmy być świadomi pokusy dla Kościoła, jako instytucji, żeby przekształcić się w państwo, które prześladuje swoich wrogów" − powiedział Ratzinger w wywiadzie udzielonym w Bolonii. Na poziomie osobistym Ratzinger też miał owocne kontakty z przedstawicielami islamu. Gdy irański ajatollah Kashani, członek potężnej Rady Strażników w Teheranie, postanowił napisać książkę porównującą islamskie i chrześcijańskie wątki eschatologiczne, Ratzinger spotkał się z nim w Watykanie, by wymienić poglądy.

Gdy islam stał się najszybciej rozwijającą się religią w Europie, zwłaszcza w Niemczech (trzy miliony muzułmanów stanowią obecnie pięć procent ludności Niemiec), Ratzinger wyraził też niepokój związany z jego wpływem. Zauważył, że muzułmanie postrzegają zachodnie chrześcijaństwo jako skończone i słabe. To powinno budzić troskę ludzi Zachodu, powiedział Ratzinger, ponieważ islam jest w swojej istocie niedemokratyczny. „Trzeba jasno zdać sobie sprawę, że nie jest to po prostu wyznanie, które można włączyć do wolnej sfery pluralistycznego społeczeństwa" – powiedział. Islam nie toleruje też różnic kulturowych. „Nie wolno nam też zapominać, że islam przewodził handlowi niewolników i w żadnym wypadku nie okazywał szacunku Murzynom. A przede wszystkim islam w żadnym stopniu nie ulega inkulturacji". Ratzinger oskarża islam o sprzyjanie swego rodzaju teologii wyzwolenia skierowanej przeciwko Izraelowi, która mówi, że wyzwolenia od Izraela dokona się za pomocą usankcjonowanego przez Boga oporu zbrojnego.

Biorąc pod uwagę te przesłanki, nie jest rzeczą zaskakującą, że Ratzinger poświęca niewiele uwagi dialogowi z islamem. Zdaje się uważać, że będzie to długi proces.

Buddyzm i hinduizm

W wywiadzie z 1997 roku Ratzinger przestrzegał przed powabem buddyzmu. „Jeśli buddyzm jest atrakcyjny, to tylko dlatego, że sugeruje, iż dzięki przynależności do niego można dotknąć nieskończonego i cieszyć się radością bez konkretnych religijnych obowiązków – powiedział Ratzinger. – Jest to duchowość autoerotyczna. (...) W latach pięćdziesiątych ktoś powiedział, że w XX w. zgubę Kościołowi katolickiemu przyniesie nie marksizm, lecz buddyzm. Miał rację". Ratzinger ostrzegał przed „uwiedzeniem" przez tę wschodnią wiarę[17].

Stwierdzenie to powszechnie uznano za obraźliwe. Mariangela Fala, która stoi na czele małej wspólnoty buddyjskiej we Włoszech, zauważyła, że religia „została ufundowana na tolerancji i wzajemnym szacunku dla innych, czyli na czymś, co nie wydaje się jakoś szczególnie widoczne w uwagach Ratzingera". Jego komentarze nazwała „niedoinformowanymi i prowincjonalnymi" i stwierdziła, że rzucają cień na dialog katolicko-buddyjski. W Stanach Zjednoczonych jeden z biskupów wykonał nieczęsto spotykany gest i przeprosił za Ratzingera. Biskup Alexander J. Brunett z Heleny w Montanie, przewodniczący amerykańskiej Komisji ds. Ekumenizmu i Spraw Międzyreligijnych, wystosował przeprosiny w oświadczeniu, w którym z wyprzedzeniem składał życzenia z okazji buddyjskiego święta Vesakh ku czci życia Gautamy Buddy.

W innych okolicznościach Ratzinger pisał o buddyzmie z uznaniem. W swojej pracy z 1977 roku o eschatologii, na przykład, wyjaśnił opóźnienie między indywidualną śmiercią i powszechnym sądem ostatecznym, dowodząc, że jednostki nie mogą osiągnąć pełni szczęścia, dopóki nie zdecyduje się los wszystkich ludzi. „I tutaj możemy ponownie wskazać buddyzm z jego koncepcją bodhisattwy, który odmawia wejścia w nirwanę, dopóki choć jedna istota ludzka pozostaje w piekle", napisał. Przypomina jednak czytelnikowi, że tylko chrześcijaństwo zaspokaja wyrażoną tutaj tęsknotę: „Za tym imponującym pojęciem azjatyckiej religijności chrześcijanin widzi prawdziwego Boddhisattwę, Chrystusa, w którym urzeczywistniło się azjatyckie marzenie".

Ratzinger nazwał doktrynę reinkarnacji „moralnie okrutną" i „pospolitym" ujęciem chrześcijańskiej myśli, że jednostka nie może być spełniona, dopóki inni cierpią z jej powodu. Napawa go troską, że „negatywna teologia" hinduizmu wspiera relatywizm. W książce z 1991 roku *Wesen und Auftrag der Theologie* („Istota i misja teologii") Ratzinger z aprobatą przytacza słowa teologa Alberta Görresa o „hinduizacji" katolicyzmu, w którym tezy doktrynalne nie mają już znaczenia, ponieważ liczy się kontakt z atmosferą duchową wykraczającą poza wszystko, co da się powiedzieć.

Ratzinger zdaje się przyjmować jego odczytanie hinduizmu jako tradycji relatywistycznej. Jednak, na co zwrócił uwagę jezuicki uczony i ekspert do spraw hinduizmu Francis Clooney, nie jest to założenie rozsądne:

> To tradycyjne ujęcie – „tradycyjne", ponieważ przez wieki Europejczycy mieli zwyczaj znajdowania wszystkiego, czego akurat szukali – przedstawia Hindusów i hindusów jako ludzi negujących realność świata i mających niejasny stosunek do prawdy religijnej oraz tolerujących wszelkie poglądy religijne. Wbrew przedstawionej przez kardynała charakterystyce stulecie badań indologicz-

nych pokazuje, że w tradycji hinduizmu jego doktryny i głoszone prawdy są często niezmiernie precyzyjne i rozwinięte oraz że w większości dość chętnie wypowiadają się pozytywnie o świecie, naszych obowiązkach i boskiej interwencji w ludzkie sprawy. (...) Indie nie są naturalnym czy oczywistym sojusznikiem relatywizmu. Tak naprawdę, dopóki nie zostaną szczegółowo i gruntownie przeanalizowane, najlepiej zakładać, że tradycje hinduizmu w chrześcijańskich dyskusjach teologicznych są neutralne[18].

Niepokoje Ratzingera o wschodnie skażenie chrześcijaństwa znalazły wyraz w liście do biskupów Kościoła katolickiego o niektórych aspektach medytacji chrześcijańskiej *Orationis formos* wydanym przez Kongregację Nauki Wiary 14 grudnia 1989 roku. Jego celem było określenie zasad wykorzystania modlitwy i metod medytacyjnych „inspirowanych przez hinduizm i buddyzm, takich jak zen, medytacja transcendentalna czy joga". Czytamy w nim, że prawdziwie chrześcijańska modlitwa „unika technik bezosobowych czy skupienia się na sobie, co może prowadzić do powstania swego rodzaju przyzwyczajenia, które uwięzi modlącą się osobę w duchowej prywatności, niezdolnej do pełnego otwarcia się na transcendentalnego Boga". Gdy chrześcijanin się modli, czyni to zawsze w świetle „ostatecznego objawienia się Boga"; „istnieje ścisły związek między objawieniem i modlitwą".

Nawet w prywatnej modlitwie chrześcijanin modli się „w autentycznym duchu Kościoła", a tym samym pozostaje w łączności z obcowaniem świętych. Modlitwa jest stosowaniem *sentire cum ecclesia*, współodczuwania z Kościołem. Wprawną ręką Ratzingera w dokumencie przedstawiono dwa przykłady błędnego pojmowania modlitwy z Kościoła starożytnego: pseudognostycyzm, który utrzymywał, że osoba ludzka może zdobyć osobiste oświecenie i wykroczyć poza dogmat, i mesalianizm, który utożsamiał osiągnięcie duchowe z doznaniem zmysłowym. Dokument ten dostrzega obie te tendencje, odpowiednio, w New Age i ruchach charyzmatycznych.

Niektórzy chrześcijanie nie wahają się umieszczać tego absolutu bez wyobrażenia czy pojęć, co jest właściwe teorii buddyjskiej, na tym samym poziomie co majestat Boga objawiony w Chrystusie, który góruje nad skończoną rzeczywistością. W tym celu stosują „teologię negatywną", która wykracza poza każde twierdzenie starające się powiedzieć coś o Bogu. Proponują porzucenie nie tylko medytacji o zbawczych dziełach dokonanych w historii przez Boga Starego i Nowego Przymierza, ale samej idei jedynego

Boga w trzech osobach, który jest miłością, na korzyść zanurzenia się w „nieokreślonej otchłani boskości".

W dokumencie tym stwierdza się, że takie metody muszą „zostać poddane gruntownemu zbadaniu w celu uniknięcia niebezpieczeństwa popadnięcia w synkretyzm".

„Wszystkie aspiracje, które wyraża modlitwa innych religii, są spełnione w rzeczywistości chrześcijaństwa w niezmiernym stopniu" – stwierdza dokument. Chrześcijanin nigdy nie ma potrzeby zwracać się ku innym tradycjom, chociaż jest to do przyjęcia, „póki chrześcijańska koncepcja modlitwy, jej logika i wymogi nie są zaciemnione". Jest ważne, by unikać „przesady i stronniczości" wschodnich tradycji duchowych, które są aż nazbyt często polecane ludziom, „niewystarczająco przygotowanym". Stosowanie odpowiednich pozycji ciała (prawdopodobnie jest to odniesienie przede wszystkim do jogi) również jest niebezpieczne: „Może to wyrodzić się w kult ciała i niezauważalnie doprowadzić do uznawania wszelkich doznań cielesnych za doświadczenia duchowe". Poczucie spokoju i rozluźnienia są pożądane, ale nie wolno ich mylić z pocieszeniem Ducha Świętego, szczególnie jeśli życie moralne jest rozbieżne z przeżyciem duchowym. „Nadając [odczuciom] symboliczne znaczenie typowe dla przeżycia mistycznego, gdy kondycja moralna danej osoby nie jest zgodna z takim przeżyciem, będzie to swego rodzaju mentalną schizofrenią, która może doprowadzić również do zaburzeń psychicznych i – niekiedy – do odchyleń moralnych"[19].

O co toczy się gra?

W postzimnowojennym świecie religia jest składnikiem wybuchowego koktajlu, który wyzwala przemoc. Różnice religijne wymieszane z językowymi, narodowościowymi, kulturowymi i geograficznymi często prowadzą do wojny. Na przykład w Sudanie, gdzie w toczonej od dawna wojnie domowej walczą ze sobą muzułmanie z północy z chrześcijanami z południa, od 1983 roku zginęły prawie dwa miliony ludzi, a kolejne cztery musiały opuścić swoje domy. W Kaszmirze, spornej prowincji na granicy między Indiami i Pakistanem, trwa przemoc między hindusami i muzułmanami. W latach dziewięćdziesiątych

XX w. według oficjalnych szacunków władz indyjskich zginęło 24 tysiące ludzi; inni mówią o 40 tysiącach, jeszcze inni o 70 tysiącach. W Irlandii Północnej trwające przez kilka dziesięcioleci walki między katolikami i protestantami kosztowały tysiące ofiar śmiertelnych. Zginęło około 500 brytyjskich żołnierzy, większość z nich padła ofiarą IRA. W tym samym okresie wojska brytyjskie i miejscowe zabiły około 300 osób, niektóre z nich były członkami IRA. Do 14 sierpnia 1990 roku, w dwudziestą pierwszą rocznicę rozlokowania wojsk, śmierć poniosło też 2810 cywilów. Na Bałkanach, gdzie prawosławni Serbowie walczyli z narodami zachodniego chrześcijaństwa z NATO, a także z muzułmańskimi Albańczykami z Kosowa, Serbowie stracili 5 tysięcy żołnierzy i 2 tysiące cywilów. Straty mieszkańców Kosowa wyniosły około 10 tysięcy ofiar śmiertelnych, a ponad 800 tysięcy ludzi stało się uchodźcami. NATO szacuje, że do masowych zabójstw doszło w co najmniej sześćdziesięciu pięciu wsiach.

Wrażenie opinii publicznej, że trzeba pilnie zająć się tymi konfliktami, dobrze oddają słowa Hansa Künga: „Nie ma pokoju na świecie bez pokoju między religiami". Podobnie jak krucjaty Ratzingera przeciwko teologii wyzwolenia, feminizmowi i prawom homoseksualistów, cień, który rzuca on na ekumenizm i dialog międzyreligijny, ma konsekwencje daleko wykraczające poza granice teologii akademickiej. Przyczyniło się to do głębszego podzielenia świata, przez co stał się on bardziej niebezpieczny. Możliwe, że inaczej być nie może, jeśli instytucjonalny katolicyzm ma przetrwać. Wielu katolików jednak nie może oprzeć się wrażeniu, że pogłębianie podziałów to dziwaczny sposób dochowania wierności Księciu Pokoju.

Rozdział 7

Obrońca

Ksiądz Charles Curran, amerykański teolog moralny, zasłynął z powodu odstępstwa od *Humanae vitae*, encykliki Pawła VI z 1968 roku, w której potwierdzono zakaz kontroli urodzeń. Wspomina sytuację, gdy po raz pierwszy doszły go słuchy, że namierza go Kongregacja Nauki Wiary. Pod koniec lat siedemdziesiątych, gdy wykładał na Catholic University of America, otrzymał zagadkowy list od swojego kolegi i mistrza, legendarnego teologa moralnego, jezuity Josepha Fuchsa, który napisał: „Opierając się na pewnych faktach, odnoszę wrażenie, że ktoś tutaj może się tobą interesować". W końcu Curran dowiedział się, jakie były te „pewne fakty". Do Fuchsa zadzwonił bibliotekarz rzymskiego Uniwersytetu Gregoriańskiego, który poprosił go o zwrot paru książek wypożyczonych przez Currana. Potrzebuje ich – powiedział bibliotekarz – Święte Oficjum. Na marginesie zapytał, czy Fuchs ma jeszcze jakieś książki Currana. Święte Oficjum ich też będzie prawdopodobnie potrzebować.

To nie był dobry znak.

Currana wyrzucono z Catholic University w 1967 roku za kwestionowanie absolutnego potępienia przez Kościół rzeczy takich jak kontrola urodzeń i masturbacja, ale po niosącym ryzyko głębszej rewolty strajku studentów przywrócono go do pracy. Niedługo po otrzymaniu tego zawoalowanego ostrzeżenia od Fuchsa Curran zauważył, że jego prace pojawiają się w przypisach artykułów napisanych przez znanego konsultanta Kongregacji Nauki Wiary. Rozpoczęła się, jak się miało okazać, jedna z najgłośniejszych spraw za urzędowania Ratzingera. (Sprawa Currana została otwarta przez poprzednika Ratzingera, chorwackiego kardynała Franja Sepera.)

W miarę jak rozwijało się dochodzenie przeciwko Curranowi, kwestia dostępu do jego książek wypłynęła ponownie, gdy poskarżył się, że kongregacja nigdy nie cytowała jego pracy, którą uważał za najbardziej bezpośrednio związaną ze sprawą: *Dissent in and for the Church* („Odstępstwo wewnątrz i dla Kościoła")[1]. Curran bronił w niej grupy teologów, którzy publicznie oświadczyli, że katolicy mogą nie stosować się do papieskiego zakazu kontroli urodzeń i mimo to nadal będą dobrymi katolikami. W tym celu opracował zbiór zasad uprawnionego teologicznego odstępstwa od Magisterium Kościoła. Później Curran dowiedział się – znowu od Fuchsa – że kongregacja nigdy nie cytowała tej książki, biblioteka Uniwersytetu Gregoriańskiego nie miała jej egzemplarza! W końcu Curran wysłał ją kongregacji – odpisali, że po gruntownym zapoznaniu się z nią nie zmienili swojej oceny.

Na długo zanim Rzym zawiadomił go o wszczęciu dochodzenia, Curran wychwytywał sygnały nadciągającej burzy. W 1979 roku poproszono go, by wygłosił przemówienie w Luizjanie. Biskup Baton Rouge, Joseph V. Sullivan, nie pozwolił wykorzystać do tego celu budynków diecezjalnych. 29 kwietnia 1979 roku arcybiskup Jerome Hamer, ówczesny sekretarz Kongregacji Nauki Wiary, napisał do Sullivana, gratulując mu postawy i „zajęcia publicznego stanowiska w kwestii niektórych niejasnych i błędnych poglądów księdza Currana". Curran nie przeżył zatem wstrząsu, gdy kardynał William Baum, wówczas arcybiskup Waszyngtonu i rektor tytularny Catholic University, 2 sierpnia 1979 roku oficjalnie poinformował go, że Rzym prowadzi śledztwo w jego sprawie. Curran z listu Hamera dowiedział się, że jego protokół w Rzymie ma numer 48/66 – co znaczy, że jego akta w Watykanie zostały założone w 1966 roku, tuż po jego przyjściu na Catholic University z seminarium św. Bernarda w Rochester w stanie Nowy Jork.

Ostatecznie Curranowi odebrano uprawnienia do nauczania teologii katolickiej po wymianie korespondencji z Kongregacją Nauki Wiary i „nieoficjalnym" spotkaniu z Ratzingerem w Rzymie 8 marca 1986 roku. Gdy Ratzinger uznał, że poglądy Currana są niemożliwe do przyjęcia, usunięto go ze stanowiska na Catholic University w styczniu 1987 roku. Za sposób poprowadzenia tej sprawy uniwersytet nadal jest krytykowany przez Amerykańskie Stowarzyszenie Profesorów Akademickich. Curran wytoczył proces, ale sędzia prowadzący tę sprawę odmówił uchylenia decyzji uniwersytetu. Obecnie Curran wykłada na Southern Metodist University w Dallas, gdzie jest powszechnie szanowanym etykiem. Wszyscy uważają go za najmilszego człowieka na uczelni. Bez względu na to, co się myśli o jego teologii, praktycznie nikt, kto go zna, nie jest w stanie wyobrazić sobie Charliego Currana jako wroga wiary. Do dzisiaj ma dobre kontakty na Catholic University, nawet wśród kadry naukowej, powszechnie uważanej za konserwatywną.

W latach osiemdziesiątych sprawa Currana stała się najgłośniejszą próbą stosunków między Kongregacją Nauki Wiary kierowaną przez Ratzingera i społecznością teologów katolickich. Wywołała oddźwięk u wielu katolików, ponieważ Curran zdawał się argumentować na rzecz zwykłego zdrowego rozsądku; nie każdy przypadek kontroli urodzeń czy masturbacji może być potencjalnie zły. Ponadto Curran oparł swoją obronę na tym, co postrzegał jako prawo do odstępstwa od wcale nie nieomylnego nauczania Magisterium Kościoła. Jaskrawo zatem skontrastował podstawowe idee: Z iloma tezami doktrynalnymi teologowie muszą się zgodzić, żeby mówić o sobie „katolicy"? Kto podejmuje decyzję? Rozłam między teologami „Magisterium" – mniejszością z wzajemnością lojalną wobec Rzymu – a większością zawodowych teologów katolickich, którzy cenią twórcze napięcie między sobą i władzą kościelną, nabrał największej ostrości właśnie w sprawie Currana.

Jezuita Thomas Reese, bystry obserwator współczesnego Kościoła, niedawno tak podsumował wpływ Ratzingera na teologię katolicką: „Stosunki między Magisterium i teologami są dzisiaj gorsze niż kiedykolwiek od czasów reformacji". Jako dowód podaje, że sprawy takie jak Currana wywołują zniechęcenie i oburzenie teologów katolickich, z takim skutkiem, że pogłębiła się przepaść między hierarchią i teologami. Reese porównuje to do sytuacji, gdy wyższa kadra zarządzająca dużej korporacji i jej dział badawczo-rozwojowy nie rozmawiają ze sobą. Według niego „prowadzi to do katastrofy"[2].

Zasilane tym napięciem grzmoty schizmy za rządów Ratzingera stały się nieprzerwane. W kilku ograniczonych przypadkach podziały w Kościele przerodziły się w otwarte i oficjalne bunty, jak w Rochester w stanie Nowy Jork w 1998 roku, gdzie grupa duchownych i dwie trzecie parafii postępowego Corpus Christi zabrało manatki *en masse* i stworzyło własną wspólnotę wyznaniową, która nazywa się teraz Spiritus Christi. Co znamienne, ksiądz, którego usunięcie wywołało bunt w Rochester, James Callan, uparcie twierdził, że Ratzinger nakazał się z nim rozprawić, pomimo oświadczenia biskupa Matthew Clarka, że działał z własnej inicjatywy. Częściej jednak współczesna katolicka schizma jest cicha i jednostkowa. Ludzie po prostu odchodzą.

Do obydwu rodzajów tych odstępstw – spektakularnej, ale odosobnionej erupcji i niezapowiedzianej, lecz ciągłej erozji – dochodziło przez dwa tysiąclecia. Przywódcy Kościoła wiedzą, że zajmowanie jakiegokolwiek stanowiska, wprowadzanie jakiejkolwiek dyscypliny musi nieuchronnie prowadzić do wyobcowania kogoś. W Kościele liczącym miliard ludzi nawet jeśli jakaś linia postępowania oburza drobną jedną dziesiątą procenta wszystkich, oznacza to milion krytyków, których głosy – w epoce Internetu i kanałów telewizyjnych nadających wiadomości dwadzieścia cztery godziny na dobę – są natychmiast, niekiedy nadmiernie, wzmacniane. Dziennikarze instynktownie szukają „wszystkich stron" dyskusji, nawet jeśli oznacza to mniej więcej jednakowe traktowanie rzeczników, którzy przemawiają w imieniu setek milionów katolików, i innych osób, które reprezentują być może kilka dziesiątek ludzi. W tych warunkach konflikt w Kościele jest stały i nieunikniony.

Jak więc powinni reagować przywódcy Kościoła? Czy próbują rządzić, jak ujął to kiedyś Jan XXIII, z jedną nogą na pedale gazu, a drugą na hamulcu? Czy „biorą stronę", wiążąc swój los z jedną frakcją w toczących się w Kościele dyskusjach, akceptując głębsze i bardziej zasadnicze podziały, które taka strategia tworzy? Głównym zarzutem wobec Ratzingera w społeczności teologicznej jest to, że obrał ten ostatni kurs. Nie działał jako neutralny arbiter „ortodoksji" – dowodzą – ale jako zwolennik takiej reakcji na okres posoborowy, która ukształtowała się w periodykach takich jak „Communio". Człowiek, który kiedyś skarżył się, że Święte Oficjum jest niedostatecznie tolerancyjne dla różnych nurtów teologicznych, sam wykazał niewielką tolerancję, powiadają ci krytycy.

Ratzinger stale twierdził, że Kościół przyszłości będzie być może mniejszy i mniej znaczący kulturowo po to, by pozostał wierny. W tym znaczeniu jego gotowość do tworzenia podziałów, do rysowania linii na piasku wypływa stale z jego eklezjologii. To, czy ma rację, że Kościół bez wielu swoich najważniejszych myślicieli i duchownych – Kościół bez Charlesa Currana, na przykład – będzie bardziej wierny, pojawia się w sednie każdej dyskusji o przyszłości rzymskiego katolicyzmu.

Sobór Watykański II a Święte Oficjum

Obrońcy Ratzingera często twierdzą, że na tle długiej historii Świętego Oficjum jego rządy były względnie otwarte i wstrzemięźliwe. Jednak w opinii jego krytyków porównania z inkwizytorami z poprzednich epok są chybione; właściwym kontekstem oceny tego urzędu powinny być reformy zainspirowane na Soborze Watykańskim II i promulgowane przez Pawła VI. 7 grudnia 1965 roku papież ten ogłosił list apostolski *Integrae servandae*. Faktycznie został opublikowany ostatniego dnia Soboru Watykańskiego II.

Przedstawione w tym dokumencie reformy Świętego Oficjum obejmowały:

- Zmianę nazwy urzędu z Kongregacji Świętego Oficjum na Kongregację Nauki Wiary.
- Rezygnację z tajności działań kongregacji, przeniesienie jej wewnętrznych procedur do publicznej sfery prawa kościelnego.
- Ustanowienie prawa do apelacji i możliwości obrony tym wszystkim, którzy stali się przedmiotem podejrzeń doktrynalnych z powodu decyzji kongregacji.
- Konsultacje z regionalnymi konferencjami biskupów, gdy podejrzani są im podlegli.
- Konsultacje specjalistów i ekspertów z dziedzin, które są przedmiotem śledztwa, przed podjęciem decyzji dotyczącej pracy konkretnego teologa.
- Zniesienie Indeksu Ksiąg Zakazanych[3].

Integrae servandae wzywał też do stworzenia gremium konsultorów, którzy służyliby pomocą noszącej nową nazwę kongregacji, kontaktując ją z najlepszymi umysłami teologicznymi świata katolickiego. Będąca tego wynikiem Międzynarodowa Komisja Teologiczna zebrała się po raz pierwszy w 1967 roku. Dokument ten wzywał też do ścisłej współpracy między Kongregacją Nauki Wiary i Papieską Komisją Biblijną.

Integrae servandae przewidywał też, że wszelkie kwestie dotyczące wiary i moralności będą należeć do kompetencji Kongregacji Nauki Wiary, nawet jeśli wcześniej były rozpatrywane przez inne urzędy watykańskie. Najwyraźniej zamysł był taki, żeby uniemożliwić innym kongregacjom obejście tych reform przez roszczenie sobie prawa do obszarów kompetencyjnych należących do Kongregacji Nauki Wiary. W rzeczywistości jednak zapis ten uczynił z tego urzędu doktrynalnego „superkongregację". Ma ona władzę prawnej oceny decyzji wszystkich pozostałych urzędów, jako że praktycznie wszystko, co robi Watykan, można zinterpretować jako mające znaczenie doktrynalne.

Ogólnym celem *Integrae servandae* było przekształcenie Kongregacji Nauki Wiary z zachowawczego, strażniczego urzędu w apostoła nauczania katolickiego. Ideą przyświecającą urzędowi miała być raczej perswazja niż cenzura. „Ponieważ jednak miłość odrzuca «daleko bojaźń», obecnie lepiej zaradzi się sprawie obrony wiary przez urząd mający na celu rozwój nauki. On to, karcąc błędy i nawołując błądzących łagodnie do poprawy, udzieli zwiastunom Ewangelii nowych sił. Ponadto rozwój kultury, którego wagi w dziedzinie religijnej nie można lekceważyć, sprawia, że wierni idą za przewodem Kościoła doskonalej i z większą miłością, jeżeli widzą uzasadnienie definicji i przepisów: oczywiście na ile na to zezwala treść wiary i natura moralności" – napisał Paweł VI.

Jako najnowszy papieski statut Kongregacji Nauki Wiary, *Integrae servandae* ustanawia zasady, na podstawie których należy oceniać stosunki Ratzingera ze środowiskiem teologicznym.

Ratzinger i teologia katolicka

Jako zawodowy teolog Ratzinger wypracował zbiór własnych podstawowych idei teologicznych, przedstawionych w rozdziale trzecim, wśród których najważniejsze miejsce zajmuje jego pojmowanie eschatologii jako jedynego antidotum chrześcijaństwa na utopizm oraz nacisk na eklezjologię wspólnoty. Jako prefekt Ratzinger też wypracował postawy wobec teologii katolickiej: do czego służy teologia, jakie powinny być jej założenia, jaki powinien być jej duch, jakie czyhają na nią odwieczne pokusy. Te podstawowe zasady przewijają się przez dokumenty wydawane przez Kongregację Nauki Wiary od początku lat osiemdziesiątych, a także we własnych pracach Ratzingera w tym samym okresie. Jednak najpełniej zostały przedstawione w jego książce *Wesen und Auftrag der Theologie*. W tomie tym zebrano najważniejsze eseje i przemówienia Ratzingera na ten temat, jak również wcześniej nie publikowaną odpowiedź na publiczną krytykę wydanej w 1990 roku przez kongregację Instrukcji o powołaniu teologa w Kościele[4] *Donum veritatis*.

Aby ocenić stosunki między teologami i Kongregacją Nauki Wiary pod kierownictwem Ratzingera, najpierw trzeba pojąć, jak rozumie on istotę teologii katolickiej.

„Wiara szukająca zrozumienia"

Najgłębsze przekonania Ratzingera na temat teologii katolickiej ukazuje to wyrażenie ze św. Anzelma. Ratzinger jest przekonany, że teologia zaczyna się od zbioru „danych", przez które rozumie on informacje z Objawienia. Teologia może badać treść Objawienia, ale nie wolno jej unikać czy reinterpretować tak, by odpowiadała programowi z jakiegoś innego źródła. Zazwyczaj Ratzinger ma na myśli *Zeitgeist*; jednym z najczęściej przez niego cytowanych fragmentów Pisma świętego jest List do Rzymian 12,2 – ostrzeżenie Pawła, aby nie dostosowywać się do ducha czasów.

Prości wyznawcy

Tym, którzy utrzymują, że Ratzinger nadwerężył stosunki między Magisterium i społecznością teologów, odpowiada on, że zadowolenie teologów nie należy do jego głównych trosk. Przede wszystkim musi chronić prawo „prostych wyznawców" do zachowania wiary w każdym pokoleniu. Troska ta sięga 1966 roku i ostatniej strony komentarza Ratzingera do czwartej sesji Soboru Watykańskiego II: „W ostatecznym rozrachunku Kościół żyje, zarówno w smutnych, jak i w radosnych czasach, wiarą tych, którzy są prostego serca. (...) Wiara ludzi prostego serca jest najcenniejszym skarbem Kościoła". I to spojrzenie nigdy się nie zmieniło. W wywiadzie udzielonym w 1988 roku austriackiej gazecie „Die Presse" powiedział, że jego rola polega na obronie tych katolików, „którzy nie piszą książek czy uczonych artykułów". Za swoje główne zadanie uznał obronę tych, którzy „nie mogą się bronić", to znaczy katolików, którym brakuje narzędzi teologicznej finezji, przed atakami na ich wiarę. Ratzinger niewątpliwie czerpał inspirację do zajęcia takiego stanowiska od stryjecznego dziadka Georga, który swoją karierę polityczną poświęcił obronie „prostych ludzi" na wiejskich terenach Bawarii przed atakiem elit intelektualnych i handlowych.

Historyczny paralelizm

Ratzinger jest przekonany, że Ojcowie Kościoła już wcześniej zetknęli się z wieloma naciskami, przed którymi stoi dzisiejszy katolicyzm, i zareagowali na nie. Zbyt często, sugeruje, katolicy chcą wymysłać nowe rozwiązania, gdy właściwa odpowiedź jest zawarta w tradycji. Na przykład w opinii Ratzingera teologia wyzwolenia zawierała wiele elementów kryzysu franciszkańskiego w XIII w. Kampania na rzecz tolerancji dla pluralizmu religijnego przywodzi na myśl okres późnej starożytności, gdy myśliciele pogańscy, którym nie udało się zmiażdżyć chrześcijaństwa siłą, próbowali je osłabić za pomocą relatywizmu. Współczesności w sumie brakuje oryginalności – przedstawia ona nowe ujęcia odwiecznych pokus, a ortodoksyjne chrześcijaństwo musi się im teraz opierać, tak jak czyniło to w przeszłości.

Prawda

Dla Ratzingera ortodoksyjna teologia zakłada epistemologiczny realizm: ludzki umysł nastrojony jest na prawdę, stwierdza ją w przyrodzie i rozpoznaje w Objawieniu. Prawdy te stają się podstawą powszechnie obowiązujących wniosków w antropologii, etyce i teologii. Współcześni myśliciele, jak to postrzega Ratzinger, są zbyt oczarowani Kantem i wprowadzonym przez niego rozróżnieniem na sferę noumenu i fenomenu. Nigdy nie stykamy się z obiektywną prawdą, jedynie z prawdą przefiltrowaną przez ludzki umysł. Przy braku obiektywności jedynym kryterium oceny twierdzeń jest ich wartość praktyczna (czy, gdy w nie uwierzymy, pomoże nam to stworzyć lepszy świat?). Współczesna teologia kładzie zatem nacisk na instrumentalne postrzeganie prawdy: prawda jest czymś, co ludzkość stwarza, a nie odkrywa. Ratzinger uważa taki pogląd na prawdę zarówno za fałszywą pokorę, jak i za fałszywą dumę. Istota ludzka jest zdolna poznać prawdę, z uporem twierdzi Ratzinger, i w tym sensie model prawdy jako działania jest przedwczesną kapitulacją ludzkości; z drugiej strony, jeśli ludzkość potrafi wymyślić prawdę, to nie ma żadnych ograniczeń dla naszego postępowania, i w tym znaczeniu jest to idea niebezpiecznie arogancka.

Doświadczenie nazizmu

Ratzinger postrzega doświadczenia niemieckich kościołów i teologów za rządów Hitlera jako dowód, że potrzebna jest teologia skoncentrowana na Kościele. „Teologia albo istnieje w Kościele i wypływa z Kościoła, albo nie ma jej w ogóle" – stwierdził. Jeśli teologia zerwie więź z Kościołem, zwróci się ku otaczającej ją kulturze i skończy się to absolutyzacją konkretnego porządku społecznego lub politycznego. Co więcej, teologia pozbawiona kontaktu z Urzędem Nauczycielskim Kościoła staje się tylko jeszcze jedną dyscypliną akademicką, której nie cechuje pewność większa niż politologii. Jej hipotezy są jedynie prawdopodobne, a to za mało, żeby stawiać na nie własne życie. Doświadczenie nazizmu pokazuje, że człowiek potrzebuje czegoś więcej.

Diachroniczna natura sensus fidelium

Progresiści, powołując się na wyniki badań opinii publicznej, które pokazują, że większość katolików popiera kontrolę urodzeń, małżeństwa księży, wyświęcanie kobiet, prawo do odstępstwa i tak dalej, często zarzucają Ratzingerowi i pozostałym przywódcom Kościoła, że nie przestrzegają *sensus fidelium*. Wyrażenie to odnosi się do starożytnej doktryny katolickiej, potwierdzonej na Soborze Watykańskim II, że jedyną drogą, by ustalić „wiarę" w danym momencie, jest sprawdzenie, w co wierzy cały lud Boży, który dzięki cnocie nadprzyrodzonej łaski nie może nie stać na straży wiary. Ratzinger akceptuje tę doktrynę, ale odrzuca utożsamienie „opinii wiernych" ze statystyczną większością, tak jak jest określana w badaniach opinii publicznej. Utrzymuje, że cały „lud Boży" obejmuje zarówno Magisterium, jak i szeregowych wyznawców, jakakolwiek więc próba odróżnienia „wiernych", którzy występują przeciwko nauczaniu Magisterium, jest chybiona. Co więcej, „lud Boży" wykracza poza osoby aktualnie żyjące: obejmuje wszystkie pokolenia, które żyły wcześniej i których świadectwo wiary jest zawarte w wyznaniach wiary i oświadczeniach soborów oraz nauczaniu papieskim, co stanowi część katolickiego dziedzictwa. Zatem właściwie rozumiana „opinia wiernych" jest diachroniczna, co znaczy, że obejmuje wszystkich wiernych w czasie. Wykazanie, że sześćdziesiąt procent katolików w Stanach Zjednoczonych i Europie popiera na przykład ordynację kobiet, dalekie jest jeszcze do ukazania opinii wiernych w tej kwestii. Zawsze jest możliwe, dowodzi Ratzinger, że w danym momencie historycznym duża liczba wiernych zejdzie na manowce. Tezy tej dowodzi starożytna herezja arianizmu. Rolą Magisterium jest stać na straży świadectwa każdego pokolenia wiernych przeciwko tyranii teraźniejszości. To w tym sensie, dowodzi Ratzinger, Magisterium odzwierciedla prawdziwie demokratyczną zasadę: szanuje świadectwo wiary katolików z każdej epoki historii Kościoła.

Implikowany kontrakt

Ratzinger dostrzega aż nazbyt częste nadużywanie zaufania przez teologów, którzy wykorzystują trybunę udostępnioną im przez Kościół do szerzenia prywatnych poglądów. Uskarża się, że teologowie odstępcy na ogół zawdzięczają swych zwolenników temu, że nauczają w imieniu Kościoła. Jednak licencja teologa katolickiego stwarza w rzeczywistości relację kontraktową, która obliguje teologa do przedstawiania doktryny katolickiej ściśle i wiernie. Nawet gdy licencji takiej nie wydano, jeśli teolog naucza na katolickim uniwersytecie czy w jakiejś innej instytucji, która opiera się na reputacji Kościoła, istnieje moralny obowiązek przemawiania w imieniu Kościoła, a nie własnym. Na najbardziej podstawowym poziomie Ratzinger postrzega niedopełnienie tej umowy jako kwestię dumy – zbyt wielu teologów wynosi siebie, wysławia swoją oryginalność, a nie przekazuje tego, co otrzymali. W końcu, dowodzi Ratzinger, jeśli student zapisuje się na zajęcia z teologii katolickiej czy gdy parafianin przychodzi na mszę, spodziewając się przeżyć katolicką liturgię, czy też gdy człowiek poszukujący otwiera katolicki katechizm, każdy z nich ma prawo usłyszeć prawdziwy głos Kościoła.

Odpowiedzialność teologów za upadek Kościoła

Ratzinger jest przekonany, że puste kościoły na Zachodzie są co najmniej w części winą postępowych teologów, których reinterpretacja chrześcijaństwa poszła tak daleko, że stało się ono, praktycznie rzecz biorąc, nieodróżnialne od kultury. „Teologowie (...) winni się zastanowić, w jakiej mierze sami są temu winni, że coraz więcej ludzi szuka ucieczki w ciasnych czy chorych formach religii – stwierdził Ratzinger w *Soli ziemi*. – Ucieczka ta staje się nieunikniona, gdy oferuje się im jedynie pytania i nie pokazuje żadnej pozytywnej drogi". Ludziom niewierzącym dzisiejsze chrześcijaństwo często wydaje się beznadziejnie uwikłane w wewnętrzne dyskusje i przytłaczającej większości świata, która jest niechrześcijańska, ma do zaoferowania niewiele pozytywnej energii. „Ale, by tak rzec, uwaga Kościoła zafiksowała się na tych paru punktach. Zbyt mało zwracamy uwagi na fakt, że oprócz nas jest 80% niechrześcijan, którzy czekają na ewangelię – dla których, w każdym razie, ewangelia jest również przeznaczona – powiedział w 1996 roku. – Że nie powinniśmy się ciągle katować naszymi wewnętrznymi problemami, lecz pytać: W jaki sposób możemy jako chrześcijanie wyrazić w tym świecie naszą wiarę, którą coś mówimy niechrześcijanom?"

Ulubiona metafora nr 1: symfonia

Ratzinger, aby wyrazić, jak rozumie właściwe stosunki między teologami i hierarchią, używa dwóch metafor. Pierwsza to symfonia. Ratzinger jest miłośnikiem muzyki – dorastał w cieniu Salzburga i jego bogatego dziedzictwa muzycznego, a sam jest znakomitym pianistą amatorem. Koncepcja chrześcijańskiej symfonii występuje u Ojców Kościoła, którzy używali tego słowa, by scharakteryzować relację między Starym i Nowym Testamentem, a później relację jednoczącą wszystkich chrześcijan. „Symfonia jest samą formą Kościoła", napisał Ratzinger w 1986 roku, a tym samym jest „formą strukturalną, na której jest on ufundowany". Dla niego metafora ta oznacza, że pluralizm staje się chaosem bez fundamentalnych zasad. Dziesiątki instrumentów, które grają jednocześnie, mogą dać kakofonię; połączone wspólną melodią i pod batutą dyrygenta jednak tworzą zdumiewające piękno. Oczywiście można mieć zastrzeżenia do tej przenośni. Z pewnością doświadczenie katolickie jest na tyle szerokie, by obejmowało więcej niż jeden utwór muzyczny czy nawet styl w muzyce. Ale metafora symfonii ujawnia coś podstawowego dla zrozumienia Ratzingera: jego przekonanie o pięknie ortodoksji. Nieustępliwość Ratzingera jako człowieka wymuszającego przestrzeganie doktryny Kościoła bierze się przede wszystkim nie z obawy czy przyjmowania pozycji obronnej, lecz z pasji kogoś, kto jest głęboko zakochany w katolicyzmie.

Ulubiona metafora nr 2: medycyna

Drugą ulubioną analogią Ratzingera dla teologów jest zawód lekarza. Nie mogą oni troszczyć się o własną wolność, dowodzi Ratzinger, przede wszystkim muszą troszczyć się o zdrowie pacjenta. Ta sama prawda odnosi się na wiele sposobów do teologów. Ratzinger wypowiedział tę uwagę w 1999 roku na konferencji prasowej w Menlo Park w Kalifornii: „Jak widać to na wydziale medycznym, macie całkowitą wolność akademicką, ale jest to taka dziedzina, że sens medycyny determinuje korzystanie z tej wolności. Jako lekarze nie możecie robić tego, na co macie ochotę, jesteście w służbie życia. Służba życia determinuje właściwe stosowanie wolności akademickiej – powiedział. – Także teologia ma swoje wewnętrzne konieczności. Teologia katolicka nie jest indywidualną refleksją na temat tego, czym mógłby być Bóg i co mogłoby być wspólnotą wyznaniową; teologia katolicka to myślenie zgodne z wiarą Kościoła". W eseju o pluralizmie z 1986 roku również użył tej metafory: „Gdy lekarz się pomyli i na przykład zamiast cierpliwie stosować się do praw anatomii i biologii ryzykuje jakiś twórczy pomysł, konsekwencje tego można bez trudu dostrzec. Chociaż w przypadku teologa szkoda nie jest tak bezpośrednio dostrzegalna, w rzeczywistości nawet tutaj w grę wchodzi zbyt wiele, żeby mógł zawierzyć jedynie swojemu chwilowemu przekonaniu, bowiem zajmuje się dziedziną wpływającą na człowieka i jego przyszłość i w której każda ingerencja ma swoje konsekwencje". I w tym wypadku można się spierać o tę przenośnię. Postęp w dziedzinie medycyny nie dokonuje się dzięki dogmatyzmowi, ale ciągłemu samokrytycyzmowi. Niemniej jednak i ta metafora ujawnia coś tkwiącego głęboko w psychice Ratzingera – przekonanie, że teologia to poważna sprawa. To nie intelektualna zabawa towarzyska, lecz sposób zajmowania się najgłębszymi i najważniejszymi pytaniami, przed jakimi stoi istota ludzka.

Uprawniony pluralizm

Ratzinger podkreśla jedność, która znajduje się u podstaw pluralizmu. Powszechna zgoda na podstawowe zasady jest w rzeczywistości jedyną rzeczą, która pozwala na uprawniony pluralizm. Jeśli każdy teolog przedstawia własne credo, skutkiem jest mnogość hegemonii, a nie pluralizm. Pluralizm jest efektem odmiennych spojrzeń na tę samą rzeczywistość, różnych prób analizy tego samego konceptu. Z logicznego punktu widzenia pluralizm jest niemożliwy bez leżącej u jego podstaw jedności. Zatem odmienne rozumienie łaski przez jezuitów i dominikanów stanowi przykład prawdziwego pluralizmu, jednak odczytanie przez Hansa Künga dogmatu o nieomylności nim nie jest, ponieważ Küng odrzuca całkowicie tę doktrynę, a nie rozpoczyna swojego rozumowania od jej przyjęcia. Ratzinger powiedziałby, że odstępstwo i pluralizm nie tylko się różnią, ale są logicznie przeciwstawne, w tym, że pierwsze zakłada odrzucenie nauczania Kościoła, a drugie zgodność z nim. W eseju *Pluralizm jako problem Kościoła* Ratzinger zauważa, że koncepcja pluralizmu pojawiła się w teorii polityki jako sposób ograniczenia władzy państwa. Według teorii pluralizmu, człowiek nie jest jedynie obywatelem – należy również do wielu innych grup społecznych, takich jak rodzina, stowarzyszenia obywatelskie, zawodowe itd., i państwo musi szanować ich autonomię. Pluralizm został zatem obmyślony jako sposób zapobiegania totalitaryzmowi i jako taki ma wartość – mówi Ratzinger. Problem polega na tym, że zbyt łatwo wyobrazić sobie Kościół jako tylko jedną z wielu innych grup społecznych i stracić z pola widzenia jego wymiar transcendentalny. Wewnątrz Kościoła nie można stosować pluralizmu, zapominając, że nie jest on państwem, lecz wspólnotą. Ratzinger dowodzi, że Kościół już jest wzorem prawdziwego pluralizmu: żadna grupa nacisku czy partia polityczna – mówi – nie tolerowałaby wewnętrznej różnorodności, która istnieje w katolicyzmie[5].

Odstępstwo

W *Moim życiu* Ratzinger przedstawia, co uważa za właściwe nastawienie teologa, który szczerze praktykuje *sentire cum ecclesia*, czyli „współodczuwanie z Kościołem". Mówi, że jego profesor i mistrz w Monachium, Gottlieb Söhngen, miał poważne zastrzeżenia do wykorzystania dogmatu o nieomylności papieża do ogłoszenia cielesnego wniebowzięcia Maryi. Gdy jednak Söhngena zapytano, czy wystąpi przeciwko, jeśli dogmat ten zostanie ogłoszony, odparł, że nie: „Jeśli dogmat zostanie ogłoszony, to przypomnę sobie, iż Kościół jest mądrzejszy niż ja i bardziej jemu ufam niż swojej własnej wiedzy". Ratzinger postrzega otwarte, publiczne głoszenie odmiennych poglądów jako przepełnione dumą „alternatywne magisterium", gwałcące powołanie teologii, którym jest traktowanie wiary Kościoła jako punktu wyjściowego. Ratzinger zarzuca też osobom takim jak Curran i Küng oraz ich zwolennikom próbę stosowania taktyki presji politycznej – środki masowego przekazu, akcje zbierania podpisów pod petycjami, demonstracje – żeby zmusić Kościół do zmiany nauczania. Widzi w tym kolejne dowody na to, w jakim zakresie współczesna teologia Zachodu skapitulowała przed *Zeitgeist*, w którym prawdę zastąpiono siłą i w najwyższym stopniu zatracono właściwe rozumienie Kościoła.

Funkcjonowanie kongregacji

Aby zrozumieć istotę stosunków Ratzingera ze społecznością teologów katolickich, konieczne jest zorientowanie się, w jaki sposób funkcjonuje Kongregacja Nauki Wiary. Pomimo aury tajemnicy i intrygi, jaka otacza ten urząd, sporo wiadomo o jego wewnętrznych procedurach. Pracownicy są wymienieni w *Annuario Pontificio*, corocznym spisie watykańskich urzędów i pracowników, a procedury kongregacji są publikowane w dokumencie zwanym *Ratio agendi* („System działania"). Pracownicy kongregacji w większości chętnie mówią – przynajmniej nieoficjalnie – o swojej pracy[6].

Formalnie rzecz biorąc, słowo „kongregacja" w nazwie urzędu Ratzingera odnosi się nie do pracowników i asystentów, którzy dla niego pracują, ale do grupy dwudziestu kardynałów, arcybiskupów i biskupów z czternastu państw, którzy stanowią najwyższy organ decyzyjny, swego rodzaju zarząd Kongregacji Nauki Wiary. Każda kongregacja watykańska jest kierowana przez podobną grupę biskupów, na której czele stoi kardynał prefekt (radami papieskimi zazwyczaj kierują arcybiskupi). Ciało składające się z wszystkich biskupów, którzy zarządzają kongregacją, zwane Plenaria, zbiera się tylko raz na półtora roku, a i to tylko po to, by dokonać ogólnej oceny pracy urzędu.

Codzienne funkcjonowanie spoczywa w rękach pracowników Ratzingera, obecnie w sumie trzydziestu ośmiu osób: decydentów, sekretarzy i personelu pomocniczego. Jego głównymi pomocnikami są arcybiskup Tarcisio Bertone, sekretarz kongregacji, i ksiądz Gianfranco Girotti, podsekretarz. Obaj pochodzą z Włoch. Kongregacja korzysta również z usług konsultorów, przeważnie teologów, którzy wykładają na różnych rzymskich uniwersytetach. Często zakłada się, że są oni wybierani ze względów bezpieczeństwa; z drugiej strony podczas synodu europejskiego w 1999 roku jadłem obiad z pewnym teologiem, który właśnie tego dnia otrzymał z Kongregacji Nauki Wiary książkę do recenzji. Teolog ten jest umiarkowanym liberałem i nie miał pojęcia, że rozważano jego kandydaturę na funkcję konsultora. Nie miał powodu uważać, że kongregacja weźmie pod uwagę jego opinię, ale przede wszystkim był zaskoczony, że go w ogóle o nią poproszono.

Jeśli chodzi o wewnętrzną organizację kongregacji, to jest ona podzielona na cztery działy: doktrynalny, kapłański, małżeński i dyscyplinarny. Pierwszy zajmuje się teologami i pisarzami, drugi podaniami od księży, którzy chcą zwolnienia ze swoich ślubów (ten dział zanika, ponieważ rozpatrywanie tych wypadków jest właśnie przenoszone do innej kongregacji), trzeci przygotowuje prośby o konkretny rodzaj anulowania małżeństwa (przypadki „przywileju wiary", które są kierowane bezpośrednio do papieża i są przygotowywane przez kongregację), a czwarty zajmuje się wszystkimi sprawami, które nie należą do głównego nurtu, takimi jak prawdziwość rzekomych wizji. Dział doktrynalny jest najbardziej aktywny i wpływowy.

Pierwszą linię pracowników tworzą młodsi duchowni oddelegowani z różnych diecezji i wspólnot zakonnych. Zasada mówi, że gdy otrzymują pierwsze watykańskie zadanie, nie mogą przekraczać trzydziestego piątego roku życia. Nie ma żadnego formalnego systemu zgłoszeń – na ogół odchodzący pracownicy wybierają swojego następcę. Czasami prefekt lub sekretarz poprosi zaufanego biskupa lub przełożonego wspólnoty o zarekomendowanie kogoś. Z formalnego punktu widzenia młodsi pracownicy muszą znać przynajmniej jeden język poza włoskim i na ogół utrzymywana jest równowaga między rodzimymi użytkownikami głównych języków Kościoła: włoskim, francuskim, niemieckim, angielskim, portugalskim i hiszpańskim. Pracowników niższego szczebla często wzywa się do przetłumaczenia jakiegoś dokumentu na ich język ojczysty. Istnieje nieoficjalna zasada, że niektóre kraje są reprezentowane przez co najmniej jednego pracownika. Zawsze jest przynajmniej jeden Amerykanin, obecnie ksiądz Charles Brown z archidiecezji nowojorskiej. Zajmowanie takiego stanowiska zwykle pomaga w kościelnej karierze: arcybiskup William Levada z San Francisco, na przykład, pracował w Kongregacji Nauki Wiary pod koniec lat siedemdziesiątych i na początku osiemdziesiątych.

Ratzinger przyznaje, że jego urząd otrzymuje bardzo wiele listów od katolików z całego świata, większość „pełnych troski o to, żeby Kościół pozostał Kościołem" – innymi słowy, konserwatystów. W dziale doktrynalnym jest około dwunastu młodszych pracowników, których zadaniem jest sortowanie tych listów, określanie wagi zarzutów i wstępna ocena co do dalszego postępowania. Jeśli jakaś konkretna sprawa zostanie uznana za wystarczająco ważką, być może z powodu wagi zarzutu, a być może dlatego, że jest skierowana przez biskupa albo ponieważ pracownik wie, że przedmiotowa sprawa odzwierciedla priorytet kierownictwa kongregacji, zostanie przekazana w górę hierarchii służbowej. Jednym z decydujących czynników jest to, czy dany teolog jest księdzem lub członkiem wspólnoty zakonnej. Jeśli sprawa dotyczy osoby świeckiej wykładającej na niekatolickim uniwersytecie, kongregacja nie ma żadnej możliwości sprawowania kontroli nad tą osobą i zwykle wstrzymuje się od rozpoczęcia śledztwa.

Jeśli Ratzinger zatwierdzi założenie akt sprawy, wędruje ona w dół hierarchii służbowej przez sekretarza, podsekretarza i kierownika sekcji, aż na końcu zostanie przydzielona jednemu młodszych pracowników. Urzędnik ten studiuje prace teologa, gromadzi mające związek ze sprawą dokumenty i dokonuje wstępnej oceny. Informacje te są następnie przekazywane na regularnych, cotygodniowych zebraniach urzędników kongregacji, zwanych „zebraniem".

Zebranie może podjąć kilka różnych działań. Jeśli kwestie związane ze sprawą zostały już rozstrzygnięte, w dokumencie kongregacji lub krokach dyscyplinujących kogoś innego, kongregacja może wysłać list do biskupa lub duchownego zwierzchnika teologa, o którego chodzi. W liście tym powołuje się na wcześniejszą decyzję i skłania zwierzchnika do rozpoczęcia kontroli. Zaliczyć do niej można wymóg złożenia przez danego teologa „wyjaśnień" przed kongregacją. Krok ten zawsze implikuje możliwość, że jeśli wyjaśnienia te będą niezadowalające, kongregacja może podjąć własne działania. Inna możliwość to podjęcie decyzji, że dana sprawa tak naprawdę należy do kompetencji innego urzędu watykańskiego. Jeśli dotyczy to na przykład odstępstw liturgicznych, zebranie może przekazać ją Kongregacji ds. Kultu Bożego i Dyscypliny Sakramentów.

Jeżeli podjęta zostanie decyzja o dalszym prowadzeniu śledztwa – w języku kongregacji „badania zwyczajnego" – to dzieło danego autora zostanie przydzielone jednemu z konsultorów kongregacji lub dwóm niezależnie, by uzyskać ich opinie. Młodszy pracownik będzie monitorował sprawę, gromadząc materiały i przygotowując analizy dla urzędników wyższych rangą. Zebranie wyznacza też *relatore pro auctore* dla teologa, z grubsza mówiąc, obrońcę, którego rola polega na przedstawieniu pozytywnych aspektów dzieła teologa. Odbywa się to bez konsultacji z będącym przedmiotem śledztwa teologiem, który na tym etapie nawet nie wie, przynajmniej w teorii, że podejmowane są przeciwko niemu jakieś działania.

Jeśli po przeanalizowaniu raportów konsultorów zebranie podejmie decyzję o kontynuowaniu śledztwa, sprawa staje na Zgromadzeniu Plenarnym Kongregacji. Ciało to zbiera się w czwartą środę każdego miesiąca i składa się z wszystkich biskupów członków kongregacji, ale w rzeczywistości pojawiają się na niej głównie ci biskupi, którzy akurat przebywają w Rzymie. Podejmuje się na niej decyzję, czy przedstawić teologowi listę zastrzeżeń, czy też istnieją wystarczające podstawy, żeby podjąć pilne działania. Decyzje podjęte na zgromadzeniu plenarnym są przedstawiane papieżowi, który musi je zatwierdzić przed ich wydaniem. Ratzinger ma w piątki cotygodniowe spotkania z papieżem, na których omawiane są prowadzone sprawy.

Jeżeli podjęta zostanie decyzja o kontynuacji śledztwa, następnym krokiem będzie poproszenie teologa o wyjaśnienia, być może w odpowiedzi na zestaw uwag o jego dziele. Następnie dokumentacja wędruje do biskupa lub zwierzchnika religijnego teologa i dopiero za jego pośrednictwem do samego „podejrzanego". Teologowi na odpowiedź przysługują trzy kanoniczne miesiące. Może wyznaczyć doradcę, który będzie mu pomagał w przygotowaniu odpowiedzi, za zgodą biskupa lub zwierzchnika religijnego.

Teoretycznie teologowie, których praca jest analizowana, na tym etapie, to znaczy po tym, jak zebranie, zgromadzenie plenarne i papież osobiście uznali, że istnieją poważne obawy co do ich pracy, są informowani tylko o tym, że czeka ich proces. Wielu teologów z niezłymi kontaktami w Rzymie dowiaduje się „z winnicy" dużo wcześniej, że kongregacja przygląda się ich pracy. Niemniej jednak większość teologów czuje, że gdy prosi się o ich prace, kości zostały już rzucone. Jedynie publiczne odwołanie głoszonych poglądów, w większości wypadków, wystarczy, żeby uniknąć podjęcia kroków dyscyplinarnych.

Ponieważ procedury kongregacji zajmują tak dużo czasu, często kilka lat, urzędnicy watykańscy zazwyczaj określają je mianem „starannych" i „przemyślanych", jak gdyby jakiekolwiek kroki dyscyplinarne były ostatecznością po wyczerpaniu wszelkich innych możliwości. Ale wielu teologów uważa, że to pozory. Proces ten zajmuje tak dużo czasu, ponieważ taka jest natura Watykanu, mówią, ale wynik końcowy już na samym początku jest ograniczony do dwóch opcji: poddanie się lub potępienie. Curran nazwał metody kongregacji pogwałceniem najbardziej podstawowych założeń sprawiedliwego procesu, włącznie z prawem do wyboru własnego obrońcy i prawem do zapoznania się z aktami. Curran i Küng przez lata prosili o udostępnienie im akt ich spraw i obu niezmiennie odmawiano[7].

Na etapie badania zwyczajnego teolog, w którego sprawie prowadzone jest śledztwo, może poprosić o spotkanie z urzędnikami kongregacji z aktywnym udziałem wybranego przez siebie doradcy. Jeżeli takie spotkanie się odbywa, sporządza się protokół, który podpisują wszystkie strony, potwierdzając jego ścisłość. Wraz z oficjalną odpowiedzią teologa wraca on na zebranie, a następnie na zgromadzenie plenarne. Jeśli gremia te uznają, że nadal występują błędy, to „podejmuje się stosowne środki dla dobra wiernych". Zalicza się do nich utratę prawa do nauczania teologii katolickiej lub oficjalny nakaz milczenia. Papież zawsze zatwierdza te decyzje przed ich ogłoszeniem, nie ma więc żadnej oficjalnej apelacji lub sądu apelacyjnego.

Tak wygląda proces zwykły ujęty w normy przepisów w poprawionej *Ratio agendi* ogłoszonej 29 czerwca 1997 roku. Jednak na początkowym etapie dochodzenia reguły zezwalają, by kongres podjął decyzję, czy sprawa ma wystarczającą wagę, by uzasadniała „dochodzenie w pilnych przypadkach". Jest tak w sprawach, w których „pismo zawiera wyraźne błędy" i „jego rozpowszechnianie mogłoby przynieść lub już przyniosło poważną szkodę wiernym". W takim przyspieszonym procesie kongres może przygotować akta, które zostaną przekazane zgromadzeniu plenarnemu, a następnie papieżowi, po czym są przedstawiane biskupowi lub zwierzchnikowi religijnemu, a poprzez niego teologowi, z prośbą o poprawki w terminie dwóch miesięcy kanonicznych.

W obydwu rodzajach procesu, jeśli rezultatem końcowym jest decyzja, że teolog jest winny herezji, apostazji lub schizmy, może zostać orzeczona kara ekskomuniki (tak stało się w sprawie Tissy Balasurii). Jeżeli wykroczenia przeciwko doktrynie są mniejszej wagi, mogą zostać orzeczone inne kary, takie jak zakaz publikacji, milczenie pokutne lub utrata prawa do nauczania teologii katolickiej. Jeżeli członek wspólnoty zakonnej odmawia poddania się karze, może zostać usunięty z zakonu; ksiądz może przymusowo mieć nadany status świeckiego. Papież zatwierdził tę *Ratio agendi*, ze środkami dyscyplinującymi włącznie.

Według pracowników kongregacji do większości śledztw dochodzi na wniosek albo biskupów, albo innych urzędów watykańskich. Na ogół skargi, napływające z całego świata, nie prowadzą do podjęcia oficjalnego postępowania. „Maszyneria Watykanu nie zatrzyma się tylko dlatego, że ktoś jest niezadowolony ze swojego nauczyciela religii w drugiej klasie" – jak powiedział mi były pracownik. Inny urzędnik zaprzeczył, jakoby na wybór celów przez urzędników kongregacji wpływ wywierały katolickie pisma z prawego skrzydła, takie jak „Wanderer". „Ratzinger i Bertone nie wiedzą, co to jest, nie czytają go – powiedział. – To czysty wymysł". Inni pracownicy zwracają uwagę, że niekiedy kongregacja spełnia rolę przecinki chroniącej przed żądaniami wybuchowego biskupa czy innego hierarchy kościelnego, by podjąć przeciwko komuś natychmiastowe działania. Te sprawy, mówią z żalem, nigdy nie dostają się do gazet.

Przy podejmowaniu decyzji, którymi nurtami teologicznymi należy się zająć, Kongregacja Nauki Wiary jest teoretycznie zobowiązana do zwrócenia się do Międzynarodowej Komisji Teologicznej, ciała powołanego po Soborze Watykańskim II, które dawało kongregacji bezpośredni dostęp do najwybitniejszych umysłów teologii katolickiej. W planach Pawła VI komisja miała reprezentować przekrój metod i opinii teologicznych, gwarantując wyważone stanowisko kongregacji. Pierwsza grupa mianowanych 1 maja 1969 roku odpowiadała temu celowi. Znaleźli się w niej Bernard Lonergan i Karl Rahner, a także Hans Urs von Balthasar, nie wspominając już o Josephie Ratzingerze. Jednak do 1974 roku Lonergana i Rahnera już nie było – Rahner oświadczył, że jest dla niego oczywiste, iż komisja istnieje tylko po to, by mechanicznie zatwierdzać decyzje kongregacji.

Od tamtego czasu większość teologów katolickich zaczęła uważać tę komisję za ramię Kongregacji Nauki Wiary, użyteczne, pozwala się bowiem zorientować w priorytetach kongregacji, ale z pewnością nie stanowi reprezentatywnego ciała teologów katolickich. Amerykański jezuita Walter J. Burghardt, który z Woodstock Theological Center w Waszyngtonie prowadzi swój program „Preaching just word", potwierdza tę ocenę w swoim niedawno wydanym pamiętniku teologicznym *Long Have I Loved You*, wydanym przez Orbis Books. Burghardt należał do Międzynarodowej Komisji Teologicznej przez większą część lat siedemdziesiątych i szczegółowo pamięta kilka tygodni, które komisja przeznaczyła na pracę nad dokumentem poświęconym teologii wyzwolenia. W tym czasie nie zaproszono ani jednego teologa wyzwolenia, by uczestniczył w obradach, czy nawet przemówił do ich uczestników. Konsultacje z tymi, których poglądy komisja postanawia oceniać, nie były wówczas – i nie są obecnie – elementem typowej procedury roboczej. Siostra miłosierdzia Margaret Farley z Yale, przewodnicząca Amerykańskiego Stowarzyszenia Teologii Katolickiej w latach 1999–2000, zauważyła, że w komisji nie ma ani jednej uczonej, pomimo że feminizm jest niezwykle ważnym nurtem we współczesnej myśli katolickiej, ale jest rutynowo krytykowany przez urzędników watykańskich[8].

Sprawa Currana

Żadna sprawa z niemal dwóch dziesięcioleci spędzonych przez Ratzingera w Rzymie lepiej nie podsumowuje podziałów między nim i większością katolickiej społeczności teologicznej niż Charlesa Currana. Sprawiła, że do walki ze sobą stanęli dwaj powszechnie wysoko cenieni teologowie. Obydwaj byli oddanymi kapłanami i obydwaj byli przekonani, że zajmowane przez nich stanowisko ma zasadnicze znaczenie dla długofalowego dobra Kościoła. Curran cieszył się entuzjastycznym poparciem swoich kolegów i wszystkich organizacji teologów katolickich należących do głównego nurtu. Swoją obronę oparł nie na stanowiskach w kwestiach etyki seksualnej, z powodu których popadł w kłopoty, ale na prawie teologów do odstępstwa od nauczania Magisterium Kościoła. W tym znaczeniu rozstrzygnięcie przez Ratzingera sprawy Currana było najważniejszą sprawą jego urzędowania, ponieważ określała ona, jak kongregacja będzie reagować na wszelkie publiczne wyrazy teologicznych rozbieżności[9].

W rzeczywistości Currana całkiem sporo łączyło z Ratzingerem. Urodził się tylko siedem lat później, w 1934 roku. Obydwaj pochodzili z rodzin z klasy średniej. Obydwaj zostali wyświęceni w wieku dwudziestu czterech lat, Ratzinger w Monachium, Curran w swojej diecezji Rochester w stanie Nowy Jork. Ich dobroduszność zadaje kłam ich publicznym wizerunkom reakcjonisty i podżegacza. W rzeczywistości Curran jest powszechnie uważany za jedną z najbardziej życzliwych, przystępnych osób publicznych we współczesnym katolicyzmie. Od lat jest lubiany przez kolegów, którzy zdecydowanie nie zgadzają się z jego poglądami teologicznymi, podobnie jak byli studenci Ratzingera, których rozwój poszedł w różnych kierunkach teologicznych, nadal mówią z sympatią o uprzejmości swojego profesora.

Obydwaj w początkach swojej kariery zajęli stanowiska teologiczne, które później zrewidują. Ratzinger należał do postępowych sił na Soborze Watykańskim II; Curran był przesiąknięty legalistyczną, „zgodną z księgą" teologią moralną lat przedsoborowych, ale później stał się głównym przedstawicielem nowego podejścia do moralności katolickiej, egzemplifikowanej przez jego nauczyciela i przyjaciela Bernarda Häringa. Podejście to ostrożniej formułowało absolutne zasady, wykazywało tendencję do podkreślania roli kontekstu i intencji aktu moralnego. W tych nowych ramach odniesienia najbardziej liczyła się wierność Chrystusowi, nie książkowej zasadzie, co oznaczało, że pozostawiono miejsce na twórcze podejście i osobiste decyzje sumienia. Dla zwykłych katolików ta zmiana w myśleniu o moralności – po zmianach w liturgii – prawdopodobnie wywarła najbardziej bezpośredni wpływ na ich życie. Było tak szczególnie w wypadku encykliki Pawła VI z 1968 roku *Humanae vitae*, w której potwierdzono zakaz kontroli urodzeń. Miliony katolików, sprzeciwiających się tej decyzji, skwapliwie przyjęło to, co mówili im teologowie moralni nowego typu – że mając uzasadnione powody, mogą odstąpić od nauczania Kościoła i pozostać katolikami.

W czasie, gdy ogłoszono *Humanae vitae*, Curran był już w amerykańskim katolicyzmie postacią kontrowersyjną. W połowie lat sześćdziesiątych publikował artykuły, zarówno w specjalistycznych periodykach naukowych, jak i w prasie popularnej, opowiadające się za nowym katolickim podejściem do planowania rodziny. Ponowna ocena moralna kontroli urodzeń była częścią argumentacji Currana. Proponował też, żeby różne zagadnienia etyki seksualnej – masturbacja, homoseksualizm itp. – nie były ani tak ciężkim grzechem, jak kiedyś nauczano, ani też żeby nie były generalnie potępiane. To wystarczyło, żeby zwrócić uwagę katolickich konserwatystów, i niektórzy z nich zaczęli pisać skargi do władz kościelnych. Zdarzały się przypadki odwoływania zaproszeń do wygłoszenia przemówień, chociaż Curran na ogół miał zdecydowane poparcie nawet w szeregach najważniejszych hierarchów Kościoła.

We wrześniu 1965 roku został członkiem kadry Catholic University of America, sztandarowego uniwersytetu katolickiego w Stanach Zjednoczonych. Ponieważ jego wydział teologii jest uważany za wydział papieski, profesorowie musieli mieć *missio canonica*, żeby móc wykładać. W miarę jak jednak Curran rozpowszechniał swoje poglądy, atmosfera stawała się coraz bardziej napięta i 17 kwietnia 1967 roku poinformowano go, że rada zarządu uniwersytetu, w skład której wchodzą wszyscy amerykańscy kardynałowie i kilku ważnych biskupów, przegłosowała, żeby nie odnawiać mu kontraktu. W późniejszym artykule w „Washington Post" podano, że za decyzją tą stoi arcybiskup Egidio Vagnozzi, ówczesny nuncjusz papieski. Komentatorzy byli przekonani, że Rzym chciał dla przykładu ukarać amerykańskiego liberalnego księdza, a ponieważ Curran zdobył taki rozgłos, był doskonałym celem. W taki sposób kuria nakreśliła granicę dla posoborowej rewolucji w Kościele.

Sprawy jednak nie potoczyły się w ten właśnie sposób. Wydział teologii przegłosował strajk do czasu, aż Curran zostanie przywrócony na stanowisko. W ciągu kilku dni studenci i kadra akademicka przyłączyli się do strajku i uniwersytet był praktycznie zamknięty. Cała kadra głosowała stosunkiem głosów 400 do 18 za strajkiem. Godząc się z tym, co nieuniknione, władze uniwersytetu ustąpiły. 21 kwietnia ogłosiły, że zwolnienie cofnięto i Curran będzie znowu na uczelni na stanowisku profesora nadzwyczajnego. Historyk kampusu ogłosił, że był to pierwszy skuteczny strajk uniwersytetu od średniowiecza.

Strajk i jego następstwa były szeroko relacjonowane w amerykańskiej prasie, tak że gdy nadszedł lipiec 1968 roku, Curran był już powszechnie znaną postacią katolicyzmu, a media zwracały się do niego z prośbą o komentarz do kolejnych encyklik papieskich. Curran i jego koledzy postanowili jednak nie ograniczać się do komentarzy. Uznali, że dzień ogłoszenia encykliki będzie dobrym momentem na ogłoszenie nauki, będzie okazją, by powiedzieć całemu światu katolickiemu o odstępstwie od nie nieomylnego nauczania. Curran i dziesięciu innych teologów spotkało się w dniu ogłoszenia encykliki, 29 lipca, i przygotowało oświadczenie. Jego wniosek był oczywisty: „Jako teologowie rzymskokatoliccy, świadomi naszych obowiązków i ograniczeń, stwierdzamy, że małżonkowie mogą w sposób odpowiedzialny zgodnie ze swoim sumieniem uznać, że sztuczna kontrola urodzeń jest dozwolona, a w rzeczywistości konieczna, by zachować i szerzyć wartości i świętość małżeństwa". Ostatecznie podpisało się pod nim jeszcze ponad sześciuset teologów.

Kardynał James Francis McIntyre z Los Angeles, powszechnie uchodzący za arcykonserwatystę, natychmiast złożył petycję w radzie zarządu Catholic University, nazywającą czyn Currana złamaniem warunków umowy i wzywającą do jej rozwiązania, podobnie jak w wypadku pozostałych sygnatariuszy. Jednak w świetle dramatycznych wydarzeń 1967 roku nic to nie dało. Rada zaleciła przeprowadzenie dochodzenia, które miało ustalić, czy profesorowie naruszyli swoje obowiązki. Dochodzenie to ciągnęło się przez dwa lata, ale zakończyło się bez zwolnień i kar dyscyplinarnych. Curran i jego koledzy myśleli, że wygrali, że wprowadzili prawo do odstępstwa od nie nieomylnego nauczania.

Było im dość łatwo wyciągnąć taki wniosek, biskupi amerykańscy przyjęli bowiem w tymże roku dokument zatytułowany *Human life in our day*, również będący odpowiedzią na *Humanae vitae*, w którym zaakceptowali prawomocność publicznego odstępstwa teologicznego, jeśli spełnia trzy warunki: jeśli powody są poważne i dobrze udokumentowane, jeżeli sposób odstępstwa nie podaje w wątpliwość autorytetu nauczycielskiego Kościoła i jeśli nie prowadzi do skandalu. W długotrwałej wymianie listów z Rzymem przez następne dwa dziesięciolecia Curran, uzasadniając swoje stanowisko, nieustannie powoływał się na zasady ustalone przez biskupów amerykańskich. Ratzinger nigdy nie przyjął tego argumentu. W sprawie Currana – jak uważa wielu komentatorów – praktycznie uchylił dokument Konferencji Biskupów Amerykańskich, nie wyjaśniając nawet oficjalnie, na jakiej podstawie czy na jakiej mocy to uczynił.

Curran oficjalnie dowiedział się o tym, że Kongregacja Nauki Wiary prowadzi w jego sprawie śledztwo, w sierpniu 1979 roku z listu od kardynała Franja Sepera, poprzednika Ratzingera. List był datowany na 13 lipca, ale proces najwyraźniej toczył się już od jakiegoś czasu. 4 października 1979 roku Curran odpowiedział na zestaw „spostrzeżeń" do swojej pracy wydany przez kongregację z pięcioma pytaniami, na które w jego odczuciu należało odpowiedzieć, zanim będzie można rozpocząć sensowną rozmowę o zajmowanych przez niego konkretnych stanowiskach teologicznych. Oto te pytania:

- Czy nauczanie zwykłego, nie nieomylnego, autorytatywnego hierarchicznego Magisterium stanowi jedyny czynnik czy czynnik zawsze decydujący w całości nauczycielskiej działalności Kościoła? Innymi słowy, czy teologowi w ogóle wolno wystąpić przeciwko takiemu nauczaniu?
- Czy istnieje możliwość, a nawet prawo do publicznego odstępstwa od autorytatywnego, nie nieomylnego hierarchicznego nauczania, gdy teolog jest przekonany, iż istnieją poważne powody, by obalić przesłanki prawdy przemawiające za nauczaniem, i sądzi, że taki przejaw publicznego odstępstwa przyczyni się do największego dobra Kościoła?
- Czy *silentium obsequiosum* [„posłuszne milczenie"] jest jedyną uprawnioną reakcją teologa, przekonanego, że istnieją poważne powody, które obalają przesłanki przemawiające za autorytatywnym, nie nieomylnym hierarchicznym nauczaniem?
- Czy zwykły wierny może roztropnie podjąć decyzję, że postąpi wbrew nauczaniu zwykłego, autentycznego, nie nieomylnego hierarchicznego Magisterium?
- Czy w historii zdarzały się błędy w nauczaniu zwykłego, nie nieomylnego Magisterium, które następnie poprawiono, często wskutek odstępstwa teologów?

W ciągu następnych ośmiu lat, poprzedzających zwolnienie z Catholic University w 1987 roku, Curran zabiegał o uzyskanie z Rzymu odpowiedzi na te pytania. Bezskutecznie. Kongregacja skoncentrowała się na ustaleniu odstępstwa Currana, punktu, którego nigdy nie podważał, chociaż z uporem utrzymywał, że jego odstępstwo zawsze było częściowe i powinno być pojmowane w kontekście bardziej podstawowej zgodności z doktryną. Przyznał, że w niektórych kwestiach jego stanowisko różniło się od stanowiska Magisterium. Chciał ustalić, czy teolog katolicki może mieć poglądy sprzeczne z nie nieomylną nauką i pozostać katolikiem.

Ratzinger nie kwestionował w zasadzie prawomocności uczciwej niezgody, ale uważał, że pogląd Currana na nieomylność jest zbyt słaby. Curran nie mógł udawać, że tylko te doktryny, które zostały oficjalnie sformułowane, są dla teologa katolickiego wiążące. Konkretne zagadnienia, o które chodziło – antykoncepcja, homoseksualizm, rozwód i ponowny związek małżeński – podpadały pod kategorię, którą Ratzinger nazwał „nauczaniem ostatecznym" i która wymagała zdecydowanej aprobaty. Odmienne zdanie w tych kwestiach, których Kościół nauczał wszędzie przez wieki, oznaczało, że Curran oderwał się od katolickiej *communio*. Co gorsza, głosił swój ograniczony pogląd na nieomylność, stanowisko, które w przekonaniu Ratzingera wywodziło się z protestanckiej reformacji, z wszystkich mównic w kraju. Ratzinger uważał, że rozumowanie Currana prowadzi do wniosku, iż katolicy są zobowiązani tylko do przyjęcia kilku podstawowych zasad dogmatycznych – Trójcy Świętej, na przykład, czy zmartwychwstania ciała – a cała reszta jest kwestią sumienia.

Zatem w ciągu sześcioletniej wymiany listów, a także podczas spotkania w 1986 roku Curran i Ratzinger funkcjonowali w fundamentalnie różnych ramach teoretycznych i obydwaj mieli poczucie, że drugi tak naprawdę w ogóle nie rozumie, o co toczy się gra. Curranowi nigdy nie udało się nakłonić Ratzingera do rozmowy o zasadach odstępstwa; Ratzingerowi z kolei nie udało się przekonać Currana, by uznał pełen zakres wiążącej doktryny. Obydwaj czuli, że drugi wybiórczo odczytuje Tradycję, i zastanawiali się, jak druga strona może żywić takie przekonania i wyobrażać sobie, że jest niepodważalnie „katolicka".

Ratzinger przejął akta Currana od Sepera pod koniec 1981 roku, a w czerwcu 1982 roku Curran napisał do niego po raz pierwszy, wysyłając drugi zestaw odpowiedzi na spostrzeżenia dotyczące jego pracy, sformułowane przez Kongregację Nauki Wiary w lipcu 1979 roku. Przypomniał Ratzingerowi o swoich zastrzeżeniach proceduralnych, mianowicie o tym, że kongregacja już go potępiła, zarówno przez swoje wysoce krytyczne „spostrzeżenia", jak i w liście arcybiskupa Hamera do biskupa Sullivana, o którym wspomniano na początku tego rozdziału. Wydawało mu się mało prawdopodobne, że może zostać uczciwie wysłuchany. Co więcej, z rozczarowaniem zauważył, że kongregacja odmówiła przedstawienia jakichkolwiek zasad rządzących publicznym odstępstwem teologicznym.

Ratzinger odpowiedział w kwietniu 1983 roku dokumentem podzielonym na trzy części. Najpierw zajmuje się kwestią odstępstwa. W kilku krótkich akapitach dowodzi dwóch rzeczy: tego, że prywatne odstępstwo od nauki Kościoła nie stanowi uzasadnienia dla prawa do publicznego odstępstwa od zwykłego Magisterium; i że Curran „w praktyce traktuje stanowisko Magisterium jak opinię zwykłego teologa". W odpowiedzi na argument Currana, że wybranie go jest niesprawiedliwe, ponieważ wielu teologów głosi takie same poglądy, w dokumencie czytamy: „Nie tylko ksiądz Curran cytuje innych teologów pozostających w niezgodzie z Kościołem, ale i oni cytują jego. Ta okrężna metoda kontestacji nie może cieszyć się nietykalnością ze strony Kościoła, nawet jeśli dokonując wyboru tez konkretnego teologa, Kościół może początkowo ryzykować, że będzie postrzegany jako niesprawiedliwy".

Następnie dokument krótko podsumowuje punkty, co do których uważa odstępstwo Currana za oczywiste: sztuczna antykoncepcja, nierozerwalność małżeństwa, aborcja i eutanazja, masturbacja, przedmałżeński stosunek płciowy i akty homoseksualne. Na koniec przedstawia pewne kwestie, które nadal uważane są za niejasne. Najważniejszą z nich jest „teoria kompromisu" Currana, która głosi, że pomimo największych wysiłków człowieka życie czasami stawia go w sytuacjach, w których wybór moralny oznacza czynienie odrobiny zła. W przekonującym komentarzu dokument ostrzega, iż taka zasada prawdopodobnie da ludziom wymówkę dla grzesznego postępowania, ponieważ w podejmowaniu decyzji nieuchronnie pojawia się „element samousprawiedliwienia". Innymi słowy, gdy norma moralna przestaje być absolutna, większość ludzi nie będzie starać się żyć zgodnie z nią, lecz będzie uzasadniać niemoralne zachowanie na podstawie „kompromisu". Curran często dowodził, że jedna z podstawowych różnic między nim i Ratzingerem polega na tym, że on jest bardziej tomistyczny, a Ratzinger augustyniański. Różnica zdań w kwestii „teorii kompromisu" zdaje się potwierdzać ten pogląd. Curran zakłada, że większość ludzi, gdy w skomplikowanych sytuacjach moralnych musi używać rozumu, dokona właściwej oceny; Ratzinger zdaje się zakładać, że upadła ludzkość potrzebuje absolutów jako swego rodzaju polisy ubezpieczeniowej od moralnej słabości.

Dalej Ratzinger stwierdza, że argument Currana za zmianą przez Kościół nauczania o nierozerwalności małżeństwa, a mianowicie, że wielu katolików nie przestrzega go w praktyce, jest „głęboko legalistyczny". Kościół naucza, że małżeństwo chrześcijańskie jest nierozerwalne, ponieważ nie jest – mówi Ratzinger – na odwrót. Jest to przypadek, w którym Ratzinger sądzi, że Curran rozmyślnie ignoruje jedną z „danych" Objawienia. Kościół nie przeprowadza badań opinii swoich członków, by na tej podstawie decydować, czego nauczać; Kościół zaczyna od Objawienia, a następnie pomaga swoim członkom – i całemu światu – zrozumieć jego konsekwencje.

Curran odpowiedział w czerwcu 1983 roku, dając wyraz zniecierpliwieniu z powodu odmówienia przez kongregację zajęcia się zagadnieniem teologicznego odstępstwa. „Szczery i owocny dialog wymaga, aby obie strony były skłonne powiedzieć, jakimi zasadami się kierują i jak te zasady mają być stosowane – napisał Curran. – Nie uważam, aby prawdziwy dialog mógł trwać, dopóki kongregacja nie stwierdzi jasno, czy akceptuje możliwość uprawnionego publicznego odstępstwa w Kościele czy nie". Następnie Curran przechodzi do szczegółów dokumentu Ratzingera z kwietnia. Publiczne odstępstwo opiera na prawie katolików do zapoznania się z różnymi opiniami teologicznymi, obowiązku teologów, by im je przedstawić, prawie do wyrażenia własnego „ja" oraz obowiązku unikania skandalu, gdy brak odstępstwa od nauczania Magisterium grozi jego wywołaniem (jak w przekonaniu Currana było z *Humanae vitae*). Curran sprzeciwia się też stwierdzeniu Ratzingera, że traktuje Urząd Nauczycielski tylko jako jeszcze jednego teologa; zwraca uwagę, że w swoich książkach i artykułach przedstawił z szacunkiem bardzo wiele nauk Magisterium, nawet gdy się z nimi nie zgadza. „Nigdy nie przyznawałem takiego znaczenia czy wagi dziełu żadnego konkretnego teologa" – mówi Curran. Ponownie porusza kwestię, że wielu innych teologów katolickich na całym świecie głosi te same poglądy co on.

W odpowiedzi na list arcybiskupa Jamesa Hickeya z Waszyngtonu Curran wyraził irytację z powodu niechęci Kongregacji Nauki Wiary do przedyskutowania zasad rządzących odstępstwem. „Dlaczego kongregacja nie chce udzielić odpowiedzi na to pytanie? – pytał 28 lutego 1984 roku. – Dlaczego gra na zwłokę?" To spowodowało, że Ratzinger wysłał list, datowany na 13 kwietnia, w którym z uporem utrzymuje, że kongregacja jasno przedstawiła swoje zdanie.

„Odstępstwo, nawet prywatne, wymaga osobistej pewności, że nauczanie Kościoła jest niewłaściwe – pisze, przytaczając poprzedni zestaw spostrzeżeń wysłanych Curranowi. – Dalsze odstępstwo publiczne i zachęcanie do odstępstwa innych grozi wywołaniem skandalu wśród wiernych i wzięciem na siebie pewnej odpowiedzialności za ten zamęt spowodowany przez głoszenie własnych poglądów teologicznych, stojących w sprzeczności ze stanowiskiem zajętym przez Kościół". Następnie Ratzinger przypomina Curranowi, że nadal ma obowiązek odpowiedzieć na konkretne spostrzeżenia dotyczące kwestii moralnych, w których dopuszcza się odstępstwa: antykoncepcji, eutanazji, masturbacji itd.

To nie była odpowiedź, która zadowoliłaby Currana. Czy stwierdzenie, że prywatne odstępstwo wymaga „osobistej pewności, że nauczanie Kościoła jest niewłaściwe", oznacza, iż odstępstwo jest zabronione? Czy stwierdzenie, że publiczne odstępstwo „grozi" dezorientacją wiernych, oznacza, iż pod pewnymi warunkami tego ryzyka da się uniknąć? Uwagi te z pewnością nie są systematycznym przedstawieniem zasad rządzących odstępstwem, o które prosił Curran.

Curran, wbrew własnej woli, wysłał odpowiedź zawierającą szczegóły teologiczne, w sierpniu 1984 roku. We wrześniu 1985 roku Ratzinger odpisał mu, informując, że ktoś, kto głosi takie poglądy, nie może być uważany za teologa katolickiego. Curran otrzymał jeszcze jedną, ostatnią szansę odwołania swoich poglądów, ale z powodu braku tego odwołania pozbawiono go *missio canonica*.

W styczniu 1986 roku Curran napisał do Ratzingera z prośbą o bezpośrednią dyskusję w Rzymie, która miała być ostateczną próbą osiągnięcia kompromisu. Ratzinger wyraził zgodę, pod warunkiem że Curran rozumie, iż nie będzie to spotkanie oficjalne, ponieważ takie spotkanie jest konieczne na mocy *Ratio agendi* tylko wtedy, gdy istnieje niepewność co do poglądów autora, a w tym wypadku jest zupełnie oczywiste, że dopuścił się on odstępstwa. Curran przyjął ten warunek i wybrał na swego doradcę Bernarda Häringa, swojego dawnego mistrza i przyjaciela. Monsignor George Higgins z University of Notre Dame, jeden z najważniejszych księży-robotników Ameryki i wieloletni przyjaciel Currana, także towarzyszył mu w tej podróży, podobnie jak dziekan School of Catholic Studies na Catholic University of America, William Cenkner. Ratzinger i Curran uzgodnili przed spotkaniem informację dla prasy, która miała zostać przekazana po jego zakończeniu. Spotkanie określono jako „serdeczne".

W tygodniach poprzedzających spotkanie Curran, który jest nie tylko utalentowanym teologiem, lecz także przenikliwym strategiem politycznym, próbował wypracować kompromis. Zasugerował, że otrzyma zakaz nauczania etyki seksualnej na Catholic University, ponieważ nie prowadził tych zajęć przez kilka lat i nie miał zamiaru do nich wracać. Rzym mógłby wydać dokument ukazujący „błędy" w jego teologii oraz roczny zakaz nauczania, i tak bowiem zamierzał wziąć w 1986 roku urlop naukowy. Zwrócił się do Hickeya i kardynała Josepha Bernardina z Chicago, który teraz też występował w roli pośrednika. Przedłożywszy tę propozycję w Rzymie, poinformowali Currana, że jego plan prawdopodobnie nie zostanie zaakceptowany.

W sobotę 8 marca o 11 rano Curran, Häring, Higgins i Cenkner przybyli na Piazza del S. Uffizio, nr 11, gdzie zostali powitani w poczekalni przez Ratzingera. Zaprowadził Currana i Häringa na spotkanie, Higgins i Cenkner zaś czekali na zewnątrz. W pokoju obecni byli Curran, Häring, Ratzinger, sekretarz kongregacji arcybiskup Alberto Bovone i dwóch protokolantów: Amerykanin ksiądz Thomas Herron i brat Edouard Hamel, jezuita, który wykładał teologię moralną na Uniwersytecie Gregoriańskim. Spotkanie trwało dwie godziny. Häring poprosił o zgodę na zabranie głosu na początku i przedstawił dwustronicowy tekst zatytułowany „Częste i długotrwałe odstępstwo Świętego Oficjum od i przeciwko *Opinio Communior* jako główny problem eklezjologiczny, ekumeniczny i ludzki". Rękawica została rzucona. Häring zwrócił uwagę na sporą liczbę błędów w dziejach Świętego Oficjum, między innymi dotyczących świeckiej władzy Kościoła, torturowania i palenia czarownic, lichwy, niewolnictwa, zduszenia wolności religijnej i *nouvelle theologie*. Häring dowodził, że w tych wypadkach rzeczywistym odstępcą było Święte Oficjum i być może jest tak również w sprawie Currana.

Ratzinger pozwolił Curranowi przedstawić jeden z najważniejszych punktów jego argumentacji, a mianowicie to, że nigdy nie negował nauczania, które wymagało zgody wiary. Oskarżony zapytał o kompromis, a Häring usilnie nakłaniał prefekta kongregacji, by go zaakceptował. Ratzinger uchylił się od odpowiedzi, stwierdzając, że ostateczna decyzja należy do członków kardynałów kongregacji. Najtrudniejszy moment nastąpił, gdy Curran ponownie podkreślił, że jego stanowisko w znacznym stopniu należy do głównego nurtu teologii. Ratzinger poprosił go, by wymienił nazwiska innych osób, które głoszą jego poglądy, i Curran to uczynił – celowo wymieniając samych Niemców. Następnie prefekt zapytał, czy Curran chciałby oskarżyć tych myślicieli, ponieważ jeśli tak, to kongregacja chętnie rozpocznie nowe śledztwa. Teolog odparł, że nie chce nikogo oskarżać. Zwracał tylko uwagę na to, co Ratzinger, wybitny i szanowany teolog, oczywiście wiedział, że jest prawdą. Ten inkwizycyjny teatralny gest – „Czy powinniśmy zatem rozpocząć też śledztwa w sprawie pańskich przyjaciół?" – wydał się Curranowi sprzeczny z powszechną reputacją osobistej przyzwoitości Ratzingera.

Dwa dni po spotkaniu Ratzinger napisał do Hickneya z prośbą o ostateczną pisemną odpowiedź oskarżonego na stawiane mu zarzuty, czytelny sygnał, że proponowany kompromis został odrzucony. Curran odpowiedział 1 kwietnia 1986 roku, dając do zrozumienia, że nie może odwołać podważanych opinii. 25 lipca 1986 roku Ratzinger napisał do niego, informując, że został pozbawiony prawa nauczania jako teolog katolicki. Pomimo publicznych deklaracji poparcia ze strony większości jego kolegów akademickich, między innymi dziewięciu byłych przewodniczących Amerykańskiego Towarzystwa Teologii Katolickiej, Currana zwolniono z Catholic University of America w styczniu 1987 roku. Złożył pozew, ale został on oddalony. Obecnie Curran wykłada na Southern Methodist University w Dallas, gdzie jest szanowanym i lubianym teologiem.

Do dzisiaj Curran jest przekonany, że wybrano go nie ze względu na jego poglądy, które według dominujących norm teologicznych wcale nie są radykalne, lecz z przyczyn politycznych. Częściowo była to odpłata za odstępstwo od *Humanae vitae*, częściowo postraszenie katolickiej teologii moralnej w Ameryce Północnej, a częściowo ostrzeżenie dla całego amerykańskiego Kościoła katolickiego, żeby nie oddalał się zbytnio od orbity Rzymu. „Wybrali mnie, ponieważ Kościół w Stanach Zjednoczonych jest bogaty i wpływowy, i chcieli wysłać sygnał – oświadczył Curran. – Trudno uniknąć wniosku, że były to kalkulacje polityczne". Czasami zastanawia się, jak bardzo był w tę sprawę zaangażowany osobiście Ratzinger. Gdy spotkali się w marcu 1986 roku, Ratzinger wydawał się zaskoczony, że Curran mówi po włosku i że studiował w Rzymie (Curran ma w rzeczywistości pierwszy doktorat przyznany przez Alphonsianum, najważniejszy rzymski instytut teologii moralnej). Ratzinger zdawał się też nie wiedzieć o proponowanym kompromisie, który Hickney i Häring przywieźli do Rzymu. Ów Amerykanin w Kongregacji Nauki Wiary, ksiądz Tom Herron, szybko zapoznał Ratzingera ze szczegółami w czasie spotkania. W wywiadzie ze mną w kwietniu 1999 roku Curran stwierdził, iż słyszał od kogoś, że Ratzinger kiedyś wyraził się o jego sprawie jako najtrudniejszej ze wszystkich, którymi musiał się zajmować, ale w końcu została mu odebrana. Dla Currana uwaga oznaczała to, że decyzję w jego sprawie podjął papież. Balthasar też kiedyś stwierdził, że Ratzinger został zmuszony do uciszenia Leonarda Boffa. Skądkolwiek pochodziła ostateczna decyzja, jest oczywiste, iż zastosowane argumenty, by ją uzasadnić, były typowe dla Ratzingera, i jeśli miał poważne zastrzeżenia, to nigdy nie wyartykułował ich publicznie.

Najbardziej trwałe skutki sprawy Currana nie dotknęły teologii moralnej, chociaż wielu komentatorów jest przekonanych, że dyscyplina ta stała się wskutek tego mniej twórcza. Sprawa ta stanowiła ostrzeżenie dla wszystkich teologów katolickich w kwestii publicznego odstępstwa. Ciche rozbieżności z nauczaniem Magisterium grożą oceną doktrynalną; publiczne nawoływanie do zmian sprowadza ją. Skutek, w opinii wielu teologów, jest taki, że prawdopodobnie jedynie nieliczni teologowie, którzy nie mają nic do stracenia, będą głosić swoje niezgodne z Urzędem Nauczycielskim poglądy, a cała działalność teologiczna stanie się ostrożniejsza i da mniej myśli i dzieł o trwałej wartości.

Curran ujmuje to następująco: w kwietniu 1999 roku powiedział, że gdyby on i Ratzinger zostali uwięzieni na bezludnej wyspie, jedyną rzeczą, o której chciałby z nim porozmawiać, byłaby konieczność, aby hierarchiczne Magisterium, zanim zacznie nauczać, samo się nauczyło. „Nawet w kwestii tak fundamentalnej jak Trójca Święta nauczyli się o niej, zanim o niej nauczali, że nie istniała od początku – powiedział Curran. – A jak dzisiaj wygląda uczenie się? I jaka jest rola teologa, żeby do tego uczenia się doszło?"

Teolog a Kościół

W 1989 roku i ponownie w 1990 kongregacja Ratzingera zajęła się szczegółowym określeniem stosunków między teologiem i Kościołem, by raz na zawsze rozwiązać kwestię odstępstwa, która stanowiła istotę sprawy Currana.

1 marca 1989 roku zaczęły obowiązywać dwie nowe przysięgi wierności, których złożenie jest wymagane przy piastowaniu pewnych sta-

nowisk w Kościele. Pierwsza, oficjalnie nazywana „Wyznaniem Wiary", była poprawką przysięgi, która obowiązywała od 1967 roku; druga, zwana „przysięgą wierności", była rozszerzoną wersją przysięgi, którą wcześniej musieli składać tylko biskupi. Wyznanie Wiary obejmuje Credo nicejsko-konstantynopolskie oraz trzy dodatkowe akapity, których wymaga dostęp do innych rodzajów nauczania Kościoła. Wyznanie z 1967 roku, przyjęte po Soborze Watykańskim II, ograniczało się do samego Credo; nowe Wyznanie przywróciło w Kościele sytuację, która panowała od 1910 do 1967 roku, gdy była w nim zawarta przysięga przeciwko modernizmowi, ogłoszona za pontyfikatu Piusa X[10].

Większość katolickich uniwersytetów w Stanach Zjednoczonych nie wprowadziła ani nowego Wyznania, ani nowej przysięgi, chociaż kilka to uczyniło bardzo uroczyście. Franciscan University w Steubenville w stanie Ohio, zdecydowanie ortodoksyjna instytucja pod kierownictwem franciszkanina tercjarza Michaela Scanlona, postanowił być pierwszą uczelnią w kraju, która będzie wymagać i jednego, i drugiego zarówno od kadry, jak i administracji. Lazarysta David O'Connell, nowy rektor Catholic University, stał się sławny w 1998 roku, gdy złożył przysięgę wierności, obejmując swoje stanowisko. Znaczna większość rektorów uniwersytetów katolickich jednak nie poszła w jego ślady.

W 1989 roku wydano też Deklarację Kolońską. Przyczyną jej ogłoszenia 6 stycznia 1989 roku, w dzień Objawienia Pańskiego, było mianowanie konserwatywnego Joachima Meisnera na stanowisko arcybiskupa Kolonii, wbrew życzeniom miejscowego Kościoła. Podpisało się pod nim 163 teologów z Niemiec, Austrii, Szwajcarii i Holandii. Stwierdzono w nim, że pewne kierunki polityki Kościoła udaremniają wysiłki niesienia światu ewangelii. Zaliczono do nich:

- Mianowanie przez papieża Jana Pawła II biskupów „bez uwzględnienia sugestii Kościołów miejscowych i lekceważenie praw nabytych", co jest sprzeczne z katolicką tradycją, że wybór biskupów „nie jest jakimś osobistym wyborem papieża".
- Odmawianie przez Watykan przyznania uprawnień teologom, z którymi się nie zgadza, co stanowi jeden z elementów ogólnej kampanii wyciszania różnicy opinii, będący „niebezpiecznym naruszeniem wolności badań naukowych i nauczania".
- „Przekraczanie [przez papieża] i wymuszanie w niedopuszczalny sposób" właściwych mu kompetencji doktrynalnych, utrzymywanie, że każde stwierdzenie Magisterium należy traktować jak nieomylne.

Oświadczenie nawoływało do poświęcenia szczególnej uwagi zakazowi kontroli urodzeń.

Narzekając, że kolegialność, do której wzywał Sobór Watykański II, jest „tłumiona przez nowy rzymski centralizm", w oświadczeniu przewidywano, że „jeżeli papież podejmuje działania, które nie należą do jego kompetencji, to nie może wymagać posłuszeństwa w imię katolicyzmu. Musi spodziewać się odstępstwa"[11].

Widniały pod nim podpisy największych nazwisk teologii, między innymi Edwarda Schillebeeckxa, Johanna Baptisty Metza, Hansa Künga, Norberta Greinachera i Josepha Fuchsa. Inni, z których najważniejszy był Bernard Häring, podpisali je później. Ostatecznie oświadczenie to zostało podpisane przez 130 teologów z Francji, 23 z Hiszpanii, 52 z Belgii i 63 z Włoch, wśród nich nawet z samego Rzymu. Bunt ten zirytował Ratzingera, tym bardziej że oświadczenie powstało wśród jego dawnych kolegów w Niemczech. Na konferencji prasowej po jego wydaniu Ratzinger sugerował, że być może sytuację teologiczną w Niemczech należałoby ponownie przeanalizować pod kątem likwidacji niektórych stanowisk nauczycielskich, które wydają się zbędne lub niekonieczne. Był to oczywisty przykład pobrzękiwania szabelką, ostrzeżenia kolegów, że jeśli nadal będą kołysać łodzią, Stolica Apostolska może wywrzeć nacisk na rząd niemiecki na warunkach określonych w konkordacie, żeby zlikwidować ich stanowiska pracy. W tym kontekście wydanie nowych przysiąg wierności wielu teologów uznało za jeszcze jeden sygnał z Watykanu, że publiczne niezadowolenie nie będzie tolerowane.

24 maja 1990 roku Kongregacja Nauki Wiary wydała dokument bliski systematycznego przedstawienia odstępstwa, o które zabiegał Curran. Instrukcja o powołaniu teologa w Kościele to streszczenie wizji Ratzingera dotyczącej roli i misji teologa katolickiego. Przedstawiając ten dokument mediom, Ratzinger wyjaśnił, dlaczego uważał go za konieczny.

Po sukcesie na Soborze Watykańskim II wielu teologów zaczęło mieć zbyt wysokie mniemanie o swojej profesji. „Teologowie mają coraz silniejsze poczucie, że są prawdziwymi nauczycielami Kościoła, a nawet biskupów – stwierdził Ratzinger. – Co więcej, od soboru zostali odkryci przez środki masowego przekazu i przyciągnęli ich zainteresowanie". W tej sytuacji konieczne stało się przyjrzenie się na nowo relacji między teologiem i Magisterium.

Kwestia zasadnicza dla Ratzingera: „Teologia nigdy nie jest jedynie prywatną ideą jakiegoś teologa". Kościół stanowi dla teologa „niezbędne środowisko"; w rzeczywistości to właśnie Kościół umożliwia działalność teologiczną. Zatem istnieją dwie cechy niezbędne dla teologa: po pierwsze, metodologiczny rygor, który stanowi nieodłączną część uprawiania teologii; po drugie, „wewnętrzne uczestnictwo w organicznej strukturze Kościoła". Następnie pojawia się ulubiona metafora Ratzingera: „Jedynie w tej symfonii teologia zaczyna istnieć". Ratzinger przyznaje, że będą występować napięcia między teologami i Urzędem Nauczycielskim, postrzega je jednak jako zdrowe, póki każda strona rozumie, że jej funkcja jest „ze swej istoty przyporządkowana drugiej".

Na konferencji prasowej Ratzinger oświadczył, że ta instrukcja „stwierdza – być może po raz pierwszy z taką szczerością – że pewne decyzje podejmowane przez Magisterium Kościoła nie mogą być ostatecznym słowem w danej kwestii, ale pomimo trwałej wartości ich zasad głównie są sygnałem wzywającym do pasterskiej rozwagi, swego rodzaju bieżącą polityką". Jako przykłady wymienia papieskie oświadczenia z XIX w. o wolności religijnej i antymodernistyczne decyzje na początku XX w., zwłaszcza te, które dotyczyły biblistyki. „Ich istota nadal obowiązuje, ale szczegóły określone przez okoliczności mogą wymagać poprawienia" – powiedział.

Na wielkiej fali krytyki, którą spowodowało wydanie tego dokumentu, o uwadze tej na ogół nie pamiętano. Mimo to należy zauważyć, że najwyższy doktrynalny autorytet Kościoła katolickiego publicznie przyznał, że w dwóch kwestiach, które kiedyś papieże uznawali za zagrażające samemu przetrwaniu wiary – kwestiach, o jakich niektórym teologom zabraniano się wypowiadać, i całych teologiach, które obrzucano anatemami – Kościół zareagował zbyt mocno. Wydaje się, że jest to ważne ustępstwo i być może stwarza to możliwość dalszego dialogu w kwestii ustalania, które oświadczenia papieskie są „ostateczne", a które należą do zagadnień „bieżącej polityki". Sam dokument zapewnia, że jedynie czas może stworzyć taką perspektywę, ale nawet ten argument zdaje się zostawiać trochę miejsca dla krytycznych poglądów teologicznych. Można na przykład uzasadnić odstępstwo jako przysługę dla przyszłego rozróżnienia.

Instrukcja o powołaniu teologa w Kościele rozpoczyna się od rozważań o prawdzie jako „darze Boga dla swego ludu". W związku z tym dokument wspomina o „nadprzyrodzonym zmyśle wiary całego ludu". W przeciwieństwie do niektórych reformatorsko nastawionych katolików, którzy postrzegają *sensus fidelium* jako krańcowe przeciwieństwo hierarchii, dokument ten cytuje *Lumen gentium*, z którego wynika, że to nadprzyrodzone wyczucie wypływa, „poczynając od biskupów aż po ostatniego z wiernych świeckich", gdy przejawiają „powszechną zgodność w sprawach wiary i obyczajów". W tym dokumencie zatem *sensus fidelium* jest wezwaniem nie tyle do reformy, ile do kultywowania; przypomina wiernym o ich odpowiedzialności za zachowanie i przekazywanie dalej depozytu wiary. Dokument zapewnia dalej, że katolicka opinia publiczna jest szczególnie podatna na manipulację w obecnej epoce środków masowego przekazu.

Dalej omówiona jest rola teologa. Teologia jest jedną z odpowiedzi na zaproszenie wiary, by odkrywać prawdę, którą Bóg przekazuje ludzkości. Jej korzenie tkwią w prawdzie objawionej i w miłości do Boga, do której skłania prawda. W tym znaczeniu „teolog (...) musi żyć intensywną wiarą i zawsze łączyć badania naukowe z modlitwą". To uchroni go przed „duchem krytycznym, wywodzącym się zwykle z motywów o charakterze uczuciowym lub z uprzedzeń".

Następnie w dokumencie dochodzimy do sedna rozumowania dotyczącego właściwej roli teologa. „Właściwa badaniom teologicznym wolność realizuje się w obrębie wiary Kościoła. Śmiałość zatem, która często ogarnia świadomość teologa, nie może przynieść owoców i «budować», jeśli nie towarzyszy jej cierpliwość dojrzewania". Cytując fragment przemówienia wygłoszonego przez Jana Pawła II w sanktuarium maryjnym w Altötting w Bawarii, dokument stwierdza: „Nowe rozwiązania proponowane przez rozumienie wiary są jedynie propozycją dla całego Kościoła. Potrzebują one jeszcze wielu korekt i rozwinięcia w braterskim dialogu, by mogły być zaakceptowane przez cały Kościół".

Ponieważ wielu teologów katolickich, sprzeciwiając się nadzorowi Magisterium Kościoła, powołuje się na prawo do nauczania zgodnie z własnymi przekonaniami, w dokumencie dowodzi się, że jest to nieporozumienie. „Wolność badań, która słusznie uważana jest przez ludzi nauki za jedno z najcenniejszych dóbr, oznacza gotowość do przyjęcia prawdy takiej, jaka jawi się na końcu tych badań, do których nie wkradł się żaden obcy element niezgodny z wymaganiami metody odpowiadającej badanemu przedmiotowi. W teologii owa wolność poszukiwań jest wpisana w poznanie rozumowe, którego przedmiot pochodzi z Objawienia, przekazanego i interpretowanego w Kościele pod zwierzchnictwem Urzędu Nauczycielskiego i przyjętego przez wiarę. Pominięcie tych mających zasadnicze znaczenie założeń oznaczałoby zaprzestanie uprawiania teologii".

Następnie dokument przechodzi do roli Magisterium Kościoła. W większości komentarzy tej instrukcji pominięto tę część, ponieważ w świetle Oświadczenia kolońskiego i nowych przysiąg wierności, dziennikarzy najbardziej interesowało to, co dokument mówi o teologach. Jednak instrukcji tej w rzeczywistości przyświecał dwojaki cel: wezwać teologów do powrotu do prawowierności, a biskupów do większej czujności. „Jako następcy Apostołów, Pasterze Kościoła „otrzymują od Pana (...) misję nauczania wszystkich narodów i głoszenia Ewangelii wszelkiemu stworzeniu, by wszyscy ludzie (...) osiągnęli zbawienie". To im właśnie zostało powierzone zadanie zachowania, wykładu i głoszenia Słowa Bożego, którego są sługami".

Dokument stwierdza, że Magisterium może wydawać „definitywne" oświadczenia, nawet gdy brakuje im oficjalnej deklaracji o nieomylności. Argument ten został doprowadzony do logicznego końca w 1998 roku w papieskim *Ad tuendam fidem*, gdzie kary za odstępstwo od nauczania w kategorii „definitywne" zostały wpisane do prawa kanonicznego. „Zadanie skrupulatnego strzeżenia i wiernego ukazywania depozytu Boskiego Objawienia zakłada ze swojej natury, że Urząd Nauczycielski może wypowiadać się «w sposób definitywny» również w sprawach, które chociaż nie znajdują się wśród prawd wiary, są jednak z nimi ściśle złączone, tak że charakter definitywny tych wypowiedzi ostatecznie wypływa z samego Objawienia" – czytamy.

Dokument ten przyznaje, że teologowie mogą od czasu do czasu mieć uzasadnione powody, by wątpić w niereformowalne nauczanie Urzędu Nauczycielskiego Kościoła. „W tych przypadkach teolog powinien unikać uciekania się do środków społecznego przekazu, lecz zwrócić się do kompetentnej władzy kościelnej, wywierając bowiem nacisk na opinię publiczną, nie można przyczynić się do wyjaśnienia problemów doktrynalnych ani służyć prawdzie". Czytamy dalej, że teolog szczerze przekonany, iż Kościół się myli, może być rozczarowany brakiem możliwości wyrażenia tego przekonania na forum publicznym. „Dla człowieka lojalnego i ożywionego miłością Kościoła tego rodzaju sytuacja może być doświadczeniem trudnym, ale także stać się wezwaniem do cierpienia w milczeniu na modlitwie, z ufnością, że jeśli rzeczywiście chodzi o prawdę, to ona w końcu zwycięży". Przede wszystkim zwrócenie się do środków masowego przekazu i zorganizowanych grup nacisku grozi teologowi zdezorientowaniem i „dostosowaniem do mentalności naszych czasów".

Krytycy często dostrzegają sprzeczność w popieraniu przez Watykan wolności religijnej w domenie świeckiej i jego niechęć do praktykowania wolności słowa wewnątrz Kościoła. Dokument ten uważa to za porównanie fałszywe. „Dlatego nie można odwoływać się do praw człowieka, by przeciwstawić się wypowiedziom Urzędu Nauczycielskiego. Takie postępowanie nie uwzględniałoby natury i posłannictwa Kościoła, któremu Chrystus zlecił zadanie przepowiadania wszystkim ludziom prawdy zbawienia i który wypełnia je, idąc w ślady Chrystusa, świadomy, że prawda nie narzuca się inaczej, jak tylko siłą samej prawdy, która wnika w umysły jednocześnie łagodnie i silnie". Dalej, należy rozróżniać między uciskiem osoby a sądem o pewnych ideach. „Wyrażony w takich okolicznościach przez Urząd Nauczycielski sąd, poprzedzony gruntownym studium, przeprowadzonym według ustalonych zasad i po umożliwieniu zainteresowanemu wyjaśnienia ewentualnych nieporozumień co do jego myśli, nie odnosi się do osoby teologa, lecz do jego publikacji naukowych. Fakt, że te procedury mogłyby być udoskonalone, nie oznacza, że są one sprzeczne ze sprawiedliwością i prawem. Nie można tu mówić o pogwałceniu praw człowieka, takie bowiem postawienie sprawy wskazywałoby na nieuznawanie właściwej hierarchii tych praw, jak również natury wspólnoty eklezjalnej oraz jej wspólnego dobra".

Na koniec, sanktuarium sumienia też nie może wspierać prawa do odstępstwa. „Przeciwstawiać Urzędowi Nauczycielskiemu Kościoła najwyższy sąd sumienia oznacza przyjęcie zasady wolnego osądu, niezgodnej z ekonomią Objawienia i jego przekazu w Kościele, jak również z poprawną koncepcją teologii oraz funkcji teologa. Wypowiedzi dotyczące wiary nie są jedynie rezultatem indywidualnych poszukiwań i swobodnie prowadzonych studiów krytycznych nad Słowem Bożym, ale stanowią dziedzictwo Kościoła. Oddalenie się od Pasterzy, którzy czuwają nad zachowaniem żywej tradycji apostolskiej, nieuchronnie wystawia na niebezpieczeństwo związek z Chrystusem".

W eseju z 1993 roku Ratzinger przyznał, że dokument ten rozniecił spór, „który częściowo toczył się w ostrym tonie". Dzieje się tak szczególnie, zauważył z żalem, w krajach niemieckojęzycznych. W tym eseju, zamieszczonym w *Wesen und Auftrag der Theologie* („Natura i misja teologii"), przedstawił obronę, w której stwierdził, że koncepcja, iż instrukcja postrzega teologa jedynie jako przedstawiciela Magisterium Kościoła, jest „po prostu fałszywa". W kwestii przysiąg wierności zauważa, że niemieccy profesorowie również przysięgają wierność państwu. „Jak dotąd najwyraźniej żadnemu niemieckiemu teologowi nie przyszło do głowy, że przysięga na wierność konstytucji, którą muszą składać osoby obejmujące państwowe stanowiska profesorskie, może stanowić niedorzeczne ograniczenie wolności naukowej i że może być niezgodna z sumieniem ukształtowanym przez Kazanie na Górze". Ratzinger zastanawia się głośno, czy wydarzenia XX w., w którym teologia opuściła klasztor i wkroczyła na uniwersytet, były w ostatecznym rozrachunku pozytywne. To „radykalnie zmieniło jej duchowe i naukowe oblicze" – pisze. W końcu ten cynizm dotyczący wpływu uniwersytetu zdaje się stanowić podstawową różnicę między Ratzingerem i społecznością teologów katolickich.

Sprawa Matthew Foksa

Inną oznaką rozłamu między Ratzingerem i społecznością teologów katolickich była sprawa dominikanina Matthew Foksa, energicznego i niezmiernie twórczego teologa, który podał koncepcję tak zwanej „duchowości stworzenia", aby dać wyraz bardziej pozytywnej i przyjaznej ekologii wizji chrześcijaństwa. Fox, postać celowo prowokacyjna, flirtował z ideami New Age, zaprosił członka Wicca, aby przyłączył się do jego Instytutu Duchowości Stworzenia w Oakland, oraz pisał książki o takich tytułach, jak *On becoming a musical, mystical bear: spirituality American style* („O stawaniu się muzycznym, mistycznym niedźwiedziem: duchowość po amerykańsku"). W 1998 roku Fox ugiął się przed żądaniami, by zaprzestał nauczania, wygłaszania wykładów i głoszenia duchowości stworzenia.

Śledztwo przeciwko Foksowi, wówczas czterdziestosiedmioletniemu, prowadzono od 1984 roku. Na konferencji prasowej, tuż przed początkiem okresu jego milczenia, Fox nazwał zastrzeżenia Ratzingera do jego pracy „niewiarygodnie słabymi". Był winny – powiedział – tego, że w jednej z książek nazwał Boga „Matką". „Chociaż Pismo święte, mistycy średniowiecza, a nawet papież Jan Paweł II stosowali matczyne metafory Boga – oświadczył Fox. – Niezdolność Watykanu do potraktowania Boga jako Matki mówi nam więcej o grzechu patriarchatu niż o Bogu". Krytykowano go także za to, że jest „zagorzałym feministą". „Jezus był feministą – powiedział na swoją obronę. – Nie rozumiem, jak którykolwiek wyznawca Jezusa może być tak głuchy na cierpienie kobiet w niedawnej historii Zachodu, że nie byłby feministą".

Przed rozpoczęciem „okresu milczenia" 15 grudnia Fox opublikował zjadliwą ocenę Ratzingera i Kongregacji Nauki Wiary. W szesnastostronicowym liście otwartym do Ratzingera teolog oskarżył najwyższych urzędników watykańskich o uzależnienie od władzy, niewierność przykładowi Jezusa, obsesję na punkcie seksu i narzucenie Kościołowi „postępującego faszyzmu".

„Słyszę od kardynałów słowa głębokiego rozczarowania ustępstwami Waszej Eminencji wobec Marcela Lefebvra i popieraniem przez Watykan Opus Dei – napisał do Ratzingeraa. – Słyszę, jak biskupi opowiadają dowcipy o Watykanie i błagają, żeby papież nie przyjeżdżał do ich diecezji, bo inaczej popadnie ona w niebotyczne długi; słyszę, jak przełożeni zgromadzeń zakonnych opowiadają mi, że w Kongregacji Waszej Eminencji są «tylko trzeciorzędni teologowie». (...) A mimo to nikt Waszej Eminencji tego nie mówi. Nikt nie chce stanąć twarzą w twarz z człowiekiem, który najbardziej powinien usłyszeć prawdę" – napisał Fox.

Porównał dzisiejszy Kościół do „dysfunkcyjnej rodziny, w której ojca alkoholika, na przykład, zawsze próbuje się ugłaskać i udobruchać, w nadziei, że nie posunie się jeszcze raz do przemocy". Zauważając, że takie ugłaskiwanie tylko przedłuża chorobę, stwierdził: „Nadszedł czas, żeby katoliccy teologowie, księża i świeccy głośno powiedzieli o niesprawiedliwościach, które występują w Kościele katolickim". Oznajmił, że „obsesja Watykanu na punkcie seksu to skandal na skalę światową, który świadczy o poważnym niezrównoważeniu psychicznym. (...) Obsesja na punkcie seksu jest charakterystyczna dla osobowości dysfunkcyjnej". Oskarżył Watykan, że walczy „o kontrolę (...) na przykład mianując biskupów, których jedynym talentem jest ślepe posłuszeństwo edyktom Watykanu".

Kontynuując to porównanie, stwierdził, że organizacja tak dotknięta „odmawia dokonania samooceny i samokrytyki. W swojej arogancji uważa, że wszystkie jej problemy biorą się z zewnątrz, jak gdyby protestanci, teologowie wyzwolenia, kobiety, homoseksualiści, teologowie duchowości stworzenia i prasa byli źródłem problemów Kościoła". Fox zasugerował, że Kościół katolicki „powraca do faszyzmu". Przytaczając powszechnie znane stwierdzenie, że Kościół nie jest demokracją, powiedział: „Może powinien być (...) ponieważ demokracja jest dużo bliższa Jezusowemu rozumieniu władzy, na przykładzie Jego służby". Z pewnością – kontynuował – „zamiarem Jezusa nie było stworzenie instytucji faszystowskiej, prawda?"

Fox powiedział, że znalazł oznaki „postępującego faszyzmu" w „metodzie postępowania Eminencji z różnymi opiniami, polegającej na próbie uciszania ludzi i przerywania sensownego dialogu. W zdrowej i uduchowionej instytucji można się spodziewać dyskusji i dialogu (...). Sposób traktowania uczonych przez Waszą Eminencję jest podobny do palenia książek przez faszystowskie reżimy". Kolejnym przejawem tendencji faszystowskich – ciągnął – „jest nagradzanie osobowości autorytarnych. (...) Jestem głęboko zaniepokojony tym, że dzisiejszy Kościół katolicki zdaje się nagradzać osobowości autorytarne, które wykazują wyraźne oznaki choroby, są skłonne do przemocy, mają obsesję na punkcie seksu i nie są zdolne pamiętać przeszłości". Przytoczył przykład nieżyjącego kardynała Johna Cody'ego z Chicago, w którego archidiecezji Fox mieszkał i pracował przez trzynaście lat. Jeszcze przed skandalem finansowym, w który Cody był zamieszany, a który został ujawniony na krótko przed jego śmiercią, Fox powiedział: „Zadawałem sobie pytanie: «Jak to możliwe, że człowiek tak słaby moralnie i duchowo może w Kościele katolickim wspiąć się na szczyt?»"

Fox sugerował, żeby Ratzinger wziął sobie roczny urlop naukowy. „Dlaczego Wasza Eminencja nie weźmie sobie roku wolnego i nie zstąpi z wyżyn swego odizolowanego i uprzywilejowanego życia w Watykanie, żeby wykonać tańce w kręgu z kobietami i mężczyznami, jednymi po dwudziestce, innymi po siedemdziesiątce, którzy przyjeżdżają z całego świata w poszukiwaniu prawdziwej duchowości?" List zakończył następująco: „Życząc Panu współczucia, pozostaję bratem Waszej Eminencji".

W 1992 roku Fox został oficjalnie usunięty z zakonu dominikanów za odmowę rezygnacji z pracy w swoim instytucie w Oakland i powrotu do swojej prowincji w Chicago. „Jest mi bardzo przykro z powodu tego aktu instytucjonalnej przemocy przeciwko mnie, mojej osobie i mojej trzydziestoczteroletniej służbie w zakonie dominikanów" – stwierdził Fox w przygotowanym oświadczeniu. Ostatecznie Fox wystąpił z Kościoła katolickiego, żeby przyjąć święcenia kapłańskie w Kościele episkopalnym. W społeczności teologicznej głównego nurtu Foksa zawsze postrzegano jako swego rodzaju osę i niewielu teologów pospieszyło, by stanąć w jego obronie, jak to uczynili dla Currana. Niemniej jednak jego list do Ratzingera, nawet jeśli napisany językiem zbyt emocjonalnym, uderzył w czułe miejsce. W języku przepowiedni ujął wiele narzekań, które krążyły w środowisku teologicznym, i przyczynił się do ujawnienia spornych kwestii wewnątrz Kościoła, które w oczywisty sposób się nasilały"[12].

Ad tuendam fidem

30 czerwca 1998 roku Watykan ogłosił tekst listu apostolskiego Jana Pawła II, wprowadzający pewne przepisy do Kodeksu prawa kanonicznego, wraz z komentarzem do tych zmian autorstwa Ratzingera. Oczywistym celem zmian było ustanowienie definitywnych, ale oficjalnie nie nieomylnych doktryn zasadą prawa kanonicznego oraz stworzenie podstawy pozwalającej karać tych, którzy dopuszczają się od nich odstępstwa. Ponieważ Ratzinger dawno potwierdził istnienie takiej kategorii nauczania – została ujęta w „wyznaniu wiary" z 1989 roku – niektórzy teologowie uważali ogłoszenie *Ad tuendam fidem* za rozczarowanie. „W kręgach, w których się obracam, to żadna kwestia – powiedział jezuita Joseph O'Hare, rektor Fordham College w Nowym Jorku. – Faktyczna treść to drobna akcja porządkowa (...) nie wymaga, by pędzić na barykady"[13].

Wielu krytyków mówiło, że tak naprawdę większy niepokój budził nie list papieski, a komentarz Ratzingera. Kardynał przedstawił w nim kilka przykładów nauczania definitywnego, które nie zostało oficjalnie uznane za nieomylne, między innymi zakaz aborcji, eutanazji i wyświęcania kobiet oraz – co omówiono w rozdziale 6. – nieważność święceń anglikańskich.

W sumie pojmowanie nauczania Kościoła przedstawione w *Ad tuendam fidem* i komentarzu Ratzingera można podzielić następująco:

Objawione przez Boga

Ta najwyższa kategoria nauczania obejmuje doktryny zawarte w Słowie Bożym, spisanym lub przekazanym przez Tradycję, oraz po głębokim namyśle uznanym przez Kościół za prawdy objawione przez Boga, przekazane przez:

- papieża przemawiającego *ex cathedra*
- kolegium biskupów na soborze
- nieomylnie przedstawione przez zwyczajne i powszechne Magisterium.

Do przykładów można zaliczyć: artykuły wiary Credo, różne dogmaty chrystologiczne, różne dogmaty maryjne, doktrynę rzeczywistej i substancjalnej obecności Chrystusa w eucharystii, doktrynę prymatu i nieomylności papieża, doktrynę istnienia grzechu pierworodnego.

Nauczanie definitywne

To doktryny dotyczące wiary i moralności podane przez Kościół w sposób ostateczny, niezbędne, by wiernie zachować i objaśniać depozyt wiary, nawet jeśli nie zostały przedstawione przez Urząd Nauczycielski Kościoła jako oficjalnie objawione. Mogą być:

- podane przez papieża
- podane przez kolegium biskupów zebranych na synodzie
- nauczane nieomylnie przez zwyczajne i powszechne Magisterium Kościoła.

Doktryny takie są powiązane z prawdami objawionymi relacją historyczną lub związkiem logicznym. Nawet jeśli nie są przedstawiane jako oficjalnie objawione, mogą – dzięki rozwojowi dogmatyki – pewnego dnia zostać za takie uznane. Do przykładów doktryn powiązanych przez historyczną konieczność zalicza się prawomocność wyboru danego papieża, akty soboru ekumenicznego, kanonizację świętych, oświadczenie papieża Leona XIII w liście apostolskim *Apostolicae curae* o nieważności święceń anglikańskich. Przykładami doktryn powiązanych koniecznością logiczną są: doktryna święceń kapłańskich wyłącznie dla mężczyzn, doktryna o niedopuszczalności eutanazji, nauczanie o niedopuszczalności prostytucji, nauczanie o niedopuszczalności cudzołóstwa.

Powszechne zwyczajne Magisterium

To nauki przedstawiane jako prawdziwe lub przynajmniej pewne, nawet jeśli nie zostały zdefiniowane po wnikliwej ocenie lub przedstawione jako definitywne przez zwyczajne i powszechne nauczanie przez papieża czy kolegium biskupów. Do przykładów zaliczyć można uwagi wypowiadane przez papieża podczas audiencji generalnych, listy duszpasterskie biskupów lub papieża, dokumenty Kurii Rzymskiej, gdy są wydawane z aprobatą papieża.

Chociaż część teologów uważała, że *Ad tuendam fidem* jedynie kodyfikuje to, co papież i Ratzinger przez cały czas twierdzili, inni postrzegali decyzję wprowadzenia zmian do prawa kanonicznego w taki sposób za sprawę wielkiej wagi. Francuski teolog, jezuita Bernard Sesboué, na przykład, napisał: „Stoimy przed zupełnie nową domeną stosowania nieomylności Kościoła". Z tego powodu, według niego, *Ad tuendam fidem* jest nowością praktycznie tak wielkiej wagi, jak ogłoszenie dogmatu o nieomylności papieża na Soborze Watykańskim I w 1870 roku. Ten argument powtórzył ksiądz Ladislas Örsy z Georgetown University w Stanach Zjednoczonych.

Odpowiadając Örsy'emu w irlandzkim piśmie „Céide", Ratzinger z uporem utrzymywał, że nowe ujęcie kanoniczne w *Ad tuendam fidem* jedynie skodyfikowało „drugorzędny przedmiot nieomylności", o którym wspominał Sobór Watykański II. Powiedział, że nie jest prawdą, jakoby sobór ten zamierzał zaniechać sankcji i kar za odstępstwo teologiczne. Co więcej, powiedział, wielu biskupów na świecie pragnie dzisiaj, aby prawo kanoniczne było w pewnych sytuacjach bardziej surowe, żeby łatwiej im było radzić sobie z księżmi winnymi pedofilii. W każdym razie, Ratzinger stwierdza, celem wyznania wiary i przysięgi wierności z 1989 roku, jak również *Ad tuendam fidem*, jest tylko wyjaśnienie trójdzielnego podziału nauczania, które zawsze istniało w Tradycji. Mówi też, że jego komentarz, w którym wymienia kilka kontrowersyjnych przykładów takiego nauczania, nie jest sam w sobie dokumentem Magisterium. Nie „nadano mu mocy wiążącej"– był jedynie „pomocą w zrozumieniu tekstu" i „nikt nie powinien odbierać tych tekstów jako autorytarnego narzucania czy ograniczania"[14].

Koszty

Działania podejmowane przez Kongregację Nauki Wiary pod kierownictwem Ratzingera przyczyniły się do powstania głębokich podziałów między Magisterium Kościoła i społecznością teologiczną. W tej kwestii zgadza się nawet wielu jego zwolenników. „To bardzo niefortunne, że wielu uniwersyteckich teologów odczuwa tak wysoki poziom poirytowania – powiedział Michael Waldstein, teolog austriacki, który przez kilka lat wykładał na University of Notre Dame. – Byłem tego świadkiem w Notre Dame. Bardzo by pomogło, gdyby Ratzinger bardziej wyciągnął rękę".

Ratzingerowi wcale nie brakuje obrońców w środowisku teologicznym. „Nie wierzę, żeby można było postawić jakikolwiek wiarygodny zarzut autorytaryzmu – powiedział dominikanin Augustine Di Noia, doradca teologiczny Konferencji Biskupów Amerykańskich, w wywiadzie z kwietnia 1999 roku. – Wiara nie jest zdławieniem inteligencji, lecz jej wyniesieniem. Zasadniczy podział między odstępczymi czy rewizjonistycznymi teologami a metodą Jana Pawła II i Ratzingera zasadza się na tej wadzie. Ratzinger stwierdza rzeczy, które nawet pięćdziesiąt lat temu byłyby zupełnie niekontrowersyjne" – powiedział Di Noia.

Jednak dominikanin ten, pomimo oficjalnego statusu i reputacji zdolnego i uprzejmego teologa, reprezentuje wyraźną mniejszość w środowisku zawodowych teologów katolickich. Pogląd większości wydaje się bardziej zbliżony do tego, który wyraził Curran: „To nie jest kwestia autorytetu przeciwko sumieniu. Prawda jest trzecim słowem, i w tym zakresie Ratzinger ma rację. Problem polega na tym, że zbyt pochopnie utożsamił prawdę z tym, czego uczyło Magisterium w danym momencie. Święte Oficjum nie może mieć praw autorskich do tego, co to znaczy być katolickim". Curran i inni sugerowali, że Ratzinger odpowiada za to, co nazywają „czynnikiem dreszczy", atmosferą strachu panującą w społeczności teologów, zniechęconych do uczciwości w takich dziedzinach jak etyka seksualna, pluralizm religijny i teologia polityczna. Myśliciele zajmujący się tymi dziedzinami są warunkowani, mówią krytycy, do strachu przed cenzurą, nakazem milczenia i ekskomuniką, jeśli posuną się za daleko. „Teologowie najbardziej podatni na tę presję to dzisiaj ci, którzy są księżmi, zakonnikami lub są zatrudnieni w seminariach" – powiedział Tom Reese.

Niektórzy krytycy porównywali ten „czynnik dreszczy" do antymodernistycznego nastawienia Piusa X w pierwszej dekadzie XX w. W obydwu wypadkach, dowodzą, konserwatywni papieże wyruszyli pod prąd teologicznych nurtów, które utworzyły się za rządów ich umiarkowanych poprzedników. Duszpasterska i intelektualna cena, jaką przyszło zapłacić za antymodernistyczny zapał, była ogromna. „Wszystko zeszło do podziemia – powiedział Jay Dolan, specjalista z dziedziny historii Kościoła na uniwersytecie Notre Dame. – Ciągle wykonywano dobrą robotę, ale z dala od widoku publicznego – w liturgii, biblistyce. Seminarzyści przechodzący przez system nie uczyli się niczego twórczego. Nie było to może ogłupianie, ale sytuacja była niezdrowa". Dolan mówi, że bardziej adekwatnym porównaniem do kampanii Ratzingera byłoby to, co zdarzyło się za pontyfikatu Piusa XII po ogłoszeniu w 1950 roku *Humani generis*. Ta encyklika, potępiająca postępowe tendencje w teologii, doprowadziła do uciszenia lub zastraszenia niektórych najwybitniejszych teologów tamtych czasów, takich jak amerykański jezuita John Courtney Murray, powszechnie uważany za siłę napędową Deklaracji o wolności religijnej *Dignitatis humanae*. Wielu z tych samych myślicieli było później głównymi doradcami na soborze.

Teologowie sympatyzujący z Ratzingerem drwią z sugestii, że podobny „czynnik dreszczy" istnieje i dzisiaj. Waldstein powiedział, że nie widzi nic, co by świadczyło, że na Uniwersytecie Notre Dame panuje represyjna atmosfera. „Obserwując Richarda McBriena i Dicka McCormicka z dość bliska, nie uważam, żeby to, co uczyniono na przykład Charliemu Curranowi, spowodowało choćby najmniejsze utrudnienia czy ograniczenia w ich pracy. McBrien zaproponował, żeby Currana zatrudnić w Notre Dame. W nowej „Encyklopedii katolicyzmu" Curran napisał artykuł o antykoncepcji. „W rzeczywistości, traktując ich jak przykłady, nie widzę, żeby ich działalność była ograniczana przez to, co narzucono" – powiedział Waldstein. Inni jednak utrzymują, że szczęśliwe uniknięcie przez kilku głośnych teologów dochodzenia Watykanu nie jest wiarygodnym wskaźnikiem prawdziwej kondycji tej dziedziny.

Reese dowodzi, że Ratzinger miałby więcej szczęścia, gdyby zostawił teologię w spokoju. „Błędem, który popełnia Watykan, jest to, że nie zdaje sobie sprawy, iż społeczność teologiczna jest samoregulującą się wspólnotą uczonych, podobnie jak każda inna dziedzina wiedzy – powiedział. – Często najgorszą rzeczą, jaką może zrobić Watykan, jest potępienie teologa, ponieważ nikt nie będzie krytykował tej osoby ze strachu, żeby nie wyjść na lizusa Watykanu". Jako przykłady wymienił stanowisko Hansa Künga w kwestii dogmatu o nieomylności papieża i pewne elementy teologii wyzwolenia.

I w końcu, jak Ratzinger może wyjaśnić silny antagonizm, jaki istnieje – co przyznają nawet jego zwolennicy – między teologami i jego urzędem? W typowym dla Watykanu stylu Ratzinger „myśli w kategoriach stuleci". Nie zabiega o zwycięstwo w dzisiejszej bitwie, mówią jego zwolennicy, ale o kształtowanie sposobu, w jaki Kościół będzie myślał o sporze za 200 lat. „Sądzę, że on i Jan Paweł II myślą przede wszystkim długofalowo – powiedział Waldstein. – Obecnie dyskusje są często bardzo zażarte. Niełatwo wpłynąć na umysły ludzi. Nie spotkałem jeszcze teologa, który powiedziałby przed *Humanae vitae*, że opowiada się za antykoncepcją, ale później zmienił zdanie. To nie takiej reakcji oni szukają. Na dłuższą metę, gdy niektóre z dzisiejszych sporów zostaną zapomniane, wtedy można spodziewać się wpływu".

Dobry tego przykład Waldstein widzi w jansenizmie, ruchu teologicznym opartym na pewnych poglądach na łaskę i wolność popularnym w Europie w XVII w. „W tamtych czasach papieskie potępienia nie skłaniały teologów w Paryżu do zmiany poglądów – powiedział Waldstein. – Ale gdy papież w końcu miał środki finansowe, żeby mu się przeciwstawić, dokumenty papieskie były gotowe do zastosowania. Obecnie jansenizm nie jest żywotną siłą". Reese dowodzi, że gruntowne przeanalizowanie historii Kościoła nie uzasadnia takiej pewności. „Dorobek Watykanu w tej dziedzinie nie jest najlepszy, biorąc pod uwagę, że wielu teologów potępionych w przeszłości obecnie jest uważanych za wielkich myślicieli i lojalnych duchownych" – powiedział Reese, mając na myśli takich teologów jak Congar i Murray. „Są niezbite świadectwa historyczne na to, że Watykan potępiał ludzi, a potem musiał powiedzieć: «Przepraszamy, to są naprawdę doskonali teologowie»".

„Lojalni katolicy chcą się poddać autorytetowi – powiedziała Margaret Farley z Yale, która stwierdziła, że podziwia Ratzingera jako teologa. – Ale dla większości ludzi jest jasne, że nie wszystkie głosy są słyszane. Jeśli ma istnieć jakiś ośrodek, który wypowiada się w imieniu Kościoła, to jego wiarygodność zależy po części od tego, czy słucha wiernych". W oczach wielu ludzi sobie równych, a nawet niektórych z jego zwolenników w społeczności teologów katolickich, spuścizna Josepha Ratzingera będzie umniejszeniem wiarygodności autorytetu Kościoła. Wiele osób uważa, że kładąc tak wielki nacisk na konieczność związania się teologów z Kościołem, Ratzinger przesłonił jeszcze bardziej zasadniczą konieczność związania się ich z ewangelią – i do poddania się jej osądowi.

Rozdział 8

Ratzinger i następne konklawe

Po Internecie i w środowisku duchownych ciągle krążą różne wersje starego dowcipu. Hans Küng, Leonardo Boff i Joseph Ratzinger umierają w tym samym czasie i wspólnie zjawiają się w poczekalni przed bramą świętego Piotra. Piotr wskazuje na Künga i mówi: „Jezus przyjmie cię teraz". Küng znika w biurze, a pozostali dwaj mężczyźni czekają. Po ponad dwóch godzinach Küng wychodzi z malującym się na twarzy zdumieniem: „Jakże mogłem się tak mylić?" – dziwi się. Następnie Piotr kiwa na Boffa. Porywczego Brazylijczyka nie ma przez ponad pięć godzin. On też w końcu, potykając się, wychodzi z biura osłupiały. „Jak mogłem być taki nierozgarnięty?" – zastanawia się oszołomiony. W końcu święty Piotr gestem wzywa Ratzingera. Jego Eminencja wstaje, zbiera swoje papiery i wchodzi wolnym krokiem do biura. Mija pół dnia, od czasu do czasu dobiegają krzyki, potem słychać szlochanie. W końcu drzwi się otwierają... i wychodzi przez nie Jezus Chrystus, pytając: „Jak mogłem to wszystko tak pokręcić?"

Żart ten jest kwintesencją tego, jak wielu komentatorów postrzega Ratzingera: bardziej katolickiego niż Jezus.

Joseph Ratzinger jest – jeśli chodzi o opinię publiczną w Kościele katolickim – postacią czarno-białą, albo jasną, albo ciemną, i niewiele jest między nimi odcieni. Ten spolaryzowany odbiór znajduje odbicie w zwyczaju nazywania Ratzingera przez prasę europejską „pancernym kardynałem" i w częstych w kręgach postępowych katolików grach słów związanych z jego nazwiskiem („Rat-zinger" jest tu najbardziej oczywistym przykładem [*rat* (ang.) – szczur]). Szyderstwo niekiedy przeradza się we wściekłość. Jedna z najbardziej drastycznych historii, o której świat katolicki dowiedział się w 1999 roku, wiązała się z witryną internetową dla homoseksualnych księży i zakonników, do której włamała się grupa z prawego skrzydła. Hakerzy skopiowali z tej witryny e-maile i zdjęcia i udostępnili je całemu światu. Zdjęcia naprawdę były drastyczne, ale e-maile były znaczące nie tyle ze względu na ich seksualne treści, które wahały się od czułości po arogancję, ile ze względu na jad, którym ociekały wypowiedzi dotyczące Ratzingera. Księża i – w jednym wypadku – biskup pomocniczy z Afryki Południowej – nazywali Ratzingera „nazistą w Rzymie" i *Der Führer's Oberst*, „naczelnym wodzem". Pojawiały się żartobliwe wzmianki o tym, że potrzebuje seksu, a nawet o możliwości pozbawienia go życia. Było oczywiste, że Ratzinger skupiał na sobie irytację, jaką ci ludzie odczuwali w stosunku do Kościoła.

Na drugim krańcu znajdują się łzawi wielbiciele Ratzingera, często gotowi sami umieścić mu nad głową aureolę. Luterański konwertyta Richard John Neuhaus w swoim piśmie „First Things" napisał ostatnio: „Wielu z jego wielbicieli uważa, że mianowanie go prefektem Kongregacji Nauki Wiary pozbawiło Kościół ogromnego wkładu, który wniósłby dzięki swoim pismom i nauczaniu. Inni są niezmiernie wdzięczni, że Jan Paweł II wezwał go do powszechnej sali lekcyjnej, gdzie – w czasach mrocznego zamętu – zachęcał niezliczonych studentów do ponownego zapalenia świateł teologicznych dociekań w służbie Chrystusowi i Jego Kościołowi, a tym samym w służbie światu". Neuhaus nazwał Ratzingera „najbardziej wpływową umysłowością określającą kierunek, w którym zmierza Kościół katolicki w ostatnich dwudziestu latach" po papieżu Janie Pawle II. Doktorant Ratzingera i amerykański wydawca jezuita Joseph Fessio nie ukrywa tego i przewiduje, że kardynał będzie pamiętany jako jeden z wielkich świętych swojej epoki.

Ratzinger jest postacią dzielącą opinię publiczną inaczej niż Jan Paweł II. Papieży ocenia się na podstawie ich polityki *ad extra*, w świecie zewnętrznym, jak również *ad intra*, czyli wewnątrz Kościoła. Jeśli chodzi o Jana Pawła II, nie toczą się poważniejsze dyskusje na temat kursu, jakim się kierował *ad extra*: zdecydowanie opowiada się za prawami człowieka i wolnością religijną, co wzbudza szerokie uznanie. Katolicy są dumni, że ich papież przyczynił się do upadku komunizmu, i podziwiają go nawet wtedy, gdy zajmuje stanowisko polityczne przeciwko karze śmierci czy przeciwko aborcji, z którym oni się nie w pełni zgadzają. To jego polityka *ad intra* wprowadzała podziały – zakazywanie działalności teologom, wycofanie się z reform Soboru Watykańskiego II, postępująca centralizacja władzy w Rzymie. W większości tych spraw Joseph Ratzinger i Karol Wojtyła byli architektami tych dyskusyjnych kierunków działania.

Z kolei katolicy konserwatyści nie zgadzają się z polityką Jana

Pawła II *ad intra* z innego punktu widzenia. Sprzeciwiali się spotkaniu w Asyżu w 1986 roku z tego powodu, że sprzyjało ono synkretyzmowi i sprzeniewierzało się nauczaniu, że rzymski katolicyzm jest jedynym środkiem zbawienia; uważają, że papieski indult z 1988 roku, zezwalający na odprawianie mszy łacińskiej, nie poszedł wystarczająco daleko i pozwolono, by był to przepis martwy; obawiają się, że upodobanie Wojtyły do filozoficznego personalizmu przyczyniło się do upadku wyraźnie katolickiego podejścia do filozofii na uniwersytetach i w seminariach; a liturgii w czasie „Dnia przebaczenia" w 2000 roku przyglądali się z przerażeniem – obawiali się, że papież daje wrogom Kościoła do ręki ogromne zwycięstwo, składając przeprosiny za całą litanię rzekomym win. Przez tę frakcję Ratzinger jest często postrzegany jako osoba stojąca na straży norm, ponieważ zakłada się, że podziela jej krytyczne zapatrywania.

To z tych właśnie powodów uważam, że następne konklawe będzie w rzeczywistości referendum w sprawie Ratzingera. Umiarkowani i postępowi członkowie Kolegium Kardynalskiego będą szukać kogoś niepodobnego do niego, żeby wyznaczył nowy kurs *ad intra*; konserwatyści będą szukać kogoś takiego jak Ratzinger, żeby robił dokładnie to samo, ale w zupełnie innym kierunku. W tych rzadkich chwilach demokracji w Kościele katolickim, gdy około 120 członków Kolegium Kardynalskiego wybiera w szeregu tajnych głosowań następnego papieża, będzie ważyła się spuścizna raczej Ratzingera niż Jana Pawła II. Kardynałowie będą poszukiwać kandydata, który podziela wizję Kościoła Ratzingera, lub takiego, który ją odrzuca.

Nie należy tego rozumieć tak, że kardynałowie będą głosowali za lub przeciw Ratzingerowi jako człowiekowi. Dyskusja na następnym konklawe nie będzie dotyczyć Josepha Ratzingera osobiście, lecz jego eklezjologii, jego rozumienia władzy i eklezjalnego *ancien régime*, którego obronie poświęcił ostatnie dwadzieścia lat swojego ogromnie utalentowanego życia.

Czy Ratzinger mógłby zostać papieżem?

Gdy następnym razem Kolegium Kardynalskie uda się do Kaplicy Sykstyńskiej, żeby dokonać wyboru papieża, jest niemal pewne, że będzie wśród nich Joseph Ratzinger. Ma siedemdziesiąt trzy lata, czyli brakuje jeszcze siedmiu, żeby utracił prawo do udziału w konklawe. Ratzinger dwukrotnie uczestniczył w tym zgromadzeniu, obydwa odbyły się w 1978 roku i w obydwu sytuacjach prasa światowa widziała w nim *papabile* – kandydata na papieża. Krążą pogłoski, że na drugim konklawe 1978 roku Ratzinger był jedną z bardzo wpływowych osób, które doprowadziły do wyboru Karola Wojtyły.

Dzisiaj Ratzinger jest zdecydowanie najsłynniejszym członkiem Kolegium Kardynalskiego. Jego najważniejszym konkurentem byłby Carlo Maria Martini z Mediolanu, stały liberalny kandydat do papiestwa. Ratzinger ma powszechnie doceniane walory intelektualne i oczywiste doświadczenie w Watykanie. Mówi wszystkimi potrzebnymi językami, a w kontaktach osobistych jest czarujący. Przez większość z dwudziestu lat spędzonych przezeń w Rzymie niemiecka prasa przypuszczała, że będzie następnym papieżem. Jeszcze zaledwie dwa czy trzy lata temu bukmacherzy w całej Europie dawali mu duże szanse. Dzisiaj jednak – pomimo jego niezaprzeczalnej atrakcyjności – watykaniści powszechnie uważają, że Ratzinger nie ma szans z powodu wieku i kontrowersyjności. Słabe zdrowie jest również czynnikiem branym pod uwagę. We wrześniu 1991 Ratzinger miał wylew krwi do mózgu, który ograniczył mu pole widzenia lewego oka; w sierpniu 1992 roku upadł na kaloryfer i stracił przytomność, krwawiąc obficie. Chociaż mówi się, że obecnie jest w pełni sił, elektorzy martwią się, żeby nie powtórzyła się historia Jana Pawła I (zmarł po trzydziestu dniach sprawowania urzędu).

Obserwatorzy Kościoła o szansach Ratzingera mówią różnie. Fessio sądzi, że mógłby on zostać wybrany. „Gdyby obecny papież zmarł nagle, mogliby wybrać starszego człowieka na kontynuatora na okres przejściowy – powiedział mi w 1999 roku. – Ratzinger ma wiele zdolności, z których reszta kardynałów zdaje sobie sprawę; znajomość języków, znajomość kultur, wiedza o wierze". Jezuita Tom Reese, redaktor pisma „America", mówi jednak, że do tego nie dojdzie. Przede wszystkim Ratzinger miałby niemal siedemdziesiąt pięć lat, a zdaniem Reese'a kardynałowie nie wybiorą kogoś tak bliskiego oficjalnego wieku emerytalnego. W każdym razie Ratzinger „stał się zbyt kontrowersyjny. Będą szukać kogoś, kto raczej potrafi łagodzić konflikty, niż je nasilać" – powiedział Reese. Dodał jednak: „Mogę się mylić".

Tak jak my wszyscy; Reese rzeczywiście może się mylić co do czynnika wieku. Chociaż nikt nie chce kolejnego Jana Pawła I, jest również mało prawdopodobne, że kardynałowie życzyliby sobie powtórki dwudziestokilkuletniego pontyfikatu Jana Pawła II, który jest trzecim co do długości w historii. Wydaje się prawdopodobne, że kardynałowie będą się skłaniać ku kandydatowi starszemu. Co więcej, w 1959 roku, gdy Angelo Roncalli został papieżem Janem XXIII, miał siedemdziesiąt siedem lat. Ratzinger ma w Kolegium Kardynalskim przynajmniej jednego zdeklarowanego zwolennika – Włocha Silvia Oddiego; w 1996 roku stwierdził on, że Ratzinger jest jedynym człowiekiem, którego mógłby poprzeć: „Lubię jego sposób załatwiania spraw, jego inteligencję, jego wiarę"[1]. Nieszczęśliwym dla kandydatury Ratzingera trafem Oddi ma osiemdziesiąt dziewięć lat, dawno już więc przekroczył limit wieku uprawniającego do udziału w głosowaniu.

Ostatecznie widzę cztery kwestie, z powodu których Ratzinger najprawdopodobniej nie zostanie Piusem XIII (takie imię być może by sobie wybrał, wiążąc się z konserwatywnymi pontyfikatami Piusa IX, X i XII lub też – biorąc pod uwagę jego upodobanie do Ojców Kościoła z Afryki Północnej – mógłby wybrać imię Klemensa XV, od Klemensa Aleksandryjskiego, mógłby również, okazując szacunek dla swoich bawarskich korzeni, stać się Ludwikiem I, tak samo jak Karol Wojtyła przez chwilę brał pod uwagę imię Stanisława I, co miało być ukłonem w stronę Polski).

1. Ratzinger nie zostanie papieżem, ponieważ ma małe doświadczenie duszpasterskie. Kardynałowie kurialni dyktują warunki w Rzymie, ale kardynałowie diecezjalni są w znacznej większości, a tym samym mają głosy, by na tronie osadzić jednego z nich. Ponieważ papież sam musi być duszpasterzem, zarówno dla diecezji rzymskiej, jak i w pewnym sensie dla Kościoła powszechnego, wielu kardynałów uważa, że zasadnicze znaczenie ma dobre kierowanie diecezją. Ratzinger był duszpasterzem zaledwie przez trzy lata, jako arcybiskup Monachium, i różnie go oceniano. Co więcej, ponieważ wielu kardynałów w terenie zdaje się uważać, iż w ostatnich latach pontyfikatu Jana Pawła II zbyt wielka władza skoncentrowała się w Kurii, wydaje się jeszcze mniej prawdopodobne, że wybraliby człowieka, który personifikuje tę koncentrację władzy. Ta grupa kardynałów będzie chciała kogoś, kto będzie miał siłę, by przeciwstawić się kościelnej biurokracji, ale nie kogoś, kto będzie kierował Kościołem jak członek Kurii. Jest to najważniejszy minus kandydatury Ratzingera.

2. Ratzinger nie zostanie papieżem, ponieważ jest Europejczykiem i nie-Włochem. Jak powszechnie wiadomo, większość papieży

była Włochami. Jedna grupa utrzymuje, że – w zasadzie – papież powinien być Włochem. Jest biskupem Rzymu, co więcej, zarówno w panującej w Watykanie mentalności, jak i sposobie jego funkcjonowania jest coś nieodparcie włoskiego, w pewnym sensie tylko ktoś z wewnątrz jest w stanie w pełni to zrozumieć. Na następnym konklawe będzie się też pamiętać o tym, że będzie to pierwszy papież trzeciego tysiąclecia. Ten fakt będzie wymagał przyszłościowego wyboru, a biorąc pod uwagę, że w 2020 roku około osiemdziesięciu procent chrześcijan na świecie będzie żyło na półkuli południowej, wskazuje to na papieża z Trzeciego Świata. To może oznaczać kogoś z Afryki, Ameryki Łacińskiej lub nawet z Azji. Nie będzie to oznaczało kolejnego papieża ze Starego Świata, zwłaszcza takiego, który wydaje się tak bardzo przywiązany do klasycznie europejskich wartości i postaw. Bez względu na to, czy wahadło wychyli się w stronę Włocha, czy kandydata z Trzeciego Świata, szanse Ratzingera są niewielkie.
3. Ratzinger nie zostanie papieżem, ponieważ jest zbyt silnie utożsamiany z polityką obecnego pontyfikatu. Jak zauważyło wielu badaczy wyborów papieża, występuje dynamika *contrapasso*, często pojawiająca się na konklawe, gdy kardynałowie szukają kandydata, który naprawiłby wszystko to, co w ich oczach było niepowodzeniem ostatniego papieża. To wyjaśnia, dlaczego grupa ludzi mianowanych niemal w całości przez jednego papieża może wybrać na jego następcę kogoś całkowicie od niego różnego, jak to było, gdy po Piusie XII przyszedł Jan XXIII. Większość komentatorów jest przekonana, że pontyfikat Jana Pawła II był pontyfikatem bolesnym dla Kościoła i wprowadzającym w nim podziały. W tej sytuacji kardynałowie prawdopodobnie będą szukać kogoś, kto jednoczy, kto potrafi zaleczyć rany i zbliżyć do siebie ludzi. Najpewniej dojdą do wniosku, że Ratzinger taką osobą nie jest. Oddi, zdeklarowany zwolennik Ratzingera, przyznał, że zwyczaj zastępowania „tłustego papieża chudym", w znaczeniu kogoś całkowicie odmiennego, przemawia przeciwko jego faworytowi.
4. Ratzinger nie będzie papieżem, ponieważ nie zdoła zebrać quorum. Nawet w dzisiejszym Kościele pozostaje pewna grupa kardynałów o poglądach od umiarkowanych do postępowych na tyle liczna, że uniemożliwi każdemu kandydatowi uzyskanie dwóch trzecich głosów na konklawe, jeśli będzie działać wspól-

nie. Są wszelkie powody, by sądzić, że kandydatura Ratzingera mogłaby zjednoczyć ich w roli opozycji. Oczywiście zgodnie z nowymi zasadami konklawe, promulgowanymi przez Jana Pawła II w 1988 roku, po trzydziestu turach głosowania w ciągu co najmniej dwunastu dni do wyboru papieża wystarcza zwykła większość. Ale przypuszczenie, że konserwatywna koalicja pro-Ratzingerowska utrzymałaby się tak długo tylko dlatego, żeby wybrać kogoś, kto od samego początku byłby postrzegany jako papież słaby, ponieważ nie został wybrany w normalnej procedurze, jest naciągane[2].

Pontyfikat Ratzingera

A jeśli powyższa analiza jest błędna i Ratzinger zostanie wybrany? W zasadzie jego pontyfikat najprawdopodobniej przebiegałby w sposób przewidywalny. Dążyłby do przyspieszenia „reformy reformy" w liturgii, prawdopodobnie zachęcając do ograniczonego powrotu do łaciny, sprzyjałby eksperymentom ze zwróceniem ołtarza raczej ku Wschodowi niż w stronę wiernych, a wiarę skupiłby w większym stopniu na transcendencji, w mniejszym zaś na wiernych; zagwarantowałby, że dociekania teologiczne będą prowadzone w dość wąskich granicach i że tam, gdzie od teologów wymaga się uprawnień, przestrzegają oni wiążących się z tym warunków; kontynuowałby wreszcie osłabianie konferencji biskupów poszczególnych krajów, które stanowią przeciwwagę dla władzy Rzymu. Mniej by podróżował, preferując bardziej eteryczny styl Piusa XII.

Można jednak prognozować pewne elementy pontyfikatu Ratzingera, które byłyby niespodzianką dla ogółu katolików i które oznaczałyby odejście od polityki Wojtyły. Trzy kwestie szczególnie się narzucają.

Żadnej walki o Ex corde Ecclesiae

Jeden z najdłuższych i najbardziej publicznych sporów w Stanach Zjednoczonych za pontyfikatu Jana Pawła II dotyczył losu katolickich college'ów i uniwersytetów. W 1990 roku papież ogłosił konstytucję apostolską *Ex corde Ecclesiae*, wzywając uczelnie katolickie, by ponownie podkreśliły swoje więzi z Kościołem. Jedną z przyczyn powstania tego dokumentu była obawa, że ponad 240 katolickich uczelni w Stanach Zjednoczonych pójdzie drogą obraną przez swoje protestanckie odpowiedniki i będzie się stopniowo sekularyzowało. Urzędnikom watykańskim obserwującym, jak prestiżowe instytucje katolickie, choćby Georgetown, są wstrząsane sporami o to, czy eksponować takie symbole katolickie, jak krzyż w salach wykładowych, perspektywa ta wydawała się aż nazbyt realna. Najbardziej kontrowersyjny zapis dokumentu papieskiego wymaga od teologów katolickich, żeby otrzymali *mandatum*, czyli licencję, od miejscowego biskupa. Po latach dyskusji biskupi amerykańscy w końcu zatwierdzili zbiór zasad wprowadzających *Ex corde Ecclesiae* w 1999 roku, który dawał Watykanowi większość z tego, czego chciał.

Za pontyfikatu Ratzingera dużo mniej prawdopodobne byłoby przeznaczanie przez Watykan swoich zasobów na zachowanie instytucji, które postrzega jako już utracone na rzecz sekularyzmu. W *Moim życiu* Ratzinger wspominał o rozpaczliwej walce Kościoła niemieckiego za rządów nazistów o utrzymanie swoich szkół, dochodząc do wniosku, że mądrzej byłoby z nich zrezygnować. „Już wtedy zacząłem pojmować, że w walce o instytucje nie oceniali oni należycie rzeczywistości. Gwarancje instytucjonalne nic nie dają, gdy nie ma ludzi, którzy popierają je ze względu na własne wewnętrzne przekonanie". Ratzinger stwierdził, że starsze pokolenie nauczycieli w Trzeciej Rzeszy było w przeważającym stopniu antyklerykalne, młodsze zaś pronazistowskie. „Zarówno w jednym, jak i w drugim przypadku nacisk na instytucjonalnie zagwarantowane chrześcijaństwo trafiał w próżnię".

W odniesieniu do aktualnego sporu o uczelnie katolickie przynajmniej w niektórych wypadkach Ratzinger instynktownie odrzuciłby pozory, że nadal istnieją jeszcze jakieś instytucje katolickie. Prawdopodobnie pozwoliłby im pójść własną drogą w zamian za rezygnację z twierdzenia o swoich związkach z Kościołem. W *Soli ziemi* stwierdził: „Kościół stara się bronić nabytego dobra czy zdobytej pozycji. Nie pokazuje, że potrafi być skromny, że potrafi przycinać swoje latorośle. (...) Kościół psuje sobie opinię, trzymając się struktur instytucjonalnych, nawet jeśli nic za nimi już nie stoi".

Odnosi się to nie tylko do uczelni, lecz również do szpitali, ośrodków pomocy społecznej i innych instytucji prowadzonych przez Kościół. W 1997 roku w St. Louis wybuchł zażarty spór między rektorem jezuickiego uniwersytetu St. Louis i miejscowym biskupem o prawo rektora do sprzedaży należącej do uczelni kliniki. Arcybiskup, Justin Rigali, próbował zablokować sprzedaż. W końcu osiągnięto kompromis, który pozostawiał główną kwestię w zasadzie nierozstrzygniętą: kto jest właścicielem kliniki: biskup czy społeczność wiernych? I w tym wypadku za pontyfikatu Ratzingera Watykan dużo bardziej by się wahał, czy przeznaczać środki na utrzymanie instytucji, które – przynajmniej w jego oczach – wydają się katolickie tylko z nazwy. Najważniejszą metaforą Ratzingera dla Kościoła przyszłości jest ziarno gorczycy: będzie musiał być mniejszy dla wiernych, a to może oznaczać rezygnację z pewnych instytucji, które utraciły swój duchowy *élan vital*.

Ograniczenie kościelnej administracji

Ponieważ Ratzinger jest najważniejszym teoretykiem władzy papieskiej, często się zakłada, że za jego pontyfikatu machina Watykanu byłaby jeszcze większa. W rzeczywistości, jak większość konserwatystów, Ratzinger odczuwa instynktowną niechęć do licznej administracji. Jest przekonany, że biurokracje się utrwalają i realizują własne cele, rzadko odzwierciedlając najlepsze interesy ludzi, którym mają służyć. Jego wspomnienia z Niemiec, gdzie Kościół katolicki ma najbardziej rozbudowaną infrastrukturę kościelną ze wszystkich krajów świata z powodu istnienia podatku kościelnego, utrwaliły to wrażenie. Brak zaufania Ratzingera do kościelnych biurokratów jest główną przyczyną jego niechęci do konferencji biskupów.

„Władza polityczna czy władanie przyrodą za pomocą techniki nie może i nie powinno być jego [Kościoła] domeną – napisał Ratzinger w *Nowej pieśni dla Pana* z 1988 roku. – (...) dwa ostatnie dziesięciolecia przyniosły w Kościele przerost insytucjonalizacji, który może budzić zastrzeżenia. (...) Następne reformy powinny zatem zmierzać nie ku tworzeniu coraz to nowych instytucji, lecz ku ich redukcji"[3].

Ratzinger nie zawahałby się podejmować w Rzymie decyzji, które w przekonaniu innych powinny należeć do kompetencji Kościołów miejscowych, na przykład cofanie imprimatur, zmiana obowiązujących przekładów i zwalnianie teologów. Jednak do realizacji tego celu nie stworzyłby w Watykanie wielkiego nowego aparatu biurokratycznego. Dziedziny priorytetowe, takie jak doktryna i liturgia, mogłyby przyciągnąć nowe środki, ale wiele innych urzędów prawdopodobnie by połączono lub nawet zlikwidowano. Stąd mogłyby dojść do połączenia Papieskiej Rady ds. Dialogu Międzyreligijnego i Papieskiej Rady ds.

Popierania Jedności Chrześcijan oraz obsadzenia ich mniejszą liczbą pracowników i ograniczenia kompetencji; synod biskupów, w zamierzeniu ciało konsultacyjne, w którego użyteczność on sam zawsze wątpił, mógłby zostać zlikwidowany. Poza tym nakłaniałby konferencje biskupów i diecezje, by gdzie to możliwe, pozbywały się przerostów biurokratycznych. Ogólnym kierunkiem byłoby ograniczenie wielkości, zmniejszenie papierkowej roboty i silniejsze skupienie się na najważniejszych zagadnieniach.

Lepsi biskupi

Większość obserwatorów watykańskich zgodziłaby się, że największym niepowodzeniem pontyfikatu Wojtyły jest mierna jakość wielu jego nominacji biskupich. Niektóre były szczególnie złe, na przykład Wolfganga Haasa w Szwajcarii, Hansa Hermanna Gröera i Kurta Krenna w Austrii, Jana Gijsena w Holandii i Fabiana Bruskewitza w Lincoln w Nebrasce. Ci ludzie, buńczuczni i wprowadzający podziały, bardzo osłabili swoje diecezje, kraje i konferencje biskupów.

Dlaczego Jan Paweł II dokonywał takich krótkowzrocznych nominacji? Najbardziej prawdopodobne wydają się dwa powody. Po pierwsze, papież uczynił z doktrynalnej wiarygodności warunek *sine qua non* objęcia wyższego urzędu, a więc lojalność nominowanego przesłania mnogość jego różnych grzechów. Po drugie, papież zdaje się faworyzować nominacje ekstremistów, gdy czuje, że sprzyja to wprowadzeniu większej równowagi w konferencji biskupów, która przechyliła się za bardzo na lewo. Odniósł wrażenie, że po Soborze Watykańskim II Holendrzy wymknęli się spod kontroli, co tłumaczy nominację Gijsena, a także nadzwyczajny synod holenderski w 1980 roku; podobnie niepokoiło go, że kardynał Franz König pozwolił, by sprawy w Austrii zboczyły z właściwego kursu, a wiedział, że Krenn skieruje je z powrotem ostro na prawo. Nominacje te stanowiły pewną formę „terapii szokowej".

Według austriackiego dziennikarza Norberta Stanzla, gdy König odszedł w 1985 roku na emeryturę, osobisty sekretarz papieża Stanisław Dziwisz, przyjaciel Krenna, powiedział Kongregacji ds. Biskupów, że papież widzi w nim następcę Königa. Wcześniej Jan Paweł II mianował go biskupem pomocniczym w Wiedniu, gdzie w zakres jego obowiązków wchodziły zwłaszcza sprawy kulturalne. Z tej nominacji powszechnie się wyśmiewano, ponieważ Krenn w ogólnokrajowej telewizji przyznał, że nie potrafi wymienić nazwiska żadnego żyjącego austriackiego artysty, malarza, poety, rzeźbiarza, powieściopisarza, kompozytora czy uczonego. Chociaż nigdy tego nie ustalono ponad wszelką wątpliwość, w Austrii panuje powszechne przekonanie, że Ratzinger blokował mianowanie Krenna na urząd kardynalski. Stanzel sformułował tę tezę w biografii Krenna, która ukazała się w 1999 roku, *Die Geisel Gottes* („Bicz Boży"). W 1965 roku Krenn studiował pod kierunkiem Ratzingera w Tybindze, a w latach siedemdziesiątych byli kolegami na wydziale teologicznym w Ratyzbonie. Stanzel dowiedział się ze swoich źródeł, że Ratzinger miał poważne osobiste zastrzeżenia do Krenna. Chociaż nie wymienił ich, nietrudno je odgadnąć: pod absolutną lojalnością Krenna wobec papieża kryje się osobowość, która lubi być w centrum uwagi i nie jest zadowolona, gdy znajduje się poza werbalnym ringiem bokserskim. Ratzinger wiedział, że Krenn będzie katastrofą na tak znanej arenie jak Wiedeń[4].

Uwzględniając fakt, że Ratzinger przez wiele lat obserwował i oceniał potencjalnych prałatów (pełni funkcję w Kongregacji ds. Biskupów), znałby dość dobrze przeszłość większości mianowanych przez siebie osób i byłby w stanie wychwycić potencjalnych krzykaczy. Co więcej, Ratzinger jest panem samego siebie – nigdy nie pojawiła się jakakolwiek sugestia, że jego sekretarz, monsignor Josef Clemens, wywiera na niego taki wpływ jak Dziwisz na Jana Pawła II. Stąd mniej prawdopodobne byłyby zaskakujące nominacje dokonywane tylnymi drzwiami. Nominacje Ratzingera byłyby zdecydowanie konserwatywne, sporadycznie nawet reakcyjne, ale byliby to też na ogół ludzie inteligentni i posiadający duże zdolności administracyjne. Szczególnie gdy coraz szybciej postępowałaby przeprowadzana przezeń dekonstrukcja konferencji biskupów, tym głębiej odczuwałby, jakie znaczenie ma mianowanie dobrych biskupów diecezjalnych.

Słuchając Ratzingera

Ponieważ Ratzinger jest postacią polaryzującą opinię publiczną, reakcje na niego są często bezkrytyczne, opierają się bardziej na emocjach i pierwszych wrażeniach niż na trzeźwej refleksji. Liberałowie nie czytają jego książek, lekceważą jego publiczne oświadczenia i zakładają, że każde stanowisko, jakie zajmuje, wynika z pozycji siły;

konserwatyści traktują większość tego, co mówi, jak coś świętego, często powtarzając to bezmyślnie, nie starając się przeniknąć zasady czy wartości, która jego zdaniem wchodzi w grę. Tak więc nie traktuje się Ratzingera poważnie. Rzucenie jakiegokolwiek wyzwania Ratzingerowi będzie się wydawało niewiarygodne wszystkim z wyjątkiem najbardziej zagorzałych ideologów, jeśli nie wiąże się ze zrozumieniem jego uprawnionych poglądów. Przedstawiam cztery punkty, które utkwiły mi w pamięci po ponad roku słuchania – uważnego słuchania – Ratzingera.

Po pierwsze, Ratzinger stwierdza coś niezwykle ważnego o posłuszeństwie prawdzie. Jako synowie i córki kultury konsumpcji uwarunkowani, by szukać nagrody, zbyt często odczuwamy pokusę, żeby wypierać lub racjonalizować prawdy, które nam przeszkadzają. Wzdrygamy się na ograniczenia naszej wolności, nie rozróżniając między tymi, które nas więżą, ponieważ są arbitralne, i tymi, które wyzwalają, ponieważ są zakorzenione w naszej naturze. Odrzucamy wiarę i zobowiązania i racjonalizujemy to, powołując się na „rozwój" czy „zmianę"; idziemy po linii najmniejszego oporu, a następnie wynosimy „wybór" do rangi zasady moralnej. Nikt, kto słucha naszych dyskusji politycznych, w których treść została zastąpiona utarczkami, nie może oprzeć się wrażeniu, że w społeczeństwie wyzwoliło się coś trującego. Ratzinger ma rację, że kultura kłamstwa osiągnęła apogeum w Auschwitz, ponieważ gdy prawda nie nakłada ograniczeń na władzę, każdy jest zagrożony. Musimy odzyskać wiarę w zasadę stojącą ponad nami, w prawdę, która istnieje poza zasięgiem naszego subiektywizmu.

Oczywiście współczesny bunt przeciwko obiektywności był w swoich początkach po części rebelią przeciwko władzy kościelnej, która nadużywała pojęcia prawdy, by zagwarantować sobie władzę. Można utrzymywać, że troska Ratzingera o prawdę nie jest w pełni spójna, dopóki nie wyrzeknie się inkwizytorskich nadużyć, które właśnie nadały sceptycyzmowi wiarygodność. Ale przez to ostrzeżenie Ratzingera nie staje się mniej ważne czy jego ocena współczesnej sytuacji mniej przenikliwa.

Po drugie, Ratzinger ma rację, gdy mówi o diachronicznej naturze wyczucia wiernych. Przypomina mi to argument G. K. Chestertona, że Tradycja to nic innego jak demokracja rozciągnięta w czasie, że to właśnie wyczucie Tradycji chroni Kościół przed tyranią teraźniejszości. Zbyt często słyszy się, jak dyskutanci ze wszystkich stron uczestniczących w kościelnych debatach przytaczają wyniki badań opinii publicznej, akcje zbierania podpisów pod petycjami czy liczby osób uczestniczących we mszy, jak gdyby one – same przez się – uzasadniały sprawę, którą popierają. Z katolickiego punktu widzenia takie dane są niepełne. Jesteśmy połączeni sakramentalną więzią z pokoleniami, które już odeszły, i ich głos też musi być wysłuchany. Zatem Ratzinger ma rację, że niefrasobliwemu lekceważeniu Tradycji czy nurtom, które składają gołosłowne deklaracje poparcia Tradycji, a w rzeczywistości dbają tylko o aktualną politykę grup interesów, brakuje zasadniczego elementu katolicyzmu.

Można pójść dalej. Samo czytanie dokumentów Magisterium z minionych wieków, chociaż ważne, nie wystarcza, żeby wyrazić wyczucie wiernych; musimy też uwzględnić nadzieje, marzenia i przekonania dawnych pokoleń katolików, które znalazły wyraz w pieśniach i modlitwach, w ich literaturze i sztuce, w ich katedrach i domach, w żywej wierze, która pulsuje w praktycznie każdym aspekcie kultury katolickiej w różnych epokach i w różnych miejscach. Oznacza to świadome, nawet konserwatywne podejście do zmian; oznacza też jednak eklezjologię, w której głos całego ludu Bożego ma fundamentalne znaczenie.

Ratzinger ma również rację w tym, że przynależność do zróżnicowanej, globalnej rodziny wiary oznacza, iż nie zawsze możemy ukształtować Kościół na swoje podobieństwo. W nieuchronnych napięciach między wiernością własnej wizji i utrzymaniu wspólnoty bycie katolikiem oznacza niekiedy wybór tego drugiego. Liberałowie muszą przyznać, że świat katolicki może nie być gotowy przestać nazywać Boga „ojcem" czy świętować związki małżeńskie homoseksualistów; konserwatyści muszą zrozumieć, że być może nie jesteśmy gotowi wrócić do łaciny czy do komunii świętej na rękę. Jeżeli część wiernych postanawia dążyć do tych celów, katolickim odruchem jest uczynić to w ramach *koinonia*, wspólnoty. Chociaż nie powinno się stosować tego bezkrytycznie, istnieje potrzeba, żeby katolicy praktykowali „uległość prawdzie", ufając Kościołowi, jego przyszłości, nawet jeśli nie zawsze jego teraźniejszości. Inkulturacja nie jest tylko jednokierunkową ulicą, jak gdyby tylko Kościół musiał się do mnie dostosowywać. Ja też muszę się dostosowywać do Kościoła. Chociaż jawne nieposłuszeństwo, takie jak oderwanie się wspólnoty wiernych Spiritus Christi w Rochester w stanie Nowy Jork czy ruch lefebvrystów Piusa X, czy też mniej głośne schizmy, takie jak kobiece wspólnoty eucharystyczne, może na krótką metę dać satysfakcję niezadowolonym stronom, ostatecznie mogą one sygnalizować utratę wiary w Kościele.

I w końcu Ratzinger wypowiada ważne ostrzeżenie przed niebezpieczeństwami zahipnotyzowania przez kulturę. Żyjemy w świecie, w którym przeciętny człowiek odbiera 1600 przekazów reklamowych dziennie, w którym ogromne interesy korporacyjne decydują, jakie wiadomości słyszymy i jakie dramaty oglądamy, w którym ideologia dobrego samopoczucia zachęca do konsumpcji i lekkomyślności. Jednocześnie tysiące dzieci umiera każdego dnia z głodu i chorób, którym można zapobiegać. W Stanach Zjednoczonych narzekamy, gdy ceny benzyny przekroczą 1,25 dolara za galon, podczas gdy ponad 500 tysięcy irackich dzieci zmarło wskutek sankcji, których celem – jak oświadczono – jest działanie na rzecz stabilizacji politycznej i wojskowej na Bliskim Wschodzie, a których oczywistym, choć nie ogłaszanym celem jest zapewnienie ciągłych dostaw ropy na rynek światowy. A ze spraw, które są nam bliższe, żyjemy w świecie, w którym można zostać śmiertelnie pobitym tylko za to, że jest się gejem czy czarnym lub bezdomnym albo kobietą czy też po prostu za to, że się jest. Pomimo całego dobra, które nieustannie porusza nasze serca, jest w naszej kulturze coś diabelskiego, a nam, chrześcijanom – z kilkoma odważnymi wyjątkami – jest z tym stanowczo zbyt dobrze.

Ratzinger słusznie powiedział: „(...) musielibyśmy mieć odwagę, by wyruszyć przeciwko wszystkiemu, co uchodzi za «normę» człowieka u końca XX wieku, i znów odkryć wiarę w jej prostocie". Skłania to do kilku pytań o funkcjonowanie Kościoła: Czy parafie powinny planować pięć mszy w każdą niedzielę, rozrywając dla wygody na strzępy poczucie wspólnoty? Czy księża powinni udzielać powszechnego rozgrzeszenia, ponieważ dzisiaj ludzie czują się z nim „lepiej"? Czy powinniśmy dążyć do tego, by liturgia stała się lepiej dostosowana, nauki moralne łatwiejsze do realizacji, lekcje religii bardziej zabawne? Czy też powinniśmy być, przynajmniej w niektórych z tych spraw, mniej przychylnie usposobieni, powinniśmy nalegać na niedogodność i niewygodę, aby ponownie przebudzić nasz lud na „znak sprzeciwu", którym ma być wiara chrześcijańska? Czy nie powinniśmy rozwijać naszych zdolności do sprzeciwu? Są to sądy, których nie da się sformułować bez gruntownej znajomości danej społeczności i jej potrzeb, ale są to pytania, które – obawiam się – są stawiane zbyt rzadko.

Być może na ironię zakrawa fakt, że to wezwanie do sprzeciwienia się kulturze powinno wyjść z Watykanu, instytucji, która zapożyczyła swoją formę wprost z Cesarstwa Rzymskiego i która nadal uprawia hierarchiczną politykę królewskiego dworu. Ale Ratzinger, twierdząc z uporem, że chrześcijańskiej duchowości nie wolno przeskakiwać od Wcielenia do Zmartwychwstania z pominięciem Męki Pańskiej, że chrześcijanie muszą czasem narazić się na szyderstwo i zdobyć na poświęcenie, żeby pozostać w zgodzie z wiarą, uderza w ten właśnie ton, który jego Kościół powinien usłyszeć.

Prawda, tradycja, wspólnota, krzyż – oto wartości, których broni Joseph Ratzinger w epoce, w której są często ignorowane i, z tego właśnie powodu rozpaczliwie potrzebne. Katolicyzm, i ogólniej kultura, powinny być wdzięczne.

Pięć pytań na konklawe

Mając w pamięci ten pozytywny dorobek, następne konklawe w dalszym ciągu jawi się jako referendum w sprawie Ratzingera, a konkretnie jego teologicznych poglądów i linii postępowania, które od dwudziestu lat dominują w Kościele. Referendum to można przeanalizować pod kątem pięciu pytań, na które katolicyzm musi sobie odpowiedzieć, wkraczając w trzecie tysiąclecie.

1. Jaki stosunek łączy Kościół powszechny z Kościołem lokalnym?

Pod wpływem Ratzingera pontyfikat ten zdominowała platońska koncepcja Kościoła. W dokumencie Kongregacji Nauki Wiary z 1992 roku zatytułowanym *O niektórych aspektach Kościoła pojętego jako komunia* znajduje się niezmiernie ważny fragment, w którym stwierdza się, że Kościół powszechny jest „rzeczywistością ontologicznie i czasowo wcześniejszą względem każdego pojedynczego, konkretnego Kościoła". Poza innymi miejscami, w których daje się dostrzec jego wpływ, idea ta stanowiła teologiczne jądro listu apostolskiego Jana Pawła II *Apostolos suos* z maja 1998 roku, w którym konferencjom biskupów ogranicza się prawo do nauczania. Ratzinger dowodził, że Kościół powszechny jest najważniejszą rzeczywistością, a Kościoły lokalne są późniejszymi przejawami w czasie i przestrzeni tej metafizycznej jedności. Chrystus przyszedł, żeby powołać Kościół powszechny, następnie apostołowie założyli lokalne wspólnoty, by szerzyć przesłanie tego Kościoła. W sferze praktyki podkreślanie przez Ratzingera roli

Kościoła powszechnego kosztem Kościołów lokalnych przekłada się na silny nacisk na centralizację w Rzymie i na lojalność wobec papiestwa. Ratzinger powiedział, że Kościół lokalny w ogóle jest Kościołem tylko w tym stopniu, w jakim pozostaje w jedności z papieżem; bez „zasady Piotrowej" konkretne zgromadzenie nie jest Kościołem.

„Ontologicznie uprzedni" Kościół powszechny Ratzingera zdaje się unosić ponad ludzkimi troskami, istniejąc w eterycznej domenie czystej kontemplacji. Niebezpieczeństwo, jakie wiąże się z takim stanowiskiem, wyraził Nathan Mitchell, liturgista na University of Notre Dame, w prostym pytaniu: „Kto do niego należy?" Chodzi mu o to, że ontologicznie wcześniejszy Kościół jest Kościołem nie wcielonym, doketyczną cząstką wieczności, która pojawia się w historii, ale w najbardziej realnym sensie istnieje z dala od niej. Za urzędowania Ratzingera model ontologicznie uprzedniego Kościoła oznaczał, że głos ludzkiego doświadczenia docierający z lokalnych wspólnot znajdował słaby oddźwięk w Rzymie. Kościołom Pierwszego Świata udaremniano próby otwarcia drzwi uprawnionym aspiracjom wyemancypowanych kobiet; odrzucano wezwania Kościołów Trzeciego Świata do inkulturacji i otwartego dialogu z innymi tradycjami religijnymi. W praktyce ontologicznie uprzedni Kościół przejawia tendencję do stawania się Kościołem statycznym, centralą korporacji z franczyzobiorcami, a nie prawdziwą wspólnotą. Niemal z definicji nie potrafi uczyć się na doświadczeniach, ponieważ jego forma pochodzi z domeny znajdującej się poza doświadczeniem.

Jakże odmienne jest to od słów Ratzingera z 1962 roku: „Kościoła nie można uważać za czystą abstrakcję, niezależną od jego ludzkich członków i od nich oderwaną. Kościół raczej żyje w tych ludziach, nawet jeśli jest wobec ludzkości transcendentny dzięki Bożej łasce, którą jej przekazuje. (...) Idealizacja Kościoła oddzielonego od czynnika ludzkiego nie ma żadnego odpowiednika w rzeczywistości historycznej"[5]. Odmienne także od jego tekstu z roku 1965: „Kościół urzeczywistnił się po raz pierwszy w pojedynczym Kościele lokalnym, który nie stanowił jedynie części większego organizmu administracyjnego, lecz zawierał pełnię rzeczywistości Kościoła. Kościoły lokalne nie były administracyjnymi oddziałami dużej organizacji, były żywymi komórkami i w każdej z nich obecna była całość tajemnicy jednego ciała Kościoła, tak że każdy z nich nazywano po prostu *ecclesia*, czyli Kościołem. Jestem przekonany, że odkrycie na nowo Kościoła lokalnego jest jednym z najbardziej znaczących i trafnych stwierdzeń doktryny kolegialności, znowu bowiem staje się oczywiste, że jeden Kościół obejmuje mnogość Kościołów, że jedność i wielość nie są w Kościele sprzecznością"[6].

To właśnie jest pierwsze pytanie dla konklawe: przyjmując, że słuszna katolicka eklezjologia uznaje zarówno powszechny, jak i lokalny wymiar Kościoła, jak utrzymać je w równowadze? Czy równowaga ta za urzędowania Ratzingera uległa zachwianiu, przesunęła się w stronę koncepcji, że jest intelektualnie pociągająca, ale zbyt odległa od lokalnej rzeczywistości? Czy oznacza to zbyt wielki nacisk na jednorodność, a zbyt mały na prawomocny pluralizm? Czy oznacza to zbyt wielkie skupienie władzy w Rzymie, wykorzystywanie przez centrum w zbyt małym stopniu potencjału Kościołów lokalnych?

I na koniec, być może pytanie najważniejsze: Czy Jezus przyszedł, by głosić „ontologicznie wcześniejszy Kościół powszechny"? Czy też przyszedł, aby spojrzeć mężczyznom i kobietom w oczy, aby uleczyć ich rany i wypędzić z nich demony oraz powiedzieć: „W was moje królestwo żyje i oddycha"?

2. Jak należy rozdzielić władzę Kościoła?

Odpowiedź na drugie pytanie jest częściowo uzależniona od odpowiedzi na pierwsze. Jeżeli Kościół powszechny jest naprawdę „ontologicznie uprzedni" w stosunku do lokalnego, to wynikają stąd oczywiste wnioski co do umiejscowienia władzy. Ratzinger poświęcił niezwykle dużo sił umysłowych, by stworzyć teologiczną podstawę rzymskiej centralizacji. Obserwatorzy Kościoła, prezentujący wszystkie punkty widzenia, są zgodni, że napięcie między centralizacją i władzą lokalną będzie jednym z podstawowych zagadnień zaprzątających kardynałów, gdy będą przygotowywać się do wyboru następcy Jana Pawła II.

W rozdziale drugim przedstawiliśmy ewolucję poglądów Ratzingera na konferencje episkopatów. W czasach Soboru Watykańskiego II Ratzinger postrzegał je jako uprawnione organy władzy, analogiczne do synodów regionalnych Kościoła w starożytności; dzisiaj Ratzinger twierdzi, że konferencje są jednostkami czysto administracyjnymi i biurokratycznymi, które nie mają żadnego prawa do nauczania czy rządzenia. Widzieliśmy też, że ta zmiana poglądów stanowi jeden z elementów szerszej rewizji poglądów Ratzingera na kolegialność. To nie jest kwestia natury wyłącznie teoretycznej. W 1997 roku Ratzinger zainicjował analizę amerykańskiego lekcjonarza, pomimo że został on zatwierdzony większością dwóch trzecich głosów biskupów amerykańskich w okresie kilku lat, a pracowali nad nim najlepsi amerykańscy językoznawcy, specjaliści od liturgii i bibliści. Odegrał też pierwszoplanową rolę w unieważnieniu szeregu rozwiązań sporu o poradnictwo przedaborcyjne, które zostało gruntownie przeanalizowane i przedyskutowane przez biskupów niemieckich.

Z historycznego punktu widzenia zaczyna stawać się oczywiste, że apogeum dziewiętnastowiecznego ultramontanizmu nie przypadło na rok 1870, w którym za pontyfikatu Piusa IX ogłoszono dogmat o nieomylności papieża. Imperialne papiestwo nabierało mocy do 1917 roku, gdy nowy Kodeks Prawa Kanonicznego, pod redakcją przyszłego Piusa XII, skodyfikował prawo papieża do mianowania praktycznie wszystkich biskupów na świecie. Była to nowość – jeszcze w 1829 roku papież mianował tylko dwudziestu czterech z 666 biskupów na świecie. Do eksplozji papieskiego centralizmu doszło za pontyfikatu Jana Pawła II, którego podróże i zdecydowane mieszanie się w sprawy Kościołów lokalnych uczyniło z papiestwa siłę bezpośrednio i natychmiast wpływającą na życie zwykłych katolików.

Ci papieże zbudowali strukturalne i kulturowe fundamenty pod papiestwo imperialne, Ratzinger postawił teologiczne rusztowanie, które je wspierało. Jego eklezjologia wspólnoty, jego teologiczna napaść na konferencje biskupów, jego twierdzenie o ontologicznej wyższości Kościoła powszechnego (co w praktyce oznacza Rzym) – wszystko to legitymizowało koncentrację władzy w ręku papieża i jego bezpośrednich doradców w Kurii Rzymskiej.

To także musi leżeć na sercu kardynałom, którzy będą wyznaczać następcę Jana Pawła II. Czy imperialne papiestwo jest zdrowym zjawiskiem w życiu Kościoła? Czy jego teologiczna obrona przez Ratzingera dobrze służy Kościołowi? Czy też nadszedł czas, by dokończyć to, co wielu katolików, z młodym Ratzingerem włącznie, postrzegało jako dzieło Soboru Watykańskiego II: zrównoważyć władzę papieża zwracaniem uwagi na prawa i godność biskupów i Kościołów lokalnych, które podobno ją reprezentują?

3. Co to znaczy być katolikiem?

Jeśli chodzi o wpływ Ratzingera na teologię katolicką, najbardziej trwałym i z pewnością najbardziej nieustępliwie kontestowanym aspektem jego spuścizny będzie poszerzenie przezeń granic nieomylności.

W publicznych omówieniach dokumentów, takich jak encyklika *Evangelium vitae* i list apostolski *Mulieris dignitatem*, w odpowiedzi na *dubium* dotyczące *Ordinatio sacerdotalis* i w komentarzu do *Ad tuendam fidem*, Ratzinger konsekwentnie dowodził, że katolicy muszą zaakceptować jako nieomylne wiele doktryn, które nigdy oficjalnie nie zostały za takie uznane przez papieża czy sobór.

Ratzinger jest przekonany, że po Soborze Watykańskim I powstała pewna postać tego, co nazywa „teologicznym pozytywizmem", który zachęcał katolików do ścisłego rozróżniania między nauczaniem nieomylnym i nie nieomylnym oraz do traktowania wszystkiego, co należy do tej drugiej kategorii, jako „do zaakceptowania". Mówi, że oficjalne ogłoszenie dogmatu o nieomylności w 1870 roku przyczyniło się do powstania tego nurtu przez położenie zbyt wielkiego nacisku na oficjalne ogłoszenie nieomylnych nauk. Ratzinger utrzymuje, że ten pozytywizm wypaczył tradycyjne katolickie rozumienie, że istnieje szeroki wachlarz doktryn lub decyzji, które – bez żadnego oficjalnego oświadczenia – są de facto pewne i niezmienne. Na przykład ogłoszenie świętości, postanowienia soborów powszechnych, wybory papieży i stwierdzenia w encyklikach papieskich należą do kwestii, które Kościół tradycyjnie uznawał za „nieomylne".

Traktowana odrębnie, przeprowadzona przez Ratzingera krytyka pozytywizmu mówi coś istotnego: bycie katolikiem nie powinno sprowadzać się do czegoś w rodzaju „najmniejszego wspólnego mianownika", gdy człowiek stara się przyjąć tylko minimum podstaw. Bycie katolikiem to akceptacja Kościoła jako trwałego źródła Objawienia. Oznacza to, że człowiek ufa Kościołowi, wierzy mu na słowo, podporządkowuje się mu nawet w wypadkach wątpliwych i akceptuje jego władzę. Oznacza to, że człowiek nie domaga się zaświadczenia o autentyczności przed uczestnictwem w nowennie czy czytaniem żywotów świętych; ufamy, że Kościół niezawodnie uznał to nabożeństwo i tę osobę za godne.

Wiele osób w dzisiejszym Kościele jest jednak przekonanych, że tego pożytecznego przypomnienia Ratzinger zbyt często używał jako kija, którym wypędzał każdego, czyja zgoda nie była wystarczająco szybka, czyje podejście do danej doktryny jest wierne, choć krytyczne, czyj stopień osobistej pewności nie jest wystarczająco wysoki w kwestiach, które z Objawieniem mają niewiele wspólnego. I tak na przykład Charles Curran został pozbawiony pozwolenia nauczania jako teolog katolicki za to, że powiedział, iż sztuczna kontrola urodzeń czy masturbacja nie zawsze muszą być moralnie złe. Stanowisko Currana jest szczegółowe, pełne szacunku, a zapewnienia Ratzingera, że w *communio* nie ma na nie miejsca, po prostu nie przekonały wielu katolików. Podobnie wykluczenie kobiet ze święceń, bez względu na teologiczne znaczenie, w opinii większości katolików nie może być *articulus stantis et cadentis ecclesiae*, czyli kwestią, od której zależy trwanie lub upadek Kościoła. To, że ten pontyfikat za urzędowania Ratzingera tak ją traktował, zmniejszyło szacunek dla Urzędu Nauczycielskiego.

Następne konklawe będzie musiało się zastanowić, czy ma sens nadzieja na „wiosnę ewangelizacji", na nowy zryw działalności misyjnej, jeśli Kościół katolicki sprawia wrażenie, że nie chce wielu członków, których ma obecnie. Papież Piux X, twórca kampanii antymodernistycznej, wypowiedział słynne słowa: „Dobroć jest dla głupców". Jan XXIII, na zasadzie kontrastu, stwierdził, że błędy w Kościele zdają się znikać jak mgły w porannym słońcu i że myśliwi, którzy strzelają zbyt wcześnie, najprawdopodobniej upolują niewłaściwe ofiary. Stanowiska te do pewnego stopnia wzajemnie się wykluczają i następne konklawe będzie musiało wybrać opcję, za którą się opowie.

4. Jaki powinien być stosunek Kościoła do świata?

Krytycy Ratzingera często przedstawiają go jako człowieka, który kieruje się strachem – przed utratą władzy, kobietami, seksem, nowoczesnością. Ludzie, którzy naprawdę go znają, nawet ci, którzy nie zgadzają się z jego poglądami teologicznymi, mówią, że to mit – jest on wytwornym człowiekiem z żywym poczuciem humoru, a nie kimś, kto rozwiązuje swoje osobiste problemy dzięki władzy swojego urzędu. W wywiadzie, którego w 1997 roku udzielił bawarskiej telewizji, na pytanie o strach odparł błyskotliwie: „Boję się tylko u dentysty".

W zarzucie tym tkwi jednak ziarno prawdy, jako że jednym z najgłębszych przekonań Ratzingera jest głęboko sceptyczny stosunek do świata. Widzieliśmy, że początkowo traktował on *Gaudium et spes* jako niefortunny akcent na zakończenie Soboru Watykańskiego II, gdyż prezentował nazbyt optymistyczne podejście do natury, ludzkości i historii. Ratzinger zarzucał temu dokumentowi, że zapomniano w nim o Krzyżu, przez zminimalizowanie wszechobecnej potęgi grzechu. Chrześcijaństwo w solidarności ze światem ryzykuje, że się zapomni. To właśnie było stawką w pojedynku z teologią wyzwolenia, podobnie jak z obecnie toczoną bitwą o religijny pluralizm. Te ziemskie troski są przeszkodą dla chrześcijańskiego powołania, a nie środkiem do niego.

Przypomnijmy Ratzingerowskie ziarno gorczycy: Kościół jest małym, pozornie pozbawionym znaczenia bytem, którego wielkość ujawni się dopiero w eschatologicznym wypełnieniu się czasu. Chrześcijaństwo stale stoi przed wyborem między wielkością a szczerością, między ruchem masowym a ruchem mszy świętej. „Słowo «subkultura» nie powinno nas przerażać – napisał Ratzinger w 1990 roku. – W obliczu *Zeitgeist* konieczne jest, aby wierni przyjęli postawę bycia obcymi". Konsekwentnie pracował nad ponownym wbiciem klina między Kościół a świat, który Konstytucja duszpasterska (o Kościele w świecie współczesnym) *Gaudium et spes* zamierzała usunąć. Owoce tej kampanii można dostrzec w nowym typie seminarzystów, którzy nakładają birety i odrzucają telewizję jako zło, w biskupach bardziej zainteresowanych umiejscowieniem tabernakulum niż wpływem globalizacji gospodarki, w urzędach Watykanu zdecydowanych odebrać kontrolę nad liturgią i językiem miejscowym kulturom, ponieważ nie można im ufać.

I to jest dalekie od poglądów Ratzingera z wcześniejszej epoki. We wstępie *Wprowadzenia do chrześcijaństwa* z 1968 roku napisał: „Powiedzmy to całkiem po prostu, może nawet narażając się na nieporozumienie: nie ten, kto wyznaje tę samą wiarę, jest prawdziwym chrześcijaninem, tylko ten, kto przez to, iż jest chrześcijaninem, stał się naprawdę człowiekiem. Nie ten, kto zachowuje pewien system norm, niewolniczo i z nastawieniem na siebie, tylko ten, kto zdobył wolność, pozwalającą mu oddać się prostej ludzkiej dobroci". Trudno pogodzić to odczucie z głęboko sceptycznym spojrzeniem na miejsce chrześcijaństwa w świecie i z pewnością na następnym konklawe to napięcie będzie wyczuwalne. Kościół nie może utrzymywać, że „radość i nadzieja, smutek i ból" ludzkości stanowi główny przedmiot jego troski, i jednocześnie być rządzony przez ludzi, którzy za właściwe miejsce dla chrześcijaństwa uważają katakumby.

5. Co zrobiłby Jezus?

Tę kwestię ilustruje stary dowcip. Grupa księży je obiad z biskupem, opowiadając o ostatnich zdarzeniach w swoich parafiach. Salwy śmiechu odbijają się od ścian, gdy mężczyźni dzielą się historyjkami. Pewien młody ksiądz rozpoczyna anegdotę o niedawno odprawianej w parafii mszy, na której udzielał ślubu. Dobry humor nie opuszcza towarzystwa, gdy opowiada, że wygłosił kiepską homilię, że tego dnia dyrygent chóru miał zapalenie krtani itd. W końcu mówi, że gdy nadszedł czas komunii, pojawił się następny problem: zauważył, jak w kolejce krok po kroku przesuwa się pewien mężczyzna z żoną, a wiedział, że są protestantami. Powiedział, że wpadł w panikę, nie będąc pewnym, jak postąpić. Wtem, powiedział, olśniło go: „Zadałem sobie pytanie, co by zrobił Jezus?" Śmiech zamarł nagle, gdy biskup, teraz śmiertelnie poważny, zwrócił się do tego młodego księdza ze słowami: „Nie zrobiłeś tego, prawda?"

Ten dowcip zawsze wywołuje stłumiony śmiech u katolików, ponieważ brzmi prawdziwie. Jezus jest postacią niezmiernie groźną dla każdego, kto ma obowiązek wprowadzania w życie zasad praktyk religijnych. Oczywiście większość katolików jest na tyle realistami, żeby przyznać, że każda ludzka instytucja potrzebuje jakiejś struktury. To ustępstwo nie zmienia jednak faktu, że wielu katolików dostrzega w swoim Kościele taką samą koncentrację władzy, taką samą koncentrację na regułach kosztem współczucia, jakie Jezus z Ewangelii odrzucił we władzach religijnych swoich czasów.

Tę krytyczną uwagę Ratzinger zna dobrze. Odniósł się do niej podczas wygłoszonego w 1994 roku w Jerozolimie wykładu na temat stosunków między chrześcijaństwem i judaizmem. W wykładzie tym odrzuca „powszechny pogląd", że Jezus występował jako prorok krytykujący nadmiernie rygorystyczne podejście do prawa. „W rozmowie Jezusa z władzami żydowskimi jego czasów nie mamy do czynienia z konfrontacją liberalnego reformatora ze skostniałą hierarchią" – powiedział Ratzinger. – Takie odczytanie „zasadniczo błędnie rozumie konflikt Nowego Testamentu i nie oddaje sprawiedliwości ani Jezusowi, ani Izraelowi". Zatem co? Ratzinger mówi, że Jezus „rozszerza prawo" na narody świadome jego autorytetu jako Syna Bożego. Tym samym konflikt między Jezusem a religijnym establishmentem Izraela dotyczy tego, że działa On *ex auctoritate divina*, innymi słowy, dotyczy Jego twierdzenia, że jest Bogiem. Najwyraźniej Ratzinger postrzega wyobrażenie Jezusa jako proroka atakującego władzę kościelną jako płytkie; w krótkich czterech akapitach tego eseju udało mu się czterokrotnie zakwestionować wyrażenie „liberalny reformator"[7].

Jak ustalił to harwardzki teolog Harvey Cox w związku z walką o teologię wyzwolenia, historyczny Jezus sprawia Ratzingerowi zaskakujące problemy. Nietrudno zrozumieć dlaczego. Jezus nie związał się z religijnym establishmentem; Jezus głosił wyższość ludzkich potrzeb nad obowiązkami związanymi z kultem; Jezus utrzymywał, że troska o innych jest równie ważna jak odprawianie obrzędów; i Jezus ostrzegał przed przywódcami religijnymi, którzy nie zważają na wymogi sprawiedliwości. W tym znaczeniu historyczny Jezus jest uosobieniem krytyki instytucji religijnych równie aktualnej dzisiaj jak dwa tysiące lat temu. Być może nie był „liberalnym reformatorem", ale nie był też duchownym konserwatystą. Zarówno moralny relatywizm, jak i kościelny autorytaryzm wydają się niezgodne z poglądami Jezusa, z którym stykamy się w ewangeliach.

Niedawna historia Kościoła dostarcza dwóch przykładów prób zastosowania ewangelii w wewnętrznym życiu Kościoła. Celem przeprowadzonej w 1965 roku przez Pawła VI reformy Świętego Oficjum było przekształcenie go w pozytywnego orędownika doktryny; papież kierował się zasadą, że miłosierdzie wypleni błędy skuteczniej niż strach. Jednak za urzędowania Ratzingera narzędzia dyscypliny i kontroli wróciły do typowego użycia, między innymi śledztwa bez konsultacji, nakazy milczenia, ekskomuniki, potępienia, cofanie imprimatur i zakazane książki, groźby pozbawienia pracy i publiczne uznanie za wroga wiary. Gdy będę się zastanawiać, jak najlepiej Kościół mógłby nieść ewangelię światu – jak najlepiej dochować wierności Jezusowi – stu dwudziestu kilku kardynałów na następnym konklawe stanie przed zasadniczym wyborem między duchem Pawłowej reformy a rzeczywistością kadencji Ratzingera.

„Cały Nowy Testament został napisany pod znakiem Krzyża, nie władzy świeckiej" – napisał w 1965 roku Ratzinger, zastanawiając się nad odrzuceniem przez Jezusa jakiejkolwiek próby zastosowania siły zewnętrznej, by domagać się uznania dobrej nowiny. „Nowy Testament poświadcza słabość Boga w tym, że postanowił On zbliżyć się do człowieka nie z zastępami aniołów, lecz wyłącznie ze swoim słowem i świadectwem miłości gotowej na śmierć". To otrzeźwiające przypomnienie. W przyjętej na Soborze Watykańskim II Deklaracji o wolności religijnej katolicyzm wyrzekł się uciekania się do siły *ad extra*; następne konklawe będzie musiało zdecydować, czy nadszedł już czas, by przekroczyć ten sam most *ad intra*.

Zabieganie o wybaczenie

12 marca 2000 roku Jan Paweł II zorganizował w Rzymie bezprecedensową liturgię „Dzień przebaczenia". Aby Kościół, wchodząc w trzecie tysiąclecie, mógł „oczyścić pamięć", papież złożył głębokie przeprosiny Bogu za dwa tysiąclecia grzechów chrześcijan. Podczas tej uroczystości Ratzingerowi przydzielono rolę przyznania się do „grzechów popełnionych w imię prawdy". Powiedział przed światem: „Módlmy się, aby każdy z nas, zwracając się do Pana Naszego Jezusa Chrystusa, cichy i pokornego serca, uznał, że nawet ludzie Kościoła, w imię wiary i moralności, czasami stosowali metody niezgodne z ewangelią w poważnym obowiązku obrony prawdy". Papież odpowiedział: „W niektórych epokach dziejów chrześcijanie przyzwalali czasem na praktykę nietolerancji i nie kierowali się przykazaniem miłości, oszpecając przez to oblicze Kościoła". Była to niezwykła chwila. Ponieważ na placu św. Piotra był Joseph Ratzinger, ten tytan teologii i żarliwy „współpracownik prawdy", słowa te miały szczególny wydźwięk.

Socjologowie przestrzegają, że personalizowanie zagadnień strukturalnych jest błędem, i rzeczywiście, gdyby to nie Ratzinger wyrażał skruchę za „metody nie pozostające w zgodzie z ewangelią", bez wątpienia byłby to ktoś inny, zapewne ktoś mający dużo mniejszą wiedzę o tych kwestiach i jeszcze bardziej skłonny do autorytarnych rozwiązań. Być może jednak o to właśnie chodzi. Joseph Ratzinger jest pod wieloma względami tym, co Kościół katolicki z jego pokolenia ma do zaoferowania najlepszego i najbardziej błyskotliwego – człowieka kultury, dystyngowanego intelektualistę i poliglotę, człowieka głęboko i prawdziwie wierzącego. Jednak pozostawił Kościół spękany, w którym wielu katolików dobrej woli i głębokiej wiary nie może czuć się dobrze. Być może, gdy następnym razem zbierze się Kolegium Kardynalskie, by wypełnić swoje najświętsze zadanie, powinni odpowiedzieć na następujące pytanie: Czy system teologiczny, którego przedstawicielem jest Joseph Ratzinger, jest właściwym systemem, by prowadzić Kościół naprzód? Czy tego chciałby Jezus?

W 1963 roku w komentarzu do pierwszej sesji Soboru Watykańskiego II Ratzinger sformułował fundamentalny wybór, przed którym stał sobór: „Czy intelektualne stanowisko «antymodernizmu» – dawna polityka ekskluzywności, potępienia i obrony prowadząca do niemal neurotycznego odrzucenia wszystkiego, co dobre – ma być kontynuowane? Czy też Kościół, po podjęciu wszelkich niezbędnych środków ostrożności, by chronić wiarę, rozpocznie nowy rozdział i rozpocznie nowe i pozytywne spotkanie z własnymi początkami, ze swoimi braćmi i z dzisiejszym światem?" Jest to odwieczne rozdroże, na którym znajduje się Kościół. Dwadzieścia lat pełnienia przez Ratzingera funkcji prefekta dobrze ilustruje współczesne zagrożenia i możliwości pierwszej drogi; być może nadszedł już czas, żeby na nowo rozważyć tę drugą.

I w końcu, jak osądzi Josepha Ratzingera historia? Francuski filozof katolicki Jacques Maritain powiedział: „Rzeczą ważną nie jest sukces. Rzeczą ważną jest znaleźć się w historii, dając świadectwo". W takim ujęciu Ratzinger może być – w pełni czasu – postrzegany korzystnie. Twardo trzymał się swoich poglądów, przetrwał wzgardę swoich kolegów i współbraci, poświęcił własne intelektualne interesy dla służby Kościołowi. Można podawać w wątpliwość jego politykę, ale nie wierność.

Istnieją jednak inne miary, według których należy oceniać przywódców. Arthur Schlesinger w biografii Roberta Kennedy'ego opisał, jak stał na jego pogrzebie i obserwował burmistrza Chicago Richarda Daleya i krzykliwego działacza Toma Haydena, którzy latem 1968 roku byli tak zapiekłymi wrogami, płaczących osobno. Schlesinger napisał, że przyjacielowi przypomniało się pewne zdanie Pascala: „Człowiek nie pokazuje swojej wielkości, przez to, iż pozostaje na jednym krańcu, ale przez to, że dotyka dwóch naraz". Jeśli to jest sprawdzian, to pomimo swojego intelektu, pobożności, poczucia celu, tego wszystkiego, co czyni go człowiekiem wybitnym, Joseph Ratzinger nie osiągnął wielkości. Jak połączyć skrajności w katolicyzmie, które są teraz tak starannie od siebie odseparowane, jest pytaniem, przed którym stanie następne konklawe; jest to pytanie, przed którym stoi lud Boży.

Przypisy

Rozdział 1

[1] Podstawowe informacje biograficzne można znaleźć w *Bayerische Biographie: 1000 Persönlichkeiten aus 15 Jahrhunderten*, pod redakcją Karla Bosla (Verlag Friedrich Pustet, 1985), a także w wydanej w 1917 roku *The Catholic Encyclopedia* w artykule Friedricha Laucherta pod hasłem „Ratzinger, Georg".

[2] *Christians and Jews in Germany: Religion, Politics and Ideology in the Second Reich, 1870-1914* Uriela Tala (Cornell University Press, 1975).

[3] Znaczna część informacji o Traunstein w czasie wojny w tej części pochodzi z trzech prac: *Traunstein 1918-1945: Ein Beitrag zur Geschichte der Stadt und des Landkreis Traunstein* Gerda Everesa (Drei Linden Verlag, 1991); *Verfolgung und Widerstand in der NS-Zeit im Landkreis Traunstein 1933-1945* zredagowana i wydana przez Kreisjugendring Traunstein (1994) i *Befreiung, Besatzung, Erneuerung: Kreis und Stadt Traunstein 1945-1949* Gerda Eversa (Verlag Ising, 1996). Te trzy prace zostały wspaniałomyślnie udostępnione autorowi przez dra Franza Haselbecka z archiwum państwowego w Traunstein.

[4] Ten fragment opiera się zwłaszcza na wymienionej wyżej pracy *Verfolgung...*

[5] Cytat ten znajduje się w *Bayern in der NS-Zeit: Soziale Lage und politisches Verhalten der Bevölkerung im Spiegel vertraulicher Berichte* pod redakcją Martina Broszata, Elke Fröhlich i Falka Wiesemanna (R. Oldenbourg Verlag 1977). To wielotomowe wydawnictwo zawiera bezcenną dla zrozumienia Bawarii w okresie nazistowskim dokumentację.

[6] Artykuł Richarda Ostlinga w tygodniku „Time" ukazał się pod tytułem *Keeper of the Straight and Narrow* w numerze z 6 grudnia 1993 roku.

[7] Ten opis wydarzeń z czasów wojny w położonej w środkowozachodnich Niemczech wsi Oberschopfheim znajduje się w *The Nazi Impact on a German Village* Waltera Rinderlego i Bernarda Norlinga (University Press of Kentucky, 1993).

[8] Dobre omówienie ruchu Deutsche Christen znajduje się w *Twisted Cross: The German Christian Movement in the Third Reich* Doris L. Bergen (University of North Carolina Press, 1996).

[9] Wykład ten zamieszczono w książce Ratzingera *The nature and mission of theology: Approaches to understanding its role in the light of present controversy* (Ignatius Press, 1995).

[10] Robert P. Erickson, *Theologians under Hitler: Gerhard Kittel, Paul Althaus, and Emanuel Hirsch* (Yale University Press, 1985).

[11] W języku angielskim dostępna jest doskonała biografia Guardiniego *Romano*

Guardini: A precursor of Vatican II Roberta A. Kriega, C.S.C (University of Notre Dame Press, 1997). Krieg omawia przywłaszczenie przez Ratzingera Guardiniego, zauważając, że zarówno Ratzinger, jak i von Balthasar umniejszają znaczenie bojów toczonych przez Guardiniego z władzami kościelnymi.

[12] Niezwykle pomocny zbiór tekstów Balthasara został wydany w 1985 r. przez wydawnictwo Crossroad Publishing pod redakcją Medarda Kehla i Wernera Lösera pod tytułem *The Von Balthasar Reader*. Przekładu na angielski dokonali Robert J. Daly, S.J. i Fred Lawrence.

[13] Szczegóły te pochodzą z dwóch ówczesnych relacji z tego wydarzenia zamieszczonych w lokalnej gazecie, którą udostępnił mi dr Franz Haselback z archiwum państwowego w Traunstein.

Rozdział 2

[1] Cytat ten pochodzi z książki Roberta MacAfee Browna *Observer in Rome: A Protestant report on the Vatican Council* (Doubleday, 1964), s. 150. Po stwierdzeniu, że Frings wysadził w powietrze kopułę Bazyliki św. Piotra, Brown dodał: „A w jakiej formie ona spadnie i zostanie ponownie osadzona, nie wie nikt".

[2] Książką tą jest *The Rhine Flows into the Tiber: A History of Vatican II* Ralpha Wiltgena, S.V.D. Została wydana pierwotnie przez Hawthorne Books w 1967 r. Mój egzemplarz jest reprintem z 1985 r. z Tan Books, konserwatywnego katolickiego wydawnictwa, które słynie z drukowania katechizmu baltimorskiego. Chociaż Wiltgen osobiście wcale nie miał takiego zamiaru, jego książka wzbudziła na nowo zainteresowanie prawicowych krytyków Soboru Watykańskiego II. Przywołują oni jego relację na poparcie swojej teorii, która mówi, że sobór został zawłaszczony przez koterię europejskich liberałów.

[3] Küng wypowiedział tę uwagę w wywiadzie przeprowadzonym na potrzeby artykułu, który ukazał się w numerze „National Catholic Reporter" z dnia 13 listopada 1998 roku. Tak na marginesie, katolicki pisarz Russell Shaw wskazał na tę uwagę jako przykład retoryki, którą uważa za niewłaściwą; z kolei jezuita Joseph Fessio sugerował, że taki język jest typowy dla NCR, jakby to gazeta, a nie Küng użyła tego sformułowania.

[4] Jezuita Tom Reese w swoim znakomitym opracowaniu *Inside the Vatican: The politics and organization of the Catholic Church* (Harvard University Press, 1996) zwraca uwagę, że za papieża Jana Pawła II Kongregacja Nauki Wiary stała się „strażnikiem bramy". Każdy watykański dokument, zanim zostanie opublikowany, musi uzyskać doktrynalną ocenę. W ten sposób urząd Ratzingera zdobył ogromną władzę nad pozostałymi urzędami Watykanu. Ratzinger zachęcał komisje ds. doktryny narodowych konferencji biskupów, by odgrywały podobną rolę strażnika bramy w odniesieniu do dokumentów tej konferencji.

[5] Patrz uwagi Ratzingera o próbach ustalenia obrazu Jezusa na czysto historycznym gruncie w *Behold the Pierced One* (Ignatus Press, 1986), s. 44. Jeśli nawet Ratzinger często zarzucał badaczom Pisma św., że stawiali się w pozycji jedynych sędziów decydujących o tym, co jest autentycznie chrześcijańskie, nigdy nie popadł w ten rodzaj quasi-fundamentalizmu, który wybierają niektórzy głęboko konserwatywni katolicy. Na przykład na konferencji prasowej w Nowym Jorku w 1988

roku Ratzinger obsypał pochwałami sulpicjanina Raymonda Browna, wybitnego biblistę swojego pokolenia i człowieka, którego obrona historyczno-krytycznej metody badania Pisma św. sprawiła, że doznał wielu krzywd ze strony konserwatywnych katolików. „Chciałbym, żebyśmy mieli więcej takich uczonych jak ojciec Brown" – powiedział Ratzinger z uprzejmością, którą wiele osób nadal pamięta.

[6] Po powrocie do Kolonii po soborze instynktowny konserwatyzm Fringsa znowu się potwierdził. W 1968 roku zakazał katolickiego pochówku Martina Luthera Kinga, ponieważ miał w nim uczestniczyć socjaldemokratyczny przywódca Nadrenii Północnej-Westfalii Heinz Kühn. Kühn był niepraktykującym katolikiem.

[7] W języku niemieckim są to: *Die erste Sitzungsperiode des Zweiten Vatikan Konzils: Ein Rückblick*, 1963; *Das Konzil auf dem Weg: Rückblick auf die zweite Sitzungsperiode*, 1964; *Ergebnisse und Probleme der dritten Konzilsperiode*, 1965; *Die letzte Sitzungsperiode des Konzils*, 1966.

[8] Książka ta to: *Im Sprung Gehemmt: Was mir nach dem Konzil noch alles fehlt* Helmuta Krätzla (Verlag St. Gabriel, 1998). Krätzl był bliskim przyjacielem i sekretarzem kardynała Franza Königa.

[9] Najbardziej wyczerpujące omówienie tego zagadnienia znajduje się w *Volk Gottes – Leib Christ: Die Ekklesiologie Joseph Ratzingers und ihr Einfluss auf das Zweite Vatikanische Konzil* – studium Thomasa Weilera, wówczas kleryka w Moguncji (wydane przez Matthias-Grünewald Verlag w 1998 r.). Ratzinger napisał wstęp w zasadzie podtrzymujący takie odczytanie jego stanowiska. Wśród osób, które podały mi wersje rozróżnienia *aggiornamento-ressourcement* na poparcie zasadniczej ciągłości myśli Ratzingera, są Joseph Fessio, Charles Curran i Augustine Di Noia.

[10] Wypowiedź ta znajduje się na stronie 304 pierwszego tomu *Commentary on the Documents of Vatican II* wydanego przez Herberta Vorgrimlera (Crossroad Publishing, 1989).

[11] *The pastoral implications of collegiality*, „Concilium" (nr 1, 1965), s. 30.

[12] „National Catholic Reporter" zamieścił artykuł o oświadczeniu z Nijmegen w numerze z 1 stycznia 1969 roku pod tytułem: *Scholars plead for theological freedom* [„Uczeni proszą o wolność uprawiania teologii"]. Tam też można znaleźć pełną listę propozycji reform.

[13] Amerykański jezuita Walter Burghardt, który zasiadał w Międzynarodowej Komisji Teologicznej od jej pierwszego zebrania w 1967 roku, napisał w swoich niedawno wydanych wspomnieniach *Long have I loved You* (Orbis Books, 1999), że w ciągu kilku tygodni, kiedy komisja zajmowała się swoim 1976 dokumentem poświęconym teologii wyzwolenia, nie zaproszono na konsultacje ani jednego przedstawiciela tego podejścia teologicznego. Świadczy to o tym, że Międzynarodowa Komisja Teologiczna stała się „closed shop" [zakład pracy wymagający od pracowników przynależności do określonego związku zawodowego].

[14] Uwagi Ratzingera pojawiły się w wywiadzie z połowy grudnia 1998 roku dla włoskiego „Lo Stato". Dodał, że trzeba próbować przekonać biskupów, gdyż „nawet jeśli niektórzy z nich nadużyją swojego prawa decydowania i nie będą respektować praw wiernych, nie są ludźmi złej woli".

[15] Wspomnienie to znajduje się w „Der Weltdienst der Kirche. Auswirkungen von *Gaudium et spes* im letzten Jahrzehnt", w: *Zehn Jahre Vaticanum II*, pod red. M. Seybolda (Ratyzbona, 1976) s. 36.

¹⁶ Opowieść o działaniach Braziera, wraz z reprodukcjami niektórych formularzy, jakich używała jego grupa, znajduje się w numerze „National Catholic Reporter" z 21 maja 1999 roku pod tytułem *Ecclesial watchdogs snapping in Australia.*
¹⁷ Wiltgen, *The Rhine Flows into the Tiber*, s. 285.

Rozdział 3

¹ Patrz *Free Expression and Obedience in the Church* w: *The Church: Readings in Theology*, pod red. Hugona Rahnera (P. J. Kenedy, 1963), s. 212. Napisany właśnie gdy otwierano Sobór Watykański II, esej ten pozwala wejrzeć w stosunek Ratzingera do teologii i odstępstw w tamtych czasach.
² W tej części opieram się w wielkim stopniu na *The Theology of Joseph Ratzinger* Aidana Nicholsa, O.P. (T&T Clark, 1988). Jest to znakomite opracowanie teologii Ratzingera i – choć napisane z punktu widzenia jego zwolennika, dość wyważone.
³ Cytat ten pochodzi z *Theologische Prinzipienlehre: Bausteine zur Fundamentaltheologie* (Wewel Verlag, 1982), s. 340; książka ta ukazała się po angielsku pod tytułem *Principles of Catholic Theology: Building Stones for a Fundamental Theology* (Ignatius Press, 1987).
⁴ Hansjürgen Verweyen, *Der Weltkatechismus: Therapie oder Symptom einer kranken Kirche?*, Patmos Verlag, 1994.
⁵ Przemówienie to można znaleźć na witrynie internetowej niemieckiego oddziału organizacji Wir sind Kirche pod adresem: http://www.we-are-church.org/de. Znajduje się w części „dokumenty" i nosi tytuł: „Zur gegenwärtigen Lage in der römisch-katholischen Kirche".
⁶ Ratzinger sam użył tej korporacyjnej analogii, by scharakteryzować to, co uważa za dwulicowość tych teologów katolickich, którzy przemycają własne teorie pod przykrywką nauki Kościoła. W 1992 roku w przedmowie do zbioru swoich prac poświęconych naturze teologii napisał: „Każdy może – w ramach odpowiedzialności sumienia przed prawdą – myśleć wszystko, co ta odpowiedzialność pozwala mu myśleć czy mówić. Ale nie każdemu wolno zapewniać, że to, co mówi, stanowi teologię katolicką. Tutaj mamy swego rodzaju «znak firmowy»". Zob. Ratzinger, *The Nature and Mission of Theology: Approaches to Understanding Its Role in the Light of Present Controversy* (Ignatius Press, 1995), s. 8.
⁷ Książka ta nosi tytuł *Die Menschen, die Kirche, das Land: Christentum als Gesellschaftliche Herausforderung* (Molden Verlag, 1998). Jak na ironię, w przedmowie Schönborn dziękuje za pomoc redakcyjną Hubertowi Feichtlbauerowi, szefowi dziennikarzy austriackich; Feichtlbauer wkrótce potem został rzecznikiem prasowym ruchu Wir sind Kirche.
⁸ Wiosną 1999 roku krążyły pogłoski, że Schönborn ma zostać skierowany do Rzymu na stanowisko w Watykanie; artykuł na ten temat, wraz z informacjami biograficznymi o Schönbornie, ukazał się w numerze „National Catholic Reporter" z dnia 28 maja 1999 r.
⁹ Opracowanie tego zagadnienia z omawianych czasów zob. Hunnis, F. C., *Student Revolts: The New Left in West Germany*, War Resister's International, 1968.
¹⁰ Pomimo oświadczeń Döpfnera w Essen, popieranie przez niego zmiany na-

uczania w kwestii kontroli urodzeń doprowadziło do takiego ochłodzenia stosunków z Pawłem VI, z którego nigdy się nie otrząsnął. Bardzo zraniła go też sprawa Matthiasa Defreggera, o której wspomniano w rozdziale pierwszym. Okazało się, że Döpfner nigdy nie poinformował Watykanu o przeszłości swojego biskupa pomocniczego, co wyglądało na próbę zatuszowania faktów. Jeśli chodzi o Ranke-Heinemann, studiowała z Ratzingerem w Monachium i była pierwszą kobietą, która objęła katedrę teologii katolickiej na niemieckim uniwersytecie. Narobiła zamieszania na początku lat dziewięćdziesiątych, gdy powiedziała włoskim reporterom – w związku ze studenckimi czasami Ratzingera – że był niezwykle błyskotliwy, ale cierpiał na „brak wszelkiej erotyki". Ranke-Heinemann opowiedziała mi o reakcjach Döpfnera podczas rozmowy telefonicznej w 1999 roku. Rozmawiałem z nią już wcześniej, gdy wiosną 1999 roku ubiegała się o prezydenturę Niemiec, by zaprotestować przeciwko bombardowaniu przez NATO Serbii.

[11] Powiązania Ratzingera z Gustav Siewerth Akademie potwierdziła mi w przefaksowanym 28 lipca 1999 r. liście dr Alma von Stockhausen.

[12] Relacja Szulca znajduje się w jego: *Pope John Paul II: The Biography*, Scribner, 1995; wersję Hebblethwaite'a można znaleźć w kilku jego pracach poświęconych pierwszemu okresowi pontyfikatu Jana Pawła II.

[13] Fakt, że Jan Paweł II najpierw zaproponował Ratzingerowi Kongregację ds. Wychowania Katolickiego, został ujawniony – wedle mojej najlepszej wiedzy – przez Georga Weigela w jego obszernej biografii Jana Pawła II *Witness to Hope* (Cliff Street Books, 1999), s. 419. Jako źródło tej informacji Weigel podaje wywiad z Ratzingerem z 12 września 1996 roku.

[14] Zob. *The 1980 Synod of Bishops „On the Role of the Family": An Exposition of the Event and an Analysis of Its Texts*, Jan Grootaers i Joseph A. Selling (Leuven University Press, 1983), zwłaszcza strony 77–78.

[15] Zdarzenie to szczegółowo opisała 21 maja 1981 r. monachijska „Süddeutsche Zeitung" w artykule zatytułowanym *Ein ermutigendes Signal aus dem Vatikan*.

[16] Pełny tekst protestu Rahnera opublikowano w numerze „Süddeutsche Zeitung" z 14 listopada 1979 r. pod tytułem *Ich protestiere!* Ratzinger odpowiedział Rahnerowi pobieżnie miesiąc później uwagami wydrukowanymi w „Süddeutsche Zeitung" z 18 grudnia 1979 r.

[17] Cała dokumentacja została zebrana w *Küng in Conflict* pod red. Leonarda Swidlera (Image Books, 1981).

Rozdział 4

[1] *Called for Freedom: The Changing Context of Liberation Theology* (Orbis Books, 1998). Comblina to lektura obowiązkowa dla każdego, kto pragnie zrozumieć zmienioną sytuację historyczną, w jakiej dzisiaj znalazła się teologia wyzwolenia.

[2] Szacunki te przytoczył mi Philip Berryman, autor i tłumacz z dziedziny teologii wyzwolenia, w czasie rozmowy telefonicznej przeprowadzonej latem 1999 r.

[3] Książeczkę tę wydało wydawnictwo Franciscan Herald Press z Chicago w 1974 r. Zob. też Kloppenburg, *The People's Church: A Defense of My Church*, również wydaną przez Franciscan Herald Press w 1977 r.

⁴ Uwagi te cytuje Peter Hebblethwaite w eseju o teologii wyzwolenia zamieszczonym w „National Catholic Reporter" z 12 listopada 1976 r.

⁵ Miejscowi komentatorzy mówią jednak, że odpływ wiernych do protestantyzmu w stanie Chiapas jest w rzeczywistości związany bardziej z abstynenckim stanowiskiem wobec alkoholu: alkoholizm jest wśród ludów tubylczych poważnym problemem i wydaje się, że surowy kodeks moralny ewangelicznych protestantów stanowi jedyny „program naprawczy", który może przynieść większy sukces. Sytuację w Chiapas dobrze przedstawił dla Deutsche Presse-Agentur Klaus Blume. Zob. „Bloody religious conflict rages in southern Mexico", 20 lipca 1999 r.

⁶ Tekst jest dostępny w: *International Theological Commission: Texts and Documents 1969-1985*, pod red. Michaela Sharkeya (Ignatius Press, 1989). Ratzinger napisał przedmowę do tego zbioru.

⁷ Artykuły z obszernie przytaczanymi wypowiedziami Ratzingera ukazały się w „Süddeutsche Zeitung" 28 września 19789 r. pod tytułem *Ratzinger: Amerika wird Schwerpunkt der Kirche* i 6 października pod tytułem *Finanzielles Engagement genügt nicht*.

⁸ Informacje dotyczące tego spotkania i decyzji dotyczących Romera zaczerpnięto z biografii Jana Pawła II *Man of the Century* Jonathana Kwitny'ego (Henry Holt and Company, 1997), s. 353. Kwitny informuje w przypisie, że Oddi podał tę informację dobrowolnie po godzinie wywiadu. Jego wspomnienia, mówi Kwitny, były wyraźne i precyzyjne. Seper i Baggio nie żyją, więc nie mogli potwierdzić wypowiedzi Oddiego.

⁹ Zob. Lernoux, *People of God*. Zainteresowanie administracji Reagana teologią wyzwolenia było wyrażane nie tylko w poufnych dokumentach. W przemówieniu z 1984 roku do grupy zwanej „Christian Rescue Efforts for the Emancipation of Dissidents" Eliot Abrams, ówczesny amerykański zastępca sekretarza stanu ds. praw człowieka, powiedział: „Sowieci wykorzystują teologię wyzwolenia jako środek podkopujący Kościoły na Zachodzie". Uwagę tę przytoczono w „National Catholic Reporter" z 7 grudnia 1984 r.

¹⁰ List Rahnera przytacza Juan Luis Segundo w *Theology and the Church: A Response to Cardinal Ratzinger and a Warning to the Whole Church* (Seabury, 1985), s. 17. Segundo zauważa, że zapewniając, iż teologia wyzwolenia głoszona przez Gutiérreza jest „całkowicie prawomyślna", Rahner niekoniecznie musiał uważać, że jest tak naprawdę, sądził jedynie, że nie stanowi ona zagrożenia dla wiary. Innymi słowy, mieści się w możliwych do przyjęcia granicach rzymskokatolickiej dyskusji teologicznej.

¹¹ Zob. artykuł w „National Catholic Reporter" z 16 listopada 1984 r. Ratzinger i Höffner byli członkami niemieckiej konferencji biskupów.

¹² Szczegóły dotyczące tego spotkania zaczerpnięto z *Silencing of Leonardo Boff: The Vatican and the Future of World Christianity* Harveya Coksa (Meyer-Stone Books, 1998). Przygotowując tę relację, Cox miał możność wysłuchać wersji samego Boffa.

¹³ Häring wyraził tę prośbę w przypisie końcowym swojego eseju „Joseph Ratzinger's «Nightmare Theology»" w: *Church in Anguish: Has the Vatican Betrayed Vatican II?* pod red. Hansa Künga i Leonarda Swidlera (Harper and Row, 1987).

¹⁴ Znajomość Ratzingera z Moliną przyczyniła się do wzmocnienia jego prze-

konania o związku teologii wyzwolenia z rewolucyjną przemocą. W listopadzie 1985 roku Molina odprawiał mszę żałobną za członków kolumbijskiego ruchu partyzanckiego M-19, umieszczając na ołtarzu transparent tej organizacji i nazywając rewolucjonistów „męczennikami". Sześć dni wcześniej czterdziestu jeden partyzantów zginęło w ataku na ministerstwo sprawiedliwości Kolumbii, w którym życie straciło też dziewięćdziesięciu pięciu żołnierzy i cywilów.

[15] Medina Estévez został prefektem Kongregacji ds. Kultu Bożego i Dyscypliny Sakramentów, skąd od 1996 roku atakował międzynarodową agendę powołaną przez anglojęzyczne konferencje biskupów w celu koordynacji przekładów tekstów liturgicznych – International Commision on English in the Liturgy. Jego starania, by przywrócić kontrolę Rzymu nad przekładem tekstów liturgicznych, są porównywalne z działaniami Ratzingera mającymi odebrać wiele uprawnień i prerogatyw konferencji biskupów. Godny odnotowania jest fakt, że w *Moim życiu* Ratzinger utożsamił się z czterema innymi byłymi *periti* na Soborze Watykańskim II, którzy po soborze rozczarowali się kierunkiem, w jakim zmierzał Kościół; byli nimi Henri de Lubac, Philippe Delhaye, M. J. le Guillou i Jorge Medina Estévez.

[16] Wywiad z biskupem Antoniem Fragosem, emerytowanym biskupem Crateus w Brazylii i przez całe życie przyjacielem Heldera Camary, ukazał się w numerze „Catholic New Times" z Kanady z 20 czerwca 1999 roku. Fragoso powiedział, że Helder Camara nigdy nie sprzeciwił się decyzji o zamknięciu seminariów, ponieważ był „głęboko lojalny", choć decyzja ta była przyczyną jego „wielkiego cierpienia". Fragoso zauważył, że José Comblin wywarł wpływ na rozwój tych seminariów.

[17] Cytat ten pochodzi z eseju Ratzingera z 1962 roku *Free Expression and Obedience in Church* w: Weigel, *The Church: Readings in Theology.* Jest też przytoczony w: Lernoux, *People of God,* s. 81.

Rozdział 5

[1] Uwagę tę przytoczyła Patricia Lefevere w numerze „National Catholic Reporter" z 27 maja 1994 r. Lefevere przeprowadziła wywiad z Pannenbergiem, gdy był w Stanach Zjednoczonych z cyklem odczytów.

[2] Osobiście obsługiwałem tę wizytę Ratzingera w Menlo Park. Relacja z incydentu z tymi kobietami ukazała się w numerze „National Catholic Reporter" z 26 maja 1999 r. Dowiedziałem się o nim po fakcie; w czasie, gdy protestujące kobiety zajęły swoje miejsce, znajdowałem się już w sali wykładowej.

[3] Wijngaards jest byłym przełożonym Mill Hill Fathers; w 1998 roku zrezygnował ze stanu kapłańskiego, protestując przeciwko *Ad tuendam fidem*, dokumentowi papieskiemu, w którym ustanowiono kanoniczne kary za odstępstwo od „ostatecznych" nauk, do których zalicza się – zdaniem Ratzingera – zakaz kapłaństwa kobiet. Wijngaards zgromadził imponujący materiał dowodowy, potwierdzający tradycję kobiet diakonów w Kościele, który jest dostępny w Internecie pod adresem www.womenpriests.org.

[4] W części dotyczącej zagadnienia duszpasterstwa kobiet w dużej mierze opieram się na *Sexuality and Catholicism* Thomasa C. Foksa (George Braziller, 1995), s. 232–244.

⁵ Pierwszy pozew został odrzucony. W kwietniu 2000 roku odrzucono apelację McEnroy do Sądu Najwyższego Stanów Zjednoczonych, co wyczerpało drogę prawną.

⁶ W styczniu 2000 roku Byrne wystąpiła ze zgromadzenia sióstr Matki Bożej Loretańskiej, do którego wstąpiła w 1964 roku w wieku siedemnastu lat. Opowiadała, że Kongregacja Nauki Wiary poprosiła ją, by wygłosiła publiczne oświadczenie, że przyjmuje nauki Kościoła w kwestii kontroli urodzeń i święceń kapłańskich. Byrne, która jest znana w Wielkiej Brytanii ze swoich programów religijnych w BBC, wolała jednak wystąpić z klasztoru. Zob. numer „Newsweeka" z 24 stycznia 2000 r. (wydanie atlantyckie), s. 64.

⁷ Prawdopodobnie najlepsze dostępne omówienie sporu o poradnictwo przedaborcyjne znajduje się w *This Week in Germany*, wydawnictwie Niemieckiego Centrum Informacyjnego.

⁸ Zasady te ukazały się w „National Catholic Reporter" z 4 lipca 1997 r.

⁹ W chwili pisania tych słów kampania przeciwko językowi inkluzywnemu nabiera rozpędu. 14 stycznia 2000 roku Kongregacja ds. Kultu Bożego nakazała Międzynarodowej Komisji ds. Języka Angielskiego w Liturgii wycofać z użycia przetłumaczony językiem inkluzywnym zbiór psalmów z 1993 roku, pomimo wszelkich trudności, jakie mogą powstać w związku z prawami autorskimi. Pracownicy ICEL stale powtarzają, chociaż raczej prywatnie, jak bardzo są zdumieni tym, że określa się ich mianem lewicowych ekstremistów, chociaż pracowali zgodnie z warunkami określonymi przez dokument watykański z 1969 roku zatytułowany *Comme le prévoit*, w którym stwierdzono, że każdy członek zgromadzenia liturgicznego powinien móc usłyszeć swoje imię wymienione w tekście. Zob: *About face on liturgical language*, „National Catholic Reporter", 17 kwietnia 2000 r.

¹⁰ Artykuł ten ukazał się w „Der Spiegel" z 17 kwietnia 1992 r.

¹¹ Wyniki badań przeprowadzonych przez Miggego nie były rozpowszechniane ani w Niemczech, ani w krajach anglojęzycznych. Kwestia homoseksualizmu wśród duchowieństwa katolickiego zaczęła być publicznie dyskutowana w Stanach Zjednoczonych w 2000 roku po wydaniu *The Changing Face of the Priesthood: A Reflection on the Priest's Crisis of Soul* księdza Donalda B. Cozzensa, rektora St. Mary's Seminary w Cleveland (Liturgical Press). Cozzens poświęca rozdział zagadnieniu „kultury gejowskiej" w stanie kapłańskim.

¹² Zob. wspomnienia McNeilla, wydane pod tytułem *Both Feet Firmly Planted in Midair: My Spiritual Journey* (Westminster John Knox Press, 1998).

¹³ Do sytuacji, którą być może Ratzinger miał na myśli, doszło w San Francisco na początku 1997 roku, gdy arcybiskup William J. Levada zagroził, że wytoczy miastu proces, jeśli uchwali ono prawo, zgodnie z którym wszystkie agendy, które mają kontrakty z miastem, będą musiały zapewnić zasiłki cywilnym związkom. Catholic Charities, która otrzymała od miasta 5,6 mln dolarów, groziła utrata tych funduszy. Ostatecznie Levada wynegocjował porozumienie, na mocy którego każdy członek gospodarstwa domowego pracownika – dziecko, chory krewny, rodzice w starszym wieku – może otrzymać ekwiwalent zasiłku na małżonka. Tym samym Kościół był zadowolony, że nie usankcjonował małżeństw homoseksualistów, a Catholic Charities mogła nadal działać w mieście, jej pracownicy zaś otrzymali nowy zasiłek. Umowę tę powitała z zadowoleniem większość katolików i władz miejskich.

¹⁴ Znakomity artykuł Teresy Malcolm na temat tego zakazu ukazał się 30 lipca 1999 roku w „National Catholic Reporter".
¹⁵ Zob. *Why Brazil's Homosexuals find asylum in the U.S.*, „Christina Science Monitor", 7 grudnia 1998 r. i *Rio deadly heaven for homosexual men; police sometimes participate in attacks, gay rights group alleges* w: „Houston Chronicle", 14 marca 1999 r. Oba artykuły napisał Jack Epstein, reporter nie związany z żadną gazetą, mieszkający w Rio de Janeiro.
¹⁶ Zob. *Following spate of murders, Italian gays declare state of emergency* z „Deutsche Presse-Agentur", 4 marca 1998 r.

Rozdział 6

¹ Uwaga Ratzingera o Asyżu „to nie może być wzorzec" pojawiła się w austriackiej gazecie „Die Presse" z 4 kwietnia 1998 r. w recenzji z jego wspomnień pod tytułem *Der römische Packesel*. Jego wypowiedzi na konferencji prasowej w 1987 roku przytoczono w gazecie włoskiej „Il Sabato"; zob. „National Catholic Reporter" z 6 listopada 1987 r., artykuł *Ratzinger knocks Green party, dialogue with Jews*.
² Byłem na drugim Spotkaniu Międzyreligijnym w Asyżu pod koniec października 1999 roku. Przed uroczystością nigeryjski kardynał Francis Arinze, który kieruje Papieską Radą ds. Dialogu Międzyreligijnego, powiedział reporterom, że zgromadzenie to ma charakter „prywatny", ale „nie potrzebujecie mojej zgody, by pojechać do Asyżu". Tak się złożyło, że w Asyżu roiło się od reporterów. Arinze zadał sobie wiele trudu, żeby uniknąć powtórki z 1986 roku, podkreślając, że delegaci mieli „zrezygnować ze spekulatywnej dyskusji", że głównym celem jest „słuchanie". Uczestnicy nie będą się wspólnie modlić, twierdził z uporem, ponieważ „modlitwa zależy od tego, w co się wierzy, a my nie wierzymy w te same rzeczy". Moja relacja z tej uroczystości ukazała się w numerze „National Catholic Reporter" z 12 listopada 1999 r.
³ Streszczenie dyskusji o Halbfasie w niemieckim katolicyzmie zob. „Der Fall Halbfas" Guntera Kocha w: *Das politische Engagement des Christen heute* (H. Bouvier Verlag, 1970). Do wymiany e-maili między nami doszło latem 1999 r.
⁴ Ten wywiad telefoniczny z Küngiem przeprowadziłem 28 lipca 1999 r.
⁵ Opis propozycji papieża i odpowiedzi soboru można znaleźć w pierwszym tomie *Commentary on the Documents of Vatican II* Vorgrimlera, s. 297–305.
⁶ Zob. *Pope has no intention of converting Eastern Orthodox to Catholicism* w: „Current Digest of the Post-Soviet Press", 13 maja 1992 r.
⁷ Zob. *Pope to accept married Anglican priests* w: „Independent" (Londyn), 6 grudnia 1993 r., s. 2.
⁸ Mój artykuł *Ratzinger credited with saving Lutheran pact* ukazał się w „National Catholic Reporter" z 10 września 1999 r.
⁹ Zob. *Ratzinger's assails WCC* w: „Christian Century", 18 czerwca 1997 r., s. 582.
¹⁰ Esej ten ukazuje się jako część *Die Vielfalt der Religionen und der Eine Bund*, wydanej po angielsku pod tytułem *Many Religions, One Covenant* (Ignatius Press, 1999).

[11] Tekst przemówienia Ratzingera jest dostępny w Internecie pod adresem www.ewtn.com. Znajdź link „document library" i szukaj pod „Ratzinger".

[12] Tekst przemówienia został opublikowany w *Origins* pod tytułem *Relativism: the central problem of faith today*, 31 października 1996 r. (t. 26, nr 20).

[13] Zob. *Ratzinger absolutely wrong on relativism* Johna Hicka w „National Catholic Reporter" z 24 października 1997 r.

[14] Schmidt-Leukel dostarczył mi kopie swojej korespondencji z bawarskim ministerstwem oświaty, kultury, nauki i sztuki. Wiąże się z nią pewne zabawne zdarzenie. W pierwszym liście odmawiającym zatwierdzenia, datowanym 3 kwietnia 1998 r., jego teorie określono jako stojące w sprzeczności z „objawieniem etycznym". Gdy zwrócił uwagę na ten błąd, ministerstwo przesłało mu nowy list, datowany 5 czerwca 1998 r., w którym użyto sformułowania, że jego poglądy są sprzeczne z „objawieniem chrześcijańskim".

[15] Zob. *De Mello censure reflects Vatican misgivings about Eastern thinking* w: „National Catholic Reporter", 4 września 1998 r.

[16] Artykuł Königa ukazał się w „Tablet" 16 stycznia 1999 r., a odpowiedź Ratzingera opublikowano w numerze z 13 marca 1999 r. Zob. też: *König at 94 stil carrying torch of renewal* w „National Catholic Reporter" z 8 października 1999 r. König jest bardzo oddany sprawie dialogu międzyreligijnego, ze względu na swoje wykształcenie, a także kapłańskie wyczulenie na łagodzenie podziałów.

[17] Wywiad ten ukazał się 21 marca 1997 r. w tygodniku „L'Express".

[18] Artykuł Clooneya ukazał się w „Commonweal" z 31 stycznia 1997 r.

[19] Dokument ten znajduje się w „Origins", 28 grudnia 1989 (t. 19, nr 30) pod tytułem *Some aspects of Christian meditation*.

Rozdział 7

[1] *Dissent in and for the Church: Theologians and* Humanae vitae, Charles Curran i Robert E. Hunt (Sheed and Ward, 1970). Książka jest w zasadzie pierwszą częścią zeznań przygotowanych przez profesorów, którzy podlegali śledztwu na Catholic University po proteście przeciwko *Humanae vitae*. Część druga pisemnych zeznań ich obrońcy stanowi jądro drugiego tomu: *The Responsibility of dissent: The Church and academic Freedom* Johna F. Hunta i Terrence'a R. Connelly'ego (Sheed and Ward, 1970).

[2] Uwagi Reese'a znajdują się w moim artykule w NCR z 16 kwietnia 1999 r., który ukazał się pod tytułem *The Vatican's enforcer*.

[3] Zob. *Positive thinking for Holy Office* w: „National Catholic Reporter", 15 grudnia 1965 r. W numerze zamieszczono artykuł księdza Johna P. Donnelly'ego o *Integrae servandae* z National Catholic News Service.

[4] Pełny tytuł brzmi: *Wesen und Auftrag der Theologie: Versuche zu ihrer Ortsbestimmung im Disput der Gegenwart*. Książkę wydano po angielsku pod tytułem: *The nature and mission of catholic theology: Approaches to understanding its role in the light of present controversy* (Ignatius Press, 1995).

[5] Esej ten pierwotnie ukazał się w: *Forum katholische Theologie* 2 (1986).

[6] Zob. artykuł o nowym *Ratio agendi* opublikowany w „Catholic World Report" z października 1997 r. pod tytułem *Misdirection play?*, s. 26–28. Pełny tekst

Ratio agendi znajduje się w Internecie pod adresem www.cin.org/. Należy otworzyć dokumenty kongregacji watykańskich.

⁷ Numer akt sprawy Currana podano we wprowadzeniu do tego rozdziału, akta Künga są oznaczone jako 399/57/i. W korespondencji watykańskiej zazwyczaj numer akt, których list dotyczy, zapisuje się w górnym lewym rogu, w miejscu przeznaczonym na „numer protokołu".

⁸ Uwagi Farley ukazały się również w moim portrecie Ratzingera, który ukazał się 16 kwietnia w „National Catholic Reporter".

⁹ Pełny tekst korespondencji Currana z Kongregacją Nauki Wiary, wraz z tekstem Currana i jego wspomnieniami z tej sprawy, ukazały się w jego książce *Faithful Dissent* (Sheed and Ward, 1986). Książkę wydano przed ostatecznym zwolnieniem Currana z Catholic University w styczniu 1987 r.

¹⁰ Wyznanie wiary i Przysięga wierności z 1 marca 1989 r. są dostępne w Internecie pod adresem www.ewtn.com. Należy wejść do biblioteki dokumentów i szukać pod „wyznanie wiary".

¹¹ Zob. *Theologians in Europe challenge pope's conservative leadership* w: „New York Times", 14 lipca 1989 r., s. 1.

¹² Zob. wspomnienia Foksa: *Confessions: The Making of a Postdenominational Priest* (HarperSanFrancisco, 1996).

¹³ Zob. *Others see little change caused by dissent decree* w: „National Catholic Reporter", 31 lipca 1998 r. Przytoczono słowa wielu katolickich wychowawców, którzy wypowiadali się, że *Ad tuendam fidem* „to nic nowego" i tym samym niezbyt ich interesuje.

¹⁴ Esej Ratzingera wraz z odpowiedzią Örsy'ego został opublikowany w numerze z maja/czerwca 1999 r. „Céide": *A Review from the margins* (t. 2, nr 5), s. 28–34.

Rozdział 8

¹ Słowa Oddiego pochodzą z: *The Next Pope: A behind-the-scenes look at how the successor to John Paul II will be elected and where he will lead a catholic Church* (HarperSanFrancisco 2000). Była to ostatnia książka Hebblethwaite'a, obecnie przeredagowana i uaktualniona przez wdowę po nim Margaret Hebblethwaite. Chociaż zgadza się ona, że wybór Ratzingera jest mało prawdopodobny, sądzi, że zostałby szybko zaakceptowany przez ogół katolików – jego „bawarski uśmiech" oczarowałby świat – stwierdziła.

² Reese omawia radykalne zmiany, które do zasad rządzących wyborem papieża wprowadził Jan Paweł II w: *Inside the Vatican*, s. 86–87.

³ *Nowa pieśń dla Pana. Wiara w Chrystusa a liturgia dzisiaj*, Kraków 2005.

⁴ Norbert Stanzel, *Die Geisel Gottes: Bishof Kurt Krenn und die Kirchenkrise* (Molden Verlag 1999).

⁵ Fragment ten pochodzi z: *Free Expression and Obedience in Church*, s. 204, 206.

⁶ Zob. *Theological Highlights of Vatican II* (Paulist Deus Books, 1966), s. 121.

⁷ Wykład ten został zamieszczony w: *Many religions, One covenant: Israel, the Church, and the world* (Ignatius Press, 1999), s. 38–40.

Prace Josepha Ratzingera w języku polskim

Moje życie. Autobiografia Benedykta XVI, oprac. wersji polskiej ks. Witold Wiśniowski SSP, Edycja Świętego Pawła 1998.
Sól ziemi. Chrześcijaństwo i Kościół katolicki na przełomie tysiącleci. Z kardynałem Josephem Ratzingerem rozmawia Peter Seewald, przeł. Grzegorz Sowiński, Kraków 2005.
Nowa pieśń dla Pana. Wiara w Chrystusa a liturgia dzisiaj, przeł. Juliusz Zychowicz, Kraków 2005.
Wiara, prawda, tolerancja. Chrześcijaństwo a religie świata, przeł. Ryszard Zajączkowski, Kielce 2005.
Śmierć i życie wieczne, przeł. Marek Więcławski, Warszawa 2000.
Bóg i świat. Z kardynałem Josephem Ratzingerem rozmawia Peter Seewald, przeł. Grzegorz Sowiński, Kraków 2005.
Europa. Jej podwaliny dzisiaj i jutro, przeł. ks. Stanisław Czerwik, Kielce 2005.
Chrystus i jego Kościół, przeł. Wiesław Szymona, *Kraków* 2005.
W drodze do Jezusa Chrystusa, przeł. Jarosław Marecki, Kraków 2004,
Wielość religii i jedno przymierze, przeł. Eliza Pieciul, Poznań 2004.
Demokracja w Kościele. Możliwości i ograniczenia, przeł. Magdalena Labiś, Kraków 2004, (współautor Hans Maier).
Kościół. Pielgrzymująca wspólnota wiary, przeł. Wiesław Szymona, Kraków 2005.
Czas przemian w Europie. Miejsce Kościoła i świata, przeł. Magdalena Mijalska, Kraków 2005.
Prawda w teologii, przeł. Magdalena Mijalska, Kraków 2005.
Duch liturgii, przeł. Eliza Pieciul, Poznań 2002
Eucharystia. Bóg blisko nas, przeł. Monika Rodkiewicz, Kraków 2005.
Wprowadzenie w chrześcijaństwo, przeł. Zofia Włodkowa, Kraków 1994.
Kościół, ekumenizm, polityka, przeł. Lucjan Balter, Poznań 1990.

Indeks

A

Ad tuendam fidem 366
Aeterni Patris 58
aggiornamento 123, 127, 128
Alberigo, Guiseppe 80
Alfaro, Juan 209
Alfrink, Bernard kardynał 78-79, 82
Allen, John L., 9-16
Alzamora, Augusto Vargas 208
Ambrozic, Alysius kardynał 229-230
Anderson, George biskup 299
Aristide, Jean Bertrand 218, 223
Arns, Evaristo kardynał 180, 197-198, 207
Arrupe, Pedro 193, 198
Assmann, Hugo 175, 202, 215
Augustyn, św. 19, 58-60

B

Baggio, Sebastiano 196-197
Balasuriya, Tissa 222, 307-309
Balthasar, Hans Urs von 64-67
Barth, Karl 54
Bazyli, św. 107-108
Bauerbund (Partia Chłopska) 24-25
Baum, William kardynał 328
Bedeschi, Guilio 55
Beinert, Wolfgang 157
Berger, Rupert 40, 67
Bernardin, Joseph kardynał 258, 354
Berning, Wilhelm biskup 51
Bernstein, Carl 200
Bertone, Tarcisio arcybiskup 266-267, 340
Bertram, Anthony kardynał 49
Bevilacqua, Anthony kardynał 252
Beyerhaus, Wolfgang 154
Böckenförde, Werner 142-145
Boesak, Alan 277
Boff, Clodovis 173, 204, 207-208, 212
Boff, Leonardo 95, 173, 182, 193, 204, 212
Bonawentura, św. 19, 60-61, 135
Bonhoeffer, Dietrich 54
Bormann, Martin 47
Boteler, William 201
Bovone, Alberto arcybiskup 354
Braxenthaler, Hans 54
Brazier, Paul 119-120
Brown, Charles 252-253, 341
Brown, Robert MacAffee 70, 93
Brunett, Alexander J. biskup 323
Bruskewitz, Fabian 381
Buchanan, Pat 266
Buchberger, biskup 51
Buckely, Michael 288
Bultmann, Rudolf 128, 130
Buoncristiani, Antonio biskup 267
Burdick, John 180
Burghardt, Walter J. 345

C

Callan, James 329
Casaldaliga, Pedro biskup 216, 222
Casaroli, Agostino kardynał 206
Cassidy, Edward kardynał 294-295, 296-297
Castrillón Hoyos, Darío 203
CELAM 196, 203, 208-209, 217
Cenkner, William 353-354
Christo, Carlos Alberto Libanio 180
Clancy, Edward kardynał 120
Clark, Matthew biskup 262-263, 329
Clemens, Josef monsignor 207
Clooney, Francis 323
Cody, John kardynał 365
Coleman, John 240
Comblin, José 176, 192, 215, 220, 225

Concilis, Ettore de 122
Congar, Yves 76, 80, 83, 96, 281
Connell, Desmond arcybiskup 145, 236-237
Cordes, Paul biskup 164
Cox, Harvey 122-123, 173-174, 393-394
Cullinane, Peter biskup 14
Cunningham, Lawrence 315-316
Curran, Charles 84, 213-214, 327-330, 346-356

D

D'Arcy, Eric biskup 236-237
Davidek, Felix Maria biskup 232, 234
Defregger, Matthias 52
D'Escoto, Miguel 201, 210, 222
Di Noia, Augustine 315-316, 369
Dolan, Jay 369-370
Dolfuß, Engelbert 42, 49-50
Döpfner, Julius kardynał 78-79, 82, 125-126, 156, 159-160, 284
D'Souza, Henry arcybiskup 318
D'Souza, Lisbert 313
Dupuis, Jacques 280, 303-304, 314-318
Dziwisz, Stanisław 382

E

Eder, Georg arcybiskup 311
Egan, Edward biskup 268
Einstein, Albert 35
Eisner, Kurt 21
Elizondo, Virgilio 202-203
Ellacuría, Ignacio 215, 217
Engl, Barbara 163-164
Ericksen, Robert 54
Estévez, Jorge Medina kardynał 120, 219, 223
Etchegaray, Roger kardynał 206
Evers, Gerd 34

F

Fahey, Michael 20
Fala, Mariangela 322-323
Falcão, José Freire 220, 223
Falciano, Rosso 122
Farley, Margaret siostra 345, 371
Faulhaber, Michael kardynał 50, 57, 68
Fessio, Joseph 125, 147-149, 223-224, 251, 320-321
Fitzgerald, Michael L. biskup 315-316
Fontaine, Roger 200
Fox, Matthew 73, 95, 363-365
Franciszek z Asyżu, św. 277-279

Fries, Heinrich 165
Frings, Joseph kardynał 70, 74, 77-79, 84-85, 93, 105, 131, 281
Fuchs, Joseph 327
Fucinaro, Thomas 252-253

G

Galilea, Segundo 189
Gamber, Klaus 102
Gantin, Bernardin kardynał 211
Gebara, Ivone 220-221
Gerety, Peter arcybiskup 257
Gijsen, Jan 381
Gimpel, Albertine 35
Girotti, Gianfranco 340
Goebbels, Joseph 17, 47, 152
Gogarten, Friedrich 54
Goodman-Thau, Eveline 167
Gramick, Jeannine 257
Greeley, Andrew 118
Greene, Graham 210-211
Grzegorz XVI, papież 281-282
Greinacher, Norbert 358
Gröber, Konrad arcybiskup 51
Gröer, Hans Hermann 381
Guardini, Romano 19, 61-64, 104, 131, 138, 157
Guindon, André 264-265
Gutiérrez, Gustavo 173, 177, 182-183, 200--201, 202-203, 215, 222, 223

H

Haas, Wolfgang 381
Halbfass, Hubertus 282-286
Hamel, Edouard 354
Hamer, Jerome arcybiskup 328
Hanselmann, Johannes biskup 299
Hanus, Jerome biskup 252-253
Häring, Bernard 353, 354, 355
Haßlberger, Valentin 40
Hasler, August Bernhard 171
Hastings, Adrian 123
Healy, Timothy 197
Hebblethwaite, Peter 91, 161, 168
Hennely, Alfred 177-178
Herda, Franz 35
Herron, Thomas 354
Hevia, Renato 209
Hick, John 306, 307
Hickey, James kardynał 252, 354, 355
Higgins, George monsignor 353,
Hildebrand, Alice von 73

Hildebrand, Dietrich von 73
Hitler 17, 37, 45, 46, 47
Höffner, Joseph kardynał 171, 283
Hofmann, J. 38
Holzhauser, Bartłomiej 30,
Hope, David arcybiskup 294
Huber, Kurt 39
Hughes, John Jay 139
Hume, Basil kardynał 294
Hunthausen, Raymond kardynał 257-258

I
Imesch, Joseph biskup 236

J
Javorova, Ludmila 232-234
Jensen, Joseph 253
Joachim z Fiore 60-61
Jan od Krzyża, św. 65-103
Jan XXIII, papież 78, 103-104
Jan Paweł I, papież 194, 195
Jan Paweł II, papież 20, 75, 98, 176, 196
judaizm 319-321

K
Kawiak, Matthew A. 262-263
Keane, Philip S. 257
Keeler, William kardynał 252
Kelman, Wolfe rabin 320
Kenkellen, Bill 147
Kennedy, Eugene 275-276
Kierkegaard, Søren 128
Kiesinger, Kurt Georg kanclerz 152
Kinney, John biskup 241-242
Klarsfeld, Beate 152
Kloppenburg, Bonaventura biskup 176, 185, 187, 199, 223
Knitter, Paul 306
Knopp, Guido 159
Kohl, Helmut kanclerz 245
Kolvenbach, Peter Hans 198-199, 262, 316
Komonchak, Joseph A. 80
König, Franz kardynał 161
Krätzl, Helmut 81
Krenn, Kurt 381
Krieg, Robert 63
Krol, John kardynał 161, 163
Küng, Hans 80, 168-172, 286
Küs, Hermann 246-247

L
Lacalle, Fernando Saenz 220
Laghi, Pio arcybiskup 258, 263
Landázuri, Juan kardynał 200-201, 203-204, 208
Lash, Nicholas 206
Law, Bernard kardynał 252
Lechner, Odilo opat 20
Lefebvre, Marcel biskup 278-279
Lehmann, Karl biskup 83, 108, 124, 194, 246
Lehmann-Dronke, Richard 157
Leiprecht, Joseph biskup 169
Leon XIII, papież 24, 58, 275
Lessi-Ariosto, Mario 252-253
Levada, William arcybiskup 75-76, 229-230, 237, 252
Liénart, kardynał 80, 82
Lindbergh, Charles 17
Lohner, L. 38
Lonergan, Bernard 345
Lorscheider, Alósio kardynał 207
Lorscheiter, Ivo biskup 184, 207
Lubac, Henri de 64, 76, 124
Luciani, Albino 161
Ludwik II, król 23
Luthe, Herbert 77-78

M
MacDonald, Charles 285-286
Mahony, Roger kardynał 148, 252
Maida, Adam kardynał 252
Maier, Friedrich Wilhelm 57
Major, Eric 313-314
Malone, James 206
Martin-Baro, Ignacio 217
Martini, Carlo Maria kardynał 375
Maschke, Günther 153
Maximos IV, patriarcha 78-79, 103
McAuliffe, Michael biskup 236
McBrien, Richard 235
McCormick, Richard 370
McIntire, Carl 278-279
McIntyre, James Francis kardynał 348
McNeill, John 258
Meier, Hans 133, 165
Meisner, Joachim kardynał 47-48, 240, 247, 357
Mello, Anthony de 312-314
Menke, K. H. 306
Messori, Vittori 173-174
Metz, Johann Baptist 96, 126, 129, 137, 164-168
Michelman, Henry D. rabin 320

Migge, Thomas 255
Mitchell, Nathan 387
Mitterand, François prezydent 182-183
Molina, Uriel 217, 223
Moltmann, Jürgen 129, 151-152, 181
Moosbauer, Rosa 34-35
Moreno, Juan Ramon 217
Moser, Antonio 204
Mojżesz 189
Mozart 20, 33
Mozo, Segundo Montes 217
Müllner, Peter 31
Murphy, Thomas J. biskup 258-259
Murphy, Roland 96
Murray, John Courtney 76, 369-370

N
Nassy, Josef Johan Cosmo 30-31
Navarro-Valls, Joacquín 164, 233
Neuhaus, Richard John 373
Neumann, Leo 36
Neves, Lucas Moreira biskup 220, 223
Newman, John Henry 22-23
Nichols, Aidan 61
Norling, Bernard 46
Nugent, Robert 257

O
Obando y Bravo, Miguel kardynał 217
O'Connell, David 357
O'Connor, John kardynał 252
Oddi, Silvio kardynał 196-197, 376
O'Hare Joseph 366
Ohnesorg, Benno 153
Ormando, Alfredo 227-228
Örsy, Ladislas 368
Ostling, Richard 84
Ottaviani, Alfredo kardynał 70, 93-94, 99

P
Pacelli, Eugenio (papież Pius XII) 21, 165
Panikkar, Raimon 304
Pannenberg, Wolfhart 228-229
Parrales, Edgar 201
Paweł VI, papież 62, 85, 90-91, 123
Peers, Michael arcybiskup 294
Pellegrino, Michele arcybiskup 294
Perekkatt, Varkey 313
Peteranderl, Franz 164
Philippe, Paolo arcybiskup 168-169
Pilarczyk, Daniel arcybiskup 229-230

Pinochet, Augusto generał 219
Pittau, Giuseppe 198-199
Pius XI, papież 17, 42
Pius XII, papież 20-21, 45, 76, 224-225, 234, 369-370
Platon 136-137
Podak, Klaus 153
Pohier, Jacques 210
Politi, Marco 200

Q
Quinn, John arcybiskup 235, 258
Quintana, Amando López 217

R
Radhakrishnan 304
Rahner, Karl 35, 62, 73, 80, 96, 165-166, 182, 203, 231-232, 345
Rahnera-Ratzingera schemat 82
Ramos, Celina 217
Ramos, Julia Elba 217
Ranke-Heinemann, Uta 156-157
Ratzinger, Georg (brat) 18-19, 27, 298-299
Ratzinger, Georg (stryjeczny dziadek) 18-19, 22-27
Ratzinger, Maria (matka) 27
Ratzinger, Maria (siostra) 27
Reagan, Ronald 200
Reese, Thomas 149, 235, 329, 371, 375
Reyes, Arturo Lona 221
Richard, Pablo 215
Rigali, Justin arcybiskup 75, 252
Rinderle, Walter 46
Rinser, Luise 35
Robertson, Pat 266
Rodriguez, Oscar biskup 217-218
Romero, Oscar arcybiskup 196-197, 216
Roncalli, Angelo 375-376
Rosenberg, Alfred 47
Rue, Victoria 230-231
Rueda, Enrique 201-202
Ruether, Rosemary 73
Ruiz, Samuel biskup 191
Runcie, Robert arcybiskup 277
Rynne, Xavier 93

S
Sales, Eugenio kardynał 175-176
Scanlon, Michael 357
Scharper, Philip 201
Scheeben, Matthias 73

Scheffczyk, Leo 159, 240
Schillebeeckx, Edward 83, 96, 207-208, 226
Schlier, Heinrich 157
Schmidt-Leukel, Perry 309-312
Scholl, Hans 39
Scholl, Sophie 39
Schönborn, Christoph 125, 149-151
Schönborn, Franz kardynał 149
Schönborn-Buchheim-Wolfstahl rodzina 149
Schuette, Heinz 299
Schuland, Erhard 50-51
Schürf, Josefa 40
Schürf, Sebastian 40
Schwering, Leo 52
Seewald, Peter 174-175
Segundo, Juan Luis 173-174, 189, 224
Seper, Franjo kardynał 349
Shepherd, Matthew 275
Siewerth, Gustaw 157
Simons, Francis biskup 169
Siri, Guiseppe kardynał 82
Sobrinho, José Cardoso 219-220
Sobrino, Jon 202
Sodano, Angelo kardynał 219, 245-246
Söhngen, Gottlieb 339
Sofroniusz z Jerozolimy, św. 149
Stafford, Francis kardynał 252-253
Stanzel, Norbert 381-382
Stein, Edyta 319-320
Stelzle, Josef 40-41
Sterzinsky, Georg kardynał 247
Stroud, Francis 313
Suenens, Leo kardynał 78-79, 82
Sullivan, Andrew 260
Sullivan, Joseph V. biskup 328
Sullivan, Susan K. 262-263
Sure, Heng 230
Szulc, Tad 161

T
Tal, Uriel 25
Tambs, Lewis 200
Thieme, Karl 48
Tiessler, Walter 47
Torres, Camilo 184
Track, Joachim 299
Trautman, Donald biskup 254
Trujillo, Alfonso López kardynał 175-176, 196, 209, 223
Twomey, Vincent 145-146

V
Vagnozzi, Egidio arcybiskup 347
Verweyen, Hansjürgen 140-142
Volk, Herrman kardynał 169
Vorgrimler, Herbert 94-95

W
Waldstein, Michael 252-253
Wallenberg, Raoul 43
Ward, Anthony 252-253
Weigel, George 160, 240, 294-295
Weigel, Theo 69
Wetter, Freidrich kardynał 169, 247
Wickert, Ulrich 154
Wijngaards, John 232
Wiltgen, Ralph, M. 121
Wojtyła, Karol (papież Jan Paweł II) 160--164, 373, 376
Wolffenstein, Valerie 35
Wuerl, Donald biskup 258-259
Wyszyński, Stefan kardynał 160

Spis treści

Przedmowa wydawcy amerykańskiego 7
Przedmowa 9
Dorastanie w cieniu Hitlera 17
Dawny liberał 69
Wszystkie drogi prowadzą do Rzymu 122
Prawdziwe wyzwolenie 173
Kulturowy wojownik 227
Święte wojny 277
Obrońca 327
Ratzinger i następne konklawe 372
Przypisy 397
Prace Josepha Ratzingera w języku polskim 408
Indeks 409

Druk i oprawa: Łódzka Drukarnia Dziełowa S.A.
90-215 Łódź
ul. Rewolucji 1905r. nr 45